MEHR ALS ZEHN WORTE?

Zur Bedeutung des Alten Testaments in ethischen Fragen

QUAESTIONES DISPUTATAE

Begründet von
KARL RAHNER UND HEINRICH SCHLIER

Herausgegeben von
PETER HÜNERMANN UND THOMAS SÖDING

QD 273

MEHR ALS ZEHN WORTE?
Zur Bedeutung des Alten Testaments in ethischen Fragen

MEHR ALS ZEHN WORTE?

Zur Bedeutung des Alten Testaments in ethischen Fragen

Herausgegeben von
Christian Frevel

HERDER

FREIBURG · BASEL · WIEN

MIX
Papier aus verantwortungsvollen Quellen
FSC www.fsc.org FSC® C083411

www.herder.de
Umschlagkonzeption: Finken und Bumiller, Stuttgart
Umschlaggestaltung: Verlag Herder
Umschlagmotiv: Rembrandt Harmensz. van Rijn, Mose mit den Gesetzestafeln,
Öl auf Leinwand, 1659, Gemäldegalerie Berlin
Satz: Barbara Herrmann, Freiburg
Herstellung: CPI books GmbH, Leck
Printed in Germany
ISBN 978-3-451-02273-9

Inhalt

Relevanz alttestamentlicher Ethik

Vorwort

Die in dem vorliegenden Band versammelten Beiträge gehen auf Vorträge zurück, die auf der Jahrestagung der Arbeitsgemeinschaft der katholischen Alttestamentlerinnen und Alttestamentler am 1.–4. September 2014 gehalten wurden. Die Tagung im Augustinerkloster in Erfurt stand unter dem aus Mi 6,8 entlehnten Titel „‚Es ist dir gesagt worden, Mensch, was gut ist' – Alttestamentliche Ethik" und sollte sich außer mit den Grundfragen alttestamentlicher Ethik beispielhaft mit ethischen Perspektiven in den alttestamentlichen Texten und mit der ethischen Relevanz des Alten Testaments beschäftigen. Sie war von der Überzeugung getragen, dass das Alte Testament in ethischer Hinsicht hier viel mehr zu bieten hat als nur zehn Worte, und dass es sich lohnt, die Perspektiven des Alten Testaments in ethische Diskurse der Gegenwart einzubringen. Das wird von den hier vorgelegten Beiträgen in eindrucksvoller Weise unter sehr verschiedenen methodischen und thematischen Zugängen aufgezeigt. Zugleich sind dabei unterschiedliche Einschätzungen erkennbar, ob und wie die Perspektiven des und im Alten Testament(s) systematisiert werden können. Gibt es nur *eine* Ethik im Alten Testament oder nicht vielmehr *viele* ethisch relevante Texte, die aber nicht ein systematisches Ganzes formen? Gibt es überhaupt eine *Ethik* des Alten Testaments oder nicht viel mehr unterschiedliche ethische Perspektivierungen in und mit alttestamentlichen Texten? Welche Relevanz kommt dem alttestamentlichen Ethos und den darauf bezogenen ethischen Reflexionen heute noch zu? Kann man über eine Ethik des Alten Testaments bzw. im Alten Testament nur historisch deskriptiv handeln oder ist auch der den Texten inhärierende präskriptive Anspruch hermeneutisch heute noch relevant? Diese Fragen wurden auf der Tagung intensiv diskutiert und die Diskussionen sind in die einzelnen Beiträge eingegangen. In jener Perspektivverschränkung, dem Bedenken von Einwänden und Querverbindungen ist daher *ein* ‚Ergebnis' der Tagung zu sehen. *Eine* gemeinsame Perspektive auf die Texte konnte und sollte nicht das Ergebnis der Tagung sein, weshalb dieser Band auch keine *Zusammenfassung* oder einen bündelnden systematisierenden Versuch mit ähnlichem Anspruch enthält. Wenn er zu weiteren vom Alten Testament ausgehenden Diskussionen anregt, hat er sein Ziel erreicht.

Dafür, dass die Herausgeber der *Quaestiones Disputatae* den Band gerne in die Reihe aufgenommen haben, sage ich ebenso Dank wie für die gewohnt gute Betreuung seitens des Verlages. Ein besonderer Dank gilt den Mitarbeiterinnen und Mitarbeitern am Lehrstuhl für Altes Testament der Ruhr-Universität Bochum, besonders Frau Katharina Pyschny und Herrn Michael Diek für die Erstellung der Druckvorlage.

Bochum, im Juni 2015 Christian Frevel

Orientierung! Grundfragen einer Ethik des Alten Testaments

Christian Frevel[1]

Das erste, was einem bei Beiträgen über das Thema *Altes Testament und Ethik* auffällt, ist, dass sie oft mit einem Lamento beginnen. Irgendetwas „ist faul im Staate Dänemark“ (Hamlet), sei es auf Seiten der Bibel und ihrem zum Teil radikalen ethischen Anspruch oder auf Seiten der Gegenwart, die diesem ethischen Anspruch nicht gerecht wird oder mit ihm nichts mehr anzufangen weiß. Wollte ich mich dem anschließen, könnte ich auf den Ausruf aus der Vorrede der Genealogie der Moral (1887) von Friedrich Nietzsche zurückgreifen: „Der Glaube an die Moral, an alle Moral wankt“[2]! Doch das wäre in der gegenwärtigen Debatte um ethische Orientierung und Werte zum einen wenig aufregend und zum anderen war es gerade die biblisch-ethische Option für die Armen, die Nietzsche aller rhetorischen Distanz zum Trotz ganz erheblichen Respekt abnötigte: „Alles was auf Erden gegen ‚die Vornehmen‘, ‚die Gewaltigen‘, ‚die Herren‘, ‚die Machthaber‘ gethan worden ist, ist nicht der Rede werth im Vergleich mit dem, was die Juden gegen sie gethan haben: die Juden […] sind es gewesen, die gegen die aristokratische Werthgleichung (gut = vornehm = mächtig = schön = glücklich = gottgeliebt) mit einer furchteinflössenden Folgerichtigkeit die Umkehrung gewagt und mit den Zähnen des abgründlichsten Hasses (des Hasses der Ohnmacht) festgehalten haben, nämlich die Elenden sind allein die Guten, die Armen, Ohnmächtigen, Niedrigen, Entbehrenden, Kranken, Hässlichen sind auch die einzig

---

[1] Eröffnungsreferat der Tagung „‚Es ist dir gesagt worden, Mensch, was gut ist‘ – Alttestamentliche Ethik“ vom 1.9.2014. Die vorliegende Fassung enthält neben dem weitestgehend unveränderten Vortragstext auch die nicht vorgetragenen Abschnitte und einige Ergänzungen, die auf die Diskussion während der Tagung zurückgehen. Dankbar bin ich zudem Dorothea Erbele-Küster, Katharina Pyschny, Kirsten Schäfers, Dewi Maria Suharjanto, Thomas Hieke, Sias Meyer und Thomas Söding für weiterführende Anregungen und Kritik.

[2] *Nietzsche*, Genealogie (1887), 11 (*Vorrede* 6.).

Frommen, die einzig Gottseligen, für sie allein giebt es Seligkeit [...]"[3]. Damit beginnt für Nietzsche der „Sklavenaufstand in der Moral": „Jener Aufstand, welcher eine zweitausendjährige Geschichte hinter sich hat und der uns heute nur deshalb aus den Augen gerückt ist, weil er – siegreich gewesen ist [...]"[4]. Es muss also doch etwas dran sein an der Ethik des Alten Testaments, wenn sie zu einer Umwertung der Werte taugt. Dabei ist mehr als umstritten, ob es denn überhaupt *die* Ethik, *eine* Ethik, überhaupt eine *Ethik*, sei es *in* oder *mit* der Bibel gibt. In dieser Frage scheint es so viele Antworten wie Antwortmöglichkeiten zu geben. Jeder hat dazu eine Meinung, aber jeder eine *eigene*, was die Verständigung nicht einfacher, das Problem aber deutlicher macht. Wenn im Folgenden über Grundfragen einer Ethik des Alten Testaments nachgedacht werden soll, muss das *dass* wie auch das *wie* zur Sprache kommen. Dabei will aber der vorliegende Beitrag nicht den Anspruch erheben, zeigen zu können, wie „es richtig ist" oder „gehen könnte". Ich sehe dabei nach wie vor weit mehr Fragen als Antworten, einige der Fragen sollen im Folgenden zur Diskussion gestellt werden. Ich beginne mit einer Einführung, die sich mit der Abstinenz von ethischen Fragen in der eigenen Disziplin beschäftigt, dann stelle ich eine typologische Matrix ethischer Entwürfe aus und mit dem Alten Testament vor, um in einem dritten Schritt das Dilemma der Vernunftbegründung als Problem biblischer Normativität in ethischer Rücksicht anzusprechen. Danach frage ich nach der Reichweite der Geltung der alttestamentlichen Gebote, was ich mit fünf Modellen der Selektion abschließe. Zum Ende hin fasse ich meine Überlegungen in zehn knappen Thesen zusammen.

---

[3] Ebd. 23. Es ist der rhetorische Antisemitismus (*Christian Niemeyer*), der auch hier nicht unkommentiert bleiben kann und am Mythos des anti-antisemitischen Nietzsche rüttelt. Zum latenten Antisemitismus vor allem des frühen Nietzsche und dessen antisemitischer Rezeption vgl. *Mittmann*, Günstling (2006), 178, der von einer „grundsätzlich antijüdischen Geisteshaltung" spricht (zu den Moralkategorien ebd. 32) und die Diskussion bei *Niemeyer*, Antisemitismus (2012), der zudem darauf hinweist, dass „aristokratisch" im Spätwerk Nietzsches das Attribut „arisch" ersetzt (ebd. 142).

[4] *Nietzsche*, Genealogie (1887), 23.

1. Das 11. Gebot: Du sollst keine alttestamentliche Ethik schreiben? – Eine Problematisierung

Fragt man einen exemplarischen Christen nach den Quellen seiner Ethik, wird er wohl ohne großes Zögern – zumindest unter anderem – die Bibel nennen[5]. Fragt man hingegen eine Theologin oder einen Theologen nach den Quellen christlicher Ethik, wird in der Antwort die Bibel wenn überhaupt, dann mit Sicherheit nur eine nachgeordnete Rolle spielen. Vielleicht wird einem zur Begründung noch das Diktum von Franz Böckle vorgehalten „Die Bibel ist kein Handbuch der Moral“[6], sicher dem Fragenden aber die Gegenfrage entgegengehalten „Was ist denn eine *christliche* Ethik?“, was zu einem unmittelbaren „Knock-out“ führt. Richtet man sich dann mit Mühe wieder auf, schaut man in das Gesicht einer Ethik, die sich vom Tun tunlichst fernhält. So hält Hans-Joachim Höhn in seinem 2014 erschienen Versuch einer neuen Tugendethik fest: „In der Moderne hat sich die Ethik von adjektivischen Bestimmungen des guten und richtigen Lebens distanziert. Dies hat zu tun mit radikalen Umbrüchen in der Struktur von Kultur und Gesellschaft und mit ebenso radikalen Veränderungen der Zuordnung von Anthropologie und Ethik. [...] Je differenzierter und pluraler die Gesellschaft wird, umso schwieriger wird es festzustellen, was für alle gut ist“[7]. Damit ist treffend formuliert, welche Hürden eine Ethik in pluralen Kontexten nehmen muss und wie weit man inzwischen von der Zuversicht entfernt ist, eine Ethik mit *universalem* Anspruch zu entwerfen. Dennoch bleibt die Erwartung, dass das Gute bestimmbar, begründbar *und* vermittelbar ist. Diese Erwartung erfüllt die Bibel nun scheinbar mit Leichtigkeit, wenn sie wie in Mi 6,8 einen klaren Kompass zur Orientierung vorgibt: „Es ist dir gesagt worden, Mensch, was gut ist und was der Herr von dir erwartet: Nichts anderes als dies: Recht tun, Güte und Treue lieben, in Ehrfurcht den Weg gehen mit deinem Gott“. Offenbar ist aber damit das oben angesprochene Problem nicht zu lösen, denn Fakt ist, dass die Bibel nach wie vor in ethischen Reflexionen in der Theologie wenn überhaupt, dann nur

---

[5] Dass der christliche Umgang mit der Bibel immer weniger von soliden Grundkenntnissen anstatt von abwehrender oder vergessener Distanz ausgehen kann, steht auf einem anderen Blatt. Die Situation unter evangelischen Christen reflektiert z. B. *Lienemann*, Grundinformation (2008), 178–180.

[6] *Böckle*, Kirche (1993), 269.

[7] *Höhn*, Leben (2014), 22f.

eine geringe Rolle spielt. *Marianne Heimbach-Steins* konstatiert eine „weitgehende[n] Bibelvergessenheit moderner theologischer Ethik“[8] und *Marco Hofheinz* spricht von einer „Entfremdung von Ethik und Exegese“. Er beschreibt die Lage so: „Was die gegenwärtige Forschungslage im Bereich der theologischen Ethik betrifft, so sticht – bis auf wenige Ausnahmen – das Defizit im Blick auf Antwortversuche zur Ausgangsfrage (scil. „Wie kommt die Bibel in die Ethik?“) [...] ins Auge. Vergröbert zugespitzt lässt sich konstatieren: Von den gängigen Ethikentwürfen übergehen die meisten die Frage vollständig, historisieren sie entweder oder verweisen sie in den Bereich des rein Postulatorischen“[9]. An die Stelle einer vertieften Reflexion von Geltungsgrund oder des Zusammenhangs von Ethik und Anthropologie tritt ein kaum zu überbietender Eklektizismus. Wenige ethische Nuggets werden aus dem dreckigen Strom der breiten Tradition gewaschen und als goldene Regeln ornamental um ethische Urteile drapiert. Der Dekalog ist zum kulturellen Menschheitserbe versintert und zugleich weit davon entfernt, materialethisch noch *aus sich heraus* beanspruchende Bedeutung zu entfalten.

Manche geben sich damit zufrieden, darunter auch Alttestamentlerinnen und Alttestamentler: Sie haben sich des Begründungsproblems durch *Outsourcing* in die Systematik entledigt und scheinen ganz froh, damit das „ungeliebte Thema der Verbindlichkeit des Alten Testaments“ (H. Spieckermann) umschiffen zu können. Indem Rohlinge des Sollens wie das Tötungsverbot oder das Liebesgebot zu materialethischen Diamanten geschliffen werden, wird der Schein unbedingter Geltung aufrechterhalten. An die Stelle einer biblischen Ethik tritt ein biblisches Ethos. So scheint eine Relevanz des eigenen Forschungsgegenstands, die sonst so bitter vermisst wird, immer noch gegeben. Der Hiatus zwischen biblischer Moral und theologischer Ethik scheint derzeit kaum größer vorstellbar. Sind Annäherungen möglich?

Obwohl die ethische Bedeutung des Alten Testaments meist mit Nachdruck zugestanden wird, bleibt umgekehrt festzustellen, dass es explizit ethische Perspektiven in der deutschsprachigen alttestamentlichen Bibelwissenschaft selten auf die Forschungsagenda schaffen, geschweige denn, dass Gesamtdarstellungen in dem verminten Gelän-

---

[8] *Heimbach-Steins*, Bibel (2011), 315.

[9] *Hofheinz*, Einleitung (2011), 18. Zur Kritik am Eklektizimus christlicher Moral auch *Crüsemann*, Tora (1992), 11.

de gewagt würden. Der letzte Versuch unter dem Titel „Ethik des Alten Testaments“ war die explizit deskriptive, stark rechtsgeschichtlich orientierte Darstellung von Eckart Otto, die als *Ethik* trotz der Fülle an Einzeleinsichten nicht die Spuren gezogen hat, die man vielleicht erwarten würde[10]. Das mag an der exegetisch anspruchsvollen Rekonstruktion der Entwicklung des Ethos aus dem Recht, aber vielleicht auch an manchen apodiktischen Zuspitzungen liegen. Da es eine ethische Systematik im Alten Testament nicht gibt („Die Einheit der Ethik des AT ist ihre Geschichte“![11]) und das alttestamentliche Normensystem „durch das NT revidiert wird“[12] (!), sieht Otto keine unmittelbare Gegenwartsbedeutung des alttestamentlichen Ethos, selbst nicht von ethischen Einzelbestimmungen. Mit großer Gelehrsamkeit und Treffsicherheit behandelt Otto sowohl die Genese der Normensysteme, ihre Legitimationen im historischen Kontext als auch die Diastase von Ethos und gelingendem Leben[13] in Rechtsüberlieferung und Weisheitstraditionen. Hinter der *Nachzeichnung* der Entwicklung des Ethos aus dem Recht steht die (von Aufklärungspathos nicht ganz freie) Überzeugung, dass „der Nachvollzug des Reflexionsprozesses im antiken Israel im gegenwärtigen universalen Diskurs um die Lebensführung heutige Gestalt praktischer Vernunft mitzugestalten vermag“. Nicht aus einer theologisch begründeten Normativität heraus, sondern weil die „Wurzeln der Rationalität moderner Gesellschaften in der rationalisierenden Pragmatik des israelitischen Gottes- und Weltverständnisses zu suchen ist“[14].

Obwohl neben der anerkennenden Würdigung auch viel Kritik an dem Gesamtentwurf Ottos geäußert wurde, ist sie die einzige deutschsprachige Ethik seit Johannes Hempel[15] geblieben. Nun liegt die Vermutung nicht fern, dass die beiden angedeuteten Tendenzen (zunehmende

---

[10] So vermisst man sie z. B. im Abschnitt „Alttestamentliche Ethik“ in der Einführung in die Ethik (2005) von *Andersen* oder bei *Schockenhoff*, Grundlegung (2014). Zu Würdigung und Kritik s. in Auswahl *Frevel*, LebZeug 51 (1996), 73–75; *Schenker*, Biblica 77 (1996), 560–562; *Groß*, ThQ 175 (1995), 66f.; *Erbele-Küster*, Art. Ethik (2013); *Barton*, Ethik (1999), 425–431. Sehr positiv geht auch *Barton*, Ethics (2014) immer wieder auf die Ethik Ottos ein.

[11] *Otto*, Ethik (1994), 12.

[12] Ebd. 11.

[13] Vgl. ebd. 264.

[14] Beide Zitate ebd. 11, vgl. *Ders.*, Leben (2008), 642f.

[15] *Hempel*, Ethos (1966).

Komplexität von Begründungszusammenhängen und Zurückhaltung gegenüber Gesamtentwürfen) zwei Seiten derselben Medaille sind. Dafür würde sprechen, dass im englischsprachigen Bereich eine ganze Reihe von Publikationen mit dem Titel „Old Testament Ethics" o. ä. im Umlauf sind, die aber meist die Bibel für ein breiteres Publikum ethisch erschließen. Im deutschsprachigen Raum herrscht hingegen die Ansicht vor, dass eine Ethik des Alten Testaments eine *Unmöglichkeit* ist und man deshalb besser die Finger davon lässt. Die katholische Theologie zumindest scheint damit weiter denn je entfernt von dem vor fünfzig Jahren geäußerten (aber immer noch in Bezug auf die Grundlagen der Moraltheologie etwas obskuren[16]) Wunsch der Konzilsväter aus *Optatam totius*, dass der Bibel eine größere Rolle in der Priesterausbildung zukommen solle: „Besondere Sorge verwende man auf die Vervollkommnung der Moraltheologie, die, reicher genährt aus der Lehre der Schrift, in wissenschaftlicher Darlegung die Erhabenheit der Berufung der Gläubigen in Christus und ihre Verpflichtung, in der Liebe Frucht zu tragen für das Leben der Welt, erhellen soll"[17]. Wie auch immer man das „reicher genährt" verstehen will, ob materialkatechetisch oder als „Seele der Theologie"[18], die gegenwärtige Moraltheologie ist weiter davon entfernt denn je. Woran liegt diese Entfremdung von Bibel und Moral? Verschiedene Gründe kommen hier zusammen. Sicherlich zum einen der Zug der Moraltheologie selbst, Widerstand gegen essentialistische Naturrechtstheorien zu leisten, ethische Urteile mit der sittlichen Autonomie des Subjekts und der normbegründenden Rationalität zu verbinden und deshalb „geoffenbarten" Moralen oder Normethiken aufgrund des Heteronomieverdachts mit großer Skepsis zu begegnen[19]. Zum anderen ist die historische Differenz zwi-

---

[16] Der Kommentar von Josef Neuner dazu lautet: „Eine Erneuerung wird vor allem für den Unterricht der Moraltheologie gewünscht, die häufig zu sehr auf naturrechtlichen Prinzipien und kanonischen Normen aufruhte und zuwenig Theologie war. Das Dekret spricht von der Notwendigkeit, die Moraltheologie mehr auf die Schrift aufzubauen [...]", vgl. LThK Erg. II (1967), 345.

[17] II. Vatikanisches Konzil; Dekret über die Ausbildung der Priester, Optatam Totius Art. 16, in: LThK Erg. II (1967), 309–354, hier 345.

[18] Der moraltheologischen Entfaltung geht der generelle Satz voran: „Mit besonderer Sorgfalt sollen sie [die Alumnen] im Studium der Heiligen Schrift, die die Seele der ganzen Theologie sein muß, gefördert werden" (OT 16).

[19] Dabei braucht nicht verschwiegen zu werden, dass der zerrissene Zustand der systematisch-ethischen Disziplinen, insbesondere der deutschsprachigen Moraltheologie, daran seinen Anteil hat. Sehr feinsinnig beschreibt die Spannung jüngst

schen alttestamentlichem Ethos aus überwiegend vorhellenistischer Zeit und moderner Gesellschaft ein Grund zur Distanz. So fragt etwa Christof Breitsameter pointiert: „Was kann die Moral des Dekalogs, die in einer verhältnismäßig einfach strukturierten Gesellschaft entstand, in einer hochkomplex organisierten Gesellschaft ausrichten"[20]? Damit ist die Spannung benannt, die die Frage der Normativität der Schrift selbst berührt und nicht auf die Ethik enggeführt ist. Wie kann die Heilige Schrift überhaupt ihre Funktion als Grundlage christlichen Selbstverständnisses in der Moderne entfalten?

Auf der anderen Seite ist die fehlende Systematik in der Bibel selbst Grund für eine gewisse Abstinenz. *Die* Ethik des Alten Testaments gibt es nicht, oft nicht einmal die Ethik eines einzelnen Buches. Die Pluralität und Pluriformität der Aussagen ist unhintergehbar und *innerbiblische* Kriterien für einen kritischen Umgang, welche der Normen und Werte Geltung beanspruchen dürfen, fehlen. Ob es eine Ethik *im* Alten Testament gibt, ist eine umstrittene Frage, wenn man Ethik als Reflexion auf Prinzipien der Moral bzw. eine reflexive Durchdringung von Handlungsentscheidungen versteht. Vielfach ist lediglich ein Ethos erkennbar, das sich an disparaten Normen- und Pflichten ausrichtet, nicht aber der reflexive Umgang mit ethischer Urteilsbildung. Und auch dieses Ethos ist nicht ein einheitliches, da es Adaptionen und innerbiblischen Transformationen unterliegt. Es besteht zudem Einigkeit, dass sich eine Ethik *nicht* auf diesen Bereich materialer Ethik beschränken kann, sondern der *eigentliche* Wert des Alten Testaments jenseits der konkreten Normen liegt, etwa in der aus der Gnade Gottes heraus befreiten Freiheit des Menschen, dem schöpfungstheologisch begründeten sittlichen Anspruch oder dem Zusammenhang von Eschatologie und Soteriologie. Treffend hat dies *Annette Soete* in ihrer moraltheologischen Arbeit zu Normbegründung und Urteilsfindung

---

Goertz, Moraltheologie (2014) und bezeichnet die (Zurück-)Haltung treffend als „Selbstfesselung" *Goertz*, Relikte (2014). Vgl. im Grundsatz auch *Merks*, Grundlinien (2012), 13–19.145–158 mit einem Plädoyer für eine bewegliche Ethik und einen (auch biblisch begründeten) Pluralismus in der Moraltheologie.

[20] *Breitsameter*, Worte (2012). Die Rede von der relativ einfach strukturierten Gesellschaft, die von einer fehlenden funktionalen Differenzierung geprägt ist, ist ein *ceterum censeo* in seiner Diskussion von Geltung und Bedeutung des Dekalogs (s. z. B. ebd. 40–41.164–165.211.215 u. ö.). Distanz wird damit eine Schlüsselkategorie (ebd. 13): „Die zu schützenden Werte sind bis heute gleich geblieben, die Bedingungen ihrer Bewahrung aber haben sich grundlegend gewandelt" (216).

im Alten Testament formuliert: „Ethik in Israel ist grundlegend Bindung an die dialogisch-tathafte Beziehung zwischen dem exemplarischen Gottesvolk und dem den Dialog geschenkhaft eröffnenden und bewahrenden offenbaren Gott, der sich selbst JHWH nennt, der sich in der Geschichte seinem Namen gemäß erweist und in immer neuer Zuwendung dynamisch sich selbst als Kontinuum des Vertrauens setzt, als *Grund allen Sollens*“[21]. Freilich ist man bei der Ausgestaltung des Zusammenhangs von Normbegründung und konkreten Normen schon tief in nicht unumstrittenen Fragen. Die Entfaltung einer alttestamentlichen Metaethik, in der die Grundlagen des ethischen Urteilens im Alten Testament entfaltet werden, existiert derzeit nicht, wäre aber eine lohnende Aufgabe.

Hinzu kommt, dass die alttestamentliche Exegese längere Zeit selbst von einer selbst auferlegten Abstinenz gegenüber Gesamtentwürfen und Systematisierungen geprägt war, was an dem Fehlen von Gesamtdarstellungen alttestamentlicher Theologien und der Debatte über die Biblische Theologie leicht abzulesen ist[22]. Die Ethik ist sozusagen die kleine Schwester der Biblischen Theologie, denn alle Makel und Schönheitsfehler jener scheint diese auch zu haben[23]. Verantwortbar schien nur eine Ethik in literarhistorischer, rechtsgeschichtlicher oder biblisch partikularer Perspektive (etwa die Ethik des Sprüchebuches, die des Herrschaftsauftrags unter ökologisch-nachhaltiger Perspektive oder die Zusammenführung tierethischer Aspekte im AT etc.). Ein Hinderungsgrund ist daneben, dass hermeneutisch das Verhältnis einer historischen Ethik des Alten Testaments zu einer Ethik der Gegenwart nicht wirklich geklärt ist[24]. Die historische Entwicklung des Ethos und darauf bezogener Ethik-Ansätze ist ohne Zweifel ein wichtiges Moment, um die Welt der Texte verstehen zu können. Es ist notwendig, *aber nicht zureichend*, um die Bedeutung der Texte für ein christliches Ethos bestimmen zu können. *Fazit:* Die Bibel ist also nicht gleichzusetzen mit christlicher Ethik. Es lohnt sich aber, umgekehrt zu fragen, was einer christlichen Ethik fehlen würde, wenn die Bibel nicht wäre.

---

[21] *Soete*, Ethos (1987), 82.

[22] Das lässt sich exemplarisch verfolgen im Jahrbuch für Biblische Theologie Bd. 1 (1986) „Einheit und Vielfalt Biblischer Theologie“ und Bd. 25 (2011) „Wie biblisch ist die Theologie?“.

[23] Vgl. ähnlich *Smend*, Art. Ethik (1982), 423; *Sæbø*, Reflections (1998), 167.

[24] Vgl. dazu grundlegend *Otto*, Ethik (1994).

2. Eine typologische Matrix alttestamentlicher Ethik

Das Feld ethischer Zugriffe auf das Alte Testament ist ausgesprochen breit und zerfällt grob in zwei nicht gleich große Lager, die einander mehr oder weniger unversöhnlich gegenüberstehen: „Scholarly reflection on ethics in the HB/OT can be divided into two different kinds of work: descriptive and constructive. Descriptive inquiry examines the ethics behind the text, that is, the ethics of ancient Israel [...] Constructive inquiry is interested in how the HB/OT informs understandings of creation, humanity, and the ethical norms of present day societies“[25]. Während die einen den historischen Zugang methodisch präferieren und so eine Ethik *im* Alten Testament beschreiben, gehen die anderen von einer Gegenwartsbedeutung aus und orientieren sich an Fragen, die von *außen* an das Alte Testament herangetragen werden. Unverkennbar klingt die Differenz von Genese und Geltung hier an. Ausgehend von dieser dichotomen Differenzierung ethischer Ansätze möchte ich im Folgenden grob und vereinfachend vier Typen unterscheiden[26]: Ethik *im* Alten Testament, Ethik *des* Alten Testaments, Ethik *aus dem* Alten Testament, Ethik *mit dem* Alten Testament. Innerhalb dieser Matrix wiederum lassen sich nahezu alle unterschiedlichen Typen von Ethiken denken, d. h. sowohl historisch deskriptive (auf die historische Entfaltung der Ethik gerichtete) als auch deontologische (auf unbedingte Normen bezogene, am ehesten Pflichtenethiken), teleologische (konsequentialistische und utilitaristische, an den Folgen des Handelns ausgerichtete), kontrakturalistische (auf Verträgen und Zustimmung beruhende wie etwa eine Bundesethik) oder auch Tugendethiken (bei denen es auf das handelnde Subjekt und seine Beweggründe ankommt). Verschiedene Ordnungsprinzipien sind

---

[25] *Lapsley*, Ethics (2014), 98.

[26] Verschiedene Klassifizierungen sind möglich. Ich habe profitiert von *Erbele-Küster*, Ethik (2013), die als Unterscheidung vorschlägt: ein literatur- und religionsgeschichtlicher, ein sozialgeschichtlicher, ein kanonischer und ein literarisch-ästhetischer Ansatz. Die hier vorgeschlagene Klassifizierung setzt hermeneutisch basaler an. Der literatur-, religions-, und sozialgeschichtliche Ansatz würde in die hier vorgeschlagene Kategorisierung einer „Ethik im Alten Testament“ fallen. Zum großen Teil auch der literarisch-ästhetische Ansatz, der aber auch zusammen mit dem kanonischen als „Ethik des Alten Testaments“ zu klassifizieren ist. Mit der Klassifizierung sind selbstverständlich nicht alle Aufgaben einer Ethik bereits erfasst, s. auch dazu *Erbele-Küster*, Ethik (2013).

dabei denkbar, etwa an thematischen Hauptlinien, Einzelthemen oder Literaturgattungen wie der Tora, den narrativen Texten, prophetischen oder weisheitlichen Texten etc. Die genannten Differenzierungen unterstreichen, dass es *die* alttestamentliche Ethik als eine umfassende und systematische nicht geben kann. Hinter den vier Modellen stehen jeweils hermeneutische Grundentscheidungen, die den Schriftbezug bestimmen. Dabei geht es mir mehr um die Beschreibung als um die Bewertung der Modelle:

(1.) Das erste Modell nimmt seinen Ausgangspunkt in der *Einheit und Ganzheit der Schrift* aus der heraus die Einheit einer Ethik abgeleitet wird. Ich fasse daher sehr verschiedene Ansätze unter dem Stichwort „Ethik *des* AT" zusammen.

Nur der Vollständigkeit halber sind hier zunächst im Kern *fundamentalistische* Pflichtenethiken zu nennen, in denen die Qualität der Schrift als Wort Gottes die Einheit der Ethik garantiert. Entsprechend werden die biblischen Normen und Werte als unhinterfragt verbindlich für ein ethisches Handeln übernommen. Grundlage ist die schlichte Juxtaposition ethischer Weisungen, der biblischen Werte und Normen. Ein solcher fundamentalistischer Zugriff auf die Schrift kommt nicht ohne Selektion aus, die die Paradoxien nivelliert und die Pluralität vereindeutigt. Wegen der hermeneutischen Problematik könnte man sich vorschnell von der Vorstellung einer Einheit der Ethik verabschieden: Da es keine einheitliche Perspektive gibt, gibt es auch nicht *die* oder eine Ethik[27]. Doch erschöpft sich das Paradigma nicht im fundamentalistischen Zugriff auf die Schrift.

Theologische Zugriffe auf die Schrift sehen oft die hermeneutische Problematik des fundamentalistischen Zugriffs, halten aber an dem Versuch einer Ethik *des* Alten Testaments insofern fest, als die Einheit und Ganzheit der Schrift den Ausgangspunkt der Reflexion bildet[28]. So etwa zuletzt in *materialer* Hinsicht Hendrik van Oyen

---

[27] Vgl. dazu ausführlich *Barton*, Understanding (2003) und sein neuestes Buch *Barton*, Ethics (2014). Ich danke John Barton, der mir das Manuskript noch vor der Veröffentlichung freizügig zur Kenntnis gegeben hat.

[28] Hierunter würde etwa auch *Oyen*, Ethik (1967) fallen. Seinen „Ausgangspunkt bilden die ‚theologischen Grundlagen' (Offenbarung des Gotteswillens; Bund; Heiligung; Gemeinschaftstreue und Schalom) und die Anthropologie (Gottebenbildlichkeit und Gewissen; Abfall und Sünde; Armut und Leiden). Im Anschluss daran wird die materiale Ethik entfaltet", vgl. *Erbele-Küster*, Ethik (2013).

in seiner Ethik des Alten Testaments (1967). Auch diese Ethik hat wenig Spuren gezogen. Gegenwärtig argumentieren hingegen die meisten Ansätze kanonisch, wobei die *formale Einheit* der Ethik durch den Kanon gewährleistet ist. Der Kanon bildet dann einen Sinnraum, in dem selbst ethische Diskurse abgebildet oder repräsentiert sind, ohne dass sich diese auf *eine* systematisierte Ethik engführen lassen. Zum einen ist zu beobachten, dass das Wort „kanonisch" im Raum alttestamentlicher Ethiken vor allem in Amerika inflationär gebraucht wird und andererseits auch hier festzustellen ist, dass diese „Ganzheit" nicht ohne Selektion auskommt[29].

(2.) Unter „Ethik *im* Alten Testament" fallen all jene Ansätze, die in historischer oder systematischer Absicht die in den Texten des Alten Testaments vorfindlichen Moralen beschreiben oder rekonstruieren. Es sind Ansätze einer historischen Ethik mit deskriptivem, oft aber nicht präskriptivem Interesse. Hierunter zählt z. B. das sehr lesenswerte neue Buch von John Barton „Ethics in Ancient Israel". Barton versucht explizit eine „moral philosophy" der südlichen Levante in den Texten des Alten Testaments zu identifizieren, wobei er sich ebenso explizit von Anwendungsfragen fernhalten will. „But we shall not be asking whether given moral norms current in ancient Israel should be observed today, nor whether ideas such as personified wisdom or purity should be part of ‚our' ethical categories (who, anyway, are ‚we'?). There is meant to be no such agenda, either relativist on the one hand or ‚presentist' on the other, in my discussion"[30]. Ein anderes Beispiel für die „historische Ethik" wären literatur- oder religionsgeschichtliche Ansätze wie die Ethik von Eckart Otto, die die Entfaltung und Theologisierung des Ethos im Recht im altorientalischen Kontext nachzeichnet. Otto, der so viel wie niemand sonst im Bereich der alttestamentlichen Ethik publiziert hat, hält jeden Ansatz, der darüber hinausgeht, für verfehlt und hält apodiktisch fest: „Eine Ethik des AT hat deskriptiv zu sein". Nur insofern das Alte Testament „eine der wichtigsten kulturhistorischen Quellen der Moderne" ist, ist ihr Reflexionsangebot „im ethi-

---

[29] S. zur Einordnung der kanonischen Zugänge *Erbele-Küster*, Ethik (2013), 2.3. Zur Selektion auch in kanonischen Ansätzen s. u.

[30] *Barton*, Ethics (2014), 11.

schen Diskurs der Gegenwart universal und weltweit"[31] von Bedeutung. Vielversprechend im historischen Ansatz ist das Mainzer Projekt „Ethik in Antike und Christentum", wo es u. a. darum geht, die „Perspektive des Nachdenkens über ethische Begründungsmuster auf die textbasierte Deskription bereits vollzogener wertender Handlungsmuster"[32] zu richten. „Der Text ist gewissermaßen wie ein Gesprächspartner im ethischen Diskurs, dessen ethische Reflexion und Plausibilisierungsstrategie erkannt"[33] werden soll.

Den Ansätzen ist gemeinsam, dass sie gegenüber der alttestamentlichen Moral einen neutralen Beobachterstatus reklamieren. Ihr Anspruch ist nicht die Entfaltung einer normativen Ethik und sie fällen nicht selbst moralische Urteile darüber, was vermeintlich „richtig" oder „falsch" ist. Vielmehr entfalten sie auf einer Analyse- und Beschreibungsebene, was zu einer bestimmten Zeit unter bestimmten Voraussetzungen für „richtig" oder „falsch" gehalten worden ist und decken dadurch Prinzipien der Moral, ihre Entwicklung oder ihre verändernde Kraft auf. Die Ansätze gehen also nicht in der bloßen Beschreibung auf, sondern analysieren ethische Begründungsmuster in historischen Kontexten.

Mischformen lassen sich vor allem in sozialgeschichtlichen Ansätzen finden, wo ein deskriptives Ethos den Ausgangspunkt, aber nicht das Ziel der Beschäftigung mit der Ethik ist. Dabei sind historische und theologisch-sozialethische Aspekte berührt, die sich im schlechtesten Fall vermischen oder im besten Fall in eine Relation zueinander gesetzt werden. Hier ließe sich auf die Studien von Frank Crüsemann verweisen[34].

(3.) In dem dritten Modell einer Ethik *aus* dem Alten Testament stellt das AT eigentlich nur das Formalprinzip einer Ethik dar. Es wird versucht, aus dem AT Grundsätze zu erarbeiten, die sich zu ethischen Grundlinien verdichten, sei es in narrativer oder paradigmatischer Hinsicht. Waldemar Janzen z. B. wählt in seinem „narrativ-kanonischen" Ansatz fünf paradigmatische Geschichten, mit

---

[31] Alle Zitate *Otto*, Art. Ethik (1999), 1604, vgl. *Ders.*, Leben (2008), 649; *Ders.*, Begründungen (2009), 77.

[32] *Zimmermann*, Ethikbegründungen (2013), 13.

[33] Ebd. 14.

[34] *Crüsemann*, Maßstab (2003), vgl. aber auch *Ders.*, Tora (1992).

denen er ein familiäres (Gen 13), ein priesterliches (Num 25), ein weisheitliches (1 Sam 25), ein königliches (1 Sam 24) und ein prophetisches (1 Kön 21) Paradigma auswählt und daran Grundsätze des ethisch Richtigen aus dem Alten Testament entfaltet. Das familiäre Paradigma z. B. entfaltet Leben, Land und Gastfreundschaft. Ziel der alttestamentlichen Erzählungen sei nicht, eine Ethik zu formulieren oder die Basis dafür zu bieten, sondern ein Ethos zu formen, das den christlichen Charakter bildet. Gegenüber den paradigmatischen Erzählungen, die das Ethos erläutern, fällt das Gesetz fast notwendig ab; der wohl problematischste Punkt des Versuchs, der oft nicht zuletzt wegen seines Eklektizismus als unzureichend kritisiert wurde[35].

In das weite Feld einer „Ethik *aus* dem AT" gehören aber auch etwa befreiungstheologische Versuche, die die Befreiung zur Freiheit in der Exoduserzählung zum Ausgangs- und Zielpunkt machen oder solche Ansätze, die ausgehend von der Mimesis des Heiligkeitsgesetzes („Seid heilig, weil ich heilig bin", Lev 19,2) in teleologischer Ethik auf die „Heiligung" der Welt zielen ebenso wie Ansätze, die dem Liebesgebot deontologisch alles zu- und unterordnen und von dort aus eine Ethik entfalten etc.

(4.) Im vierten Modell ist das Alte Testament nicht Ausgangspunkt der ethischen Reflexion und für die Begründung der Ethik verzichtbar. Die ethische Urteilsbildung findet *explizit* außerhalb des AT statt, so dass dem biblischen Ethos lediglich illustrative Kraft zukommt. Die Bibel bildet einen nachgeordneten Referenzpunkt, der relational und dialogisch zur Vernunftethik in Beziehung gesetzt wird. Das Modell lässt sich als *Konformitätsmodell* beschreiben und unter dem Stichwort Ethik *mit* dem Alten Testament fassen. Die meisten gegenwärtigen systematischen Tugendethiken bzw. die autonomen Moralen, die sich zunächst ausschließlich auf die sittlich autonome Vernunft oder ethische Rationalität beschränken, gehören hierhin[36].

---

[35] Z. B. *William P. Brown*, Review of Waldemar Janzen, Old Testament Ethics: A Paradigmatic Approach, Louisville 1994, RBL 6/26/2000 (www.bookreviews.org [Zugriff: 2.1.2015]); *Otto*, Art. Ethik (1999), 1604.

[36] Auf der Tagung wurde in Diskussionen von Thomas Hieke, Ludger Schwienhorst-Schönberger und anderen unterstrichen, dass eine Tugendethik durch alttestamentliche Perspektiven bereichert, aber kaum allein begründet werden kann.

Grundsätzlich kann man auch diskursethische Ansätze hier einordnen, wenn man davon ausgeht, dass alttestamentliche Positionen in einen vernunftgeleiteten Diskurs eingebracht werden und alle am Diskurs Beteiligten aufgrund ihres lebensweltlichen Hintergrunds über die normative Geltung Verständigung erzielen und diese einschließlich ihrer Folgen zwanglos akzeptiert wird. Mir ist kein solcher Versuch in der Literatur begegnet. Ich fände es allerdings reizvoll, kanonische und diskursethische Ansätze ins Gespräch zu bringen.

Dass diese vier „Modelle" einer Ethik *des, im, aus, mit* dem Alten Testament an hermeneutische wie methodische Grundentscheidungen gebunden sind, dürfte klar sein. Klar geworden ist auch, dass je unterschiedliche Grade von Normativität und Schriftgemäßheit Voraussetzung sind. Zugleich – und darauf kommt es mir an – sind in allen Modellen implizite oder explizite Selektionen zu erkennen. Darauf werde ich später noch einmal zurückkommen. Das vierte Modell hat eine hohe Akzeptanz, aber – ich spitze es einmal provokant zu – im ausschließlichen Rekurs auf die Vernunft als Begründungsressource liegt ein Problem. Wird das nicht erkannt, führt der Ansatz zu einer begründeten Distanz gegenüber dem Alten Testament als (zwar nicht zureichende, aber auch begründende) Ressource des ethischen Diskurses.

3. Sklavenaufstand der biblischen Moral

Es gibt kaum einen ernstzunehmenden Beitrag im Schnittbereich Bibel und Ethik, der nicht betonen würde, dass die Texte der Bibel a) ethisch *irgendwie* relevant, und b) in einem gewissen Sinne normativ sind und es c) schwierig ist, beides zusammenzudenken. Versteht man unter Ethik die Reflexion auf Prinzipien der Moral, dann kann diese Reflexion ausschließlich vernunftgeleitet und -verantwortet sein. Damit kann es keine *begründete* Moral an der Vernunft vorbei geben und die biblischen Moralen wären weitestgehend außen vor. Damit ist das Dilemma der autonomen Vernunft als ausschließlicher Begründungsressource für die Moral umrissen, was geradezu zum „Fremdeln" der Moraltheologie in Bezug auf die Bibel geführt hat. Selbstverständlich kann eine Begründung sittlichen Handelns, die vor dem Forum der Vernunft bestehen soll, nur mit der Vernunft und nicht gegen die Vernunft begründen. Damit aber zugleich allen Instanzen jenseits der

Vernunft die Fähigkeit abzusprechen, das, was sittlich ist, zu bestimmen[37], geht m. E. zu weit, denn Begründen und Bestimmen ist nicht das Gleiche und auch unzureichende Begründungen sind Begründungen.

Ein Ausweg liegt vielleicht darin, Begründungen auch dann für wertvoll zu halten, wenn sie nicht zureichend sind. Das käme derzeit einem Sklavenaufstand der biblischen Moral gegenüber der autonomen Vernunft gleich. Skizzieren wir also zunächst noch einmal das Dilemma.

Dass die Bibel zur Begründung universalisierbarer ethischer Urteile nicht zureichend ist, dürfte kaum jemand ernsthaft bestreiten, denn der Wahrheitsanspruch der religiösen Begründung ist nicht unabhängig von dem Glauben daran[38]. Georg Steins hält zu Recht fest: „Ethik kann, wenn sie die Freiheit des Menschen als Vorgabe akzeptiert und als Ziel anstrebt, nicht die sittliche Autonomie überspringen“[39]. Ansonsten droht sie in einen Fundamentalismus abzugleiten. Zum anderen dürfte unhinterfragt feststehen, dass eine zeitlos-abstrakte Dekontextualisierung biblischen Ethos weder möglich noch sinnvoll ist: „Any one-to-one mapping of context is impossible“[40]. Die Transformationsprozesse, durch die biblische Urteile Geltung erlangen, können je unterschiedlich ausfallen: So ist die Adaption des Nächstenliebegebots durch die Reflexion, wer heute „Nächster“ ist, eine andere als die Transformation von Ex 21,10, wonach eine zurückgesetzte Nebenfrau ein Recht auf Nahrung, Kleidung und Beischlaf haben soll[41]. Zum Teil setzen schon innerbiblisch Neu-Kontextualisierungen und Transformierungen an, so dass eine einfache eins-zu-eins Übertragung schon am Ursprungstext vorbeigeht. Das ließe sich etwa mit Eckart Otto am Zinsverbot zeigen: „Die Geschichte des Zinsverbots zeigt, dass die auf die ethische Gesinnung zielende Bruderethik in Gestalt des Zinsverbots nicht mit den Erfordernissen der Ökonomie zu vermitteln war, so dass die Geschichte des Zinsverbots von seinen Anfängen an auch die Geschichte seiner Nichtbeachtung schon in biblischer Zeit ist“[42]. Bedeutet das einerseits eine Relativierung, so doch

---

[37] *Goertz*, Autonomie (2014), 171 mit Bezug auf K.-W. Merks.

[38] Vgl. *Heimbach-Steins/Steins*, Ornament (2001), 95; *Breitsameter*, Worte (2012), 216.

[39] *Steins*, Bibelauslegung (2012), 55.

[40] *Lapsley*, Ethics (2014), 98.

[41] Vgl. dazu die Beispiele bei *Kampling*, Ethik (2015), 18.

[42] *Otto*, Zinsverbot (2014), 12.

nicht gleichermaßen die Irrelevanz des Zinsverbots. Nach Otto ist das Zinsverbot Wächter einer Gerechtigkeit, die auch in der Gegenwart noch marktbegrenzend ist: „Erst in der Moderne kann die Gerechtigkeit als soziale in einem Sozialrecht Heimat im Recht finden und dem Markt Grenzen setzen. Dafür einzustehen, dass es sich weltweit in einer globalisierten Welt durchsetzt, ist eine der Moderne angemessene Applikation des biblischen Zinsverbots“[43].

Christinnen und Christen sind überzeugt, dass die Schrift „verlässliche Wegweisung für das menschliche Leben“ geben kann[44]. Das führt in der Theologie in die absurde Situation, dass der Bibel zwar zugetraut wird zu sagen, was recht ist, aber nicht, es auch zu begründen – womit nur noch eine Karikatur von Normativität übrig bleibt. Das Dilemma spiegelt sich auch in kirchenamtlichen Dokumenten, die von einem selektiven Eklektizismus im Bibelgebrauch geprägt sind, der „biblische Bezüge als ‚Reflexionsgenerator‘“ nutzt und die Rolle der Bibel „als Quelle ethischer Motivierung und Sensibilisierung“ marginalisiert und in ihrer Funktion unterbestimmt[45]. Beide Größen stehen sich oft sogar diametral und unversöhnt gegenüber, wie es scharf die Sozialethikerin Marianne Heimbach-Steins formuliert: „Auch wenn dem biblischen Rekurs für eine christlich-theologische Ethik strikt fundamentaler Charakter zukommen müsste, insofern die Bibel als Heilige Schrift der Christen die ‚Urkunde‘ der Glaubensgemeinschaft ‚Kirche‘ bildet, hat doch die Frage nach Ort, Stellenwert und Ertrag dieser Bezugnahme zumindest in der modernen katholisch-theologischen Ethik keine zentrale Rolle gespielt“[46]. „D[enn d]as in der Philosophie der Moderne dominierende Verständnis von Ethik als Wissenschaft

---

[43] Ebd. 14.

[44] *Regula Benedicti* 73,3.

[45] *Heimbach-Steins*, Bibel (2011), 324, vgl. *Heimbach-Steins/Steins*, Ornament (2001), 97f.

[46] *Heimbach-Steins*, Begründen (2011), 244. Das hängt nach Heimbach-Steins an disziplininternen Gründen, aber auch, „was gelegentlich übersehen oder unterschätzt wird, mit bestimmten Entwicklungen in der Bibelexegese der letzten Jahrzehnte“ (ebd.) zusammen. Es greift m. E. trotz aller notwendigen Selbstkritik deutlich zu kurz, die Entfremdung zwischen Moraltheologie und Exegese der historisch-kritischen Forschung zuzuschreiben. Das Auseinanderbrechen der theologischen Interdisziplinarität ist ein viel tiefgreifenderes Phänomen der letzten 50 Jahre und hat auch Gründe in der methodischen Spezialisierung einerseits und der betonten Verortung des Verhältnisses der ethischen Disziplinen zu den außertheologischen Sozial- und Kulturwissenschaften.

bietet den religiösen Quellen von Moralität insofern keinen Platz an, als Ethik auf die rationale Begründung universalisierbarer moralischer Ansprüche zugespitzt wird und partikulare Moralen, Binnenmoralen weltanschaulicher oder religiöser Gemeinschaften, *per definitionem* aus diesem Horizont ausgeklammert werden"[47].

Jedenfalls kann es ja nicht darum gehen, den am Wort orientierten Beitrag der Bibel zu Fragen der angewandten Ethik, der Medizinethik, der Bioethik, der Sozialethik, der Wirtschaftsethik, der Friedensethik, der Wissenschaftsethik, der Lebenskunst usw. zu benennen und abzuarbeiten. Darüber besteht sicherlich Konsens. Die Bibel gibt zwar keine Antwort auf die Frage, ob ein Plagiat eine ethisch verwerfliche Leistung in der Wissenschaft ist, kann aber doch den Rahmen für die Beantwortung dieser Frage vorgeben. Das deuten die verschiedenen Versuche an, zwischen der materialethischen und formalethischen Seite schärfer zu trennen. So dominieren Überlegungen zu ethischen Grundstrukturen und Werten, die das biblische Ethos darstellen und narrativ entfalten oder plausibilisieren. Dabei wird betont, dass das AT in der Nachmoderne materialethisch mehr oder minder irrelevant ist. „Die Leistung der Bibel wie der religiösen Tradition(en) liegt nicht in der Materialität der Weisungen, sondern in einer bestimmten Zurüstung für den moralischen Standpunkt"[48] – so charakterisiert Steins zutreffend die nachkonziliare Situation, die er zu guten Teilen der historisch-kritischen Exegese anlastet, was m. E. aber wie gezeigt zu kurz greift.

Problematisch ist nun m. E., wenn materialethische Aspekte alttestamentlicher Ethik vollständig ausgeblendet, marginalisiert oder als implizit intolerant gebrandmarkt werden. Das bedeutet nicht, dass die Bibel als „Moralbuch" repristiniert werden soll oder das moralische Potential der Bibel auf die materialethische Seite enggeführt werden soll. Es bedeutet aber, von der Bibel, die eine Binnenmoral bleibt, keine Letztbegründungen ethischen Handelns auf der Grundlage autonomer Vernunft zu verlangen. Die Bibel hat andere Begründungsressourcen als die autonome Vernunft. Mit Thomas Krüger ist festzuhalten: „Das AT erschöpft sich nicht darin, sittliche Normen, Werte und Tugenden zu formulieren. Es enthält auch Reflexionen über die Möglichkeiten und Grenzen menschlicher Erkenntnis des Guten und der Umsetzung

---

[47] *Heimbach-Steins*, Begründen (2011), 243.
[48] *Steins*, Bibelauslegung (2012), 52.

entsprechender Einsichten in die Lebensführung des Menschen“[49]. Ja mehr noch, das in den Texten erkennbare Ethos und die darin gespiegelte Moral sind für den christlichen ethischen Diskurs weiterführend, wenn nicht unverzichtbar. Treffend formuliert Wolfgang Lienemann: „Die heiligen Schriften der Juden und Christen bilden für Christinnen und Christen den privilegierten Entdeckungs-, Begründungs- und Erläuterungszusammenhang (auch) der ethischen Orientierung und Entscheidungsfindung; diese Schriften enthalten Modelle sittlicher Weisung und Entscheidungsfindung sowie ethischer Reflexion; sie sind Richtschnur und Maß theologisch-ethischer Forschung, kirchlicher Lehre und lebensweltlicher Orientierung“[50].

Das Alte Testament erschöpft sich dabei nicht darin, nur Paradigma zu sein. Abgesehen, dass die Trennung zwischen formalen und materialen Aspekten nicht steril durchzuführen ist, darf sich christliche Ethik nicht einfach auf die formalethische Seite beschränken. Das ließe sich etwa leicht an dem Gebot der Nächstenliebe zeigen, verbunden mit der Ermutigung von Jürgen Habermas, die Bibel deutlicher als Sinnressource zu nutzen: „Die christliche Liebesethik wird einem Element der Hingabe an den leidenden Anderen gerecht, das auch in einer intersubjektivistisch begriffenen Gerechtigkeitsmoral zu kurz kommt. Diese beschränkt sich nämlich auf die Begründung von Geboten, denen jeder unter der Bedingung folgen soll, dass sie auch von allen anderen befolgt werden. Für diese Selbstbeschränkung gibt es freilich einen guten Grund. Ein superergoratorisches Handeln, das über das hinausgeht, was auf der Basis der Gegenseitigkeit jedermann zugemutet werden kann, bedeutet die aktive Aufopferung legitimer eigener Interessen für das Wohl oder die Minderung des Leidens des hilfsbedürftigen Anderen“[51].

Noch zu wenig ausgelotet scheint mir dabei der Bereich der metaethischen Normbegründung im AT, jenseits der Fixierung auf eine materialethische Normativität aber auch nicht losgelöst davon. Ruben Zimmermann spricht diesen Aspekt unter der Bezeichnung Ethikanalyse an: „Ethische Begründung ist daher mehr als die traditionsgeschichtliche Analyse einzelner Normen oder die rhetorische Deskription des Argumentationsmusters, auch wenn diese bei der

---

[49] *Krüger*, Menschen (2011), 249.
[50] *Lienemann*, Grundinformationen (2008), 185.
[51] *Habermas*, Zeit (2001), 192f.

Wahrnehmung der ethischen Begründungszusammenhänge von großem Nutzen sein können. Ethik zielt auf solche Wertsetzungen. Die Aufgabe der Ethikanalyse besteht gerade darin, diese Bewertungen einer Handlung offen zu legen. Ob aus dieser Analyse ein präskriptiver Anspruch erwächst, dass künftig auch so oder gerade anders gehandelt werden soll, ist dabei zunächst offen"[52].

Mit dem zuvor Gesagten soll nicht der Stachel wider die sittliche Autonomie gelöckt und einer Abkehr davon das Wort geredet werden. Im Gegenteil, hinter die „Jahrtausendidee der Selbstgesetzgebung der praktischen Vernunft" (Geert Keil)[53] gibt es keinen Weg zurück. „Ein Verzicht auf die Vernunft, aus was für edlen Motiven auch immer, bedeutet das Ende der moralischen Frage überhaupt"[54]. Gibt es aber nur 1 und 0? Vielleicht ist es die diametrale Gegenübersetzung von Heteronomie und Autonomie und die Annahme, dass diese in dem Gegensatzpaar Bibel und freiheitlicher Moral ihre Entsprechung findet, die in ein Dilemma führt. „Der Kritik der praktischen Vernunft hat sich alles zu beugen, auch die Religion"[55] oder „Wenn es überhaupt Moral gibt, dann ist sie universell und unabhängig von den vielen Religionen oder dem Wesenswissen von Schriftgelehrten"[56]. Das Pathos erinnert an Settembrini im Zauberberg, der (in Anlehnung an Nietzsche) die Hybris der Vernunft gegen die dunklen Gewalten zur höchsten Menschlichkeit erklärt[57]. Nicht zu Unrecht hat Joseph Ratzinger im Gespräch mit Jürgen Habermas solches und von anderen Zuversichten getragenes Pathos als Pathologien gebrandmarkt[58]. Sie tun geradezu so, als gäbe es kein Letztbegründungsproblem und als wäre ein Begründungsdefizit nur in der religiösen Moral zu finden.

Verbindlichkeit kann es ja auch als freie Selbstverpflichtung geben, die der Vernunft nicht entspringt, ihr aber auch nicht entgegengesetzt

---

52 *Zimmermann*, Ethikbegründung (2013), 4.

53 Zitiert nach *Goertz*, Autonomie (2014), 157. Ebd. 169–176 setzt sich *Goertz* mit der katholischen und neo-konservativen Autonomiekritik auseinander, wo Autonomie „als Unterminierung von Autorität und als Destabilisierung von sozialer Ordnung begriffen" (ebd. 174) wird.

54 *Merks*, Grundlinien (2012), 96.

55 *Goertz*, Autonomie (2014), 160. Vgl. etwas benigner, aber in den Konsequenzen ähnlich *Breitsameter*, Worte (2012), 216.

56 *Brandt*, Immanuel Kant (2010), 223; zitiert nach *Goertz*, Autonomie (2014), 160.

57 *Mann*, Der Zauberberg (1974), 495.

58 Vgl. *Ratzinger*, Stellungnahme (2004), 6f.

ist. Das würde bedeuten, von der biblischen Ethik nicht die Vernunftbegründung im Letzten einfordern zu müssen, ihr aber trotzdem nicht eine Widersprüchlichkeit zur Vernunft zuzugestehen. Gemeint ist also nicht eine Verweigerung gegenüber der Vernunft, sondern eine an der Vernunft selbst orientierte Selbstbeschränkung der praktischen Vernunft. Auch im AT geht der Anspruch des ethischen Handelns gegenüber dem Anderen von der Würde der geschaffenen Person und ihrer gottgeschenkten Freiheit aus. Nichts anderes tritt etwa im Exodusgeschehen mit dem Dekalog als Ruf in die Freiheit hervor. Ja, abstrakt mag gelten, dass „der Satz ‚Freiheit soll sein' zum Moralprinzip autonomer Moral wird"[59], aber *konkret* wird diese Freiheit *im christlichen Verständnis* erst durch das Schöpfungshandeln Gottes und sein befreiendes Handeln in der Geschichte. Und unter dieser Voraussetzung bleiben die Moralen der Bibel als Explikationen dieses Freiheitsgedankens durchaus relevant.

Die biblische Moral wird unter den Vorbehalt gestellt, sie könne keine allgemeine Verbindlichkeit hervorbringen: „Gebote, von denen man sagt, sie setzen einen Glauben voraus, können nicht als strikt verbindliche moralische Gebote gelten. Für das neuzeitliche Toleranzdenken ist diese Unterscheidung von größter Bedeutung"[60]. Zum einen ist m. E. zu hinterfragen, ob es diese Moral, die universal verbindlich für alle Menschen gleich formuliert werden kann, *de facto* gibt oder ob nicht das im globalen Kontext ein uneingelöster Anspruch bleibt. Zum anderen wird vorausgesetzt, dass derjenige, der sich einem unbedingten Sollensanspruch unterstellt, nicht im gleichen Zug dem Anderen die Freiheit zugestehen kann, sich diesem Sollensanspruch aus welchen Gründen auch immer zu entziehen. Darin liegt m. E. die Leistung religiös begründeter Toleranz. Das heißt aber gerade nicht den biblischen Anspruch als solchen aufzugeben[61]. Eine Glaubensmoral wie die biblische schließt Toleranz gerade nicht aus, sondern ein. Die Übersetzung biblischer Ansprüche in verständliche Vernunftgründe kann gelingen. Da, wo sie nicht gelingt, unterliegt die biblische Moral selbst-

---

[59] *Goertz*, Autonomie (2014), 164. Für Goertz ist „Freiheit" die eigentliche *Substanz* der Moral (vgl. ebd. 170).

[60] Ebd. 166.

[61] Dass also eine „Moral, die einen bestimmten partikularen Glauben [in unserem Fall den biblischen] voraussetzt, [aufhört], menschlich verbindliche Moral zu sein" (ebd.) kann ich nicht sehen.

verständlich der Kritik, wird aber in ihrem Geltungsanspruch nicht notwendig gegenstandslos. Zwar bildet die biblische Moral die Komplexität der modernen Gesellschaft nicht ab, jedoch ist die Annahme, sie sei wegen des zeitlichen Abstands der Komplexität der modernen Gesellschaft nicht gewachsen, eine Unterstellung. Bei all dem muss unterstrichen werden, dass die biblische Moral eine *Binnenmoral* bleibt und nicht (mehr) in den Ring als universalisierbare Moral steigt. „Denn so unterschiedlich die Götter, so vielfältig die Auslegungen ihrer Gesetze“[62] – formuliert spitz Friedrich Wilhelm Graf und schlussfolgert: „Allein im diskursiven Streit um Glaubensweisen, Weltsichten und religiös fundierte Ethosformen werden Klärungen darüber zu erzielen sein, ob die Gottesgesetze der religiösen Gemeinschaften interne Unterscheidungspotentiale von allgemein und partikular, außen und innen, rechtlich und moralisch bergen“[63]. Das bedeutet nicht, dass etwa der Respekt vor dem Leben und der Freiheit des Anderen, der zu den Basisannahmen des alttestamentlichen Ethos gehört, *grundsätzlich* nicht vielleicht universalisierbar sei, doch zielt die Ethik des Alten Testaments nicht prinzipiell auf universale Geltung. Das sollte aber nicht länger als Schwäche ausgelegt werden, sondern mit diesem zurückgenommenen Universalanspruch bringt sich das alttestamentliche bzw. biblische Ethos in den Wettstreit der Moralen ein und hat darin keine aussichtslose Position.

4. „Die Guten ins Töpfchen ...“ – Das Problem der Selektion

Es gibt eine materialethische Relevanz des AT, die aber notwendig eine Selektion innerhalb der Vielfalt voraussetzt. Über die Kriterien der Selektion besteht derzeit keinerlei Konsens und auch hier zeigt sich, dass letztlich die Hermeneutik den Rahmen vorgibt. Das Problem widerstreitender Weisungen und der damit verbundenen Zielkonflikte ist nicht neu. Schon an der Tragik Sauls in 1 Sam 15 lässt sich das zeigen. Alle Gebote sind eben nicht gleich viel wert. Ez 20,25 polemisiert sogar mit den „schlechten Geboten“, die in den Tod führen, gegen das allzu einfache „wähle das Leben!“ aus Dtn 30,19[64]. Dass es bereits in

[62] *Graf*, Moses (2006), 90.
[63] Ebd. 91.
[64] S. dazu *Kessler*, Gesetze (2006), 98. Ob die Autoren von Ez 20,25 das ganze

den alttestamentlichen Texten Reflexionen über die Frage der Reichweite und Geltung von Gottes Wort gegeben hat, mag vielleicht auch Ps 68,12 verdeutlichen: „Eines hat Gott gesagt, zweierlei habe ich gehört". Dass sich aber schon das „Haltet *alle* meine Gebote" Lev 19,37 mit einer selektiven Vorrangstellung des Dekalogs auseinandersetzt[65], mag man bezweifeln. Der in Dtn 5 gegenüber Ex 20 variierte Dekalog bleibt aber ein Paradebeispiel für die Frage der Selektion, selbst wenn dort die Differenzen in Bezug auf das Ethos nicht als substantiell zu werten sind. Aber die Tatsache, dass dieses so zentrale Dokument überhaupt als einziges Gesetzeskorpus zweimal überliefert ist – und es gibt ganze Antwortuniversen auf dieses Grundlagenphänomen[66] – wirft schon Fragen nach Reichweite und Geltung der beiden Dekaloge auf. Wie weit aber reichen diese Ansätze? Bekanntlich reicht schon die Rechtshermeneutik des Alten Testaments nicht zu einer Eindeutigkeit, welche der Gesetzessammlungen denn nun die Priorität zukommt, dem Bundesbuch, dem Deuteronomium oder dem Heiligkeitsgesetz, geschweige denn, dass eine Vorordnung des Dekalogs – wenn sie denn überhaupt gegeben ist – rechtshermeneutisch *entfaltet* würde. Sie alle sind Teil der ganzen Tora. Wirklich gelöst wird das Problem des Nebeneinanders im AT nicht, sonst würden die Diskussionen im NT um die Geltung und Reichweite der Gebote (Mt 2,23–28par; 1 Kor 9,9; Jak 2,11; Joh 8,5–7 u. ö.) oder auch um die Hierarchisierung der Gebote („Welches ist das wichtigste Gebot" [Mt 22,36–40, vgl. 23,23]) ins Leere laufen. Über die Frage, ob es im Alten Testament Kurzzusammenfassungen der Ethik gibt, aus denen sich Priorisierungen ableiten lassen, lässt sich lange streiten: Neben den viel diskutierten Dekalogen wären hier u. a. Lev 19; Ijob 31; Jes 33,15; Ez 18,15–17; Mi 6,8; Ps 15,2–5 oder Ps 24,4 zu nennen[67]. Die Kombination von Dtn 6,4 und Lev 19,18 in Mt 28 hingegen zeigt, dass Zusammenfassungen möglich

---

Deuteronomium durch die Polemik ersetzen wollen, wie Kessler annimmt, sei dahingestellt.

[65] S. dazu *Erbele-Küster*, Art. Ethik (2013) 3.1. Zu einer alternativen Interpretation im klammernden Bezug von Lev 19,37 auf Lev 18,5 s. *Hieke*, Levitikus (2014), 760.

[66] S. dazu *Hossfeld*, Dekalog (1982); *Ders.*, Stand (2004); *Köckert*, Zehn Gebote (2007) und zuletzt mit dem Schwerpunkt auf die literarische Einbettung *Dohmen*, Decalogue (2014).

[67] Vgl. *Krüger*, Menschen (2011), 247f.; vgl. zum Dekalog und der Diskussion, ob er eine Summe darstelle auch *Crüsemann*, Bewahrung (1993), 290; *Jungbauer*, Ehre (2002), 26f.; *Schüngel-Straumann*, Ethos (1993), 290; *Lohfink*, Gebot (1989), 84, s.

waren, die nicht im Alten Testament selbst bezeugt sind. Jedenfalls scheint es mir aus innerbiblischen ebenso wie aus theologischen Gründen unangebracht, das „Sittengesetz" auf nur einen Text oder – als Kanon im Kanon – auf ein Cluster von Texten zu begrenzen. Spätestens hier muss die Perspektive der kanonischen Ganzheit der Schrift greifen und mag sie noch so schwierig zu operationalisieren sein.

Damit ist zugleich eines der zentralsten Probleme alttestamentlicher Ethik unabhängig von rechtsgeschichtlichen, narratologischen oder theologischen Zugängen angesprochen. Heutige Ethik, die das Alte Testament nicht von vornherein aus ihren Überlegungen ausklammert, sieht sich im Bezug auf die materiale Ethik permanent vor das Problem der Selektion gestellt. Dass das Tötungsverbot des Dekalogs in Geltung ist, dürfte unhinterfragt sein, selbst wenn Ausnahmen etwa in Notsituationen zugestanden werden[68]. Letzteres zeigt lediglich, dass eine absolute Geltung von Geboten schnell in unauflösbare Widersprüche führt und ein wörtlicher Fundamentalismus kaum handlungsfähig bleibt. Darum aber geht es mir hier nicht, sondern um die Frage, welche Ge- und Verbote in einer christlichen Ethik noch Bestand haben und warum? Zum Teil hat man dabei den Eindruck, dass es eine Hierarchie von Wahrheiten in der Selektion gibt, die recht unbegründet materialethische Präferenzen setzt und sich gegenüber weniger Passendem ohne Zögern frei macht. Ich karikiere: Die Nächstenliebe (Lev 19,18) als Grundlage des christlichen Ethos *ja sicher*, das Verbot der Verletzung fremden Eigentums (Ex 20,15; Dtn 5,19; Lev 19,11) und das Falschzeugnisverbot (Ex 20,16; Dtn 5,20; Lev 19,16) *weitestgehend*, Behinderten das Leben nicht schwer zu machen (Lev 19,14) oder keine falsche Parteinahme vor Gericht (Lev 19,15) *nur wenn es passt und nicht zu viel an eigener Freiheit kostet*, die vollständige Entschuldung im Jobeljahr *wäre in globalen Finanzkrisen schön, aber letztlich nein*, das Verbot, das Böcklein nicht in der Milch seiner Mutter zu kochen oder keine Fruchtbäume im Rahmen von Kriegshandlungen zu beschädigen (Dtn 20,19–20) *wohl kaum*, Sklaven nur von fremden Völkern kaufen (Lev 25,44) angesichts moderner Wanderarbeiter *de facto zwar ja, aber doch nein*, weil Sklaverei generell abgelehnt wird,

---

auch die Überblicke bei *Köckert*, Zehn Gebote (2007) und *Peter-Spörndli*, Zehn Worte (2010).

[68] Vgl. dazu neben *Hossfeld*, Dekaloggebot (2003); *Breitsameter*, Worte (2012), 101–107.

das Gebot, alles Gebannte ausnahmslos zu töten (Lev 27,29) *keinesfalls*. Was hier polemisch formuliert zum Widerspruch reizt, soll deutlich machen, dass die Anwendung von Gesetzen eine Einigung über deren Verbindlichkeit voraussetzt. Die Beispiele zeigen, dass nicht alle Gesetze gleich wertig sind oder als gleich verbindlich erachtet werden, aber die Entscheidung darüber, was als verbindlich zu gelten hat oder nicht, kontextgebunden ist, um nicht zu sagen eher subjektiv und häufig mit einem guten Schuss Eklektik getroffen worden ist und immer noch wird. Warum z. B. findet sich ein Verweis auf Ex 22,28a „Deinen Reichtum sollst du nicht für dich behalten" eigentlich nicht einmal im Katechismus der Katholischen Kirche? Deutlicher zeigen sich Geltungsdiskurse bei Gesetzen, denen temporal, räumlich oder institutionell eine Sonderrolle im Gesetz des AT zukommt. Wie ist beispielsweise mit den Gesetzen umzugehen, die auf das Wohnen im Land (Dtn 15) oder den Tempelkult (Lev 16) bezogen sind? Dass hier von der Antike bis heute Auseinandersetzungen auch im Judentum stattfinden, die verschiedene Richtungen kennzeichnen, zeigen etwa die Diskussionen um die Beschneidung im Reformjudentum oder die Frage, ob und wenn ja, wann und in welcher Form das Ritual der roten Kuh (Num 19) zur Entsühnung angewendet werden soll. Schon mit der Erläuterung der ethischen Relevanz der Einzelbestimmungen des Bundesbuches in den verschiedenen Religionen, Kirchen und Konfessionen ließen sich Bände füllen. Dabei steht außer Frage, dass nicht alle Normen des Alten Testaments überzeitliche Geltung beanspruchen können, sondern in hohem Maße geschichtlich bedingt sind. Eckart Otto sieht in dem, was er als „Abständigkeit des atl. Ethos zu neuzeitlichen Handlungsmaximen" bezeichnet, sogar das hermeneutische Grundproblem für jede Ethik des AT, denn „die Unausgeglichenheit, ja Widersprüchlichkeit der ethischen Maxime […] (sei) durch keinen hermeneutischen Kunstgriff zu überwinden" und könne letztlich nur zu „Scheinlösungen autoritativer Postulate" führen[69].

Die dabei relevante Unterscheidung im Geltungsgrad der Gesetze ist christlich in der Unterscheidung von Kultgesetzen und Moralgesetzen eingeübt[70], aber kaum scharf durchführbar. Das kann man an dem

---

[69] Beide Zitate *Otto*, Art. Ethik (1999), 1603.

[70] Zur oft synonym verwendeten Unterscheidung von Kultgesetzen und Moralgesetzen bzw. „Zeremonialgesetz" und „Sittengesetz", auf die weiter unten ausführlicher eingegangen wird, s. den hilfreichen Überblick von Wolter, Zeremonialgesetz

Gebot, das Böcklein in der Milch seiner Mutter zu kochen (Ex 34,26), eindrücklich vor Augen führen. Das Kochen von Kleinvieh ist Teil des Gemeinschaftsschlachtopfers und von daher keinesfalls unkultisch, doch zielt der Schutz des Nachwuchses *auch* zur Verhinderung unbilliger Härte gegenüber dem säugenden Muttertier. Kult und Moral sind also kaum auseinanderzuhalten. Das Beispiel verdeutlicht zudem, dass das einfache Urteil, der Gegenstand oder Hintergrund eines Gesetzes – hier die Kleinviehzucht – sei in der Gegenwart nicht mehr relevant, noch gar nichts über den – in diesem Fall tierethischen – Gehalt des Gebotes sagt.

Fünf Modelle der Selektion

Natürlich wird mit den Fragen nach Geltung oder Hierarchie des Gesetzes immer auch die Frage der Relevanz, der Zeitgebundenheit etc. berührt, weshalb die Diskurse in unterschiedlichen Zeiten unterschiedlich verlaufen. Grundsätzlich erkenne ich fünf Modelle im Umgang mit der benannten Frage, welche Gebote des Alten Testaments in einer christlichen Ethik noch Geltung haben. Immer geht es um eine begründete Selektion. Die Modelle sind heuristisch zugespitzt und liegen argumentativ nicht immer auf derselben Ebene:

(1.) Das Modell der bibelexternen Instanz
(2.) Das Modell der hermeneutischen Substitution
(3.) Das Modell der innerbiblischen Hierarchisierung
(4.) Das Modell der Kriterien geleiteten Differenzierung
(5.) Das Modell des kanonischen Diskursraums

(1.) Das Modell der bibelexternen Instanz

Die Selektion, welche Gebote des Alten Testaments in einer Ethik noch Geltung haben, kann biblischen oder nichtbiblischen Kriterien folgen. Die ersten beiden Modelle folgen von außen an die Schrift heran getragenen Kriterien. Entsprechend dem Satz des Heraklit, dass sich alle Gesetze nähren sollen von dem gemeinsamen göttlichen Gesetz[71] und der Annahme, dass dieses Naturrecht aus dem Geist der Vernunft von

---

(1999). Wolter weist darauf hin, dass das „Sittengesetz" oft enggeführt wurde auf den Dekalog.

[71] ξὺν νόῳ λέγοντας ἰσχυρίζεσθαι χρὴ τῷ ξυνῷ πάντων, ὅκωσπερ νόμῳ πόλις καὶ πολὺ ἰσχυροτέρως· τρέφονται γὰρ πάντες οἱ ἀνθρώπειοι νόμοι ὑπὸ ἑνὸς τοῦ θείου· κρατεῖ γὰρ τοσοῦτον ὁκόσον ἐθέλει καὶ ἐξαρκεῖ πᾶσι καὶ τεριγίνεται, *Heraklit*, Fragment 114.

allen Menschen erkannt werden kann (Röm 2,15), kann das Naturrecht insbesondere im Mittelalter als ein ausgesprochen bedeutsames Selektionskriterium genannt werden. In neuscholastischen Entwürfen, so hält Eberhard Schockenhoff in seiner „Grundlegung einer Ethik" fest, kam dem Zeugnis der Schrift „keine begründende oder den Gang der Erörterung leitende Rolle, sondern nur eine ornamentale Funktion zu"[72]. Das, was in naturrechtlicher Reflexion als Ethik moraltheologisch entwickelt wurde, wurde als schriftgemäß durch Verweise abgesichert – mehr nicht.

Nun ist die Naturrechtslehre nicht mehr Stand der ethischen Diskussion, wohl aber der Versuch der wissenschaftlichen Begründung christlicher Ethik, weshalb überwiegend die Vernunft als normierende Instanz an die Stelle des Naturrechts getreten ist. Es bedarf nur des Stichwortes der autonomen Moral, um auf diesen Zusammenhang hinzuweisen. (Nur), was sich aus der menschlichen Vernunft widerspruchsfrei begründen lässt, hat natürlicherweise weiter Bestand in einer universalen Ethik. So oder entsprechend findet das AT in jüngeren systematischen Entwürfen noch Platz[73]. Der Bibel kommt damit lediglich ornamentale oder wie der evangelische Ethiker Martin Honecker schreibt „illuminative, erhellende, illustrierende Bedeutung"[74] zu. Ein spezifischer Eigenwert für ein christliches Ethos kann dem AT so nicht mehr zukommen[75], was hermeneutisch nicht unproblematisch ist. Wenn sich das Alte Testament darin erschöpft nur das zum Ethos beizutragen, was auch mit anderen Mitteln zu erschließen ist, braucht es das Alte Testament letztlich nicht. Schärfer formuliert Georg Steins:

---

[72] *Schockenhoff*, Grundlegung (2014), 42.

[73] Die neue Tugendethik von Hans-Joachim Höhn hingegen kommt mit ausgesprochen wenig Verweisen auf die Bibel überhaupt durch. Das AT spielt dabei *gar keine* Rolle. Vgl. *Höhn*, Leben (2014).

[74] *Honecker*, Einführung (1990), 197.

[75] „Die biblische Offenbarung dient dabei weder als Deduktionsbasis, aus der fertige Antworten auf ethische Fragen abgeleitet werden könnten, noch als nur nachträgliche Bestätigung für die unabhängig von ihr gewonnenen Erkenntnisse der menschlichen Vernunft. Vielmehr wird die biblische Offenbarung zur ‚entscheidenden Bezugsgröße', auf die hin die ethischen Fragestellungen entworfen werden. […] Die Bezugnahme des ethischen Fragens auf das Zeugnis der biblischen Offenbarung wird dadurch erleichtert, dass wichtige Grundbegriffe der Moralphilosophie in der biblischen Ethik eine Entsprechung finden, so dass Verweisungspaare wie Freiheit und Gnade, Tugend und Charismen, Norm und Gebot, Laster und Sünde oder Glück und Heil gebildet werden können", *Schockenhoff*, Grundlegung (2014), 45f.

„Die Betonung der sittlichen Autonomie hat, so scheint es, zu einer Marginalisierung des biblischen Diskurses geführt“[76].

(2.) Das Modell der hermeneutischen Substitution

Das Alte Testament ist in diesem Modell für eine christliche Ethik wenn überhaupt, dann nur bedingt relevant. Das NT hat das AT abgelöst und dessen Bedeutung auch in ethischer Hinsicht aufgehoben[77]. Leitend ist ein Konvergenzkriterium, so dass nur das als ethisch relevant übrig bleibt, was sich auch im NT findet. Zwar findet sich das Modell in dieser Schärfe nur selten, es seien aber zwei Argumentationslinien angedeutet, in denen ein substitutiver Zug mehr oder minder explizit ist: Mit Hinweis auf den Zusammenhang von ewigem Gesetz und Naturgesetz, der schon früher auftaucht, aber maßgeblich bei Augustinus entfaltet ist und bei Luther nachwirkt[78], wird im AT auch in den tugendethischen Entwürfen der Gegenwart nur das als ethisch relevant gesehen, was dem Naturgesetz entspricht und damit allen Menschen zugänglich ist. Ein ethischer Eigenwert des Alten Testaments in Bezug auf das Ethos ist damit quasi schon prinzipiell ausgeschlossen[79]. Weit verbreiteter ist die ebenfalls von den Kirchenvätern hergeleitete Unterscheidung von „Ritual- oder Zeremonialgesetz“ und „Sittengesetz“, die sich der Sache nach erstmalig bei Justin im 2. Jh. n. Chr. findet[80], dann bei Irenäus, Tertullian, Hieronymus, Ambrosius, Augustinus und bis in die Gegenwart fröhliche Urstände feiert. Das nicht mehr gültige Zeremonialgesetz umfasst dabei Beschneidung, Speisegebote, die Reinheitsgebote und die Gebote, die den Habitus betreffen (Kleidungsvorschriften etc.). Eigentümlicherweise wird aber schon das Sittengesetz nicht der abstrakten Systematisierung entsprechend gefüllt, sondern auf den Deka-

---

[76] *Steins*, Bibelauslegung (2012), 55.

[77] Ein Beispiel wäre die Entfaltung der „Schriftgemäßheit“ (sic!) einer Christlichen Ethik im „Handbuch der Christlichen Ethik“ (1993) durch Jürgen Becker. Vgl. auch *Mohr*, Differenziertheit (2007), 84f.

[78] Vgl. die Hinweise bei *Wolter*, Zeremonialgesetz (1999), 456 auf Justin 45,3–4; 46,2; 47,2; 67,10 für die frühere Entfaltung und für Luther ebd. 461. Vgl. auch *Köckert*, Dekalog (2012)

[79] Vgl. so etwa in dem Artikel Ethics in der Catholic Encyclopedia von 1909, in dem abgesehen vom Dekalog das Alte Testament keine Rolle spielt (*Cathrein*, Art. Ethics [1909]).

[80] Vgl. die Angaben bei *Wolter*, Zeremonialgesetz (1999), 455f.

log reduziert[81]. Ausgangspunkt der Trennung, die das Zeremonialgesetz als überholt und aufgehoben kennzeichnet und das Sittengesetz als in Kraft bestätigt, ist in der Regel Mk 7,15, wobei festgehalten werden muss, dass die Stelle die Unterscheidung weder beinhaltet noch begründet. Michael Wolter hat die systematische Unbrauchbarkeit beider Kategorien überzeugend aufgewiesen („Der Verweisungsbezug dieser Begrifflichkeit [geht] ins Leere"[82]) und auf die hermeneutischen Probleme des impliziten Antijudaismus hingewiesen[83].

Das braucht hier weder wiederholt noch vertieft zu werden. Lassen wir es zunächst an dieser Stelle bei der Feststellung, dass die Fragen der Geltung und Reichweite ethosbezogener Bestimmungen des Alten Testaments in einer christlichen Ethik komplexer sind, als dass sie mit einfachen Selektionskriterien einzufangen wären. Das gilt gleichermaßen für die folgende Kategorisierung, in der die Selektion auf einer Hierarchisierung von Einzelbestimmungen beruht.

(3.) Das Modell der innerbiblischen Hierarchisierung

Bei der Bestimmung eines alttestamentlichen Ethos wiederholt sich das Problem einer Theologie des Alten Testaments oder der „Mitte des Alten Testaments"[84]. Es ist der Wunsch, die Vielfalt in eine Einheit aufzuheben. Die Versuche, einen roten Faden, sei es nun Gott, der Monotheismus, Gerechtigkeit, Bund, Freiheit oder was auch immer herauszudestillieren und als abstraktes Ordnungsprinzip der Vielfalt entgegenzusetzen, dürfen für die „Einheit der Theologie" als gescheitert angesehen werden. Jeweils fällt letztlich doch die Vielgestaltigkeit der Selektion zum Opfer. Einheit bedeutet aber gerade nicht Einheitlichkeit. Die Einheit der Schrift wird nicht von innen, sondern von außen durch den Bezug zur Offenbarung im Raum des Kanons konstituiert. Die Einheit der Schrift, die deren Vielgestaltigkeit nicht aufhebt, sondern in sich trägt und

---

[81] Vgl. die Angaben ebd. 453.

[82] Ebd. 469.

[83] „Zum einen steht die antijüdische Apologetik nicht nur am Ursprung der Unterscheidung zwischen Zeremonialgesetz und Sittengesetz, sondern sie bildet auch deren ständig präsenten Hintergrund. Sie fungiert mithin als integraler Bestandteil einer Begründungsfigur, die die selektive Rezeption des Alten Testaments durch das Christentum legitimieren will. Die Unterscheidung lässt sich insofern verstehen als die Fortsetzung der Ablösungsgeschichte des Christentums vom Judentum, die hier nun mit einer Rationalisierung versehen wird" (ebd. 462).

[84] Vgl. *Kessler*, Ethik (2011), 101.

damit einen polyphonen Diskursraum bildet, ist entsprechend in jüngerer Zeit als Alternative an die Stelle der „Mitte" getreten. Dennoch spielt die Frage von ethischen Summen bzw. die einer Hierarchisierung des atl. Ethos nicht erst in der Gegenwart eine große Rolle in der ethischen Diskussion. Den wichtigsten der Hierarchisierungsversuche führt der Dekalog an.

Rezeptionsgeschichtlich braucht die Stellung des Dekalogs als Zentrum und Summe des alttestamentlichen Ethos nicht betont zu werden. Hier reicht ein Blick auf Luthers Katechismus oder die vielen katholischen Katechismen und Morallehren, die sich am Dekalog als Ordnungsprinzip orientieren. Nicht zuletzt versteht der katholische Erwachsenenkatechismus die Zehn Gebote als „Grundpflichten des Menschen gegenüber Gott und dem Nächsten"[85].

Zu Recht verweist Ursula Peter-Spörndli darauf, dass dem Dekalog „allein wegen seiner weltweit einzigartigen Wirkungsgeschichte ein Sonderstatus zugesprochen werden"[86] kann. Eckart Otto nennt ihn daher „säkulare Ikone des Ethos"[87] – und trifft damit ebenfalls einen Kern, der auf die Rezeptionsgeschichte abhebt. Doch gilt das auch innerbiblisch? Ist der Dekalog „das Ewig-Kurzgefaßte, [...] Gottes gedrängtes Sittengesetz, [...] die Quintessenz des Menschenanstandes" (Thomas Mann)[88] oder wie Frank-Lothar Hossfeld ihn nennt „Urbild katechet. Zusammenfassung der Moral"[89]?

---

[85] *Katechismus der Katholischen Kirche* Art. 2072. Zu weiteren Versuchen, den Dekalog zum Ordnungsprinzip einer Ethik zu machen, s. *Lienemann*, Grundinformationen (2008), 182f.

[86] *Peter-Spörndli*, Zehn Worte (2010), 33.

[87] *Otto*, Dekalog (2008), 531; vgl. „Ikone des Ethos" auch in *Ders.*, Gottes Recht (2002), 269. Mit der Kennzeichnung als „säkulare Ikone" wird die Distanz gegenüber der Überhöhung deutlich, die Otto durch den Rekurs auf die Literar- und Rechtsgeschichte sowie die Einbettung in den altorientalischen Kontext deutlich macht. Sein Schluss lautet: „Den Dekalog von seinem literarischen Kontext in der Hebräischen Bibel abzulösen und als Ikone naturgegebener Sittlichkeit des Menschen zu verehren, ist ebenso verfehlt, wie ihn hinter die Kirchenmauern zu verbannen. Vielmehr ist das Zeugnis der Hebräischen Bibel in seiner universalen Bedeutung im Rahmen einer Theologie der Religionen für alle Menschen einer modernen multireligiösen Gesellschaft zur Sprache zu bringen" (*Otto*, Dekalog [2008], 538).

[88] *Thomas Mann*, Das Gesetz (1944), in: *Ders.*, Die Betrogene und andere Erzählungen, Frankfurt a.M. 1987, 136.

[89] *Hossfeld*, Art. Dekalog (1995), 64.

Schon für Philo von Alexandrien war der Unterschied zwischen dem von Gott geoffenbarten Dekalog und den von Mose verkündeten Einzelgeboten leitend, wobei sich die Einzelgebote auf die Dekaloggebote zurückführen ließen[90]. Dem Dekalog kommt damit in systematischer Hinsicht eine Vorrangstellung zu. „Höhere Autorität als der Dekalog kann ein Heiliger Text nicht gewinnen“[91]. Die Doppelüberlieferung und die offenbarungstheologische Akzentsetzung im Rahmen der Theophanie, die Vorordnung vor die jeweiligen Gesetzeskorpora, und die Einbindung in die jeweiligen Kontexte (zugleich mit dem Bezug zum Beginn der Offenbarung am Sinai und dem Schluss der Offenbarung am letzten Lebenstag des Mose) unterstreichen unzweifelhaft zusammen mit der Tafelvorstellung die Bedeutung des Dekalogs. Es braucht nicht unterstrichen zu werden, dass sich diese bis in die Tefillin in Qumran oder im Papyrus Nash aus dem Fayyum spiegelt[92]. Wie weit die Systematisierungskraft des Dekalogs bzw. der Dekaloge im AT selbst reicht, wird nach wie vor diskutiert. Weniger Zweifel sind gegenüber Lev 19 und Ijob 31 als *Rezeptionen* des Dekalogs angebracht, doch muss die Frage, inwieweit die deuteronomischen Gesetze am Dekalog entlang angeordnet sind, trotz unbestreitbarer Korrespondenzen im Einzelnen kritisch hinterfragt werden. Das kann hier lediglich mit zwei Zitaten angedeutet werden. Zum Stand der Diskussion hält Matthias Köckert fest: „Erheblich unsicherer ist das Fundament für die These, das deuteronomische Gesetz (Dtn 12–26) sei in der Exilszeit vom Dekalog her systematisiert worden, entweder schon von der ‚dtr. Hauptredaktion‘ (Otto 2000, 110ff.) oder erst von einer Hand, die bereits das Heiligkeitsgesetz voraussetzt (Braulik 1997)“[93]. Ablehnend in Bezug auf eine systematisierende Redaktion bleibt nach kritischer Diskussion der These Frank-Lothar

---

[90] Vgl. Philo, Decal. 18f.175; Praem. 2; ferner Josephus, Ant III 89ff. und die bei *Peter-Spörndli*, Zehn Worte (2010), 93–99 zusammengetragenen Stimmen aus der rabbinischen Literatur.

[91] *Graf*, Moses (2006), 34.

[92] Vgl. zur frühen Rezeptionsgeschichte im Judentum neben *Peter-Spörndli*, Zehn Worte (2010); *Stemberger*, Dekalog (1989); *Kellermann*, Dekalog (2001). Zu den Tefillin in Qumran und einer möglichen liturgischen Verwendung s. *Peter-Spörndli*, Zehn Worte (2010), 79–82; *Najman*, Art. Decalogue (2010). 2014 wurden neun weitere Tefillin aus Qumran gefunden, von denen einige den Dekalog enthielten.

[93] *Köckert*, Dekalog (2012), I.9 mit Bezug auf *Braulik*, Redaktion (1997) und *Otto*, Deuteronomium (2000).

Hossfeld, urteilt aber insgesamt vorsichtiger: „In bezug auf Abfolge der Gebote und Struktur gibt es Schwierigkeiten, aber auch bedenkenswerte Korrespondenzen [...] Vielleicht darf man in Erwartung einer strengen Akoluthie der Dekaloggebote im Kerngesetz nicht so starr sein und muß sich mit dem Faktum bescheiden, daß die in den Dekaloggeboten entsprechende Rechtsmaterie überhaupt auftaucht“[94]. Der Grad der Abstraktion entscheidet dann im Einzelfall über die Korrespondenz. Wenn man sich von der These nicht ganz lösen will, dann sollten *darauf* zumindest keine ethischen Gebäude zur Vorordnung des Dekalogs aufgebaut werden.

Bereits oben war die unzureichende Unterscheidung von Kult- und Moralgesetz angesprochen worden, die mit dem „Sittengesetz“ oft den Dekalog kennzeichnete. Die damit verbundene Vorordnung des Dekalogs war mit der „Entsorgung“ des Zeremonialgesetzes erkauft. Bis heute findet sich dieses Modell innerbiblischer Hierarchisierung in vielfacher Variation. Jenseits dieses brachialen Prinzips, das nur dem Dekalog bindende sittliche Kraft zubilligt, liegt die rechtshermeneutische Unterscheidung von unwandelbarem Gebot und wandelbarem Gesetz. Sie wurde gründlich von Norbert Lohfink (im Anschluss an und in Auseinandersetzung mit Claus Westermann) dargelegt und zuletzt von Ludger Schwienhorst-Schönberger bekräftigt[95]. Weil sie so zentral ist, soll hier näher darauf eingegangen werden, ohne die Diskussion im erforderlichen Umfang führen zu können. Das Unzureichende der zugrunde liegenden formgeschichtlichen Unterscheidung hat Lohfink selbst ausführlich argumentativ entfaltet, darauf braucht hier nicht weiter eingegangen zu werden. Damit ist aber die kompositorische und rechtshermeneutische Vorordnung des Dekalogs nicht obsolet. Lohfink versucht ausgehend von der deuteronomischen Konzeption die Frage zu beantworten, warum die Kirchenväter den Dekalog „offenbar ohne Bedenken weiter (benutzten), während man die restlichen Gesetze, vor allem das Zeremonialgesetz, freizügig behandelte“[96] und entfaltet daher die Zuordnung von Gesetzen zum Dekalog als Gebot, wobei er über die formgeschichtlichen Momente der Unter-

---

[94] *Hossfeld*, Dekalog (2000), 59. Vgl. auch mit Bezug auf Georg Braulik *Lohfink*, Gebot (1989), 81.

[95] *S. Lohfink*, Gebot (1989) und den Beitrag von *Ludger Schwienhorst-Schönberger* in diesem Band.

[96] Ebd. 65.

scheidung von direkter Rede Gottes und der nachgeordneten Moserede hinausgeht. Theologisch habe diese Unterscheidung im kanonischen Aufriss eine „Schlüsselstellung“ und sei „offensichtlich eine tragende Aussage des Alten Testaments im ganzen“[97]. Lohfink weist aber zugleich auf das Dilemma hin, dass die rechtshermeneutische Vorrangstellung des Dekalogs im Deuteronomium *de facto* von dem restlichen AT nicht vollständig verstanden und übernommen worden zu sein scheint, denn „der Dekalog war keineswegs sakrosankt geworden“, sondern wird „außerhalb des eigentlich deuteronomischen Bereichs als festliegender Text eher verdrängt. [...] Das geschieht auf dreifache Weise: 1. durch Veränderungen am Dekalogtext selbst, 2. durch auffällige Nichtzitation und 3. durch Auflösung in ein völlig neues Textgefüge hinein“[98]. Auch die Prominenz des Sabbatgebotes im vorliegenden Text oder das mehrfach akzentuierte Fremdgötter-Bilderverbot stehen einer klaren Teilung entgegen. Der Dekalog „hatte, traditionsgeschichtlich gesehen, in einer bestimmten Phase der deuteronomischen Literaturgeschichte seine große Stunde. Nachher war das rechtliche und ethische Formulieren viel freier und dekalogunabhängiger, als wir gewöhnlich anzunehmen pflegen“[99]. Auch sei die unbestreitbare Vorordung *keine* offenbarungstheologische Nachordnung der Gesetze: „Ob direkt vernommen, ob nur durch einen Mittler kundgetan – in jedem Fall teilen alle ‚Gesetze‘ im Pentateuch Gotteswillen mit“[100].

Dennoch sieht Lohfink in der Unterscheidung von Gebot und Gesetz mehr und letztlich die Rechtfertigung für eine differenzierende christliche Betrachtung der Geltung alttestamentlicher Bestimmungen. Die Argumentation ist hier allerdings viel weniger konzis. Lohfink bedient sich zunächst der verdächtigen Kategorie der *Eigentlichkeit*, um das Ergebnis der Analyse für das Argumentationsziel zu transformieren: „Daher würde ich als die Aussage, die mit der Unterscheidung von Dekalog und anderen Gesetzen eigentlich gemacht werden sollte, die Unterscheidung zwischen prinzipiellem und unwandelbarem Gotteswillen einerseits und dessen wandelbarer und jeweils zeitbedingter Konkretion andererseits beziehen“[101]. Der Dekalog soll

97 Ebd. 86.
98 Ebd. 82 (Herv. getilgt).
99 Ebd. 85.
100 Ebd. 86.
101 Ebd. 87.

nun aber gerade *nicht* „als unüberholbare Formulierung der gewissermaßen überzeitlichen Prinzipien verstanden werden“[102], denn das würde ja der vorgelegten Analyse widersprechen. Er stehe nur für den prinzipiellen Bereich des Gotteswillens und so sei stets neu nach dem gleichbleibenden Grundwillen Gottes zu fragen. Der Dekalog hält also nur das Prinzip wach, das je eigens auszuformulieren sei. Das Christentum habe „den gegebenen Auftrag durch die Idee der Abrogation des Ritualgesetzes durchführbar gemacht“[103]. Das zu bewerten sei nicht Sache des Alttestamentlers und damit entzieht sich Lohfink dem naheliegenden Schluss, dass der christliche Umgang mit dem Ritualgesetz dem biblischen Modell nicht entspricht. Genau an diesem Punkt *muss* aber Einspruch erhoben werden. War schon die Ableitung der Unterscheidung von Wandelbarem und Unwandelbarem nicht deckungsgleich mit der Unterscheidung von Dekalog und Gesetzen, so ist die christliche Abrogation des Ritualgesetzes erst recht *nicht* durch die Unterscheidung von Gebot und Gesetz gedeckt. So nämlich droht die Differenzierung zwischen wandelbar und unwandelbar doch letztlich ein Euphemismus für den negierten Geltungsanspruch des Alten Testaments auf der einen Seite und der Universalisierung von Teilen des AT wie dem Dekalog auf der anderen Seite zu werden, was Lohfinks exegetischem Anliegen zuwiderläuft. Zusammengefasst führt die Unterscheidung von Gebot und Gesetz weder zu einer ethischen Vorordnung des Dekalogs vor den übrigen Gesetzen noch zu einer belastbaren Unterscheidung von Wandelbarem und Unwandelbarem. Die aber ist nötig, wenn an einer überzeitlichen materialethischen Bedeutung alttestamentlicher Gebote wie dem Dekalog als unwandelbarem Gotteswillen festgehalten werden soll.

Bleibt der „Ausweg“ über das Neue Testament, der hier auch nur angedeutet werden kann. Denn dass der Dekalog im Neuen Testament von der Verkündigung Jesu bis hin zu den Pastoralbriefen mit einer besonderen Akzentsetzung versehen ist, wird man kaum bestreiten können, selbst wenn bemerkenswert ist, dass die Gottesgebote dort nicht zitiert werden und der Dekalog nicht sprachlich als Zehnwort o.ä. referenziert wird. Während aber seine Geltung und Bedeutung unbestritten ist – das gilt nicht nur für das vorausgesetzte erste Gebot, sondern vor allem für das aufgenommene Sabbatgebot und die Gebo-

[102] Ebd.
[103] Ebd.

te der zweiten Tafel (Mt 5,21f.27f.; Mk 2,23–28; 3,1–6 parr.; 7,6–13; 10,17–21 parr.; Lk 13,10–17; 14,1–6; Röm 7,7; 13,8–10; Gal 5,14; Eph 6,2–3; Jak 2,11[104]) – ist in Bezug auf das Ethos eine die formal systematisierende oder material zusammenfassende Funktion nur mit Mühe erkennbar[105]. Sicherlich bietet Mt 19,18–19 in der Kombination von zweiter Tafel und Liebesgebot[106] einen Ansatzpunkt, doch reicht das, wie nicht selten angenommen wird, um den Dekalog im Anschluss an Augustinus als *Erläuterung* des Liebesgebotes zu verstehen? Häufig findet sich bis heute die Annahme, das von Jesus als zentral herausgestellte Zueinander von Gottes- und Nächstenliebe Mk 12,29–31 parr. sich in dem Nebeneinander von erster und zweiter Tafel, von Gottes- und Menschengebote, spiegele[107]. Der Umkehrschluss, dass damit der Dekalog zur übergeordneten Summe würde, ist jedoch nur mit dem Willen zur systematisierenden Abstraktion als Rechtfertigung der Rezeptionsgeschichte plausibel zu machen[108]. Im Neuen Testament hat sich jedenfalls diese Interpretation kaum durchgesetzt. Zudem muss auffallen, dass die Sonderstellung des Dekalogs zwar inneralttestamentlich *formal* begründbar ist, vom konkreten Inhalt des Dekalogs aber dabei weitestgehend abgesehen wird. Zu einer *inhaltlichen* „Summe des Ethos“ gelangt man nur durch hohe Abstraktion. Darüber lässt sich bekanntlich trefflich streiten, doch darf aus der Sonderstellung des Dekalogs auch vom Neuen Testament her *nicht* die häretische

---

[104] Vgl. dazu *Merklein*, Art. Dekalog (1995), 64–65; *Hahn*, Theologie I (2003), 81.83; *Sänger*, Art. Dekalog (1999), 630–631.

[105] Dass der Dekalog als *lex fundamentalis* nur bestimmte Bereiche des Ethos abdeckt, ist oft betont worden. Entsprechend gedehnt wurde der Sinn einzelner Gebote, auf die auch *Graf*, Moses (2006), 55f., hinweist. Ein gegenwärtiges Beispiel für die Weite ist etwa auch die kanonistische Subsumierung des Missbrauchs von Minderjährigen unter das 6. Gebot in CIC 1983, can. 1395,2.

[106] Genauer nennt Mt 19 Tötungsverbot, Ehebruchverbot, Diebstahlverbot, Falschzeugnisverbot und Elterngebot und kombiniert diese mit Lev 19,18.

[107] „Das Verhältnis v. Hauptgebot (Fremdgötter- und Bilderverbot) u. Einzelbestimmungen bildet die Einheit v. Gottes- u. Nächstenliebe ab“, *Hossfeld*, Art. Dekalog (1995), 64. Vgl. etwas zurückhaltender *Schwienhorst-Schönberger*, Art. Ethik (1995), 908: Der Dekalog „deutet in der Abfolge der Gebote […] die untrennbare Einheit v. Gottes- und Nächstenliebe an“. Der Sache nach auch *Oyen*, Ethik (1967), 106.

[108] Umgekehrt ist freilich gegen die Marginalisierung des Dekalogs Einspruch zu erheben, wie sie etwa in der Moraltheologie der 60er und 70er Jahre üblich war. S. als markantes Beispiel *Schöllgen*, Art. Dekalog (1959).

Schlussfolgerung abgeleitet werden, von den Geboten der Tora wäre nur noch der Dekalog als Essenz in Geltung[109].

Die Hierarchisierung des Ethos mit Hinweis auf die Sonderstellung des Dekalogs macht ihn in der nachtridentinischen speziellen Moraltheologie bekanntlich zum Ordnungsprinzip, was bis heute nachwirkt. Johannes Gründel spricht zu Recht von „systematischer Überdehnung des Dekalogs" und von „mehrfacher Dekontextualisierung", die „entweder zu Rigidität oder Irrelevanz"[110] führt. Denn bei aller herausgehobenen Sonderstellung des Dekalogs ist nicht zu verkennen, dass damit das Ethos des Gesetzes insbesondere dann reduziert und marginalisiert wird, wenn es zu einer substituierenden Verabsolutierung kommt. Scharf, aber treffend formuliert Walter Lesch: „Die vor keiner Peinlichkeit zurückschreckende Obsession, sämtliche Aspekte der Ethik aus allen Epochen der Menschheit in das Zehnermuster zu pressen, hat maßgeblich dazu beigetragen, dass der Dekalog als orientierendes Wort in Misskredit geriet und zum Inbegriff einer bornierten Moraldoktrin wurde"[111]. Von daher bleibt es m. E. problematisch, wenn der Dekalog wie im Dokument der Päpstlichen Bibelkommission mit Hinweis auf die „im Grunde universale Bedeutung" in eine Wertelehre übersetzt wird und nach wie vor als Grundlage von Moraltheologie und Moralkatechese angesehen wird[112].

Die Problematik einer Hierarchisierung des Ethos möchte ich an dem zweiten zentralen Ansatz verdeutlichen. Das Doppelgebot der

---

[109] *Hahn*, Theologie I (2003), 369, verweist dafür auf den Brief des Ptolemäus an Flora, in dem behauptet wird, nur der Dekalog hätte noch Geltung, während das übrige Gesetz außer Kraft gesetzt sei.

[110] *Gründel*, Art. Dekalog (1995), 67.

[111] *Lesch*, Gesetz (2012), 161.

[112] *Sekretariat der Deutschen Bischofskonferenz* (Hg.), Bibel und Moral (2009), Nr. 28.31.32. Einen positiven Aspekt der kanonischen Dekalogexegese des Dokuments beschreibt *Artus*, La lecture Canonique (2012): „Il n'y pas césure, mais complémentarité entre les sections prescriptives et narratives du texte biblique, et la compréhension de la loi requiert la reconnaissance du don qui la précède et qui la fonde. […] La notion de morale révélée ne vise donc pas un ‚contenu' législatif ou prescriptif, mais un mouvement de ‚don' inauguré par le récit de création de la Genèse, et qui n'atteint son ‚terme' qu'en intégrant les énoncés législatifs de la péricope du Sinaï. La mise au jour de la structure canonique synchronique du texte biblique fait donc apparaître une continuité entre le don de Dieu créateur et sauveur, et le don de la loi qui décrit le chemin existentiel que Dieu propose à l'homme, conformément à son projet de création et de salut".

Liebe gilt als Kern und Zusammenfassung des christlichen Ethos (vgl. Gal 5,14; Röm 13,8), was zugleich die Frage nach der Geltung der Gebote aufwirft, die nicht unmittelbar darunter zu subsumieren sind. Am Beispiel der Theologie von Ferdinand Hahn, der in Bezug auf eine Substitutionstheologie völlig unverdächtig ist, lässt sich ein problematischer Zug der Hierarchisierung zeigen. Im Kontext der jesuanischen Ethik findet sich in dem zweibändigen Werk eine Reflexion zur Geltung des Gesetzes, die mit dem starken Satz beginnt: „So sehr die Tora von Jesus in einen veränderten Sachzusammenhang gestellt und unter dieser Voraussetzung auch in einer neuen Weise verstanden worden ist, ihre Gültigkeit wurde von ihm nicht bestritten“[113], dann aber einschränkend festhält „Das bedeutet umgekehrt aber nicht, daß für Jesus eine rückhaltlose Anerkennung aller Einzelbestimmungen der Tora mit ihren 613 Geboten und Verboten maßgebend gewesen wäre“[114]. Vielmehr berufe sich Jesus als „Grundlage und Richtschnur“ auf den Gotteswillen, „wie er in der Tora zum Ausdruck kommt“[115] und „unter dieser Voraussetzung interpretiert er die Tora von ihrem Zentrum her, dem Doppelgebot der Liebe“[116]. *De facto* führt dies zu einer Relativierung des Ethos im AT, die mittels dialektischer Sprachfiguren einer Substitution auch sprachlich sehr nahe kommt: „Insofern ist die Tora im doppelten Sinn in Jesu Worten und der urchristlichen Ethik ‚aufgehoben‘. Sie verliert damit nicht ihre Bedeutung als Ausdruck des Willens Gottes, wohl aber wandelt sich der Charakter und die Tragweite der Weisungen“[117]. Die Tora werde abgelöst, aber nicht aufgelöst, sondern integriert[118]. Die „Bestimmungen der Tora, insbesondere des Dekalogs“ sind dann in der frühchristlichen Ethik nur noch „Orientierungshilfen für die Praktizierung des Liebesgebotes“[119]. Zur Unterstützung verweist Hahn mit Nachdruck darauf, dass christliche Ethik eine

---

[113] *Hahn*, Theologie I (2003), 97.
[114] Ebd. 98.
[115] Ebd.
[116] Ebd.
[117] Ebd. 735.
[118] „Wo alles Handeln unter dem Vorzeichen der Liebe steht, verlieren die konkreten institutionellen und rechtlichen Bestimmungen der Tora ihre Bedeutung, sind aber für die frühere Gottesoffenbarung gleichwohl kennzeichnend. Auch eine Ablösung der Tora bedeutet keine Auflösung, vielmehr eine Integration in die Heilsbotschaft“ (ebd. 369).
[119] Ebd. 774 mit Bezug auf die hellenistisch-judenchristlichen Gemeinden.

universale „Ethik der Freiheit“ ist (Röm 12,2), die abgesehen von Zitaten aus dem Dekalog keine gesetzliche Weisung mehr kennt[120]. Ein solches Modell greift sicherlich zu kurz und wird dem ethischen Anspruch, der dem Alten Testament selbst innewohnt, kaum umfänglich gerecht.

Fazit: Das Modell einer Hierarchisierung des Ethos als Selektionskriterium scheint mir theologisch nicht geeignet, mit der unhintergehbaren Pluralität des Ethos im Alten Testament umzugehen.

(4.) Das Modell der durch Kriterien geleiteten Differenzierung

Die Frage nach Kriterien, nach denen die Relevanz ethischer Weisungen zu beurteilen ist, bewegt auch das Dokument der Päpstlichen Bibelkommission „Bibel und Moral“ aus dem Jahr 2008. Das Dokument ist hier nicht in Anliegen und Inhalt zu würdigen und auch nicht seine überwiegend kritische Rezeption des Begriffs der „geoffenbarten Moral“ nachzuzeichnen[121]. Es stellt den Versuch einer Entwicklung einer Prinzipienlehre dar, die ethische Beanspruchung des Menschen aus der Bibel heraus zu entfalten und dann in einem zweiten Teil methodologische Kriterien für eine ethische Reflexion aus der Schrift zu entwickeln. Damit soll gezeigt werden, „wie man in fruchtbarer Weise eine moralische Reflexion auf der Basis der Heiligen Schrift anstellen kann“[122] und dabei zugleich „den theologischen Inhalte[n], der komplizierten literarischen Gestaltung und der kanonischen Bedeutung Rechnung zu tragen“[123]. Entwickelt werden zwei Haupt- und sechs Nebenkriterien. Als fundamental werden die Konvergenzkriterien Anthropologie („Übereinstimmung mit dem biblischen Bild vom Menschen“) und Nachfolge („Übereinstimmung mit dem Beispiel Jesu“) genannt. Die besonderen Kriterien, jeweils mit einem Stichwort verbunden, sind:

1. Offenheit für die verschiedenen Kulturen und also ein gewisser ethischer Universalismus (Kriterium der Übereinstimmung, Stichwort: Weisheit); 2. entschiedene Stellungnahme gegen verkehrte Wertungen (Kriterium des Gegensatzes, Stichwort: Glaube); 3. Prozess der

---

[120] *Hahn*, Theologie II (2003), 687f.

[121] Vgl. dazu *Steins*, Geist (2012); *Schipka*, Bibelvergessenheit (2010). Eine positive Würdigung des kanonischen Ansatzes findet sich bei *Artus*, Bible et morale (2010), *Ders.*, La lecture Canonique (2012), 80–83.

[122] *Sekretariat der Deutschen Bischofskonferenz* (Hg.), Bibel und Moral (2009), 93.

[123] Ebd. 132.

Verfeinerung des Gewissens, der sich in beiden Testamenten findet und sich besonders im Verhältnis zwischen dem Alten und dem Neuen Testament zeigt (Kriterium der Steigerung, Stichwort: Gerechtigkeit); 4. Berichtigung der heute nicht seltenen Tendenz, die moralischen Entscheidungen allein der subjektiven Sphäre zuzuweisen (Kriterium der Gemeinschaft, Stichwort: Liebe/Agape); 5. Offenheit für eine absolute Zukunft der Welt und der Geschichte, die im eigentlichen Sinn das Ziel und das Motiv des moralischen Handelns zeigt (Kriterium der Finalität, Stichwort: Hoffnung); 6. eine sorgsame Bestimmung des relativen oder absoluten Wertes der moralischen Prinzipien und Vorschriften (Kriterium der Unterscheidung, Stichwort: Klugheit).

Bei aller Anerkennung für den Versuch, die ethische Relevanz der Schrift in den Vordergrund zu stellen, hat Georg Steins zu Recht die „evolutionistische Offenbarungslogik" kritisiert, die „weder die Vielstimmigkeit der Bibel noch die eigene Logik des Kanons adäquat abzubilden"[124] vermag. Steins kritisiert, dass die Kriterien die Vielfalt letztlich doch nicht abbilden. Vielmehr seien „in der Logik des Kanons [...] (auch) andere, zurückhaltendere, realistischere oder skeptischere Stimmen"[125] zur Geltung zu bringen. Das führt zu dem letzten Modell, dem des kanonischen Diskursraums.

(5.) Das Modell des kanonischen Diskursraums

Unter diesem Titel habe ich verschiedene neuere Ansätze gefasst. Allen ist gemeinsam, dass sie die jüngere hermeneutische Diskussion berücksichtigen und den Kanon als Sinnraum mit normativem Anspruch begreifen. Alle wollen die Einheit der Schrift und deren Relevanz für eine christliche Ethik nicht aufgeben und sich zugleich der Pluralität des Ethos stellen. Es gibt, so schreibt Georg Steins, „die Chance für eine Neubestimmung des Status der Bibel in der Propriumsdebatte"[126], was denn das Christliche der christlichen Ethik sei. Marianne Heimbach-Steins und er nennen das den „dritten Weg zwischen massiven materialethischen ‚Zugriffen', die leicht in Biblizismus abgleiten, und Formen des Rekurses, die die Bibel allenfalls als blasse Motivationsquelle oder als historisches Beispiel einführen"[127]. Dafür wird sowohl das material-

---

[124] *Steins*, Geist (2012), 314.
[125] Ebd. 315.
[126] *Steins*, Bibelauslegung (2012), 55.
[127] *Heimbach-Steins/Steins*, Ornament (2001), 103.

ethische als auch das normative Moment zurückgestellt[128], um den Heteronomieverdacht in der Wurzel zu ersticken. „Selbstverständlich (lassen sich) aus der Bibel keine Normen direkt ableiten“[129]. Die Bibel stellt sich für Steins „nun in eminenter Weise als geschichtlich angereicherte Moralressource dar; denn sie bietet gewissermaßen einen komplexen Möglichkeitsraum, in dem der Mensch [...] einen überaus reichen Fundus an Erzählungen, Metaphern, Themen findet, der ‚larger than one's single life‘ ist, jedoch eine Richtung hat, die aus der Befreiung kommend zur Bewahrung und Ausgestaltung der Freiheit führen will und sich im Kern der Botschaft von der befreiten Freiheit mit dem Autonomieanspruch trifft“[130]. Dieser Möglichkeitsraum trägt die Signatur unhintergehbarer Pluralität, die den „Erfahrungsraum des sittlichen Subjekts“ erweitert und zugleich Gottes Wort „im Resonanzraum der gesamten Bibel“ klingen lässt. Eine Eindeutigkeit ist explizit ausgeschlossen und wird als „Monopolisierung des Sinns“ konterkariert[131].

Georg Steins nennt seine Reflexionen „kanonbewusste Bibelauslegung“ und entfaltet in seinen „exegetischen Prolegomena zu einer sozialethisch orientierten Lektüre“ von 2012 zunächst (erneut) breit das intertextuell basierte kanonische Lektüreparadigma unter literarischen, sozialen und theologalen Aspekten. Nach Steins bedarf es keiner Erläuterung, „dass Texte einer fernen Vergangenheit historisch-kritisch zu bearbeiten sind“[132] und so liegt der Akzent seiner Ausführungen explizit jenseits dieser Selbstverständlichkeit. Drei anamnetische Strukturmomente werden herausgestellt: 1. Die schöpfungstheologische Rahmung der Bibel, 2. ihr doxologischer Gesamthorizont und 3. die Ausgestaltung weniger dominanter Leitmotive und Leitfiguren. Das ist reichlich abstrakt und allgemein, so dass es leicht fällt, dem zuzustimmen. Gerne würde man aber nun wissen, wie mit den innerbiblischen ethischen Spannungslagen (etwa von Tötungsverbot einerseits und Banngebot andererseits) umzugehen ist oder wie sich die sozialethische Lektüre

---

[128] *Steins*, Bibelauslegung (2012), 55: „Die biblische Überlieferung leistet einen positiven Beitrag zu einer christlichen Ethik, der jedoch nicht vorrangig auf der normativen Ebene zu suchen ist“.

[129] Ebd. 56.

[130] Ebd.

[131] Alle Zitate ebd. 57.

[132] Ebd. 48, wobei er ebd. 56 durchaus die hermeneutische Erläuterung für die historisch-kritische Lektüre gibt.

konkretisiert. Darauf geht Steins unter der Überschrift „Ethische Zentralthemen der drei Kanonteile“ sehr knapp ein. Dort wird mit Bezug auf die Schöpfungserzählungen konstatiert, dass ein „hohe(s) Interesse an Ethik […] von Anfang an präsent ist“[133] und nach Gen 3–4 „alles nachfolgend in der Bibel Erzählte unter der Perspektive von Freiheit und Fehlbarkeit (steht)“ und „imprägniert (ist) mit einem Bewusstsein für Sünde und Schuld“[134]. „Über die Schöpfungs-Linie erfolgt eine klare Unterscheidung von Gott und Welt, die die Bibel in der kanonischen Fassung prägt“[135]. Diese führt „zu einer Entgötterung der Welt, die dem Handeln des Menschen Möglichkeiten der Freiheit eröffnet“[136]. Durch seine Offenheit am Ende entwirft der Pentateuch „ein ethisches Programm, das […] an die Gruppe der Befreiten gebunden ist und ‚mitgeht‘, auch wenn die Israeliten das Land verlieren“[137]. Zu den anderen Kanonteilen erfährt man noch weit weniger, zumal für den Kanonteil der Schriften zugestanden werden muss, dass er „weit weniger geschlossen ist“ und nur „stark generalisierend“ als „Konzepte eines Lebens vor Gott und mit der Tora“ beschrieben wird. So zustimmungspflichtig die allgemeinen Aussagen und die methodischen Vorgaben im Prinzip sind, so sehr werden doch die hoch gesteckten Erwartungen an ein Plus einer sozialethischen kanonbewussten Lektüre in der Durchführung enttäuscht[138]. So bleibt die „kanonbewusste Bibelauslegung“ in Bezug auf die Ethik (noch) mehr Anspruch als konkrete Durchführung. Ihr Potential ist groß, gerade weil sie die Bibel nicht moralisch verzweckt, sondern im Diskurs autonomer Subjekte platziert. Die selbst auferlegte Abstinenz von jeglicher materialer Normativität führt allerdings zugleich in eine Abstraktion, die die Relevanz der Bibel lediglich formal entfaltet. Ob die Bibel so „grundlegende Orientierungen für den Weg“ bleiben kann?

Jenseits der abstrakt formalen Prinzipien scheint eine Ethik des Alten Testaments unter diesen Vorgaben ein nahezu unmögliches

---

133 Ebd. 52.
134 Ebd.
135 Ebd.
136 Ebd.
137 Ebd.
138 Ähnlich abstrakt sind die Prinzipien bei Marianne Heimbach-Steins. Sie wählt 2001 (nicht mehr 2011) drei Beispiele, wie der kanonische Blick die ethische Relevanz verändert: Die Volk Gottes-Perspektive, der Indikativ der Befreiung und die Imperative der Gnade.

Unterfangen. Diesbezüglich ist der Ausgangspunkt von Rainer Kessler ein anderer. Zwar stelle jede Rekonstruktion eine Konstruktion dar, aber eine Ethik des Alten Testaments ist möglich als „eine Rekonstruktion dessen, was im Alten Testament an ethischen Vorstellungen enthalten ist“[139]. Damit sollen „prinzipiell alle Texten des Alten Testaments Relevanz für eine Darstellung der Ethik“[140] haben. „Die Schrift und zwar die ganze Schrift, muss die Norm auch unsrer Ethik sein“[141]. Doch aus der geschichtlichen Pluralität allein ergibt sich noch keine Einheit. „Nicht die Geschichte, sondern der Kanon konstituiert die Einheit der Ethik des Alten Testaments“[142]. Der Kanon wiederum ist von der jeweiligen Gemeinschaft geformt und begründet den Anspruch der Schrift, normativ zu sein. Neben dieses Rezeptionsargument stellt Kessler ein in der gegenwärtigen Debatte nicht unumstrittenes „Kohärenzargument“, dass nämlich die Anordnung der Schriften auf eine „innere Kohärenz“ ziele. Die angedeutete Entfaltung beginnt in der Tora: Alles „Sollen“ sei auf „Segen“ und „Befreiung gegründet und ziele auf eine „Gerechtigkeit“, die der „Option für die Armen“ anstelle distributiver Gleichbehandlung folge. Die Sozialkritik der Propheten – und die vorderen Propheten werden signifikant übersprungen – arbeitet sich an der Ungerechtigkeit durch das Festhalten am Maßstab „Recht und Gerechtigkeit“ ab. Dem wird auch die Tugendethik der Weisheit zugeordnet. Leben kann nur dann gelingen, wenn es sich am Anderen ausrichtet. Auch in der Weisheit stehe „das Konzept der Gerechtigkeit im Zentrum“[143], allerdings mit einem pädagogischen Grundzug.

Das Maß der Selektion für diese klare, befreiungstheologisch grundierte Linie des Kanons ist hoch. Das sieht auch Kessler, weshalb er für die Erarbeitung ein gutes Maß an nicht operationalisierbarer kreativer Intuition im Umgang mit der Bibel zulassen will[144]. Dem übergeordneten Maßstab der Gerechtigkeit wird das ethische Sollen zugeordnet. Damit ist der Entwurf von Rainer Kessler eine Kombination von Hierarchisierung und Kanon.

---

139 *Kessler*, Ethik (2011), 102.
140 Ebd. 106.
141 Ebd. 112.
142 Ebd. 102.
143 Ebd. 109.
144 Ebd. 113.

Die beiden Beispiele eines kanonbewussten Zugangs zeigen, dass das hermeneutische Problem der Selektion auch dort – wie m. E. in der gesamten Diskussion – noch nicht zufriedenstellend gelöst ist. Das wollte der vertiefende Einblick in die fünf Modelle der Selektion zeigen. Vielleicht ist dieses Grundproblem der alttestamentlichen Ethik auch letztlich nicht lösbar. Es sollte auch deutlich geworden sein, dass jede Selektion von hermeneutischen Grundentscheidungen abhängig ist. Wichtiger als eine für alle akzeptable Lösung scheint mir daher, in dieser Frage Transparenz herzustellen. M. E. kommt eine Berücksichtigung des ganzen Alten Testamentes ohne eine selektive Hierarchisierung einem verantwortetem Umgang mit der Schrift am nächsten. Die Schrift muss sich als ganze selbst interpretieren und gegebenenfalls auch korrigieren. Dabei ist den innerbiblischen hermeneutischen Prozessen, die zu Adaptionen und Transformationen des Ethos und letztlich zu der unhintergehbaren Pluralität geführt haben, Rechnung zu tragen. Damit kommt dem kanonischen Zugang m. E. eine theologische Präferenz zu. Die beiden andiskutierten Beispiele haben gezeigt, dass die Wahrnehmung des Kanons als Sinn- und Diskursraum eine theologische Perspektive ermöglicht, die ethisch fruchtbar gemacht werden kann. Zugleich ist deutlich geworden, wie weit der Weg zu einer alttestamentlichen Ethik noch ist, aber zumindest Richtung und Ziel sind schon erkennbar.

Jetzt müssten in der Darstellung folgerichtig ein auf die Kritik aufbauender eigener Aufriss und eine exemplarische Durchführung folgen, wenn nicht am Ende das Fazit lauten soll, dass eine Ethik des Alten Testaments *prinzipiell* nicht möglich ist. Doch das kann die Einführung in die Grundfragen nicht mehr leisten. Es sollte deutlich geworden sein, wo Probleme und Chancen des ethischen Diskurses *in* und *mit* dem Alten Testament liegen. Mehr wollte und konnte der vorliegende Beitrag nicht leisten. Den Abschluss sollen daher die zehn Thesen darstellen, die die Diskussion auf der Tagung, deren Einleitungsvortrag hier dokumentiert wird, anregen sollten. Indem sie noch einmal den Rahmen abstecken, führen sie meine Überlegungen zusammen und zum Teil weiter. Damit wird vielleicht am deutlichsten unterstrichen, wie viel Diskussionsbedarf auch nach wie vor besteht. Wenn dazu angeregt werden konnte, ist das Ziel mehr als erreicht.

5. Zehn Thesen anstelle einer Zusammenfassung

(1.) Eine christliche Ethik ist nicht sinnvoll alleine *mit* oder *aus* dem Alten Testament, aber auch nicht ohne es zu entwickeln. Das alttestamentliche Ethos und die Ansätze der Reflexion ethischer Fragestellungen, ethischer Begründungsmuster, der Normen, Werte und Ziele etc. sind für die Entfaltung einer christlichen Ethik von hoher Relevanz.

(2.) Für eine Bestimmung der ethischen Relevanz sind prinzipiell alle Textformen und Gattungen zu berücksichtigen. Neben Rechtstexte treten narrative, prophetische und weisheitliche Texte. Die verschiedenen Ebenen (Materialethik, ethische Reflexion, Paradigma, narrative Entfaltung) sind dabei oft komplementär zueinander. Schon daraus ergibt sich eine große Pluriformität alttestamentlicher Ethik.

(3.) Eine deskriptive „historische Ethik" des AT, die die geschichtliche Entwicklung und Ausprägung des vielfältigen alttestamentlichen Ethos zur Grundlage nimmt und nachzeichnet, ist eine für die Kontextualisierung der Ethik notwendige, aber nicht zureichende Perspektive.

(4.) In der Reduktion der atl. Texte auf eine rein explikative, illustrative oder paradigmatische Funktion bleibt der ethische Anspruch der atl. Texte unterbestimmt. Aufgabe einer atl. Ethik muss es auch sein, neben den deskriptiven und normativen Anteilen die metaethischen Perspektiven des Alten Testaments herauszuarbeiten.

(5.) Die Erwartung, dass sich die ethosbezogenen und ethikrelevanten biblischen Reflexionen ausnahmslos unter den Anspruch sittlicher Autonomie stellen lassen, erscheint eine Überforderung und zugleich eine Unterbestimmung des ethischen Plus der Heiligen Schrift. Die auf dem alttestamentlichen Ethos aufruhende Moral schließt einen universalen Anspruch im Einzelnen nicht aus, zielt ihn aber als Ganze nicht an. Es bleibt eine Binnenmoral, die als solche mit gutem Recht in den Wettstreit der Moralen eintritt.

(6.) Es gibt nicht eine Ethik *des* Alten Testaments im Sinne einer einheitlichen Konzeption in der Schrift. Wenn, dann bildet der Kanon die formale Einheit der Ethik. Das hebt die Vielfalt nicht auf, sondern schließt sie ein. Diese Pluriformität des alttestamentlichen Ethos ist zugleich Herausforderung wie Chance.

(7.) Trotz herausgehobener Spitzentexte ist die Reduktion auf ebendiese eine Marginalisierung der Bedeutung des Alten Testaments. Ein hierarchisierendes Prinzip für die Entfaltung des Dekalogs ergibt sich weder über den Dekalog noch die Nächstenliebe, die Gerechtigkeit o. ä.

(8.) Die Frage der Geltung des atl. Ethos darf weder willkürlicher Festlegung, hermeneutischen Vorentscheidungen noch sachfremden Kriterien folgen. Vor allem die Relativierung durch den historischen Kontext darf nicht vorangestellt werden. Innerbiblische Kriterien müssen den Ausgangspunkt der Beurteilung bilden. Dabei ist für eine christliche Ethik eine gesamtbiblische Perspektive notwendig.

(9.) Aufgabe der Disziplin ist es, die innerhalb des Kanons repräsentierten Diskurse zum Ausgangspunkt einer Darstellung der Ethik zu nehmen und sie in gegenwärtige ethische Diskurse als Problematisierungen, Reflexionen und Positionen einzubringen.

(10.) Materialethische und formalethische Aspekte sind komplementär zueinander. Bei der Bestimmung dessen, was materialethisch relevant ist, sind die Kriterien der Selektion offenzulegen. Das Problem der Selektionskriterien ist hermeneutisch nicht gelöst. Theologisch verantwortbar und plausibilisierbar scheint mir die Rückbindung der ethischen Aussagen der Schrift an den innerbiblischen Diskurs. Damit ist die Schrift hermeneutisch zugleich ethisches Korrektiv des in ihr enthaltenen bzw. repräsentierten Ethos.

Literatur

Andersen, Svend, Einführung in die Ethik, Berlin u. a. ²2005.

Artus, Olivier, Bible et morale. Quels critères pour discerner. Le document de 2008 de la Commission Biblique Pontificale, in: Revue d'Éthique et de Théologie Morale 260 (2010) 51–68.

Ders., La lecture canonique de l'Écriture. Une nouvelle orientation de l'exégèse biblique, in: Communio 37 (2012) 75–85.

Barton, John, Ethik des Alten Testaments, in: ThR 64 (1999) 425–431.

Ders., Understanding Old Testament Ethics. Approaches and Explorations, Louisville 2003.

Ders., Ethics and the Old Testament, London ²2003.

Ders., Ethics in Ancient Israel, Oxford 2014.

Becker, Uwe, Eine kleine alttestamentliche Ethik des „Alltäglichen", in: BThZ 24 (2007) 227–240.

Brandt, Reinhard, Immanuel Kant – Was bleibt?, Hamburg 2010.

Braulik, Georg, Die deuteronomischen Gesetze und der Dekalog (SBS 145), Stuttgart 1991.

Ders., Die dekalogische Redaktion der deuteronomischen Gesetze. Ihre Abhängigkeit von Levitikus 19 am Beispiel von Deuteronomium 22,1–12; 24,10–22 und 25,13–16, in: *Ders.*, Studien zum Buch Deuteronomium (SBAB 24), Stuttgart 1997, 119–146.

Böckle, Franz, Die Kirche und ihr Lehramt, in: *Hertz, Anselm/Korff, Wilhelm/Rendtorff, Trutz* (Hg.), Handbuch der christlichen Ethik 1, Freiburg 1993, 269–280.

Breitsameter, Christof, Nur zehn Worte. Moral und Gesellschaft des Dekalogs, Fribourg/Freiburg 2012.

Cathrein, Victor, Art. Ethics, in: The Catholic Encyclopedia, Vol. 5, New York 1909, online verfügbar unter: http://www.newadvent.org/cathen/05556a.htm (Zugriff: 30.12.2014).

Clines, David, Ethics as Deconstruction and Ethics of Deconstruction, in: *Rogerson, John W./Davies, Margaret/Carroll R., Mark Daniel* (Hg.), The Bible in Ethics. The Second Sheffield Colloquium, Sheffield 1995, 77–106.

Crüsemann, Frank, Die Tora. Theologie und Sozialgeschichte des alttestamentlichen Gesetzes, München 1992.

Ders., Bewahrung der Freiheit. Das Thema des Dekalogs in sozialgeschichtlicher Perspcktive, München 1993.

Ders., Maßstab Tora. Israels Weisung und christliche Ethik, Gütersloh 2003.

Dietrich, Walter, „Theopolitik". Studien zur Theologie und Ethik des Alten Testaments, Neukirchen-Vluyn 2002.

Dohmen, Christoph, Decalogue, in: *Dozeman, Thomas B./Evans, Craig A./Lohr, Joel N.* (Hg.), The Book of Exodus, Leiden u. a. 2014, 193–219.

Erbele-Küster, Dorothea, Art. Ethik (AT), in: Das Wissenschaftliche Bibellexikon im Internet (www.wibilex.de), Oktober 2013 https://www.bibelwissenschaft.de/de/stichwort/17880/ (Zugriff: 30.12.2014).

Fischer, Johannes, Die Bedeutung der Bibel für die Theologische Ethik, in: ZEE 55 (2011) 262–272.

Frevel, Christian, Rez. zu Eckart Otto, Theologische Ethik des Alten Testaments, Stuttgart 1994, in: Lebendiges Zeugnis 51 (1996) 73–75.

Goertz, Stephan, Wie frei ist die Moraltheologie, in: Christ und Welt 38 (2014).

Ders., Relikte des Antimodernismus – oder: Von der Selbstfesselung katholischer Moral, in: *Striet, Magnus* (Hg.), „Nicht außerhalb der Welt". Theologie und Soziologie (Katholizismus im Umbruch 1), Freiburg 2014, 121–154.

Ders., Autonomie kontrovers. Die Katholische Kirche und das Moralprinzip der freien Selbstbestimmung, in: *Ders./Striet, Magnus* (Hg.), Nach dem Gesetz Gottes. Autonomie als christliches Prinzip (Katholizismus im Umbruch 2), Freiburg 2014, 151–197.

Graf, Friedrich Wilhelm, Moses Vermächtnis. Über göttliche und menschliche Gesetze, München 2006.

Gründel, Johannes, Art. Dekalog IV. Theologisch-ethisch, in: LThK 3 (1995) 66–68.

Habermas, Jürgen, Zeit der Übergänge. Kleine Politische Schriften IX, Frankfurt a. M. 2001.

Hahn, Ferdinand, Theologie des Neuen Testaments, Bd. 1: Die Vielfalt des Neuen Testaments, Bd. 2: Die Einheit des Neuen Testaments, Tübingen ³2003.

Heimbach-Steins, Marianne, Bibel und Ethik – im Gespräch, in: ThGl 101 (2011) 315–337.

Dies., Begründen und/oder Verstehen – Vermittlungsgestalten zwischen biblischer Botschaft, sittlichem Subjekt und gerechter Praxis, in: *Hofheinz, Marco/Mathwig, Frank/Zeindler, Matthias* (Hg.), Wie kommt die Bibel in die Ethik? Beiträge zu einer Grundfrage theologischer Ethik, Zürich 2011, 243–261.

Dies., Christliche Sozialethik – im Gespräch mit der Bibel, in: *Dies./Steins, Georg* (Hg.), Bibelhermeneutik und Christliche Sozialethik, Stuttgart 2012, 11–36.

Dies./Steins, Georg, Ornament, Fundament, Argument oder was sonst? Zur Rolle der Bibel als Kanon in theologischer Ethik und in gemeinsamen katholisch-evangelischen Texten, in: ZEE 45 (2001) 95–108.

Hempel, Johannes, Das Ethos des Alten Testamentes (BZAW 67), Berlin 1966.

Hieke, Thomas, Levitikus 16–27 (HThKAT), Freiburg 2014.

Hofheinz, Marco, Einleitung: Wie kommt die Bibel in die Ethik? Wie kommt die Ethik in die Bibel?, in: *Ders./Mathwig, Frank/Zeindler, Matthias* (Hg.), Wie kommt die Bibel in die Ethik? Beiträge zu einer Grundfrage theologischer Ethik, Zürich 2011, 9–22.

Höhn, Hans-Joachim, Das Leben in Form bringen. Konturen einer neuen Tugendethik, Freiburg 2014.

Honecker, Martin, Einführung in die theologische Ethik, Berlin 1990.

Horn, Friedrich Wilhelm/Zimmermann, Ruben (Hg.), Jenseits von Indikativ und Imperativ. Kontexte und Normen Neutestamentlicher Ethik (WUNT I/238), Tübingen 2009.

Hossfeld, Frank-Lothar, Der Dekalog. Seine späten Fassungen, die originale Komposition und seine Vorstufen (OBO 45), Göttingen 1982.

Ders., Art. Dekalog I. Altes Testament, in: LThK 3 (1995) 63–64.

Ders., Der Dekalog als Grundgesetz. Eine Problemanzeige, in: *Kratz, Reinhard Gregor/Spieckermann, Hermann* (Hg.), Liebe und Gebot (FS Lothar Perlitt) (FRLANT 190), Göttingen 2000, 46–59.

Ders., „Du sollst nicht töten". Das fünfte Dekaloggebot im Kontext alttestamentlicher Ethik, Stuttgart 2003.

Ders., Der Stand der Dekalogforschung, in: *Levinson, Bernard M./Otto, Eckhart* (Hg.), Recht und Ethik im Alten Testament (Altes Testament und Moderne 13), Münster 2004, 57–65.

Janzen, Waldemar, Old Testament Ethics. A Paradigmatic Approach, Louisville 2003.

Jungbauer, Harry, „Ehre Vater und Mutter". Der Weg des Elterngebots in der biblischen Tradition (WUNT II/146), Tübingen 2002.

Kampling, Rainer, Ethik, in: *Berlejung, Angelika/Frevel, Christian* (Hg.), Handbuch theologischer Grundbegriffe zum Alten und Neuen Testament, Darmstadt ^{4}2015, 13–18.

Katechismus der Katholischen Kirche, München 1993.

Kellermann, Ulrich, Der Dekalog in den Schriften des Frühjudentums. Ein Überblick, in: *Reventlow, Henning* (Hg.), Weisheit, Ethos und Gebot (BThSt 43), Neukirchen-Vluyn 2001, 147–226.

Kessler, Rainer, „Gesetze, die nicht gut waren" (Ez 20,25). Eine Polemik gegen das Deuteronomium, in: *Ders.*, Gotteserdung (BWANT 170), Stuttgart 2006, 98–107.

Ders., Was ist und wozu brauchen wir eine Ethik des Alten Testaments?, in: EvTh 71 (2011) 100–114.

Köckert, Matthias, Die Zehn Gebote, München 2007.

Ders., Art. Dekalog/Zehn Gebote, in: Das Wissenschaftliche Bibellexikon im Internet (www.wibilex.de), August 2012 https://www.bibelwissenschaft.de/stichwort/10637/ (Zugriff: 2.1.2015).

Konradt, Matthias, Neutestamentliche Wissenschaft und Theologische Ethik, in: ZEE 55 (2011) 274–286.

Krüger, Thomas, „Wer weiß denn, was gut ist für den Menschen?". Zur Bedeutung des Alten Testaments für die evangelische Ethik, in: ZEE 55 (2011) 248–261.

Lapsley, Jaqueline u. a., Ethics, in: EBR 8 (2014) 97–138.

Lesch, Walter, Der Dekalog. Ein kulturelles Fossil in der Nach-Moderne?, in: BiLi 83 (2010) 223–231.

Ders., Gesetz und Moral. Zur kulturellen Präsenz des Dekalogs, in: *Heimbach-Steins, Marianne/Steins, Georg* (Hg.), Bibelhermeneutik und Christliche Sozialethik, Stuttgart 2012, 154–164.

Lienemann, Wolfgang, Grundinformation Theologische Ethik, Göttingen 2008.

Lohfink, Norbert, Kennt das Alte Testament einen Unterschied von „Gebot" und „Gesetz"? Zur bibeltheologischen Einstufung des Dekalogs, in: JBTh (1989) 63–89.

Merklein, Helmut, Art. Dekalog II. Neues Testament, in: LThK 3 (1995) 64–65.

Merks, Karl-Wilhelm, Grundlinien einer interkulturellen Ethik. Moral zwischen Pluralismus und Universalität (Studien zur Theologischen Ethik 132), Fribourg/Freiburg 2012.

Mittmann, Thomas, Vom „Günstling" zum „Urfeind" der Juden. Die antisemitische Nietzsche-Rezeption in Deutschland bis zum Ende des Nationalsozialismus, Würzburg 2006.

Najman, Hindy, Art. Decalogue, in: *Harlow, Daniel C./Collins, John J.* (Hg), The Eerdmans Dictionary of Early Judaism, Winona Lake 2010.

Niemeyer, Christian, Nietzsches rhetorischer Antisemitismus, in: Nietzsche-Studien 26 (2012) 139–162.

Nietzsche, Friedrich, Zur Genealogie der Moral (1887) – Götzendämmerung (1889), hg. von *Scheier, Claus-Artur* (Philosophische Bibliothek 656), Hamburg 2013.

Otto, Eckart, Forschungsgeschichte der Entwürfe einer Ethik im Alten Testament, in: VuF 36 (1991) 3–37.

Ders., Theologische Ethik des Alten Testaments, Stuttgart 1994.

Ders., Art. Ethik III.1, in: RGG[4] (1999) 1603–1606.

Ders., Das Deuteronomium im Pentateuch und Hexateuch (FAT I/30), Tübingen 2000.

Ders., Gottes Recht als Menschenrecht. Rechts- und literaturhistorische Studien zum Deuteronomium (BZAR 2), Wiesbaden 2002.

Ders., Recht und Ethik im Alten Testament. Neue Studien zur Ethik des Alten Testaments, in: ZAR 9 (2003) 220–237.

Ders., Das Gesetz des Mose, Darmstadt 2007.

Ders., Der Dekalog im Horizont des Alten Orients, in: *Ders.*, Altorientalische und biblische Rechtsgeschichte, Wiesbaden 2008, 531–538.

Ders., Recht und Ethos in der ost- und westmediterranen Antike, in: *Ders.*, Altorientalische und Biblische Rechtsgeschichte, Wiesbaden 2008, 619–636.

Ders., „Wer wenig im Leben hat, soll viel im Recht haben". Die kulturhistorische Bedeutung der Hebräischen Bibel für eine moderne Sozialethik, in: *Ders.*, Altorientalische und Biblische Rechtsgeschichte, Wiesbaden 2008, 637–643.

Ders., Narrative Begründungen von Ethos in der Ethik des Alten und Neuen Testaments, in: *Horn, Friedrich W./Zimmermann, Ruben* (Hg.), Jenseits von Indikativ und Imperativ. Kontexte und Normen neutestamentlicher Ethik, Bd.1, Tübingen 2009, 77–96.

Ders., Zinsverbot und Schuldenerlass als Elemente einer Sozialpolitik in der Tora, in: *M. Casper, Matthias/Oberauer, Norbert/Wittreck, Fabian* (Hg.), Was vom Wucher übrigbleibt, Tübingen 2014, 1–14.

Ders., The Study of Law and Ethics in the Hebrew Bible/Old Testament, in: *Sæbø, Magne* (Hg.), Hebrew Bible/Old Testament. The History of Its Interpretation Vol. III: From Modernism to Postmodernism (The Nineteenth and Twentieth Centuries) Part 2: The Twentieth Century, Göttingen 2015, 594–621.

Oyen, Hendrik van, Ethik des Alten Testaments, Gütersloh 1967.

Peter-Spörndli, Ursula, Die Zehn Worte vom Sinai. Die Rezeption des Dekalogs in der rabbinischen Literatur, Diss. Luzern 2010 http://www.zhbluzern.ch (Zugriff: 2.1.2015).

Ratzinger, Joseph, Stellungnahme Joseph Kardinal Ratzinger, in: Art. Vorpolitische moralische Grundlagen eines freiheitlichen Staates, in: Zur Debatte 34 (2004) 5–7.

Rieker, Siegbert, Altes Testament und allgemeingültige Ethik. Plädoyer für ein Second Quest nach den Noachidischen Geboten, in: *Riecker, Siegbert/Steinberg, Julius* (Hg.), Das Heilige Herz der Tora, Aachen 2011, 325–367.

Rogerson, John W., Theory and Practice in Old Testament Ethics (JSOT.S 405), Sheffield 2004.

Ders./Davies, Margret/Caroll, M. Daniel (Hg.), The Bible in Ethics. The Second Sheffield Colloquium, Sheffield 1995.

Sæbø, Magne, Reflections on Old Testament Ethics, in: *Ders.*, On the Way to Canon, (JSOT.S 191), Sheffield 1998, 162–181.

Sänger, Dieter, Art. Dekalog III, RGG[4] (1999) 630-631.

Schipka, Peter, Zwischen Bibelvergessenheit und Biblizismus. Das Dokument der päpstlichen Bibelkommission zum Verhältnis von Bibel und Moral, in: BiLi 83 (2010) 254–258.

Schmitt, Hans-Christoph, Die Gegenwartsbedeutung der Ethik des Alten Testaments, in: ZThK 95 (1998) 295–312.

Schockenhoff, Eberhard, Grundlegung der Ethik. Ein theologischer Entwurf, Freiburg [2]2014.

Schöllgen, Werner, Art. Dekalog II. Moraltheologisch, in: LThK 3 (1959) 201–202.

Schüngel-Straumann, Helen, Biblisches Ethos aus feministischer Perspektive (1993), in: *Dies.*, Anfänge feministischer Exegese, Münster 2002, 281–296.

Schwienhorst-Schönberger, Ludger, Art. Ethik, C. Theologisch. I. Biblisch, 1. Im Alten Testament, in: LThK 3 (1995) 908–909.

Sekretariat der Deutschen Bischofskonferenz (Hg.), Päpstliche Bibelkommission, Bibel und Moral. Biblische Wurzeln des christlichen Handelns (VAS 184), Bonn 2009.

Smend, Rudolf, Art. Ethik, III: Altes Testament, in: TRE X (1982) 423–435.

Soete, Annette, Ethos der Rettung - Ethos der Gerechtigkeit. Studien zur Struktur von Normbegründung und Urteilsfindung im Alten Testament und ihrer Relevanz für die ethische Diskussion der Gegenwart, Würzburg 1987.

Spieckermann, Hermann, Die Verbindlichkeit des Alten Testaments. Unzeitgemäße Betrachtungen zu einem ungeliebten Thema, in: JBTh 12 (1997) 25–51.

Steins, Georg, „Aus dem Geist der Heiligen Schrift". Das Dokument der Päpstlichen Bibelkommission „Bibel und Moral", in: *Heimbach-Steins, Marianne/Ders.* (Hg.), Bibelhermeneutik und christliche Sozialethik, Stuttgart 2012, 308–318.

Ders., Kanonbewusste Bibelauslegung. Exegetische Prolegomena zu einer sozialethisch orientierten Lektüre, *Heimbach-Steins, Marianne/Ders.* (Hg.), Bibelhermeneutik und christliche Sozialethik, Stuttgart 2012, 37–62.

Stemberger, Günter, Der Dekalog im frühen Judentum, in: JBTh 4 (1989) 91–103.

Wolter, Michael, „Zeremonialgesetz" versus „Sittengesetz". Eine Spurensuche, in: *Beyerle, Stefan/Mayer, Günter/Strauß, Hans* (Hg.), Recht und Ethos im Alten Testament - Gestalt und Wirkung (FS Horst Seebaß), Neukirchen-Vluyn 1999, 339–356.

Zimmermann, Ruben, Pluralistische Ethikbegründungen und Normenanalyse im Horizont einer „impliziten Ethik" frühchristlicher Schriften, in: *Horn, Friedrich, W./Volp, Ulrich/Ders.* (Hg.), Ethische Normen des frühen Christentums (WUNT 313), Tübingen 2013, 3–15.

Dimensionen alttestamentlicher Ethik

Recht und Ethik im Alten Testament

Ludger Schwienhorst-Schönberger

Über den Zusammenhang von Recht und Ethik im Alten Testament zu sprechen, erfordert eine Verständigung hinsichtlich der Bedeutung der dabei verwendeten Begriffe.

1. Begriffliche Klärungen

Unter *Ethik* (vom griechischen Wort ἔθος ≙ Eigenart, Gewohnheit, Sitte, Brauch) verstehen wir gewöhnlich die sich im Handeln äußernde sittliche Gesinnung, die persönliche Lebenseinstellung, die bewusst gelebte (sittliche) Grundhaltung von einzelnen oder Gruppen. Das Wort *Ethos* (vom griechischen Wort ἦθος ≙ 1. Aufenthaltsort, Wohnsitz; 2. Gewohnheit, Brauch; 3. Charakter, Denkweise) hat in etwa die gleiche Bedeutung. Im Lateinischen entsprechen dem *mos* und *mores*, woraus im Deutschen das Wort *Moral* hervorgegangen ist. *Ethik* und *Moral* meinen von ihrer Bedeutungsgeschichte her ursprünglich das Gleiche. Da der Begriff *Moral* in einigen Zusammenhängen eine leicht pejorative Konnotation angenommen hat, wird er heute im Deutschen gewöhnlich durch *Ethik* ersetzt, was sich unter anderem in der Umbenennung von Lehrstühlen und Instituten zeigt. Statt von *Moraltheologie* spricht man heute bevorzugt von *theologischer Ethik*.

Ethik bezeichnet darüber hinaus die Theorie sittlichen Handelns. Nach Eberhard Schockenhoff meint Ethik die „Reflexionsform der Moral oder die theoretische Beschäftigung mit moralischen Fragen, während Moral das gelebte Ethos von Individuen oder gesellschaftlichen Gruppen bezeichnet."[1] Das Adjektiv *ethisch* kann sowohl von Ethos als auch von Ethik her verstanden werden. *Alttestamentliche Ethik* wäre dann jenes Ensemble an sittlicher Gesinnung und Lebenseinstellung und damit einhergehender Reflexion, das im Alten Testament zur Sprache kommt.

---

[1] *Schockenhoff*, Grundlegung (2014), 23.

Unter *Recht* sei hier ein System von Regeln mit allgemeinem Geltungsanspruch verstanden, das gewohnheitsrechtlich entstanden ist und/oder als positives Recht von einer staatlichen Instanz oder einer anderen satzungsgebenden Körperschaft geschaffen und nötigenfalls von Organen der Rechtspflege durchgesetzt wird. Im Gegensatz zu Moral und Sitte sieht das so verstandene Recht (staatliche) Sanktionen für den Fall vor, dass seine Verhaltensregeln nicht eingehalten werden.

2. Problemstellung

Was in der mir vom *spiritus rector* der Tagung vorgegebenen Themenstellung mit Recht und Ethik gemeint ist, entspricht in etwa dem, was in der exegetischen Diskussion mit der Unterscheidung von Gesetz und Gebot bezeichnet wird. Claus Westermann und Norbert Lohfink haben sich mit der Thematik befasst.[2] Beide vertreten trotz eines unterschiedlichen Zugangs die Ansicht, dass das Alte Testament die Unterscheidung von Gesetz und Gebot kennt und dass diese Unterscheidung von theologisch grundlegender Bedeutung ist. Das Gebot sei unwandelbar, das Gesetz wandelbar, so lässt sich ihre Position zusammenfassen. Mit *Gebot* ist hier in erster Linie der Dekalog gemeint, mit *Gesetz* die sich daran anschließenden Gesetzeskorpora Bundesbuch, Heiligkeitsgesetz und Deuteronomisches Gesetz.

Der Unterscheidung von Recht und Ethik, von Gesetz und Gebot entspricht in etwa die einflussreiche, von Albrecht Alt begründete Unterscheidung von apodiktischem und kasuistischem Recht. Auch hier stoßen wir auf eine ähnliche Qualifikation: Das apodiktische Recht sei unbedingtes Gottesrecht und genuin israelitisch, das kasuistische Recht sei profanes, wandelbares Recht und gemeinorientalisch.[3]

Wirft man aus jüdischer Perspektive einen Blick auf diese Diskussion, so drängt sich der Verdacht auf, hier solle ein spezifisch christliches Problem mit Hilfe der alttestamentlichen Exegese gelöst werden: nämlich die Tatsache, dass die christliche Tradition einige Teile des alttestamentlichen Gesetzes übernommen, andere verworfen hat. Von daher nimmt es nicht Wunder, dass aus jüdischer Sicht Jon D. Levenson die von Albrecht Alt vorgenommene Unterscheidung zwar für interessant, aber

---

[2] *Westermann*, Theologie (1978, [2]1985), 154–164. *Lohfink*, Unterschied (1989).

[3] *Alt*, Ursprünge (1934).

theologisch für irrelevant hält.[4] Im Grunde sind all diese Unterscheidungen, so Levenson, Ausdruck der Verkennung und Abwertung des jüdischen Gesetzes. Was die christliche Tradition von ihren Anfängen an beginnend mit Paulus vertreten habe, versuche man nun mit Hilfe der modernen Exegese zu rechtfertigen. So gesehen sei der kritische Exeget und unorthodoxe Christ Julius Wellhausen sehr traditionell gewesen. Seine negative Sicht der Tora und des Judentums habe die moderne, vor allem protestantisch geprägte Exegese bis in die Gegenwart hinein beeinflusst.[5]

Wir werden sehen, dass der von Levenson erhobene Vorwurf nicht auf alle exegetischen Positionen zutrifft, die im Alten Testament zwischen unwandelbarem Gebot und wandelbarem Gesetz unterscheiden. So sagt beispielsweise Norbert Lohfink ausdrücklich, dass mit der „Vorordnung des Dekalogs vor dem restlichen Gotteswillen" nicht behauptet wird, „der Dekalog sei Gotteswort, alles andere nicht. Ob direkt vernommen, ob nur durch einen Mittler kundgetan – in jedem Fall teilen alle ‚Gesetze' im Pentateuch Gotteswillen mit."[6]

Eine Reihe christlicher Exegeten nimmt den jüdischen Einspruch ernst, tut sich aber in der exegetischen und theologischen Begründung einer wie auch immer näher zu bestimmenden Unterscheidung zwischen Wandelbarem und Unwandelbarem im alttestamentlichen Recht schwer. In seiner Monographie: „Die Tora. Theologie und Sozialgeschichte des alttestamentlichen Gesetzes" aus dem Jahre 1992 kritisiert Frank Crüsemann die christliche Haltung zur Tora Israels als widersprüchlich und eklektisch: „Jeder christliche Bezug auf die Tora hatte und hat deshalb faktisch immer eklektische Züge. Sie gilt und sie gilt nicht. Stets wurden Teile von ihr rezipiert und andere nicht, und das hat

---

[4] *Levenson*, Sinai and Zion (1987), 49: „The distinction between apodictic and casuistic law is an important insight into literary form, one that bears upon the origin and the function of the laws of ancient Israel [...] But I submit that it does not have *theological* significance."

[5] Ebd. 2: „Julius Wellhausen, the greatest Old Testament scholar of the nineteenth century, saw law as a symptom of spiritual desiccation [...] Wellhausen was not an orthodox Christian. His critical methods shook the church and endangered his career. But in his negative view of Torah and of Judaism, the religion of Torah, he was both a staunch traditionalist and an adumbration of future trends in ‚Old Testament theology'."

[6] *Lohfink*, Unterschied (1989), 235.

ein großes und vor allem ein unkontrollierbares Maß an Willkür mit sich gebracht."[7]

Bereits dieser kurze Einblick in die Diskussion dürfte deutlich gemacht haben, dass wir es hier mit einem exegetisch komplexen und theologisch heiklen Thema zu tun haben. Bei einer derartigen Herausforderung empfiehlt es sich, die Fragen klar zu benennen, auf die im Folgenden eingegangen werden soll: Es sind folgende:

1. Kennt das Alte Testament einen Unterschied von Recht und Ethik? Die Antwort wird sein: Ja, das Alte Testament kennt einen solchen Unterschied.

2. Worin besteht dieser Unterschied und welche theologischen Konsequenzen ergeben sich daraus?

3. Kennt das Alte Testament einen Unterschied von Recht und Ethik?

Die Frage ist mit „Ja" zu beantworten. Die Begründung ist relativ banal. Es bedarf dazu keiner besonderen exegetischen Kenntnisse und keiner komplizierten Hypothesen. Vielmehr reicht es, eine Klassifikation von Satztypen vorzunehmen, die einerseits dem Recht und die andererseits der Ethik zuzuordnen sind. Ich will mich nicht lange dabei aufhalten, sondern gleich eine entsprechende Übersicht präsentieren. Ich weise darauf hin, dass es hier nicht darum geht, diese Klassifikationen mit form- und gattungsgeschichtlichen Hypothesen zu verbinden, wie das etwa Claus Westermann getan und Norbert Lohfink kritisiert hat. Es geht lediglich darum, die dem Recht und der Ethik zuzuordnenden Satztypen zu unterscheiden. Dabei bietet sich folgende Klassifikation an:[8]

3.1 Redeformen des Rechts

Das Recht artikuliert sich in der Regel in einem zweigliedrigen Rechtssatz. Das erste Glied enthält eine Tatbestandsdefinition, das zweite Glied eine Rechtsfolgebestimmung. Dabei lassen sich drei Formen unterscheiden:

---

[7] *Crüsemann*, Tora (1992), 11.

[8] Vgl. dazu *Schwienhorst-Schönberger*, Präskriptive Texte (2006).

3.1.1 Kasuistisch (konditional) formulierter Rechtssatz

Der Hauptfall wird mit כי „wenn“ eingeleitet, der Unterfall mit אם „falls“. Als Beispiel sei Ex 22,15f. angeführt:

Hauptfall:

(a) Tatbestandsdefinition:	*Wenn ein Mann eine Jungfrau verführt, die noch nicht verlobt ist, und mit ihr schläft,*
(b) Rechtsfolgebestimmung:	*dann soll er Geld bezahlen in der Höhe des Brautpreises für Jungfrauen und sie zur Frau nehmen.*

Unterfall:

(a) Tatbestandsdefinition:	*Falls sich ihr Vater weigert, sie ihm zu geben,*
(b) Rechtsfolgebestimmung:	*dann soll er ihm so viel zahlen, wie der Brautpreis für eine Jungfrau beträgt.*

3.1.2 Partizipial formulierter Rechtssatz

Die Tatbestandsdefinition wird partizipial formuliert. Als Beispiel sei Ex 21,12 angeführt:

Tatbestandsdefinition:	*Wer einen Mann (jemanden) schlägt (wörtl.: der einen Mann Schlagende), so dass er stirbt,*
Rechtsfolgebestimmung:	*soll getötet werden.*

3.1.3 Relativisch formulierter Rechtssatz

Die Tatbestandsdefinition wird in einem Relativsatz formuliert. Als Beispiel sei Gen 44,17 angeführt:

Tatbestandsdefinition:	*Der Mann, in dessen Hand sich der Becher findet,*
Rechtsfolgebestimmung:	*soll mein Sklave sein.*

Unter streng formalem Gesichtspunkt kann man zweigliedrige Rechtssätze als deskriptive Sätze verstehen. Sie beschreiben einen Zusammenhang zwischen einer Tat und einer Folge: „Wer einen Menschen tötet, wird getötet.“ Über den Zusammenhang von Tat und Folge kann nun intensiv nachgedacht werden. Ich folge einer juristischen Konvention und verstehe Rechtssätze als hypothetische Sollenssätze. Sie sprechen ein bedingtes, nämlich ein durch den Tatbestand bedingtes

Sollen aus.[9] Der Beispielssatz würde *so* verstanden lauten: „*Wenn* jemand einen Menschen tötet, dann *soll* er getötet werden." Die Feststellung ist wichtig, denn sie besagt, dass dem Rechtssatz ein impliziter Sollenssatz zugrunde liegt.

3.2 Redeformen der Ethik

Im Unterschied zum Recht artikuliert sich das Ethos gewöhnlich in reinen Sollenssätzen. Wir können im Alten Testament drei Typen unterscheiden.

3.2.1 Prohibitiv (Verbot/„Gebot")

Die Form besteht aus לֹא + Langform der Präfixkonjugation („heischendes Präsens", „extratemporale Feststellung"). Als Beispiel sei Ex 23,6 angeführt:

> *Du sollst den Rechtsanspruch deines Armen in seinem Rechtsstreit nicht abweisen!*

3.2.2 Vetitiv (Mahnung/Weisung)

Die Form besteht aus אַל + Kurzform der Präfixkonjugation (Jussiv). Als Beispiel sei Ex 23,1b angeführt:

> *Erhebe deine Hand nicht (zum Eid) mit dem Verbrecher,*
> *um als Zeuge des Unrechts aufzutreten.*

3.2.3 Eingekleideter Prohibitiv

Hierbei handelt es sich um eine Mischform. Die Protasis bezeichnet nicht einen vorliegenden Fall, was in der 3. Ps. Sg. zu geschehen hätte, sondern ist in der 2. Ps. gehalten, redet also eine Person oder Gruppe an. Die Apodosis enthält keine Rechtsfolgebestimmung, sondern ein Verbot (Prohibitiv). Als Beispiel sei Ex 22,24 angeführt:

Protasis:	*Falls (אִם) du einem aus meinem Volk, einem Armen neben dir, Geld leihst,*
Apodosis:	*sollst (לֹא) du dich ihm gegenüber nicht wie ein Wucherer verhalten.*

Diese Sollenssätze werden in der Literatur gewöhnlich zum alttestamentlichen Recht gerechnet, weil sie vor allem in den Rechtskorpora

---

[9] So *Engisch*, Einführung (1956, [8]1983), 21.

des Alten Testaments begegnen. Sie sind in der Regel eingliedrig und enthalten gewöhnlich keine Rechtsfolgebestimmung. Es gibt allerdings auch Sollenssätze mit Rechtsfolgebestimmungen. Hier durchdringen sich Recht und Ethos (z. B. Ex 22,20–23).

3.2.4 Mahnwort

Es gibt weitere Redeformen, in denen sich das Ethos einer Gruppe artikuliert, die aber gewöhnlich nicht zur Rechts-, sondern zur alttestamentlichen Weisheitsliteratur gerechnet werden. An erster Stelle ist hier das Mahnwort zu nennen. Es besteht in der Regel aus zwei Versen. Der erste Vers enthält als direkte, an den Adressaten gerichtete Aufforderung einen Befehl, ein Gebot oder ein Verbot, eine Mahnung oder eine Warnung in Form eines Imperativs oder anderer Aufforderungsformen. Der zweite Vers besteht in der Regel aus einer mit „denn" oder „damit nicht" angeschlossenen Begründung. Als Beispiel sei Spr 1,8f. angeführt:

Höre, mein Sohn, auf die Zucht deines Vaters,
und verwirf nicht die Warnung deiner Mutter!
Denn ein schöner Kranz sind sie für dein Haupt
und Ketten für deinen Hals.

3.2.5 Sentenz

Die Sentenz, auch „Aussagespruch", „Aussagewort", „Wahrspruch", „Maschal", „Spruch" oder „Sprichwort" genannt, stellt einen Sachverhalt oder einen Zusammenhang fest. Sie weist Ähnlichkeiten mit dem zweigliedrigen Rechtssatz auf, da sie einen Zusammenhang zwischen zwei Verhaltensweisen herstellt. Als Beispiel sei Spr 10,4 angeführt:

Lässige Hand bringt Armut, fleißige Hand macht reich.

Unter pragmatischem Gesichtspunkt handelt es sich bei diesem Beispiel um eine Form von impliziter Paränese. Im Unterschied zum zweigliedrigen Rechtssatz bezieht sich das Sollen jedoch nicht auf die Folge, sondern auf die Tat: „Lässige Hand bringt Armut, fleißige Hand macht reich" ist eine implizite Warnung vor der Faulheit und eine implizite Aufforderung zum Fleiß. Offen bleibt die Frage, wie der Zusammenhang zwischen dem Tun und dem Ergehen näher zu bestimmen ist: tritt er von Natur aus ein, tritt er immer ein, wird er von Gott in Kraft gesetzt? Verwiesen sei auf die Diskussion um den „Tun-Ergehen-Zusammenhang" und auf das Motiv der „konnektiven Gerechtigkeit".

3.3 Fazit

Soweit eine erste Klassifikation. Es gehört zu den Eigentümlichkeiten des Alten Testaments, die Redeformen der Ethik und des Rechts miteinander zu verbinden, aufeinander zu beziehen und miteinander zu vermischen. Dadurch verändern sich beide Größen, das Recht und die Ethik. Das Spezifikum Israels ist also nicht in *einer* dieser Redeformen zu suchen, sondern in der Zuordnung beider und der Integration in ein Sinngefüge, das noch näher zu betrachten sein wird.

Halten wir als vorläufiges Fazit fest: Das Recht unterscheidet sich von der Ethik dadurch, dass ein mehr oder weniger präzise beschriebener Tatbestand mit einer Rechtsfolgebestimmung verknüpft wird. Einer solchen Verbindung liegt die Ansicht zugrunde, dass das mit der Rechtsfolgebestimmung sanktionierte Verhalten nicht sein soll. So gesehen sind Recht und Ethik keine zwei völlig disparate Größen, sondern in einer noch näher zu bestimmenden Weise miteinander verbunden.[10] Johann Braun schreibt in seiner „Einführung in die Rechtswissenschaft“: „Was die Sitte vom Recht unterscheidet, ist Gegenstand eines alten, fruchtlosen Streits. Letztlich ist der Unterschied nur gradueller Natur und hängt mit dem Grad der Rationalisierung zusammen. Juristen neigen dazu, nur dort von Recht zu sprechen, wo eine soziale Maschinerie vorhanden ist, die abweichendes Verhalten gezielt sanktionieren kann.“[11]

4. Welche Konsequenzen ergeben sich aus der Unterscheidung von Recht und Ethik?

Mit der Klassifikation der Redeformen allein ist noch nicht viel zum Thema gesagt. Wie bereits angedeutet, verbindet sich mit der Fragestellung die Erwartung, dass im Alten Testament zwischen wandelbaren und unwandelbaren Normen unterschieden werden kann. Es scheint Konsens zu sein, dass nicht alle Vorschriften des Alten Testaments wörtlich befolgt werden können. Wie aber lässt sich das exegetisch begründen, wenn doch in der Tora alle rechtlichen Bestimmungen und Weisungen als Gottes Wille ausgegeben werden?

---

[10] Zur inhaltlichen Ausgestaltung dieser Verbindung vgl. den Überblick von *Schwienhorst-Schönberger*, Ethik (1995).

[11] *Braun*, Rechtswissenschaft (1997), 21.

In der jüngeren exegetischen Forschung lassen sich drei Modelle unterscheiden, mit deren Hilfe man diese Frage zu beantworten sucht. Bei einigen dieser Modelle wird die eigentliche Absicht nicht ausgesprochen. Sie kleidet sich in das Gewand einer wissenschaftlichen These, aber im Hintergrund ist doch deutlich das Anliegen zu erkennen, zwischen dem Wandelbaren und Unwandelbaren in der alttestamentlichen Ethik und im alttestamentlichen Recht zu unterscheiden. Als „Lösungsmodelle“ sind zu unterscheiden:
(1) das form- und gattungsgeschichtliche Modell (A. Alt),
(2) das literarhistorische Modell (E. Otto),
(3) das kanonische Modell (N. Lohfink; G. Braulik).
Es handelt sich um idealtypische Vereinfachungen. Wie nicht anders zu erwarten, gibt es Randunschärfen und Überschneidungen. Dennoch halte ich die Unterscheidung der drei Modelle für hilfreich, um die Komplexität der Frage zu verstehen.

4.1 Das form- und gattungsgeschichtliche Modell (A. Alt)

Das forschungsgeschichtlich einflussreiche Modell von Albrecht Alt unterscheidet zwischen kasuistischem und apodiktischem Recht. Zum apodiktischen Recht rechnet Alt die Prohibitive, die wir dem Ethos zugewiesen haben, und den partizipial formulierten Rechtssatz, den sogenannten Mot-Jumat-Satz. Das kasuistische Recht, so Albrecht Alt, ist profan und gemeinorientalisch.[12] Das apodiktische Recht ist heiliges Recht und genuin israelitisch. In ihm liegen „Religion, Sittlichkeit und Recht […] noch ungeschieden ineinander“.[13] Alt hebt den Unterschied scharf hervor. Apodiktisches und kasuistisches Recht liegen im Kampf miteinander.[14] In ihnen spiegelt sich der Gegensatz von Israel und Kanaan.

Seit einigen Jahren wissen wir, dass diese Unterscheidung und die damit verbundenen Schlussfolgerungen so nicht haltbar sind. Im Grunde sind alle der mit Alts intuitiver Einsicht verbundenen Hypothesen forschungsgeschichtlich gesehen überholt. Die einzelnen Etap-

---

[12] *Alt*, Ursprünge (1934), 221: „Der Gedanke an eine Übernahme auch der kanaanäischen Rechtsordnungen durch die Israeliten liegt daher gewiss nicht fern und lässt sich gerade auf das kasuistische Recht […] besonders gut anwenden.“
[13] Ebd. 238.
[14] Ebd. 257.

pen dieser Diskussion sollen hier nicht nachgezeichnet werden.[15] Vor allem Erhard Gerstenberger hat darauf hingewiesen, dass Ge- und Verbote von ihrem Ursprung her keineswegs notwendig auf kultischen Sitz im Leben und auf Gott als letztgemeinten Sprecher verweisen. Sie können ebenso gut im Sippenethos einer vorstaatlichen Nomaden- oder Bauerngesellschaft oder in der familiären und schulischen Erziehung oder in der Rechtspflege am Stadttor formuliert, rezitiert und gelernt worden sein.[16]

In kritischer Auseinandersetzung mit Alt hatte bereits George E. Mendenhall den engen Zusammenhang von Recht und Ethik im Alten Testament hervorgehoben. Er versteht das alttestamentliche Recht als eine Umsetzung, eine Konkretisierung des Ethos. Im Bundesbuch, so Mendenhall, werden im Grunde alle Bestimmungen des Dekalogs in eine rechtliche Form gegossen.[17]

Jon D. Levenson hat sich aus jüdischer Sicht sowohl mit Alt als auch mit Mendenhall kritisch auseinandergesetzt. An Mendenhall kritisiert er, dass nicht alle Gesetze des Bundesbuches aus dem Dekalog abgeleitet werden können. Seiner Ansicht nach hat Albrecht Alt Recht, wenn er apodiktisches und kasuistisches Recht unterscheidet und beide Formen zwei unterschiedlichen Lebenswelten zuordnet. Man kann nicht, wie Mendenhall das tue, das kasuistische Recht aus dem apodiktischen Recht ableiten. Dann kritisiert Levenson aber auch Alt, indem er die eigentliche Intention von dessen Unterscheidung unterläuft. Die Unterscheidung Alts sei formkritisch gesehen interessant und erhellend, aber theologisch irrelevant. Das Besondere des biblischen Verständnisses von Recht sei es, dass das gesamte Recht, sowohl in seiner kasuistischen als auch in seiner apodiktischen Form in den Kontext des Bundes eingebunden worden sei. Gerade die Mischung von kasu-

---

[15] Verwiesen sei vor allem auf die form- und gattungsgeschichtlichen Studien der 1960-er und 1970-er Jahre, die sich noch weitgehend in diesem Modell bewegen, jedoch immer mehr Differenzierungen einbauen: *Boecker*, Redeformen (1964, ²1970); *Ders.*, Recht und Gesetz (1976, ²1984); *Schottroff*, Fluchspruch (1969); *Schulz*, Todesrecht (1969); *Liedke*, Rechtssätze (1971).

[16] *Gerstenberger*, Wesen (1965).

[17] *Mendenhall*, Law (1954), 39: „We conclude that the morality and policy described in the Decalogue is certainly familiar and lies at the basis of the Covenant Code, but there is no slavish copying of the words of the Decalogue.“ Zum Verhältnis von Bundesbuch und Dekalog vgl. *Schwienhorst-Schönberger*, Dekalog und Bundesbuch (2005). Dazu weiter unten mehr.

istisch und apodiktisch geformtem Recht im Pentateuch und die Einbindung beider Formen in den Bundesschluss seien für das Verständnis des biblischen Rechts und des Gottesbildes von theologisch grundlegender Bedeutung. Durch die Einschreibung des gesamten Rechts in die Sinaitheophanie ist das Recht zu einem persönlichen Gebot geworden und das Profane in eine höchst sakrale Angelegenheit verwandelt worden. Die mosaische Tora wird somit zu einem Medium der Kommunikation mit einem liebenden und personalen Gott („a means of communion with a loving and personal God"). Aus dieser Verbindung von Recht und Ethos, so Levenson, schöpfe die Tora ihre spirituelle Kraft. Man dürfe nicht das eine auf dem Altar des anderen opfern.[18]

Wir sehen hier, wie aus jüdischer Sicht christliche Implikationen exegetischer Arbeit aufgedeckt und zurückgewiesen werden. Der christlichen, insbesondere der christlich-protestantischen Exegese ist deutlich das Bemühen anzumerken, Recht und Gesetz des Alten Testaments zu relativieren, sei es, dass eine Sinaierzählung rekonstruiert wird, die in ihrer ältesten Form ganz ohne Gesetz auskommt, sei es, dass aufgrund formgeschichtlicher Unterscheidungen das kasuistische Recht, also das Recht im eigentlichen Sinn, als nicht genuin israelitisch angesehen wird. Die Tendenz der Relativierung des alttestamentlichen Rechts verdankt sich unverkennbar der paulinischen Gesetzeskritik und der christlichen Auslegungsgeschichte, die sich in der Relativierung kultischer, ritueller und im engeren Sinne gesetzlicher Bestimmungen auf der einen und der Hochschätzung des Dekalogs auf der anderen Seite konkretisierte. Im Gegenzug hat die rabbinisch-jüdische Tradition (im Unterschied zur hellenistisch-jüdischen Tradition) den Versuchen einer Höherbewertung des Dekalogs gegenüber den fol-

---

[18] *Levenson*, Sinai and Zion (1987), 45–50. „In the canonical scripture, Moses mediates both types of law as if they are one […] Mosaic authorship of the Pentateuch, therefore, although not literally true, does serve to convey a theological truth […] But by ascribing all normative law to Moses, the canonical Pentateuch has made laws into personal commandments, and it has made the secular into a matter of the greatest sacral concern. The Mosaic Tora is thus anything but a stern and impersonal taskmaster. It is a means of communion with a loving and personal God. The energy and spiritual power of Torah flows in no small measure from its insistence on holding these two dimensions, the outer and the inner, the legal and the affective, in a tight unity, refusing to sacrifice the one on the altar of the other" (50).

genden Gesetzen entgegengesteuert – übrigens ein schönes Beispiel für die These, dass sich das rabbinische Judentum unter anderem auch aus der kritischen Auseinandersetzung mit dem Christentum gebildet hat.[19] Dass die christliche Exegese eine anders akzentuierte Lesart des alttestamentlichen Rechts vertritt als die jüdische, ergibt sich aus der Ausweitung des Kanons durch das Neue Testament.[20] Problematisch wird es jedoch, wenn sich diese Lesart das Gewand einer historischen Objektivität überwirft und somit die kontextuell geprägte Sinnkonstitution durch die christliche Rezeptionsgemeinschaft verschleiert. Hier kann der Einspruch der jüdischen Exegese sehr heilsam sein.

4.2 Das literarhistorische Modell (E. Otto)

Nach Eckhart Otto „kann eine Ethik des AT nur deskriptiv, nicht aber präskriptiv sein."[21] Da die Normensysteme des Alten Testaments nach Otto in Widerspruch zueinander stehen,[22] kann die „Einheit der Ethik des AT" nur „ihre Geschichte" sein.[23] Diese Geschichte zeichnet Otto auf seine Weise nach. Dabei geht er auch auf das Verhältnis von Recht und Ethos ein. Das von ihm rekonstruierte Schema lautet: „Vom Recht zum Ethos". Das Ethos hat sich aus dem Recht ausdifferenziert, bleibt aber stets mit ihm verbunden. Es hat die Funktion, Rechtsnormen zu begründen, deren „innergesellschaftlich-naturwüchsige Legitimation in den sozialen Konflikten Israels und Judas in der Königszeit" in die Krise geraten war.[24] Diese Begründung erfolgt so, dass das Ethos und das damit begründete Recht im Willen JHWHs verankert werden. So ist die geschichtliche Entwicklung „vom Recht zum Ethos" zugleich eine Entwicklung „vom Profanrecht zum Gottesrecht". Otto beschreibt

---

19 Vgl. *Schäfer*, Geburt des Judentums (2010).

20 Das wird meines Erachtens in dem verständlichen Bemühen von *Crüsemann*, Tora (1992), 7–13, der Tora innerhalb der christlichen Theologie wieder die ihr gebührende Anerkennung zukommen zu lassen, zu wenig berücksichtigt.

21 *Otto*, Ethik (1994), 10. Vgl. ebd. 11.

22 Ebd. 11: „Die Normensysteme des AT sind untereinander nicht nur nicht widerspruchsfrei, sondern widersprechen gerade in ihren partikularistischen, oft Gewalt fordernden Ausgrenzungen fremder Völker heutiger ethischer Standortbestimmung."

23 Ebd. 12: „Die Einheit der Ethik des AT ist ihre Geschichte. Die Darstellung kann keine andere als die ihrer inneralttestamentlichen Rezeptionsgeschichte sein."

24 Ebd. 264.

diesen Prozess der „Theologisierung des Rechts“[25] in seinen zahlreichen Veröffentlichungen und sieht in den sich in ihnen artikulierenden Rationalitäten ein Potenzial, dass für die Begründung von Recht und Ethik in der Moderne fruchtbar gemacht werden kann.[26]

4.3 Das kanonische Modell (N. Lohfink; G. Braulik)

Einen Zugang zur Bestimmung des Verhältnisses von Recht und Ethik bietet der Dekalog. Das zeigt sich sowohl in der Rezeptionsgeschichte als auch in der jüngeren exegetischen Diskussion. Zwei Beobachtungen bilden die Grundlage der folgenden Überlegungen:

1. Sowohl im Buch Exodus als auch im Deuteronomium wird gesagt, dass Gott den Dekalog unmittelbar zum Volk gesprochen habe. Die sich daran anschließenden Gesetze teilt Gott nur dem Mose mit; dieser soll sie dem Volk weitersagen.

2. Die sich dem Dekalog anschließenden Rechtskorpora, das Bundesbuch und das deuteronomische Gesetz, weisen eine dekalogische Struktur auf. Offensichtlich sollen sie auf der Ebene des Endtextes als Auslegung des Dekalogs verstanden werden.

Rechnen wir den Dekalog zum Ethos und die sich daran anschließenden Auslegungen zum Recht, dann bedeutet das: Der unmittelbare Wille Gottes ist dem Volk im Ethos mitgeteilt; die Ausgestaltung desselben in das konkrete Recht bedarf der Vermittlung eines Lehrers. Allerdings wird die Vermittlung des Gotteswillens in der Gestalt des Rechts nicht aus dem Willen Gottes herausgenommen: Auch das Recht ist Ausdruck des göttlichen Willens, wenngleich vermittelter Ausdruck des göttlichen Willens.

Die hier skizzierte Position soll nun im Anschluss an Norbert Lohfink eingehender vorgestellt werden. Meines Erachtens handelt es sich im Hinblick auf unsere Fragestellung um das wichtigste der hier zu diskutierenden Modelle. Die Beobachtungen und Schlussfolgerungen von Lohfink sind folgende:[27]

Im Buch Exodus verkündet Gott vom Himmel her dem ganzen Volk Israel den Dekalog (Ex 20,1–22). Das Volk fürchtet sich und bittet, von Gottes Unmittelbarkeit befreit zu werden (Ex 20,19).

---

[25] *Otto*, Wandel (1988), 76.

[26] Siehe u. a. *Otto*, Rechtsgeschichte (2008).

[27] Zugrunde gelegt wird *Lohfink*, Unterschied (1989).

Daraufhin redet Gott nur noch zu Mose (Ex 20,21f.). Dieser vermittelt das Gehörte, nämlich das Bundesbuch, dem Volk (Ex 24,3).

In Dtn 5 wird an die Szene erinnert und im Prinzip das Gleiche gesagt: Den Dekalog, und zwar nur den Dekalog, sprach Gott zum Volk unmittelbar (Dtn 5,4). Alle weiteren Gesetze teilte Gott auf dem Berg Mose allein mit. Dieser gibt sie jetzt, unmittelbar vor seinem Tod, dem Volk weiter (Dtn 6,1). Den Dekalog hat Gott selbst auf zwei Steintafeln geschrieben (Dtn 5,22). Die erst in Moab verkündete Tora schreibt Mose nach ihrer Proklamation auf eine Schriftrolle (Dtn 31,9.14). Während die Dekalogtafeln *in* der Bundeslade deponiert sind (Dtn 10,5), wird die Tora-Rolle *neben* der Bundeslade aufbewahrt (Dtn 31,26).

Die Differenz von Dekalog und restlichen Gesetzen wird in Dtn 4,10–14 offensichtlich noch einmal vergrößert. Denn in Dtn 4,14 wird nicht mehr gesagt, „Gott habe Mose auf dem Berg die weiteren Gesetze mitgeteilt, sondern nur noch, er habe in jenem Augenblick Mose befohlen, die Israeliten [...] ‚Gesetze und Rechtsvorschriften' zu ‚lehren' (למד).“[28]

Nach Lohfink gilt das „im Pentateuch entworfene Verhältnis zwischen dem Dekalog einerseits und allen anderen Formulierungen des Gotteswillens andererseits“ für das Alte Testament insgesamt, da Propheten und Schriften im Kanon auf den Pentateuch ausgerichtet sind: Die Propheten legen den im Pentateuch verschriftet vorliegenden Gotteswillen aus, die Weisheitsschriften verstehen sich als „Inkarnation und Spiegelung des im Pentateuch niedergelegten Gotteswillens, indem sie in ihren grundlegenden Reflexionen zunehmend Frau Weisheit mit Israels Tora identifizieren. Das im Pentateuch entworfene Verhältnis zwischen dem Dekalog einerseits und allen anderen Formulierungen des Gotteswillens andererseits gilt infolgedessen im Sinngefüge des Kanons für das gesamte Alte Testament.“[29] Dem Verhältnis von Dekalog und weiteren Gesetzen entspricht das Verhältnis von Tora und Propheten, von Tora und Ketubim.

„Wenn das alles so ist, dann kann man die in den sinaitischen Schlüsselszenen des Pentateuch herausgearbeitete *Unterscheidung zwischen Dekalog und restlichen Formulierungen des Gotteswillens* gar nicht ernst genug nehmen [...] Daher ist es auch nicht verwunderlich,

---

[28] Ebd. 207.

[29] Ebd. 207f.

wenn die Christenheit schon sehr bald die auf der Hand liegende Sonderposition des Dekalogs benutzte, um für die notwendige Wegweisung an die Christen trotz Jesu Relativierung pharisäisch herausgestellter Observanzen und trotz paulinischer Gesetzestheologie auch auf das Alte Testament zurückgreifen zu können. Zumindest den Dekalog benutzte man offenbar ohne Bedenken weiter, während man die restlichen Gesetze, vor allem das Zeremonialgesetz, freizügig behandelte. Geschah das zu Recht?"[30]

Lohfink erörtert die Frage in Auseinandersetzung mit Claus Westermann. Nach Westermann unterscheidet das Alte Testament zwischen Gebot und Gesetz in dreifacher Hinsicht:[31]

a) In der Form: Das Gebot oder Verbot ist eingliedrig und hat die Form der direkten Anrede; das Gesetz ist zweigliedrig und verbindet den Tatbestand mit der Tatfolge (wie oben dargestellt).
b) In der Traditionsweise: Nach Westermann sind die Gebotsreihen in kultischer Verkündigung entstanden und tradiert worden, die Rechtskorpora im Zusammenhang mit Rechtsinstitutionen.
c) In der Möglichkeit der Wandlung: Zwar hätten auch die Gebote „Wandlungen durchgemacht", aber die Gesetze seien „viel stärker der Wandlung unterworfen".

Daraus zieht Westermann die Schlussfolgerung, „dass Gebot und Gesetz im Alten Testament nicht die gleiche theologische Bedeutung haben, dass die Unterordnung der Gebote unter den Begriff Gesetz vom Altem Testament als ganzem nicht zu begründen ist. Nur das Gebot ist direktes und unmittelbares Gotteswort. Die Gesetze sind erst nachträglich, in einem späteren Stadium zum Gotteswort erklärt worden."[32] Diese nach Westermann theologisch wichtige Unterscheidung von Gebot und Gesetz sei durch ein in späterer Zeit entstandenes Missverständnis verdeckt worden. Dies sei bereits im Alten Testament erfolgt.

Die Unterscheidung von Gebot und Gesetz im Alten Testament, die zwar verdeckt, aber durch exegetische Forschung wieder ans Licht gebracht werden kann, korreliert Westermann mit der Entgegensetzung zweier Heilswege im Neuen Testament. Das Gesetz als der durch Christus überwundene Heilsweg beziehe sich nicht auf die Gebote des Alten

---

30 Ebd. 208.
31 *Westermann*, Theologie (1978, ²1985), 156f.
32 Ebd. 157.

Testaments, sondern nur auf die Gesetze im engeren und eigentlichen Sinn. Die Gebote als Weisungen Gottes seien nicht überwunden. Auch im Neuen Testament geht aus dem Evangelium die Weisung hervor. Bei Gebot denkt Westermann konkret vor allem an den Dekalog.

Auf Lohfinks ausführliche kritische Auseinandersetzung mit Westermann soll hier nicht näher eingegangen werden. Einiges klang bereits bei der Vorstellung der Position von Albrecht Alt an. Nicht nur der formgeschichtliche Ansatz Westermanns ist seit Jahren fraglich geworden, sondern auch der dabei vorausgesetzte Geschichtsablauf, ja überhaupt die Tatsache, dass „die ganze Argumentation letztlich auf *historischen* Auffassungen beruht".[33] Ebenso überspringe ich Lohfinks Sicht zur Entstehung des Dekalogs.[34] Ich präsentiere vielmehr sogleich seinen eigenen Ansatz zur Frage, ob das Alte Testament einen Unterschied zwischen Gebot und Gesetz kennt und wenn ja, worin dieser besteht.

Lohfink geht dabei von der Beobachtung aus, dass Dtn 5 eine Theorie über das gegenseitige Verhältnis von Dekalog und deuteronomischem Gesetz narrativ und begrifflich entfaltet. Dabei „mag nicht nur ein Wille zu Harmonisierung disparater Traditionen am Werk gewesen sein [...] Die deuteronomischen Gesetze werden in Dtn 5,31; 6,1 und 6,20 definiert als חקם ומשפטים. Das dürfte meinen: ‚Rechtsbestimmungen, und zwar (aufgrund von) Entscheidungen, (die bisher noch offene oder unklare Situation klärten [sic!]).' Dem Dekalog kommt dadurch nicht nur ein höherer Rang zu (Gotteswille aus Theophanie, gegenüber menschlich vermitteltem Gotteswillen), sondern darüber hinaus wird auch ein Verhältnis von der Art ‚Grundprinzipien und Explikation' postuliert. Von diesem Ansatz aus entfaltet sich nun der uns literarisch sichtbar werdende *Umgang des Deuteronomiums mit dem Dekalog*. Einerseits kann deutlicher herausgearbeitet werden, dass alle anderen Gesetze nur Entfaltungen des im Dekalog Angelegten sind. Andererseits wird es durch die Unterscheidung möglich, sie als zeitbedingte und damit nicht geschichtlich unrevidierbare Explikation der grundlegenden Prinzipien zu begreifen. Das deuteronomische Gesetz ist ja auch, nachdem es im Zusammenhang mit der Schaffung von Dtn 5 in eine Geschichtsdarstellung eingebracht war, weiter

---

[33] *Lohfink*, Unterschied (1989), 211. Zur Auseinandersetzung mit Westermann ebd. 211–220.

[34] *Lohfink*, Unterschied (1989), 220–226.

bearbeitet und ausgebaut worden. Hierbei wurde der Text selbst immer mehr als eine Explikation des Dekalogs stilisiert."[35]

Georg Braulik hat die These Lohfinks aufgegriffen, entfaltet und aufgrund weiterer Beobachtungen differenziert und argumentativ abgestützt. Er hat gezeigt, dass im Rahmen einer spät anzusetzenden Redaktion („nachdeuteronomistisch") der gesamte deuteronomische Kodex Dtn 12–26 an der Dekalogstruktur ausgerichtet wurde.[36] Die Differenzierung sieht folgendermaßen aus: Die schon in Dtn 5 entwickelte Theorie, wonach das Deuteronomium eine Entfaltung des im Dekalog Angelegten und damit eine zeitbedingte, revidierbare Explikation der grundlegenden Prinzipien bildet (so die These von Lohfink), wurde in Dtn 19–25 nachträglich durchgeführt. „Dazu wurden die im wesentlichen bereits vorgegebenen Texte der Kapitel 12–18 in einer Art *relecture* den ersten vier Dekalogsgeboten zugeordnet. Die folgenden Einzelgesetze bzw. Gesetzessammlungen in 19–25 wurden dagegen sofort entsprechend der Abfolge der Dekalogsgebote, konkret der ethischen Prohibitive 5,17–21 des Masoretentextes, systematisiert. Sie sind daher wesentlich genauer als die Kapitel 12–18 an den Aufbau des Dekalogs gebunden."[37] Das Fazit bei Georg Braulik lautet: „Der Aufbau des deuteronomischen Kodex entspricht somit – wenn auch in unterschiedlich klaren Korrespondenzen – den 10 Gebotsbereichen des Dekalogs."[38] Im Hinblick auf die Bestimmung von Recht und Ethik ergibt sich daraus nach Braulik „die folgende hermeneutisch wichtige Konsequenz. Der Dekalog wurde von Israel ‚niemals als ein absolutes moralisches Sittengesetz verstanden' (*v. Rad,* Theologie, 207). Nach dtn Redaktionsentscheid darf er nicht vom Gesetz gelöst werden, das ihn auslegt. Dieser Bezug des Dekalogs auf die Einzelgesetze als seinen Kontext ist zwar – wie schon seine Parallele in Ex 20 beweist – zeitgebunden. Doch gibt es seither hermeneutisch kein Zurück mehr hinter das Prinzip einer solchen Verbindung von Dekalog und Einzelgesetzen als seinen Durchführungsbestimmungen. Im Gesetz erhält der Dekalog seine ‚positive Füllung' und vermag so ‚das Leben positiv inhaltlich zu normieren' (gegen *v. Rad,* Theologie 208, der dem Dekalog mit die-

---

[35] Ebd. 227.

[36] *Braulik,* Dekalog (1991). Kritisch dazu *Crüsemann,* Tora (1992), 240–242. Brauliks Antwort darauf in: *Braulik,* Dekalogische Redaktion (1995), 150, Anm. 12.

[37] *Braulik,* Dekalogische Redaktion (1995), 148f.

[38] Ebd. 149.

sen Wendungen abspricht, ‚Anweisung zum moralischen Leben' sein zu können. Ebenso gegen *Crüsemann*, Bewahrung, 8–13, 81f.).“[39]

Eine analoge Entwicklung lässt sich im Verhältnis von Dekalog (Ex 20) und Bundesbuch (Ex 20,22–23,33) beobachten.[40] Die Figur von „Dekalog als Grundgesetz – Einzelgesetze als dessen Ausführungsbestimmungen“ wurde im Deuteronomium entwickelt. Mit der Verankerung des Dekalogs in der Sinaiperikope wurde diese Figur auf das Verhältnis von Dekalog und Bundesbuch übertragen. Das Problem der Doppelung des Dekalogs wurde dadurch entschärft, dass der Exodus-Dekalog so in den literarischen Kontext eingebunden wurde, dass er als Vorinformation für den Leser zu verstehen ist.[41] „Der Leser bekommt bereits am Sinai mitgeteilt, was das Volk erst in den Steppen Moabs erfährt: dass nämlich der Dekalog eine Bündelung des sich in zahlreichen Gesetzen und Rechtsvorschriften artikulierenden Gotteswillens ist.“[42]

Durch die Zuordnung von Dekalog und deuteronomischem Gesetzbuch in Dtn 5 wurde die Möglichkeit geschaffen, einer Rechtsordnung die nötige Autorität zu verleihen. Etwas Ähnliches geschah mit der Schaffung des Prophetengesetzes in Dtn 18,9–22 (speziell V. 16–18). Hier wird der Gedanke dahingehend entfaltet, dass durch den Propheten auch später noch ähnliche Auslegungen des Dekalogs möglich sind. Lohfink deutet diese Konstellation als „ein Stück Reflexion über die Sonderrolle des Dekalogs und die historische Relativität aller sonstigen Rechtstraditionen in Israel“.[43] Eine ähnliche historische Relativierung von Rechtsbestimmungen erfolgte beispielsweise auch mit der Überschrift in Dtn 12,1. „Nach ihr beginnen dort die חקים ומשפטים, die (räumlich) nur im verheißenen Land und (zeitlich) nur dann, wenn Israel in diesem Land ist, verpflichtend sind. Damit sind sie praktisch für die Deportierten oder in der Diaspora Lebenden als nicht verpflichtend erklärt.“[44] Mit der Voranstellung des Dekalogs an die Spitze der gesamten sinaitischen Gesetzgebung wurde dieser Gedanke dann noch einmal in dem Sinne ausgeweitet, dass nun nicht nur deuterono-

---

[39] *Braulik*, Dekalog (1991), 117f.

[40] Ausführliche Begründung dazu mit tabellarischer Übersicht: *Schwienhorst-Schönberger*, Dekalog und Bundesbuch (2005).

[41] *Dohmen*, Verschriftung des Dekalogs (2005).

[42] *Schwienhorst-Schönberger*, Dekalog und Bundesbuch (2005), 71.

[43] *Lohfink*, Unterschied (1989), 228.

[44] Ebd. 229.

misches Gesetz und Bundesbuch, sondern die gesamte sinaitische Gesetzgebung als Explikation des Dekalogs verstanden wurde.

Lohfink zieht aus diesen exegetischen Beobachtungen und Interpretationen folgende theologische Schlussfolgerungen: „Die Differenz zwischen Dekalog und jeglichem restlichen Gotteswillen ist offensichtlich eine tragende Aussage des Alten Testaments als ganzem. Hinter sie können wir bei kanonischer Auslegung nicht zurück."[45] Mit dieser Differenz, so Lohfink, wird jedoch nicht behauptet, „der Dekalog sei Gotteswort, alles andere nicht. Ob direkt vernommen, ob nur durch einen Mittler kundgetan – in jedem Fall teilen alle ‚Gesetze' im Pentateuch Gotteswillen mit."[46] „Insofern ist auch nicht zu ersehen, wieso der Dekalog wegen seiner Abhebung von den restlichen Formulierungen des Gotteswillens aus der im Neuen Testament erörterten Problematik des ‚Gesetzes' ausgeklammert werden könnte. Unter der Rücksicht, unter der dort vom ‚Gesetz' geredet wird, sind der Dekalog und alles Restliche im Pentateuch zugleich oder zugleich nicht betroffen [...] Hier wird man Westermanns These von den ‚Geboten', die nicht unter das fallen sollen, was paulinisch zum ‚Gesetz' zu sagen ist, eindeutig widersprechen müssen."[47]

Was nach Lohfink mit der Unterscheidung von Dekalog und anderen Gesetzen eigentlich zum Ausdruck gebracht werden soll, ist die „Unterscheidung zwischen prinzipiellem und unwandelbarem Gotteswillen einerseits und dessen wandelbarer und jeweils zeitbedingter Konkretion andererseits".[48] – Wir müssen hier genau hinhören: Es geht also nicht – wie etwa bei Albrecht Alt und Claus Westermann – um die Unterscheidung zwischen unwandelbarem Gottesrecht und wandelbarem menschlichem Recht, sondern um die Frage, wie sich der unwandelbare Wille Gottes in der jeweiligen Zeit konkretisiert. Die dem Dekalog als Auslegung folgenden Gesetze und Rechtsvorschriften sind also historisch wandelbare Konkretisierungen des Gotteswillens. Die Tatsache, dass die beiden Dekalogfassungen leicht voneinander abweichen, zeigt nach Lohfink zudem, dass der Dekalog nicht mit dem Wil-

---

[45] Ebd. 235.
[46] Ebd.
[47] Ebd.
[48] Ebd. 236.

len Gottes zu identifizieren ist. Er ist lediglich sein Platzhalter. „Er steht nur dafür."[49]

„Mit der Unterscheidung von Dekalog und restlichen Formulierungen des Gotteswillens ist im alttestamentlichen Kanon die Möglichkeit eröffnet, ja die Pflicht gesetzt, dass auch kommende Generationen vom gleichbleibenden Grundwillen Gottes her neu nach der konkreten Formulierung des Gotteswillens für das Gottesvolk der eigenen Zeit fragen."[50] In diesem Sinne versteht Lohfink auch das Neue Testament, insbesondere Paulus.

Frank Crüsemann lehnt das Modell von Lohfink ab: „Der Dekalog beansprucht keinerlei höheren Rang als die übrigen Gesetze, nirgends wird dieser Gedanke auch nur angedeutet. Alles ist Gottesrede und alles sein bleibender Wille [...] Die bisherige Sonderstellung des Dekalogs in der christlichen Ethik muss exegetisch als Irrweg angesehen werden [...] Der Dekalog ist nach dem kanonischen Text des Alten Testaments in keinem anderen Sinne Wille Gottes als die gesamte übrige Tora. Er ist nicht ihre Zusammenfassung, auch nicht die ihrer überzeitlichen Prinzipien. Die vielen Versuche, den einen umfassenden Gotteswillen aus dem Dekalog allein zu gewinnen, endeten in problematischen Verkürzungen und hängen erkennbar mit schlimmen Verirrungen der Kirchengeschichte und christlichen Verhaltens in ihr zusammen [...] Die zählebigen Versuche, den Dekalog inhaltlich vom Rest abzuheben und allein zur Basis christlicher Ethik zu machen, haben das Christentum von der Tora Israels abgeschnitten. Sie sind exegetisch nicht haltbar und theologisch nicht fortzusetzen."[51] Crüsemann löst das Problem mit dem „Konzept einer weitergehenden Offenbarung"[52]: „Der Abschluss der Sinaioffenbarung kann nicht auch der Abschluss der Offenbarung Gottes sein. Israel empfängt auf seinem Weg zwischen Sinai und gelobtem Land neue Weisungen, immer wenn es ihrer bedarf. Inhaltlich geht es um Fortführung, Aktualisierung, Novellierung, Ergänzung von Themen und Fragen, die in der Sinaioffenbarung geregelt wurden".[53]

Von anderen Voraussetzungen herkommend gelangt Crüsemann

---

[49] Ebd.
[50] Ebd.
[51] *Crüsemann*, Tora (1992), 413.
[52] Ebd. 423.
[53] Ebd. 421.

dann doch zu einer ähnlichen Problemlösung wie Lohfink: Die in Gestalt eines Buches vorliegende Sinaioffenbarung bedarf der weiterführenden Interpretation. Diese findet bereits im Pentateuch, aber außerhalb der Sinaioffenbarung statt. Er verweist auf die Weisungen Gottes im Buch Numeri ab Kapitel 16: „Die Festschreibung des göttlichen Willens in schriftlicher Form in Gestalt eines Buches bedarf der Ergänzung durch weitergehende innovative Gottesrede, soll sie nicht zur Erstarrung führen. Der Kanon und die viva vox gehören zusammen."[54] Bei Lohfink findet dieser Prozess bereits innerhalb der Sinaioffenbarung statt, im Verhältnis von Dekalog und übriger Gesetzesmitteilung. Das alttestamentliche Recht gewinnt bei Lohfink eine höhere theologische Dignität als bei Crüsemann. Lohfink versteht es als Konkretisierung des Gotteswillens. Das „Konzept einer weitergehenden Offenbarung" bei Crüsemann erscheint mir problematisch, es sei denn, er bezieht das Neue Testament mit ein und versteht es im Hinblick auf eine Selbstmitteilung Gottes, womit dann aber die Offenbarung als abgeschlossen zu gelten hat, denn Gott kann nicht mehr mitteilen als sich selbst. Das Neue Testament jedoch will Crüsemann aus der Fragestellung heraushalten. Im Kontext einer christlichen Theologie dürfte das jedoch nicht möglich sein. Hinzu kommt, dass nach Abschluss des Kanons von einer weitergehenden Offenbarung Gottes im eigentlichen Sinn nicht gesprochen werden kann. Worum es nach Abschluss des Kanons geht, ist die Auslegung der Offenbarung Gottes. Die offene Frage ist, in welchem Lichte diese Auslegung erfolgt. Crüsemann spricht von einer Rezeption der Tora, die „weit mehr als eine exegetische Aufgabe" ist.[55] An dieser Stelle bricht er seine Überlegungen ab.

4.4 Zusammenfassung

Die Bestimmung des Verhältnisses von Recht und Ethos im Alten Testament hängt in starkem Maße von den hermeneutischen Voraussetzungen und den angewandten Methoden ab. Es ist eine Frage wissenschaftlicher Redlichkeit, diese offen zu legen. Der vorangehende Überblick hat versucht, diese Zusammenhänge zu benennen. Will man die hermeneutisch und methodologisch unterschiedlichen

---

[54] Ebd. 422.
[55] Ebd. 425.

Zugänge im Hinblick auf unsere Fragestellung auswerten, so bietet sich folgende Zusammenfassung an:

Der *form- und gattungsgeschichtliche Zugang* betont den Unterschied von Recht und Ethos. Beide gehören unterschiedlichen Lebenswelten („Sitz im Leben") an. Albrecht Alt verbindet das Ethos mit Israel, das Recht mit Kanaan. Im Ethos artikuliere sich der unbedingte und heilige Wille Gottes ohne „Wenn und Aber", im Recht gehe es um die profane Regelung strittiger Angelegenheiten unter den Bedingungen des alltäglichen Lebens. Im Alten Testament gehen beide Größen eine nicht ganz spannungsfreie Verbindung ein. Das Ethos gilt als unwandelbar, das Recht als wandelbar.

Der *literarhistorische Ansatz*, der hier im Anschluss an Eckhart Otto vorgestellt wurde, relativiert die Eigenständigkeit der Redeformen und sucht vor allem nach Spuren, die im Hinblick auf die Entstehungsgeschichte der in Frage kommenden Texte ausgewertet werden können. Hier lässt sich nach Otto in vielen Fällen erkennen, dass Texte, die eindeutig dem Recht zuzuordnen sind, durch ethische Weisungen sekundär erweitert wurden. Nach Otto zeigt sich hier eine rechtsgeschichtliche Entwicklung vom Recht zum Ethos. Dem Ethos kommt in diesen Fällen die Aufgabe zu, die in die Krise geratene Plausibilität rechtlicher Regelungen aufzufangen und letztlich das geltende Recht zu begründen. Offen bleibt die Frage, ob sich nicht bereits jede rechtliche Regelung einem zugrunde liegenden Ethos verdankt.

Der *kanonische* Ansatz fragt, wie Dekalog und Rechtskorpora im vorliegenden Pentateuch einander zuzuordnen sind und welche Konsequenzen sich daraus für das Verständnis dieser Texte ergeben. Durchgehend wird dabei der Dekalog den sich anschließenden Gesetzeskorpora vorgeordnet. Offen bleibt die Frage, wie diese Vorordnung zu verstehen und zu bewerten ist. Lohfink betont, dass beide Größen Ausdruck des Gotteswillens sind. Der Dekalog steht für den unwandelbaren Gotteswillen, die sich anschließenden Gesetze für dessen wandelbare und zeitbedingte Konkretion. In der Begrifflichkeit Immanuel Kants könnte man die vielfältigen gesetzlichen Bestimmungen als Schematismen der praktischen Vernunft verstehen, die zwischen den universalgültigen, aber weitgehend formalen Formulierungen des Dekalogs einerseits und dem konkreten, sinnlichen Material des zu regelnden Alltagslebens anderseits vermitteln. Von den drei Modellen steht das kanonische Modell der jüdischen und christlichen Auslegungstradition am nächsten.

5. Dekalog – Bundesbuch – Dekalog – Deuteronomisches Gesetz

Bei der Frage nach dem Verhältnis von Recht und Ethik im Alten Testament spielt offensichtlich die Verhältnisbestimmung von Dekalog und der sich daran anschließenden Gesetzesmitteilungen eine Schlüsselrolle. Kanonisch gelesen hätten wir zweimal die Abfolge: Vom Ethos zum Recht. Das Ethos konkretisiert sich im Recht. Die Rechtsvorschriften im Bundesbuch und im Deuteronomischen Gesetz sind Umsetzungen des sich im Dekalog artikulierenden Ethos. Das ist die weitgehend anerkannte synchrone Perspektive. Martin Noth nennt das deuteronomische Gesetz die „authentische Auslegung des Dekalogs".[56] Lothar Perlitt spricht vom Dekalog als „Grund-Gesetz" und dem Deuteronomium als „seinem Kommentar".[57]

Wir können diese Beobachtungen noch ein wenig differenzieren. Dabei greife ich einen Gedanken von Christoph Dohmen auf, der die Tatsache der Doppelüberlieferung und die kommunikative Einbindung der beiden Dekalog-Fassungen in besonderer Weise berücksichtigt. Der Dekalog Ex 20 wird zwar von Gott gesprochen, aber es wird nirgends gesagt, dass das Volk ihn gehört oder gar verstanden hätte. Es heißt in Ex 20,18: „Und das ganze Volk *sah* den Donner und die Blitze und den Schall des Schofar und den rauchenden Berg. Da fürchtete sich das Volk, sie zitterten und blieben in der Ferne stehen." Genau genommen wird nirgends gesagt, dass das Volk die Worte Gottes *gehört* und verstanden habe. Das Volk hat offensichtlich wahrgenommen, *dass* Gott mit ihm geredet hat (V. 19b: „Gott soll nicht mehr mit uns reden"), aber es hat nicht verstanden, *was* Gott gesprochen hat. *Was* Gott gesprochen hat, wird nur dem Leser mitgeteilt: Es ist der Dekalog von Ex 20. Das Volk vernimmt den Dekalog erstmals in Dtn 5 aus dem Mund des Mose. Mose erhält den Dekalog verschriftlicht auf den Tafeln des Bundes und verkündet ihn erstmals in Dtn 5. Was das Volk als erstes hört und versteht, ist das Bundesbuch (Ex 20,22–23,33). Gott teilt es dem Mose mit und beauftragt ihn, es den Israeliten mitzuteilen (Ex 20,22). Mose tut dies (Ex 24,3). Das Volk hat verstanden: „Alles, was JHWH gesagt hat, wollen wir tun" (Ex 24,3). Im Hin-

---

[56] *Noth*, Überlieferungsgeschichtliche Studien (1943, ^{2}1957), 103: „[...] so lag die praktische Bedeutung bei dem deuteronomischen Gesetz als der authentischen Auslegung des Dekalogs."

[57] *Perlitt*, Bundestheologie (1969), 99.

blick auf unsere Fragestellung heißt das: Das Volk geht in seiner Erkenntnis den Weg vom Recht (Bundesbuch) zu dem ihm zugrundeliegenden Ethos (Dekalog Dtn 5) und wieder zu dessen weiterführender Umsetzung im Recht (Dtn 12–26). Der Leser hingegen versteht das Bundesbuch als Auslegung des Dekalogs: Er geht den Weg vom Ethos (Ex 20) zu dessen Umsetzung im Recht (Bundesbuch) und zu dessen erneuter Zusammenfassung im Ethos (Dtn 5) und dessen weiterführender Umsetzung im Recht (Dtn 12–26).

6. Die Verbindung von Recht und Ethos: Das Bundesbuch

Es dürfte bereits deutlich geworden sein: Recht und Ethos stehen im Alten Testament nicht beziehungslos nebeneinander, sondern sind aufeinander bezogen und miteinander verbunden. Am Beispiel des Dekalogs habe ich einige Modelle der Verhältnisbestimmung vorgestellt. Ich möchte nun einen weiteren Aspekt einbringen, und zwar einen diachronen Aspekt, der das Verhältnis beider Größen weiter zu erhellen vermag. Als Beispiel sei das Bundesbuch Ex 20,22–23,33 gewählt.

Die Entstehung des Bundesbuches lässt sich unter die Überschrift stellen: Vom Recht zum Ethos. Was sich auf synchroner Ebene in der Abfolge von Dekalog und Bundesbuch/deuteronomisches Gesetz gezeigt hat, lässt sich beim Bundesbuch auch unter diachronem Gesichtspunkt beobachten.[58] Der Grundbestand des Bundesbuches ist ein kasuistisches Rechtsbuch, das im Kontext von juristischer Gelehrsamkeit und Rechtsprechung entstanden ist und zur Anwendung kam. Dieses kasuistische Rechtsbuch wurde im Rahmen einer protodeuteronomischen Redaktion erweitert. Formales Kriterium dieser Redaktion ist die Anrede einer 2. Person Singular. Inhaltlich handelt es sich bei den hinzugefügten Texten vor allem um sakrale und soziale Traditionen. Um ein Beispiel anzugeben: Die Gebote zum Schutz des Fremden, der Witwe, der Waise und des Armen in Ex 22,20–26 sind zu dieser Redaktion zu rechnen:

> Einen Fremden sollst du nicht unterdrücken und nicht ausbeuten,
> (denn Fremde seid ihr gewesen im Lande Ägypten).
> Eine Witwe und eine Waise sollst du nicht bedrängen!

---

[58] Der folgenden Darstellung liegt zugrunde: *Schwienhorst-Schönberger*, Das Bundesbuch (1990). Vgl. auch *Otto*, Wandel (1988); *Rothenbusch*, Bundesbuch (2000).

Wenn du sie bedrängst und wenn sie zu mir schreit,
werde ich ihr Klagegeschrei erhören,
und mein Zorn wird entbrennen,
und ich werde euch mit dem Schwert töten,
und eure Frauen werden zu Witwen
und eure Kinder zu Waisen.

Der Redaktor hat diese und ähnliche Traditionen aufgegriffen, bearbeitet und mit dem kasuistischen Rechtsbuch verbunden und so die Grundstruktur des Bundesbuches als einer Verbindung von *ius, fas* und *ethos* geschaffen. Ein wichtiges Kennzeichen dieser Redaktion ist die Anrede einer 2. Person Singular und die Nennung eines Sprecher-Ichs. Sprecher kann im vorliegenden Kontext nur Gott sein. Somit wird durch die Integration von sakralrechtlichen Bestimmungen und ethischen Weisungen das kasuistische Rechtsbuch zum Gottesrecht. Diese Redaktionsschicht kann somit als *gottesrechtliche Redaktion* des Bundesbuches bezeichnet werden. Eines ihrer Merkmale ist, dass sie durch gezielte Eingriffe vorgegebene Texte nachträglich als Gottesrede stilisiert. Auf diese Weise wird jeder Teil des Bundesbuches – auch der kasuistische Teil – als Gottesrede stilisiert und damit als von Gott gesetztes Recht qualifiziert. Damit ist das Proprium des alttestamentlichen Verständnisses von Recht und Ethos erreicht: Beide entspringen dem göttlichen Willen. Im Hinblick auf unsere Ausgangsüberlegung können wir diesen Prozess als narrative Explikation der Unbedingtheit der sittlichen Forderung interpretieren. Dass das Gute zu tun und das Böse zu lassen ist, entspricht dem Willen Gottes. Das Problem, das dabei aufkommt, ist die Frage, wie das Gute und das Böse inhaltlich zu bestimmen sind und ob die inhaltlichen Bestimmungen wandelbar oder unwandelbar sind, und wie das Verhältnis von Partikularität und Universalität, von Israel und den Völkern zu qualifizieren ist.

7. Die Durchdringung von Recht und Ethos: Das Deuteronomium

Die mit der gottesrechtlichen Redaktion des Bundesbuches eingeleitete Entwicklung wird im Deuteronomium aufgegriffen, vertieft und zu einer umfassenden theologischen Synthese geformt. Im Deuteronomium begegnen wir nicht nur einer Verbindung, sondern einer wechselseitigen Durchdringung von Recht und Ethos und einer damit einhergehenden systematischen theologischen Reflexion. Das Deuteronomium „versteht sich als Vertragsurkunde, die alle vorausgehenden Bundestexte und göttlichen Gesetze, die zwischen Horeb und Moab erlassen wurden, zusammenfasst, und die im Zweifelsfall auch das letzte Wort hat […] Die Forderungen des Dtn sind so formuliert, dass sie sich mit dem intertextuell anvisierten und uminterpretierten älteren Bundesbuch zu einer rechtssystematischen Einheit zusammenfügen. Analoges dürfte auch für die ursprüngliche Beziehung zwischen dem Dtn und dem Heiligkeitsgesetz, vielleicht auch für vieles andere Rechtsmaterial des Pentateuch, gelten. Wie man mit den verbleibenden Spannungen und Widersprüchen, besonders solchen im kultischen Recht, umgeht, muss dann eine Rechtshermeneutik von außen festlegen. Ihre geschichtlich am meisten ausgeprägte Form wurde zweifellos von der jüdischen Halacha entwickelt.“[59]

8. Ausblick

Genau genommen muss es zwischen den Positionen von Albrecht Alt und Jon D. Levenson unter streng exegetischem Gesichtspunkt keinen Widerspruch geben. Dass auf der Ebene des Endtextes Recht und Ethik im Alten Testament miteinander verbunden und ineinander verwoben sind, hat Albrecht Alt nie geleugnet. Allerdings interessierte er sich nicht näher für diesen Zusammenhang. Er fragte nicht nach der theologischen Relevanz dieses Faktums. Das Spezifikum Israels suchte er – ganz in der Tradition der historischen Wissenschaften des 19. Jahrhunderts stehend – in einem historisch zu rekonstruierenden Urgestein. Er fand es im apodiktischen Recht, in dem Israel dem Unbedingtheitsanspruch der sittlichen Forderung seines Gottes begegnet. Als Folge dieser formgeschichtlich motivierten historischen Rückfrage ergab sich, dass ein großer Teil des israelitischen Rechts, das sogenannte kasuistische Recht, aus dem Unbedingtheitsanspruch der sittlichen Forderung herausfällt oder zumindest doch relativiert und an den Rand gedrängt wurde. Verständlicherweise rief das den Widerspruch der jüdischen Gelehrsamkeit hervor. Was das Spezifikum des israelitischen Rechts anbetrifft, so stimmt Jon D. Levenson mit Albrecht Alt im Prinzip überein. In ihm wird Israel in unmittelbarer

---

[59] *Braulik*, Deuteronomium (2012), 177f.

Weise von seinem Gott auf ein „Du sollst“ hin angesprochen. Nur reserviert er es nicht für einen diachron rekonstruierten literarischen Urbestand, sondern er sieht es als das Wesensmerkmal des kanonischen Pentateuchs („canonical Pentateuch“) an. Somit ist auch das Recht im engeren und eigentlichen Sinn, also auch das sogenannte kasuistische Recht, ein Medium der Kommunikation zwischen Israel und seinem Gott, ein Ort der Gottesbegegnung.

Was bei Albrecht Alt und ähnlichen diachronen Rekonstruktionen unausgesprochen im Hintergrund steht, ist die Frage nach dem Verhältnis von unwandelbarem und wandelbarem Recht im Alten Testament. Im Grunde weiß jeder, dass nicht alle rechtlichen und sittlichen Bestimmungen des Alten Testaments in einem wörtlichen Verständnis befolgt werden können. Die moderne Bibelwissenschaft löst das Problem in der Regel so, dass sie einen Teil des alttestamentlichen Rechts als unwandelbar, einen anderen als wandelbar ansieht. Der unwandelbare Teil entspricht weitgehend dem, was wir als *Ethos* oder *Ethik* bezeichnen. Der sprachlichen Form nach handelt es sich weitgehend um Prohibitive und Gebote. Ihre offene Formulierung eröffnet einen großen Spielraum der Interpretation. Unter normativem Gesichtspunkt kann allerdings gefragt werden, ob es sich bei den Prohibitiven im Grunde nicht um Tautologien, das heißt um Paränese handelt. Das Verbot לא תרצח (*lo' tirzach*) kann mit „Du sollst nicht töten“ oder mit „Du sollst nicht morden“ übersetzt werden. Die Übersetzung: „Du sollst nicht morden“ ist unter normativem Gesichtspunkt eine Tautologie, denn sie besagt: „Du sollst nicht sittlich unerlaubt töten.“ Der Satz ist also in dieser Bedeutung nur sinnvoll, wenn man ihn als Paränese, das heißt als Ermahnung versteht. Wenn ich übersetze: „Du sollst nicht töten“, stellt sich die Frage: „Wann und unter welchen Umständen ist das Töten von wem nicht erlaubt?“ Die Frage wird in den sich anschließenden Bestimmungen des Bundesbuches und des deuteronomischen Gesetzes anhand paradigmatischer Fälle beantwortet.

Die jüdische Tradition lehnt die Unterscheidung zwischen unwandelbarem göttlichem und wandelbarem menschlichem Recht innerhalb der Bibel ab, wenn ich recht informiert bin. Die Probleme, die sich bei einer wörtlichen Befolgung rechtlicher Bestimmungen ergeben, löst sie mit einem anderen Verständnis von Auslegung. In der jüdischen Tradition besteht die Auslegung nicht in der Frage nach der historisch ursprünglichen Bedeutung eines Textes, sondern in der Frage, wie dieser Text im Kontext der Heiligen Schrift und der jeweiligen

Zeit sinnvollerweise zu verstehen ist. Theologisch gesprochen: Es geht um die Frage nach dem, was Gott in der jeweiligen Zeit von seinem Volk will. Philosophisch gesprochen geht es um eine Auslegung der Heiligen Schrift im Lichte der Vernunft. Diese Position vertritt im Grunde auch Immanuel Kant. In seiner Schrift: „Die Religion innerhalb der Grenzen der bloßen Vernunft" führt er eine Reihe von Beispielen aus dem Alten Testament an, die zeigen, dass ein wörtliches Verständnis dieser Texte der Moralität widerspricht. In diesen Fällen, so Kant, sind wir gezwungen, eine Auslegung zu wählen, die der Moralität *ent*spricht, selbst wenn sie der historisch ursprünglichen Bedeutung des Textes *wider*spricht: „Diese Auslegung mag uns selbst in Ansehung des Textes (der Offenbarung) oft gezwungen scheinen, oft es auch wirklich sein, und doch muss sie, wenn es nur möglich ist, dass dieser sie annimmt, einer solchen buchstäblichen vorgezogen werden, die entweder schlechterdings nichts für die Moralität in sich enthält, oder dieser ihren Triebfedern wohl gar entgegen wirkt."[60] Kant deutet an, dass er mit seinem Grundsatz sowohl in der antiken als auch in der jüdischen und christlichen Tradition allegorischer Schriftauslegung steht.[61] Seiner Ansicht nach zeigt sich darin, dass „die Anlage zur moralischen Religion in der menschlichen Vernunft verborgen" liegt, weshalb das geistige Verständnis dieser Texte in gewisser Weise sogar das „ursprüngliche" ist, auch wenn es von den Autoren nicht direkt angezielt gewesen sein mag.[62] Er stellt die Frage: Muss sich die Moralität nach der Bibel oder muss sich die Bibel nach der Moralität richten? Für Kant gilt natürlich letzteres. Als Exegeten werden wir normalerweise nervös, wenn wir derartige Aussagen vernehmen. Wird damit nicht der Anspruch der Heiligen Schrift ungebührlich relativiert? Unsere Nervosität könnte sich legen, wenn wir sehen, dass bedeutende Theologen, insbesondere die Kirchenväter, ähnlich denken. Orige-

---

[60] *Kant*, Die Religion innerhalb der Grenzen der bloßen Vernunft, Königsberg 1793, ²1794 (RGV: A 150; B 159), zitiert nach der Ausgabe von Wilhelm Weischedel, Werke in sechs Bänden, Bd. IV, Wiesbaden 1956, Darmstadt 1998, ⁷2011, 771.

[61] RGV, A 151; B 159–160, ebd. 772. Vgl. das in einer Anmerkung angegebene Beispiel von Ps 59, A 150; B 159, ebd. 771. Deutlich ist allerdings auch, dass Kant nur die ethisch-moralische Deutung der Schrift als legitime Alternative zur wörtlichen Deutung gelten lässt, nicht jedoch die anderen Bedeutungsdimensionen, die in der patristischen Exegese sonst noch dazugehören. Bei ihm lässt sich also eine Verengung der drei geistigen Schriftsinne auf den tropologischen Sinn beobachten.

[62] RGV, A 152; B 161, ebd. 773.

nes beispielsweise vertritt die Ansicht, dass die Bibel im Lichte der Vernunft zu lesen ist.[63] Im Grunde tut das ihrem Anspruch nach auch die jüdische Tradition. Jüdische und christliche Tradition scheinen der Ansicht zu sein, dass sich die Vernunft, in deren Licht die Bibel zu lesen und auszulegen ist, aus einer intensiven Kommunikation mit den biblischen Texten formt. Der Textbestand, anhand dessen die Vernunft geschult und geformt wird, hat sich in der christlichen Tradition mit dem Neuen Testament erweitert.

Im Grunde geht es bei dieser Diskussion um die Frage, wie folgende, aus streng exegetischer Forschung gewonnene Aussage von Norbert Lohfink zu verstehen ist: „Mit der Unterscheidung von Dekalog und restlichen Formulierungen des Gotteswillens ist im alttestamentlichen Kanon die Möglichkeit eröffnet, ja die Pflicht gesetzt, dass auch kommende Generationen vom gleichbleibenden Grundwillen Gottes her neu nach der konkreten Formulierung des Gotteswillens für das Gottesvolk der eigenen Zeit fragen."[64] Ich halte die Position von Lohfink im Kern für richtig. Mit dem Fragen nach der konkreten Formulierung des Gotteswillens für das Gottesvolk der eigenen Zeit verlassen wir allerdings das Feld der Exegese, oder sollten wir sagen: Verlassen wir das Feld einer rein historisch-deskriptiv arbeitenden Exegese? Meine Frage lautet: „Wie vollzieht sich dieses Fragen?"[65] Wir geraten damit in den ekklesiologischen Horizont der Schriftauslegung.

Eine rein historisch ausgerichtete Exegese sieht das im Hintergrund stehende hermeneutische Problem gewöhnlich auch, sie tendiert jedoch dazu, es mit Hilfe diachroner Rekonstruktionen zu verschleiern. Wenn sich Exegese als rein historisch-deskriptive Wissenschaft versteht, muss sie die Lösung des Problems an andere Wissenschaften delegieren. Eberhard Schockenhoff hat das klar gesehen und wie folgt beschrieben: „Als historische Wissenschaft kann die Exegese zwar die exakte Bedeutung einzelner biblischer Weisungen eruieren, doch ist damit noch keine Begründung dafür verbunden, warum diese Forderungen Verbindlichkeit für die gegenwärtige Existenz der Christen erheben. Eine rein deskriptive biblische Ethik widerspräche aber nicht nur den Anforderungen an eine wissenschaftlich begründete Ethik, sondern auch dem

---

[63] Vgl. dazu *Schwienhorst-Schönberger*, Schrifthermeneutik und Rationalität (2015).
[64] *Lohfink*, Unterschied (1989), 236.
[65] Der Versuch einer Antwort darauf: *Schwienhorst-Schönberger*, „Damit die Bibel nicht ein Wort der Vergangenheit bleibt" (2014).

Charakter der biblischen Schriften selbst [...] Das Ziel der Schriftauslegung kann daher nicht in einem historischen Verstehen der untersuchten Texte liegen [...] Vielmehr muss die Auslegung von der Absicht geleitet sein, dem Hörer dieser Texte ihre Offenbarungsbotschaft zu erschließen, die ihrerseits ein neues Selbstverständnis der Adressaten bewirken möchte."[66] Ich halte die von Schockenhoff präsentierte Lösung für richtig. Zur Diskussion steht damit allerdings die Frage, ob die von ihm geforderte Lösung noch als Aufgabe der Exegese anzusehen ist. Wenn sie als Aufgabe der Exegese anzusehen ist, wofür ich plädiere, dann muss Exegese über die rein historisch-deskriptive Verfahrensweise hinausgehen. Oder wie Dieter Böhler einmal gesagt hat: Exegese hat mit Denken zu tun. „Eine Exegese, die sich nicht darüber klar ist, dass sie (eine) Philosophie enthält, täuscht sich über sich selbst. Ein Exeget sollte sich auch seiner philosophischen Prämissen klar werden. Der gute Exeget ist ein Denker und sollte es wissen."[67] Sie ist eine theologische, in gewisser Weise auch eine philosophische Wissenschaft. Sie darf und kann das hermeneutisch anspruchsvolle Verfahren, die Normativität biblischer Texte zu erschließen, nicht mit Hilfe subtiler historischer Rekonstruktionen verschleiern. Recht und Ethik des Alten Testaments behalten ihre Bedeutung, wenn sie im Lichte einer durch die Schrift erleuchteten Vernunft gelesen und ausgelegt werden.

Literatur

Alt, Albrecht, Die Ursprünge des israelitischen Rechts, in: Berichte über die Verhandlungen der Sächsischen Akademie der Wissenschaften zu Leipzig. Philologisch-historische Klasse, Bd. 86, Heft 1, Leipzig 1934, 3–71 (zitiert nach dem Wiederabdruck: *Ders.*, Zur Geschichte des Volkes Israel. Eine Auswahl aus den ‚Kleinen Schriften', hg. von *Herrmann, Siegfried*, München ²1979, 203–257).

Boecker, Hans Jochen, Redeformen des Rechtslebens im Alten Testament (WMANT 14), Neukirchen-Vluyn 1964, ²1970.

Ders., Recht und Gesetz im Alten Testament und im Alten Orient, Neukirchen-Vluyn 1976, ²1984.

---

[66] *Schockenhoff*, Grundlegung (2014), 43f.

[67] *Böhler*, Text und Denken (2003), 104. Die These Böhlers lautet: „Christliche Theologie ist Auslegung der Offenbarung. Wenn der Christ seine Offenbarung verstehen will und dabei das Gesagte begreifen, auf den Begriff bringen will, kommt er um Philosophie nicht herum" (ebd. 91).

Böhler, Dieter, Text und Denken, in: *Berndt, Rainer* (Hg.), Vernünftig (Religion in der Moderne 12), Würzburg 2003, 89–109.

Braulik, Georg, Die deuteronomischen Gesetz und der Dekalog. Studien zum Aufbau von Deuteronomium 12–26 (SBS 145), Stuttgart 1991.

Ders., Die dekalogische Redaktion der deuteronomischen Gesetze. Ihre Abhängigkeit von Levitikus 19 am Beispiel von Deuteronomium 22,1–12; 24,10–22 und 25,13–16, in: *Ders.* (Hg.), Bundesdokument und Gesetz. Studien zum Deuteronomium (HBS 4), Freiburg 1995, 1–25 (zitiert nach dem Wiederabdruck: *Ders.*, Studien zum Buch Deuteronomium [SBAB 24], Stuttgart 1997, 147–182).

Ders., Das Buch Deuteronomium, in: *Zenger, Erich u. a.*, Einleitung in das Alte Testament, hg. von *Frevel, Christian*, Stuttgart [8]2012, 163–188.

Braun, Johann, Einführung in die Rechtswissenschaft, Tübingen 1997.

Dohmen, Christoph, „Es gilt das gesprochene Wort". Zur normativen Logik der Verschriftung des Dekalogs, in: *Frevel, Christian/Konkel, Michael/Schnocks, Johannes* (Hg.), Die Zehn Worte. Der Dekalog als Testfall der Pentateuchkritik (SBS 212), Stuttgart 2005, 43–56.

Crüsemann, Frank, Die Tora. Theologie und Sozialgeschichte des alttestamentlichen Gesetzes, München 1992.

Engisch, Karl, Einführung in das juristische Denken, Stuttgart 1956, [8]1983.

Gerstenberger, Erhard, Wesen und Herkunft des „apodiktischen Rechts" (WMANT 20), Neukirchen-Vluyn 1965.

Kant, Immanuel, Die Religion innerhalb der Grenzen der bloßen Vernunft, Königsberg 1793, [2]1794 (zitiert nach der Ausgabe von Wilhelm Weischedel, Werke in sechs Bänden, Bd. IV, Wiesbaden 1956, Darmstadt 1998, [7]2011).

Levenson, Jon D., Sinai and Zion. An Entry into the Jewish Bible, New York 1987.

Liedke, Gerhard, Gestalt und Bezeichnung alttestamentlicher Rechtssätze. Eine formgeschichtlich-terminologische Studie (WMANT 39), Neunkirchen-Vluyn 1971.

Lohfink, Norbert, Kennt das Alte Testament einen Unterschied von „Gebot" und „Gesetz"? Zur bibeltheologischen Einstufung des Dekalogs, in: JBTh 4 (1989) 63–89 (zitiert nach dem Wiederabdruck in: *Ders.*, Studien zur biblischen Theologie (SBAB 16), Stuttgart 1993, 206–238.

Mendenhall, George E., Ancient Oriental and Biblical Law, in: BA 17 (1954) 26–46.

Noth, Martin, Überlieferungsgeschichtliche Studien. Die sammelnden und bearbeitenden Geschichtswerke im Alten Testament (1943), Darmstadt [2]1957.

Otto, Eckhart, Wandel der Rechtsbegründungen in der Gesellschaftsgeschichte des antiken Israel. Eine Redaktionsgeschichte des „Bundesbuches" Ex XX 22-XXIII 13 (Studia Biblica III), Leiden 1988.

Ders., Theologische Ethik des Alten Testaments, Stuttgart 1994.

Ders., Altorientalische und biblische Rechtsgeschichte. Gesammelte Studien (BZAR 8), Wiesbaden 2008.

Perlitt, Lothar, Bundestheologie im Alten Testament (WMANT 36), Neukirchen-Vluyn 1969.

Rothenbusch, Ralf, Die kasuistische Rechtssammlung im ‚Bundesbuch' (Ex 21,2–11.18–22,16) und ihr literarischer Kontext im Licht altorientalischer Parallelen (AOAT 259), Münster 2000.

Schäfer, Peter, Die Geburt des Judentums aus dem Geist des Christentums. Fünf Vorlesungen zur Entstehung des rabbinischen Judentums, Tübingen 2010.

Schockenhoff, Eberhard, Grundlegung der Ethik. Ein theologischer Entwurf, Freiburg 2007, [2]2014.

Schottroff, Willy, Der altisraelitische Fluchspruch (WMANT 30), Neukirchen-Vluyn 1969.

Schulz, Hermann, Das Todesrecht im Alten Testament. Studien zur Rechtsform der Mot-Jumat-Sätze (BZAW 114), Berlin 1969.

Schwienhorst-Schönberger, Ludger, Das Bundesbuch (Ex 20,22–23,33). Studien zu seiner Entstehung und Theologie (BZAW 188), Berlin 1990.

Ders., Art. Ethik. Theologisch. Biblisch, in: LThK 3 (1995) 908f.

Ders., Das Verhältnis von Dekalog und Bundesbuch, in: *Frevel, Christian/Konkel, Michael/Schnocks, Johannes* (Hg.), Die Zehn Worte. Der Dekalog als Testfall der Pentateuchkritik (SBS 212), Stuttgart 2005, 57–75.

Ders., Präskriptive Texte, in: *Utzschneider, Helmut/Blum, Erhard* (Hg.), Lesarten der Bibel. Untersuchungen zu einer Theorie der Exegese des Alten Testaments, Stuttgart 2006, 117–126.

Ders., „Damit die Bibel nicht ein Wort der Vergangenheit bleibt". – Historische Kritik und geistige Schriftauslegung, in: *Lehmann, Karl/Rothenbusch, Ralf* (Hg.), Gottes Wort in Menschenwort. Die eine Bibel als Fundament der Theologie (QD 266), Freiburg 2014, 177–201.

Ders., Schrifthermeneutik und Rationalität des christlichen Glaubens bei Origenes – mit einem Ausblick auf Kant, in: *Fischer, Norbert/Sirovátka, Jakub* (Hg.), Vernunftreligion und Offenbarung. Zur Erörterung einer seit Kant verschärften Problematik, Freiburg (2015).

Westbrook, Raymond, Studies in Biblical and Cuneiform Law (Cahiers de la Revue Biblique 26), Paris 1988.

Westermann, Claus, Theologie des Alten Testaments in Grundzügen (GAT ATD 6), Göttingen 1978, [2]1985.

„So etwas tut man nicht in Israel!"

Gibt es ein distinktes Ethos Israels und wann bildet es sich?

Johannes Schnocks

1. Vorbemerkung

Wenn man die Veränderungen im exegetischen Stil der alttestamentlichen Wissenschaft in den vergangenen Jahrzehnten beschreiben wollte, so würde zu den positiven Entwicklungen zählen, dass die Kritik an den großen Theoriegebäuden im Bereich von Pentateuch und Geschichtswerken, die Umbrüche in der Propheten- oder Psalmenexegese und unsere verbesserte Kenntnis der materialen Kultur des 1. Jt. v. Chr. dazu geführt haben, dass die Suche nach ältesten Überlieferungen in vielen Fällen genauen Untersuchungen der Komposition, Struktur und Gedankenführung der Texte gewichen ist. Die Ansprüche an die exegetische Basis für Aussagen über literarhistorisch frühe Texte und ihren gedanklichen Hintergrund sind daher sehr hoch geworden. Daher erscheint die Aufgabenstellung, nach Existenz und Entstehung eines Ethos Israels zu fragen, einerseits wenig zeitgemäß. Andererseits wird sich in diesem Beitrag zeigen, dass die Texte selbst auf ein Ethos rekurrieren und so die Fragestellung vorgeben. Zudem zeigt ein Blick in die Forschungsgeschichte, dass bis in jüngste Zeit Aussagen über ein Ethos Israels in die Theoriebildung mit eingeflossen sind und zu höchst problematischen Urteilen geführt haben.

Vor diesem Hintergrund versteht sich dieser Beitrag als ein „Essay", als ein Versuch im strengen Wortsinn, sich einem Ethos Israels anzunähern und dabei auch festzuhalten, was wir heute nicht mehr zu diesem Thema sagen können und sollten.[1]

---

[1] Die mündliche Fassung des Vortrags ist hier über weite Strecken beibehalten worden. Sie ist an einigen Stellen erweitert und vertieft sowie mit den notwendigsten Fußnoten versehen worden.

2. Einführung

2.1 Tamars Appell an ein Ethos

Wie es konkret aussieht, wenn das Alte Testament auf ein Ethos Israels verweist, zeigt die Tamarerzählung in 2 Sam 13. Hier wehrt sich Tamar gegen die Vergewaltigung durch ihren Halbbruder Amnon mit den Worten:

> Nicht, mein Bruder, entrechte mich nicht![2]
> Ja, so etwas wird nicht getan in Israel./
> Tue nicht diese Schandtat!
> Und ich: wohin könnte ich die mir zugefügte Schmach bringen?
> Und du: du wirst sein wie einer der Schändlichen in Israel./
> Aber nun, sprich doch zum König,
> ja, er wird mich dir nicht vorenthalten. (2 Sam 13,12–13)

Woran Tamar vergeblich versucht zu appellieren, ist Amnons Respekt vor einem Ethos in Israel, das offenbar Vergewaltigung als schlimmes Fehlverhalten definiert und Opfer wie Täter sozial brandmarkt. Dieser Definition steht in der Argumentation Tamars die Möglichkeit gegenüber, dass David einer Ehe der Halbgeschwister zustimmen könnte. Tamar verweist also auf Handlungsoptionen, wobei ethisch die erste eine Grenze überschreiten würde und die zweite verhandelbar wäre.[3] Für uns an dieser Stelle wichtiger aber ist, dass die grenzziehende Aussage „So etwas wird nicht getan in Israel" (לֹא־יֵעָשֶׂה כֵן בְּיִשְׂרָאֵל) und die Aussicht, dass Amnon einer der Schändlichen in Israel werden wird, Israel als Geltungsbereich nennen. Damit ist wohl nicht gemeint, dass speziell die Ablehnung der Vergewaltigung Israel von seiner Umgebung unterscheidet, sondern vielmehr die positive Aussage, dass diese Position zum Ethos Israels gehört. Amnon würde sich mit einer

---

[2] Vgl. zur Übersetzung *Müllner*, Gewalt (1997), 260–268 mit dem Ergebnis ebd. 268: „ענה II pi. wird am besten ebenfalls mit ‚entrechten' übersetzt. Das Verb hat nicht in jedem Fall sexuelle Bedeutung, ist aber in einem sexualisierten Kontext als negative Wertung des sexuellen Akts zu verstehen. Die negative Wertung bezieht sich nicht primär auf den physisch, sondern auf den sozial gewalttätigen Aspekt des Akts."

[3] Vgl. dazu *Müllner*, Gewalt (1997), 269: „Tamars Rede nimmt das sexuelle Ansinnen Amnons auf und weist es zurück, nicht indem dieses Ansinnen einfach mit einem negativen Vorzeichen versehen wird, wie in V. 14a.16d die Reaktion Amnons auf Tamars Vorschläge, sondern indem es bewertet und entlarvt wird."

solchen Tat sozial disqualifizieren. Er würde unter die Schändlichen gerechnet, unter „nutzlose Menschen von üblem Ruf"[4] wie נבל für diese Stelle in einem Standardlexikon umschrieben wird. Es ist nicht erkennbar, dass hier in irgendeiner Form auf einen Rechtssatz oder auf die Mosetora Bezug genommen würde. Der Referenzrahmen ist ausschließlich das Ethos.

Was diese Erzählung für die Davidzeit voraussetzen will, ist also ein distinktes Ethos Israels. Noch vor einigen Jahrzehnten war es in unserem Fach selbstverständlich, ein solches Ethos schon ab der vorstaatlichen Zeit zu beschreiben und mit Hinweisen auf die Gründungsmythen Israels zu begründen. Die Entwicklungen der vergangenen Jahre mahnen hier zu erheblich mehr Vorsicht. Und dabei geht es mir nicht um grundsätzliche Vorbehalte gegenüber entstehungsgeschichtlichen Ansätzen, sondern um Ergebnisse der religions- und literaturgeschichtlichen Diskussion, die nicht mehr aufgebbar sind. Manche alten Begründungswege haben sich als ungangbar erwiesen. Auch wenn wir heute eher bereit sind, biblische Ethik in Form von deskriptiven Aussagen über die alttestamentliche Literaturen in ihrer Endgestalt und über ihre Rezeptionsmöglichkeiten zu entwerfen, so müssen wir doch bereit sein, immerhin die Frage zu stellen, wie sich solche Ethosformen entwickelt haben könnten.

Nach einer ersten begrifflichen und inhaltlichen Annäherung an die Frage nach einem Ethos und einem forschungsgeschichtlichen Beispiel, das die Notwendigkeit einer Klärung zu diesen Fragen erläutern soll, geht es zunächst darum, die alten Vorstellungen von einem distinktem Ethos Israels zu sichten und ihre Voraussetzungen zu benennen. Daraus ergeben sich Themenfelder, deren Überprüfung zeigt, dass eben diese Voraussetzungen heute nicht mehr haltbar sind. Am Ende soll der Versuch stehen, trotz der zuvor gemachten notwendigen Korrekturen immerhin Konturen eines vorexilischen Ethos Israels zu benennen.

---

[4] KBL^3, 627.

2.2 Begriffliche und inhaltliche Annäherung

Wenn wir uns zunächst gewissermaßen von außerhalb der alttestamentlichen Texte der Frage nach einem distinkten Ethos Israels annähern, so ist es sinnvoll, bei allgemeinen Überlegungen zum Ethos anzusetzen. So beginne ich mit einer Definition von Wolfgang Kluxen:

> „Ethos (v[on] griech[isch] ἦθος) bez[eichnet] die konkrete Gestalt sittl[ichen] Lebens [...]. Die Vielfalt empirisch gegebener E[thos]-Formen entspricht jener der Kulturen, welche menschliche Gesellschaften geschichtlich prägen. Das E[thos] konkretisiert die moral[ischen] Forderungen zu einem normativen Handlungsmuster, das dem Welt- u[nd] Sinnverständnis sowie der institutionellen Verfassung (Familie, Eigentum, Herrschaft, Rechtswahrung) der Ges[ellschaft] entspricht; es schließt an Sitten, Üblichkeit (griech[isch] ἔθος) an u[nd] weist Muster der Lebensführung, Leitbilder u[nd] Ideale aus."[5]

Diese enge Verflechtung mit Kultur und Weltbild wiederum verweist uns im Blick auf das alte Israel auf die Nachbarkulturen bzw. den größeren Kulturraum des fruchtbaren Halbmondes und des Mittelmeerraumes. Hier ergibt sich eine interessante Beobachtung, die Eckart Otto auf der Basis einschlägiger Basistexte aus den betreffenden Kulturen gewonnen hat:

> „Sind die Wertvorstellungen für sich genommen von Mesopotamien bis Ägypten erstaunlich identisch, was sich weniger aus Rezeptionsvorgängen, als aus einer sozial-anthropologisch verorteten Basismoralität der bäuerlich-bürgerlichen Bevölkerungsmehrheit in diesen Ländern ergibt, so haben sie doch sehr unterschiedliche Stellenwerte in den jeweiligen Religionssystemen, den damit verbundenen Anthropologien, in denen sich unterschiedliche historische Erfahrung und daraus resultierend ein unterschiedliches Lebensgefühl der Menschen dieser antiken Länder ausdrückt."[6]

Die These, dass das Basisethos im Alten Orient relativ einheitlich ist, unterstreicht Otto durch einen Vergleich mit griechischen Wertevorstellungen, wie sie von Egon Flaig bei Homer oder Hesiod herausgearbeitet wurden.[7] Dementsprechend stehe einem eher gemein-

---

[5] *Kluxen*, Art. Ethos (1995), 939.

[6] *Otto*, Recht (2008), 622f.

[7] Ebd. 625: „Das westmediterrane Wertesystem unterscheidet sich darin von dem

schaftsfördernden Ethos in der bäuerlich-bürgerlichen Kultur des Alten Orients ein eher agonales Adelsethos in Griechenland und dem westlichen Mittelmeerraum gegenüber. Auch wenn man sicher anfragen kann, ob diese Typisierung wirklich der ganzen Breite der Quellen gerecht wird, so ist an dieser Stelle die Tendenzangabe wichtig, dass man für die Kulturen des Alten Orients ein relativ homogenes Ethos in Unterscheidung von den Kulturen im westlicheren Mittelmeerraum zu Grunde legen kann, an dem auch das Alte Testament partizipiert. Die hier von Otto für Mesopotamien und Ägypten gemachten Quellenbeobachtungen sind kaum abzuweisen. Diese eigentlich wenig erstaunlich klingende Beobachtung ist insofern bemerkenswert, weil sie dem biblischen Selbstbild und der klassischen These einer deutlichen Unterscheidung Israels von seiner Umwelt in ethischen Fragen klar widerspricht.

Nun kann man infrage stellen, ob solche Überlegungen irgendeine Bedeutung für die Einzelexegese haben, ob es sich also überhaupt lohnt, die Gültigkeit älterer Thesen über ein Ethos Israels kritisch zu diskutieren oder nach den ethischen Wertmaßstäben von vorexilischen Texten zu fragen, wo doch allgemein nachexilischen Entwürfen eine größere Relevanz für die Endkompositionen der biblischen Bücher zugesprochen wird. Es ist die These dieses Beitrags, dass es hierbei letztlich um hermeneutische Fragen geht, die in der Tat relevant auch für die Einzelexegese sind. Der folgende Abschnitt soll das an einem forschungsgeschichtlichen Beispiel erläutern.

des ostmediterranen Alten Orients, daß es nicht primär auf einer bäuerlich-bürgerlichen Alltagsmoral, sondern einem Adelsethos ruht, das zunächst nicht auf den Zusammenhalt der Gemeinschaft sinnt, sondern agonale Werte des Streits betont, der Verteidigung der Ehre (τιμή) also den Vorrang vor der Durchsetzung von Gerechtigkeit im Sinne des gemeinschaftsfördernden Handelns einräumt. Der 24. Gesang der Odyssee, in dem der Dichter Odysseus 108 junge Männer, die während seiner langen Abwesenheit um die Hand seiner Ehefrau Penelope angehalten haben, umbringen läßt, verherrlicht ein Verhalten, das den Ruhm der Großtat vor einem Adelspublikum, und sei es ein Massenmord, höher schätzt als den Frieden in der Gemeinde. Demgegenüber erhebt Hesiod, der die homerische Verherrlichung der Ehre und des Streits in Frage stellt, im Übergang vom achten zum siebten Jahrhundert die Gerechtigkeit (δικαιοσύνη) zum zentralen Begriff des Wertesystems, wobei er auf ostmediterrane Weisheitsliteratur zurückgreift. Ein Ethos, das den Sieg im Kampf zum höchsten Wert erklärt, wird als hybrides Unrecht gebrandmarkt, das die Götter, die, allen voran Zeus, nun ebenfalls ethisiert werden, rächen sollen."

2.3 Wie beurteilte „Israel" Jehus Putsch?

Ein Beispiel, das die Notwendigkeit der Fragestellung in diesem Sinne illustrieren kann, lässt sich in zwei jüngeren Arbeiten zur sogenannten Jehu-Revolte in 2 Kön 9f. finden. Die eine ist ein posthum erschienener Aufsatz von Ernst Würthwein, in dem er eine klassische und von ihm auch in seinem Königekommentar vertretene Sichtweise zur Genese dieses Textbereichs begründet. Die andere ist die jüngste Dissertation zum Thema von Jonathan Robker. Beide rekonstruieren mit Argumenten, über die man im Detail sicher diskutieren kann, deren grundsätzliche Berechtigung sich aber sicher nicht pauschal abstreiten lässt, eine Grundschicht der Jehu-Erzählung. Würthwein spricht von einer primären (im Gegensatz zu einer sekundären) Erzählung,[8] Robker von „the original narrative about Jehu"[9], die er in die Zeit Jerobeams II. datiert.[10] Beide geben auf unterschiedlichen Ebenen Charakteristika dieser Grunderzählung an. Erstaunlich dabei ist, dass nach Würthwein „die primäre Erzählung Jehu-kritisch, wenn nicht Jehu-feindlich eingestellt war"[11], während Robker summieren kann: „These factors all suggest a propagandistic tendency in favor of Jehu and his dynasty within the account of 2 Kings 9–10*."[12] Die unterschiedliche Einschätzung über die Grunderzählung hat zumindest bei Würthwein insofern methodische Gründe, als bei ihm dieser Text durch ein redaktionsgeschichtliches Subtraktionsverfahren ermittelt wird, wobei alle Elemente, die das Vorgehen Jehus legitimieren oder nur unter einem solchem Verdacht stehen, gerade deshalb als spätere Zusätze gestrichen werden. Robker stellt seine Textanalyse wohl bedingt durch den Dialog mit der älteren Literatur ebenfalls als schrittweise Auseinandersetzung mit „verdächtigen" Passagen dar, argumentiert dabei aber erheblich differenzierter mit Rücksicht auf die synchrone Struktur, mit einer Vielzahl von Textbeobachtungen und insgesamt zurückhaltender, so dass bei ihm letztlich weniger Text einer dtr Redaktion zugewiesen wird. Dabei werden unabhängig von ihrer Tendenz narrative Zusammenhänge genauer gewürdigt und als ursprüngliche Texteigenheit herausgearbeitet. Damit ist die von Würthwein

---

[8] Vgl. *Würthwein*, Revolution (2008), 45 u. ö.

[9] Vgl. *Robker*, Jehu (2012), 57.

[10] Vgl. ebd. 63.

[11] *Würthwein*, Revolution (2008), 45.

[12] *Robker*, Jehu (2012), 59.

vorgenommene Textabgrenzung selbst in einem redaktionsgeschichtlichen Modell im Rückblick nur schwer plausibel zu machen und man fragt sich, was letztlich der Maßstab ist, der zu dieser Sichtweise geführt haben könnte. Würthwein legt seine – für ihn offenbar ganz selbstverständlichen! – Vorannahmen am Ende seines Aufsatzes offen, wenn er versucht, von der Jehu-Erzählung her nach der Zeit der historischen Jehu-Revolution zu fragen und so nochmals auf die nicht gemilderten Grausamkeiten seiner „primären Erzählung" zu sprechen kommt:

> „Man könnte darauf verweisen, daß es so eben bei einem Staatsstreich im Alten Orient zuging, daß so etwas des öfteren passierte und niemand Anstoß daran nahm. Aber zwei Überlegungen sprechen gegen diesen Einwand: 1. Das Ethos Israels war nicht einfach das des Alten Orients. Daß ein Vertrauensverhältnis von Seiten Jorams gegen seinen Heerführer bestand, will die Szene ihrer Begegnung offenbar darlegen. Eine solche Verbundenheit war aber nach atl. Verständnis mit Treue zu erwidern. In diesem Sinne hat offenbar Jehu gegen eine Grundnorm des atl. Ethos verstoßen. 2. Die Art der Darstellung läßt deutlich die Betroffenheit spüren, die der Erzähler selber empfand und seinen Hörern vermitteln wollte."[13]

Der Maßstab eines inhaltlich als bekannt vorausgesetzten, distinkten Ethos Israels „rettet" hier gewissermaßen die Grundschicht des Textes. Was Jehu getan hat – und was der biblische Endtext uns bisweilen neutral distanziert, bisweilen zustimmend präsentiert – ist als unmoralisch und grausam abzulehnen, und das war es nach Würthwein schon in den Augen Israels als der Text erstmalig aufgeschrieben wurde. Die weitere Redaktionsgeschichte rationalisiert und kontextualisiert dann, verschleiert aber auch die ursprüngliche Betroffenheit und Erschütterung über das grausige Geschehen.[14] Moralisch verliert sie damit das Ethos Israels aus den Augen.

Schon Robker hat gezeigt, dass der diachrone Umgang mit den Texten heute anders geschehen muss. Für die Fragestellung dieses Beitrages ist die Einsicht entscheidend, dass die – ausgesprochenen oder unausgesprochenen – Vorstellungen, die wir Exegetinnen und Exegeten darüber haben, wie die geistesgeschichtlichen Hintergründe unse-

---

[13] *Würthwein*, Revolution (2008), 45.

[14] Vgl. ebd. 46.

rer Texte aussahen, uns zu Fehlurteilen verleiten können. Daher müssen wir auch dann nach ihnen fragen, wenn wir glauben, die Antwort schon zu kennen, oder wenn die Antwort nur eine Feststellung unseres Nichtwissens ist.

3. Merkmale des israelitischen Ethos?

Damit kommen wir zu den älteren Thesen über ein distinktes Ethos Israels. Ich zitiere sie in Gestalt einer Bezugnahme auf die Tamar-Amnon-Episode von Horst Dietrich Preuß von 1992:

> „Dann läßt der Erzähler die Königsenkelin Thamar zu ihrem sie bedrängenden Onkel Amnon sagen: ‚So tut man nicht in Israel!' (2 Sam 13,12f.), während eine Ehe zwischen beiden in Ägypten normal gewesen wäre. Man sagt, dies sei ‚eine Schandtat (נְבָלָה) in/an Israel' [...]. Es gilt das Böse ‚aus Israel', ‚aus deiner Mitte' auszurotten. Hierbei geht es oft um sexuelle Vergehen, in deren Bereich sich Israel wohl bewußt von seiner Umwelt abgrenzte und abgrenzen wollte. Es wollte und sollte hier nicht wie die Kanaanäer leben [...]. Das sog. Privilegrecht JHWHs (Ex 34,10–27) zeigt auch, wie Israels Glaube und seine durch ihn bestimmte Gesellschaftsordnung im Gegensatz zur kanaanäischen Stadtstaatenordnung stehen. Damit sind Entscheidung und Abgrenzung wesentliche Merkmale des israelitischen Ethos."[15]

Hier finden sich sehr grundlegende Vorstellungen über ein Ethos Israels, die aus heutiger Sicht schwerwiegende Fragen aufwerfen und überprüft werden sollen. Zunächst nimmt Preuß Bezug auf einige Formulierungen, von denen „eine Schandtat in Israel" untersucht werden soll. Dann werden die Kanaanäer nicht als literarische Chiffre aufgefasst, sondern als die Träger der spätbronzezeitlichen Stadtkultur in Palästina. Sie stellen für Preuß die lebendige Gegenfolie für ein Ethos Israels dar, das man damit freilich spätestens ins 13. oder 12. Jh. v. Chr. datieren müsste. Zumindest in vorstaatlicher Zeit siedelt Preuß dann auch das Privilegrecht an und verweist die zum Bundesbuch führende

---

[15] *Preuß*, Theologie 2 (1992), 203. Ungewöhnlich und vom biblischen Befund auch schwer zu rechtfertigen ist, dass Tamar hier als Königsenkelin und Amnon als ihr Onkel bezeichnet wird. Spielt hier 2 Sam 14,27 mit hinein, wonach Abschalom eine Tochter gleichen Namens hatte, die Preuß hier mit ihrer Tante identifiziert?

Rechtsentwicklung an anderer Stelle „mindestens in die frühe Königszeit“[16]. Er fährt dann fort: „Eindeutig aber ist schon hier, daß als Gott Israels allein JHWH im Hintergrund steht.“[17] Damit haben wir auch die Frage zu beantworten, inwiefern Monolatrie und Monotheismus für die Annahme eines distinkten Ethos Israels notwendig sind.

3.1 Schandtat

Mit der singulären Aussage „So etwas wird nicht getan/tut man nicht in Israel“ ist in der Tamarerzählung die Qualifikation als Schandtat (נבלה) verbunden. Damit wird die Vergewaltigung insofern auch terminologisch als Verletzung des Ethos eingeordnet, als diese Verwendung von נבלה in der Hebräischen Bibel formelhaften Charakter hat.[18] Es lohnt sich, dieser Semantik kurz nachzugehen, weil sie in andere für die Ethos-Diskussion relevante Texte führt. Die Belege sind:

Gen 34,7: Die Söhne Jakobs werden wütend als sie von der Vergewaltigung Dinas durch Sichem erfahren, „ja, eine Schandtat (נבלה) hat er getan in Israel, indem er bei der Tochter Jakobs lag, aber so wird nicht getan.“

Dtn 22,21: Hier geht es um eine Frau, die gesteinigt werden soll, weil ihr nach der Eheschließung vorehelicher Geschlechtsverkehr nachgewiesen wird. Hier heißt es begründend: „ja, getan hat sie eine Schandtat in Israel, indem sie hurte im Haus ihres Vaters.“

Jos 7,15: In der Achan-Episode wird die Todesstrafe durch Verbrennung für denjenigen festgesetzt, der Gebanntes aus der Beute gestohlen hat. Die Begründung lautet: „ja, übertreten hat er den Bund JHWHs und ja, getan hat er eine Schandtat in Israel.“

Ri 19,23.24; 20,6.10: Vier Belege entfallen auf die Erzählung über die Schandtat von Gibea und ihre Folgen. Zunächst geht es dabei um die verlangte Vergewaltigung des levitischen Mannes, der von einem Bewohner als Gast aufgenommen worden ist, also um eine Verletzung des Gastrechtes. Der Gastgeber sagt hier zu dem randalierenden Pöbel vor der Tür: „Nachdem dieser Mann zu meinem Haus gekommen ist, sollt ihr nicht tun diese Schandtat.“ Am Ende des folgenden Verses wird dann nochmals – nun im Prohibitiv und nicht wie zuvor im Veti-

---

[16] *Preuß*, Theologie 1 (1991), 100.

[17] Ebd.

[18] Vgl. *Müllner*, Gewalt (1997), 272.

tiv – betont: „Aber gegen diesen Mann werdet ihr nicht tun die Sache dieser Schandtat!"

Die beiden anderen Belege blicken auf die Ermordung der Nebenfrau des Leviten durch fortgesetzte Vergewaltigungen zurück. Zur Begründung der Reaktion des Leviten sagt dieser: „Ja, sie haben getan Unzucht und eine Schandtat in Israel." In der Beschlussfassung der Strafe gegen Gibea wird dann kollektiviert. Israel will gegen Gibea handeln, „entsprechend der ganzen Schandtat, die es getan hat in Israel."

Jer 29,23: Das Orakel wendet sich gegen die falschen Propheten Ahab und Zidkija in Babylon und kündigt ihnen Strafe an, „weil sie getan haben eine Schandtat in Israel." Diese Schandtat wird dann als Ehebruch und Falschprophetie spezifiziert.

Die Zusammenschau der Belege zeigt zunächst, dass eine einseitige Verbindung von נבלה mit dem Verstoß gegen Sexualtabus zu kurz greifen würde, auch wenn sexuelle Vergehen in der Liste eine große Rolle spielen. Klar ist dagegen: „נבלה ist ein schweres Vergehen, das die soziale Ordnung Israels empfindlich verletzt."[19] Für uns ist dann weiter die Frage, ob es um Verstöße gegen einen spezifischen Sittenkanon gehen kann, also um Vergehen, „in deren Bereich sich Israel wohl bewußt von seiner Umwelt abgrenzte und abgrenzen wollte"[20], wie Preuß das ausdrückte. Gerade hier muss man fragen, ob man ernsthaft davon ausgehen will, dass der Raub von Kriegsbeute, der Bruch des Gastrechtes, Vergewaltigungen mit und ohne Todesfolge, Ehebruch und schließlich Falschaussagen im Namen einer Gottheit in irgendeiner antiken Kultur toleriert wurden. Johannes Marböck hat bereits in seinem ThWAT-Artikel eine andere Bewertung vorgeschlagen:

> „Die allen Vergehen gemeinsame und offenbar entscheidende Disqualifizierung besteht nicht bloß in der Verletzung fundamentaler sozialer oder religiöser Ordnungen, sondern im darin beschlossenen Verstoß, der *n^e^bālāh* in der bzw. gegen die Gemeinschaft Israels. Dieser Aspekt wird an einigen Stellen neben dem Wort Israel noch besonders hervorgehoben."[21]

Hier verweist Marböck besonders auf Ri 20; Dtn 22 und Jos 7, wo von kollektiven Ahndungen die Rede ist. Auch wenn man hinzuzieht,

---

[19] *Müllner*, Gewalt (1997), 274.
[20] *Preuß*, Theologie 2 (1992), 203.
[21] *Marböck*, Art. נבל (1986), 181.

dass Dina nicht mit Namen angesprochen, sondern „Tochter Jakobs" genannt wird, dass Amnon angedroht wird zur Gruppe der Schändlichen in Israel gezählt zu werden, während Tamar den sozialen Tod erleidet und dass die Schandtat der Lügenpropheten falsche Hoffnungen für die ganze Gola gesät hat, so wird deutlich, dass hier in unterschiedlichem Maß immer die Gesellschaft mit im Blick ist. Diese Beobachtung schließt allerdings nicht aus, dass mit der Rede von einer Schandtat in Israel nicht auch etwas über ein Ethos Israels ausgesagt wird. Dieses Ethos wäre dann allerdings weniger durch bestimmte Tugenden oder Tabus charakterisiert und so evtl. von den Sitten der Umgebung abzugrenzen, sondern wäre eher von einem allgemeineren Interesse geprägt, die funktionierende Gemeinschaft Israels und die Integrität seiner Glieder zu schützen. Im Sinne einer konstellativen Anthropologie geht es darum, im Bereich der Sozialsphäre die Personalität des einzelnen Mitglieds der Gesellschaft in Form seiner sozialen Rolle zu schützen und so insgesamt ein auf einer konnektiven Gerechtigkeit[22] gegründetes Israel zu ermöglichen. Die Verwendung dieser geprägten Redeweise könnte also ein Hinweis auf ein komplexes anthropologisches Selbstverständnis sein.

Historisch sind Formeln notorisch schwer einzuordnen. Die intensive Verwendung in der Erzählung von der Schandtat von Gibea in Ri 19 und die Annahme, es hier mit einem sehr alten Text zu tun zu haben, hat Martin Noth zu der viel rezipierten These geführt, נבלה בישׂראל verweise auf das ungeschriebene Gewohnheitsrecht der vorstaatlichen Amphiktyonie:[23] „mit diesem terminus technicus hat man anscheinend eine Übertretung des dem Stämmeverband geltenden Gottesrechtes

---

[22] Zum Begriff der konnektiven Gerechtigkeit vgl. die Ausführungen von *Janowski*, Anthropologie (2010), 78 zu Mi 6,8 („Recht tun und Hingabe lieben" als Handlungsmaximen): „Die liebende ‚Hingabe' bzw. ‚Huld, Güte, Solidarität' ist die *konnektive Kraft*, die der Gemeinschaft Sinn und Zusammenhalt verleiht, weil sie verlässlich ist und ‚dem anderen mehr gibt, als rechtlich gefordert ist'. Dieses Mehr ist das soziale Band, das zwischen den Mitgliedern einer Gemeinschaft geknüpft wird und das man als *Füreinander-Handeln* bezeichnen kann. Wo die Kraft des Füreinander-Handelns nachlässt, treten Kräfte auf den Plan, deren Destruktivität Mi 3,1–12 und die Individualpsalmen in kaum zu überbietender Deutlichkeit beschwören. Mi 6,8 stellt dem das Handlungsprinzip der konnektiven Gerechtigkeit entgegen" (Hervorhebungen im Original; unter Verwendung eines Zitats von Rainer Kessler).

[23] Vgl. *Noth*, System (1930), 100–106.

bezeichnet, das gerade im wohlbewußten Gegensatz zum kanaanäischen Wesen in sexuellen Dingen besonders streng war".[24]

Solche Thesen sind heute nicht mehr haltbar. Walter Groß hat mit guten Gründen den Grundbestand der Erzählung in nachexilische Zeit datiert.[25] Auch die Nennungen von Gibea im Hoseabuch können nicht belegen, dass die Erzählung älter sein müsste.[26] Ähnliches gilt für andere Belegstellen, denen man einmal wie z. B. der Grundschicht der Dina-Erzählung in Gen 34 als Teil des Jahwisten ein hohes Alter zugesprochen hat. Die Tamar-Erzählung 2 Sam 13 kann man wohl mit Walter Dietrich in einem von ihm postulierten „höfischen Erzählwerk" und damit „in der Regierungszeit der Könige Hiskija oder Manasse"[27] ansiedeln. Vor dem Hintergrund der Neubewertung der Gibea-Erzählung durch Groß wird man allerdings fragen müssen, ob nicht auch hier die Rede von der נבלה eher in einen dtr Kontext einzuordnen ist. Solche Fragen zeigen, dass es heute nahezu unmöglich geworden ist, bei geprägten Formulierungen anzusetzen, um vernünftig abgesicherte Aussagen über vorexilische Zustände oder Vorstellungen zu machen.

Trotzdem stellt sich die Frage, was denn dann mit einer solchen Formulierung gemeint ist und wo eine Bezugnahme auf etwas, das man in Israel tut oder nicht tut, oder was man als Schandtat auffasst, seinen Ursprung hat. Gerade wenn eine Erzählung wie die von der Schandtat von Gibea mit Walter Groß als „schriftgelehrte Kasuistik"[28] zu charakterisieren ist, so geht hier der Verweis auf ein Ethos offenbar nicht einer schriftlichen Entwicklung von Rechtssätzen und ihrer Zusammenstellung und Weiterentwicklung in Rechtskorpora voraus, sondern versucht die Anwendung des Rechts plausibel zu machen. Ich zitiere Groß:

> „Der Gastgeber in Gibea, der Mann der geschändeten Frau und die Gemeinde beurteilen einmütig das Verbrechen von Gibea als נבלה ‚Schandtat' 19,23e; 20,6d.10a. Die Wendung ‚Schandtat, getan in Israel' impliziert bereits das Urteil: Ganz Israel ist betroffen und muß

---

[24] *Noth*, Geschichte (1956), 101.

[25] Vgl. *Groß*, Richter (2009), 877.

[26] Vgl. ebd. 878f.

[27] *Dietrich*, Samuel (2011), 47*. Zu einem solchen Entwurf und explizit zu 2 Sam 13 als Teiltext in diesem Werk vgl. bereits *Ders.*, Königszeit (1997), 259–273, bes. 268.

[28] *Groß*, Richter (2009), 879.

im Sinn der בערת-Formel 20,13c handeln. Ganz Israel spricht mit einem Mund und handelt, wie im Dtn vorgesehen, wie ein Mann 20,1b.8a.11 [...].“[29]

3.2 Kanaan

Was den immer wieder in der Ethos-Debatte betonten Gegensatz von Israel und Kanaan angeht, so ergeben sich unmittelbare Konsequenzen aus der Ethnizitätsdebatte im Blick auf die Dorfkultur der Eisenzeit I. Die früher gerne genannten archäologischen Leitfossilien, das Vierraumhaus, die sogenannten collared-rim-jars und das Fehlen von Schweineknochen in den Dörfern, werden heute als „funktional begründete Transformationen spätbronzezeitlicher Kulturelemente“[30] erklärt, die keine ethnische Differenz erkennen lassen. So formuliert Christian Frevel: „Den Gegensatz Israel – Kanaan, der lange auf biblischer Grundlage die Theoriebildung der formativen Phase der Entstehung Israels bestimmte, gibt es weder in religiöser noch in kultureller Hinsicht [...].“[31]

Solche neueren Beobachtungen verlagern die Suche nach einem distinkten Ethos Israels auf die Frage, wovon sich dieses Ethos im Blick auf „Kanaan“ überhaupt unterscheiden will. Was ist das „Kanaan“ in den Köpfen der biblischen Autoren, die so nicht sein wollen? Nun könnte man erwägen, wir hätten es hier mit alten Traditionssplittern und sozialromantisch verklärten Erinnerungen an die Dorfkultur im Bergland der Eisenzeit I zu tun, so dass die egalitäre Gesellschaft der Dorfkultur in ihrem Gegensatz zu einer stark stratifizierten und auf internationalen Handel zielenden Stadtkultur in den Küstenebenen idealisiert würde. Das wäre dann gewissermaßen die sozioökonomische Spielart des alten Gegensatzes „Kanaan“ – „Israel“. Aber müssten wir dann nicht in den biblischen Texten eine antistädtische Polemik finden, die es so nicht gibt? Ist es nicht am Ende doch einfacher, egalitäre Entwürfe, wie wir sie etwa im Deuteronomium finden, ohne diese „Erinnerungen“ zu erklären?

Daher stellt sich die Frage völlig neu, wer eigentlich „der Andere“ ist, von dem sich „Israel“ nach biblischen Texten durch bestimmte Verhaltensweisen absetzen soll. Im Blick auf die Debatte um die Hal-

[29] Ebd. 881.
[30] *Frevel*, Grundriss (2012), 730.
[31] Ebd. 734.

tung (und den Verzehr) von Schweinen zeigen neue archäologische Untersuchungen, die nun viel genauer Basisdaten verarbeiten können, dass sich der früher festgehaltene Gegensatz zwischen den Philisterstädten an der Küste (Schweinehaltung) gegenüber (Kanaan und) Israel (keine Schweinehaltung) so nicht bestätigt. Es lässt sich vielmehr eine Differenz in der Eisenzeit IIB feststellen zwischen dem dichter besiedelten Nordreich Israel, in dem Schweinehaltung wegen der verringerten Weideflächen für Ziegen und Rinder notwendig und üblich wurde, und dem weniger dicht besiedelten Südreich Juda, in dem kaum Schweine gehalten wurden. Die judäischen Gebräuche auf diesem Gebiet haben sich literarisch offenbar im biblischen Schweinefleischverbot durchgesetzt – gegen die Gebräuche des Nordreichs Israel, dem in diesen Fall die Rolle des „Anderen“ zufallen würde.[32]

3.3 Die Datierung des Privilegrechts

Als Kronzeuge für eine schon sehr alte religiös-ethische Abgrenzung Israels von seiner Umwelt galt lange das Privilegrecht Ex 34,12–26. Michael Konkel hält in dieser Hinsicht das Ergebnis seiner Untersuchungen fest:

> „Die von der Forschung vorgegebene Alternative einer Einordnung von Ex 34,12–26 als sehr alt bzw. sehr jung hat sich hingegen nicht bestätigt. […] Es spricht nichts dagegen, Ex 34,12ab.14.17–26 *einer* Schicht zuzurechnen. Diese lässt sich dann […] als deuteronomisch qualifizieren.“[33]

Damit ist auch das Bündnisverbot nicht mehr als Voraussetzung für eine auch ethische Abgrenzung Israels in der Frühzeit zu haben. Gleichzeitig weist diese Ansetzung aber bereits in einen anderen zeitlichen Horizont, der weiter bedacht werden muss.

Dieser weitgehend negative Befund bei der Auswertung alter Positionen zu einem Ethos Israels wirft die Frage auf, auf welcher Ebene man denn überhaupt danach suchen könnte, wie sich die Kultur, in der die biblischen Texte entstanden sind, sich auf der Ebene des Ethos artikuliert haben könnte.

---

[32] Vgl. *Sapir-Hen*, Pig Husbandry (2013).

[33] *Konkel*, Sünde (2008), 232.

4. Monolatrie und Ethos: die rechtsgeschichtliche Spur

Eckart Otto hat in einem Lexikon-Artikel zum Stichwort Ethik von 1991 eine Verbindung zwischen einer Konzentration auf JHWH und der ethischen Entwicklung in Israel hergestellt. Wie wir sehen werden, denkt er hier v. a. rechtsgeschichtlich:

> „Die E[thik] des AT gewann ihre Dynamik aus der Integrationskraft Jahwes als des einen Gottes Israels, der konträr zu modernem Gesellschaftsprozeß immer weitere Lebensbereiche der Ordnung seines Willens unterstellte. Immer konsequenter wurde Jahwe als der Ermöglichungsgrund einer E[thik] begriffen, deren Grundwerte Gemeinschaftstreue (*ṣ·dāqā*) und Solidarität (*ḥæsæd*) waren, die zum Ausdruck von Gottesliebe werden konnten.“[34]

Zunächst lässt sich Ottos Rede von der Integrationskraft JHWHs mit einer religionsgeschichtlichen Entwicklung verbinden, die Christoph Uehlinger mit dem Begriff der Kompetenzausweitung JHWHs belegt und auf der Basis von epigraphischen Quellen entworfen hat.[35] Inzwischen ist diese Modellvorstellung breit rezipiert und weiter ausdifferenziert worden.[36]

Zeitlich parallel mit dieser göttlichen Kompetenzausweitung lässt sich ein Prozess der Ethisierung feststellen. Diese ist ganz prominent im Dekalog greifbar. Das gilt zunächst auf der Ebene der Rezeption, wenn man den Dekalog etwa mit Thomas Mann als das „Ewig-Kurzgefaßte, das Bündig-Bindende, Gottes gedrängtes Sittengesetz“[37] oder auch als „die Quintessenz des Menschenanstandes“[38] versteht, wenn

---

[34] *Otto/Hainz*, Art. Ethik (1991), 610.

[35] *Uehlinger*, Kultreform (1995), 67f.: „Beschränken wir uns auf Inschriften aus der Zeit von Hiskija bis zum Exil, so scheinen diese eine Entwicklung zu dokumentieren, die man pauschal als göttliche Kompetenzausweitung bezeichnen kann, was *eo ipso* einen Kompetenztransfer und eine zumindest relative Entmachtung anderer Größen impliziert. Texte im Jeremiabuch legen nahe, daß Jahwe im Verlaufe des 7. Jh. zum Schöpfergott aufrückte [...]. Althebräische Inschriften machen [...] wahrscheinlich, daß er zwischen ca. 700 und 575 spezifische Segens- bzw. Rettungsfunktionen ‚seiner Aschera‘ in eigene Regie nahm. [...] Erstaunlicher ist, daß Jahwe dann im 6. Jh. sogar im Begriff zu sein scheint, die Totenwelt in seinen Kompetenzbereich zu integrieren.“

[36] Vgl. besonders *Eberhardt*, Unterwelt (2007).

[37] *Mann*, Gesetz (1950), 238.

[38] Ebd.

man die Grundgesetzmetapher auf ihn anwendet oder seine Funktion für eine synchrone Lektüre im Kontext des Bundesbuches bzw. des dtn Gesetzes bestimmt. Diese Charakterisierungen in der Rezeptionsgeschichte verweisen aber auf einen konzeptionellen Kern des Textes selbst. Ein konkreteres Beispiel wäre das Elterngebot (Dtn 5,16 par. Ex 20,12), das eine exakte Umformulierung der Strafandrohung für den Fall der Elternminderung oder -Verfluchung aus dem Bundesbuch (Ex 21,17) ist, so dass hier aus einem Rechtssatz eine positive ethische Maxime geworden ist. Auch die im Dekalog folgenden drei Kurzprohibitive heben die Trias der todeswürdigen Verbrechen Mord, Ehebruch und Menschenraub aus der Kasuistik auf eine grundsätzlichere ethische Ebene.

Weitere Transformationsprozesse sind etwa im Bereich des Bundesbuches die protodeuteronomische Umgestaltung des ursprünglich profanen Rechtsbuches zu einer gottesrechtlichen Sammlung gemäß der These von Ludger Schwienhorst-Schönberger, die sich inzwischen breit etabliert hat.[39] Hier wurde schon vor über 20 Jahren klar, dass die alte Vorstellung, eines archaischen Gottesrechts, das sich zu kasuistischen Rechtssammlungen ausdifferenziert habe, genau umzukehren ist.

Nimmt man diese Einzelbeobachtungen im Sinne einer Tendenzangabe zusammen, so lässt sich vielleicht festhalten: Sowohl was das allgemeine Ethos, als auch was spezieller die Rechtsüberlieferung betrifft, ist Israel zunächst voll und ganz Teil des Alten Orients. Offenbar gleichzeitig mit der stärkeren Konzentration auf JHWH in vielen Bereichen werden auch Ethos und Recht theologisiert. Die Theologisierung des Rechtes wiederum verschiebt die Rechtssätze in den Bereich der religiös-gesellschaftlichen Identität und damit des Ethos. Diese vor- oder protodeuteronomische Entwicklung wird dann auf den verschiedenen Stufen der Entstehung des Deuteronomiums breit ausgebaut und geschichtstheologisch bzw. bundestheologisch systematisiert. Hier wird nun viel stärker die gesellschaftliche Relevanz der rechtlichen Regelungen reflektiert. Am Ende stehen Sätze wie Dtn 4,6.8:

> „Ja, das ist eure Weisheit und eure Einsicht in den Augen der Völker,/ die hören werden alle diese Gesetze und die sagen werden: Wahrlich,

---

[39] *Schwienhorst-Schönberger*, Bundesbuch (1990), bes. 415–417; vgl. *Zenger*, Einleitung (2012), 229–231; *Schmid*, Literaturgeschichte (2014), 102.

> ein weises und einsichtiges Volk ist diese große Nation. […] Und welche große Nation [gibt es], von der gilt: Sie hat Gesetze und Rechtssätze, die gerecht sind, wie diese ganze Weisung, die ich heute vor euch gebe?"

Das Recht wird zu einem Kultur- und Identitätsmarker und damit zur Konkretisierung des Ethos.

5. Ethos und Religion?

Jan Assmann hat eine Beobachtung vorgetragen, die vielleicht einen Ansatz enthält, die Struktur eines biblischen Ethos in der Tat als Distinktion gegenüber der altorientalischen Umwelt wahrzunehmen. Assmann erklärt die ägyptische Konzeption der Maʿat als eine rettende Gerechtigkeit, die vom König immer wieder aufgerichtet werden muss, und fährt dann fort:

> „Auch in der Bibel geht es um rettende Gerechtigkeit […]. Hier sind es die Propheten, die sie einklagen. Sie sprechen im Auftrag Gottes und treten dem Staat gegenüber. So etwas gibt es nicht in der altorientalischen Welt. […] Religion und Ethik haben verschiedene Wurzeln und bilden in den primären Religionen getrennte, wenn auch auf vielfältige Weise miteinander in Verbindung stehende Sphären. Erst im Monotheismus verschmelzen sie zu einer untrennbaren Einheit."[40]

Assmann hat zwar in seinem Entwurf des biblischen Monotheismus einen viel kritisierten Weg eingeschlagen, der auch in diesem Zitat die Dinge verkürzt und insgesamt jedenfalls im Sinne von Kausalitäten irreführend ist. Mein Eindruck ist aber, dass er mit der Verschmelzung der religiösen und der ethischen Sphäre in der Tat die entscheidende Differenz zwischen dem Ethos Israels und seiner Umwelt benennt. So lohnt es sich, nach frühen ethischen Texten zu suchen, die Bezüge zum Religionsvollzug aufbauen.

Auch wenn hier Datierungsfragen eine bleibende Schwierigkeit darstellen, sei immerhin auf zwei Texte hingewiesen, die Bezüge auf den Kult mit dem Herausstellen eines Ethos verbinden.[41] Ich beginne mit Am 5,21–25:

---

[40] *Assmann*, Unterscheidung (2003), 72f.
[41] Vgl. auch *Zenger*, Wohlgefallen (2006).

21 Ich hasse, ich verwerfe eure Feste/
und ich will nicht riechen eure Festversammlungen.
22 Ja, wenn ihr mir Brandopfer opfert, und an euren Speiseopfern
will ich kein Gefallen haben/
und das Heilsopfer eurer Masttiere will ich nicht ansehen.
23 Schaffe weg von mir das Getöse deiner Lieder/
und das Spiel deiner Leiern will ich nicht hören.
24 Aber es soll sich wie das Wasser ergießen Recht (משפט) /
und Gerechtigkeit (צדקה) wie ein immer wasserführender Bach.
25 Habt ihr mir Schlachtopfer und Speiseopfer dargebracht in der
Wüste vierzig Jahre lang, Haus Israel?

Diesen Versen aus der Kultkritik in Am 5,21–27 folgen noch eine Götzenbilderpolemik und die Ankündigung der Exilierung „bis hinter Damaskus". Zumindest ein Grundbestand der Verse wird, so weit ich sehe, einem vorexilischen Amosbuch zugesprochen.[42] Ich lese die Verse nicht nur als eine Verhältnisbestimmung zwischen Israel und seinem Gott, sondern in Verbindung damit als eine Bestimmung der Identität Israels. Für diese Identität werden nun Prioritäten genannt, und hier gilt, dass das Ethos von Recht und Gerechtigkeit wichtiger ist, als der Kult in all seiner liturgischen Entfaltung. Wenn man Recht und Gerechtigkeit nicht einfach juridisch, sondern als Verhältnisbegriffe[43] auffasst, wird die Gestaltung der zwischenmenschlichen Beziehungen als für die Gemeinschaft prägend ernstgenommen. Defizite auf dieser Ebene können kultisch offenbar nicht kompensiert werden – und zwar weil Gott das nicht will. Damit ist der Stellenwert des Ethos von der Souveränität und Unverfügbarkeit Gottes und seiner Entscheidungen abhängig. Eine solche Rückbindung des Ethos an die Religion ist dann wirklich ein distinkter Kulturmarker. Ich sehe zumindest grundsätzlich keine Schwierigkeit, hier literatur- wie theologiegeschichtlich mit einem vorexilischen Text zu rechnen und ihn als eine Verarbeitung der Ereignisse von 722 und 701 v. Chr. zu verstehen.

V. 25 wird nun oft – und m. E. zu Recht – als Weiterentwicklung gesehen, die entweder von Hosea her (Jeremias)[44] oder deuteronomistisch (Fleischer u. a.)[45] einzuordnen ist. Wichtig für uns ist, dass hier

---

[42] *Dahmen/Fleischer*, Buch (2001), 125.
[43] Vgl. *Zenger*, Wohlgefallen (2006), 25.
[44] *Jeremias*, Tod (1996), 220.
[45] *Dahmen/Fleischer*, Buch (2001), 212.

der Gedanke weitergedacht wird, dass es bei der Frage nach dem Ethos um die Identität Israels geht, die eben genauso auch aus den geschichtlichen Erfahrungen erwächst. Hier wird der Verweis auf die kultlose Wüstenzeit zu einem flankierenden Argument für die geringere Priorität des Opferkultes.

In eine ähnliche Richtung weist ein zweiter kurzer Text: Ps 15,1–3:

1 Ein Psalm Davids.
JHWH, wer wird Gast sein in deinem Zelt/
wer wird sich niederlassen auf deinem heiligen Berg?
2 Einer, der rechtschaffen geht
und gerecht handelt/
und Wahrheit spricht in seinem Herzen.
3 Er verleumdete nicht mit der Zunge,
er tat nicht seinem Gefährten Böses/
und Schmach brachte er nicht auf seinen Nächsten.

Hier genügen wieder die ersten drei Verse, die sicherlich den Grundbestand des Psalms darstellen. Die folgenden beiden Verse sind evtl. später hinzugekommen und verkomplizieren jedenfalls den Text.[46] Was die Datierung betrifft, so hat man hier und in Ps 24 alte Tempeleinlassrituale vermutet. Dagegen spricht, dass in der Eingangsfrage weder ein Torwächter noch ein Pilger, sondern Gott selbst angeredet wird und dass die Bedingungen, die hier genannt werden, überhaupt nicht kultischer Natur sind. Damit legt sich eine Deutung nahe, die Gottesnähe und Alltagsleben miteinander verbindet. Es gibt nachexilische, weisheitlich geprägte Psalmen von Ps 16 über Ps 73 bis Ps 1, die diese Gedanken viel breiter ausgestalten. Redaktionsgeschichtlich spricht manches dafür, dass wir es hier immerhin mit einem frühen Vertreter zu tun haben. Ob das eine vorexilische Datierung weiterhin nahelegt, sei dahingestellt.[47]

Wenn man die Gottesanrede in V. 1 ernst nimmt und sich vom gattungskritischen Paradigma der Einlassliturgie löst, sind für diese ersten Verse des Psalms unterschiedliche Lektüremöglichkeiten denkbar. Zunächst kann man die V. 2–3 als Gottesrede auffassen. Demnach würde hier Gott selbst auf die Fragen antworten und sowohl positiv als auch negativ erklären, was die ethischen Voraussetzungen für den

---

[46] *Hossfeld/Zenger*, Psalm 1–50 (1993), 105.

[47] Hossfeld spricht von einer „Einstufung in die spätvorexilisch-exilische Zeit“ (ebd.).

Aufenthalt in seiner Nähe sind. Es wäre gewissermaßen ein Ethos für Jerusalemiten und Jerusalempilger, das Gott selbst verkündet. Ebenso denkbar und auf der Endtextebene wegen einer Formulierung in V. 4 näherliegend ist, dass das sprechende Ich sich auf die in V. 1 gestellte Frage selbst die Antwort gibt. Es tut dies dann aber *coram deo*. Das hier formulierte Ethos ist dann nur insofern ein distinktes Ethos, als sein Ziel ein Ankommen im Wohnbereich des Gottes Israels ist. Im Übrigen besticht es geradezu durch seine Schlichtheit und Allgemeingültigkeit, da es weder eine besondere Toragelehrsamkeit, noch eine ethnische Zugehörigkeit, noch bestimmte Reinheitsregeln voraussetzt. Es geht vielmehr um eine gemeinschaftsfördernde und -ermöglichende Rechtschaffenheit.

6. Ausblick

Entsprechend der Fragestellung dieses Beitrags ging es bei den gewählten Beispielen um mögliche Anfänge eines Ethos, nicht aber um seine umfassende Profilierung aus alttestamentlichen Texten heraus, was vermutlich ein vielstimmiges und vielfältiges Unterfangen wäre. Hier sei nur auf einen Aspekt hingewiesen. In späten Texten scheint sich die Funktion des Ethos, ein Teil der Gruppenidentität zu sein, zu transformieren. Beispiele wären etwa die Texte über eine sogenannte Völkerwallfahrt nach Jerusalem wie Jes 2,3; Mi 4,2; Sach 8,20–23. Der Monotheismus hat sich hier zu einem Universalismus entfaltet, der auch ethische Konsequenzen hat. Da Gott der Gott aller Völker ist, werden diese zum Zion bzw. nach Jerusalem kommen, um dort eine ethische Unterweisung zu erhalten, die immer in der Weg-Metapher ausgedrückt wird.[48] Diese literaturgeschichtliche Entwicklung macht deutlich, dass die These Assmanns, die Verbindung von Ethik und Religion sei eine Folge des Monotheismus, den Gegebenheiten nicht gerecht wird. Vielmehr schafft der Monotheismus die Voraussetzungen, um das distinkte, partikulare Ethos Israels vor dem Hintergrund einer universalen Gottesidee zu verallgemeinern und damit im Blick auf seine Funktion als abgrenzendes Kriterium in der Identitätskonstruktion aufzulösen.

---

[48] Vgl. dazu den Beitrag von Thomas Hieke in diesem Band.

7. Fazit

1. Da sich ein Ethos fast ausschließlich aus schriftlichen Quellen erschließen lässt, hat die Spätdatierung vieler Texte in den vergangenen Jahrzehnten die Basis für eine Ethosgeschichte verschoben oder sogar völlig aufgelöst. Entsprechend können wir in diesen Bereichen nur annehmen, dass Israel an einem allgemeinen altorientalischen Ethos partizipiert hat, müssen aber auf die Erschließung einer distinkten Ethosform verzichten, weil unsere Hypothesenbildung uns keinen redlichen Zugang zur spezifischen Kultur Israels vor 700 v. Chr. erlaubt. Die vielleicht früher einmal denkbar erscheinende Vorstellung, mit Rückfragen nach den mündlichen Vorstufen von Texten ein Ethos greifen zu können, während man mit der Schriftlichkeit den Übergang zum Recht vor sich hat, ist heute methodisch und hermeneutisch unhaltbar.
2. Die Texte, die von einer „Schandtat in Israel" u. ä. sprechen, verweisen weniger auf ein materiales Ethos – etwa im Sinne eines Kanons von Amphityonieregeln –, sondern auf die soziale Bedeutung einer bestimmten Tat und nehmen so auch die Konsequenzen, die diese Zuschreibung hat, in den Blick. Damit setzt die Formel das Bewusstsein eines Ethos und seinen hohen Stellenwert voraus, spricht aber eher seine identitätsstiftende und gesellschaftsschützende Funktion an als seine materiale Gestalt. Hier fließen anthropologische Grundlagen in die ethische Diskussion ein, die in älteren Rekonstruktionen weniger im Blick waren und die wir heute stärker beachten sollten.
3. Ein Ethos Israels gibt es – im Sinne des Untertitels dieses Beitrags – in dem Moment, in dem es eine spezifische Kultur Israels gibt. Damit spiegeln sich hier alle Definitionsprobleme der Ethnizitätsdebatte. Es spricht zwar nichts dagegen, für die Dorfkultur der EZ I ein Ethos Israels anzunehmen. Unser Problem ist aber, dass wir keinen Zugang dazu haben. Wir können es nicht inhaltlich greifen. Greifbar wird ein distinktes Ethos Israels für uns erstmalig mit Texten, für die wir ein relativ hohes, d. h. (spät-)vorexilisches Entstehungsdatum annehmen. Das sind einerseits Rechtstexte und andererseits prophetische und weisheitliche Texte. Auf der Ebene der Rechtstexte gibt es Tendenzen zu einer Ethisierung und Theologisierung. Hier werden also Rechtstraditionen für ein Ethos fruchtbar gemacht. Bei anderen Texten lassen sich Tendenzen erkennen, die die hohe Bedeutung ethischen Verhaltens innerhalb

der Religiosität Israels herausstellen. Zeitlich konvergieren diese Entwicklungen mit der religionsgeschichtlichen Entwicklung einer Kompetenzausweitung JHWHs im 7. Jh. v. Chr. Inhaltlich bleiben die genannten Texte auf der Ebene eines bürgerlichen Alltagsethos. Damit beginnt etwas, das uns heute völlig selbstverständlich geworden ist, dass nämlich Judentum, Christentum und Islam sich nicht im Kult erschöpfen, sondern auch Leitlinien für ein gelungenes menschliches Leben entwerfen.

Literatur

Assmann, Jan, Die mosaische Unterscheidung oder der Preis des Monotheismus (Edition Akzente), München 2003.

Dahmen, Ulrich/Fleischer, Gunther, Das Buch Joël. Das Buch Amos (NSK.AT 23/2), Stuttgart 2001.

Dietrich, Walter, Die frühe Königszeit in Israel. 10. Jahrhundert v. Chr (BE 3), Stuttgart 1997.

Ders., Samuel. Teilband 1: 1 Sam 1–12 (BK VIII/1), Neukirchen-Vluyn 2011.

Eberhardt, Gönke, JHWH und die Unterwelt. Spuren einer Kompetenzausweitung JHWHs im Alten Testament (FAT II/23), Tübingen 2007.

Frevel, Christian, Grundriss der Geschichte Israels, in: *Zenger, Erich* u. a., Einleitung in das Alte Testament (KStTh 1,1), Stuttgart [8]2012, 701–870.

Groß, Walter, Richter (HThKAT), Freiburg 2009.

Hossfeld, Frank-Lothar/Zenger, Erich, Die Psalmen I. Psalm 1–50 (NEB 29), Würzburg 1993.

Janowski, Bernd, Konstellative Anthropologie. Zum Begriff der Person im Alten Testament, in: *Frevel, Christian* (Hg.), Biblische Anthropologie. Neue Einsichten aus dem Alten Testament (QD 237), Freiburg 2010, 64–87.

Jeremias, Jörg, Tod und Leben in Am 5,1–17, in: *Ders.*, Hosea und Amos, Studien zu den Anfängen des Dodekapropheten (FAT 13), Tübingen 1996, 214–230.

Kluxen, Wolfgang, Art. Ethos, in: LThK 3 (1995) 939–940.

Konkel, Michael, Sünde und Vergebung. Eine Rekonstruktion der Redaktionsgeschichte der hinteren Sinaiperikope (Exodus 32–34) vor dem Hintergrund aktueller Pentateuchmodelle (FAT 58), Tübingen 2008.

Mann, Thomas, Das Gesetz, in: *Ders.*, Der Tod in Venedig und andere Erzählungen, Frankfurt a. M. 1950 (1985), 196–248.

Marböck, Johannes, Art. נבל, in: ThWAT 5 (1986) 171–185.

Müllner, Ilse, Gewalt im Hause Davids. Die Erzählung von Tamar und Amnon (2 Sam 13,1–22) (HBS 13), Freiburg/New York 1997.

Noth, Martin, Das System der zwölf Stämme Israels, Stuttgart 1930.

Ders., Geschichte Israels, Göttingen [3]1956.

Otto. Eckart, Recht und Ethos in der ost- und westmediterranen Antike, in: *Ders.*, Altorientalische und biblische Rechtsgeschichte. Gesammelte Studien (BZAR 8), Wiesbaden 2008, 619–636.

Ders./Hainz, Josef, Art. Ethik, in: NBL 1 (1991) 608–613.

Preuß, Horst Dietrich, Theologie des Alten Testaments. Band 1: JHWHs erwählendes und verpflichtendes Handeln, Stuttgart 1991.

Ders., Theologie des Alten Testaments. Band 2: Israels Weg mit JHWH, Stuttgart 1992.

Robker, Jonathan Miles, The Jehu Revolution. A Royal Tradition of the Northern Kingdom and Its Ramifications (BZAW 435), Berlin/Boston 2012.

Sapir-Hen, Lidar u.a., Pig Husbandry in Iron Age Israel and Judah. New Insights Regarding the Origin of the „Taboo", in: ZDPV 129 (2013) 1–20.

Schmid, Konrad, Literaturgeschichte des Alten Testaments. Eine Einführung, Darmstadt ²2014.

Schwienhorst-Schönberger, Ludger, Das Bundesbuch (Ex 20,22–23,33). Studien zu seiner Entstehung und Theologie (BZAW 188), Berlin 1990.

Uehlinger, Christoph, Gab es eine joschijanische Kultreform? Plädoyer für ein begründetes Minimum, in: *Groß, Walter* (Hg.), Jeremia und die „deuteronomistische Bewegung" (BBB 98), Weinheim 1995, 57–89.

Würthwein, Ernst, Die Revolution Jehus. Die Jehu-Erzählung in altisraelitischer und deuteronomistischer Sicht, in: ZAW 120 (2008) 28–48.

Zenger, Erich, „Ich finde Wohlgefallen an Liebe, nicht an Opfer" (Hos 6,6). Ersttestamentliche Stellungnahmen zum Verhältnis von Kult und Ethos, in: *Kranemann, Benedikt/Sternberg, Thomas/Zahner, Walter* (Hg.), Die diakonale Dimension der Liturgie. FS Klemens Richter (QD 218), Freiburg 2006, 16–30.

Ders. u.a., Einleitung in das Alte Testament (KStTh 1,1), Stuttgart ⁸2012.

Konstruktionen von Geschlecht in regulativen Texten der Tora

Ilse Müllner

1. Gender – Präzisierung der Fragestellung

Gender ist zum vieldiskutierten Reizwort geworden. In Forschungsförderungsinstitutionen ist es nicht nur recht aussichtsreich, gender-orientierte Fragestellungen unterzubringen, sondern Gender-Gerechtigkeit wird als forschungspolitisches Kriterium an alle Universitäten und auch an zu fördernde und geförderte Projekte angelegt. Vergleichbares gilt für alle öffentlichen Institutionen in Deutschland. Gleichzeitig ist der Begriff in vielen kirchlichen Kreisen negativ besetzt, wird aber auch von Feministinnen kritisiert.[1] Aus frauenpolitischer Sicht führt er in ein „feministisches Paradox": nämlich einerseits die Präsenz von Frauen in allen Bereichen der Gesellschaft zu fordern, andererseits aber die klare Unterscheidung in zwei Geschlechter in Frage zu stellen, ja das Konzept der Zweigeschlechtlichkeit selbst zum Gegenstand der Diskussion zu machen.

Es war ein Allgemeinplatz der feministischen Forschung seit den 1980er Jahren, dass die Thematisierung von Frauen überhaupt erst das Geschlecht in einen Diskurs einbringt, der sich selbst als ungeschlechtlich verstand oder zumindest Geschlecht nicht als relevante Analysekategorie ansah. Die Gender-Blindheit traditioneller Diskurse erweist sich als *androzentrisch*, wenn man die Frage nach dem Geschlecht nicht mehr suspendiert: Das Geschlecht außen vor zu lassen, geschieht um den Preis einer Überblendung von Mann und Mensch, einer meist impliziten männlichen Vergeschlechtlichung des Subjekts.

---

[1] Aus der Flut an Literatur seien hier nur einige signifikante Beiträge erwähnt. Zur Kritik an einer „‚neutralen' Gender-Forschung" *Fischer*, Mensch (2009), 28. Zu kirchlichen und theologischen Diskussionen s. *Auga*, Geschlecht (2013); *Eder/Fischer*, männlich und weiblich (2009); *Heimbach-Steins*, Mann und Frau (2009); *Kuby*, Revolution (2012); *Marschütz*, Gender-Ideologie (2014); *Wendel*, Subjekt (2012). Zu verschiedenen Standortbestimmungen feministischen Denkens in einer auch durch die Gender-Forschung bestimmten Gegenwart s. das Heft der feministischen studien 1 (2013) mit dem Schwerpunkttitel: „Was wollen sie noch?".

> „Als ‚androzentrisch' werden falsche Universalisierungen von Mann zu Mensch in Begriffen, Theoremen oder ganzen Theorien bezeichnet. Grundlage dafür ist ein asymmetrischer Begriff von Geschlecht, der nicht beide Geschlechter, sondern vor allem das ‚Weibliche' als Besonderes gegenüber einem Allgemein-Menschlichen konstruiert."[2]

Die allermeisten uns bekannten kulturellen Produkte lassen eine androzentrische Perspektive erkennen, insofern sie Männliches und Menschliches nicht differenzieren. Semantisch wird diese Überblendung in vielen Sprachen dadurch forciert, dass der Begriff für *Mensch* häufig derselbe ist wie derjenige für *Mann* (uomo, homme, man ...). Frauen werden unsichtbar gemacht, wenn sie als Teil gemischtgeschlechtlicher Kollektive sprachlich maskulin vereinnahmt werden. Zwei Aspekte verkomplizieren diese Vorgänge zusätzlich. *Erstens* handelt es sich beim Verhältnis von Mann und Mensch nicht um eine Gleichsetzung, sondern um eine Überblendung. Häufig bleibt unklar, ob mit dem sprachlich maskulinen Ausdruck und auch mit der sachlichen Fokussierung auf das Männliche wirklich nur Männer gemeint sind oder ob auch Frauen mitgedacht werden. Und *zweitens* macht androzentrisches Denken nicht nur Frauen, sondern auch Männer unsichtbar, insofern sich die geschlechtliche Existenz von Männern hinter einem scheinbar geschlechtsneutralen Menschenbild verbirgt. Diese Erkenntnis wird besonders im Kontext einer sich in den letzten Jahren zunehmend etablierenden kritischen Männlichkeitsforschung relevant. Für diese ist es oft schwierig, ihren Gegenstand exakt zu bestimmen, weil unklar ist, inwieweit Männer als solche tatsächlich in den Blick kommen, wo von „Menschen" die Rede ist.

Androzentrische Darstellungen verbergen das Geschlecht von Frauen und von Männern. Das Unsichtbarmachen geschieht allerdings asymmetrisch. Frauen sind sprachlich nicht präsent, selbst wenn sie von der Sache her gemeint sind. Männer hingegen werden als Männer unsichtbar gemacht, gerade dadurch, dass sie sprachlich überrepräsentiert sind.

Auch biblische Texte sind androzentrisch geprägt. Häufig ist es schwer zu bestimmen, ob sie gemischtgeschlechtliche Menschengruppen in den Blick nehmen oder tatsächlich ausschließlich Männer gemeint sind. Ist das von den Weisheitslehrer(inne)n angesprochene Du ein allgemein

---

[2] *Landweer*, Philosophie (2006), 229.

menschliches? Ein ausschließlich männliches? Variiert die geschlechtliche Spezifizierung? Und wenn ja, lässt sich in dieser Variabilität eine Systematik erkennen? Ähnliche Fragen stellen sich für die regulativen Texte der Tora, insbesondere für jene, in denen ein Du oder ein Ihr angesprochen ist (s. u.).

Eine gender-faire Auslegung verlangt, das Geschlecht zu benennen und damit sowohl Frauen als auch Männer sichtbar zu machen.

> „Ein gender-fairer Forschungsansatz ist […] die Voraussetzung dafür, die Gemeinsamkeiten und Differenzen der Geschlechter als ganze Wirklichkeit des einen Menschengeschlechts wahrzunehmen und so die halbe, androzentrische Wissenschaft zu einer wirklich ‚humanen' zu machen."[3]

Die aus der Frauenforschung hervorgegangene feministische Forschung hat ihr Hauptaugenmerk lange Zeit darauf gerichtet, die auf Männer fokussierte Geschichtsschreibung aufzubrechen und deutlich zu machen, dass Frauen immer auch an den gesellschaftlichen Prozessen beteiligt waren. So kamen Themen und gesellschaftliche Bereiche in den Blick, die in der traditionellen Geschichtswissenschaft unterrepräsentiert waren: Familie, Frauenarbeit, Sexualität, Gewalt gegen Frauen, um nur einige Beispiele zu nennen.[4] Vergleichbares gilt für die exegetische Forschung, in der einzelne biblische Frauengestalten und damit verbunden soziale Rollen von Frauen jenseits der Geschlechterklischees in den Mittelpunkt rückten.[5]

Die Gender-Studies setzen neue Impulse mit ihrer Anfrage an die Selbstverständlichkeit der Rede von Frauen und Männern. Geschlecht wird als sozial hergestellt, als immer wieder neu auszuhandeln, als performativ inszeniert verstanden. Geschlechtsidentität ist damit etwas, was sich die Subjekte immer wieder neu und auch konfliktiv aneignen.[6] Nicht nur eine verstärkte Reflexion des Begriffs Geschlecht zeichnet die Gender-Studies aus, sondern sie eröffnen auch neue Untersuchungsfelder. Neben der Männlichkeitsforschung sind hier vor allem

---

[3] *Fischer*, Mensch (2009), 28.

[4] *Opitz*, Geschlechtergeschichte (2010), 7.

[5] S. z.B. die 2015 in leicht veränderter Neuauflage erschienene grundlegende Arbeit von *Brenner*, Israelite Woman (1985). Oder auch *Meyers*, Discovering Eve (1988); *Schüngel-Straumann*, Frau (1989); *Schottroff/Wacker*, Wurzel (1996).

[6] Das Konflikthafte und Gebrochene der subjektiven Aneignungsprozesse gesellschaftlicher Verhältnisse betont *Bereswill*, Geschlecht (2014).

die Intersektionalitätsforschung und die Queer Studies zu nennen. Ihnen allen ist gemeinsam, dass die Kategorie Geschlecht eine zentrale Rolle in ihren Untersuchungen spielt, dass sie diese aber in verschiedene Zusammenhänge stellen und Geschlecht dadurch unterschiedlich akzentuieren.

Die Intersektionalitätsforschung greift die Erkenntnis auf, dass in Gesellschaften verschiedene soziale Differenzen zusammenwirkend Ungleichheit generieren. Diese Wahrnehmung hatte innerhalb der feministischen Exegese bereits Elisabeth Schüssler-Fiorenza ausführlich ausformuliert und schließlich auch begrifflich in der Einführung des Wortes Kyriarchat (anstelle des Patriarchatsbegriffs) gefasst.[7] Die Intersektionalitätsforschung hat es sich zur Aufgabe gemacht, die Beziehungen zwischen den Differenzkategorien (Klasse, Geschlecht, Ethnizität, Religion ...) in ihren komplexen Wechselwirkungen zu analysieren und damit auch die Funktion der Kategorie Geschlecht im jeweiligen Untersuchungsfeld präziser zu bestimmen.[8]

Die Queer Studies weisen darauf hin, wie wenig selbstverständlich festgefügte Geschlechtsidentitäten sind. Sie hinterfragen die Kopplung von Geschlecht und sexueller Orientierung und decken heteronormative Zusammenhänge auf. In den Bibelwissenschaften wurde in den Queer Studies bislang vor allem im angloamerikanischen Bereich publiziert.[9]

Im Folgenden werde ich zunächst die Frage nach dem Androzentrismus aufgreifen und sie mit der Reflexion über die Möglichkeiten exegetischer Männlichkeitsforschung verknüpfen. Dabei stehen die an ein Du bzw. Ihr adressierten regulativen Texte der Tora im Mittelpunkt der Überlegungen.[10] Sie bilden den Nukleus biblischer Ethik. Wenn in

---

[7] *Schüssler Fiorenza*, But She Said (1992).

[8] Grundlegend *Winker/Degele*, Intersektionalität (2009); vgl. *Tuider/Sielert*, Diversity (2011). In der Bibelwissenschaft wird das Intersektionalitätsparadigma vor allem in diesem Sammelband aufgenommen: *Auga* u. a., Fundamentalism (2013).

[9] *Bailey*, Reading Backwards (2010); *Hornsby/Stone*, Bible trouble (2011); *Stone*, Safer Texts (2005); *Stone*, Garden of Eden (2006). S. aber auch *Hügel*, Queere Lesarten (2013).

[10] Der Begriff der regulativen Texte versucht eine Festlegung auf juristische Terminologie zu vermeiden und schließt sich einer Position an, die die Regulative der Tora eher als Lehre denn als Recht versteht. *Barton*, Ethics (2014), 23–25. Zum Verhältnis von Recht und Ethos s. den Beitrag von Ludger Schwienhorst-Schönberger in diesem Band, S. 60–91.

diesem Zusammenhang danach gefragt wird, inwieweit sich die Regulative an Menschen beiderlei Geschlechts richten oder wo sie sich jeweils an Männer bzw. Frauen richten, dann steht die Frage einer geschlechtsspezifischen Ethik auf der Agenda. Inwieweit sind ethische Überlegungen für Frauen und Männer unterschiedlich zu konzipieren, und wo konstruiert das biblische Israel geschlechtsspezifische Normen? Die Fragen der gender-orientierten Ethik reichen weit über die geschlechtsspezifische Gültigkeit von Normen hinaus und betreffen anthropologische ebenso wie sprachtheoretische Grundlagen.[11]

Deshalb werde ich in einem weiteren Schritt dem Gender-Begriff nachgehen und danach fragen, wie Geschlechtsidentität performativ inszeniert wird. Naheliegend ist hier die Konzentration auf einen Text, der sehr unmittelbar beschreibt, mit welchen sozialen Handlungen geschlechtliche Identität hergestellt und angeeignet wird: Lev 12 macht deutlich, dass die Geschlechtsidentität des Kindes nach der Geburt durch Riten, die sowohl Mutter als auch Kind einbeziehen, in ein soziales Handlungsfeld eingebunden wird.

Abschließend werde ich zusammenfassend darüber nachdenken, was diese exegetischen Überlegungen für eine biblische Ethik der Geschlechterdifferenz austragen.

2. Kritische Männlichkeitsforschung, androzentrische Sprache und geschlechtsspezifische Normen

Der Begriff des „Kritischen" weist darauf hin, dass es natürlich in der Wissenschaft immer schon um Männer gegangen ist, dass aber der androzentrische Blickwinkel es unmöglich gemacht hat, Männer als solche in den Blick zu nehmen. Zudem wird Männlichkeitsforschung in den Rahmen einer Machtanalyse gestellt – Geschlecht ist in dieser Perspektive ein Machtfaktor neben anderen. Es gilt, die Bündelung von sozialen Verhältnissen und Machtkonstellationen wahrzunehmen, die neben Geschlecht auch Ethnizität, Religionszugehörigkeit, körperliche Verfasstheit u. a. umfasst. Männlichkeitsforschung hat in diesem Sinn selbstkritisch zu sein, weil sie in Gefahr steht, Herrschaftsmuster zu reproduzieren.[12]

---

[11] Vgl. die Beiträge in *Konnertz* u. a., Ethik (2006).

[12] Vgl. *Bourdieu*, Herrschaft (2012), 14; *Stieglitz/Martschukat*, Männlichkeiten

Der australische Soziologe Robert Connell hat den mittlerweile vielfach diskutierten Begriff der hegemonialen Männlichkeit geprägt.[13]

> „Hegemoniale Männlichkeit ist keine stabile Größe, sondern ein kulturelles Ideal. Es muss keineswegs von einer Mehrheit der Männer gelebt werden, um bei sehr vielen als Orientierungsmuster zu gelten. Aufgrund seiner Nähe zu gesellschaftlicher Macht und Verfügungsgewalt über Ressourcen können mithilfe dieses Ideals andere Männer sowie Frauen marginalisiert bzw. ausgegrenzt werden; es erlaubt aber auch, sich in bewusster Opposition dazu zu positionieren."[14]

Patriarchale Kulturen bringen unterschiedliche Konzepte idealer Männlichkeit hervor und diese haben stets mit asymmetrischen Machtverhältnissen zu tun. Ähnlich wie in der feministischen Forschung gilt auch hier, dass eine simple Vorstellung des Geschlechterverhältnisses – *Männer herrschen über Frauen* – der Komplexität gesellschaftlicher Machtverhältnisse in keinster Weise gerecht wird. Gerade die kritische Männlichkeitsforschung zeigt auf, dass männliche Herrschaft zu einem guten Teil homosozial, also in Prozessen unter Männern ausgehandelt wird.[15] Männliche Herrschaft verhält sich zu Frauen und zu Männern: „‚Hegemonic masculinity' is always constructed in relation to various subordinated masculinities as well as in relation to women."[16]

Wie sich hetero- und homosoziale Aushandlungsprozesse zueinander verhalten, ist – wie viele andere Aspekte der Geschlechterverhältnisse – kulturspezifisch geprägt. Während etwa in gegenwärtigen Entwürfen hegemonialer Männlichkeit ein deutlicher Abgrenzungsprozess gegenüber Frauen zu beobachten ist, stehen in antiken Konzepten die Aushandlungsprozesse unter Männern im Vordergrund, Männlichkeit bestimmt sich in der Antike nicht über die Abgrenzung von Weiblichkeit.[17]

Aus bibelwissenschaftlicher Sicht ist es hoch interessant zu untersuchen, welche Vorstellungen idealer Männlichkeit in den Texten hergestellt und transportiert werden, gerade weil diese oftmals gegenüber

(2008), 163f.

[13] *Connell*, Masculinities (1995).

[14] *Stieglitz/Martschukat*, Männlichkeiten (2008), 42.

[15] Vgl. dazu (mit dem Fokus auf Gewalt) *Bereswill*, Seite (2007), 102.

[16] *Connell*, Gender (1987), 183.

[17] S. dazu ausführlicher *Müllner/Naumann*, Männlichkeit (2015).

unseren gängigen Konzepten fremd und irritierend sind. Männliche Schönheit ebenso wie hohe Emotionalität von Männern sind in der antiken Literatur Teil des hegemonialen Männlichkeitskonzepts, so auch in biblischen Texten.[18] In der exegetischen Forschung war David Clines mit seinen Arbeiten zu David wegweisend, mittlerweile sind einige Sammelbände, vor allem im angloamerikanischen Sprachraum, erschienen.[19] Regulative Texte stehen dabei nicht im Zentrum des Interesses.

Einzig der Aufsatz von Mark George beschäftigt sich mit Regulierungen von Männlichkeit im Buch Deuteronomium. Dieser Aufsatz zeigt ein massives Problem der biblischen Männlichkeitsforschung auf, gerade wenn sie sich nicht an Einzelgestalten orientiert. Die androzentrische Sprache verbirgt nicht nur Frauen,[20] sondern eben auch Männer, insofern unklar ist, wo Männer oder wo Menschen beiderlei Geschlechts gemeint sind. Ist der איש *('îsch)* ein Mann oder eben doch ein Mensch? Und woran lässt sich das erkennen? Ist der אח *('ach)* ein Bruder oder wie in Dtn 15,12 ein Hebräer oder eine Hebräerin?[21] Und vor allem: Ist das grammatikalisch männlich formulierte אתה/אתם *('atāh/'atæm)* der Rechtstexte tatsächlich männlich gemeint? Oder ist die männliche Formulierung ein Ausrutscher, ein Lapsus androzentrischen Denkens wie der des ersten אדם *('ādām)*, der gegen die Erzählstimme meint, die אשה *('ischāh)* sei vom איש *('îsch)* genommen – wo sie doch bekanntlich der Seite des אדם *('ādām)* entspringt.[22]

Für das Deuteronomium ist die Frage nach der Präsenz von Frauen

[18] Vgl. *Ackerman*, Heroes (2005); *Naumann*, „Crying heroes" (im Druck).

[19] *Clines*, Man (1995); *Wacker/Rieger-Goertz*, Mannsbilder (2006); *Creanga*, Men (2010); *Creanga/Smit*, Biblical Masculinities (2014); *Knieling/Ruffing*, Bibelauslegung (2012); *Knieling/Ruffing*, Männerbeziehungen (im Druck).

[20] Dieser Aspekt androzentrischer Sprache wird immer wieder thematisiert. Vgl. z. B. *Finsterbusch*, Frauen (2010), 375: „[...] insofern gefragt wird, ob die Verfasser der Gesetzestexte mit der üblichen Anrede Du/Ihr (אתה/אתם) auch Frauen meinten, d. h. ob Frauen intentional *Rechtssubjekte* waren."

[21] Vgl. *Braulik*, Frauen (1992), 20.

[22] Ein Lapsus ist diese Verwechslung nur in der erzählten Welt. Auf der Ebene des Texts ist durchaus damit zu rechnen, dass das hier eingeführte volksetymologische Wortspiel die Komplementarität der Geschlechter betonen will, indem sie diese sprachlich verankert und ätiologisch zurückprojiziert. Mercedes Navarro Puerto interpretiert diese Aussage als Teil eines Diskurses, in dem alle Stimmen der Erzählung (JHWH Elohim, Erzählstimme und eben auch der Adam) daran mitwirken, dass die Frau nur als Objekt in Erscheinung tritt. *Navarro Puerto*, Abbild (2010), 210. Zu dieser Erzählung s. grundlegend *Schüngel-Straumann*, Frau (1989).

in grammatikalisch maskulinen Formulierungen bereits Anfang der 1990er Jahre von Georg Braulik angesprochen worden. Er geht der Frage nach, ob Frauen im Alten Israel geopfert haben und tut dies unter anderem anhand sprachlicher, auf die Frage der Inklusivität bzw. Exklusivität von Sprache gerichteter Argumentationen. Braulik hat m. E. überzeugend dargelegt, dass das „Du" des Dtn nicht auf das männliche Geschlecht festzulegen ist, auch wenn es grammatikalisch männlich formuliert ist.[23] Auch Karin Finsterbusch diskutiert ausführlich die Verständnismöglichkeiten von אתה *('atāh)* und אתם *('atæm)*, und zwar getrennt nach den drei Rechtskorpora Bundesbuch, deuteronomisches Gesetz und Heiligkeitsgesetz. Ausgangspunkt ist die Beobachtung, dass „dieses ‚Du' ebenso wie das ‚Ihr' aber bekanntlich nicht nur geschlechtsspezifisch, sondern auch geschlechtsneutral oder inklusiv gebraucht werden"[24] kann. In Bezug auf die drei Gesetzeskorpora kommt sie zu unterschiedlichen Ergebnissen. In Bezug auf das Bundesbuch interpretiert sie die Anrede dahingehend, „dass Frauen [...] als Personen, die Gottes Gebote ausüben sollen oder können, nicht direkt angesprochen werden."[25] Im deuteronomischen Gesetz ebenso wie im Heiligkeitsgesetz hingegen sieht sie nebeneinander inklusiven und exklusiven Sprachgebrauch. Dafür, dass das grammatikalisch männliche „Du" sowohl Frauen als auch Männer anspricht, sprechen im Dtn vor allem jene Listen, die neben dem אתה *('atāh)* bzw. אתם *('atæm)* die weiteren Mitglieder des Haushalts und zwar in geschlechtsspezifischen Formulierungen vorstellen: Du, dein Sohn, deine Tochter, dein Sklave und deine Sklavin.[26]

> „Das angeredete ‚Du' gehört nämlich [...] noch gar nicht zur eigentlichen Liste. Das Deuteronomium will für Mann und Frau den gleichen Rechtsanspruch fixieren, das Opferritual zu leiten. Zugleich will es aber die noch unselbständigen Söhne und Töchter sowie das Gesinde von diesem Vorrecht ausschließen. Die eigentliche Liste bildet deshalb syntaktisch eine Parenthese, die erst dort eingeschaltet wird, wo das Ritual alle Teilnehmer betrifft, nämlich beim ‚Essen'

---

[23] S. *Braulik*, Frauen (1992), vertiefend *Ders.*, Frauen (2001).

[24] *Finsterbusch*, Frauen (2010), 388.

[25] Ebd. 389. Sie belegt diese Interpretation exemplarisch mit Ex 22,23: „[...] und es werden eure Frauen zu Witwen und eure Kinder zu Waisen".

[26] Eventuell ergänzt durch Leviten, Fremde, Witwen und Waisen. Dtn 5,14; 12,12.18; 16,11.14; 26,11.

> und/oder beim ‚Sich-Freuen'. Wäre die Frau hier genannt, hätten die übrigen finiten Verben nur den Mann zum Adressaten. So aber sind alle maskulinen Singularformen der entsprechenden Opfer- und Festgesetze textpragmatisch auf die Frau wie den Mann zu beziehen. Durch das ‚Du', das sich auch auf die Frau bezieht, und ihr Fehlen in der eigentlichen Liste, wird sie aus dem ‚Haus' herausgehoben und ist wie der Mann für die entsprechenden Opferakte gleichermaßen kompetent."[27]

Dazu kommen vor allem jene Stellen, an denen im Rahmen von Bundesschluss (Dtn 29) und öffentlicher Lektüre der Tora (Dtn 31) Frauen explizit erwähnt sind. Dennoch gibt es auch im Dtn Stellen an denen das grammatikalisch männliche Du/Ihr auch wirklich ausschließlich Männer bezeichnet.

Analytisch problematisch bleibt, dass die grammatikalisch männliche Formulierung nicht auf das männliche Geschlecht festzulegen ist, dass aber andererseits das handelnde Subjekt unreflektiert als männliches festgeschrieben wird. Das wird immer dort deutlich, wo Frauen als davon abgeleitete Andere ins Spiel kommen oder aber wo soziale Bereiche angesprochen sind, die nach unserem sozialgeschichtlichen Kenntnisstand männlich markiert sind (das ist, wie uns die feministische Forschung seit den 1980er Jahren lehrt, allerdings ein schwieriges Kriterium). Wahrscheinlich gelten Forderungen, wie die nach dem Schutz der Vogelmutter (Dtn 22,6–7), nach dem Bau einer ausreichend hohen Terrassenbrüstung (Dtn 22,8) und die Erlaubnis, Früchte von fremden Feldern zu essen (Dtn 23,25–26), für beide Geschlechter. Syntaktisch sehe ich allerdings keinen Unterschied zur Formulierung des Du, das in den Kampf auszieht, in dessen Hand JHWH die Feinde gibt und das eine der gefangenen Frauen als begehrenswert wahrnimmt und sie zur Frau nimmt (Dtn 21,10–14). Dieses Du ist als Mann gedacht, anderswo ist אתה *('atāh)* generisch auf beide Geschlechter gerichtet.

Diese Unklarheit ist sowohl bezeichnend als auch problematisch. *Signifikant* ist der Lapsus androzentrischen Denkens, insofern er die Konzentration auf das Männliche sprachlich offenlegt und aufdeckt, dass Frauen häufig gar nicht gezielt ausgeschlossen sind, sondern einfach vergessen werden. Im Anschluss an die von Sigmund Freud in seiner Schrift *Zur Psychopathologie des Alltagslebens* vorgenommene

---

[27] *Braulik*, Frauen (2001), 85f.

Analyse der Phänomene des Vergessens und Versprechens kann hier vermutet werden, dass gesellschaftliche Phänomene ihren Ausdruck im Ungesagten und in der sprachlichen Ambiguität finden. Der Lapsus deckt Verhältnisse auf, und er tut das gerade nicht absichtsvoll. Mit der Bezeichnung androzentrischer Formulierungen als *Lapsus* deute ich den Ausschluss von Frauen als nicht absichtsgeleitet, sondern in einem tiefen Desinteresse an Frauen und ihren Handlungsräumen begründet. Problematisch ist die androzentrische Sprache und Denkweise deshalb, weil generische und geschlechtsspezifische Sprechweise einander abwechseln, ohne dass das an Syntax oder Wortwahl deutlich gemacht wird. Ob nur Männer im Blick sind oder aber Menschen beiderlei Geschlechts, wird sprachlich nur unzureichend markiert, was sowohl für eine sozialgeschichtliche Analyse als auch für theologische und ethische Reflexionen erhebliche Schwierigkeiten mit sich bringt.

Einfacher wird es da, wo in kasuistischen Rechtssätzen das Subjekt und gegebenenfalls auch das Objekt des Handelns geschlechtlich vereindeutigend formuliert werden: Eherechtliche Bestimmungen gehören zu dieser Kategorie ebenso wie Regelungen sexueller Akte. Mit unterschiedlichen Schwerpunkten spielen sie in allen Rechtskorpora eine Rolle. Gemeinsam ist ihnen, dass die sexuellen Akte fast ausschließlich mit männlicher Subjektposition formuliert werden (anders Lev 18,23). Die sozialen Beziehungen, die in sexualrechtlichen Bestimmungen beschrieben werden, sind dementsprechend auf das als Akteur benannte männliche Subjekt hin ausgerichtet – man denke etwa an das verwandtschaftliche Netz, das in Lev 18 vom – hier eindeutig als männlich vorgestellten – Du her entwickelt wird: dein Vater, deine Mutter, deine Schwester ... „Es hat sich eingebürgert, diesen Punkt bzw. diese Person ‚EGO' zu nennen. In der Diktion von Lev 18 ist dies die in 2. Person Singular als ‚Du' angesprochene *männliche Person.* Auf sie beziehen sich alle Aussagen."[28]

Das bedeutet aber weder, dass es hier um männliche Perspektive geht oder gar männliche Autorschaft vorauszusetzen ist, noch, dass Frauen nicht als Verantwortliche im Bereich der Sexualität wahrgenommen werden. Die Tatfolgebestimmungen bei Ehebruch weisen in eine ganz andere Richtung: Mann und Frau werden der gleichen Stra-

[28] *Hieke*, Levitikus 16–27 (2014), 655.

fe zugeführt, sie werden also beide als verantwortlich für den sexuellen Akt angesehen (Dtn 22,22).[29]

Hier tut sich eine Diskrepanz zwischen Sprache und Sache, zwischen Syntax und Inhalt auf: Während die Sprache androzentrisch formuliert, den Mann also in Subjektposition setzt, wird die Sache so verhandelt, dass eine Mitwirkung der Frau deutlich wird. Das ist nicht nur im Bereich der Sexualität der Fall. Auch das Verhalten des störrischen Sohns betrifft Vater und Mutter, es ist die Stimme von beiden, auf die er nicht hört, beide bringen ihn zu den Ältesten ins Tor – dennoch wird der Passus mit dem Vater als Fokus des Beziehungsnetzes eingeführt: ein Mann hat einen widerständigen Sohn (Dtn 21,18). Vater und Mutter sind von der Sache her im Blick, sie werden auch in der Kurzgeschichte[30] des Rechtsfalls (Dtn 21,19–21) benannt; die Einführung aber spricht nur vom Mann, der einen Sohn hat.

Eindeutigkeit ist auch in jenen Fällen nur schwer zu erzielen, in denen soziale Felder beschrieben werden, die gemeinhin männlichen Akteuren zugeordnet werden. Das gesamte Handlungsfeld des Krieges ist ein solches. Frauen als Gewalttäterinnen oder als Verhandlungsführende im Krieg sind narrativ als Ausnahmen präsent,[31] das Heer besteht ebenso wie außermilitärische Gewaltgemeinschaften aus Männern.[32] Für andere soziale Bereiche, etwa Ökonomie, Landwirtschaft oder Asylrecht, stellt sich je von neuem die Frage: Sollen wir Frauen als Akteurinnen mitdenken oder nicht? Während jahrhundertelang diese Frage keine Rolle spielte oder aber im Zweifelsfall mit dem Ausschluss von Frauen beantwortet wurde, haben feministische Untersuchungen seit den 70er Jahren des vergangenen Jahrhunderts und ihre Vorläuferinnen die Präsenz von Frauen in sozialen Räumen herausgearbeitet. Nun stehen wir vor der Herausforderung, überall da mit einer Hermeneutik des Verdachts zu arbeiten, wo sich aufgrund sprachlicher Gegebenheiten die Frage nach der geschlechtlichen Determiniertheit nicht entscheiden lässt. Aber wie soll der Verdacht lauten: Im Zweifelsfall

---

[29] Auch Lev 18,23 zeigt, dass Frauen durchaus als Akteure sexueller Handlungen gedacht werden können. Wenn man über die Rechtstexte hinausgeht, dann sind weitere Texte zu finden, in denen Frauen als sexuell aktiv gedacht sind: Gen 19; 38; Spr 2; 9; Hld – um nur einige markante Texte zu nennen.

[30] Zu einer narrativen Analyse rechtlicher Texte s. *Bartor*, Reading Law (2010).

[31] Vgl. *Eder*, Frauen und Männer (2008); *Lang*, Lord (2012).

[32] Vgl. *Meuser*, Geschlecht, (2013); *Speitkamp*, Gewaltgemeinschaften (2013); *Müllner*, Dargestellte Gewalt (2013); *Müllner/Naumann*, Männlichkeit (2015).

sind Frauen mitgemeint? Oder aber: Im Zweifelsfall bezieht sich der Text ausschließlich auf Männer?

Die Beantwortung dieser Frage hat eminente Konsequenzen, nicht nur für Frauen, sondern auch für Männer und das Konzept von Männlichkeit. Die androzentrische Sprache macht es den biblischen *masculinity studies* fast noch schwerer als der Frauenforschung, ihre Forschungsobjekte zu bestimmen. Heuristische Verallgemeinerungen sind da zwar verständlich, ihre wissenschaftliche Tragkraft ist aber m. E. begrenzt.

> „Moses [...] implicitly instructs Israelite men on what it means to be a man in Israel. Deuteronomy as Torah, in other words, includes instructions on what each and every male needs to know in order to be a man in Israel."[33]

Wenn Mark George nun alle Texte, die nicht explizit von Frauen handeln, als Regulative von Männlichkeit auffasst, dann ist das nicht nur frauenpolitisch eine fragwürdige Entscheidung. Eine solche Verallgemeinerung wirft auch die Frage auf, wie präzise historische Männerforschung arbeiten kann und wie signifikant die so gewonnenen Aussagen über Männlichkeitskonzepte wirklich sind.

Demgegenüber gehe ich davon aus, dass ein – wie groß auch immer abzusteckendes – Feld anzunehmen ist, in dem die biblischen Texte tatsächlich geschlechtlich nicht spezifizieren, in dem es nicht wichtig ist, ob Frauen oder Männer handelnde Subjekte sind, weil die Regulative für beide Geschlechter gelten. Diese Vorannahme entbindet aber nicht von der Aufgabe, das Problem androzentrischer Sprache für jeden zu untersuchenden Textbereich eigens zu reflektieren.

Androzentrische Sprache geht eben nicht systematisierend vor, sondern setzt unreflektiert einen männlichen Fokus. In einer zweigeschlechtlich strukturierten Sprache bleibt deshalb die präzise Trennung von Männlichem und Menschlichem (damit verbunden auch von Männlichem und Göttlichem) schwierig bis unmöglich. In diesem Horizont ist es sicherlich sinnvoll, die Einzeltexte auf geschlechtliche Markierungen zu untersuchen und eher von inklusiver als von exklusiver Sprache auszugehen. In vielen Formulierungen sind Frauen „mitgemeint" bzw. spielt die geschlechtliche Differenzierung keine Rolle. Deshalb ist und bleibt die Unterscheidung von Männlichkeit und

---

[33] *George*, Masculinity (2010), 66f.

Menschlichkeit so schwierig vorzunehmen. Es ist nicht einfach ein Akt guten Willens, in der ungeschlechtlichen Menschlichkeit die Männer wieder aufzuspüren. Denn es wäre ein Fehlschluss, Männlichkeit quasi durch Subtraktion zu bestimmen, also minimalistisch dort anzusiedeln, wo von Frauen die Rede ist und mithin Männer eindeutig als solche zu identifizieren sind. Zum Konzept von Männlichkeit gehört auch diese bleibende Unschärfe zwischen Männlichem und Menschlichem.

3. Die Arbeit der Vergeschlechtlichung

„Es ist ein Mädchen!" – Nach Judith Butler ist das keine Feststellung, sondern ein Auftrag und auch die Herstellung einer Wirklichkeit durch sprachliche Mittel. Die Zuweisung von Geschlechtlichkeit nach bzw. mittlerweile oft weit vor der Geburt ist der erste in einer lebenslangen Reihe von performativen Akten, die die Wirklichkeit einer geschlechtlichen Existenz herstellen. So versteht die Genderforschung – sehr stark beeinflusst von der in Berkeley lehrenden Philosophin Judith Butler – Geschlecht nicht als festgeschriebene Identität, sondern als etwas, was tagtäglich und meist unmerklich hergestellt wird. Geschlechterkonzepte sind Aspekte sozialer Strukturen, die subjektiv angeeignet werden. Diese Aneignungsprozesse sind aber nicht einlinig und widerspruchsfrei, sondern sie geschehen oftmals ungleichzeitig, eigensinnig, konfliktiv und widersprüchlich.[34] So tragen die subjektiven Aneignungsprozesse ihrerseits zur Bildung von Strukturen bei.[35]

In den Augen ihrer Kritiker(innen) löst die Genderforschung die Zweigeschlechtlichkeit auf, worin mit Sicherheit die größte Aufregung, die die Genderdebatte auszulösen imstande ist, besteht. Tatsächlich ist es so, dass Judith Butler eine bereits in den 60er Jahren des vergangenen Jahrhunderts von Simone de Beauvoir formulierte Einsicht in den Konstruktionscharakter von Geschlechtlichkeit radikalisiert hat, indem sie den Körper ebenfalls als Ort von Konstruktion wahrnimmt. Hatte de Beauvoir formuliert, Frauen seien nicht als Frauen geboren, sondern würden zu solchen gemacht, so konnte in ihrer Fol-

---

[34] *Bereswill*, Geschlecht (2014), 190.

[35] Vgl. zum spannungsvollen Verhältnis von Struktur und Subjekt in der geschlechterpolitischen Diskussion die Beiträge in *Graf u. a.*, Geschlecht (2013).

ge die Zweite Frauenbewegung diesen Satz stets als Aussage über den sozialen Charakter von Weiblichkeit verstehen. In diesem Horizont wurde eine Unterscheidung zwischen *sex* als dem biologischen und *gender* als dem sozialen Geschlecht etabliert, die ausschließlich *gender* als sozial konstruiert ansah, während der Körper als Ort des biologischen Geschlechts davon im wahrsten Sinn des Wortes unberührt blieb. Das änderte sich Anfang der 1990er Jahre mit Butlers *Gender Trouble: Feminism and the Subversion of Identity* (1990, *dt. Das Unbehagen der Geschlechter)* und mit der breiten Rezeption dieses Buchs. Die missverständliche Engführung des Ansatzes im Sinn eines radikalen, individuellen und damit beliebigen Konstruktivismus brachte Butler 1993 dazu, mit *Bodies that matter (dt. Körper von Gewicht)* den Eigenstand und Eigensinn der Körper zu betonen. Die Genderforschung hat im Anschluss an Judith Butler darauf hingewiesen, dass auch der körperliche Aspekt der Geschlechtlichkeit nicht jenseits sozialer Markierungen liegt und dass das Subjekt nicht einfach in Diskursen situiert ist, sondern dass es „durch deren Vorgängigkeit konstituiert und konstruiert" ist.[36] „Auch ‚Geschlecht' ist Effekt diskursiver Praxen, und was als natürlich gegeben erscheine, wie etwa der Körper in seiner geschlechtlichen Differenzierung, ist allein Ergebnis kulturell und gesellschaftlich bedingter Benennungspraxen. Demzufolge gibt es für Butler keine natürliche Geschlechtsidentität *(sex)* im Unterschied zum kulturell bedingten Geschlecht *(gender)*".[37] Die Performativität von Geschlechtsidentität ist seitdem einer der zentralen Ausgangspunkte des Denkens der Geschlechterdifferenz.

Zweigeschlechtlichkeit und Heteronormativität werden als zusammenhängend beschrieben und häufig durch den Hinweis auf davon abweichende kulturelle Praktiken aus der quasi natürlichen Selbstverständlichkeit geführt: Die Hidschra in Indien, die *muxés* im mexikanischen Juchatan[38] sind soziale Figuren zwischen den Geschlechtern. Wie immer weisen ungewöhnliche Erscheinungen auf das Gewöhnliche zurück und stellen die Selbstverständlichkeit gängiger Praktiken in Frage. Ist es denn wirklich so klar und „natürlich", dass es zwei und nur zwei Geschlechter gibt, die durch heterosexuelles Begehren aufeinander bezogen sind? Während die Heteronormativität mit Blick auf

---

[36] *Wendel*, Sexualethik (2011), 39.
[37] Ebd.
[38] *Tuider*, Diskursanalyse (2007).

die biblischen Schriften recht ausführlich diskutiert wird,[39] steht die Frage nach dem biblischen Konzept der Zweigeschlechtlichkeit noch nicht so klar im Fokus, wird aber im Kontext der Genderforschung und der Queer Studies zunehmend deutlicher formuliert.[40]

Die griechische Antike kennt sowohl in Mythen als auch in medizinischen Diskursen Phänomene zwischen den beiden Geschlechtern; viele griechische Texte vertreten ein skaliertes Konzept von Zweigeschlechtlichkeit.[41] Die biblischen Texte bieten uns keine Meta-Reflexion über Zweigeschlechtlichkeit und das Konzept von Geschlecht an. Es ist allerdings möglich, auf der Basis der Texte nach dem impliziten Konzept von Zweigeschlechtlichkeit zu fragen.

Wenn wir den *performative turn* der Geschlechterforschung ernst nehmen, dann verschiebt sich die Frage nach Frauen und Männern hin zur Frage, wie Geschlecht in einer Kultur konzipiert ist. Vergeschlechtlichung, Gendering, wird dann als soziales Handeln begriffen. Der Körper ist ein Austragungsort sozialer Prozesse. Das wird nicht nur auf dem Feld der Geschlechtsidentität deutlich: Armut und medizinische Versorgung, Verortung auf dieser Welt und Überlebensrate bei Geburten, berufliche Tätigkeiten, die sich in der Körperhaltung, im Bewegungsapparat oder auch in den inneren Organen niederschlagen – die Statistiken der WHO machen auf erschreckende Weise deutlich, wie sehr sich soziale und ökonomische Prozesse körperlich manifestieren. Auch die performativen Akte vergeschlechtlichender Existenz schreiben sich dem Körper ein: Das Gehen auf High-Heels verkürzt die Achillessehne, das Essverhalten formt den Körper und nimmt Einfluss auf die Organe, Gewalterfahrungen führen zu veränderten Menstruationszyklen. Unter dem Schlagwort Epigenetik wird diskutiert, inwieweit soziale Faktoren nicht nur den individuellen, aktuellen Körper beeinflussen, sondern auch genetische und damit intergenerationell wirksame Einflüsse ausüben.

Was können diese Diskurse zur Bibelwissenschaft beitragen? Und umgekehrt: Was kann die Auseinandersetzung mit biblischen Texten

---

[39] S. z.B. *Brinkschröder*, Sodom (2006); *Nissinen*, Homoeroticism (1998); *Stone*, Garden of Eden (2006). S. a. die ausführliche Diskussion um das Verhältnis zwischen David und Jonatan: *Harding*, Love (2013); *Ackerman*, Heroes (2005); *Rottenecker*, Homosexualität (1997); *Schroer/Staubli*, Dreiecksgeschichte (1996).

[40] *Bailey*, Reading Backwards (2010); *Hornsby/Stone*, Bible trouble (2011); *Petersen*, männlich und weiblich (2010).

[41] Vgl. *Scheer*, Geschlechtergeschichte (2011), 2–12.

für gegenwärtige, auch ethisch relevante Diskussionen um Körper, Geschlecht und Identität leisten? Zunächst lenkt die Annahme einer Performativität von Geschlechtlichkeit den Blick vor allem auf jene Texte, die die Arbeit der Vergeschlechtlichung sichtbar machen. An welcher Stelle wird die Zuweisung zum einen oder anderen Geschlecht performativ deutlich gemacht? Wie hoch ist das Interesse an einer Eindeutigkeit? Wie wird der geschlechtliche Körper markiert? Und wie wird diese Markierung in die Gemeinschaft hinein sichtbar gemacht?

Ich habe einen Text ausgewählt, in dessen Feld sich diese Fragen überschneiden, den Text über die Kultfähigkeit der Wöchnerin in Lev 12. In diesem Text wird noch mehr verhandelt als das Leben von Frauen und Männern, nämlich die Geschlechtlichkeit selbst.

3.1 Lev 12: Frauen nach der Geburt eines Kindes

1 Und JHWH sprach zu Mose:

2 Sprich zu den Israeliten:

Wenn eine Frau ein Kind bekommt und einen Jungen gebiert, dann wird sie für sieben Tage unrein, wie sie in den Tagen der Periode ihrer Menstruation unrein wird.

3 Und am achten Tag werde das Fleisch seiner Vorhaut beschnitten.

4 Und dreiunddreißig Tage bleibe sie wegen des (vergossenen) Blutes (im Status) der Purifikation. Sie soll nichts Heiliges berühren und nicht zum Heiligtum kommen, bis die Tage ihrer Purifikation erfüllt sind.

5 Wenn sie aber ein Mädchen gebiert, dann wird sie für zwei Wochen unrein wie bei ihrer Menstruation. Und sechsundsechzig Tage bleibe sie wegen des (vergossenen) Blutes (im Status) der Purifikation.

6 Wenn aber die Tage ihrer Purifikation für einen Sohn oder eine Tochter erfüllt sind, bringe sie ein einjähriges Lamm für ein Brandopfer und eine Haustaube oder eine Turteltaube für ein Entsündigungsopfer zum Eingang des Zeltes der Begegnung zum Priester.

7 Und er bringe es vor JHWH dar und erwirke für sie Versöhnung, und sie wird rein von der Quelle ihres (vergossenen) Blutes. Dies (ist) die Weisung für diejenige, die einen Jungen oder ein Mädchen gebiert.

8 Wenn aber ihre Mittel für die Kosten eines Schafes nicht hinreichen, nehme sie zwei Turteltauben oder zwei Haustauben, eine für ein Brandopfer und eine für ein Entsündigungsopfer. Und der Priester erwirke Versöhnung für sie, und sie wird rein.[42]

Lev 12 thematisiert die Zeit nach der Geburt eines Kindes, das Wochenbett. Die Aufmerksamkeit liegt auf der Behandlung des Wochenflusses hinsichtlich seiner Relevanz für die Kulttauglichkeit der Frau. Ein kurzer Verweis auf die Beschneidung des männlichen Säuglings in V. 3 unterbricht den Fokus auf die Frau.

Lev 12 steht im größeren Abschnitt der Kapitel 11–15, die Thomas Hieke mit „Reinheit im Alltag" überschreibt.[43] Der Abschnitt über die Wöchnerin folgt auf die Regelungen bzgl. reiner und unreiner Tiere in Lev 11; Lev 13 und 14 beschäftigen sich mit der Veränderung von Oberflächen (Haut, Kleider, Gebäude); Lev 15 thematisiert genitale Ausflüsse bei Männern und Frauen und steht in einem engen sachlichen Zusammenhang mit Lev 12. Dieser Zusammenhang wird in V. 5 deutlich, wo „wie in den Tagen ihrer Niddah", also während ihrer Menstruation als Vergleichspunkt für den Grad der „Unreinheit" angegebenen wird. Die *Niddah* wird aber nicht weiter erklärt, sondern dieser Status als bekannt vorausgesetzt. Lev 15,19–33 entfaltet die Bestimmungen zum Kontakt einer Frau im Zustand der Niddah mit Gegenständen und Personen.

In Bezug auf die Geburt eines Kindes unterscheidet Lev 12 zwei Fälle: die Geburt eines männlichen (V. 2–4) und die Geburt eines weiblichen Kindes (V. 5). V. 6–8 beschreibt den Übergangsritus nach der Beendigung dieses Zustands der Kultunfähigkeit, in V. 8 ist eine Armutsregelung angefügt.

In beiden Fällen werden zwei Zeiträume unterschieden. Ein erster Zeitraum dauert sieben bzw. zweimal sieben Tage. Man könnte ihn als „frühes Wochenbett" bezeichnen. In dieser Anfangsperiode nach der Geburt ist der Wochenfluss noch erheblich stärker (natürlich nicht auf die exakte Zeitspanne zu begrenzen und auch in der Antike sicherlich nicht unterschiedlich nach dem Geschlecht des Kindes); diese Phase

---

[42] Diese und die weiteren Übersetzungen aus Levitikus nach *Hieke*, Levitikus 1–15 (2014) und *Hieke*, Levitikus 16–27 (2014).
[43] S. zur Einbettung in das Buch Levitikus *Liss*, Of Mice and Men and Blood (2010), 204f.

wird mit der Periode der נדה *(niddāh)* verglichen. Die נדה *(niddāh)* dient sowohl hier als auch in Lev 15 als Orientierungspunkt für die Bestimmung von genitalen Ausflüssen bei Frauen. Der Begriff meint im biblischen Hebräisch die Menstruation und die damit verbundene Kultunfähigkeit der Frau. Im mischnischen Hebräisch - der Talmud widmet der נדה *(niddāh)* immerhin einen ganzen Traktat - tritt der Aspekt der Kultunfähigkeit zurück und נדה *(niddāh)* meint Menstruation.[44] Die Etymologie des Wortes ist umstritten und, wie Charlotte Fonrobert festgestellt hat,[45] ein Politikum. Beide in Frage kommenden Wurzeln, נדה *(ndh)*und נדד *(ndd)* haben etwas mit einer Absonderungsbewegung zu tun: *wegjagen*, *zur Seite stellen* oder *verlassen*, *fliehen*, auch im modernen Hebräisch *wandern*. Die Frage ist nun, ob dieser Trennungsprozess physiologisch oder sozial interpretiert wird.[46] Handelt es sich um die Ausstoßung des Blutes aus dem Körper? Das wird in der Sache in Lev 15,19 ausgedrückt,[47] allerdings mit dem Verb זוב (*zūb;* fließen). Oder aber handelt es sich um eine kultische und in der Folge soziale Absonderung? Die Wöchnerin soll laut Lev 12,4b nichts Heiliges berühren und das Heiligtum nicht betreten. Sie ist bis zum Ende der Tage ihrer Reinigung (במלאת ימי טהרה *bim^el'ot j^emej tāhārāh* Lev 12,6) vom Betreten des Heiligtums und damit auch vom Kult ausgeschlossen. Außerdem werden bei allen Regulierungen rund um die Unreinheit (außer bei denen der nicht-essbaren Tiere) auch Verhaltensnormen für den Kontakt mit unreinen Personen oder Gegenständen formuliert.

3.2 Heiligkeit und Reinheit als räumliche Konzepte

Diese Einzelbestimmungen müssen gerahmt werden, indem sie in den Kontext religionsgeschichtlich relevanter Konzepte von Heiligkeit und Reinheit gestellt werden.

Das Heiligkeitskonzept wird in der biblischen Literatur relational entwickelt. Die Heiligkeit von Menschen, Orten und Gegenständen steht im Verhältnis zur Heiligkeit der Gottheit und ist von dieser her zu interpretieren. Die Gottesbeziehung hat einen eminent räumlichen Aspekt, insofern der Ort verdichteter Heiligkeit, der Tempel, zum Bezugspunkt ritueller Praxis und damit der ausagierten Gottesbeziehung wird. Von

---

44 *Fonrobert*, Menstrual Purity (2000), 18 im Anschluss an Moshe Greenberg.

45 Ebd. 16–19.

46 *Erbele-Küster*, Geschlecht (2010), 350–363.

47 Ebd. 352f.

daher kann Heiligkeit als räumlicher Begriff gefasst werden, der graduell den Abstand zum zentralen Heiligtum bezeichnet.[48] In engem Zusammenhang damit – Jacob Milgrom spricht von *compound categories* – wird der Reinheitsbegriff entwickelt. Heilig-profan/rein-unrein sind zwar nicht synonym (obwohl sie in der Literatur immer wieder so verwendet werden), sie sind aber miteinander verbunden und teilweise überlappend. So wird auch Reinheit eine Kategorie des Raums: Nur wer rein ist, hat Zugang zum Heiligtum. Unreinheit und Heiligkeit schließen einander aus:

> Und ihr sollt die Israeliten zurückhalten von ihrer (eigenen) Unreinheit, damit sie nicht an ihrer (eigenen) Unreinheit sterben, indem sie meine Wohnung, die in ihrer Mitte ist, unrein machen. (Lev 15,31)

Der räumlich entwickelte Reinheitsbegriff, der den Abstand zum Heiligtum betrifft, wird sozial durchbuchstabiert.

> „Normally purity is the precondition for cultic activity or attendance. In this regard purity is a category of participation or exclusion and integration or disintegration in a social respect."[49]

Es geht aber nicht nur um soziale Ex- bzw. Inklusion, sondern auch um physischen Kontakt, der damit zusammenhängt. Wenn Unreinheit etwas ist, das durch Kontakt übertragen werden kann (im Gegensatz zu Reinheit übrigens),[50] dann sind physischer und sozialer Kontakt miteinander verwoben. Zur Frage des sozialen und physischen Kontakts gehört auch die der sexuellen Beziehungen. Die Regelungen zur נדה *(niddāh)* haben damit zwei konzeptuelle Rahmen: das sexuelle Tabu und die rituelle Unreinheit. Charlotte Fonrobert sieht diese beiden konzeptuellen Rahmen im biblischen Entwurf, speziell im Buch Levitikus, verbunden, in der rabbinischen Zeit werden sie aber getrennt.

> „It needs to be clarified that just as a man with an ir/regular discharge is no longer a source of impurity in post-Temple times, neither are women who have their menstrual periods. Or, at the very least, the biblical definition of such a man or woman as a source of impurity has become irrelevant in post-Temple times. Menstruous

---

[48] Vgl. *Liss*, Of Mice and Men and Blood (2010), 211f.

[49] *Frevel/Nihan*, Introduction (2013), 15. Vgl. *Liss*, Of Mice and Men and Blood (2010), 207ff.

[50] *Frevel/Nihan*, Introduction (2013), 13f.

> women do not transfer a status of impurity to anybody else through touch, not even to their husbands.“[51]

Wenn der Tempel als Zentrum von Heiligkeit wegfällt, dann verändert sich die gesamte Konzeption von Heiligkeit und Reinheit. Die im Buch Levitikus entwickelte Vorstellung von Unreinheit, die erstens graduell und zweitens durch Berührung vermittelbar ist, hängt an diesem Raumkonzept, das im Spiegel seiner jüdischen Auslegungsgeschichte umso deutlicher hervortritt. Der Reinheitsbegriff im Kontext der Niddah verliert im rabbinischen Zusammenhang zunehmend die Komponente des Kultischen und wird zum Synonym für sexuelle Zugänglichkeit.[52]

Was bedeutet das im Rückblick auf die Reinheitsregeln in Lev 12? Primär wird über die Zuschreibung von טמא *(tāme')* bzw. טהור *(tāhōr)* der Zugang der Wöchnerin zum Heiligtum geregelt. Mit der Unterscheidung in je zwei Perioden unterschiedlich starker Unreinheit kommen für die jeweils erste Periode von sieben bzw. zwei Mal sieben Tagen auch die Bestimmungen für die Frau während ihrer נדה *(niddāh)* herein. Die Übertragbarkeit durch Berührung ebenso wie das Verbot sexuellen Verkehrs sind aus Lev 15 quasi zu importieren. Nicht zu importieren sind selbstverständlich die frauenfeindlichen Auswüchse der Rezeptionsgeschichte, auf die Thomas Hieke in seinem Kommentar dankenswerterweise ausführlich eingeht. Hier geht es weder um Alltagsmythen wie gerinnende Milch oder Marmelade, die nicht geliert; es geht nicht um Strafe und nicht um Fehlverhalten.[53] Hier wie auch an anderen Stellen, die eine wirksame Rezeptionsgeschichte aufweisen, muss deutlich zwischen dem biblischen Text und seinen Verwendungsweisen unterschieden werden. Zwei Aspekte mögen das an dieser Stelle erläutern.

1. Der erste Aspekt betrifft die innerbiblische Bedeutungsverschiebung des Begriffs der נדה *(niddāh)*, in der moralisches Fehlverhalten mit dem Begriff der Menstruationsunreinheit verbunden wird. 2 Chr 29,5 und Ez 7,19–20 bringen נדה *(niddāh)* in Verbindung mit Götzenbildern; Esra 9,11 mit der Befleckung des Landes durch fremde Völker; und Sach 13,1 stellt eine synonyme Parallele mit

---

[51] *Fonrobert*, Menstrual Purity (2000), 21.

[52] Ebd. 26f., zitiert in diesem Zusammenhang bKet 22b: טמאה אני wird im Mund der Frau zu einer Aussage über ihre sexuelle Unverfügbarkeit.

[53] Vgl. *Hieke*, Levitikus 1–15 (2014), 448.

חטאת her. Diese Verbindungen leisten einer Moralisierung von Menstruation Vorschub, die in der christlichen Kulturgeschichte zu einer Abwertung von Frauen geführt hat.

2. Der zweite Aspekt negativer Deutung liegt im Verständnis dessen, was Reinheit bzw. Unreinheit bedeutet, begründet. „Where there is dirt, there is a system." Formuliert Mary Douglas 1966 in ihrer einflussreichen anthropologischen Arbeit *Purity and Danger.* Unbestritten ist immer noch die Sinnhaftigkeit ihrer Suche nach einem System, nach einem Zusammenhang zwischen Reinheitskonzeptionen einer Kultur und ihren sozialen Mustern (auch wenn diese Zusammenhänge mittlerweile weniger stark von strukturalistischen Vorannahmen geprägt verstanden werden als noch 1966, wo der Strukturalismus Douglas die Möglichkeit bot, ethnozentrische Sichten auf „primitive" Völker zugunsten von systemischen Analysen zurückzustellen). Wie Christian Frevel und Christophe Nihan gezeigt haben, ist aber die beinahe Gleichsetzung von Schmutz und Unreinheit unangemessen. Unreinheit ist nicht „Schmutz", auch wenn die Semantik des deutschen Worts diesen konzeptionellen Rahmen sehr stark nahe legt.[54] Feministinnen haben sich in den letzten Jahren immer wieder darum bemüht, die Assoziation von טמא *(tāme')* und von נדה *(niddāh)* mit Schmutz zu unterbinden und haben den Begriff der Unreinheit vermieden, an dessen Stelle etwa „Unpässlichkeit"[55] (was die räumliche Dimension unterstreicht) oder „Kultunfähigkeit"[56] (was den performativen Aspekt betont) gesetzt.

Sowohl die Verbindung mit kultischem oder ethischem Fehlverhalten als auch die Aufladung des Unreinheitsbegriffs durch den Aspekt von Schmutz und Ekel sind zurückzuweisen. Der Materie selbst haftet nichts Schmutziges an: Tierblut kann im kultischen Kontext Ver-

---

[54] Auch in anderen Sprachen rücken die beiden Konzepte Schmutz und Un/Reinheit nahe zueinander. Das wird an dem Cover einer Taschenbuchausgabe von Mary Douglas' *Puritiy and Danger* deutlich, die im Routledge-Verlag erschienen ist. Der schmutzige Ausguss eines Waschbeckens mit einem Stück Seife darin bebildert dieses Missverständnis mehr als eindeutig. Mary Douglas (Leviticus [1999], 145) sieht selbst die Gefahren dieses Missverständnisses: „The concept of dirtiness has contaminated the conceptual field; the idea of disgust at eating unclean things dominates interpretation."

[55] *Batmartha*, Geburt (1996).

[56] *Erbele-Küster*, Körper (2008), 31 u. a.

söhnung erwirken, kann „symbolisch für die Wiederherstellung der Kommunikation mit dem *lebendigen* Gott“[57] stehen und kann als reinigende Materie verstanden werden (Lev 16,18f.). Lev 12,4.5 spricht mit einem in der hebräischen Bibel einzigartigen Begriff in Bezug auf das Blut der Wöchnerin vom „Reinigungsblut“ (דמי טהרה *d^e^mej tohorāh*).[58]

Wie anders ist aber die Absonderung zu verstehen, die in der Deklaration des Wochenflusses und anderer genitaler Ausflüsse von Männern und Frauen liegt? Thomas Hieke geht in seiner Deutung vom Grundwert des Lebens und dessen Verbindung zum Gott des Lebens aus. Er sieht Unreinheit als etwas an, das das Leben gefährdet oder das im Grenzbereich des Lebens anzusiedeln ist. Konsequent argumentiert er mit der Todesnähe der genitalen Ausflüsse. Sowohl im Kontext des Geschlechtsverkehrs als auch bei irregulären Ausflüssen gelangten „Mann und Frau in die Nähe der Todessphäre“.[59]

Demgegenüber stellt Dorothea Erbele-Küster die Deutekategorie der Grenzziehung ins Zentrum.

> „Körperausscheidungen verunreinigen, denn Körperöffnungen stellen Symbole für verletzliche Stellen dar, die an der Schnittstelle zwischen innen und außen liegen. Die Reinheitsbestimmungen ermöglichen es, die Ordnung zu entwerfen und zu bewahren.“[60]

M. E. ist es sinnvoll, von einem räumlichen Heiligkeitskonzept ausgehend auch Un/Reinheit in räumlichen Kategorien zu begreifen. Raum verstehe ich nicht als festgelegten Platz, sondern handlungsorientiert, in Anlehnung an Martina Löw, als „relationale (An)Ordnung von Lebewesen und sozialen Gütern an Orten“[61]. Das bedeutet hier, dass die mit den Regelungen zur Kultunfähigkeit der Wöchnerin verbundenen räumlichen Praktiken als soziale Praktiken zu begreifen sind. Unreinheit kann dann als Deplaziertheit verstanden werden: Menstruationsblut gehört ebenso wie andere genitale Ausflüsse von Frauen

---

[57] *Hieke*, Levitikus 1–15 (2014), 255.

[58] Die Septuaginta kehrt die Aussage um und spricht vom unreinen Blut (ἐν αἵματι ἀκαθάρτῳ). S. dazu *De Troyer*, Blood (2003), 57f.60–63; *Erbele-Küster*, Körper (2008), 43f.47f.

[59] *Hieke*, Levitikus 1–15 (2014), 536.

[60] *Erbele-Küster*, Geschlecht (2010), 369.

[61] *Löw*, Raumsoziologie (2001), 271. Zur Rezeption dieses raumtheoretischen Ansatzes in der alttestamentlichen Bibelwissenschaft s. *Geiger*, Gottesräume (2010); *Thöne*, Liebe (2012).

und Männern nicht in den Raum des Kults. Auch die Wöchnerin bleibt von der Kultpraxis ausgeschlossen. Ausschluss und Wiedereingliederung konstituieren bestimmte soziale Praktiken, die für die Gemeinschaft sichtbar die Geburt und auch die geschlechtliche Zuordnung des Kindes markieren.

Der Ausschluss von Frauen aus dem kultischen Raum wird meist – verständlicherweise geprägt von den christlichen Erfahrungen der letzten Jahrhunderte – negativ als Diskriminierung gedeutet. Was aber, wenn wir versuchsweise diese temporale Enthaltsamkeit vom Kult positiv als Schutzraum deuten? Die Teilnahme an kultischen Handlungen, der Zugang zum rituellen Raum, ist mit Aufwand verbunden; eine Verbindlichkeit dahingehend eben auch eine unter Umständen belastende Verpflichtung. Wenn nun temporär (!) ein Ausschluss von dieser Verpflichtung stattfindet, dann ist es auch eine Entbindung vom Aufwand, der mit der Teilnahme am Kult verbunden ist.[62]

Zwei Analogien mögen das unterstreichen:

1. Mit der נדה *(niddāh)* ist auch sexuelle Enthaltsamkeit verbunden, im Talmud wird dieser Aspekt breit entfaltet. Damit ist weder eine Abwertung von Sexualität verbunden noch eine Diskriminierung von Frauen. Im Gegenteil betonen gegenwärtige jüdische Auslegungen die Möglichkeit von Frauen, mit Berufung auf die נדה *(niddāh)* sexuell selbstbestimmt zu handeln.
2. Eine zweite Analogie bezieht sich auf die Deutung von Lev 11 durch Mary Douglas in neueren Publikationen.[63] Die Tiere, die als unrein gelten, werden nicht gegessen, sie sind vor dem Zugriff der Menschen geschützt, dürfen weder zu sakralen noch zu profanen Zwecken getötet werden.

Beide Analogien unterstreichen den Aspekt der Unverfügbarkeit, der in einer solchen Auslegung von טמא *(tāme')* gegeben ist. Wöchnerin zu sein bedeutet eben auch besonders schutzbedürftig und auch weniger belastbar zu sein. Diesem Aspekt tragen die Vorschriften Rechnung.

---

[62] Vgl. *Douglas*, Leviticus (1999), 181f. Als Schutzbestimmungen in einem umfassenderen Sinn interpretiert *Hieke*, Levitikus 1–15 (2014), 448.456f. S. a. *De Troyer*, Blood (2003), 50ff. mit Hinweis auf weitere Literatur.

[63] *Douglas*, Leviticus (1999), 141f. S. a. *Milgrom*, Leviticus (2004); *Hieke*, Levitikus 1–15 (2014), 433–435.

3.3 Lev 12: Markierungen des Geschlechts

Ich komme zurück zu Lev 12 und der Frage nach der Herstellung von Geschlecht im engeren Sinn. Das zentrale Strukturprinzip des Texts ist das Geschlecht des Kindes.[64] Dieses wird mit den Begriffen זכר *(zāchār)* und נקבה *(n^eqebāh)* benannt, was eine biologische Unterscheidung bezeichnet und noch keine entfaltete Geschlechtsidentität impliziert.[65] Die Praktiken der Wöchnerin werden an das Geschlecht des Kindes geknüpft. Für beide Geschlechter gilt, dass die Geburt einen zweistufigen Prozess kultischer Reintegration der Mutter nach sich zieht. Für beide Geschlechter gilt, dass dieser Prozess mit einem Tieropfer zum Abschluss kommt – das übrigens anders als in vielen anderen Fällen von Opferregelungen[66] nicht geschlechtlich spezifiziert ist. Unterschieden wird allein hinsichtlich der Zeitspanne der Reinigung und hinsichtlich einer körperlichen Markierung des männlichen Säuglings, nämlich der Beschneidung.

Lev 12 macht deutlich, dass ein Interesse besteht, unmittelbar nach der Geburt die Geschlechtsidentität zu bestimmen und dass die männliche oder weibliche Identität des Kindes soziale und kultische Konsequenzen für die Mutter hat. Im Fall der Geburt eines Mädchens dauern die jeweiligen Perioden von Unreinheit doppelt so lange an wie im Fall der Geburt eines Jungen. Gründe für diese Ungleichbehandlung der Mutter in Entsprechung zum Geschlecht ihres Kindes werden nicht angeführt. Dementsprechend spekulativ bleiben die Versuche einer Erklärung dieser Differenz:

a) Traditionelle (und in kritischer Sicht darauf feministische) Deutungen sehen in dieser zeitlichen Differenz eine negative Wertung von Mädchen gegenüber Jungen. Diese Deutung setzt meist eine im Konzept des mit טמא *(tāme')* bezeichneten Zustands implizierte negative Wertung voraus. Die Geburt eines Mädchens würde dementsprechend die Mutter mehr verunreinigen als die eines Jungen, der Prozess der Purifikation dauert dann entsprechend länger.[67]
b) Eine weitere Möglichkeit ist, die Unreinheit des weiblichen Kindes proleptisch in die Phase der kultischen Reintegration der

---

[64] *Erbele-Küster*, Körper (2008), 27.
[65] Vgl. ebd. 28.
[66] S. dazu *Ruane*, Sacrifice (2013).
[67] *Feld*, Levitikus (1999), 49.

Mutter einzubeziehen. Die Mutter nimmt schon nach der Geburt zukünftige נדות *(niddōt)* und analoge Zustände ihrer Tochter vorweg.

c) Eine ähnliche Richtung schlägt Kristin de Troyer ein, wenn sie mit Ez 16 argumentierend eine Konkurrenz zwischen der Frau als Lebensspenderin und Gott als Geber des Lebens aufbaut. Die Mutter hat Leben geschenkt, und im Fall der Geburt eines Mädchens jemandem das Leben geschenkt, die selbst wiederum Lebensspenderin sein kann. Diese Konkurrenzsituation wird in der doppelten Zeitspanne gespiegelt.[68]

d) Der jüdische Gelehrte Moses ben Nachman/Nachmanides, genannt RaMBaN, knüpft im 13. Jahrhundert an antike gynäkologische Konzepte an, wenn er die weibliche Natur als kühl und feucht beschreibt, weshalb die Frau nach der Geburt einer längeren Erholungsphase bedürfe.[69] Bereits Aristoteles hatte diese Zuordnung vorgenommen: „Nun ist der Mann heiß und trocken, eine Frau jedoch kalt und feucht."[70]

e) Schließlich weist Thomas Hieke darauf hin, dass es bei neugeborenen Mädchen in Zusammenhang mit dem Abbau der mütterlichen Hormone im Blut zu einer diskreten Vaginalblutung kommen kann. Solche Beobachtungen könnten zu einer Verunsicherung und zu damit verbundenen Regelungen geführt haben.

Wirklich befriedigend ist keine der vorgeschlagenen Antworten und so kann ich mich Thomas Hieke anschließen: „Die Frage nach einer durchschlagenden und überzeugenden Logik der unterschiedlichen Zahlen muss wohl nach wie vor offen bleiben".[71]

Festzuhalten bleibt aber, dass eine Markierung des kindlichen Geschlechts für die Gemeinschaft sichtbar gemacht wird am Verhalten der Mutter und am Ritus der Beschneidung, der am männlichen Neugeborenen vollzogen wird. Vorausgesetzt wird eine zweigeschlechtliche Strukturierbarkeit der Menschen bereits bei Neugeborenen. Das ist im antiken Diskurs weniger selbstverständlich als es zunächst scheinen mag. Eines der unter dem Namen des Hippokrit zirkulierenden und im 3. Jahrhundert gesammelten medizinischen Traktate „Über

---

[68] *De Troyer*, Blood (2003), 54–57.
[69] *Hieke*, Levitikus 1–15 (2014), 454.
[70] *Scheer*, Geschlechtergeschichte (2011), 9.
[71] *Hieke*, Levitikus 1–15 (2014), 454.

den Samen" fragt danach, wie „ausgeprägt die geschlechtliche Zuordnung des Kindes erschien" und unterscheidet sechs Varianten, „welche auf einer Skala der Geschlechtlichkeit zwischen ‚besonders männlich' über ‚androgyn' bis ‚besonders weiblich' verliefen."[72]

Eine solche Skalierung wird von den biblischen Quellen nirgends vorausgesetzt. Sie gehen hier und an anderen Stellen (ich denke an Ex 1) von der Möglichkeit einer eindeutigen Zuweisung zum männlichen oder weiblichen Geschlecht unmittelbar nach der Geburt aus. Dieses ist in Lev 12,2.5.7 als זכר *(zāchār)* bzw. נקבה *(n^eqebāh)* formuliert, was m. E. auf das biologische Geschlecht hinweist. Deutsche Übersetzungen helfen sich meist mit der Ergänzung „Kind", aber eigentlich ist von „einem Männlichen" bzw. „einem Weiblichen" die Rede. In V. 6 werden die Begriffe „Sohn" und „Tochter" gebraucht, was neben der Geschlechtlichkeit die Beziehung in den Blick nimmt.

Lev 12 konzentriert sich auf das Tun der Mutter nach einer Geburt, allein V. 3 fällt aus diesem Rahmen und nimmt den männlichen Säugling in den Blick. Während der weibliche Säugling selbst kein Gegenstand der Regulierungen ist, wird dem männlichen Säugling ein eigenes Ritual zugedacht. Die Beschneidung ist im Alten Orient gängige Praxis, wobei es auch kulturelle Gruppen gibt, die diese offenbar nicht durchführen. Die Philister werden in biblischen Texten abgrenzend und meist auch abwertend als ערלים *('ārelim)* bezeichnet, sie gelten als die Unbeschnittenen schlechthin (Ri 14,3; Ri 15,18; 1 Sam 17,26; 1 Sam 31,4 u. a.). Die Beschneidungspraxis wird beginnend in der nachexilischen Zeit und dann gänzlich in hellenistischer Zeit zu einem zentralen Signifikanten jüdischer Identität.[73] An der hier verhandelten wie auch an anderer Stelle (Gen 17,12; Ex 4,24–26) wird aber ein bezeichnender Unterschied zur gängigen altorientalischen Praxis sichtbar, nämlich die Beschneidung des Kindes, im Unterschied zur Beschneidung als Übergangsritus in der Adoleszenz. Umstritten ist, ob die Kinderbeschneidung erst in Zeiten des babylonischen Exils praktiziert wurde oder ob sie in Israel schon eine ältere Praxis darstellt.[74]

Dass die Beschneidung an dieser Stelle in Lev 12 zum Thema gemacht wird, hat wohl mit dem Zeitschema zu tun. Die Erwähnung der sieben Tage führt zu einem *a propos,* das den Säugling in den Blick

---

[72] *Scheer*, Geschlechtergeschichte (2011), 5f.

[73] *Wöhrle*, Function (2011), 73f. S. a. *Zimmermann*, Beschneidung (2012).

[74] Für die Kinderbeschneidung als alte Praxis votiert Zimmermann.

nimmt.[75] Der literarische Zusammenhang sollte nicht dahingehend gedeutet werden, dass es sich bei der Beschneidung um ein Reinigungsritual analog zu dem der Mutter handelt, sondern die gedankliche Brücke ist der Zeitraum der acht Tage nach der Geburt.[76]

Der männliche Körper wird durch die Beschneidung unwiderruflich markiert; das Zeichen des Bundes (s. Gen 17) wird dem Körper eingeschrieben. Männlichkeit und Zugehörigkeit zum Judentum sind in diesem Zeichen untrennbar miteinander verbunden. Der männliche jüdische Körper ist beschnitten, Beschneidung ist konstitutiver Teil jüdischer geschlechtlicher Identität.[77]

4. Ansätze einer Ethik der Geschlechterdifferenz

Eckart Otto stellt zwei Ansätze alttestamentlicher Ethik einander gegenüber: entweder den Ausgangspunkt bei aktuellen ethischen Fragestellungen zu nehmen oder aber eine strikt historische Vorgehensweise zu wählen.

> „Should the starting point for an Ethics of the Old Testament in the context of a Christian theology be the actual ethical challenges of a modern society in a globalized world or should the task of an ethics of the Hebrew Bible be only a strictly historical one?“[78]

Mir scheint diese Gegenüberstellung dem Gegenstand und den in Theologie wie Geschichtswissenschaft praktizierten Vorgehensweisen nicht angemessen zu sein. Auch das historische Interesse ist kein rein archivalisches, sondern kann von gegenwärtig relevanten Fragestellungen ausgehen. Der Rückweg in die zu gestaltende Gegenwart ist durchaus auch von genuin historischem Arbeiten angezielt, insofern

---

[75] Vgl. *Bernat*, Sign (2009), 23f.

[76] Ebd. 63–65. *Cohen*, Jewish Women (2005), 19, unterstreicht dagegen im Anschluss die assoziative Verbindung mit der Unreinheit und weist darauf hin, dass der mittelalterliche Kommentator Ovadyah Seforno (gegen die rabbinische Tradition) die Stelle dahingehend deutet dass der männliche Säugling an der Unreinheit der Mutter teilhat.

[77] Zum Stellenwert der Beschneidung als Bundeszeichen s. *Liss*, Shabbate (2012). S. a. *Klein*. Brit Milah (2012);

[78] *Otto*, Study (2015), 612.

der Blick in die Vergangenheit im Interesse gegenwärtiger Fragestellungen vorgenommen wird.

> „Die historische Wirklichkeit besteht freilich nicht aus bruta facta, die für sich selbst sprechen, sondern die historischen Quellen und Fakten sprechen nur zu dem, der sich an sie wendet und sie befragt."[79]

Der „Sinn der Geschichte" liegt nicht in der Vergangenheit, sondern in der Zukunft, insofern diese gestaltet werden will, wozu die Darstellungen der Vergangenheit ihren Beitrag leisten. Geschichtswissenschaft kann durchaus handlungsorientiert betrieben werden.[80] Der Rückweg von den historischen Quellen zur Gegenwart allerdings ist nicht einlinig und wird gegenwärtig sicherlich nicht im Sinn der Moralisierung historischer Lehren des 18. und 19. Jahrhunderts zu gehen sein.[81] Der Rückweg teilt sich auf in Haupt- und Nebenwege, in Seitenstrecken, die sich als Sackgassen herausstellen und in solche, die zu verfolgen sich als lohnenswert und gangbar erweist. Im Blick auf die Bibel, deren Texte seit nunmehr über 2000 Jahren kulturprägend wirken, kann die historische Frage nicht zum Zeitpunkt der Endredaktion aufhören. Sie ist immer wieder neu an die rezeptionsgeschichtlichen Kontextualisierungen zu stellen. Biblische Texte sind immer im Interesse der jeweiligen Gegenwart gelesen worden; sie fordern zu einer historisch verantworteten kanonischen Lektüre geradezu heraus.

> „Dazu ist es (in einem vertrauten Sprachspiel ausgedrückt) nötig, der Geschichtlichkeit der Bibel und der Lesenden umfassend gerecht zu werden, die Bibel nicht nur als Produkt einer fernen Vergangenheit zu rezipieren, sondern als offene Bühne fortwährender Sinnproduktion zu begreifen, die für die christlichen Rezipienten kanonischen Status hat, das heißt Teil ihrer Identität ist."[82]

Davon zu unterscheiden ist ein Vorgehen, das in der Bibel unmittelbar normative Antworten auf gegenwärtig drängende Fragen sucht. Eine solche fundamentalistische Lektüre steht im Gegensatz zu den Ansprüchen autonomer Moral, die theologisch unhintergehbar sind.[83] Eine

---

79 *Körtner*, Einführung (2007), 1. Vgl. *Wohlmuth*, Textinterpretation (2014), 125.

80 Vgl. *Hölscher*, Einheit (2007), 31.

81 Vgl. *Koselleck/Dutt*, Sinn (2010), 44f.

82 *Steins*, Bibelauslegung (2012), 55f.

83 Vgl. die moraltheologischen Überlegungen von Stephan Goertz in diesem Band.

materialethische Engführung der biblischen Ethik ist aber nicht angezielt, wenn gegenwärtige Fragestellungen und relevante wissenschaftliche Kategorien zum Ausgangspunkt bibelwissenschaftlichen Arbeitens gemacht werden.

Im vorliegenden Artikel nehme ich also meinen Ausgang bei aktuell relevanten Theoriedebatten, um die biblischen Texte zunächst als historische zu analysieren. So kann ein fundamentalistisches Missverständnis vermieden werden. Der Rückweg in die Gegenwart ist erstens der historischen Analyse immer schon inhärent, insofern diese sich gegenwärtiger Kategorien bedient, und er ist zweitens mit einer theologischen Würdigung der biblischen Texte als kanonischer verbunden.[84] Man könnte auch im Blick auf die Ethik des Alten Testaments von einer historisch verantworteten kanonischen Auslegung sprechen. Eine alttestamentliche Ethik der Geschlechterdifferenz ist darauf angewiesen, eine kritische Relecture der Rezeptionsgeschichte – selbstverständlich in Auszügen – vorzunehmen. Diese wird zeigen, dass biblische Texte ein Eigenleben entwickelt haben, das sie immer wieder aufs Neue in jeweils aktuelle Konzepte der Geschlechterdifferenz eingepasst hat. Für dieses Phänomen der Anlagerungen unterschiedlicher Inhalte an biblische Figuren, Motive und Erzählstoffe im Lauf der Rezeptionsgeschichte hat Andrea Polaschegg den Begriff des Bibelwissens geprägt.[85] Sie macht damit deutlich, dass die Bezugnahme häufig nicht direkt auf die biblischen Texte selbst geschieht, sondern ein Konglomerat von Vorstellungen mit transportiert.

Zusätzlich zu dem, was man als Bibelwissen bezeichnen kann, müsste man im Hinblick gerade auf ethische Fragestellungen von einer *Bibelpraxis* sprechen. Das bedeutet, dass wir mit der Bibel als solcher, aber auch mit einzelnen Texten soziale Praktiken verbinden und dass diese unseren Blick auf die Texte prägen. Die Forderung, den biblischen Texten mit Vernunft (in ihrer jeweils kulturell bestimmten Ausprägung) zu begegnen,[86] ist zu unterstützen und nicht auf ein vergangenheitsorientiertes historisches Unterfangen zu begrenzen. Wer allerdings über die rein deskriptive biblische Ethik hinausgehen will,

---

[84] Vgl. zum Zueinander historisch-kritischer und kanonischer Textauslegung *Wohlmuth*, Texinterpretation (2014), pass.

[85] *Polaschegg*, Bibelwissen (2007).

[86] S. den Beitrag von Ludger Schwienhorst-Schönberger in diesem Band, 60–91; im Anschluss an *Schockenhoff*, Grundlegung (2014), 42–48.

wie Schockenhoff[87] vorschlägt, der wird um die Berücksichtigung der bisherigen Rezeptionsgeschichte nicht herumkommen. Denn die Rezeptionsgeschichte macht empirisch deutlich, was etwa Stephan Goertz im Rahmen einer Moraltheorie formuliert, nämlich „dass Moraltheologie auf der Grundlage einer biblischen Ethik allein nicht zu betreiben ist."[88]

Der Text taucht nicht isoliert in der gegenwärtigen sozialen Wirklichkeit, auch nicht im wissenschaftlich reflektierten Lektüreprozess auf, sondern er trägt bereits die Spuren von jahrtausendelangen Rezeptionsprozessen in sich. Wer wollte Lev 12 lesen, ohne an die Praxis der Aussegnung von Frauen nach der Geburt zu denken? Wie sollte der Abschnitt über die Beschneidung wahrgenommen werden, ohne sich über die eminent politische Dimension der aktuellen Beschneidungsdebatte Rechenschaft abzulegen? Gegenüber solchen Vor-Urteilen geht es in einer ethisch verantworteten Lektüre zunächst einmal darum, den Text historisch zu würdigen und Vorstellungen von Un/Reinheit ebenso wie die Praxis der Beschneidung in einen religionswissenschaftlich fundierten Kontext zu stellen. Konfrontiert mit aktuellen sozialwissenschaftlichen und theologischen Diskussionen zeigt sich aber auch, dass diese Texte thematisch über das hinausgehen, was man in ihnen immer schon gelesen hat. Sie können einen Beitrag liefern zur aktuellen Auseinandersetzung um die Geschlechterdifferenz. Die Reflexion geschlechtertheoretischer Grundlagen ist ein unverzichtbarer Bestandteil der Ethik, auch von materialethischen Debatten, weil die Geschlechterverhältnisse Machtverhältnisse sind und daher immer auch Fragen der Gerechtigkeit berühren.[89]

Gegenwärtige Geschlechtertheorien verabschieden sich von einer essentialistischen Anthropologie und damit auch von einem substanzontologischen Begriff von Geschlecht. Damit stehen sie einer Moraltheologie nahe, die sich vom Naturrechtsdenken absetzt.[90]

> „Lässt sich keine ‚Essenz' des Menschen definieren, dann auch keine ihr entsprechenden Eigenschaften, und dasselbe gilt im Blick auf

---

[87] *Schockenhoff*, Grundlegung (2014), 43. S. a. den Beitrag von Christian Frevel in diesem Band, insbesondere These 3, S. 51.

[88] S. den Beitrag von Stephan Goertz in diesem Band, S. 397–414.

[89] *Heimbach-Steins*, Mann und Frau (2009); S.a. die Beiträge von *Hilpert*, Partnerschaften (2011); *Wendel*, Sexualethik (2011)

[90] Vgl. den Beitrag von Stephan Goertz in diesem Band.

> die behauptete ‚Essenz' des Mann- und Frauseins und ihr entsprechenden Bestimmungen von ‚weiblich' und ‚männlich' als natürliche Eigenschaften. Die Verabschiedung einer essentialistischen Anthropologie ermöglicht somit die Anerkennung der mittlerweile kultur- wie sozialwissenschaftlich allgemein akzeptierten Unterscheidung von sex und gender. Daraus muss jedoch nicht notwendig die Anerkennung der gänzlichen Aufhebung der Differenz von sex und gender folgen."[91]

Umso mehr steht eine Theorie der Geschlechterdifferenz, die auch den Körper als nicht unberührt von diskursiven sozialen Praktiken ansieht, einer substanzontologische Anthropologie, wie sie auch lehramtlich vertreten wird (etwa im Schreiben über die Zusammenarbeit von Mann und Frau in Kirche und Welt von 2004), entgegen. Der substanzontologische Ansatz greift dabei gerne auf biblisches Gedankengut zurück, meist allerdings recht unverbunden und ohne weitere exegetische Auseinandersetzung. Demgegenüber kann die Exegese gerade des Alten Testaments zeigen, wie stark in den Texten selbst ein handlungsorientiertes Konzept der Anthropologie und auch der Geschlechterdifferenz gemacht werden kann.

Selbstverständlich können die biblischen Texte der Tora zwar im Licht der gegenwärtigen Diskussion um die Geschlechterdifferenz gelesen werden; sie *sind* aber keine poststrukturalistische dekonstruktivistische Literatur. Deutlich wird m. E., dass die Rechtstexte ein System von Zweigeschlechtlichkeit etablieren und an der Bestimmung klarer Grenzen zwischen den Geschlechtern Interesse zeigen bzw. diese teilweise auch voraussetzen. Hier wäre ergänzend zu den sehr ausschnitthaft behandelten Texten auch das Verbot des *cross-dressing* aus Dtn 22,5 einzubeziehen, worauf angemessen einzugehen allerdings den Rahmen dieser Ausführungen sprengen würde.

Altorientalisches Vergleichsmaterial[92] zeigt, dass es möglich ist, Überschreitungen der Zweigeschlechtlichkeit zu denken. Die uns überlieferten regulativen Texte des Alten Israel allerdings legen Wert auf eine zweigeschlechtliche Ordnung. Diese betrifft nicht nur die Menschenwelt, sondern auch die Tiere, wie vor allem an den Opfervorschriften zu sehen ist: Das Geschlecht ebenso wie die Frage nach

[91] *Wendel*, Sexualethik (2011), 45.
[92] *Sacher Fox*, Gender Transformation (2009); *Vedeler*, Meaning (2008).

der (Un)Versehrtheit sind in diesem Feld zentral und spiegeln die menschliche soziale Ordnung.[93]

Schließlich schlägt sich die Zweigeschlechtlichkeit auch in der Sprache nieder – das Hebräische ist mehr noch als unsere Sprache geschlechterdual aufgebaut. Mit wenigen Ausnahmen sind alle finiten Verben geschlechtlich markiert. Dieses System, das zwischen männlich und weiblich, zwischen זכר *(zāchār)* und נקבה *(n^eqebāh)*, differenziert, ist allerdings nicht substanzontologisch misszuverstehen. Mensch-Sein schließt neben anderen sozialen Differenzen auch die Geschlechterdifferenz ein, die – so zeigen es die regulativen Texte – bis ins Physische hinein sozial geformt wird. Das Geschlecht eines Menschen wird von Geburt an geprägt und die Geschlechtlichkeit wird gemeinschaftlich vermittelt ausagiert. Der Ansatz einer konstellativen Anthropologie, der sich in den letzten Jahren etabliert hat,[94] wird auch in diesem Zusammenhang fruchtbar zu machen sein. Besonders wichtig scheint mir in Bezug auf Lev 12, dass das soziale Verhalten der Mutter abhängig vom Geschlecht des Kindes ist. Das heißt, dass das Geschlecht des Kindes nicht nur an diesem, sondern auch am Körper und an den damit verbundenen sozialen Praktiken der Mutter festzumachen ist. Die Vorstellung eines sozial unberührten Körpers widerspricht biblischer Anthropologie.

Geschlechtlichkeit zeigt sich in den hier untersuchten regulativen Texten als sozial gestaltet und zur Gestaltung aufgegeben. Wie das zu geschehen hat – das zeigt die jüdische ebenso wie die christliche Rezeptionsgeschichte dieser Texte – ist in immer neuer Weise durchzubuchstabieren.

Literatur

Ackerman, Susan, When Heroes Love. The Ambiguity of Eros in the Stories of Gilgamesh and David, New York 2005.

Assmann, Jan, Konstellative Anthropologie. Zum Bild des Menschen im alten Ägypten, in: *Janowski, Bernd/Liess, Kathrin* (Hg.), Der Mensch im alten Israel. Neue Forschungen zur alttestamentlichen Anthropologie (HBS 59), Freiburg 2009, 95–120.

---

93 *Ruane*, Sacrifice (2013).

94 *Assmann*, Konstellative Anthropologie (2009); *Janowski*, Konstellative Anthropologie (2010).

Auga, Ulrike, Geschlecht und Religion als interdependente Kategorien des Wissens. Intersektionalitätsdebatte, Diskursanalyse, Dekonstruktion und die Kritik antiker Texte, in: *Eisen, Ute E./Gerber, Christine/Standhartinger, Angela* (Hg.), Doing Gender -Doing Religion. Fallstudien zur Intersektionalität im frühen Judentum, Christentum und Islam (WUNT 302), Tübingen 2013, 38–74.

Dies./Braun, Christina von/Bruns, Claudia, u. a. (Hg.), Fundamentalism and gender. Scripture, body, community, Eugene 2013.

Bailey, Randall C., Reading Backwards. A Narrative Technique for the Queering of David, Saul and Samuel, in: *Linafelt, Tod/Camp, Claudia V./Beal, Timothy Kandler* (Hg.), The fate of King David. The past and present of a biblical icon (OTSt 500), New York 2010, 66–81.

Barton, John, Ethics in ancient Israel. Oxford 2014.

Bartor, Assnat, Reading law as narrative. A study in the casuistic laws of the Pentateuch (SBL.AIL 5), Leiden 2010.

Batmartha (Petermann), Ina Johanne, Machen Geburt und Monatsblutung die Frau „unrein". Zur Revisionsbedürftigkeit eines mißverstandenen Diktum, in: *Schottroff, Luise/Wacker, Marie-Theres* (Hg.), Von der Wurzel getragen. Christlich-feministische Exegese in Auseinandersetzung mit Antijudaismus, Leiden 1996, 43–60.

Bereswill, Mechthild, Sich auf eine Seite schlagen. Die Abwehr von Verletzungsoffenheit als gewaltsame Stabilisierung von Männlichkeit, in: *Dies./ Meuser, Michael/Scholz, Sylka* (Hg.), Dimensionen der Kategorie Geschlecht: der Fall Männlichkeit (Forum Frauen- und Geschlechterforschung 22), Münster 2007, 101–118.

Dies., Geschlecht als Konfliktkategorie, in: *Behnke, Cornelia/Lengersdorf, Diana/ Scholz, Sylka* (Hg.), Wissen – Methode – Geschlecht: Erfassen des fraglos Gegebenen (Geschlecht und Gesellschaft 54), Wiesbaden 2014, 189–199.

Bernat, David A., Sign of the covenant. Circumcision in the priestly tradition (SBL. AIL 3), Atlanta 2009.

Bourdieu, Pierre, Die männliche Herrschaft (stw 2031), Frankfurt a. M. 2012.

Braulik, Georg, Haben in Israel auch Frauen geopfert? Beobachtungen am Deuteronomium. In: *Kreuzer, Sigfried/Lüthi, Kurt* (Hg.), Zur Aktualität des Alten Testaments (FS Georg Sauer), Frankfurt a. M. 1992, 19–28.

Ders., Durften auch Frauen in Israel opfern? Beobachtungen zur Sinn- und Festgestalt des Opfers im Deuteronomium, in: *Ders.*, Studien zum Deuteronomium und seiner Nachgeschichte (SBAB 33), Stuttgart 2001, 59–89.

Brenner, Athalya, The Israelite woman. Social role and literary type in biblical nary rative (JSOT 2), Sheffield 1985.

Brinkschröder, Michael, Sodom als Symptom. Gleichgeschlechtliche Sexualität im christlichen Imaginären – eine religionsgeschichtliche Anamnese (RGVV 55), Berlin/New York 2006.

Clines, David J. A., David the Man. The Construction of Masculinity in the Hebrew Bible, in: *Ders.* (Hg.), Interested Parties. The Ideology of Writers and Readers of the Hebrew Bible (JSOT.S 205), Sheffield 1995, 212–243.

Cohen, Shaye J. D., Why Aren't Jewish Women Circumcised. Gender and Covenant in Judaism, Berkeley 2005.

Connell, Robert W., Gender and power. Society, the person and sexual politics, Cambridge 1987.

Ders., Masculinities. Cambridge 1995.

Creanga, Ovidiu (Hg.), Men and Masculinity in the Hebrew Bible and Beyond, Sheffield 2010.

Ders./Smit, Peter-Ben (Hg.), Biblical Masculinities Foregrounded (Hebrew Bible Monographs 62), Sheffield 2014.

De Troyer, Kristin, Blood. A Threat to Holiness or toward (Another) Holiness, in: *Dies.* u. a. (Hg.), Wholly Woman holy Blood. A Feminist Critique of Purity and Impurity (Studies in Antiquity and Christianity), Harrisburg 2003, 45–64.

Douglas, Mary, Leviticus as Literature, Oxford u. a. 1999.

Eder, Sigrid, Wie Frauen und Männer Macht ausüben. Eine feministisch-narratologische Analyse von Ri 4 (HBS 54), Freiburg 2008.

Dies./Fischer, Irmtraud (Hg.), ... männlich und weiblich schuf er sie ... (Gen 1,27). Zur Brisanz der Geschlechterfrage in Religion und Gesellschaft (Theologie im kulturellen Dialog 16), Innsbruck 2009.

Eisen, Ute E./Gerber, Christine/Standhartinger, Angela (Hg.), Doing Gender – Doing Religion. Fallstudien zur Intersektionalität im frühen Judentum, Christentum und Islam (WUNT 302), Tübingen 2013.

Erbele-Küster, Dorothea, Körper und Geschlecht. Studien zur Anthropologie von Leviticus 12 und 15 (WMANT 121), Neukirchen-Vluyn 2008.

Dies., Geschlecht und Kult. „Rein" und „Unrein" als genderrelevante Kategorien, in: *Fischer, Irmtraud/Navarro Puerto, Mercedes/Taschl-Erber, Andrea* (Hg.), Tora (Die Bibel und die Frauen. Eine exegetisch-kulturgeschichtliche Enzyklopädie 1.1), Stuttgart 2010, 347–374.

Feld, Gerburgis, Levitikus. Das ABC der Schöpfung, in: *Schottroff, Luise/Wacker, Marie-Theres* (Hg.), Kompendium Feministische Bibelauslegung, Gütersloh 1999, 40–53.

Finsterbusch, Karin, Frauen zwischen Fremdbestimmung und Eigenständigkeit. Genderrelevantes in den Gesetzestexten der Tora, in: *Fischer, Irmtraud/Navarro Puerto, Mercedes/Taschl-Erber, Andrea* (Hg.), Tora (Die Bibel und die Frauen. Eine exegetisch-kulturgeschichtliche Enzyklopädie 1.1), Stuttgart 2010, 375–400.

Fischer, Irmtraud, Der Mensch lebt nicht als Mann allein ... Kann eine biblische Anthropologie gender-fair sein, in: *Eder, Sigrid/Fischer, Irmtraud* (Hg.): ... männlich und weiblich schuf er sie... (Gen 1,27). Zur Brisanz der Geschlechterfrage in Religion und Gesellschaft (Theologie im kulturellen Dialog 16), Innsbruck 2009, 14–28.

Fonrobert, Charlotte Elisheva, Menstrual Purity. Rabbinic and Christian Reconstructions of Biblical Gender, Stanford 2000.

Frevel, Christian/Nihan, Christophe, Introduction, in: Frevel, Christian/Nihan, Christophe (Hg.), Purity and the forming of religious traditions in the ancient

Mediterranean world and ancient Judaism (Dynamics in the history of religion 3), Leiden/Boston 2013, 1–46.

Geiger, Michaela, Gottesräume. Die literarische und theologische Konzeption von Raum im Deuteronomium (BWANT 183), Stuttgart 2010.

George, Mark K., Masculinity and its Regimentation in Deuteronomy, in: *Creanga, Ovidiu* (Hg.), Men and Masculinity in the Hebrew Bible and Beyond. Sheffield 2010, 64–82.

Graf, Julia/Ideler, Kristin/Klinger, Sabine (Hg.), Geschlecht zwischen Struktur und Subjekt. Theorie, Praxis, Perspektive, Opladen 2013.

Harding, James E., The Love of David and Jonathan. Ideology, Text, Reception, Sheffield 2013.

Heimbach-Steins, Marianne, „... nicht mehr Mann und Frau". Sozialethische Studien zu Geschlechterverhältnis und Geschlechtergerechtigkeit, Regensburg 2009.

Hieke, Thomas, Levitikus 1–15 (HThKAT), Freiburg 2014.

Ders., Levitikus 16–27 (HThKAT), Freiburg 2014.

Hilpert, Konrad, Gleichgeschlechtliche Partnerschaften, in: *Ders.* (Hg.), Zukunftshorizonte katholischer Sexualethik (QD 241), Freiburg 2011, 288–299.

Hölscher, Lucian, Die Einheit der historischen Wirklichkeit, in: *Körtner, Ulrich H. J.* (Hg.), Geschichte und Vergangenheit. Rekonstruktion - Deutung - Fiktion, Neukirchen-Vluyn 2007, 23–33.

Hornsby, Teresa J./Stone, Ken (Hg.), Bible trouble. Queer reading at the boundaries of biblical scholarship (Semeia Studies 67), Atlanta 2011.

Hügel, Karin, Queere Lesarten des Hohelieds, in: Journal of the European Society for Women in Theological Research 21 (2013) 169–185.

Janowski, Bernd, Konstellative Anthropologie. Zum Begriff der Person im Alten Testament, in: *Frevel, Christian* (Hg.), Biblische Anthropologie. Neue Einsichten aus dem Alten Testament (QD 237), Freiburg 2010, 64–87.

Klein, Birgit E., Brit Milah. Innerjüdische Kritik und die Konstruktion von Geschlecht und Geschlechterrollen, in: *Heil, Johannes/Kramer, Stephan J.* (Hg.), Beschneidung: das Zeichen des Bundes in der Kritik. Zur Debatte um das Kölner Urteil, Berlin 2012, 233–255.

Knieling, Reiner/Ruffing, Andreas (Hg.), Männerspezifische Bibelauslegung. Impulse für Forschung und Praxis (BTSP 36). Göttingen 2012.

Dies. (Hg.), Männerbeziehungen. Männerspezifische Bibelauslegung II (BTSP), Göttingen (im Druck).

Konnertz, Ursula/Haker, Hille/Mieth, Dietmar (Hg.), Ethik - Geschlecht - Wissenschaft. Der „ethical turn" als Herausforderung für die interdisziplinären Geschlechterstudien, Paderborn 2006.

Körtner, Ulrich H. J., Zur Einführung. Offene Fragen einer Geschichtstheorie in Theologie und Geschichtswissenschaft, in: *Ders.* (Hg.), Geschichte und Vergangenheit. Rekonstruktion - Deutung - Fiktion, Neukirchen-Vluyn 2007, 1–21.

Koselleck, Reinhart, Vom Sinn und Unsinn der Geschichte. Aufsätze und Vorträge aus vier Jahrzehnten, Berlin 2010.

Kuby, Gabriele, Die globale sexuelle Revolution. Zerstörung der Freiheit im Namen der Freiheit, Kisslegg 2012.

Landweer, Hilge, Philosophie, in: *Braun, Christina von/Stephan, Inge* (Hg.), Gender-Studien. Eine Einführung, Stuttgart ²2006, 225–240.

Lang, Judith, The Lord Who Crushes Wars. Studies on Judith 9:7;Judith 16:2 and Exodus 15:3, in: *Xeravits, Géza G.* (Hg.), A Pious Seductress. Studies in the Book of Judith (Deuterocanonical and cognate literature studies 14), Berlin 2012, 179–187.

Liss, Hanna, Of Mice and Men and Blood. The Laws of Ritual Purity in the Hebrew Bible, in: *Liss, Hanna/Oeming, Manfred* (Hg.), Literary Construction of Identity in the Ancient World. Proceedings of the Conference Literary Fiction and the Construction of Identity in Ancient Literatures: Options and Limits of Modern Literary Approaches in the Exegesis of Ancient Texts, Heidelberg, July 10–13, 2006, Winona Lake 2010, 199–213.

Dies., Und auch meine Shabbate gab ich ihnen, in: *Heil, Johannes/Kramer, Stephan J.* (Hg.), Beschneidung: das Zeichen des Bundes in der Kritik. Zur Debatte um das Kölner Urteil, Berlin 2012, 51–60.

Löw, Martina, Raumsoziologie (stw 1506), Frankfurt a. M. 2001.

Marschütz, Gerhard, Zur Kritik an der vermeintlichen Gender-Ideologie. Wachstumspotential für die eigene Lehre, in: HerKorr 68,9 (2014) 457–462.

Meuser, Michael, Art. Geschlecht, in: *Gudehus, Christian/Christ, Michaela* (Hg.), Gewalt. Ein interdisziplinäres Handbuch, Darmstadt 2013, 209–214.

Meyers, Carol, Discovering Eve. Ancient Israelite Women in Context, Oxford 1988.

Milgrom, Jacob, Leviticus. A Book of Ritual and Ethics (Continental Commentary Series), Minneapolis 2004.

Müllner, Ilse, Dargestellte Gewalt und die Gewalt der Darstellung. Narrative Figurationen in den Davidserzählungen, in: *Fischer, Irmtraud* (Hg.), Macht – Gewalt – Krieg im Alten Testament. Gesellschaftliche Problematik und das Problem ihrer Repräsentation (QD 254), Freiburg 2013, 286–317.

Dies./Naumann, Thomas, Männlichkeit in Kampf und Schmerz. Aspekte einer Geschlechteranthropologie der Samuelbücher, in: *Dietrich, Walter* (Hg.), The Books of Samuel. Congress Volume Leuven 2014, Leuven 2015 (im Druck).

Naumann, Thomas, „Crying heroes". Öffentlich weinende Männer in Jerusalem und Athen, in: *Frettlöh, Magdalene L./Krebs, Andreas* (Hg.), „Von Jerusalem nach Athen und zurück ..." Festschrift für Hans Lichtenberger, Würzburg (im Druck).

Navarro Puerto, Mercedes, Abbild und Ebenbild Gottes. Frau und Mann in Gen 1–3 als offenes System im Kontext von Gen 1–11, in: *Fischer, Irmtraud/Navarro Puerto, Mercedes/Taschl-Erber, Andrea* (Hg.), Tora (Die Bibel und die Frauen. Eine exegetisch-kulturgeschichtliche Enzyklopädie 1.1), Stuttgart 2010, 186–237.

Nissinen, Martti, Homoeroticism in the biblical world. A historical perspective, Minneapolis 1998.

Opitz, Claudia, Geschlechtergeschichte (Historische Einführungen 8), Frankfurt a. M. 2010.

Otto, Eckart, The Study of Law and Ethics in the Hebrew Bible/Old Testament, in: *Sæbø, Magne/Machinist, Peter* (Hg.), Hebrew Bible/Old Testament. The History of its Interpretation, III/2 The Twentieth Century - From Modernism to Post-Modernism, Göttingen 2015, 594–622.

Petersen, Silke, Nicht mehr „männlich und weiblich" (Gen 1,27). Die Rede von der Aufhebung der Geschlechterdifferenz im frühen Christentum, in: *Fischer, Irmtraud/Heil, Christoph* (Hg.), Geschlechterverhältnisse und Macht. Lebensformen in der Zeit des frühen Christentums, Wien 2010, 78–109.

Polaschegg, Andrea, Literarisches Bibelwissen als Herausforderung für die Intertextualitätstheorie. Zum Beispiel: Maria Magdalena, in: Scientia poetica 11 (2007) 209–240.

Rottenecker, Susanne, Homosexualität in der Davidserzählung?, in: BiKi 52,1 (1997) 34–36.

Ruane, Nicole J., Sacrifice and gender in biblical law, New York 2013.

Sacher Fox, Nili, Gender Transformation and Transgression. Contextualizing the Prohibition of Cross-Dressing in Deuteronomy 22:5, in: *Dies./Glatt-Gilad, David A./Williams, Michael James* (Hg.), Mishneh todah. Studies in Deuteronomy and its cultural environment in honor of Jeffrey H. Tigay, Winona Lake 2009, 49–71.

Scheer, Tanja S., Griechische Geschlechtergeschichte (Enzyklopädie der griechisch-römischen Antike 11), München 2011.

Schockenhoff, Eberhard, Grundlegung der Ethik. Ein theologischer Entwurf, Freiburg 2007, ²2014.

Schottroff, Luise/Wacker, Marie-Theres (Hg.), Von der Wurzel getragen. Christlich-feministische Exegese in Auseinandersetzung mit Antijudaismus, Leiden 1996.

Schroer, Silvia/Staubli, Thomas, Saul, David und Jonathan – eine Dreiecksgeschichte? Ein Beitrag zum Thema „Homosexualität im Ersten Testament", in: BiKi 51,1 (1996) 15–22.

Schüngel-Straumann, Helen, Die Frau am Anfang. Eva und die Folgen, Freiburg 1989.

Schüssler Fiorenza, Elisabeth, But She Said. Feminist Practices of Biblical Interpretation, Boston 1992.

Speitkamp, Winfried, Art. Gewaltgemeinschaften, in: *Gudehus, Christian/Christ, Michaela* (Hg.), Gewalt. Ein interdisziplinäres Handbuch, Darmstadt 2013, 184–190.

Steins, Georg, Kanonbewusste Bibelauslegung. Exegetische Prolegomena zu einer sozialethisch orientierten Lektüre, in: *Heimbach-Steins, Marianne/Steins, Georg/Filipović, Alexander* (Hg.), Bibelhermeneutik und christliche Sozialethik, Stuttgart 2012, 37–62.

Stieglitz, Olaf/Martschukat, Jürgen, Geschichte der Männlichkeiten (Historische Einführungen 5), Frankfurt a. M. 2008.

Stone, Ken, Practicing Safer Texts. Food, Sex, and Bible in Queer Perspective (Queering theology studies), London 2005.

Ders., The Garden of Eden and the Heterosexual Contract, in: *Armour, Ellen T./*

St. Ville, Susan M. (Hg.), Bodily Citations. Religion and Judith Butler (Gender, theory, and religion), New York 2006, 48–70.

Thöne, Yvonne Sophie, Liebe zwischen Stadt und Feld. Raum und Geschlecht im Hohelied, Berlin 2012.

Tuider, Elisabeth, Diskursanalyse und Biographieforschung. Zum Wie und Warum von Subjektpositionierungen, in: Forum Qualitative Sozialforschung (FQS) Vol. 8,2 Art. 6 (2007) http://nbn-resolving.de/urn:nbn:de:0114-fqs070268 (Zugriff: 22.06.2015).

Dies./Sielert, Uwe, Diversity statt Gender. Die Bedeutung von Gender im erziehungswissenschaftlichen Vielfaltsdiskurs, in: *Qualbrink, Andrea/Pithan, Annebelle/Wischer, Mariele* (Hg.), Geschlechter bilden. Perspektiven für einen genderbewussten Religionsunterricht, Gütersloh 2011, 20–38.

Vedeler, Harold Torger, Reconstructing Meaning in Deuteronomy 22:5. Gender, Society and Transvestitism in Israel and the Ancient Near East, in: JBL 127,3 (2008) 459–476.

Wacker, Marie-Theres/Rieger-Goertz, Stefanie, Mannsbilder. Kritische Männerforschung und theologische Frauenforschung im Gespräch (Theologische Frauenforschung in Europa 21), Berlin 2006.

Wendel, Saskia, Sexualethik und Genderperspektive, in: *Hilpert, Konrad* (Hg.), Zukunftshorizonte katholischer Sexualethik (QD 241), Freiburg 2011, 36–56.

Dies., Subjekt statt Substanz. Entwurf einer gender-sensiblen Anthropologie, in: *Landweer, Hilge u. a.* (Hg.), Philosophie und die Potenziale der Gender Studies. Peripherie und Zentrum im Feld der Theorie, Berlin 2012, 315–335.

Winker, Gabriele/Degele, Nina, Intersektionalität. Zur Analyse sozialer Ungleichheiten, Bielefeld 2009.

Wohlmuth, Josef, Historisch-kritische und kanonische Textinterpretation – ein feindliches Paar, in: *Lehmann, Karl/Rothenbusch, Ralf* (Hg.), Gottes Wort in Menschenwort. Die eine Bibel als Fundament der Theologie (QD 266), Freiburg 2014, 107–129.

Wöhrle, Jakob, The Integrative Function of the Law of Circumcision, in: *Achenbach, Reinhard* (Hg.), The Foreigner and the Law. Perspectives from the Hebrew Bible and the Ancient Near East (BZAR 16), Wiesbaden 2011, 71–87.

Zimmermann, Ulrich, Art. Beschneidung (AT), in: Das Wissenschaftliche Bibellexikon im Internet (www.wibilex.de), Oktober 2012 https://www.bibelwissenschaft.de/de/stichwort/15032/ (Zugriff: 18.1.2015).

Das Du im Dekalog

Partikulare Adressierung und universale Offenheit

Martin Mark

1. Der Dekalog als Garant der Grundwerte?

Zur herausragenden Prominenz des Dekalogs hat nicht so sehr die jüdische Tradition, – wie zu erwarten wäre – sondern vor allem die Rezeption durch das Christentum beigetragen. Die Mischna (abgeschlossen um 200 n. Chr.) weist ihm eine vorrangige Position innerhalb des priesterlichen Morgengebets der Tempelliturgie vor dem Schᵉma (Dtn 6,4f.: „Höre Israel, ...!") zu.[1] Dagegen finden sich in dem darauf aufbauenden Talmud distanzierende Aussagen, welche zu erkennen geben, dass die „Minim" (Ketzer, Christen, Hellenisten, „Antirabbinisten" ...?)[2] einen für die Rabbinen inakzeptablen Gegensatz zwischen dem Dekalog als von Gott am Sinai direkt geoffenbarter Rede und der von ihnen offenbarungstheologisch herabgestuften Tora behaupteten. Diese um den Preis der Abwertung der Tora erkaufte Wertschätzung veranlasste offensichtlich die Rabbinen im frühen 2. Jh. n. Chr., die Zehn Gebote – mit Ausnahme des Wochenfestes[3] – nicht mehr innerhalb der Liturgie zu rezitieren und aus dem Textkorpus der Tefillin zu entfernen.[4]

Philo von Alexandrien (15 v. bis 45 n. Chr.), dessen hellenistische Transformation jüdischen Gedankenguts sich deutlich von der rabbinischen Tradition unterscheidet, erkennt in der Tora die in der Stoa beheimatete Vorstellung vom „Naturgesetz" und in den Zehn Geboten das „Grundprinzip der vielen Einzelgesetze", „auf die sich letztendlich

---

[1] Vgl. *Peter-Spörndli*, Zehn Worte (2012), 7.71; *Loopik*, Zehn Worte (2000), 13; *Sänger*, Tora (2001), 110.

[2] Vgl. *Peter-Spörndli*, Zehn Worte (2012), 84–89.

[3] Vgl. *Magonet*, Dekalog (1981), 413; *Köckert*, Dekalog (2007), 2.4.; *Köckert*, Zehn Gebote (2007), 94.

[4] Vgl. *Peter-Spörndli*, Zehn Worte (2012), 73–89.143f.; *Ben-Chorin*, Tafeln (1979), 16–18; *Stemberger*, Dekalog (1989), 100f.; *Lenzen*, Zehn Worte (1993), 165f.; *Loopik*, Zehn Worte (2000), 13f.; *Ego*, Freiheit (2000), 38f.; *Sänger*, Tora (2001), 111f., Fußn. 44; *Kellermann*, Dekalog (2001), 216–220; *Köckert*, Zehn Gebote (2007), 94.

‚alle durch den Propheten gegeben[en] Gesetze zurückführen lassen' (*De Decalogo* §19)"[5]. Die Gebote des Dekalogs „sind zugleich Gesetze und Grundprinzipien der Einzelgesetze [...], auf die sich alle durch den Propheten [Mose] gegebenen Gesetze zurückführen lassen"[6]. Philos „Einteilung in dekalogische Haupt- und mosaische Spezialgebote ist der rabbinischen Anschauung entgegengesetzt".[7] Den Anlass zu Philos Interpretation sieht Matthias Köckert in dem „im Dekalog selber zu beobachtende[n] Zug zum Allgemeingültigen"[8].

Vor allem Augustinus (354–430 n. Chr.) scheint dafür den Impuls gegeben zu haben, dass der Dekalog innerhalb des Christentums eine ausgeweitete, immer universalere Bedeutung entfalten konnte.[9] Er ordnet – anders als die jüdische Tradition (je fünf „Gebote" auf „*beiden* Tafeln"[10] der Gott und die Mitmenschen betreffenden Gebote z. B. bei Philo)[11] – der ersten Tafel drei Gebote als Symbol der Trinität und der zweiten Tafel sieben Gebote als Symbol für das Geschaffene zu. Beide Tafeln symbolisierten die Einheit von Gottes- und Nächstenliebe, wie sie durch die Darstellung Jesu nach Mt 22,40 unübertroffen prägnant ins Wort gebracht wird: „An diesen beiden Geboten hängt das ganze Gesetz und die Propheten".[12] Mit Augustinus erhalten die von ihrem narrativen Kontext gelösten und zu Grundaussagen gekürzten „Zehn Gebote" ihre besondere katechetische Relevanz in der Vorbereitung auf die Taufe.[13] Thomas von Aquin sieht – unter gänzlicher Vernachlässigung ihrer narrativen Einbindung – die Gebote des Dekalogs durch ihre Vernunftgemäßheit ausgezeichnet.[14]

---

[5] *Ego*, Freiheit (2000), 38; vgl. *Furger*, Dekalog (1989), 298f.; *Köckert*, Dekalog (2007), 2.3.; *Ders.*, Zehn Gebote (2007), 90.

[6] *Stemberger*, Dekalog (1989), 92f.

[7] Vgl. *Peter-Spörndli*, Zehn Worte (2012), 56.

[8] *Köckert*, Dekalog (2007), 2.3. Vgl. *Hossfeld*, Dekalog (1991), 402: „Minimalkatalog von Grundbedingungen für die Bewahrung der von Jahwe geschenkten Freiheit".

[9] Vgl. *Peter-Spörndli*, Zehn Worte (2012), 4.62–64; *Böckle*, Fundamentalmoral (1981), 171; *Geerlings*, Decalogue (2011), 106–117.

[10] Das Motiv von den „beiden Tafeln" kann nur über den jeweiligen Textzusammenhang auf die entsprechende Dekalogfassung bezogen werden: Ex 31,18; 32,15; 34,1.4 (2x); Dtn 4,13; 5,22; 9,10.11.15; 10,1.3 (2x).

[11] Vgl. *Schwienhorst-Schönberger*, Zehn Gebote (2000), 9–15.

[12] Vgl. *Reicke*, Die zehn Worte (1973), 10f.; *Deuser*, Zehn Gebote (2002), 16.

[13] Vgl. *Katechismus der Katholischen Kirche* (1993), 533; *Köckert*, Dekalog (2007), 3.; *Köckert*, Zehn Gebote (2007), 98f.103f.; kritisch *Peter-Spörndli*, Zehn Worte (2012), 63.

[14] Vgl. *Köckert*, Zehn Gebote (2007), 105; *Smith*, Thomas Aquinas (2013), 148–168.

Nach und nach findet der Dekalog im Mittelalter durch Petrus Lombardus, Thomas und die Volkspredigten der Franziskaner Eingang in den Beichtspiegel der katholischen Kirche.[15] Aufgrund des pastoralen Engagements der reformatorischen Theologen im 16. Jh. wird er in katechetischer Vereinfachung zum Grundtext der korrekten persönlichen Lebensführung („der Juden Sachsenspiegel"), zu welcher die Hausväter und Vorgesetzen anhalten sollten (Luthers Kleiner und Großer Katechismus, 1529).[16] Moraltheologische Abhandlungen bauen bis in das 20. Jh. auf dem Dekalog auf.[17]

Im alten „Gotteslob" (1975) bietet der Dekalog das klassische Gerüst für den „ersten Gewissensspiegel" (Nr. 61). Das neue „Gotteslob" (2013) führt ihn zunächst im Kapitel „Den Glauben leben" im Kontext der Gaben des Heiligen Geistes, der Tugenden und der Gebote der Kirche auf (Nr. 29,6), dann als „bewährte[n] Leitfaden zur Gewissenserforschung" (Nr. 601 B) wiederum für die Beichte. In ihrer Stellungnahme „Grundwerte und Gottes Gebot" erklären der Rat der Evangelischen Kirche in Deutschland und die Deutsche Bischofskonferenz (1979), dass die sozialen Gebote des Dekalogs („zweite Tafel") „der Umsetzung in persönliche ethische Entscheidungen und in auf gesellschaftliche und geschichtliche Situationen bezogene Verhaltensweisen [bedürfen]"[18] und so ein „Beitrag zur Normenfindung in der Grundwertediskussion"[19] geleistet werden könne.

Der Katechismus der Katholischen Kirche (1993) sieht mit der direkten „Ich (Gott) – Du (Glaubender)-Relation" zunächst die individualethische Relevanz der Zehn Gebote besonders betont: „Der Bund und der Dialog zwischen Gott und dem Menschen werden auch dadurch bezeugt, daß Gott als Gesetzgeber stets in der ersten Person spricht (Ich bin der Herr ...)[20] und sich dabei immer an einen Einzelnen wendet (Du ...). In allen Geboten Gottes wird der Adressat mit einem in der *Einzahl* gehalte-

---

[15] Vgl. *Strohm*, Dekalog (1999), 631.

[16] Vgl. *Andersen*, Dekalog (1999) 632; *Köckert*, Dekalog (2007), 4.; *Köckert*, Zehn Gebote (2007), 113–117; *Peter-Spörndli*, Zehn Worte (2012), 4.; *Furger*, Dekalog (1989), 304; *Schmidt*, Zehn Gebote (1993), 5.20f. mit Fußn. 25; *Schwienhorst-Schönberger*, Zehn Gebote (1991), 229; *Reventlow*, Ten Commandments (2011), 132–147.

[17] Vgl. *Fraling*, Dekalog (1990), 93.

[18] *Sekretariat der Deutschen Bischofskonferenz/Kirchenkanzlei der Evangelischen Kirche in Deutschland* (Hg.), Grundwerte (1979), 41.

[19] Ebd. 42.

[20] Dabei wird übersehen, dass die Gebote in Ex 20,7–11 von Gott in der 3. Pers. sprechen.

nen Personalpronomen angesprochen."[21] Diese pointiert individualethische Interpretation wird mit der folgenden Bemerkung jedoch sozialethisch ausgeweitet: „Während Gott seinen Willen dem ganzen Volk kundtut, teilt er ihn auch jedem einzelnen mit."[22] Hintergrund dieser biblischen Kontextualisierung ist die Auffassung, der Dekalog bilde das „natürliche Gesetz" ab: „Die zehn Gebote sind Teil der Offenbarung Gottes. Zugleich lehren sie uns die wahre Natur des Menschen. Sie heben seine wesentlichen Pflichten hervor und damit indirekt auch die Grundrechte, die der Natur der menschlichen Person innewohnen. Der Dekalog enthält einen hervorragenden Ausdruck des natürlichen Sittengesetzes"[23]. Entsprechend betont der Katholische Erwachsenen-Katechismus (1995) die universale Adressierung: „die Gebote schützen Werte und Güter des Menschen, wann und wo immer er lebt; in ihren Forderungen spiegeln sich sittliche Erkenntnisse des Gottesvolkes wider, in welchen fundamentale Werte des menschlichen Lebens und Zusammenlebens Eingang gefunden haben, die immer gültig sind"[24] und als „Grundwerte" der Gesellschaft Orientierung böten.[25]

Die Verlautbarung der Päpstlichen Bibelkommission „Bibel und Moral" (2008) interpretiert den Dekalog explizit als eine universale „Wertelehre" in Abgrenzung zu der im biblischen Text zu greifenden „Pflichtenlehre"[26]. Der Dekalog sei ursprünglich „ein Grundgesetz, eine primitive nationale Verfassung"[27] Israels. „In Werte übersetzt führen die Vorschriften des Dekalogs zu der folgenden Liste: das Absolute, die religiöse Ehrfurcht, die Zeit, die Familie, das Leben, die Beständigkeit der Ehe von Mann und Frau, die Freiheit [...], die Ehe, das Haus und die Menschen, die zu ihm gehören, das Haus und die materiellen Güter."[28] Der Dekalog biete „in klarer Weise die Grundlage für eine Charta der Rechte und Freiheiten, die für die ganze Menschheit gilt"[29].

---

[21] *Katechismus der Katholischen Kirche* (1993), 533.

[22] Ebd.

[23] Ebd. 534. Es wird auf Irenäus verwiesen.

[24] *Deutsche Bischofskonferenz* (Hg.), Katholischer Erwachsenen-Katechismus (1995), 150f.

[25] Vgl. ebd. 151. Vgl. *Markl*, Decalogue (2013), Part III: Worldwide Dissemination in Early Modern Catechisms and Catechesis, 169–277.

[26] *Sekretariat der Deutschen Bischofskonferenz* (Hg.), Bibel und Moral (2009), 48.

[27] Ebd. 45.

[28] Ebd. 48f.

[29] Ebd. 51.

Frank Crüsemann lehnt eine universale Interpretation ab und hält energisch dagegen: „Die bisherige Sonderstellung des Dekalogs in der christlichen Ethik muß exegetisch als Irrweg angesehen werden."[30] Die Besonderheit des Dekalogs liege lediglich im „Modus der direkten Gottesrede"[31]. Aufgrund des erkennbaren sozialgeschichtlichen Ambientes sieht Crüsemann als eindeutigen Adressaten „durchgängig [...] den einzelnen israelitischen Grundbesitzer"[32], der als freier Erwachsener der Rechts- und Kultgemeinde angehört und zu dessen Besitz Land, Vieh und Sklaven gehören.[33]

2. Die Rezeption in neueren moraltheologischen und ethischen Entwürfen

Die Vertreter der nach dem II. Vatikanischen Konzil konzipierten „Autonomen Moral" messen der Frage nach der Relevanz des Dekalogs eine eigenständige Bedeutung zu. Alfons Auer (1971) behandelt den Dekalog unter der Überschrift „Weltethos im Alten Testament"[34]. Er kommt zu dem Schluss, dass die Gebote der zweiten Tafel „auf das Ethos zurückgeh[en], das in nomadischen und halbnomadischen Sippen [...] aus den naturalen Notwendigkeiten des Gemeinschaftslebens entstanden ist und das sich im gesamten vorderen Orient in ähnlicher Weise entwickelt hat"[35]. Das in der Tora, der prophetischen Verkündigung und der weisheitlichen Literatur zu greifende Ethos enthalte „keine zusätzlichen materialen Weisungen, sondern setzt sich mit bestimmten, bereits entwickelten Ausprägungen des ‚Weltethos'[36] kritisch auseinander, integriert sie, soweit sie der Kritik standhalten, in das neue Gottesverhältnis und stimuliert nicht selten auch ihre weitere Entfaltung"[37].

---

[30] *Crüsemann*, Tora (1997), 413.
[31] Ebd.
[32] *Crüsemann*, Bewahrung (1998), 35.
[33] Vgl. ebd. 28; *Fohrer*, Recht (1969), 141; *Schüngel-Straumann*, Dekalog (1973), 101f.
[34] *Auer*, Autonome Moral (1989), 55–68.
[35] Ebd. 61; vgl. Schüngel-Straumann, Dekalog (1973), 113; Otto, Dekalog (1999), 626.
[36] Vgl. *Mandry*, Theologie und Ethik (2011), 522; *Parlament der Weltreligionen* (Hg.), Erklärung zum Weltethos (1993).
[37] *Auer*, Autonome Moral (1989), 79.

Franz Böckle stellt seine Überlegungen zum Dekalog an den Anfang des zweiten Teiles „Grundfragen der Normbegründung“[38] in seiner viel beachteten Monografie „Fundamentalmoral“ (1977). Durch die Gestaltung des Dekalogs als Rede des göttlichen Ich, welche mit der Präambel einsetzt, „werden die *Normen theonom legitimiert*“[39], Israels „Du“ ist mit seinem Handeln zur bejahenden Antwort herausgefordert.[40] „Dabei ist der verantwortliche, sich entscheidende und entscheidungsfähige Mensch angesprochen.“[41] Die ursprünglich „in Familie, Sippe, Stamm“ beheimateten Gebote wurden durch ihre theologische Bearbeitung und Ausweitung „einer legitimierenden und schützenden Ordnung Jahwes, dem Bund, unterstellt“[42] und so ihr Verpflichtungsgrad gesteigert und verabsolutiert.[43] „Es werden sittliche Grundwerte verkündet und Grundansprüche gestellt, deren Einsicht und Geltung bei den Hörern bereits vorausgesetzt werden kann.“[44]

Franz Furger (1989) problematisiert die Frage, ob der Dekalog „eine Urcharta der Menschenrechte“[45] sein könne, damit, dass er „einer noch einfach strukturierten Gesellschaft für ein harmonisches Zusammenleben von Menschen“[46] entstamme. Für die Gebote der zweiten Tafel stellt er fest, dass sie „als der menschlichen Vernunft durchaus einsichtige sittliche Forderungen“ erscheinen, „die, in religiösem Kontext geäußert, nach heutigem Sprachgebrauch ‚menschenrechtlichen‘ Gehalt vermitteln“[47]. Die menschlicher Vernunft zugänglichen Gebote werden theologisch autorisiert.[48] Die dynamische Offenheit für die Begründung auch von *sozialethischen* Normen[49] in den komplexen und unübersicht-

---

[38] *Böckle*, Fundamentalmoral (1981), 165.

[39] Ebd. 172.

[40] Vgl. ebd.

[41] Ebd. 176.

[42] Ebd. 173.

[43] Vgl. ebd. 175.

[44] Ebd. 176.

[45] So im Titel von *Furger*, Dekalog (1989), 294.

[46] Ebd. 295.

[47] Ebd. 296.

[48] Vgl. ebd. 297.

[49] *Bobbert*, Ärztliches Urteilen (2012), 172f. nimmt folgende Differenzierung vor: „Bei einer individualethischen Perspektive stehen einzelne Menschen mit ihrem Handeln und ihren Lebensplänen im Vordergrund. Die *Individualethik* klärt über moralisch richtiges Handeln oder über Vorstellungen vom ‚guten Leben‘ auf, d.h. zum einen darüber, welche Rechte Einzelnen zukommen und von den Anderen zu

lichen gesellschaftlichen Makrostrukturen der Moderne gründe darin, dass die Gebote des Dekalogs auf einer personal verstandenen, schöpfungstheologischen Konzeption des Menschseins aufbauen.[50] Nicht aufgrund seines Inhaltes, „wohl aber vom theologischen Grundverständnis her (und damit auch im methodologischen Denkansatz)" könne der Dekalog als „‚Urcharta' der Menschenrechte"[51] gelten.

Christof Breitsameter (2012) nimmt zum Ausgangspunkt seiner Monografie „Nur Zehn Worte. Moral und Gesellschaft des Dekalogs" eine aufwändige sozialgeschichtliche Verortung des Dekalogs. Die frühe *segmentäre* vorstaatliche Gesellschaftsform Israels stellt er der späteren, nach gesellschaftlichen Klassen *stratifizierten* staatlichen Gesellschaftsform gegenüber.[52] Der Dekalog nehme zu Adressaten die Repräsentanten einer bereits stratifizierten Gesellschaft: „freie grundbesitzende israelitische Männer, das heißt Personen, die auf der Grundlage eines eigenen Hauses selbstständig zu den öffentlichen Angelegenheiten beitragen können, also nicht Frauen, nicht Kinder, nicht Sklaven und nicht Fremde"[53]. „Den Regeln des Dekalogs liegt [...] bereits die für stratifizierte Gesellschaften typische Differenzerfahrung zugrunde, die mit Hilfe von dichotomischen Modellen formuliert wurde: nämlich als Unterscheidung von Nähe und Ferne, Zugehörigkeit und Nichtzugehörigkeit, Vertrautheit und Unvertrautheit, Freundschaft und Feindschaft, Öffentlichkeit und Privatheit."[54] Die Gemeinsamkeit zwischen damals und heute bestehe darin, dass der Dekalog die „elementaren Themen menschlicher Normativität" zur Sprache bringt: „Glaube, Wissen, Leben, Liebe, Eigentum, Herrschaft und Recht"[55] – womit sich Breitsameter dem Dokument „Bibel und Moral" erkennbar annähert. Unter den heute völlig veränderten gesellschaftlichen Bedingungen

---

respektieren sind und zum anderen darüber, was eine ‚gute' Lebensführung ausmacht. Die *Sozialethik* richtet sich auf Institutionen mit ihren Strukturen und Regeln, in denen das Handeln und Leben von Individuen stattfindet. Die institutionellen Rahmenbedingungen bestimmen und gestalten das individuelle und gesellschaftliche Leben und Handeln. Diesbezüglich stehen neben Fragen der Gerechtigkeit Fragen nach den Bedingungen, die für ein gutes Zusammenleben förderlich sind, im Vordergrund."

[50] Vgl. *Furger*, Dekalog (1989), 296–308.

[51] Ebd. 309.

[52] Vgl. *Breitsameter*, Nur Zehn Worte (2012), 28–34.

[53] Ebd. 63; vgl. ebd. 34.

[54] Ebd. 64.

[55] Ebd. 216.

komme es darauf an, ein religiös begründetes Normensystem innerhalb eines rational argumentierenden Diskurses einsichtig zu machen.[56]

3. Abgrenzung und Aufbau: Ex 19,24.25; 20,1-17; 20,18-21

Den folgenden Überlegungen zunächst zur Abgrenzung und zum Aufbau des Dekalogs (Kap. 3), dann zur Relation Sprecher - Adressat (Kap. 4) und zur sprachlichen Struktur unter dem hier in den Mittelpunkt gerückten Aspekt der Phorik sowie den daraus resultierenden semantisch-pragmatischen Implikationen (Kap. 5-8) wird die Textfassung des Buches Exodus zugrunde gelegt, weil dort der von Gott unmittelbar gesprochene Dekalog erzähllogisch in der Ursprungssituation an Israel vorgestellt wird (Ex 20,1-17). Die parallele Überlieferung in Dtn 5,5-21 wird innerhalb ihrer Textwelt als Rekapitulation durch Mose am Ende der 40-jährigen Wüstenwanderung gekennzeichnet, die er für die zweite, in das Land Kanaan einwandernde Generation vornimmt.[57]

Während seines ersten (insgesamt dritten) Aufstiegs am dritten Tag (Ex 19,16.20) nach der Ankunft Israels am Sinai erhält Mose die Aufforderung von JHWH, erneut mit Aaron den Berg zu besteigen, den Priestern und dem Volk aber einzuschärfen, sich vom Berg fernzuhalten (Ex 19,24). Schweigend steigt Mose ab und übermittelt dem Volk unten im Lager die ihm aufgetragene Nachricht: „Und er sagte (dies) zu ihnen." (V. 25b). Die Vorbereitungen für Elohims (Gott) Erscheinung am dritten Tag haben damit ihren Abschluss gefunden.[58]

Jetzt ist für Elohim der Zeitpunkt gekommen, die Verkündigung der sogenannten „Zehn Worte" zu eröffnen. Eine Redeeinleitung konkretisiert das neue Geschehen ausdrücklich als Rede JHWHs (20,1),

---

[56] Vgl. ebd. 216f.

[57] Die Sprachgestalt der beiden Dekalogfassungen unterscheidet sich am meisten im Sabbatgebot. Der begrenzte Umfang dieser Studie lässt es nicht zu, die phorische Analyse auch auf die Fassung im Deuteronomium auszudehnen.

[58] Die Satzreihe „Und er sagte (dies) zu ihnen (19,25b). Und es redete Elohim alle diese Worte folgendermaßen" (20,1) werden in der jüdischen Tradition und der exegetischen Forschungsgeschichte unterschiedlich ausgelegt. Hier wird davon ausgegangen, dass sich 19,25b auf Mose zurückbezieht und 20,1 die Redeeinleitung zum Folgenden darstellt. Zur Diskussion vgl. *Frevel*, Grundgesetz (2000), 18; *Konkel*, Israel (2005), 25-28; *Hossfeld*, Dekalog (1982), 164-167; *Dohmen*, „Es gilt das gesprochene Wort" (2005), 45f.

die sich im Folgenden mit ihrem explizit appellativen Modus vom narrativen Kontext scharf abgrenzt (20,2–17).

Das Korpus des Dekalogs kann aufgrund formaler und inhaltlicher Aspekte nach vier Abschnitten untergliedert werden:[59]

0 Redeeinleitung: Ex 20,1
A Der „beziehungstheologische Grundartikel", mit dem die exklusive Nähe JHWHs, des Gottes Israels, als Ausgangsbasis für die folgenden Gebote aufgrund der Befreiung in Ägypten definiert wird: Ex 20,2
B I. Hauptteil: Fünf Gebote bzw. Gebotsgruppen: Ex 20,3–12
C II. Hauptteil: Fünf Gebote: Ex 20,13–17

Angesichts der göttlichen Gebotsverkündigung und ihrer visuellen wie auditiven Begleitphänomene (Donner, Fackeln, Schofarschall, Rauch) zeigt sich das Volk entsetzt und überträgt Mose die weitere Kommunikation mit Gott. Mose steigt anschließend auf den Berg und nähert sich dem „Wolkendunkel" (Ex 20,18–21). Der angeordnete Aufstieg mit Aaron (Ex 19,24) wird erst einen Tag später nach dem Bundesschluss erfolgen (Ex 24,4.9).[60]

4. Göttlicher Sprecher und menschlicher Adressat

Die entscheidende sprachliche Besonderheit besteht darin, dass der Dekalog in konsequent *direkter Anrede* gehalten ist. Innerhalb des „Grundartikels", des Fremdgott- und Bilderverbots (Ex 20,2–6) ergeht die Rede vom göttlichen Ich zum menschlichen Du (2. Pers. Sing. m.), innerhalb des Namensmissbrauch-, Sabbat- und des Elterngebots (V. 7–12) vom göttlichen Er zum menschlichen Du; innerhalb der folgenden weiteren Gebote (V. 13–17) wird der göttliche Sprecher nicht mehr erwähnt, der menschliche Adressat bleibt weiterhin das Du. Den auffälligen Wechsel des Sprechers vom Ich (V. 2–6) zum Er (V. 7–12) erklärt die exegetische Diskussion üblicherweise mit einem redaktionellen Wachstumsmodell.[61]

---

[59] Vgl. hierzu *Mark*, Bild (2012), 20f. Zum besseren Verständnis findet sich unter Kap. 10 eine Gliederung und heuristische Übersetzung.

[60] Zur Handlungsstruktur vgl. *Mark*, Angesicht (2011), 231f.

[61] Vgl. *Peter-Spörndli*, Zehn Worte (2012), 33.95; *Hossfeld*, Dekalog (1982), 240–243; *Graupner*, Gebote (2001), 80–86; *Otto*, Dekalog (1999), 626.

In der jüdischen Tradition finden sich unterschiedliche Erklärungen dieser sprachlichen Besonderheiten. Die rabbinische Sicht erklärt den Wechsel in der Darstellung des Sprechers („von der Rede Gottes zur Rede über Gott“[62]) damit, „dass Gott nur die ersten beiden Gebote selbst gesprochen habe, bevor ihn die Israeliten unterbrachen, weil sie seine Stimme nicht ertragen konnten“[63] (vgl. Ex 20,19). Die weiteren Gebote habe daher Mose vorgetragen.[64]

Durch die direkte persönliche Anrede werde der Einzelne auf seine nicht delegierbare, persönlich zu tragende Verantwortung verpflichtet. Die von Gott angebotene Beziehung lade zur freien, persönlichen Antwort ein. Jede einzelne Person stehe vor der Herausforderung, die Gebote persönlich einzulösen.[65] „Das Gesetz Gottes wendet sich an den Einzelnen in der Gemeinschaft und setzt die volle Verantwortlichkeit jedes Einzelnen für sich und für die Bundesgemeinde voraus.“[66] „Mit den Worten ‚dein Gott‘ wurde und wird jeder in Israel als unverzichtbares Glied einer Gemeinschaft angesprochen.“[67]

Anders nimmt Mose ben Maimon (Maimonides, 1135–1204 n. Chr.) in seinem Werk „Führer der Unschlüssigen“ (II,36) an, dass der Dekalog zuerst an Mose ergangen sei und das Du des Dekalogs Mose meine: „Es ist mir einleuchtend, daß bei der Offenbarung auf dem Berge Sinai nicht alles, was Mose zuteil wurde, ganz Israel zuteil wurde. Vielmehr erging die Rede an Mose allein. Und deshalb erscheint die ganze Darstellung der zehn Gebote im Singular.“[68] Christoph Dohmen schließt in der Tradition von Mose ben Maimon und Mose ben Nachman (Nachmanides, 1194–1270 n. Chr.) aus Ex 20,19[69] und weiteren Beobachtungen – etwa der nicht vorhandenen Adressierung an Israel in der Einleitung (Ex 20,1) – darauf, dass das Volk die Mitteilung des Dekalogs durch Gott begrifflich nicht verstehen konnte. Der Dekalogtext

---

[62] *Krüger*, Ethik (2001), 123.

[63] *Peter-Spörndli*, Zehn Worte (2012), 95; vgl. *Loopik*, Zehn Worte (2000), 19 u. 26, Anm. 34; *Ego*, Freiheit (2000), 40f.; *Konkel*, Israel (2005), 17.

[64] Vgl. *Peter-Spörndli*, Zehn Worte (2012), 33.

[65] Vgl. ebd. 100f.141; *Lenzen*, Zehn Gebote (2000), 62f.

[66] *Ben-Chorin*, Tafeln (1979), 36.

[67] *Loopik*, Zehn Worte (2000), 46; vgl. ebd. 135.

[68] *Ben Maimon*, Führer der Unschlüssigen (1972), Drittes Buch, 227f.; vgl. *Ben-Chorin*, Tafeln (1979), 29.35; *Konkel*, Israel (2005), 17f.

[69] „Und sie sagten zu Mose: ‚Rede du mit uns! Und wir wollen hören! Und nicht soll reden mit uns Elohim, damit wir nicht sterben!‘“ (Ex 20,19).

fungiere daher als Information für die Lesenden.[70] Da Mose ben Maimon seine Position mit einer vielseitigen rezeptionsgeschichtlichen Reflexion zu Ex 19 verbindet, bleibt zu fragen, welches hermeneutische Verfahren er verfolgt.[71] Adolf Weiss deutet die genannte Aussage so, dass Mose ben Maimon die Diskrepanz zwischen Israel und dem prophetisch inspirierten Status des Offenbarungsmittlers Mose betonen wolle.[72]

Mit der Frage der Adressierung zusammenhängend wird auch der Kreis derer, welche durch den Dekalog in die Pflicht genommen werden, erörtert. Zunächst wird entsprechend dem Erzählzusammenhang hierfür über den Einzelnen hinaus die Exodusgeneration („das befreite Israel“[73]) und damit das Volk Israel in Betracht gezogen (Ex 13–19).[74] Der Bund mit Abraham werde jetzt kollektiv ausgeweitet auf das Volk Israel.[75] Nach Mechilta de Rabbi Jischmael (II,7; 2. Jh. n. Chr.) habe Gott allen 70 Völkern der Welt in ihrer jeweiligen Sprache seine Weisung angeboten, welche aber mit Ausnahme von Israel auf Ablehnung gestoßen sei.[76] Auch in rabbinischer Auffassung kommt den Zehn Geboten und der Tora der universale Geltungsbereich der gesamten Menschheit zu.[77]

Martin Buber verweist auf die Schrift von Johann W. von Goethe, welche Letzterer nach der Ablehnung seiner Dissertation an der Universität Straßburg 1773 anonym veröffentlichte: „Zwo wichtige bisher unerörterte biblische Fragen, zum ersten Male gründlich beantwortet / von einem Landgeistlichen in Schwaben“. Darin hebt Goethe hervor, dass sich der Dekalog nach alttestamentlichem Verständnis partikular

---

[70] Vgl. *Dohmen*, „Es gilt das gesprochene Wort“ (2005), 44–48; *Ders.*, Exodus 19–40 (2004), 76f.88–91.100; *Ders.*, Decalogue (2014), 209–212.

[71] Mose Ben Maimon stellt in der Vorbemerkung am Anfang seines Dritten Buches die Kapitel 1–7 explizit in einen kosmologischen und metaphysischen Horizont; vgl. *Ben Maimon*, Führer der Unschlüssigen (1972), Drittes Buch, 1 mit Fußn. 1 u. 3.

[72] *Ben Maimon*, Führer der Unschlüssigen (1972), Drittes Buch, 227, Fußn. 1.

[73] *Dohmen*, Freiheit (1993), 200; vgl. *Dohmen*, Decalogue (2014), 195; *Ben-Chorin*, Tafeln (1979), 7; *Lenzen*, Zehn Gebote (1999), 55; *Lenzen*, Zehn Gebote (2000), 62.

[74] Vgl. *Peter-Spörndli*, Zehn Worte (2012), 106.

[75] Vgl. *Ben-Chorin*, Tafeln (1979), 21f.34.

[76] Vgl. *Loopik*, Zehn Worte (2000), 5.63–67; vgl. *Ben-Chorin*, Tafeln (1979), 23; *Navè*, Zehnwort (1981), 147; *Peter-Spörndli*, Zehn Worte (2012), 106f.; *Ego*, Freiheit (2000), 40.

[77] Vgl. *Peter-Spörndli*, Zehn Worte (2012), 107–110.

an Israel orientiere.[78] Buber stellt als Proprium des Dekalogs die Anrede in der 2. Pers. Sing. m. heraus: „Die Seele des Dekalogs aber ist sein ‚Du'; hier wird weder ausgesagt noch bekannt [wie im Katechismus], sondern geboten, und zwar dem, der angesprochen wird, dem Hörer [...]; jedenfalls hat zu allen Zeiten nur der den Dekalog wirklich aufgenommen, der ihn als zu ihm selber gesprochen vernahm, das heißt: der das darin niedergelegte Angesprochenwordensein jenes Ersten oder jener Ersten als sein eigenes Angesprochenwerden erfuhr. Vermöge seines ‚Du' bedeutet der Dekalog die Erhaltung der göttlichen Stimme." Der Dekalog ziele „auf die Konstituierung einer Gemeinschaft durch eine Gemeinschaftssatzung"[79].

Der bisherige Blick auf die Interpretation des Dekalogs (Kap. 1–4) führt vor Augen, wie unterschiedlich und auch divergierend dieser Basistext der jüdisch-christlichen Tradition gedeutet wird. Mit der folgenden sprachwissenschaftlichen Untersuchung soll versucht werden, ein Kriterium zu finden, das vom Text her eine gewisse Klärung der Referenz Sprecher – Adressat ermöglicht. Es wird also gefragt nach der spezifischen, semantisch offenen „Sprecher-Hörer-Relation", wie sie im Dekalog der Exodusfassung zum Ausdruck kommt. Bevor dieser Analyseschritt durchgeführt werden kann, muss zunächst das dafür nötige begriffliche Instrumentarium (Phorik, Sprechakt, deiktische Ausdrücke und verschiedene Arten operativer Prozeduren) vorgestellt werden.

5. Pronominale Phorik

Mittels eines syntaktischen Verweissystems zwischen einem Referenten und seinen phorischen Bezügen bauen Sätze, Satzformationen und Texte Bedeutung auf. Die Begriffe „phorisch" und „Phorik" meinen im herkömmlichen und übergeordneten Sinne ein „[s]emantisch-syntaktisches Verweissystem innerhalb eines Textes"[80]. Als phorische Elemente oder „Pro-Formen" können die unterschiedlichen Arten von

---

[78] Vgl. *Buber*, Moses (1966), 140f.; vgl. *Lenzen*, Zehn Gebote (1999), 54; *Lenzen*, Zehn Gebote (2000), 61.

[79] *Buber*, Moses (1966), 154f.; vgl. *Lenzen*, Zehn Gebote (1999), 57; *Lenzen*, Zehn Gebote (2000), 63.

[80] *Bussmann*, Phorik (2008), 528.

Pronomina fungieren wie „Personal-, Reflexiv-, Possessiv-, Demonstrativ-, Indefinit-, Interrogativ-, Relativpronomen"[81], ebenso lokale (hier, da, dort, wo, neben, hinter), temporale (damals, dann, nachher), kausale (deshalb) und modale (wie, so) Pronominaladverbien,[82] die „in syntaktischer Hinsicht als Pro-Formen für Präpositionalphrasen (in der Funktion als Objekt oder Adverbial) auftreten"[83], bestimmter (anaphorischer) und unbestimmter (kataphorischer) Artikel.[84] Anders als nominale Begriffe, die in einer eindeutigen Referenz zu ihrem außersprachlichen Signifikat stehen, „dienen [Pronomina] dazu, in Abhängigkeit vom sprachlichen Kontext bzw. der jeweiligen außersprachlichen Realität auf verschiedene Objekte zu referieren"[85]. Sie können „einen determinierten und inhaltsaktivierenden Ausdruck"[86] ersetzen.

„Die phorische Textverknüpfung ist das wichtigste Mittel der Kohäsion bzw. Kohärenz von Texten und damit ein zentraler Gegenstand der Textgrammatik und Textsemantik."[87] Sie „[trägt] zur Kontinuität und Stabilität der thematischen Progression und zur Verdichtung der Textoberfläche [bei]"[88]. „Wiederaufnahme oder Ersetzung vor allem bereits eingeführter Gegenstände hat für die thematische Fortführung und damit für die Textualität insgesamt eine große Bedeutung. Sie erlaubt eine Form der Vergegenwärtigung, die zwar referentiell an den ersetzten Ausdruck gebunden bleibt und damit in der Wiederaufnahme dessen Identität stärkt, zugleich aber durch die Verwendung eines semantisch ‚leeren' Substituens Raum für neue Fokussierungen schafft."[89] Die Teilgruppe der Personalpronomina „[dient] zum Verweis auf Sprecher (*ich, wir*), Angesprochenen (*du, ihr*) und Besprochenen (*er, sie, es*)"[90].

---

[81] Vgl. *Bussmann*, Pronomen (2008), 557; vgl. *Pittner*, Pronomen (2005), 515.

[82] Vgl. *Bussmann*, Pro-Form (2008), 554; *Bussmann*, Pronominaladverb (2008), 558; *Schmöe*, Pronominaladverb (2005), 516.

[83] Vgl. *Bussmann*, Pronominaladverb (2008), 558.

[84] Vgl. *Bussmann*, Phorik (2008), 529.

[85] Vgl. *Bussmann*, Pronomen (2008), 557.

[86] *Pätzold*, Pro-Formen (2005), 513.

[87] *Bussmann*, Phorik (2008), 529; vgl. *Hasebrink*, Pro-Formen (2003), 162; *Pittner*, Pronomen (2005), 515.

[88] *Pätzold*, Pro-Formen (2005), 513.

[89] *Hasebrink*, Pro-Formen (2003), 162.

[90] *Bussmann*, Personalpronomen (2008), 518.

6. Sprechakte als Handlung

Nach der auf John L. Austin und John R. Searle zurückgehenden Sprechakttheorie oder Sprechhandlungstheorie ist Sprache immer eine Form von Handeln.[91] Einzelne Sprechakte setzen sich zusammen aus dem Äußerungsakt, dem propositionalen und dem illokutiven Akt.[92] Von der Äußerung (Lokution) und ihrem Inhalt (Proposition) ist „die kommunikative Funktion" (Illokution) zu unterscheiden, welche auf den Handlungsaspekt zielt, „wie z. B. Behauptung, Aufforderung oder Frage"[93], ebenso der Modus.[94] „Der illokutive Akt erfaßt die eigentliche Handlungsqualität des [Sprechaktes]. Er ist als ‚regelgeleitetes intentionales Verhalten' [...] rekonstruierbar."[95]

7. „Prozeduren" als dem Sprechakt untergeordnete Handlungseinheiten

7.1 Deiktische Ausdrücke

Der u. a. auf Karl Bühler zurückgehende Begriff Deixis[96] analysiert, wie die Referenz von Personen, Ort und Zeit einer Sprechhandlung während einer konkreten Sprechsituation erfolgt.[97] Mit deiktischen „Ausdrücke[n] wie *ich, du; hier, da; jetzt, dann; so*" erzeugt „ein Sprecher in seiner Sprechhandlung eine Fokussierung der Aufmerksamkeit des Hörers auf einzelne Aspekte eines für den Sprecher und Hörer gemeinsamen Bezugsraums, den Verweisraum"[98].

Ein unmittelbares sinnliches Reden ereignet sich zwischen einem Sprecher und einem Hörer „innerhalb eines *gemeinsamen Wahrnehmungsraumes*, des Sprechzeitraums"[99]. Verwendet der Sprecher eine Deixis, so lenkt er die Aufmerksamkeit des Hörers auf einen bestimmten Gegenstand innerhalb des Sprechzeitraumes, etwa auf einen Turm innerhalb einer Stadtsilhouette. Damit bewirkt der Sprecher beim

---

91 *Ehlich*, Prozeduren (1982), 112.

92 Vgl. *Ehlich*, Prozeduren (1982), 117; *Ehlich*, Sprechakt (2005), 635.

93 Vgl. *Bussmann*, Sprechakttheorie (2008), 675.

94 Vgl. *Bussmann*, Illokution (2008), 277.

95 *Ehlich*, Sprechakt, 635 (nach J. R. Searle).

96 Vgl. *Ehlich*, Prozeduren (1982), 113.

97 *Bussmann*, Deixis (2008), 117.

98 *Ehlich*, Deixis (2005), 127.

99 *Ehlich*, Prozeduren (1982), 118.

Hörer eine Fokussierung bzw. eine Orientierung innerhalb einer unübersichtlichen Fülle möglicher wahrnehmbarer Elemente.[100] „Die deiktischen Ausdrücke sind also Mittel im Sprachsystem, mittels derer ein Sprecher eine Orientierung des Hörers im Sprechzeitraum erreichen kann, d. h. mittels derer er die Wahrnehmungstätigkeit des Hörers in spezifischer Weise steuert."[101] Die Deixis „ich" fokussiert den Sprecher („Personaldeixis"), „du" den Hörer („Sozialdeixis"), „hier" den Sprechort („Lokaldeixis"), „jetzt" die Sprechzeit[102] („Temporaldeixis") und „dieser, jener" das Objekt („Objektdeixis").[103]

7.2 Deiktische Prozeduren: Zeigfeld – Rederaum – Textraum

Deiktische Ausdrücke werden innerhalb eines konkreten „Zeigfeldes"[104] (dem „Mittelpunkt des Ich-Jetzt-Hier, von dem aus ein System von Verweisungen als Orientierung der Hörer-Aufmerksamkeit möglich ist"[105]) geäußert und gegebenenfalls durch Gesten visualisiert. Im seriell sich entwickelnden Reden zwischen Personen entsteht ein Rederaum.[106] Für die sprachlichen Möglichkeiten, mit denen ein Sprecher die Aufmerksamkeit des Hörers lenkt, prägt Konrad Ehlich den Begriff „deiktische Prozedur"[107]. Gegenüber dem Sprechakt bilden Prozeduren untergeordnete „Handlungseinheiten" mit spezifischen „Handlungszwecken"[108]. „Durch [Prozeduren] bewirkt der Sprecher beim Hörer jeweils spezif[ische] mentale Aktivitäten; dabei ist die Eingriffsintensität unterschiedlich."[109]

Neben der sinnlich direkt wahrnehmbaren Rede zwischen realen Personen enthalten auch Texte, die sich auf einem abstrakteren Niveau bewegen, deiktische Prozeduren. Diese Rede ist nicht mehr dem Sprechzeitraum bzw. Zeigfeld, sondern dem Textraum zuzuordnen.[110]

---

[100] Ebd.; vgl. *Ehlich*, Prozedur (2005), 520.
[101] *Ehlich*, Prozeduren (1982), 118.
[102] Vgl. ebd. 118f.
[103] Vgl. *Bussmann*, Deiktischer Ausdruck (2008), 116; vgl. *Bussmann*, Deixis (2008), 117.
[104] Vgl. *Ehlich*, Prozeduren (1982), 113f. (nach K. Bühler).
[105] *Ehlich*, Zeigfeld (2005), 752; vgl. *Ehlich*, Deixis (2005), 127.
[106] Vgl. *Ehlich*, Prozeduren (1982), 119.
[107] Ebd. 119.
[108] Vgl. *Ehlich*, Prozedur (2005), 520.
[109] Vgl. ebd.
[110] Vgl. *Ehlich*, Prozeduren (1982), 119f.

„Eine Vielzahl mentaler Operationen des Erinnerns, des Imaginierens, des Operierens innerhalb mentaler Bereiche treten an die Stelle der unmittelbaren Wahrnehmung [...]. Der Autor bewegt den Leser dazu, seine Aufmerksamkeit innerhalb des Textraums zu fokussieren."[111]

Der Autor setzt deiktische Prozeduren ein, um „den Prozeß der Imagination des Lesers zu fördern"[112] und um den Leser als direkt Beteiligten des sich vollziehenden Diskurses zu etablieren.[113] „Er überbrückt die zeiträumliche Differenz, die durch das Medium des Textes zwischen ihm und dem Leser entstanden ist, er zieht den zerdehnten Sprechzeitraum wieder zusammen"[114]. Als Beispiel für den gezielten Einsatz einer „Du-Deixis" führt Ehlich die beiden letzten Sätze der Novelle „Das Schloss Dürande" von Joseph von Eichendorff an:[115]

„Das sind die Trümmer des alten Schlosses Dürande, die weinumrankt in schönen Frühlingstagen von den waldigen Bergen schauen. – *Du* aber hüte dich, das wilde Tier zu wecken in der Brust, daß es nicht plötzlich ausbricht und dich selbst zerreißt."[116]

„Indem der Autor sich und den Leser durch ein deiktisches Verfahren in eine identische Situation *versetzt*, realisiert er innerhalb des literarischen Erzählens ein Element, das für das alltägliche Erzählen elementar ist: die sogenannte ‚Evaluation'. Er zieht dadurch den Leser auf unmittelbare Weise in das Erzählgeschehen hinein."[117] Deiktische Ausdrücke entfalten folglich eine hohe pragmatische Wirkung[118], d. h. dass sie Hörende bzw. Lesende zu einem Handeln herausfordern und nach den mit dem Text implizierten Werthaltungen lenken wollen.[119] Die hier beschriebene Technik wendet der Dekalog auf die Du-Deixis an. Allerdings wird an keiner Stelle der Referent des Du identifiziert.

---

[111] Ebd. 120.
[112] Ebd. 123.
[113] Vgl. ebd.
[114] Ebd.
[115] Vgl. ebd.
[116] Zitiert nach ebd. 124.
[117] Ebd.
[118] Vgl. *Bussmann*, Deixis (2008), 117.
[119] Vgl. *Egger/Wick*, Methodenlehre (2011), 192; *Fischer*, Wege in die Bibel (2000), 22f.

7.3 Phorische Prozeduren

Anders als die Deixeis des Sprechers („ich") und des Hörers („du") zeigen „er, sie, es" an, „daß [der Hörer bzw. Leser] *einen bereits etablierten Fokus weiterhin aufrechterhalten kann*"[120]. Mit „er" wird eine „phorische Prozedur"[121] entweder anaphorisch oder kataphorisch ausgeführt. Die anaphorische Prozedur bezieht sich zurück auf eine eingeführte und damit bekannte Größe. Umgekehrt verweist die kataphorische Prozedur voraus auf eine noch nachzutragende bekannte Größe, z. B.: „Bevor er Carolin besuchte, ging Philip ins Kino."[122]

Wenn der Sprecher dem Hörer keine Möglichkeit gibt, den Referenten der phorischen Prozedur zu identifizieren, „verlangt er vom Leser eine verstärkte Mitarbeit. Er verlangt vom Leser, daß er antizipierend seine Aufmerksamkeit als bereits fokussiert behandelt, daß er seine Aufmerksamkeit als durch den Sprecher bereits orientiert in Anspruch nehmen läßt – obwohl das Objekt und damit die Grundlage dafür fehlt. Der Sprecher verlangt also vom Hörer/Leser ipso facto eine verstärkte *Mittätigkeit*. Der Leser wird durch den ungewöhnlichen Einsatz der phorischen Prozedur gezwungen, seine eigene Tätigkeit zu intensivieren, zusätzlich rekonstruktive Bemühungen zu unternehmen, um die ungewöhnliche Verfahrensweise des Autors nicht zu verfehlen. Dies aber kann vom Autor als Mittel eingesetzt werden, um mit einem seiner zentralen sprachlichen Handlungsprobleme fertig zu werden, nämlich, den Leser permanent zu motivieren, den Rekonstruktionsprozeß zum Zwecke des Verständnisses des Erzählten wirklich konkret zu leisten. Der Autor induziert also beim Leser durch den systematischen Einsatz einer kataphorischen Prozedur, durch das Verlangen, einen etablierten Fokus aufrechtzuerhalten, obwohl der Fokus noch gar nicht genannt wurde, eine verstärkte Erwartung, eine verstärkte mentale Frage danach, was denn nun das Objekt der phorischen Prozedur eigentlich sei."[123] Deiktische und phorische Prozeduren sind für die „Steuerung der Rezeption"[124] von erstrangiger Bedeutung.

---

[120] *Ehlich*, Prozeduren (1982), 121.

[121] Vgl. ebd. 120f.

[122] Vgl. *Bussmann*, Personalpronomen (2008), 518.

[123] *Ehlich*, Prozeduren (1982), 122f.

[124] Ebd. 121.

7.4 Operative, nennende, expeditive und malende Prozeduren

Die phorische Prozedur bildet ihrerseits einen Teilbereich der „operativen Prozedur", welche „kommunikativ das für die Kommunikation erforderliche [dem Sprecher] und dem Hörer gemeinsame Wissen [bearbeitet], indem [der Sprecher] auf bestehende Gemeinsamkeiten Bezug nimmt (Determinator, Artikel [...], Anapher), Wissensumstrukturierungen vornimmt, (z. B. kausales *da*) oder für den Hörer neues Wissen in die Kommunikation einbringt (z. B. unbest[immter] Artikel)."[125]

Neben der deiktischen und der operativen Prozedur nimmt Ehlich auch eine „nennende", eine „expeditive" und eine „malende Prozedur" an. Eine „nennende Prozedur" erschließt einen bestimmten Bedeutungsbereich innerhalb eines „synsemantischen Umfeldes"[126] („Symbolfeld"). „Mittels der nennenden [Prozedur] bewirkt der Sprecher die Aktualisierung von (Welt-)Wissenspartikeln im Hörer."[127] Unter die expeditive Prozedur fallen Interjektionen wie *„hm, ah"*, Anreden im Vokativ und Aufforderungen, die ein „Lenkfeld"[128] bilden. „Mittels der expeditiven Prozedur greift der Sprecher direkt in die ablaufenden Hörtätigkeiten ein; er stellt sozusagen einen ‚direkten Draht' zum Hörer her."[129] „Mittels der malenden Prozedur drückt der Sprecher eine affektive Befindlichkeit aus, die er so dem Hörer kommuniziert, um vergleichbare Befindlichkeiten bei ihm zu erzeugen."[130]

7.5 Zum methodischen Vorgehen

Im Folgenden soll mittels des Instrumentariums der Phorik und der von Ehlich sogenannten handlungszentrierten „Prozeduren" der Dekalog der Exodusfassung untersucht werden.[131] „Deixis" soll hier im

---

125 *Ehlich*, Prozedur (2005), 521.

126 *Ehlich*, Symbolfeld (2005), 666.

127 *Ehlich*, Prozedur (2005), 520.

128 Ebd.

129 Ebd. 521f.

130 Ebd. 521.

131 Es bleibt allerdings darauf hinzuweisen, dass das Reallexikon der deutschen Literaturwissenschaft von 2003 der Theorie von Ehlich nicht gefolgt ist, sondern statt von „Deixis" von „Pro-Formen" spricht. Im Metzler Lexikon Sprache, 3. Auflage von 2005, finden sich die von Ehlich verfassten Artikel „Deixis" und „Prozedur". Ein

Weiteren im Sinne von Ehlich verstanden werden, „Phorik" und „phorisch" auch, wenn auf ihn rekurriert wird. Sonst werden die Begriffe „phorisch" und „Phorik" im herkömmlichen und übergeordneten Sinne als „[s]emantisch-syntaktisches Verweissystem innerhalb eines Textes"[132] verwendet. In diesem Sinne sind auch die Begriffe „Ich-Du-Perspektive", „Er-Du-Perspektive", „Er-Er-Perspektive", „Er-Perspektive" etc. zu verstehen.

8. Deixis und Phorik in der Dekalogfassung des Buches Exodus

8.1 Gott als Sprecher in Ich-Deixis: Ex 20,2–6

In der eröffnenden Redeeinleitung: „Und es redete Elohim alle diese Worte folgendermaßen:" (Ex 20,1) bildet „Elohim" den Referenten für die weiteren theophoren Begriffe und ihre phorische Aufnahme. Er wird mit unterschiedlichen Lexemen zehnmal bezeichnet: Elohim: 1x; JHWH, dein Elohim: 5x; El: 1x; Name JHWHs: 1x; JHWH: 2x.

Die Redeeinleitung lenkt mit der determinierten Objektdeixis „alle *diese* Worte" die Aufmerksamkeit auf die folgende direkte Rede des Dekalogs und fasst sie als Redeeinheit zusammen (V. 2–17). Das Demonstrativpronomen „diese" ist kataphorisch aufzufassen, meint also die angekündigte folgende Rede.[133] Die angewendete deiktische Prozedur stellt „eine Annäherung des Hörers/Lesers der ‚Worte' an die Situation der göttlichen Offenbarung" her. „Denn bei jeder neuen Lektüre der Worte ist ein deiktischer Raum präsent bzw. wird durch den Leser aktualisiert, der ein Element enthält, das auch zu der Sprechsituation, in der Gott die Worte promulgierte, gehörte."[134]

Für die 1. Pers. Sing. m. (Gott in Sprecher- bzw. Ich-Deixis) finden sich in den V. 2–6 sieben Belege, für welche unterschiedliche Ausdrücke verwendet werden. Dabei fällt auf, dass Elohim in Ich-Deixis nur innerhalb der Gebote I und II Anwendung findet. Die Ich-Deixis

---

Artikel zu „Phorik" fehlt, ebenso zu „Pro-Formen". H. Bussmann widmet sowohl dem Lemma „Deixis" als auch „Phorik" einen eigenen Artikel, vertritt also eine vermittelnde Position.

132 *Bussmann*, Phorik (2008), 528 (s. o. 164).

133 W. Oswald hingegen sieht im Dekalog jene Mose-Rede, deren Inhalt ihm Elohim in 19,19 mitgeteilt habe; vgl. *Oswald*, Israel (1998), 47; *Mark*, Angesicht (2011), 232, Fußn. 17.

134 *Ehlich*, Verwendungen der Deixis 1 (1979), 539.

wechselt in den Geboten III bis V zur Er-Perspektive. Sieben Ausdrücke markieren die Ich-Deixis:

- Zweimal das separate Personalpronomen „ich“: 20,2.5; in V. 5.6 wird „ich“ mit zwei Partizipien expliziert: „ahndend“ (V. 5b), „ausübend/machend“ (V. 6a)
- Einmal „Ich“ als Subjekt eines finiten Verbes: „der ich dich herausgeführt habe“ (V. 2)
- Viermal der Rückbezug auf Elohim über das Pronominalsuffix der 1. Pers. Sing.: „gegenüber meinem/r Angesicht/Person“ (V. 3), „an meinen Hassern“ (V. 5b), „die mich lieben“, „meine Gebote“ (V. 6b)
- Allerdings wird mit den beiden Belegen der determinierten Nominalgruppe „JHWH, dein Elohim“ in 20,2.5 und der indeterminierten Attributgruppe ein „eifersüchtiger El (Gott)“ (V. 5) das Ich in der Er-Perspektive entfaltet. Außerdem steht der oppositive Begriff „ein anderer Elohim“ (V. 3) für eine mit Elohim konkurrierende Größe.

8.2 Ich-Du-Deixis: Fokussierung von Sprecher und Hörer

Im eröffnenden Vers 20,2 charakterisiert sich Gott in drei Schritten: zunächst mit dem nominalen Satzkern „ich (bin) JHWH“ (V. 2aα), der nur aus zwei Substantiven besteht, die miteinander identifiziert werden, dann mit dem Attribut „dein Elohim (Gott)“ (V. 2aβ) und dem Relativsatz „der ich herausgeführt habe dich aus dem Land Ägypten, aus (dem) Haus der Knechtschaft“ (V. 2b). V. 2 proklamiert mit der eröffnenden Selbstcharakterisierung und ihren zwei Attributen auf der semantischen Ebene die einzigartige persönliche Beziehung zwischen *seinem* wirk- und geschichtsmächtigen Gott JHWH und dem aus Ägypten befreiten Volk Israel.

Die doppelte Ich-Du-Deixis („Sprecher-Hörer-Deixis“[135]) fokussiert sowohl den hier beteiligten Sprecher, der sich als „JHWH, dein Elohim“ ausweist, als auch den als Du angeredeten Hörer, der aber bis zum Schluss ohne identifizierenden Referenten bleibt. Nirgends erscheint ein Vokativ, etwa „Israel“. Gleichwohl lässt die Situation der Vortextes in Ex 19,1–25 vermuten, dass die Erzählung Israel und Mose *kollektiv* als Adressaten der Gottesrede voraussetzt. Dies würde damit übereinstimmen, dass die 2. Pers. Sing. m. implizit auf das in Ex 19,25

---

[135] *Ehlich*, Prozeduren (1982), 126.

genannte *Volk* (Israel) referiert, die Frauen also mit eingeschlossen wären.

Dieser vermutlich intendiert verrätselnde Zug vermag jedoch deutlich zu machen, welche Strategie die Gottesrede mit der zwar von Lesenden erwarteten, aber nie eingelösten Identifikation des Adressaten verfolgt: *eine mit jedem genannten Du neu von den Lesenden geforderte Suche nach dem Referenten innerhalb des etablierten Rederaums und zugleich das unmittelbare Einbeziehen jedes Hörenden oder Lesenden in diesen Rederaum während jedes Leseaktes.* Die deiktische „Du-Prozedur" mit offener Referenz verleiht den Zehn Geboten ihre semantische Vieldeutigkeit; sie nimmt jeden Lesenden konsequent in die Pflicht der hier vorgenommenen Sprechhandlung. In pragmatischer Hinsicht wird jeder einzelne Hörende/Lesende von Anfang an mit aller Eindringlichkeit in die Rolle der unmittelbar Angeredeten am Sinai versetzt.

8.3 Wechsel von der „Ich-Du-Perspektive" zur „Er-Du-Perspektive": Ex 20,7–12

Während Gott im „Grundartikel", Fremdgott- und Kultbildverbot (Ex 20,2–6) mittels der Ich-Deixis fokussiert wird, wechseln das Namensmissbrauchverbot, das Sabbat- und Elterngebot zur Er-Perspektive (Ex 20,7–12), d. h. dass der vorausgehend etablierte Fokus des Ich beibehalten werden soll.[136] Damit wechselt Gott von der Rolle des Sprechers zu der des Besprochenen.[137] Gott erscheint 12-mal in der 3. Pers. Sing. m. (Er-Perspektive):

- Die dreimal belegte Nominalgruppe „JHWH, dein Elohim" immer mit zusätzlicher Du-Deixis: Ex 20,7.10.12; in V. 12b wird die Nominalgruppe mit dem Partizip „gebend" expliziert
- Einmal „Name JHWHs" (V. 7)
- Einmal der Rückbezug auf JHWH über das Pronominalsuffix der 3. Pers. Sing.: „seinen Namen" (V. 7)
- Fünfmal „Er" als implizites Subjekt finiter Verben: „lässt ungestraft" (V. 7b), „machte", „ruhte", „segnete", „heiligte ihn" (V. 11)
- Zweimal absolutes JHWH (V. 11a.b).

---

[136] Vgl. ebd. 121 (s. o. 169). Zu analogen Ergebnissen kommen viele redaktionsgeschichtliche Studien, darunter z. B. *Köckert*, Dekalog (2007), 1.4.; *Perlitt*, Bundestheologie (1969), 86f.

[137] Vgl. *Bussmann*, Personalpronomen (2008), 518.

8.4 Konstante Fokussierung des Hörers: Du-Deixis

Gegenüber dem Wechsel des Sprechers von der Ich- zur Er-Perspektive erscheint der Adressat ohne jede semantische und pragmatische Variation durchgehend in der Du-Deixis. Jedes der Gebote fokussiert den Hörer konstant mit der Du-Deixis. Es finden sich die folgenden Ausdrücke:

- Die fünfmal belegte Nominalgruppe „JHWH, dein Elohim": Ex 20,2.5.7.10.12
- Einmal das pronominale Objekt eines finiten Verbs: „der ich dich herausgeführt habe" (V. 2)
- Dreimal das Pronominalsuffix der Präposition *l*[e]: „für dich" / „dir" (V. 3.4.12b)
- 13-mal „Du" als implizites Subjekt finiter Verben: „machst du" (V. 4), „wirfst du dich nieder" (V. 5a), „verknechtest du dich" (V. 5a), „erhebst du" (V. 7), „sollst du dienen/arbeiten" (V. 9a), „machen wirst du" (V. 9a), „machst du" (V. 10b), „mordest du" (V. 13), „brichst du die Ehe" (V. 14), „stiehlst du" (V. 15), „antwortest du" (V. 16), „begehrst du" (V. 17a.b)
- Einmal das separate Personalpronomen „du" (V. 10b)
- 15-mal der Rückbezug auf das Du über das Pronominalsuffix der 2. Pers. Sing.: „alle deine Arbeit" (V. 9), „und dein Sohn und deine Tochter" (V. 10), „dein Knecht und deine Magd und dein Vieh" (V. 10), „und dein Fremder in deinen Toren" (V. 10), „deinen Vater und deine Mutter" (V. 12a), „deine Tage" (V. 12b), „(gegen) deinen Volksgenossen" (V. 16), „das Haus deines Volksgenossen" (V. 17a), „die Frau deines Volksgenossen" (V. 17b), „deinem Volksgenossen" (V. 17b).

Neben der Er-Phorik für Elohim in den Geboten III–V finden sich weitere mikrostrukturelle kataphorische Referenzen, die zwischen vier Größen hergestellt werden.

1. Auf „(Kult-)Bild und Gestalt" (V. 4a) beziehen sich die Präposition mit dem Pronominalsuffix der 3. Pers. Pl. m. „sich niederwerfen *vor ihnen*" und das Pronominalsuffix von „sich verknechten *ihnen*" zurück.
2. Innerhalb des Sabbatgebots referiert das Pronominalsuffix der 3. Pers. Sing. m. am Anfang und am Schluss auf den „Tag des Sabbats": „um zu heiligen *ihn*" (V. 8) bzw. „Und er heiligte *ihn*" (V. 11).

3. Auch innerhalb des Sabbatgebots fasst „in ihnen" mit dem Pronominalsuffix der 3. Pers. Pl. die zuvor genannten Größen „Himmel", „Erde" und „Meer" zusammen (V. 11a).
4. Schließlich referiert viermal das Pronominalsuffix der 3. Pers. Sing. m. auf „Stammesverwandter, Volksgenosse, Nächster": „und *seinen* Knecht und *seine* Magd und *sein* Rind und *seinen* Esel" (V. 17b).

Insgesamt liegen ca. 38 Hörer-Deixeis vor. Sie dominieren bei Weitem die sieben Belege der Sprecher- bzw. Ich-Deixis und die zwölf Belege der Er-Perspektive. Die Gebote VI bis X verzichten ganz auf eine Erwähnung Gottes. Die Du-Deixis wird zum ausschließlichen pragmatischen Moment dieser Gebote mit nochmals gesteigerter Wirkung.

8.5 Aufforderungen mit „kategorischer Unbedingtheit": Prohibitive und imperativische Infinitive

Wie im Deutschen kennt das Hebräische mehrere Möglichkeiten, Aufforderungen anzuzeigen. Zwölfmal leitet die Konstruktion des Prohibitivs *lôʾ*/ „nicht" + Präformativkonjugation mit „kategorischer Unbedingtheit"[138] eine negative Aufforderung ein (V. 3.4a.5aα.aβ.7a.10b.13.14.15.16.17a.b). Die zugehörige Aufforderung wird in der vorgelegten Übersetzung (s. u. Kap. 10) mit voranstehendem „nicht", dem Verb im Indikativ und abschließendem Ausrufezeichen übersetzt. Dadurch soll formal die hebräische Wortfolge nachgeahmt („nicht" + appellative Verbform) und inhaltlich die unbedingte Dringlichkeit des Verbots verdeutlicht werden.

Im Unterschied zu anderen Arten von (sogenannten kasuistischen) Rechtssätzen des Alten Testaments nennen die Prohibitive weder Einzelfälle noch irgendwie geartete Umstände, auf welche die Gebote anzuwenden sind. „Diese Gebote enthalten einen uneingeschränkten Anspruch, gelten nicht nur in bestimmten Lebenssituationen, sondern *unbedingt*, ‚absolut', – mit A. Alt zu sprechen: – apodiktisch."[139] „Die Gebote nehmen also keine Rücksicht darauf, was der Mensch im einzelnen tun oder nicht tun kann, was ihm in den komplexen, vielschich-

---

[138] *Alt*, Ursprünge (1968), 315.

[139] *Schmidt*, Zehn Gebote (1993), 16; vgl. *Alt*, Ursprünge (1968), 308; relativierend *Gerstenberger*, Wesen und Herkunft (1965), 50–54; *Fohrer*, Recht (1969), 148: „Lebens- und Verhaltensregel in apodiktischer Formulierung".

tigen Situationen des alltäglichen Lebens möglich ist oder nicht, sondern fordern vorbehaltlos, gleichsam ‚vollkommen'."[140]

Auch verzichten die Prohibitive fast ganz auf die Ankündigung einer Strafe, die das Übertreten des jeweiligen Gebots nach sich ziehen würde. Nur die V. 5b–6 und 7b deuten eine nicht näher konkretisierte Ahndung an. „Die apodiktisch formulierten Sätze sollen das Begehen einer strafwürdigen Tat oder Unterlassung gerade von vornherein verhindern und gehen sachlich dem Recht voraus."[141] Sie „sind eher ‚Verhaltensregeln', Anweisungen für das Leben, mehr Ethos als Jus"[142].

Zwei Gebote unterscheiden sich von den für den Dekalog so charakteristischen Prohibitiven: Das Sabbat*gebot* und das Eltern*gebot*. Nur diese eindringlichen Aufforderungen sind positiv formuliert. Sie werden jeweils durch einen Infinitiv konstruiert, der einen nachdrücklichen Imperativ „als eine Art starres, unreflektierbares Kommando"[143] ausdrückt.

Innerhalb des Sabbatgebots findet sich eine weitere positive Aufforderung im Jussiv, die sich im Hebräischen ähnlich wie der Imperativ an die 2. Person richtet: „Sechs Tage (lang) sollst du dienen/arbeiten. Und machen wirst du alle deine Arbeit!" (V. 9). Sie hat aber nicht jenen Grad der Unbedingtheit, wie sie dem imperativischen Infinitiv oder dem Prohibitiv zukommt. Dem Jussiv folgt ein Prohibitiv: „Nicht machst du irgendeine Arbeit, du und dein Sohn und deine Tochter, dein Knecht und deine Magd und dein Vieh und dein Fremder in deinen Toren!" (V. 10b) als Teilaussage des gesamten Gebots.

Die Sprache der Zehn Gebote zeichnet sich also durch eine besondere „Grammatik des Appells" aus. Sie stellt eine Kaskade von illokutiven Akten dar. Mit insgesamt 14 unbedingten Aufforderungen wendet sich Gott an das Du: sechs Prohibitive und zwei imperativische Infinitive in der I. Gebotsgruppe, sechs Prohibitive in der II. Gebotsgruppe. Nur auf das 2. Gebot entfallen drei Prohibitive, auf jedes weitere Gebot je einer. Eine Ausnahme bilden das Sabbat- und das Elterngebot. Das

---

[140] *Schmidt*, Zehn Gebote (1993), 17.

[141] *Fohrer*, Recht (1969), 124.

[142] *Schmidt*, Zehn Gebote (1993), 18; vgl. *Gese*, Dekalog (1967), 124; *Fohrer*, Recht (1969), 123f.; *Schüngel-Straumann*, Dekalog (1973), 23; *Köckert*, Zehn Gebote (2007), 22.

[143] *Kautzsch*, Grammatik (1991), § 113 bb, Fußn. 3. Auch die deutsche Sprache kann die „Infinitivphrase" als Imperativ verwenden, z. B.: „Bitte Ausstellungsstücke nicht *berühren*" (zitiert nach Duden, 894).

Sabbatgebot enthält einen imperativischen Infinitiv, einen Prohibitiv und einen Jussiv. Das Elterngebot ist mit einem imperativischen Infinitiv gestaltet.

Die feierliche Form der kategorischen Unbedingtheit betont den Ernst, mit dem Gott auf das Bewahren der eingegangenen Beziehung dringt. Das sogenannte „Hauptgebot" (V. 3–6)[144] bietet mit seinen vier Prohibitiven den stärksten auffordernden Impuls, welcher mit der fokussierenden Ich-Du-Deixis zusätzlich gesteigert wird. Dem anschließenden Namensmissbrauch-, Sabbat- und Elterngebot (V. 7–12) kommt sowohl aufgrund des reduzierten appellativen Modus als auch der Er-Du-Perspektive explizierende Funktion zu.[145]

9. Ergebnis

Die Frage nach dem Du im Dekalog lässt den seit mindestens zwei Jahrtausenden weltweit prominenten Text in neuem Licht erscheinen. Tatsächlich zeichnet sich seine sprachliche Gestalt durch eine geradezu exzessive und exzeptionelle Ich-Du-Phorik aus, aufgrund derer die verbotenen und gebotenen Handlungen und Haltungen auf die Hörenden und Lesenden mit beispielloser Wucht einwirken. Das besondere Kennzeichen dieser unmittelbaren Rede liegt in ihrer zugespitzt konstruierten Pragmatik. In zentralen Fragen der Beziehung zu Gott und zu den Mitmenschen will die Rede auf das Handeln der Rezipierenden durch Appell und implizite Infragestellung einwirken.

Mit dem aufstrebenden Christentum scheint der Dekalog zum Zankapfel gegenüber der Herkunftsreligion des Judentums geworden zu sein. Christliche Theologen entwickeln ein anhaltendes, bemerkenswertes Interesse am Dekalog und erkennen in ihm – wie schon Philo von Alexandrien als Vertreter einer hellenistisch transformierten jüdischen Theologie – das überzeitliche und durch die Vernunft erkennbare Naturgesetz. Dieser, offensichtlich durch die prägnante Rede vom Doppelgebot der Liebe motivierten Interpretation in der synoptischen Tradition (Mt 22,37–40; Mk 12,29–31; Lk 10,27) hält das rabbinische Judentum korrigierend entgegen, dass dem Dekalog

---

[144] Vgl. *Köckert*, Dekalog (2007), 1.4.; *Perlitt*, Bundestheologie (1969), 87: „Grundgebot".

[145] Vgl. *Perlitt*, Bundestheologie (1969), 86f.

innerhalb der am Sinai geoffenbarten Tora kein theologischer Sonderstatus zukomme.

Bis in das 20. Jh. hinein „gebrauchten" die christlichen Kirchen den katechetisch verkürzten und um seine in der Tora verortete Heimat beraubten Dekalog für die ethische Unterweisung. Sowohl kirchlich approbierte Texte als auch öffentliche Stellungnahmen stellen die Konvergenz zwischen universalen (neuzeitlichen) Grundwerten und den Geboten insbesondere der zweiten Tafel heraus. Dabei fällt auf, dass das Volk Israel als „Autor" dieses herausragenden Textes teilweise oder ganz in den Schatten des „neuen Bundesvolkes" gerät.

In ähnlicher Richtung argumentieren die Vertreter der Autonomen Moral. Als forschungsgeschichtlicher Konsens gilt, dass sich der Dekalog an eine übersichtliche, segmentäre, einfach strukturierte nomadische und/oder bäuerliche bzw. stratifizierte, staatlich verfasste Gesellschaft richte, folglich primär individualethisch ausgerichtet sei. Jedoch inhäriere dem Dekalog eine Dynamik, aufgrund derer er auch für die ungleich komplexere und unübersichtlichere gesellschaftliche Struktur der Moderne als „Weltethos" (Auer) bzw. „Urcharta der Menschenrechte" (F. Furger) sozialethisch fruchtbar gemacht werden könne. Diese „Aktualisierung" des Dekalogs steht wiederum in Gefahr, zu sehr von seinem „Israelbezug"[146] zu abstrahieren.

Die hier vorgetragenen Überlegungen zur besonderen sprachlichen Gestalt des Dekalogs weisen auf, dass christliche Instanzen dazu neigen, die sprachliche und theologische Besonderheit des Dekalogs innerhalb der mit der Tora konzipierten, für das Judentum und Christentum basalen Offenbarungskonzeption zu wenig in den Blick zu nehmen, und zu sehr von einer ethisch ausgerichteten Interpretation geleitet sind. Das zeigt sich auch daran, dass (nur) die Gebote der zweiten Tafel im Zentrum des Interesses stehen. Zwar wurde zwischenzeitlich die Relevanz des „beziehungstheologischen Grundartikels" (s. o. Kap. 3) erkannt, jedoch wird der Gehalt der ersten Tafel zu sehr der späteren christlichen Dogmatik untergeordnet (und im Besonderen das Sabbatgebot zum Sonntagsgebot umgeformt).

Die Rede des Dekalogs verblüfft durch ihre konzentrierte deiktisch-phorische Strategie. Die den ganzen Text bestimmende Hörer-Deixis, welche bewusst nicht mit einer Hörerschaft identifiziert wird, zwingt die Rezipierenden, mit anhaltend hoher Aufmerksamkeit ihre „eigene

---

[146] Vgl. *Dohmen*, Freiheit (1993), 200.

Tätigkeit zu intensivieren, zusätzlich rekonstruktive Bemühungen zu unternehmen, um die ungewöhnliche Verfahrensweise des Autors nicht zu verfehlen“[147]. Die konstante Du-Deixis drängt die Rezipierenden dazu, sich selber als Teil des Kommunikationsgeschehens aufzufassen und sich die Rolle der Hörenden am Sinai zu eigen zu machen. In diesem Sinne interpretiert Philo von Alexandrien das Du im Singular: Mose wollte „den Lesern der heiligen Schrift eine treffliche Lehre geben [...], die nämlich, dass jeder einzelne, sofern er nach dem Gesetze lebt und Gott gehorsam ist, ein ganzes zahlreiches Volk, ja noch mehr, alle Völker und, wenn man noch weiter gehen darf, sogar die ganze Welt aufwiegt“[148] (De Decalogo 37). Das vehemente Einwirken auf die Lesenden wird zusätzlich dadurch gesteigert, dass der Sprecher mit zwölf Prohibitiven, zwei imperativischen Infinitiven und einem Jussiv „direkt in die ablaufenden Hörtätigkeiten ein[greift]; er stellt sozusagen einen ‚direkten Draht‘ zum Hörer her“[149].

Auffällig ist, auf welche Weise Gott in deiktisch-phorischer Hinsicht dargestellt wird. Innerhalb des „Grundartikels“ und des Fremdgott- und Kultbildverbots verleiht ihm die Ich-Deixis fokussierte Aufmerksamkeit. Der Wechsel zur Er-Perspektive im Namensmissbrauchverbot und dem Sabbat- sowie Elterngebot reduziert das fokussierende Gewicht des Sprechers und verlagert es so auf den Hörer mittels der weiter vorherrschenden Du-Deixis. Zugleich wird auch innerhalb des Sabbat- und Elterngebots die Du-Deixis dadurch leicht zurückgenommen, dass an die Stelle des Prohibitivs zwei imperativische Infinitive treten, welche das Du weniger emphatisch exponieren. Innerhalb der II. Tafel verlagert sich der pragmatische Impuls ab dem Tötungsverbot ganz auf die Hörerschaft. Während die Du-Deixis in gedrängter Kürze bis zum Schluss weitergeführt wird, bleibt Gott fortan unerwähnt.

Innerhalb der sich vorrangig auf Gott beziehenden Gebote wird den Inhalten des „Grundartikels“ und des Fremdgott- und Kultbildverbots höchste Priorität mittels Ich-Du-Deixis und Prohibitiven zugeschrieben. In den sich auf den Mitmenschen beziehenden Geboten ergeht der stärkste Appell in den Geboten der zweiten Tafel mittels Du-Deixis und Prohibitiven. Die dazwischen liegenden Gebote zum Namensmiss-

---

[147] *Ehlich*, Prozeduren (1982), 123 (s.o. 169).
[148] Übersetzung nach *Treitel*, Ueber den Dekalog (1962), 379; vgl. *Peter-Spörndli*, Zehn Worte (2012), 4.53.
[149] *Ehlich*, Prozedur (2005), 521 (s.o. 170).

brauch, Sabbat und zu den Eltern stellen über die Du-Deixis des Hörers, die Er-Perspektive Gottes und das reduzierte appellative Gewicht die Verbindung zwischen den Gottes- und Menschengeboten her.

Möglicherweise signalisiert die Ich-Du-Kommunikation innerhalb des „Grundartikels" und des Fremdgott- und Kultbildverbots eine Kommunikation auf gleicher Augenhöhe. Israel wird in der Rede des göttlichen Ich als Du gewürdigt.

Die Frage, wer die Hörer in der Textwelt sind, wird durch den Kontext impliziert: das Volk (Ex 19,25). Aus textpragmatischer Sicht stehen jedoch die Lesenden ganz im Vordergrund. Der Text steuert so die Rezeption, dass die Lesenden nicht umhin können, die appellative Wucht auf sich zu beziehen und ihre Handlungsmaximen daran zu orientieren. Die Singularität des Dekalogs zeichnet sich nicht nur durch die exzeptionelle Kontextualisierung innerhalb des Pentateuchs (Sinai) aus, sondern auch durch die außerordentliche deitkisch-phorische Vehemenz.[150]

Zum Ausgangspunkt einer aktualisierenden Auslegung des Dekalogs sollte die beziehungstheologische „Ich-Du-Struktur", mittels derer interpersonale Verbindlichkeiten angemahnt werden, genommen werden. Sie stellt einen jener faszinierenden Kristallisationskerne dar, welche die Konzeption von Offenbarung nach dem Exodusbuch auszeichnen. Zweifellos ergeben sich aus dieser die persönliche Verantwortung einklagenden Appellstruktur ethische Implikationen. Ihnen übergeordnet ist aber das textuelle und theologische Gesamt beider Tafeln. Das Anwenden der deiktischen und phorischen Prozeduren verleiht dem semantisch offenen Du des Dekalogs einen unendlichen „Raum für neue Fokussierungen"[151] und somit seine innere Offenheit auf eine universale Adressierung. Das deiktische Du bildet die semantische Brücke zwischen partikularer und universaler Interpretation, verlangt jedoch auch eine bleibende Rückbindung an die „Autorinstanz" des Dekalogs: Israel.

---

[150] Insofern ist die literargeschichtliche Hypothese von *Köckert*, Dekalog (2007), 1.6. plausibel: Der „Sitz im Leben" des Dekalogs „war also von vornherein ein literarischer", entsprechend *Veijola*, Das fünfte Buch Mose (2004), 151.

[151] *Hasebrink*, Pro-Formen (2003), 162 (s. o. 165).

10. Gliederung und heuristische Übersetzung des Dekalogs: Ex 20,1–17

	Einleitung der göttlichen Gebotsverkündigung
1	„Und es redete **Elohim** alle diese Worte folgendermaßen:“
A	**Ex 20,2: Einleitung: „Beziehungstheologischer Grundartikel“**
2a	„*(Weil)* **ich JHWH, dein Elohim**, (bin),
b	der **ich dich** herausgeführt habe aus dem Land Ägypten, aus (dem) Haus der Knechtschaft (, gilt):“
B	**Ex 20,3–12: I. Hauptteil („I. Tafel“)**
I	Fremdgottverbot
3	**„Nicht ist (wirkmächtig) für dich ein anderer Elohim** gegenüber **meinem/r** Angesicht/Person!“
II	Kultbildverbot
4aα	1. **„Nicht** machst ***du für dich*** ein **(Kult-)Bild** noch die Gesamtheit einer
aβ	(sichtbaren) **Gestalt**
b	die im Himmel droben (sind) und die auf der Erde unten (sind) und die im Wasser unterhalb der Erde (sind)!“
5a	2. **„Nicht** wirfst **du dich** nieder vor **ihnen**! Und **nicht** verknechtest **du dich ihnen**!“
b	„Denn **ich** (bin) **JHWH, dein Elohim**, ein eifersüchtiger El (Gott), ahndend die Schuld der **Väter** auf die **Söhne**, auf die **Nachkommen** der dritten und vierten Generation an **meinen Hassern**,
6a	und ausübend (machend) Verbundenheit **Tausenden**,
b	denen, die **mich** lieben und beachten **meine** Gebote.“
III	Namensmissbrauchverbot
7a	**„Nicht** erhebst **du** den **Namen JHWHs, deines Elohims**, zum Trug!
b	Denn nicht lässt ungestraft **JHWH den, der** erhebt **seinen Namen** zum Trug.“
IV	Sabbatgebot
8	**„Gedenken** des **Tages des Sabbats**, um **ihn** zu heiligen!
9	Sechs Tage (lang) **sollst du** dienen/arbeiten. Und machen wirst **du** alle **deine** Arbeit!
10a	Und der **siebte Tag** (ist) **Sabbat** für **JHWH, deinen Elohim**.
b	**Nicht** machst **du** irgendeine Arbeit, **du** und **dein Sohn** und **deine Tochter**, **dein Knecht** und **deine Magd** und **dein Vieh** und **dein Fremder** in **deinen** Toren!
11a	Denn sechs Tage (lang) machte **JHWH** den Himmel und die Erde, das Meer und alles in ihnen.
b	Und er ruhte am **siebten Tag**. Deshalb segnete **JHWH** den **Tag des Sabbats**. Und **er** heiligte **ihn**.“

V	Elterngebot		
12a	„**Ehren deinen Vater** und **deine Mutter**,		
b	damit lange währen **deine** Tage auf dem **Ackerboden**, welchen **JHWH, dein Elohim**, (ist) gebend **dir**!“		
C	**Ex 20,13–17: II. Hauptteil („II. Tafel“)**		
VI	Tötungsverbot	**VII**	Ehebruchsverbot
13	„**Nicht** mordest **du**!“	14	„**Nicht** brichst **du** die Ehe!“
VIII	Diebstahlsverbot	**IX**	Lügenverbot
15	„**Nicht** stiehlst **du**!“	16	„**Nicht** antwortest **du** gegen **deinen Volksgenossen/Nächsten** als Zeuge der Lüge!“
X	Begehrensverbot allgemein (V. 17a) und detailliert (V. 17b)		
17a	„**Nicht** begehrst **du** das **Haus deines Volksgenossen**!“		
b	„**Nicht** begehrst **du** die Frau **deines Volksgenossen** und **seinen** Knecht und **seine** Magd und **sein** Rind und **seinen** Esel und alles, was **deinem Volksgenossen** (gehört)!“		

Literatur

Alt, Albrecht, Die Ursprünge des israelitischen Rechts, in: *Ders.*, Kleine Schriften zur Geschichte des Volkes Israel. Bd. I, München (1934) ⁴1968, 278–332.

Andersen, Svend, Art. Dekalog. V. Dogmatisch und ethisch, in: RGG⁴ 2 (1999) 632f.

Auer, Alfons, Autonome Moral und christlicher Glaube, Düsseldorf ²1989.

Ben-Chorin, Schalom, Die Tafeln des Bundes. Das Zehnwort vom Sinai, Tübingen 1979.

Ben Maimon, Mose, Führer der Unschlüssigen. Bd. I: Erstes Buch. Bd. II: Zweites und drittes Buch. Übersetzung und Kommentar von *Weiss, Adolf*. Mit einer Einleitung von *Maier, Johann* (PhB 184), Hamburg 1972.

Bobbert, Monika, Ärztliches Urteilen bei entscheidungsunfähigen Schwerkranken. Geschichte – Theorie – Ethik, Münster 2012.

Böckle, Franz, Fundamentalmoral, München ³1981.

Breitsameter, Christof, Nur Zehn Worte. Moral und Gesellschaft des Dekalogs (SThE 134), Fribourg 2012.

Buber, Martin, Moses, Heidelberg ³1966.

Bussmann, Hadumod (Hg.), Lexikon der Sprachwissenschaft. Unter Mitarbeit von *Lauffer, Hartmut*, Stuttgart ⁴2008.

Crüsemann, Frank, Bewahrung der Freiheit. Das Thema des Dekalogs in sozialgeschichtlicher Perspektive (KT 128), Gütersloh ²1998.

Ders., Die Tora. Theologie und Sozialgeschichte des alttestamentlichen Gesetzes, Gütersloh ²1997.

Deuser, Hermann, Die Zehn Gebote. Kleine Einführung in die theologische Ethik (Reclam Universal-Bibliothek 18233), Stuttgart 2002.

Deutsche Bischofskonferenz (Hg.), Katholischer Erwachsenen-Katechismus. Bd. 2: Leben aus dem Glauben, Freiburg 1995.

Dohmen, Christoph, Decalogue, in: *Dozeman, Thomas B./Evans, Craig A./Lohr, Joel N.* (Hg.), The Book of Exodus. Composition, Reception, and Interpretation (VT.S 164), Leiden/Boston 2014, 193–219.

Ders., „Es gilt das gesprochene Wort". Zur normativen Logik der Verschriftung des Dekalogs, in: *Frevel, Christian/Konkel, Michael/Schnocks, Johannes* (Hg.), Die zehn Worte. Der Dekalog als Testfall der Pentateuchkritik (QD 212), Freiburg 2005, 43–56.

Ders., Exodus 19–40 (HThKAT), Freiburg 2004.

Ders., Freiheit für Israel oder Gesetz für alle Völker? Die Geltungsfrage des Dekalogs im Horizont des jüdisch-christlichen Verhältnisses, in: *Hahn, Ferdinand u.a.* (Hg.), Zion – Ort der Begegnung. FS Laurentius Klein (BBB 90), Bodenheim 1993, 187–201.

Dudenredaktion (Hg.), Duden. Die Grammatik (Der Duden in zwölf Bänden 4), Mannheim u.a. 82009.

Ego, Beate, „Freiheit auf den Tafeln" – Der Dekalog im rabbinischen Judentum, in: WUB 17 (2000) 36–41.

Egger, Wilhelm/Wick, Peter, Methodenlehre zum Neuen Testament. Biblische Texte selbständig auslegen (Grundlagen Theologie), Freiburg 2011.

Ehlich, Konrad, Art. Deixis, in: *Glück, Helmut* (Hg.), Metzler Lexikon Sprache, Stuttgart/Weimar 32005, 127.

Ders., Art. Prozedur, in: *Glück, Helmut* (Hg.), Metzler Lexikon Sprache, Stuttgart/Weimar 32005, 521.

Ders., Art. Sprechakt, in: *Glück, Helmut* (Hg.), Metzler Lexikon Sprache, Stuttgart/Weimar 32005, 635.

Ders., Art. Symbolfeld, in: *Glück, Helmut* (Hg.), Metzler Lexikon Sprache, Stuttgart/Weimar 32005, 666.

Ders., Art. Zeigfeld, in: *Glück, Helmut* (Hg.), Metzler Lexikon Sprache, Stuttgart/Weimar 32005, 752.

Ders., Deiktische und phorische Prozeduren beim literarischen Erzählen, in: *Lämmert, Eberhard* (Hg.), Erzählforschung. Ein Symposion (Germanistische-Symposien-Berichtsbände 4), Stuttgart 1982, 112–129.

Ders., Verwendungen der Deixis beim sprachlichen Handeln. Linguistisch-philologische Untersuchungen zum hebräischen deiktischen System. Teil 1 u. 2 (Forum Linguisticum 24,1 u. 2), Frankfurt a.M. 1979.

(Erz-)Bischöfe Deutschlands und Österreichs und der Bischof von Bozen-Brixen (Hg.), Gotteslob. Katholisches Gebet- und Gesangbuch. Ausgabe für die Erzdiözese Freiburg, Stuttgart 2013.

(Erz-)Bischöfe Deutschlands und Österreichs und der Bischof von Bozen-Brixen (Hg.), Gotteslob. Katholisches Gebet- und Gesangbuch. Ausgabe für die Erzdiözese Freiburg, Stuttgart 1975.

Fischer, Georg, Wege in die Bibel. Leitfaden zur Auslegung. Unter Mitarbeit von *Boris Repschinski* und *Andreas Vonach,* Stuttgart 2000.

Fohrer, Georg, Das sogenannte apodiktisch formulierte Recht und der Dekalog, in: *Ders.,* Studien zur alttestamentlichen Theologie und Geschichte (1949–1966) (BZAW 115), Berlin 1969, 120–148 = KuD 11 (1965) 49–74.

Fraling, Bernhard, Art. Dekalog, in: *Rotter, Hans/Virt, Günter* (Hg.), Neues Lexikon der christlichen Moral, Innsbruck/Wien 1990, 89–93.

Frevel, Christian, Gottes Grundgesetz, in: WUB 17 (2000) 17–23.

Ders.,/Konkel, Michael/Schnocks, Johannes (Hg.), Die Zehn Worte. Der Dekalog als Testfall der Pentateuchkritik (QD 212), Freiburg 2005.

Furger, Franz, Der Dekalog – eine Urcharta der Menschenrechte?, in: *Mosis, Rudolf/ Ruppert, Lothar* (Hg.), Der Weg zum Menschen. Zur philosophischen und theologischen Anthropologie. FS Alfons Deissler, Freiburg 1989, 294–309.

Geerlings, Wilhelm, The Decalogue in Augustine's Theology, in: *Reventlow, Henning/ Hoffman, Yair* (Hg.), The Decalogue in Jewish and Christian tradition (LHB 509), New York/London 2011, 106–117.

Gerstenberger, Erhard S., Wesen und Herkunft des „Apodiktischen Rechts" (WMANT 20), Neukirchen-Vluyn 1965.

Gese, Hartmut, Der Dekalog als Ganzheit betrachtet, in: ZThK 64 (1967) 121–138.

Glück, Helmut (Hg.), Metzler Lexikon Sprache. Unter Mitarbeit von *Schmöe, Friederike,* Stuttgart/Weimar ³2005.

Graupner, Axel, Die zehn Gebote im Rahmen alttestamentlicher Ethik. Anmerkungen zum gegenwärtigen Stand der Forschung, in: *Reventlow, Henning,* Weisheit, Ethos und Gebot. Weisheits- und Dekalogtraditionen in der Bibel und im frühen Judentum (BThSt 43), Neukirchen-Vluyn 2001, 61–95.

Hasebrink, Burkhard, Art. Pro-Formen, in: RLW III (2003) 162f.

Hossfeld, Frank-Lothar, Art. Dekalog. (I) AT, in: NBL I (1991) 400–404.

Ders., Der Dekalog. Seine späten Fassungen, die originale Komposition und seine Vorstufen (OBO 45), Fribourg/Göttingen 1982.

Katechismus der Katholischen Kirche. München u. a. 1993.

Kautzsch, Emil (Hg.), Wilhelm Gesenius' hebräische Grammatik, Hildesheim u. a. ²⁸1991.

Kellermann, Ulrich, Der Dekalog in den Schriften des Frühjudentums, in: *Reventlow, Henning,* Weisheit, Ethos und Gebot. Weisheits- und Dekalogtraditionen in der Bibel und im frühen Judentum (BThSt 43), Neukirchen-Vluyn 2001, 147–226.

Köckert, Matthias, Art. Dekalog/Zehn Gebote, in: Das Wissenschaftliche Bibellexikon im Internet (www.wibilex.de), Mai 2007/August 2012 https://www.bibelwissenschaft.de/stichwort/10637/ (Zugriff: 11.3.2015).

Ders., Die Zehn Gebote (C.H. Beck Wissen 2430), München 2007.

Konkel, Michael, Was hörte Israel am Sinai? Methodische Anmerkungen zur Kontextanalyse des Dekalogs, in: *Frevel, Christian/Konkel, Michael/Schnocks, Johannes* (Hg.), Die Zehn Worte. Der Dekalog als Testfall der Pentateuchkritik (QD 212), Freiburg 2005, 11–42.

Krüger, Thomas, Woran orientiert sich die Ethik des Dekalogs? In: *Härle, Wilfried/ Preul, Reiner* (Hg.), Woran orientiert sich Ethik? (MJTh 13/MThSt 67), Marburg 2001, 113–124.

Lenzen, Verena, Die Zehn Gebote. Deutung und Bedeutung in Judentum und Christentum, in: *Bondolfi, Alberto/Münk, Hans J.* (Hg.), Theologische Ethik heute. Antworten für eine humane Zukunft. FS Hans Halter, Zürich 1999, 51–69.

Dies., Die Zehn Gebote im Rahmen theologischer Ethik, in: WUB 17 (2000) 61–65.

Dies., Die Zehn Worte vom Sinai im Judentum, in: *Lesch, Walter/Loretan, Matthias* (Hg.), Das Gewicht der Gebote und die Möglichkeiten der Kunst. Krzysztof Kieślowskis „Dekalog"-Filme als ethische Modelle (SThE 53), Fribourg/Freiburg 1993, 160–168.

Loopik, Marcus van, Die Zehn Worte in der Mechilta. (Erev-Rav-Hefte. Israelitisch denken lernen 4), Wittingen 2000.

Magonet, Jonatan, Art. Dekalog. II. Judentum, in: TRE 8 (1981) 413–415.

Mandry, Christof, Art. Theologie und Ethik (kath. Sicht), in: *Marcus Düwell/ Hübenthal, Christoph/Werner, Micha H.* (Hg.), Handbuch Ethik, Stuttgart/ Weimar ³2011, 520–525.

Mark, Martin, Das Bild als Verrat. Zur personalen Konzeption alttestamentlicher Rede von Gott im Buch Exodus, in: *Ebenbauer, Peter/Renhart, Erich* (Hg.), Trinität. Die Drei-Einheit Gottes im theologischen und künstlerischen Diskurs (Universität Graz: Allgemeine wissenschaftliche Reihe 28), Graz 2012, 17–39.

Ders., „Mein Angesicht geht" (Ex 33,14). Gottes Zusage personaler Führung (HBS 66), Freiburg 2011.

Markl, Dominik (Hg.), The Decalogue and its Cultural Influence (HBM 58), Sheffield 2013.

Navè, Pnina, Das Zehnwort vom Sinai. Tafeln des Bundes, in: *Henrix, Hans H.* (Hg.), Unter dem Bogen des Bundes. Beiträge aus jüdischer und christlicher Existenz (ABPB 11), Aachen 1981, 144–156.

Oswald, Wolfgang, Israel am Gottesberg. Eine Untersuchung zur Literargeschichte der vorderen Sinaiperikope Ex 19–24 und deren historischem Hintergrund (OBO 159), Fribourg/Göttingen 1998.

Otto, Eckart, Art. Dekalog. I. Altes Testament, in: RGG⁴ 2 (1999) 625–628.

Parlament der Weltreligionen (Hg.), Erklärung zum Weltethos, Chicago 1993, in: Internetdokument: http://www.weltethos.org/1-pdf/10-stiftung/declaration/declaration_german.pdf (Zugriff: 10.4.2015).

Pätzold, Jörg, Art. Pro-Formen, in: *Glück, Helmut* (Hg.), Metzler Lexikon Sprache, Stuttgart/Weimar ³2005, 513.

Perlitt, Lothar, Bundestheologie im Alten Testament (WMANT 36), Neukirchen 1969.

Peter-Spörndli, Ursula, Die Zehn Worte vom Sinai. Die Rezeption des Dekalogs in der rabbinischen Literatur, Berlin 2012.

Pittner, Karin, Art. Pronomen, in: *Glück, Helmut* (Hg.), Metzler Lexikon Sprache, Stuttgart/Weimar ³2005, 515.

Reicke, Bo Ivar, Die zehn Worte in Geschichte und Gegenwart. Zählung und Bedeutung der Gebote in den verschiedenen Konfessionen (BGBE 13), Tübingen 1973.

Reventlow, Henning, Weisheit, Ethos und Gebot. Weisheits- und Dekalogtraditionen in der Bibel und im frühen Judentum (BThSt 43), Neukirchen-Vluyn 2001.

Ders., The Ten Commandments in Luther's Catechisms, in: *Ders./Hoffman, Yair* (Hg.), The Decalogue in Jewish and Christian tradition (LHB 509), New York/ London 2011, 132–147.

Ders./Hoffman, Yair (Hg.), The Decalogue in Jewish and Christian tradition (LHB 509), New York/London 2011.

Sänger, Dieter, Tora für die Völker – Weisungen der Liebe. Zur Rezeption des Dekalogs im frühen Judentum und Neuen Testament, in: *Reventlow, Henning*, Weisheit, Ethos und Gebot. Weisheits- und Dekalogtraditionen in der Bibel und im frühen Judentum (BThSt 43), Neukirchen-Vluyn 2001, 97–146.

Schmidt, Werner H., Die Zehn Gebote im Rahmen alttestamentlicher Ethik. In Zusammenarbeit mit *Holger Delkurt* und *Axel Graupner* (EdF 281), Darmstadt 1993.

Schmöe, Friederike, Art. Pronominaladverb, in: *Glück, Helmut* (Hg.), Metzler Lexikon Sprache, Stuttgart/Weimar [3]2005, 516.

Schüngel-Straumann, Helen, Der Dekalog – Gottes Gebote? (SBS 67), Stuttgart 1973.

Schwienhorst-Schönberger, Ludger, Die Zehn Gebote – Der Freiheit eine Form geben, in: WUB 17 (2000) 9–14.

Ders., Die Zehn Gebote (I). Einleitung, in: BiLi 64/4 (1991) 228–230.

Sekretariat der Deutschen Bischofskonferenz (Hg.), Päpstliche Bibelkommission, Bibel und Moral. Biblische Wurzeln des christlichen Handelns (VAS 184), Bonn 2009.

Sekretariat der Deutschen Bischofskonferenz/Kirchenkanzlei der Evangelischen Kirche in Deutschland (Hg.), Grundwerte und Gottes Gebot. Gemeinsame Erklärung des Rates der Evangelischen Kirche in Deutschland und der Deutschen Bischofskonferenz (Arbeitshilfen Nr. 11), Gütersloh/Trier 1979.

Smith, Randall B., Thomas Aquinas on the Ten Commandments and the Natural Law, in: *Markl, Dominik* (Hg.), The Decalogue and its Cultural Influence (HBM 58), Sheffield 2013, 148–168.

Stemberger, Günter, Der Dekalog im frühen Judentum, in: JBTh 4 (1989) 91–103.

Strohm, Christoph, Art. Dekalog. IV. Kirchengeschichtlich, in: RGG[4] 2 (1999) 631f.

Treitel, Leopold, Ueber den Dekalog, in: *Cohn, Leopold u. a.* (Hg.), Philo von Alexandria. Die Werke in deutscher Übersetzung. Bd. I, Berlin [2]1962, 369–409.

Veijola, Timo, Das fünfte Buch Mose. Deuteronomium. Kap. 1,1–16,17 (ATD 8,1), Göttingen 2004.

Die Heiligkeit Gottes als Beweggrund für ethisches Verhalten

Das ethische Konzept des Heiligkeitsgesetzes nach Levitikus 19

Thomas Hieke

1. Einführung

1877 hat August Klostermann für die Kapitel Levitikus 17–26 eher beiläufig den Namen „Heiligkeitsgesetz" geprägt und damit – so würde man heute sagen – eine „Marke" kreiert. Was man allerdings unter diesem Label versteht, hat sich im Laufe der Zeit erheblich gewandelt. Die klassische Ansicht, dass das „Heiligkeitsgesetz" ursprünglich ein eigenständiges, selbständig überliefertes und in den narrativen Kontext eingesetztes Rechtskorpus gewesen sei, wird mittlerweile mit guten Gründen in Frage gestellt. Das Herauslösen des „Heiligkeitsgesetzes" aus seinem Kontext und die Rekonstruktion eines eigenständigen Rechtskorpus schafft größere Probleme und ist damit unwahrscheinlicher als die Annahme, der Gesamtzusammenhang sei aus überlieferten Einzelmaterialien und redaktionellen Bildungen eigens auf seinen jetzigen narrativen Kontext hin komponiert und gestaltet worden.[1]

Der Name „Heiligkeitsgesetz" passt freilich immer noch: Es ist ein wohl einmaliges literarisches Gebilde *sui generis*, das eine Sonderbezeichnung (einen Neologismus) durchaus verdient. Sodann ist in diesen Kapiteln „der Gedanke der Heiligkeit Jahwes wie seines Volkes ein beherrschendes Thema".[2] Der Vers Lev 19,2, „Ihr sollt heilig sein, denn heilig (bin) ich, JHWH, euer Gott", ist ein zentraler Schlüsselvers für das Verstehen dieser Abschnitte. Im Folgenden geht es nicht um die literar-

---

[1] Vgl. u.a. *Crüsemann*, Heiligkeitsgesetz (1995), 94; *Elliger*, Leviticus (1966), 16. Einen derzeit am meisten überzeugenden und vielleicht auch konsensfähigen Gesamtentwurf zur Entstehungsgeschichte des Levitikusbuches hat *Nihan*, Priestly Torah (2007), vorgelegt. – Für viele hilfreiche Hinweise zu meinen Ausführungen danke ich besonders Christian Frevel und Ulrich Berges sowie allen Kolleginnen und Kollegen bei der Diskussion der Thesen auf der Tagung der AGAT in Erfurt 2014.

[2] *Preuß*, Heiligkeitsgesetz (1985), 713.

historischen Fragestellungen zur Entstehungsgeschichte des „Heiligkeitsgesetzes". Vielmehr soll gezeigt werden, dass die Rede von der Heiligkeit Gottes und der Heiligkeit des Volkes und das Verhältnis dieser beiden „Heiligkeiten" eine Motivation für ethisches Verhalten darstellt. Was also tragen diese unterschiedlichen Konzeptionen von „Heiligkeit" für den ethischen Diskurs (im Kontext „Heiliger Schrift") aus?

Israels Verhalten soll die Heiligkeit Gottes auf Erden repräsentieren und damit auch außerhalb des Kults im Heiligtum die Einwohnung (Präsenz) Gottes in Welt und Alltag verkörpern. Die Ethik Israels hat also Zeichencharakter: An Israels Handeln sollen die Völker Gottes Heiligkeit kennenlernen, denn auch Gottes Handeln an Israel geschieht „vor den Augen der Nationen" (Lev 26,45). Die Erwählung Israels zum Sondereigentum des heiligen Gottes und zu einem priesterlichen Königreich und einem heiligen Volk nach Ex 19,5–6[3] zielt auf diese Herausforderung und Aufgabe Israels: die aus Gnade gewährte Nähe Gottes durch ein Leben nach der Weisung Gottes auf Erden sichtbar zu machen. Diese paränetisch-ethische Konzeption könnte man als Schlüssel für die gesamte Sinai-Perikope geltend machen und somit als Basis biblischer Ethik ansehen.[4]

2. Das Konzept von Levitikus 19

Das angedeutete ethische Konzept lässt sich vor allem an Levitikus 19 zeigen. Auf den ersten Blick ist das Kapitel eine bunte Mischung von Normen, die man aus heutiger Sicht auf den sozialen und den religiösen Bereich aufteilen würde – es ist aber zu fragen, ob diese „moderne" Kategorisierung der Textwelt dem antiken Denken entspricht. In Levitikus 19 sind das Kultische und das Ethische untrennbar miteinander verknüpft bzw. die Bereiche überlappen sich und gehen ineinander über[5] – dahinter steckt ein System, das unter der Überschrift Lev 19,2 steht: „Ihr sollt heilig sein, denn heilig bin ich, JHWH, euer Gott."

---

[3] Vgl. dazu *Dohmen*, Exodus 19–40 (2004), 60–64.

[4] Wenn das Christentum diese Texte als Glaubensurkunde übernimmt, dann auch die damit verbundene Aufgabe: als auserwähltes Geschlecht und königliche Priesterschaft, als heiliger Stamm und Gottes besonderes Eigentum die großen Taten dessen zu verkünden, der uns aus der Finsternis in sein wunderbares Licht gerufen hat (vgl. 1 Petr 2,9).

[5] Vgl. *Köckert*, Gottesfurcht und Nächstenliebe (2004), 158; *Kaminsky*, Loving (2008), 125; *Plaut*, Levitikus (2001), 187; *Marx*, Lévitique (2011), 97.

Für die priesterliche Gesetzgebung wird damit die Perspektive in folgender Weise erheblich geweitet: In den in Lev 1–16 vorausgehenden kultischen Vorschriften ist die Heiligkeit auf das Heiligtum, seine Einrichtung, die Opfergaben und die Priester beschränkt – das Heiligtum bildet mit seiner Heiligkeit den Bereich Gottes auf Erden ab. Michael B. Hundley hat dies in eine sehr griffige Formel gekleidet: „Keeping Heaven on Earth“[6] – die priesterlichen Autoren sehen ihre Aufgabe darin, durch den korrekt ausgeführten Kult Gottes Präsenz im Heiligtum zu erhalten; da Heiligkeit eine Wesenseigenschaft Gottes ist, müssen alle Anstrengungen darauf zielen, diese Heiligkeit im Heiligtum gleichsam vorrätig zu halten.

Die Verfasser des Heiligkeitsgesetzes, die ebenfalls priesterlichen Kreisen zuzurechnen sind, übertragen dieses Konzept auf die Ethik. Ihnen geht es um eine Erweiterung des Heiligkeitsbegriffs: Nicht nur das Heiligtum, auch der Alltag der Israelitinnen und Israeliten[7] soll Abbild der Heiligkeit Gottes sein, soll Gottes Wesenseigenschaft auf Erden repräsentieren. Das zeigt letztlich auch der Kontext von Levitikus 19: Die umgebenden Kapitel 18 und 20–25 befassen sich überwiegend mit „alltäglichen“ Dingen des Zusammenlebens und rekurrieren in den mehrfach begegnenden paränetischen Passagen auf das genannte Grundkonzept.

„Heiligkeit im Alltag“ ist die Schlagzeile dazu, die freilich inhaltlich gefüllt werden muss. Zur Erläuterung des Gemeinten wird keine theoretische Abhandlung geschrieben. Vielmehr bietet Levitikus 19 eine Bandbreite von einzelnen Vorschriften, die gewissermaßen ein ethisches Areal markieren: Auf den ersten Blick sind es lauter Einzelfragen des Verhaltens im Alltag von Religion und Gesellschaft; bei näherem Hinsehen zeigt sich ein „roter Faden“, der eine klare Richtung angibt, durch welches Handeln (auf der Basis einer ethischen Grundeinstellung) die Angesprochenen die Heiligkeit Gottes auf Erden repräsentieren (sollen). Die einzelnen Sachtatbestände sind Beispiele und Wegmarkierungen für einen inneren Habitus, der aus den Einzelheiten abzuleiten ist: „Heiligkeit“ und „Gottesfurcht“ sind die Stichworte. Das bedeutet bis in die heutige Zeit sehr viel für die Theologie und die Spiritualität: Die Beziehung zu Gott, so das ethische Konzept des Heiligkeitsgesetzes, erschöpft sich nicht im „Gottesdienst“ oder „Kult“ allein,

---

[6] Vgl. *Hundley*, Heaven (2011).

[7] Vgl. *Gaß*, Heilige (2013), 217.

sondern zeigt sich auch und gerade in der alltäglichen Welt, im Umgang der Menschen *untereinander*. Das konkrete Handeln speist sich aus der Beziehung zu Gott, die sich eben darin manifestiert, dass man den Menschen nebenan nicht ausbeutet, auch wenn man die wirtschaftliche Kraft dazu hätte, dass man Menschen mit Behinderung nicht schlechter behandelt, dass man die älteren Mitbürger achtet und bevorzugt behandelt und vieles mehr. Anja A. Diesel sagt dazu treffend: „Der Gedanke, dass durch die Vielfalt der Gebote die Vielfältigkeit der Lebenswirklichkeit in den Blick kommen soll, scheint mir einiges für sich zu haben. Es entspräche auch sonst der im AT und im Alten Orient an vielen Stellen zu beobachtenden Eigenart, durch das Nebeneinanderstellen einzelner uns mitunter unzusammenhängend erscheinender Aspekte das Bild eines Ganzen zu vermitteln".[8] Gerade die refrain- und formelartig wiederholte Wendung „Ich bin JHWH (euer Gott)", die meist einzelne Abschnitte abschließt, schärft ein, dass JHWH das wahre Zentrum allen Lebens ist und alle Bereiche durchdringt, von denen in diesen Geboten die Rede ist. JHWH ist also im Alltag der Israelitinnen und Israeliten präsent, nicht nur im Heiligtum.

Diese Gegenwart JHWHs im Alltag wird eindrucksvoll durch die Episode von der „Lästerung des Gottesnamens" in Lev 24,10–23 illustriert: Der Sohn einer Israelitin und ihres ägyptischen Mannes (eine Mischehe, nebenbei!) lästert und verflucht den Namen Gottes inmitten des Lagers. Die Sache wird Mose vorgetragen, der wiederum holt eine Aussage JHWHs ein und ordnet die rituelle Steinigung des Lästerers außerhalb des Lagers an. Auf die vielfältigen Probleme dieses Abschnittes kann hier nicht näher eingegangen werden. Eine Tendenz der Geschichte ist jedoch deutlich: Es ist nicht gleichgültig, was im „Lager", also im Alltag der Israelitinnen und Israeliten getan und gesprochen wird. JHWH ist auch dort präsent, und die Schmähung dieser Präsenz (des „Namens" als zum Heiligtum analoger Ort der Anwesenheit Gottes) bleibt nicht ungestraft. Ebenso betrifft das Befolgen oder Missachten der Gebote JHWHs im Alltag unmittelbar das Verhältnis, die Beziehung zu JHWH.

Der Satz „Ich bin JHWH" wiederholt in abgekürzter Form den programmatischen Vers Lev 19,2. Dadurch werden alle Vorschriften, die mit dieser Formel abgeschlossen werden, an das Grundprinzip der

---

[8] *Diesel*, Ich bin Jahwe (2006), 259–260.

imitatio Dei, der Repräsentanz und Abbildung der Heiligkeit Gottes in der Welt, zurückgebunden.[9]

3. Die literarische Charakteristik von Levitikus 19

Für den Aufbau des Kapitels, seine internen Doppelbezüge, die Bezüge zum Dekalog und zu anderen Texten der Tora sowie für weitere Vertiefungen der hier behandelten Thematik verweise ich auf meinen Kommentar in der Reihe „Herders theologischer Kommentar zum Alten Testament" (HThKAT)[10]. Levitikus 19 ist demnach – wie das Heiligkeitsgesetz insgesamt und auch die anderen sogenannten „Rechtsbücher" des Pentateuchs – kein Gesetzbuch im Sinne eines Katalogs einzelner Normen. Das pragmatische Ziel liegt auf einer anderen Ebene: Es geht um die Belehrung der Gemeinde, um eine exemplarische Anleitung zu einem Leben gemäß der Heiligkeit, die Gott entspricht. Diese wichtigen Aspekte des ethischen Zusammenlebens lassen sich unabhängig vom Heiligtum an jedem Ort realisieren. Die religiöse Gemeinde, die getragen wird von der Familie als Ort der Sozialisation und des Lernens, definiert sich über das Bekenntnis zu JHWH als dem einen Gott, wie es exemplarisch in Mi 4,5 formuliert wird: „Wenn auch alle Nationen gehen eine jede im Namen ihres Gottes, so gehen wir doch im Namen JHWHs, unseres Gottes, für immer und ewig".[11] Hinzu kommt das von diesem Gott vorgeschriebene ethische Verhalten zur Repräsentanz der Heiligkeit, und auch diese geforderte Nähe zum guten und heiligen Gott ist in der Michaschrift formuliert: „Er [JHWH] hat dir gesagt, Mensch, was gut ist und was JHWH von dir fordert, nichts als Recht tun und Güte lieben und besonnen gehen mit deinem Gott" (Mi 6,8).[12] Diese Passagen aus der Michaschrift dürften in großer zeitlicher und konzeptioneller Nähe zum Heiligkeitsgesetz entstanden sein. Für beide Schriften gilt: Es geht nicht darum, Ethik gegen Kult auszuspielen, vielmehr gehört beides zusammen[13] – ein Thema, das

---

[9] Vgl. *Milgrom*, Leviticus (2000), 1607; *Gerstenberger*, Das 3. Buch Mose (1993), 256; *Levine*, Leviticus (1989), 125; *Gaß*, Heilige (2013), 217.
[10] Vgl. *Hieke*, Levitikus 16–27 (2014), 705–708.
[11] Übersetzung: *Kessler*, Micha (2000), 177.
[12] Übersetzung: ebd. 257.
[13] Vgl. ebd. 272.

gerade auch im Zwölfprophetenbuch, z. B. in der Maleachischrift, immer wieder betont wird.

4. Die Bedeutung und Reichweite von Levitikus 19,2

Zurück zur programmartigen Überschrift Lev 19,2: Die angesprochenen Israelitinnen und Israeliten sollen heilig sein, denn ihr Gott JHWH ist heilig. Dabei ist die Formulierung genau zu beachten, andernfalls könnte das Missverständnis aufkommen, hier würden „Göttliches" und „Menschliches" allzu sehr vermischt. Sollen etwa die Israeliten „heilig wie Gott" sein? Da das vermessen wäre, ist der Satz auch anders formuliert. Der Programmvers lautet nicht „seid so heilig, *wie* ich heilig bin", sondern „seid heilig, *denn* (*kī*) ich bin heilig".[14] Die „Heiligkeit" der Menschen (der Israelitinnen und Israeliten) unterscheidet sich substantiell von der „Heiligkeit" Gottes, wie eben Gott und Mensch grundverschieden sind (s. Hos 11,9: „Gott bin ich, nicht ein Mensch"), und doch stehen beide „Heiligkeiten" in einem Entsprechungsverhältnis. Die Israelitinnen und Israeliten verwirklichen in ihrer Menschlichkeit ihre menschengemäße Heiligkeit vor allem in der Befolgung der Weisungen Gottes für das zwischenmenschliche Zusammenleben (Ethos) und für den rechten Gottesdienst (Kult). Letzteres ist vor allem Aufgabe der Priester, ersteres, insbesondere die Sorge für die Bedürftigen, die Alten usw., ist Aufgabe der „Laien" (der Nicht-Priester). Zu dieser Art von Heiligkeit sind die Israelitinnen und Israeliten, Laien wie Priester, in der Lage, denn Gottes (spezifische) Heiligkeit befähigt sie dazu und leitet sie entsprechend an.

Im hebräischen Text findet sich dazu eine orthographische Variante: Bezieht sich das Wort „heilig" (*qādōš*) auf Gott, so ist es *plene* geschrieben (קדוש). Bei den Israelitinnen und Israeliten hingegen ist die Schreibung *defektiv* (קדש). Schon der Konsonantenbestand hält also die Unterscheidung zwischen Mensch und Gott auch hinsichtlich der Heiligkeit aufrecht.[15] Nachahmung Gottes, *imitatio Dei*, heißt

---

[14] Vgl. *Schwartz*, Israel's Holiness (2000), 57.

[15] Vgl. *Milgrom*, Leviticus (2000), 1398; *Gaß*, Heilige (2013), 218. – In den Levitikus-Handschriften aus Qumran ist diese Feinheit nicht festzustellen. In Lev 19,2 (11QpaleoLev[a], frg. I) ist die Plene-Schreibung bei „ich bin heilig" nicht sicher lesbar; die Stellen Lev 11,45; 20,7.26; 21,6 fehlen oder sind nicht lesbar. In Lev 21,7–8 (11QpaleoLev[a], frg. K und L i) wird in V. 7 das Wort „heilig", das sich auf den Priester

damit, die Wesenseigenschaft der Heiligkeit Gottes, die sich vor allem auch in Recht und Gerechtigkeit qualifiziert, in der Welt der Menschen zu verwirklichen. Israel soll somit in besonderer Weise „Gottes Bild“, „Gottes Statue“, also Gottes Präsenz in den menschlichen Angelegenheiten sein und in ihnen die göttliche Andersartigkeit zum sonst unter Menschen Üblichen darstellen.[16]

Um diesen „Vorbildcharakter“ zu verwirklichen, ist zunächst eine Absonderung von den anderen Nationen unabdingbar.[17] Wie schon JHWH als Gott von den Menschen unterschieden ist und auch anders als Menschen handelt, so soll Israel in seiner gesellschaftlichen Struktur und seinem zwischenmenschlichen Handeln von den übrigen Völkern zu unterscheiden sein: „Und ihr sollt mir heilig sein, denn heilig (bin) ich, JHWH. Und ich habe euch von den (anderen) Völkern unterschieden, damit ihr mir gehört“ (Lev 20,26).[18] Das hier formulierte Erwählungshandeln Gottes (s. dazu auch Ex 19,5–6) impliziert

---

bezieht, plene geschrieben, während in V. 8 beide Male die Defektivschreibung vorliegt (MT: defektiv bei „heilig“, das sich auf den Priester bezieht; plene bei „heilig“, das sich auf Gott bezieht). Als Textausgabe wurde benutzt: *Ulrich* (Hg.), The Biblical Qumran Scrolls (2013). – Ähnlich uneinheitlich ist der Befund im Samaritanischen Pentateuch (SP): Die Stellen Lev 11,45; 19,2; 20,7 und 21,6 folgen dem MT; in 20,26 fehlt bei Gott das Wort „heilig“ (SP hat also nur „denn ich [bin] JHWH“); in 21,7–8 wird „heilig“ immer plene geschrieben, gleich, ob es sich auf den Priester oder auf JHWH bezieht. Als Textausgabe wurde benutzt: *Gall*, Der Hebräische Pentateuch der Samaritaner (1918).

16 Das Verhältnis von Gottesbildlichkeit und Heiligkeitsforderung ist ein eigenes Thema. Vielleicht sei hier nur so viel angedeutet: Vom ursprünglichen Plan her ist jeder Mensch als Gottes Bild geschaffen und damit aufgerufen, die Heiligkeit Gottes auf Erden zu repräsentieren. Die Wirklichkeit zeigt (immer wieder und bis heute), dass der Mensch an diesem Anspruch scheitert; selbst die Große Flut ändert nichts an der Neigung des Menschen zum Bösen (Genesis 1–9). Gottes Erwählung Abrahams (Genesis 12) und später des Volkes Israel (Exodus 19) und die Gabe der Tora als göttliche Weisung zum Leben (Lev 18,5) können als Versuche Gottes gelesen werden, den Menschen zu seiner ursprünglichen Berufung zur Heiligkeit und einem heiligmäßigen (Gott repräsentierenden) Verhalten zurückzuführen, ohne ihm dabei die in Genesis 3 grundsätzlich gegebene Freiheit zu entziehen. Israel ist dazu das zum Vorbild und Maßstab auserwählte Werkzeug, so dass die Heiligkeitsforderung zunächst (Lev 19,2) an Israel ergeht. Das Christentum macht sich im Neuen Testament (s. u.) dieses Konzept ebenfalls zu eigen. Immer aber ist dieser hohe sittliche Anspruch auch verbunden mit einer Geschichte des Scheiterns und des Fallens in die göttliche Barmherzigkeit.

17 Vgl. *Levine*, Leviticus (1989), 256.

18 Vgl. *Gaß*, Heilige (2013), 217.

untrennbar einen ethischen Anspruch, nämlich den des „anders Handelns“ (anders als das Fehlverhalten der fremden Völker). Dieser Anspruch gilt zunächst (!) nur für Israel, das in seinem „anderen Handeln“ im zwischenmenschlichen Bereich die Heiligkeit Gottes menschengemäß abbildet. Bemerkenswert ist, dass einerseits die Fremden in vielerlei Hinsicht mit den Einheimischen rechtlich gleichgestellt werden[19] – andererseits gibt es keinen Hinweis darauf, dass auch die Fremden zur Heiligkeit gerufen seien.[20] „Heiligkeit“ als Nachahmung Gottes ist die spezifische Lebensaufgabe *Israels* im *Gelobten Land*, das JHWH seinem erwählten Volk gibt. Darin hat es die Aufgabe, die besondere Heiligkeit und Nähe Gottes vor den Augen der Nationen vorzuleben. Dieses Konzept steht auch hinter den Erwählungsaussagen von Ex 19,5–6. Dort wird als Bedingung für die Erwählung zu Gottes eigenem Volk, zu einem priesterlichen Königreich und einem heiligen Volk genannt: „wenn ihr wahrhaftig auf meine Stimme hören werdet, meinen Bund bewahren werdet [...]“. Wie die Priester „Brückenbauer“ (Vermittler) zwischen dem Volk und Gott sind, so ist Israel als Ganzes zum Brückenbauer zwischen den Völkern und JHWH gerufen: Durch das Leben und Verhalten der Israelitinnen und Israeliten sollen die Völker die Heiligkeit JHWHs kennenlernen. Wenn Israel Recht und Gerechtigkeit realisiert, verwirklicht es Gottes Heiligkeit auf der Erde. Das ist der gemeinsame Schlüssel der vielen verschiedenen Gebote von Levitikus 19.

Dazu ist zu beachten, dass Levitikus 19 und die Tora zunächst (!) an Israel adressiert sind und damit der ethische Anspruch der Gebote Gottes an sein erwähltes Volk gerichtet ist. Dieses Volk ist durch den Aufruf zur Heiligkeit und die Gabe der Tora auch in besonderer Weise befähigt, diese lebensförderliche Weisung Gottes (Lev 18,5) auf Erden umzusetzen. Das ist jedoch kein Selbstzweck, sondern wird unternommen und von Gott so eingerichtet, damit die Völker dadurch die Tora Gottes als lebensförderlich kennenlernen. Prophetisch-utopische Stellen mit universalistischer Heilsperspektive fassen dies entsprechend in Worte: „Viele Nationen machen sich auf den Weg. Sie sagen: Kommt, wir ziehen hinauf zum Berg des Herrn und zum Haus des Gottes Jakobs. Er zeige uns seine Wege, auf seinen Pfaden wollen

---

[19] Vgl. dazu Ex 12,48–49; Lev 24,16.22; Num 9,14; 15,13–16.29–30; s. ferner Lev 16,29; 17,15; 18,26; 19,34 u. ö.

[20] Vgl. *Nihan*, Resident Aliens (2011), 128–129.

wir gehen. Denn von Zion kommt die Weisung des Herrn, aus Jerusalem sein Wort" (Jes 2,3; s. auch Mi 4,2). Der Schluss von Proto-Sacharja (Sach 8,20–23) formuliert dies folgendermaßen: „So spricht der Herr der Heere: In jenen Tagen werden zehn Männer aus Völkern aller Sprachen einen Mann aus Juda an seinem Gewand fassen, ihn festhalten und sagen: Wir wollen mit euch gehen; denn wir haben gehört: Gott ist mit euch" (Sach 8,23). Das Wort JHWHs vom Zion und die Befolgung seiner Gebote durch Israel werden in dieser idealisierten Sicht so attraktiv, dass diese „Ethik" zum erstrebten Lebensmodell für alle Völker wird. Der ethische Anspruch Gottes gilt also letztlich (!) allen Völkern; Israels Verhalten soll allen Menschen Brücke und Weg zur Verwirklichung dieser lebensförderlichen Weisung sein.

Die Befolgung *aller* Gebote Gottes[21] ist die Art und Weise, wie Israel das Programm von Lev 19,2 (und auch Ex 19,5–6) umsetzen soll[22] (s. Lev 19,37). Der Aufruf zur Heiligkeit in Lev 19,2 und die abschließende Ermahnung zum Befolgen und Handeln nach den Satzungen und Vorschriften Gottes in Lev 19,37 rahmen das gesamte Kapitel. Dadurch wird eine Verallgemeinerung erreicht, die alle Weisungen Gottes betrifft.[23] Es wäre nicht recht nachvollziehbar, warum ausgerechnet diese merkwürdige und begrenzte Auswahl an Geboten, wie sie Levitikus 19 darstellt, allein ausschlaggebend für das ethische Verhalten Israels sein soll. Da gerade die Vorschriften von Levitikus 19 in vielfachen intertextuellen Beziehungen zu anderen Bereichen der Tora (insbesondere zum Dekalog) stehen, erweist es sich als gerechtfertigt, die Reichweite des ethischen Programms von Lev 19,2 über das Kapitel, auch über das Heiligkeitsgesetz und das Buch Levitikus hinausgehen zu lassen. Die intertextuellen Signale fordern dazu auf, die einzelnen Bestimmungen immer komplementär zu lesen und dann aus ihrer Zusammenschau heraus eine Grundhaltung (eine Ethik) zu entwickeln, die eine sittliche Entscheidung gemäß der Weisung Gottes ermöglicht, auch wenn der konkrete Sachverhalt nicht ausdrücklich im „Gesetz" angesprochen und geregelt ist.

Als ein Beispiel für die intertextuelle Vernetzung sei auf das erste

---

[21] Dabei können durch Auslegung und Adaption auch neue Gebote („Halakhot") aus der Tora Gottes (bzw. der „Tora des Mose vom Sinai") generiert werden; darauf beruht das Prinzip der „mündlichen Tora" bzw. der Tradition.

[22] Vgl. *Levine*, Leviticus (1989), 256.

[23] Vgl. *Milgrom*, Leviticus (2000), 1604.

Wort des Dekalogs hingewiesen, an das das „Ich bin"-Wort von Lev 19,2 erinnert: „Ich bin JHWH, dein Gott, der ich dich herausgeführt habe aus dem Land Ägypten, dem Sklavenhaus" (Ex 20,2). Die Wendung wird gerne „Herausführungsformel" genannt – und sie kehrt in Lev 19,36 wieder. Schon der Dekalog erhebt den Anspruch auf Gehorsam, doch der Gedanke der „Heiligkeit" ergänzt dazu die Motivation, das Ziel oder auch den „Lohn" dafür: Das Leben nach den Weisungen Gottes bietet Anteil an der göttlichen Heiligkeit und garantiert damit die Präsenz und den Schutz Gottes. Aus dem kultischen Konzept der priesterlichen Existenz wird eine Analogie gezogen: Die Priester werden in eine Sonderexistenz geführt, abgesondert vom Volk für den Dienst am Heiligtum; sie erhalten dafür Anteile von den Gaben, die Israel für Gott darbringt, und sie bekommen die besondere Nähe Gottes zugesprochen (im schlimmen Fall von Nadab und Abhiu in Lev 10 sogar auf tödliche Weise zu spüren). Die Analogie für das gesamte Volk Israel besteht nun darin, dass so die Menschen durch ein Leben nach der Weisung Gottes, also durch ihre menschengemäße Realisierung der „Heiligkeit", die besondere Nähe Gottes erfahren sollen. In sehr idealisierter Weise ist damit die Grenze zwischen Priestern und Laien hinfällig geworden, da *alle* zur Heiligkeit gerufen sind. In ihrem Status vor Gott sind damit Priester und Laien Israels gleich; freilich bleibt die Rollenverteilung im Alltag bzw. im konkreten Kult am Heiligtum aufrecht erhalten. Die späteren Bestimmungen des Heiligkeitsgesetzes zu den Priestern im Besonderen (z. B. zu ihrer körperlichen Fehlerlosigkeit beim Opferdienst, zu den Verboten, bestimmte Körpermanipulationen vorzunehmen usw.) laufen darauf hinaus, dass die Priester ihre kultische Heiligkeit nicht verlieren sollen. Nur im Stand der kultischen Heiligkeit sind die Priester in der Lage, dem „heiligen Gott", der in seiner göttlichen Heiligkeit neben dem Faszinosum auch das Tremendum verkörpert, gegenüberzutreten und die Opfer in rituell korrekter Weise darzubringen. Die Nicht-Priester hingegen sollen durch ihr Tun im Alltag, sowohl im Blick auf kultische Reinheit als auch auf ethisches Verhalten, danach streben, ihre menschengemäße Heiligkeit zu verwirklichen.[24]

Ein Beispiel für die Rezeption dieses eben umrissenen ethischen

---

[24] Vgl. *Milgrom*, Changing Concept (1996), 67–68: „Holiness is a dynamic concept, towards which all of Israel, priests and laity alike, must continuously strive: priests to retain it, lay persons to attain it".

Basiskonzepts findet sich im Neuen Testament. Hier wird für das Christentum der Grundgedanke aufgegriffen, dass Menschen in ihrem ethischen Verhalten Gottes Heiligkeit auf Erden vergegenwärtigen und ins Werk setzen sollen. Die Aufforderung Jesu ἔσεσθε οὖν ὑμεῖς τέλειοι ὡς ὁ πατὴρ ὑμῶν ὁ οὐράνιος τέλειός ἐστιν, „Ihr sollt also vollkommen sein, wie es auch euer himmlischer Vater ist" (Mt 5,48[25]) schließt einen wichtigen Abschnitt der Bergpredigt ab und dürfte als Anspielung auf Lev 19,2 zu werten sein. Der erste Petrusbrief greift gleich zwei Schlüsselformulierungen derjenigen Verfasser, die für das Heiligkeitsgesetz verantwortlich zeichnen, auf: „Wie er, der euch berufen hat, heilig ist, so soll auch euer ganzes Leben heilig werden. Denn es heißt in der Schrift: Seid heilig, denn ich bin heilig" (1 Petr 1,15–16). Hier werden Lev 11,44–45 (ein redaktioneller Zusatz zum P-Material im H-Stil) und Lev 19,2 wörtlich wiedergegeben.[26] Eine ähnliche Argumentation verwendet Paulus in 1 Thess 4,3–7.[27] Diese neutestamentlichen Passagen können als weiterer Hinweis darauf gesehen werden, dass Juden und Christen in Sachen Ethik viel gemeinsam haben und dass christliche Ethik auf ihrer Suche nach Wurzeln in der Offenbarung im Alten Testament beginnen muss.[28]

5. Beispiele aus Levitikus 19

Alle Bestimmungen in Levitikus 19 (und darüber hinaus) lassen sich unter dem eben vorgestellten Paradigma verstehen. Einige Beispiele seien nur kurz angesprochen.[29]

Lev 19,3 verbindet die Ehrfurcht gegenüber den Eltern mit dem Schabbat-Gebot. Dabei ist die Reihenfolge dieser beiden Gebote gegenüber dem Dekalog vertauscht: Auf der Ebene der Tora gibt es keine Rangfolge zwischen Geboten, die das Gottesverhältnis und solchen, die das zwischenmenschliche Verhältnis betreffen: das Eine ist

---

[25] Vgl. auch *Gaß*, Heilige (2013), 228. – Im Parallelvers Lk 6,36 wird auf die Barmherzigkeit abgehoben: Γίνεσθε οἰκτίρμονες καθὼς [καὶ] ὁ πατὴρ ὑμῶν οἰκτίρεμων ἐστίν.

[26] Vgl. *Ådna*, Alttestamentliche Zitate (2010), 236–240.

[27] Vgl. *Gaß*, Heilige (2013), 229.

[28] Vgl. dazu auch *Gaß*, Heilige (2013), 227–229.

[29] Weitere Ausführungen dazu sind in meinem Kommentar zu finden: *Hieke*, Levitikus 16–27 (2014), 710–760.

so wichtig wie das Andere. Analog dazu sind „Mutter“ und „Vater“ vertauscht: Beide sollen in gleicher Weise geehrt werden.

Das Heilsgemeinschaftsopfer (Lev 19,5–8) ist die einzige Gelegenheit, bei der Laien (Nicht-Priester) das heilige Opferfleisch verzehren; der zeitliche Zugang wird auf zwei Tage beschränkt, damit das Heilige nicht profaniert wird und die Besonderheit im Bewusstsein bleibt.

Unmittelbar auf diese eher kultisch orientierte Vorschrift folgt das Verbot der Nachlese (Lev 19,9–10), das mit der Fürsorge für die Armen und Fremden begründet wird. Die stereotype Wendung „Ich bin JHWH, euer Gott“ kann dann so gelesen werden, dass Gottes Hilfe für die Armen über das Gebot läuft: Gott lässt nicht mehr Manna und Wachteln vom Himmel fallen, sondern verbietet die Nachlese und reserviert ein Stück des Feldes, die berühmte „Ackerecke“, für die Bedürftigen. Was hier wächst bzw. bei der Ernte liegen geblieben ist, soll für die „Armen und Fremden“ bestimmt sein. Indem sich Israel an diese Weisung Gottes hält, realisieren die Menschen Gottes Fürsorge.

Auch die weiteren Vorschriften, die für ein gedeihliches zwischenmenschliches Zusammenleben unabdingbar sind (nicht stehlen, nicht lügen, nicht betrügen, nicht erpressen, nicht rauben, nicht Unrecht in der Rechtsprechung tun, nicht verleumden usw.; Lev 19,11–16) werden damit motiviert, dass ein Verstoß gegen diese Verbote den Namen Gottes entweiht und der Gottesfurcht zuwiderläuft.[30] Die Gottesbeziehung Israels oder auch die „wahre Frömmigkeit“ verwirklichen sich also in der Ethik des Alltags.

Dieses Konzept geht bis in die sogenannte „innere Einstellung“ hinein, die in Lev 19,17–18 angesprochen ist.[31]

Lev 19,17	*Lev 19,18*
Du sollst nicht in deinem Herzen deinen Bruder hassen.	Du sollst dich nicht rächen und den Kindern deines Volkes nichts nachtragen.
Du sollst deinen Mitbürger scharf zurechtweisen,	Und du sollst deinen Nächsten lieben –
auf dass du nicht seinetwegen eine Sünde trägst.	*er ist wie du. Ich bin der Herr.*

Das Verbot, den „Bruder“ im Herzen zu hassen, untersagt es, böse Pläne gegenüber dem Mitmenschen zu schmieden – das Herz gilt ja als Sitz des Verstandes. Die scharfe Zurechtweisung fordert Offenheit und Trans-

[30] Vgl. z. B. *Gaß*, Heilige (2013), 220–222.

[31] Vgl. dazu v. a. *Hieke*, Levitikus 16–27 (2014), 728–736.

parenz des eigenen Denkens gegenüber dem anderen; der Verzicht auf Rache und Nachtragen soll Konfliktpotentiale deeskalieren. Wenn aber auch diese Strategie nicht weiterführt, bleibt noch das Gebot der Nächstenliebe. Der Nächste ist ein Geschöpf Gottes – „wie du". Die Liebe zum Nächsten ist damit eine Nachahmung der Liebe Gottes zu allen seinen Geschöpfen.

Dazu – und auch zur zweiten Hälfte des Kapitels – müsste noch viel mehr gesagt werden, und dazu wurde auch schon sehr viel gesagt und geschrieben. Was sich immer wieder zeigen lässt, ist die ethische Grundkonzeption: Wahre Gottesfurcht zeigt sich im Befolgen der Gebote, gerade hinsichtlich der einfachen Dinge des Alltags wie dem Respekt vor älteren Menschen (Lev 19,32). Das Befolgen der Gebote wiederum ist der Weg, den Aufruf zur Heiligkeit als Nachahmung Gottes zu realisieren: Gott liebt die Fremden, wie Dtn 10,18–19 zeigt: „Er [JHWH, euer Gott] verschafft Waisen und Witwen ihr Recht. *Er liebt die Fremden* und gibt ihnen Nahrung und Kleidung – auch *ihr sollt die Fremden lieben*, denn ihr seid Fremde in Ägypten gewesen". Genauso soll Israel die Fremden lieben: „Und du sollst ihn [den Fremden] lieben – (er ist) wie du, denn Fremde seid ihr im Land Ägypten gewesen" (Lev 19,34). Die Formulierung ist mit dem Gebot der Nächstenliebe identisch. Auch geht es wieder um die Nachahmung Gottes: Gott hat die „fremden Israeliten" aus Ägypten gerettet – Israel soll die Fremden im eigenen Land „retten". Diese Haltung der Liebe zu den Fremden richtet sich gegen die instinktive Neigung der Ablehnung des Fremden. Gott aber ist anders, eben heilig[32] (im Sinne von „abgesondert" vom üblichen Verhalten). Diese Heiligkeit und Andersheit Gottes soll Israel mit der „unüblichen" Liebe zum Fremden nachahmen.

Die Schlussparänese Lev 19,36–37 bildet einen Rahmen um Lev 18–19, denn zwischen diesen Versen und Lev 18,3–5 gibt es auffällige Korrespondenzen. Dabei fügt Lev 19,37 zweimal das Wort „alle" hinzu: „*alle* meine Satzungen und *alle* meine Vorschriften". Damit werden *alle* in Lev 18–19 genannten Gebote eingeschlossen, und da Lev 19 in seiner Mannigfaltigkeit die Tendenz zeigt, stellvertretend für wirklich *alle* Gebote und Bereiche zu stehen, dürften in der Wendung „*alle* meine Satzungen und *alle* meine Vorschriften" alle Gebote Gottes, auch die außerhalb von Lev 18–19 stehenden, mitgemeint sein. Da in Lev

[32] Vgl. *Barbiero*, Der Fremde (2002), 247.253–254; *Otto*, Theologische Ethik (1994), 248; *McConville*, Fellow Citizens (2007), 22.30–32.

20,22 nahezu der gleiche Wortlaut wieder auftaucht, geht die Paränese weiter und bezieht sich umfassend auf die göttliche Weisung für ein gelingendes Leben (Lev 18,5).

Die Abschlussmahnung in Lev 19,37 verbindet die beiden Verben „befolgen, beachten, bewahren“ (שמר, *ŠMR*) und „tun, machen, vollziehen, handeln (nach)“ (עשה, *ʿŚY*) in theologisch bedeutsamer Weise: Die intellektuelle Wahrnehmung und Anerkennung der Vorschriften Gottes ist nur die eine Seite der Medaille. Notwendig hinzukommen muss als zweite Seite das konkrete Tun und Vollziehen der göttlichen Anordnungen. Intellekt und Praxis gehören somit ebenso untrennbar zusammen wie Kult und Ethos.

6. Die Heiligkeit Gottes und der Menschen

Insgesamt gibt das Kapitel Levitikus 19 eine Reihe von Beispielen, aber keinen umfassenden Katalog für die Realisierung des in Lev 19,2 ausgedrückten Konzepts, die Heiligkeit Gottes im Alltag zu repräsentieren. Damit zeigen sich im Buch Levitikus zwei verschiedene, aber einander durchaus ergänzende Konzepte von Heiligkeit sowohl auf Seiten Gottes als auch auf Seiten der Menschen. Im ersten Teil des Buches, vor allem in den Opferweisungen von Lev 1–10, aber auch in den Reinheitsvorschriften von Lev 11–15 umschreibt „Heiligkeit“ ein statisches Konzept der lokalen Gottesbegegnung. „Heilig“ ist zunächst der ausgesonderte Bereich des Zeltheiligtums mit allem, was dort an Geräten und Personen vorhanden ist und an Ritualen praktiziert wird. Dieser lokal begrenzte Bereich ist ausgewiesen für den Kontakt mit der Gottheit im Kult. Die Areale sind strikt getrennt, ein Nicht-Priester hat dazu keinen direkten Zugang – nur über den Opfervorgang, bei dem aber den zentralen Part die Priester übernehmen, wird ihm das Wohlgefallen Gottes zugesprochen. Heiligkeit wird in diesem statischen Konzept durch das Befolgen von Verboten, durch Einschränkungen und Abgrenzungen aufrechterhalten. Das Tabu spielt eine große Rolle, die definierten Gebiete von „rein“ und „unrein“ dürfen nicht in Berührung kommen, ebenso wenig wie das „Heilige“ und alles „Unreine“.

Levitikus 19 und das Heiligkeitsgesetz als Ganzes vertreten demgegenüber ein ergänzendes, dynamisches Verständnis von Heiligkeit, wie das u. a. Israel Knohl und Jacob Milgrom herausgearbeitet haben.[33] Hanna Liss spricht neben der Heiligkeit von der gegenseitigen *Heiligung*: „Gott ist heilig, insofern er in der Anerkennung seiner Gebote als heilig erwiesen wird. Die Heiligung Jisraels ist umgekehrt unmittelbar mit der Einhaltung der göttlichen Gebote verbunden".[34] Insbesondere die Schranke zwischen Priestern und Nicht-Priestern wird unter dieser Rücksicht weniger wichtig.[35] Heiligkeit wird nun nicht nur durch die Einhaltung von Grenzen konstituiert, sondern zeigt sich auch im Befolgen von Geboten und in der Fürsorge für den Nächsten, den Fremden und die Bedürftigen. „Kult" (als Chiffre für die Beziehung zwischen Israel/Mensch und Gott) und „Ethos" (als Chiffre für das zwischenmenschliche Verhalten) sind nicht zu trennen. Dabei gilt dies – zumindest ist nichts anderes angezeigt – für Priester wie Nicht-Priester: Jede/r Israelit/in, gleich welchen Standes, steigert oder verringert den Status seiner/ihrer Heiligkeit gemäß dem jeweiligen Verhalten zu den Weisungen JHWHs. Die dynamische Grenzziehung erfolgt nun zwischen denen, die nach Gottes Weisung leben, und denen, die diese missachten.

Ein Beispiel dafür ist die Anweisung für den Hohepriester hinsichtlich der Wahl seiner Ehefrau in Lev 21,14–15: „[14]Eine Witwe oder eine Verstoßene oder eine Vergewaltigte (oder) eine Hure – die heirate er nicht, vielmehr nehme er eine Jungfrau aus seiner Abstammungslinie zur Frau, [15]damit er seine Nachkommenschaft in seiner Abstammungslinie nicht entweihe, denn ich (bin) JHWH, der ihn heiligt." Am Ende steht JHWH als Quelle aller Heiligkeit: JHWH heiligt den Hohepriester – durch die Übernahme des Amtes erhält die betreffende Person den Status der kultischen Heiligkeit, kann diesen aber offenbar durch ethisches Fehlverhalten verlieren. Der Hohepriester kann dies verhindern, indem er sich an die Weisungen Gottes hinsichtlich seiner Eheschließung hält. Offenbar sind hinsichtlich der Befolgung der Gebote Gottes alle Stände gleichrangig und gleichwertig: Der Hohepriester, die Priester und normale Israeliten (Nicht-Priester) sind dadurch zur Heiligkeit berufen, dass sie sich an die Weisungen Gottes halten. Auf diese Weise *erlangen* die *nicht-priesterlichen* Israelitinnen

---

[33] Vgl. *Knohl*, Sanctuary (1995), 183; *Milgrom*, Changing Concept (1996), 67–68.
[34] *Liss*, Tanach (2008), 124.
[35] Vgl. *Milgrom*, Leviticus (2000), 1714; *Milgrom*, Changing Concept (1996), 67.

und Israeliten die Heiligkeit (Lev 19; auch Lev 18; 20), die *Priester* und der *Hohepriester behalten* sie.[36]

Die Berufung zur Heiligkeit besteht darin, durch die Befolgung der göttlichen Weisungen die Heiligkeit Gottes im Alltag abzubilden. Dabei greifen die priesterlichen Verfasser des Heiligkeitsgesetzes die sozialkritische Botschaft der Propheten auf und betonen, dass „Heiligkeit" nicht nur durch kultische Reinheit und rechten Gottesdienst, sondern auch durch die Erfüllung sozialer Pflichten wie dem Respekt gegenüber den Älteren oder der Sorge für die Armen erreicht wird. Aus dieser Perspektive ergibt sich ein erweitertes Verständnis für den durchaus mehrdeutigen Satz aus dem Jesajabuch Jes 5,16: „Doch JHWH der Heere wird in/durch Recht erhaben sein, und der heilige Gott erweist sich in/durch Gerechtigkeit als heilig". In der Wendung „der heilige Gott erweist sich in/durch Gerechtigkeit als heilig" wird der Begriff „Gerechtigkeit" meist als *Gottes* Gerechtigkeit gedeutet. Doch im hebräischen wie im griechischen Text steht bei beiden Wörtern, die „Recht" bzw. „Gerechtigkeit" bedeuten, kein Possessivpronomen, es heißt also nicht „*sein* Recht, *seine* Gerechtigkeit". Mithin ist die Aussage auch so deutbar, dass das Wortpaar „Recht und Gerechtigkeit" auf das von den *Menschen* erwartete Verhalten bezogen wird. Unmittelbar vorher, in Jes 5,7, sucht Gott ja „Recht und Gerechtigkeit" bei seinem Volk – das ist der bekannte Abschluss des Weinbergliedes. Dort findet Gott statt Recht und Gerechtigkeit nur Rechtsbruch und Schlechtigkeit. In der folgenden Unheilsansage („Weh euch!") stellt Jes 5,16 die Erhabenheit und Heiligkeit Gottes heraus, die durch „Recht und Gerechtigkeit" erwiesen werden. Dies können sowohl die ureigenen Qualitäten Gottes sein als auch die von den Menschen, näherhin von Israel als angesprochener Teil der Menschheit, geforderten moralischen Eigenschaften. Beides soll sich ja in Analogie entsprechen: Gottes Gerechtigkeit und Israels gerechtes Handeln. Israel soll Recht und Gerechtigkeit im menschlichen Bereich verwirklichen, weil sich gerade so Gott als erhaben und heilig zeigt: Gott erweist sich durch *Israels* (!) Gerechtigkeit als heilig. Das ist die Berufung und Erwählung Israels: Durch Verwirklichung von Recht und Gerechtigkeit eben diese Wesensmerkmale Gottes in der Welt erfahrbar zu machen.[37] Nur

---

[36] Vgl. *Milgrom*, Leviticus (2000), 1821.

[37] Vgl. *Moberly*, Justice (2001), 55–68; *Knohl*, Sanctuary (1995), 214; *Hieke*, Gottes Gerechtigkeit (2008), 117–126; *Milgrom*, Leviticus (2000), 1724.

nebenbei: Christliche Ethik und Mission sind im Grunde genauso angelegt.

Beispiele aus der rabbinischen Literatur zeigen, dass man in der Rezeption dieser biblischen Konzepte sehr wohl die Entsprechungen zwischen dem überlieferten Tun Gottes und dem geforderten ethischen Handeln der Menschen gesehen hat:[38] Nach Ex 34,6 zeigt sich Gott als langmütig und barmherzig – ebenso sollen die Menschen langmütig und barmherzig sein (*bShabbat* 133b). Gott selbst hat Nackte bekleidet, und zwar das erste Menschenpaar in Gen 3,21, daher sollen die Menschen Nackten Kleidung geben. Gott hat den nach seiner Beschneidung krank darniederliegenden Abraham besucht (Gen 17–18), daher sollen die Menschen Kranke besuchen. Gen 25,11, der Segen Gottes für Isaak nach dem Tod Abrahams, wird als Trost Gottes für den trauernden Isaak gelesen – und ebenso sollen die Menschen die Trauernden trösten. Und schließlich hat Gott selbst den toten Mose begraben (wie man aus Dtn 34,5 weiß) – so sollen die Menschen die Toten begraben (*bSota* 14a).

Nach diesem dynamischen Konzept der zweiten Hälfte des Buches Levitikus ist „Heiligkeit" kein automatisch wirkendes Prinzip, kein Selbstläufer. Das Salböl, das im ersten Teil des Buches die Priester und das Heiligtum „heiligt", wirkt nicht „ex opere operato" – vielmehr symbolisiert es die Gegenwart der göttlichen Sphäre. Diese Gegenwart Gottes bedingt sofort einen ethischen Anspruch, wie ihn die sogenannte „Tempeleinlassliturgie" von Ps 24,3–4 deutlich macht: „Wer darf hinaufziehen zum Berg JHWHs, und wer darf stehen an seiner heiligen Stätte? Der reine Hände hat und ein lauteres Herz, der nicht betrügt und keinen Meineid schwört".[39] Der Status der Heiligkeit kann also auch verloren gehen: durch Ungehorsam gegenüber Gottes Weisungen, durch Betrug (s. Lev 19,11), durch Meineid (s. Lev 19,12), durch ein unlauteres Herz (s. Lev 19,17: Hass im Herzen) usw.

---

[38] Vgl. *Milgrom*, Changing Concept (1996), 73.

[39] Vgl. u. a. *Gerstenberger*, Das 3. Buch Mose (1993), 258.

7. Fazit

Die „Heiligkeit“ des Heiligkeitsgesetzes ist somit ein dynamisches und prozesshaftes Geschehen in einer dialektischen Wechselwirkung zwischen Gott und Israel: Gott erwählt und heiligt das Volk und eröffnet ihm die Möglichkeit und zugleich die Herausforderung, das zu werden, was es ist – Israel im Gegenzug bildet durch sein Befolgen der zum Leben führenden Weisung Gottes (s. Lev 18,5) die Heiligkeit Gottes als göttliche Wesenseigenschaft in der Welt ab. Dabei sind die Bereiche Gottesdienst (Heiligtum) und Alltag (Welt), Kult und Ethos, nicht voneinander zu trennen, wie auch die wechselnde Abfolge in Levitikus 19 zeigt. Was zunächst als ein Durcheinander verschiedenster Aspekte begegnet und als Rechtssammlung oder Normenkatalog keinen Sinn produziert, wird bei einem exemplarischen Verständnis zum Zeugnis für die Vielfalt und den Facettenreichtum des menschlichen Lebens: Alle seine Bereiche sollen erfasst werden. Es geht mitnichten um konkrete Einzelfälle, gleichsam als wäre erlaubt, was nicht explizit verboten ist, oder als wäre alles erledigt, wenn nur die Bestimmungen von Levitikus 19 befolgt werden. Das Kapitel weist vielmehr weit über sich hinaus, ist mit wesentlichen weiteren Bereichen der Tora intertextuell vernetzt und zielt schon von seiner Anlage her auf die Entwicklung einer inneren Grundhaltung, der es nicht um Einzelfallentscheidungen, sondern um die Ausrichtung der eigenen Existenz an JHWH und seinem Konzept der Heiligkeit geht. Dabei erhalten die großen Worte „Heiligkeit“ und „Nächstenliebe“ gerade erst an den Details und der konkreten Praxis des Alltags ihre wahre Ausgestaltung: Wer sich von Gott zur Heiligkeit rufen lässt, darf nicht im Alltag seinen Nächsten bei Gewichten und Hohlmaßen betrügen (auch dies ist nur ein Beispiel!). Die Heiligkeit Gottes wird zum Ermöglichungs- und Beweggrund für die Ethik – und ethisches Verhalten verkündet der Welt die Heiligkeit Gottes.

Literatur

Ådna, Jostein, Alttestamentliche Zitate im 1. Petrusbrief, in: *Karrer, Martin/Kreuzer, Siegfried* (Hg.), Von der Septuaginta zum Neuen Testament. Textgeschichtliche Erörterungen (ANTT 43), Berlin/New York 2010, 229–248.

Barbiero, Gianni, Der Fremde im Bundesbuch und im Heiligkeitsgesetz: Zwischen

Absonderung und Annahme, in: *Ders.* (Hg.), Studien zu alttestamentlichen Texten (SBAB 34), Stuttgart 2002, 221–254.

Crüsemann, Frank, Art. Heiligkeitsgesetz, in: NBL 2 (1995) 93–96.

Diesel, Anja A., „Ich bin Jahwe". Der Aufstieg der Ich-bin-Jahwe-Aussage zum Schlüsselwort des alttestamentlichen Monotheismus (WMANT 110), Neukirchen-Vluyn 2006.

Dohmen, Christoph, Exodus 19–40 (HThKAT), Freiburg 2004.

Elliger, Karl, Leviticus (HAT 4), Tübingen 1966.

Gall, August von, Der Hebräische Pentateuch der Samaritaner, Gießen 1918.

Gaß, Erasmus, „Heilige sollt ihr werden. Denn heilig bin ich, Jahwe, euer Gott". Zur Begründungsstruktur in Lev 19, in: MThZ 64 (2013) 214–231.

Gerstenberger, Erhard S., Das 3. Buch Mose. Leviticus (ATD 6), Göttingen 1993.

Hieke, Thomas, Gottes Gerechtigkeit im Jesajabuch. Spiegel menschlicher Sehnsucht und produktive Utopie, in: *Bieberstein, Klaus/Schmitt, Hanspeter* (Hg.), Prekär. Gottes Gerechtigkeit und die Moral der Menschen, Luzern 2008, 117–126.

Ders., Levitikus 1–15 (HThKAT), Freiburg 2014.

Ders., Levitikus 16–27 (HThKAT), Freiburg 2014.

Hundley, Michael B., Keeping Heaven on Earth. Safeguarding the Divine Presence in the Priestly Tabernacle (FAT II/50), Tübingen 2011.

Kaminsky, Joel S., Loving One's (Israelite) Neighbor. Election and Commandment in Leviticus 19, in: Interp. 62,2 (2008) 123–132.

Kessler, Rainer, Micha (HThKAT), Freiburg ²2000.

Klostermann, August, Ezechiel und das Heiligkeitsgesetz, in: ZLThK 38, (1877) 401–445 = *Klostermann, August*, Der Pentateuch I, Leipzig 1893, 368–418.

Knohl, Israel, The Sanctuary of Silence. The Priestly Torah and the Holiness School, Minneapolis 1995.

Köckert, Matthias, Gottesfurcht und Nächstenliebe: Die Zusammenfassung der Willensoffenbarung Gottes am Sinai in Lev 19, in: *Ders.* (Hg.), Leben in Gottes Gegenwart. Studien zum Verständnis des Gesetzes im Alten Testament (FAT 43), Tübingen 2004, 155–166.

Levine, Baruch A., Leviticus (JPSTC), Philadelphia/New York/Jerusalem 1989.

Liss, Hanna, Tanach - Lehrbuch der jüdischen Bibel, Heidelberg ²2008.

Marx, Alfred, Lévitique 17–27 (CAT IIIb), Genève 2011.

McConville, J. Gordon, „Fellow Citizens": Israel and Humanity in Leviticus, in: *Ders./Möller, Karl* (Hg.), Reading the Law. Studies in Honour of Gordon J. Wenham (LHB/OTS 461), New York 2007, 10–32.

Milgrom, Jacob, Leviticus 17–22 (The Anchor Bible 3A), New York u. a. 2000, 1267–1892.

Ders., The Changing Concept of Holiness in the Pentateuchal Codes with Emphasis on Leviticus 19, in: *Sawyer, John F. A.* (Hg.), Reading Leviticus: A Conversation with Mary Douglas (JSOT.S 227), Sheffield 1996, 65–78.

Moberly, R. Walter L., Whose Justice? Which Righteousness? The Interpretation of Isaiah V 16, in: VT 51 (2001) 55–68.

Nihan, Christophe, From Priestly Torah to Pentateuch. A Study in the Composition of the Book of Leviticus (FAT II/25), Tübingen 2007.

Ders., Resident Aliens and Natives in the Holiness Legislation, in: *Achenbach, Reinhard/Albertz, Rainer/Wöhrle, Jakob* (Hg.), The Foreigner and the Law. Perspectives from the Hebrew Bible and the Ancient Near East (BZAR 16), Wiesbaden 2011, 111–134.

Otto, Ernst, Theologische Ethik des Alten Testaments, Stuttgart 1994.

Plaut, Gunther W. (Hg.), Die Tora in jüdischer Auslegung. Band III: Wajikra/Levitikus, Übersetzung, Bearbeitung und Gestaltung von *Böckler, Annette*, Gütersloh 2001.

Preuß, Horst Dietrich, Art. Heiligkeitsgesetz, in: TRE 14 (1985) 713–718.

Schwartz, Baruch J., Israel's Holiness: The Torah Traditions, in: *Poorthuis, Marcel J. H. M./Schwartz, Joshua* (Hg.), Purity and Holiness. The Heritage of Leviticus (JCPS 2), Leiden 2000, 47–59.

Ulrich, Eugene (Hg.), The Biblical Qumran Scrolls. Volume I: Genesis-Kings. Transcriptions and Textual Variants, Leiden/Boston 2013.

Konkretionen alttestamentlicher Ethik

„Kehrt um, kehrt um!" (Ez 33,11)

Die Ethik des Ezechielbuches zwischen Determinismus und Freiheit

Michael Konkel

1. Das Ezechielbuch zwischen Determinismus und Freiheit

Eine Spannung durchzieht das Ezechielbuch:[1] Einerseits wird Israel als das „Haus Widerspenstigkeit" gezeichnet, das sich dem Wort Gottes konsequent verweigert. Diese Verweigerung gilt nicht nur für die Zuhörer des Propheten im Exil, sondern auch für Israel insgesamt. Die großen Geschichtsentwürfe in Kap. 16, 20 und 23 zeichnen das Bild eines Volkes, das von seinen Anfängen an sich dem Wort JHWHs widersetzt hat und dem sein Hang zum Bösen zu einer zweiten Natur geworden ist. Es ist geradezu die Verkörperung der Widerspenstigkeit (vgl. Ez 44,6: „sprich zur Widerspenstigkeit").[2] De facto ist das Volk aus sich selbst heraus nicht in der Lage, sich dem Wort JHWHs zu öffnen und den Weg des Lebens zu beschreiten. Diese pessimistische Sicht der Handlungsmöglichkeiten Israels gilt nicht nur für die Vergangenheit, sondern – zumindest in Teilen – auch für die Zukunft. Wenn JHWH heilvoll an Israel handelt, dann nicht aufgrund erfolgter Umkehr, sondern allein um der Ehre seines Namens willen - obwohl bzw. gerade weil Israel auch in der Zukunft widerspenstig sein wird. Die große Schlussvision in Ez 40–48 mit ihrer strikten Trennung von heilig und profan zeichnet das Bild eines Tempels, in dem die „Herrlichkeit JHWHs" zwar auf ewig Wohnung nehmen wird, der jedoch so konstruiert ist, dass durch eine massive Architektur der heilige Bezirk konsequent vom „Haus Widerspenstigkeit" abgeschirmt wird.[3]

Dieses Konzept führt, auf den Bereich der Ethik übertragen, in

---

[1] Vgl. zum Folgenden *Pohlmann*, Ezechiel (2008), 168–172.

[2] Vgl. den Topos von der „Halsstarrigkeit" Israels in der dtr Tradition (z. B. Ex 32,9; 33,3.5; 34,9; Dtn 9,6.13; 10,16; 31,27; 2 Kön 17,14). Grundlegend diesbezüglich immer noch *Steck*, Israel und das gewaltsame Geschick (1967).

[3] Vgl. *Konkel*, Architektonik (2001); *Ders.*, Paradies mit strengen Regeln (2005).

einen Determinismus. Wäre es für die Gesamtkomposition des Ezechielbuches tragend, dann müsste man konstatieren, dass das Ezechielbuch zu einer „Ethik des Alten Testaments" keinen Beitrag leisten kann. Die zugrunde liegende pessimistische Anthropologie mündete in einen Determinismus, der die menschliche Freiheit leugnen würde. Israel bzw. der Mensch allgemein wäre nicht in der Lage, das Gute zu wählen und sein Leben daran auszurichten.

Andererseits gibt es Texte, die das Gegenteil vorauszusetzen scheinen. So heißt es in Ez 18,30–32:

> 30b Kehrt um und wendet euch ab von all euren Verbrechen, dann werden sie euch nicht Stolperstein zur Schuld!
> 31 Werft all eure Verbrechen von euch, die ihr verbrochen habt, und schafft euch ein neues Herz und einen neuen Geist! Warum denn wollt ihr sterben, Haus Israel?
> 32 Ich habe kein Gefallen am Tod dessen, der sterben muss! Spruch des Herrn JHWH. Kehrt um und bleibt am Leben!

Hier wird vorausgesetzt, dass Israel von sich aus den Weg des Lebens beschreiten kann – ja, dass das Volk aus sich selbst heraus in der Lage ist, sich ein „neues Herz und einen neuen Geist" zu schaffen. In Ez 33,11 wird der leidenschaftliche Appell zur Umkehr dann an einer für die Buchkomposition wichtigen Schlüsselstelle wiederholt (s.u.). Auch Stellen wie Ez 3,16ff. und 14,12ff. scheinen vorauszusetzen, dass Israel prinzipiell in der Lage ist, den ersten Schritt zur Umkehr aus sich heraus zu tun. Ein solches Israel kann zwischen Gut und Böse unterscheiden und den Weg des Lebens wählen.

C. Lapsley hat daher in ihrer Studie zum „moralischen Selbst" (moral self) in Ezechiel zwischen einer *language of determinism* und einer *language of repentance* unterschieden.[4] Die Spannung zwischen beiden Konzepten wird besonders deutlich, wenn man Ez 18,30–32 die Verse Ez 36,22–28 gegenüber stellt:

> 22 Darum, sprich zum Haus Israel: So spricht der Herr JHWH: Nicht euretwegen handle ich, Haus Israel, sondern um meines heiligen Namens willen, den ihr entweiht habt unter den Nationen, wohin immer ihr gekommen seid.
> 23 Und ich werde meinen großen Namen wieder heiligen, der entweiht ist unter den Nationen, den ihr unter ihnen entweiht habt.

---

[4] Vgl. *Lapsley*, Can These Bones Live? (2000), 67–108.

Und die Nationen werden erkennen, dass ich JHWH bin – Spruch des Herrn JHWH – wenn ich mich vor ihren Augen an euch als heilig erweise.

24 Und ich werde euch aus den Nationen holen und aus allen Ländern sammeln und euch auf euren Boden bringen.

25 Und ich werde euch mit reinem Wasser besprengen, und ihr werdet rein werden; von all euren Unreinheiten und von all euren Mistgötzen werde ich euch reinigen.

26 Und ich werde euch ein neues Herz geben, und in euer Inneres lege ich einen neuen Geist. Und ich entferne das steinerne Herz aus eurem Leib und gebe euch ein Herz aus Fleisch.

27 Und meinen Geist werde ich in euer Inneres legen, und ich werde bewirken, dass ihr nach meinen Satzungen lebt und meine Rechtssätze haltet und nach ihnen handelt.

28 Und ihr werdet wohnen in dem Land, das ich euren Vorfahren gegeben habe, und ihr werdet mir Volk sein, und ich, ich werde euer Gott sein.

K.-F. Pohlmann schreibt hierzu: „Diese Aussagen in Ez 18,31 und 36,26f. sind nicht unter einen Hut zu bringen."[5] In Ez 36 wird nicht mehr damit gerechnet, dass Israel aus sich selbst heraus in der Lage ist, sich ein neues Herz und einen neuen Geist zu schaffen. Die Initiative liegt ganz auf Seiten Gottes. Erst die endzeitliche Neuschöpfung Israels durch einen Austausch des Personzentrums in Form der Gabe eines neuen Herzens und der Infusion von Gottes Geist ermöglicht es Israel, dem Wort JHWHs zu folgen und den Weg des Lebens zu beschreiten.

Ich ging bisher davon aus, dass die Texte, die eine Umkehr Israels für möglich halten, für die Gesamtkomposition nicht tragend und einer redaktionellen Zwischenstufe aus frühnachexilischer Zeit zuzuordnen seien. Hier blitze im Überschwang der Erwartungen am Ende des Exils für einen kurzen Augenblick eine positivere Sicht der menschlichen Natur auf, die dann aber in späterer Zeit durch die pessimistischere Sicht überlagert werde. Die Neuschaffung des Menschen, wie sie in Ez 36 beschrieben wird – und die zu den jüngsten Teilen des Ezechielbuches gehören dürfte (s.u.) – sei dann eine Art Schlussstein, wel-

[5] *Pohlmann*, Ezechiel (2008), 170.

che die pessimistische Sicht der menschlichen Natur zum tragenden Konzept für die heute vorliegende Buchkomposition mache.[6]

Diese Sicht – die zum einen von der Studie Lapsleys, zum anderen aber von Moshe Greenbergs faszinierender Interpretation des Ezechielbuches beeinflusst war – habe ich nun in Teilen revidiert. Die Umkehrtheologie ist für die heute vorliegende Gesamtkomposition des Ezechielbuches konstitutiv. Entsprechend kann das Ezechielbuch einen Beitrag zu einer Ethik des Alten Testaments leisten. Wie dieser Beitrag aussehen kann, möchte im Folgenden versuchen darzustellen.

Ich möchte mir hierzu einen Text näher anschauen, der sonst nicht im Fokus exegetischen Interesses steht: Ez 33,1–20. Der Text wird in der Forschung marginalisiert, weil es sich um einen Komposittext handelt: Ezechiel wird hier erneut als „Wächter" für Israel bestellt. Dies geschieht durch Rückgriff bzw. nahezu wörtliches Zitat von Ez 3,16–21 und Teilen aus Ez 18. Auf den ersten Blick bietet daher Ez 33,1–20 nichts Neues, sondern wiederholt nur Aussagen, die bereits im ersten Teil des Buches gemacht werden. Ich möchte demgegenüber versuchen zu zeigen, dass Ez 33,1–20 für das Verständnis der heute vorliegenden Komposition des Buches grundlegend ist. Bei näherem Hinsehen erweist sich Ez 33,1–20 nicht nur als Schlüsseltext für das Verständnis des Ezechielbuches, sondern auch für eine projektierte „Ethik des Alten Testaments".

2. Sündenbekenntnis und wahre Umkehr (Ez 33,1–20)

2.1 Sündenbekenntnis: ja oder nein?

Die Abgrenzung der Texteinheit ergibt sich durch die Wortereignisformeln in V. 1 und V. 21. Der Schluss des Textes wird durch den Beginn des neuen Textes in V. 21 markiert. Ez 33,1–20 zeigt einen klaren Aufbau:

V. 1–2 Einleitung(WortereignisformelmitVerkündigungsauftrag)
A V. 3–9 Die (erneute) Bestellung Ezechiels zum Wächter
a V. 3–6 Die Aufgabe des Wächters allgemein
a′ V. 7–9 Ezechiel als Wächter für Israel

[6] Vgl. *Konkel*, Prophet ohne Eigenschaften (2010), bes. 235, Anm. 59.

B V. 10–20 Ruf zur Umkehr
b V. 10–11 Zitat des Volkes und Ruf zur Umkehr
b′ V. 12–20 Heil ist jederzeit möglich

Eine ausführliche Exegese des Textes ist im Rahmen dieses Artikels nicht möglich. Ich konzentriere mich auf den zweiten Teil (V. 10–20).

33,10aα Du aber, Menschenkind, sage zum Haus Israel:
33,10aβ So sagt ihr:
33,10aγ „Fürwahr – unsere Verbrechen und unsere Sünde sind auf uns,
33,10b und in ihnen verfaulen wir – wie sollen wir da leben?"

Die zweite Hälfte des Textes ist formal als Disputationswort gestaltet. Entsprechend wird sie in V. 10 mit einem Zitat des Volkes eingeleitet. Der mit V. 1–9 eröffneten Heilsperspektive wird nun die Hoffnungslosigkeit der Exilierten entgegengesetzt. Sie bekennen sich zu ihrer Schuld. Dass hier ein Schuldbekenntnis formuliert wird, ist für das Gesamtverständnis des Buches von herausragender Bedeutung: Es handelt sich um die einzige Stelle innerhalb des Ezechielbuches, an der positiv zum Ausdruck kommt, dass das „Haus Widerspenstigkeit" überhaupt in der Lage ist, den ersten Schritt zur Umkehr zu tun und die Verantwortung für seine Schuld auf sich zu nehmen.

Nun hat allerdings P. Joyce in seinem 2007 erschienenen Ezechielkommentar die These vertreten, dass Ez 33,10 gar nicht als wirkliches Sündenbekenntnis zu verstehen sei:

> „most scholars have taken the words of the people here as an admission of responsibility […]. This might seem the most natural interpretation of these words read in isolation; however, vv. 17 and 20, denying the justice of God, indicate that the prophet′s audience has still not accepted responsibility. Perhaps the Hebrew פשענו וחטאתינו in v. 10 should be taken to refer not to (acknowledged) sins but rather to (undeserved) punishments. This is possible in the light of usage elsewhere (cf. Dan 8:12, 13; 9:24; Zech 14:19). The words of 33:10 would then amount to the same as the ‚sour grapes' proverb of 18:2, and constitute a denial of responsibility."[7]

Diese These hat nicht nur weitreichende Auswirkungen für die Gesamtinterpretation des Ezechielbuches, sondern auch für unser Thema

---

[7] *Joyce*, Ezekiel (2007), 191; vgl. *Joyce*, Divine Initiative (1989), 57f.

einer Ethik des Alten Testaments. Um dies vor Augen zu führen, sei ein Blick auf die Struktur des Ezechielbuches geworfen.

Traditionell wird das Ezechielbuch in drei Teile gegliedert:

Ez 1–24	Ez 25–32	Ez 33–48
Gericht über Israel	Gericht über die Fremdvölker	Heil für Israel

Zwar finden sich innerhalb von Ez 1–24 einige Heilsankündigungen, wie auch nach Ez 33 die Gerichtsverkündigung keinesfalls vollständig verschwindet. Nichtsdestoweniger ist diese Gliederung klar, wird sie doch durch das Datierungssystem, dem Fachwerk des Buches, gestützt. Der erste Buchteil schließt mit den Worten:

> 26 An jenem Tag wird ein Entkommener zu dir kommen, es die Ohren hören zu lassen.
> 27 An jenem Tag wird dein Mund geöffnet werden bei dem Entkommenen, und du wirst reden und nicht mehr stumm sein. So sollst du ihnen zu einem Zeichen werden; und sie werden erkennen, dass ich JHWH bin. (Ez 24,26f.)

Dem korrespondiert Ez 33,21f.:

> 21 Und es geschah im zwölften Jahr unserer Verbannung, im zehnten Monat, am Fünften des Monats, da kam der aus Jerusalem Entkommene zu mir folgendermaßen: Geschlagen ist die Stadt!
> 22 Und die Hand JHWHs war am Abend auf mir (noch) vor der Ankunft des Entkommenen; und er öffnete meinen Mund, noch bevor jener am Morgen zu mir kam. Und mein Mund wurde geöffnet, und ich war nicht mehr stumm.

Durch das Motiv der (intermittierenden) Stummheit, deren Aufhebung allein in Ez 33,22 erzählt wird, wird ein klares buchkompositorisches Signal gesetzt.[8] Das Problem besteht nun darin, dass Ezechiels erneute Bestellung zum Wächter in V. 1–20, die gemeinhin als Beginn des dritten Buchteils gesehen wird, *vor* dieser Notiz steht, die zugleich auch den Untergang der Stadt konstatiert. Entsprechend lässt Moshe Greenberg den letzten Buchteil auch erst mit Ez 33,23 beginnen.[9] Der leiden-

---

[8] Siehe hierzu *Konkel*, Prophet ohne Eigenschaften (2010), 230–234.

[9] *Greenberg*, Ezechiel 21–37 (2005), 369, schreibt dazu: „Weit davon entfernt, ein neues Stadium in der Sendung des Propheten zu markieren, erscheint dieses Orakel [i.e. 33,1–20; M.K.] vielmehr als eine Art Epilog zu seiner Sendung als Unheilsprophet in der Zeit vor dem Untergang Judas."

schaftliche Ruf zur Umkehr in Ez 33,11 markiert in Greenbergs Lektüre nicht den Wendepunkt in der Verkündigung des Propheten, sondern den dramatischen Schlusspunkt von Ezechiels Gerichtsprophetie: Israel widersetzte sich auch diesem letzten Ruf zur Umkehr!

Genau auf dieser Linie liegt nun die Interpretation von Ez 33,10 durch Paul Joyce: Auch er sieht in Ez 33,1–20 nicht die Eröffnung des dritten Buchteils, sondern den Höhepunkt und Abschluss der Gerichtsverkündigung des Propheten:

> „33:1–20 recapitulates themes of chs. 1–24, bringing the pre-587 phase of Ezekiel's ministry to a climax before the blow falls, serving as a prelude to the announcement of the final judgement that follows in 33:21–22."[10]

Das aber bedeutet: Die von uns eben skizzierte Spannung zwischen dem deterministischen und dem freiheitlichen Konzept existiert bei dieser Lektüre nicht. Der Ruf zur Umkehr sowohl in Ez 18 wie auch in Ez 33 scheitert, weil Israel nicht von sich aus in der Lage ist, diesen ersten Schritt zur Umkehr zu tun. Ez 33,10 ist eben kein Sündenbekenntnis, sondern nur das letzte Zeugnis der „Widerspenstigkeit" Israels.

Hätte Joyce mit seiner Interpretation Recht, dann müsste ich an dieser Stelle abbrechen und konstatieren, dass das Ezechielbuch eben nichts zu einer Ethik des Alten Testaments beitragen kann. Nur die endzeitlich erwartete Neuschöpfung des Menschen in Ez 36 eröffnete den Weg zum Heil.[11]

Kann aber die Wendung פשענו וחטאתינו tatsächlich als Klage über unverdiente Strafe verstanden werden? Die von Joyce genannten Stellen Dan 8,12f. und 9,24 fallen als Belege in jedem Fall aus. In Sach 14,19 könnte man vielleicht חטא mit „Strafe" übersetzen – zwingend ist dies jedoch keinesfalls. Entscheidend ist jedoch, dass das Wort פשע m. E. an keiner Stelle mit „Strafe" übersetzt werden kann. Der Begriff meint stets ein justiziables Verbrechen im zwischenmenschlichen Bereich.[12] Damit aber muss die Interpretation von Joyce als widerlegt gelten: Ez 33,10 ist ein Sündenbekenntnis. Es spricht auch nichts dafür, im Zitat des Volkes ein reines Lippenbekenntnis zu sehen. Im Zitat kommt die Verzweiflung des Volkes zum Ausdruck, das seine Verfeh-

---

[10] *Joyce*, Ezekiel (2007), 190.

[11] Vgl. *Greenberg*, Ezechiel 21–37 (2005), 370.

[12] Grundlegend weiterhin *Knierim*, Hauptbegriffe für Sünde (1965), 176–184.

lungen anerkennt und gerade deshalb keinen Ausweg aus der selbstverschuldeten Unheilssituation sieht.

Halten wir als Zwischenergebnis fest: In für das Ezechielbuch einzigartiger Weise finden wir in Ez 33,10 ein Schuldbekenntnis des Volkes.

Ein weiteres Moment wird durch V. 10 deutlich: Die martialische Gegenüberstellung von Tod und Leben in V. 1–9 ist nicht zwingend im Sinne eines physischen Todes zu verstehen. Die Exilierten bekennen, dass sie aufgrund ihrer Vergehen „verfaulen“ (מקק), d. h. de facto tot sind, wie dies auch im Zitat des Volkes im Rahmen der Totengebeinvision vorausgesetzt wird (vgl. auch Lev 26,39). In Ez 37,11 heißt es:

> „Unsere Gebeine sind vertrocknet, und unsere Hoffnung ist dahin. Wir sind abgeschnitten!“

Israel im Exil ist vom Leben „abgeschnitten“, ist de facto tot. Babylon wird also mit dem Totenreich gleichgesetzt. Das Leben im Exil ist kein Leben, sondern ein Dahinsiechen wie im Totenreich. Ez 33,10 und 37,11 sind damit für die Gesamthermeneutik des Buches von herausragender Bedeutung: Isoliert gelesen bietet ein Text wie Ez 18 einen Katalog todeswürdiger Verbrechen, die von Gott unmittelbar mit Vollzug der Todesstrafe geahndet werden. Gerade die Komposition in Ez 33,1ff. und 37,11 öffnet jedoch den Weg hin zu einem metaphorischen Verständnis der Rede vom Tod im Sinne einer Gottesferne.

2.2 Wahre Umkehr

33,11aα	Sage zu ihnen: So wahr ich lebe – Spruch des Herrn JHWH! Ich habe kein Gefallen am Tod des Frevlers,
33,11aβ	sondern daran, dass der Frevler umkehrt von seinem Weg und lebt.
33,11b	Kehrt um! Kehrt um von euren bösen Wegen! Wozu wollt ihr sterben, Haus Israel?

In für das Ezechielbuch typischer Art und Weise werden die Erwartungen des Lesers in geradezu bizarrer Art und Weise durchkreuzt. Gott scheint das Sündenbekenntnis nicht zu akzeptieren! Der Verzweiflung des Volkes setzt er ein radikales Bekenntnis zum Leben entgegen – um damit zugleich das Sündenbekenntnis des Volkes ad absurdum zu führen.

Der Ruf zur Umkehr hat seine direkte Parallele in Ez 18,30b–32 (s. o. S. 209).

Ez 33,11 nimmt den Schluss von Ez 18 in umgekehrter Reihenfolge auf und verstärkt durch das doppelte „Kehrt um, kehrt um!" die Dringlichkeit des Appells. Für den Leser ergibt sich freilich die Frage, warum JHWH das Sündenbekenntnis des Volkes nicht als zumindest ersten Schritt zu Umkehr akzeptiert. Die Antwort geben V. 12–20. Bevor wir uns diese Verse näher anschauen, müssen wir jedoch noch ein wenig bei Ez 18 verweilen.

Ez 18 gilt als einer der Basistexte für die Begründung des Prinzips der Individualverantwortung. Die neuere Forschung betont allerdings, dass die beiden Prinzipien einer Solidarhaftung auf der einen (vgl. Ex 34,6f.) und der Individualhaftung auf der anderen Seite nicht derart gegeneinander ausgespielt werden dürfen, dass die Individualhaftung eine Erfindung des Exils sei.[13] Vielmehr ist das Prinzip der Individualhaftung grundlegend für sämtliche Rechtssysteme des Alten Orients (vgl. auch Dtn 24,16; 2 Kön 14,6). Ein einfaches evolutives Modell wurde freilich auch in der älteren Forschung nur vereinzelt vertreten[14] und bereits Rudolf Mosis weist in seinem Ezechielkommentar aus dem Jahr 1978 darauf hin, dass Ezechiel mit der Einforderung der Verantwortung des Einzelnen für sein Tun nicht ein neues Prinzip einführe, sondern nur „die alte Wahrheit, daß jeder einzelne nach seinem Tun zum Tod oder zum Leben kommt"[15] in Erinnerung rufe.

Nichtsdestoweniger fordert Ez 18 wie kein anderer Text des Alten Testaments die Verantwortung des Einzelnen für sein Handeln ein. Schauen wir aus der Vogelperspektive auf Ez 18:

A	V. 1–3	Einleitung
B	V. 4–20	Die Verantwortung des Einzelnen: Frühere Generationen bestimmen nicht über Tod und Leben
B′	V. 21–29	Die Verantwortung des Einzelnen: Frühere Lebensabschnitte bestimmen nicht über Tod und Leben
C	V. 30–32	Ruf zur Umkehr

---

[13] Zur Thematik s. *Schmid,* Kollektivschuld (1999).

[14] Vgl. z. B. *Eichrodt,* Hesekiel (1966), 143–158.

[15] *Mosis,* Ezechiel (1978), 209.

Adrian Schenker hat gezeigt, dass V. 21ff. nicht einfach einen (sekundären[16]) Anhang darstellen, sondern dass gerade auf der zweiten Texthälfte der Schwerpunkt liegt.[17] Hier kommt das „Neue", spezifisch Ezechielische zur Sprache; denn in der zweiten Texthälfte (V. 21–32) wird deutlich über eine bloße Konstatierung bzw. Bestätigung des Prinzips der Verantwortung des Einzelnen hinaus gegangen: In der für das Ezechielbuch typischen Art und Weise wird hier der Gedanke, dass Schuld nicht über einen Generationen übergreifenden Zeitraum hinweg angerechnet werden kann, nun auf das Leben des Einzelnen hin radikalisiert: Auch für das Leben des Einzelnen gilt, dass Verantwortung für Schuld unmittelbar eingefordert wird. Das aber bedeutet, dass es nicht möglich ist, sich durch gute Taten im Leben eine Art Polster zu verschaffen, das schlechte Taten ausgleichen kann. Der Einzelne kann sein Leben lang moralisch einwandfrei handeln, sobald er von diesem Weg abweicht, muss er für sein Handeln im Hier und Jetzt einstehen. Im Umkehrschluss bedeutet dies: Ein Verbrecher, der Reue zeigt, wird nicht bis an sein Lebensende von der Last seiner Schuld erdrückt, sondern hat vor Gott *jederzeit* die Möglichkeit eines Neuanfangs!

Dieses Konzept ist radikal, denn es widerspricht jeglichem menschlichen Rechtsdenken. Bis heute gilt, dass in einem Gerichtsverfahren der Lebenslauf eines Angeklagten in das Urteil des Richters einfließt: Hat sich ein Angeklagter in seinem bisherigen Leben nichts zuschulden kommen lassen, wirkt sich dies positiv auf das Strafmaß aus. Umgekehrt gilt, dass Reue vor Gericht nicht davor schützt, für die vorherigen Taten einstehen zu müssen. Reue kann Strafminderung, nicht jedoch vollständigen Straferlass zur Folge haben.

Entsprechend wundert es keineswegs, wenn die Exilierten in Ez 18,29 diese göttliche Gerechtigkeit nicht akzeptieren. Was in 18,21–28 grundgelegt wird, widerspricht dem menschlichen Rechtsdenken. Zurück zu Ez 33:

---

[16] So z. B. *Pohlmann*, Hesekiel 1–19 (1996), 260f., der V. 21–32 als sekundär einstuft.

[17] Vgl. *Schenker*, Saure Trauben (1981); *Ders.*, Erlässt Umkehr Schuld (2003).

33,12aα Du aber, Menschenkind, rede zu den Kindern deines Volkes: Die Gerechtigkeit des Gerechten wird ihn nicht retten am Tag seines Verbrechens,
33,12aβ und der Frevel des Frevlers – er kommt darin nicht zu Fall am Tag, da er umkehrt von seinem Frevel.
33,12b Der Gerechte aber kann nicht leben durch sie am Tag seiner Sünde.
33,13aα Wenn ich zum Gerechten sage: Leben sollst du! –
33,13aβ er aber vertraut auf seine Gerechtigkeit und tut Unrecht –
33,13bα all seiner Gerechtigkeit wird nicht gedacht werden,
33,13bβ und in seinem Unrecht, das er getan hat, in ihm wird er sterben.
33,14a Und wenn ich zum Frevler sage: Du sollst sterben!
33,14bα Er aber kehrt um von seiner Sünde
33,14bβ und tut Recht und Gerechtigkeit,
33,15aα gibt Pfand zurück, [ein Frevler] erstattet Raub,
33,15aβ in den Satzungen des Lebens geht er,
33,15aγ ohne Unrecht zu tun,
33,15b gewiss soll er leben – nicht soll er sterben.
33,16aα Seine ganze Sünde, die er gesündigt hat,
33,16aβ ihrer wird nicht gedacht werden.
33,16b Recht und Gerechtigkeit hat er getan – gewiss soll er leben!
33,17aα Und es sagen die Kinder deines Volkes:
33,17aβ „Der Weg des Herrn ist nicht gerade!"
33,17b Und sie: Ihr Weg ist nicht gerade!
33,18a Wenn der Gerechte von seiner Gerechtigkeit umkehrt und Unrecht tut,
33,18b dann muss er in ihnen sterben!
33,19aα Und wenn ein Frevler von seinem Frevel umkehrt,
33,19aβ und tut Recht und Gerechtigkeit,
33,19b ihretwegen wird er leben.
33,20a Ihr aber sagt: „Der Weg des Herrn ist nicht gerade!"
33,20b Einen jeden seinen Wegen entsprechend werde ich euch richten, Haus Israel!

Es ist auf den ersten Blick erkennbar, dass hier Ez 18 zitiert wird – allerdings vorrangig die zweite Hälfte. Die erste Hälfte des Textes, die das Prinzip der Verantwortung des Einzelnen darlegt, wird nur in Ez

33,14–15 anzitiert als Beispiel dafür, wie ein gerechter Lebensweg aussehen kann. In seiner Substanz zitiert Ez 33,11–20 die zweite Hälfte von Ez 18, die das Prinzip der göttlichen Gerechtigkeit definiert. Damit ist die Stoßrichtung des Textes klar: Die Exilierten haben die Botschaft des Propheten immer noch nicht angenommen. Zwar haben sie, wie das Schuldbekenntnis in Ez 33,10 zeigt, das Sprichwort von den unreifen Früchten aufgegeben und damit ihre Schuld akzeptiert – aber sie denken immer noch in den gängigen Bahnen menschlicher Gerechtigkeit, dass eine solche Schuld nicht abgetragen werden kann. Dem stellt nun Gott entgegen, dass Umkehr jederzeit möglich ist und damit auch für die Exilierten Hoffnung besteht. Das Sündenbekenntnis von V. 10 ist zwar ein echtes Bekenntnis – aber trotz der Annahme der Schuld verweigern sich die Exilierten in ihrer Hoffnungslosigkeit immer noch dem Wort Gottes. Sie messen die göttliche Gerechtigkeit mit menschlichen Maßstäben und können daher nicht erkennen, dass auch ihnen der Weg zum Leben jederzeit offen steht.

Der Text stellt das Sündenbekenntnis des Volkes in Ez 33,10 und die schroffe Reaktion Gottes in 33,11–20 unverbunden nebeneinander. Der Leser ist aufgefordert, Kohärenz herzustellen und den Konnex zwischen V. 10 und dem Folgenden zu erkennen. Wichtig scheint mir hierbei, dass es für das Verständnis des Textes notwendig ist zu erkennen, dass V. 11–20 den Text Ez 18 anzitiert: Gott sagt nichts Neues, sondern wiederholt nur ‚Altbekanntes'. Das Israel, das zwar seine Sünden bekennt, aber meint, in Hoffnungslosigkeit dahinzusiechen, hätte wissen müssen, dass jederzeit die Möglichkeit zur Umkehr besteht. Es ist somit erkennbar, dass Ez 33,1–20 nicht einfallslos Texte ‚wiederholt'. Vielmehr wird deutlich, dass die Zitation vorgegebener Texte nicht nur neue Kontextualisierungen schafft, sondern einen komplexen Prozess zwischen Text und Leser in Gang setzt.

Ez 33,1–20 ist also nicht nur ein Ruf zur Umkehr. Wir finden hier zugleich eine komprimierte, aber nichts desto weniger komplexe Reflexion darüber, worin Umkehr besteht. Die Antwort des Textes lautet: Ein Sündenbekenntnis allein reicht nicht. Notwendig ist die volle Akzeptanz der Souveränität von Gottes Gerechtigkeit. Gerade sie eröffnet Hoffnung inmitten scheinbarer Hoffnungslosigkeit.

3. Umkehrruf und Neuschöpfung: Ez 33,1–20 im Rahmen der Komposition des Ezechielbuches

3.1 Der Ruf zur Umkehr: Schuldaufweis oder wirkliche Heilsperspektive?

Versuchen wir vor diesem Hintergrund, die Funktion von Ez 33,1–20 im Rahmen der Buchkomposition zu erfassen:

Ez 1–24		Ez 33–48	
Ez 3	Ez 18,30–32	Ez 33,1–9	Ez 33,11
Wächter	Ruf zur Umkehr	Wächter	Ruf zur Umkehr

Wie wir gesehen haben, interpretieren Moshe Greenberg und Paul Joyce Ez 33,1–20 nicht als Eröffnung des dritten Buchteils, sondern als Abschluss der Gerichtsverkündigung des Propheten. Die doppelte Berufung Ezechiels zum Wächter in Ez 3 und 33 wird also als Inklusion verstanden, die die Gerichtsverkündigung des Propheten rahmt. Der Ruf zur Umkehr aus Ez 18 wird kurz vor dem Eintreffen der Nachricht über den Fall Jerusalems wiederholt und verhallt im Nichts. Eine solche Umkehrtheologie steht traditionsgeschichtlich auf der Stufe der dtr Prophetentheologie: Der Ruf zur Umkehr dient dem Schuldaufweis. Israel hat sich dem Wort JHWHs konsequent verweigert. Das Eintreffen des Gerichts ist die notwendige Folge. Umgekehrt gilt: Das Heil ist nicht abhängig vom Verhalten Israels. JHWH handelt allein um der Ehre seines Namens willen sowohl zum Gericht wie zum Heil. Das Heil ist Heil strikt *sola gratia*.

Ich glaube, dass diese Interpretation die Buchkomposition nicht treffend erfasst. Schauen wir noch einmal auf die dreiteilige Struktur des Ezechielbuches:

Ez 1–24	Ez 25–32	Ez 33–48
Gericht über Israel	Gericht über die Fremdvölker	Heil für Israel

Die Worte über die Fremdvölker in Ez 25–32 sind zwar formal als Gerichtsprophetie gestaltet, inhaltlich aber handelt es sich um indirekte Heilsprophetien für Israel, die das direkte Heil für Israel vorbereiten. Entsprechend bildet die kompositorische Mitte des Fremdvölkerzyklus ein Heilswort für Israel:

25 So spricht der Herr JHWH: Wenn ich das Haus Israel sammle aus den Völkern, unter die sie zerstreut worden sind, werde ich mich an ihnen als heilig erweisen vor den Augen der Nationen, und sie werden auf ihrem Boden wohnen, den ich meinem Diener Jakob gegeben habe.
26 Und sie werden in Sicherheit darauf wohnen und Häuser bauen und Weinberge pflanzen, sicher werden sie wohnen; wenn ich Urteile vollstrecke an all denen rings um sie her, von denen sie verachtet werden, werden sie erkennen, dass ich JHWH bin. (Ez 28,25f.)

Hier wird die Pragmatik der Fremdvölkersprüche ausformuliert. Ez 25–32 ist also ein Übergang auf der Linie vom Gericht zum Heil. Das spricht m. E. eindeutig gegen die von Greenberg und Joyce postulierte kompositorische Klammer zwischen Ez 3 und 33, die einen Gerichtsteil randscharf vom Heilsteil abgrenzt und de facto nur mit einer Zweiteilung des Buches rechnet. Es scheint mir weiterhin plausibel, den dritten Buchteil mit Ezechiels erneuter Beauftragung zum Wächter für Israel beginnen zu lassen. Freilich muss man die Frage beantworten können, warum diese Beauftragung geschieht, bevor der Prophet von der Zerstörung Jerusalems erfährt. Schauen wir zu diesem Zweck noch einmal auf Ez 33,21f.:

21 Und im zwölften Jahr unserer Verbannung, im zehnten Monat, am Fünften des Monats, kam der aus Jerusalem Entkommene zu mir und sprach: Die Stadt ist geschlagen!
22 Und am Abend, bevor der Entkommene kam, war die Hand JHWHs auf mich gekommen, und bevor jener am Morgen zu mir kam, öffnete er meinen Mund; und er öffnete meinen Mund, und ich war nicht mehr stumm.

Entscheidend ist, dass die Stummheit Ezechiels bereits am Abend *vor* dem Eintreffen des Boten aufgehoben wird! Die heute vorliegende Komposition kann dann so verstanden werden, dass das in Ez 33,1–20 berichtete Wortereignis eben just an diesem ‚Vorabend' geschah. Dies hat bereits Rudolf Smend sen. gesehen:

> „so hatte er jetzt schon am Abend, bevor die Nachricht von Jerusalems Falle in Tel Abib anlangte, den Drang zu reden in sich gefühlt, schon da hatten ihn die v. 1–20 ausgeführten Gedanken beschäftigt und in dem Moment, wo der Flüchtling eintraf, redete

Ez. auch schon (v. 21.22). Darum folgt auch diese Zeitbestimmung hier ausnahmsweise nach."[18]

Auf diese Weise wird eine kunstvolle Verschränkung von Gericht und Heil erzähltechnisch fundiert: Ezechiels Ruf zur Umkehr transzendiert ein einfaches zeitliches Nacheinander von Gericht und Heil. Im Gericht ist das Heil bereits präsent, weil Umkehr jederzeit möglich ist, und damit Heil bzw. Leben *immer* eine Möglichkeit darstellt. Entsprechend ist zwischen dem Ruf zur Umkehr in Ez 18 und dem in Ez 33 zu unterscheiden: Der Ruf zur Umkehr in Ez 18 dient erzähltechnisch dem Schuldaufweis. Israel hat sich diesem Ruf zur Umkehr verweigert. Das Gericht ist daher unausweichlich. In Ez 33 hingegen eröffnen Ezechiels erneute Bestellung zum Wächter und der an das Sündenbekenntnis des Volkes anschließende Ruf zur Umkehr eine wirkliche Heilsperspektive.

3.2 Umkehrruf und Neuschöpfung

Freilich scheinen nun die von mir eingangs beschriebenen Konzepte einer deterministischen Sicht der menschlichen Natur einerseits und der Betonung der Freiheit des Menschen andererseits umso unversöhnlicher nebeneinander zu stehen. Wenn Ez 33 tatsächlich konstitutive Bedeutung für die Gesamthermeneutik des Buches hat, wie verhält sich dann die hier entworfene Heilsperspektive zur deterministischen Sicht der menschlichen Natur, die – zumindest auf den ersten Blick – doch das Buch zu beherrschen scheint?

Zunächst gilt es, eine Unterscheidung bewusst zu machen. C. Lapsley, K.-F. Pohlmann, T. Krüger u. a. rechnen die negative Sicht der Geschichte Israels, die in Texten wie Ez 16; 20; 23 zum Ausdruck kommt, anthropologisch hoch. Schaut man nun jedoch auf den Beginn des Buches, so sieht man, dass dort eine Unterscheidung eingeführt wird. Im Rahmen der Berufung des Propheten heißt es in Ez 3,4–7:

4 Und er sprach zu mir: Menschenkind, auf, geh hin zum Haus Israel und rede mit meinen Worten zu ihnen!
5 Denn nicht zu einem Volk mit dunkler Sprache und schwieriger Rede bist du gesandt, sondern zum Haus Israel!

---

[18] *Smend*, Ezechiel (1880), 267.

6 Nicht zu vielen Völkern mit dunkler Sprache und schwieriger Rede, deren Worte du nicht verstehst. Würde ich dich zu diesen senden, sie würden auf dich hören.
7 Aber das Haus Israel wird nicht auf dich hören, denn sie wollen nicht auf mich hören.

Zweierlei ist hieraus abzuleiten:
(1) Israel verweigert sich bewusst dem Wort Gottes (אבה „wollen", V. 7). Der habituelle Hang Israels zum Bösen hebt die menschliche Freiheit nicht auf. Gerade in seiner Verweigerung gegenüber dem Wort Gottes handelt Israel frei.
(2) Diese habituelle Verweigerung gilt für Israel, nicht aber zwingend für die Völker (V. 6). Die pessimistische Sicht der Geschichte Israels darf nicht anthropologisch hochgerechnet werden. Israel repräsentiert einen Sonderfall, nicht aber die Regel der menschlichen Natur.

Bedeutet dies, dass die Unterscheidung der beiden Konzepte Determinismus vs. Freiheit obsolet ist? In der Tat gilt, dass die Texte, die das deterministische Konzept zu bezeugen scheinen, bei näherem Hinsehen (a) die Israelperspektive strikt beibehalten, (b) von einer habituellen Verweigerung Israels ausgehen, nicht aber die Freiheit grundsätzlich in Frage stellen. Entsprechend steht der Ruf zur Umkehr in Ez 18, der dem Gerichtsaufweis dient, nicht in Spannung zu den Geschichtsentwürfen in Ez 16; 20 und 23. Und da der Umkehrruf in Ez 33 eine wirkliche Heilsperspektive für die Zeit nach dem Gericht eröffnet, ergibt sich durchaus ein stimmiges Gesamtkonzept, dessen Fundament die Freiheit des Einzelnen ist. Der Mensch handelt in seiner Entscheidung für oder gegen Gott frei.

Nichtsdestoweniger bleibt ein Störfaktor – und das ist der Neuschöpfungstext Ez 36,23ff. Ich stimme K.-F. Pohlmann zu, dass die Aussagen von Ez 18,30–32 und 36,23ff. „nicht unter einen Hut zu bringen" sind.[19] Florian Markter hat dies in seiner Dissertation von 2013 freilich wieder versucht, indem er die drei einschlägigen Stellen Ez 11,19; 18,31 und 36,26 im Sinne einer „Transformation" versteht:

> „Die Erneuerung wird an allen drei Stellen als Transformation beschrieben. In Ez 18,31 soll das alte Herz mit seinen Ausrichtungen in ein neues Herz überführt werden, das Eigenverantwortung über-

[19] *Pohlmann*, Ezechiel (2008), 170.

> nimmt und sich an den Gebotsreihen, also an JHWH orientiert. Dieses Verständnis wird prinzipiell in Ez 11,19; 36,26 beibehalten. Nur dass JHWH selbst die Transformation des Herzens vollzieht, indem er den Zustand des steinernen Herzens in ein einiges bzw. neues fleischernes Herz verwandelt. Nicht das Herz wird ausgetauscht, sondern dessen Zustand transformiert, um seine Funktionsfähigkeit wieder zu erreichen. Damit bleibt das individuelle Personzentrum dasselbe. Die Exilierten jedoch werden befähigt, jede verweigernde Haltung und jeden Widerstand zugunsten einer neu realisierten JHWH-Zugehörigkeit aufzugeben. JHWH bewirkt im Innern des Menschen ein vollkommen neues, so noch nie dagewesenes Herz, das zugleich als Sitz der Persönlichkeit auch ein altes ist. Vertreter einer Transplantation (d. h. die Ersetzung des alten Herzens durch ein neues, anderes Herz) haben mit der Schwierigkeit umzugehen, dass hier nach alttestamentlichem Verständnis das Persönlichkeitszentrum ausgewechselt würde und der alte mit dem neuen Menschen nichts mehr gemeinsam hätte."[20]

Hier hat man das Gefühl, dass nicht sein kann, was nicht sein darf. Ich kann sowohl Ez 11,19 wie auch 36,26f. nur so verstehen, dass in der Tat das Herz hier – im Unterschied zu Dtn 30,1–10 und Jer 24,7; 31,31–34; 32,39f. – ausgetauscht wird. Der Text setzt auf Diskontinuität: Das Personzentrum wird wirklich ausgetauscht. Dass eine solche, von JHWH ohne Mitwirkung des Menschen durchgeführte „Transplantation" (T. Krüger)[21] für das Alte Testament einzigartig ist, ist kein Argument dafür, den Wortsinn des Textes umzudeuten.

Die gesamte Passage Ez 36,23bβ–38 fehlt im vorhexaplarischen Pap 967. In den vergangenen Jahren hat sich ein Konsens etabliert, demzufolge in der Old Greek und ihrer hebräischen Vorlage diese Passage noch fehlte.[22] Ich selbst habe in der Festschrift für Heinz-Josef Fabry den Vorschlag gemacht, die Einfügung dieses Textes in hasmonäische Zeit zu datieren.[23] Ob diese Einordnung konsensfähig ist, sei dahingestellt. In jedem Fall dürfte Ez 36,23bβ–38 mit zu den spätesten Texten

---

20 *Markter,* Transformationen (2013), 520.

21 *Krüger,* Herz (1997), 81.

22 Vgl. z. B. *Lust,* Ezekiel 36–40 (1981); *Pohlmann,* Hesekiel 20–48 (2001), 487–489; *Schwagmeier,* Untersuchungen (2004); *Klein,* Schriftauslegung (2008), 60–65; *Rösel,* JHWHs Sieg (2012), 353–365; *Markter,* Transformationen (2013), 477–484.

23 Vgl. *Konkel,* Ezechielbuch (2010).

des Ezechielbuches gehören. Ich vermute, dass auch zumindest Ez 11,19b dieser Redaktion zuzuschreiben ist. Leider sind Ez 1–11 in Pap 967 nicht erhalten, so dass nicht gesagt werden kann, ob Teile von Ez 11,14–21 in der Old Greek fehlten.

Die Spannung zwischen Ez 36 und dem Rest des Buches kann m. E. nur diachron erklärt werden. Nichtsdestoweniger stellt sich die Frage, wie die heute vorliegende Komposition synchron zu lesen ist. Besteht hier ein kontradiktorischer Gegensatz oder kann die Spannung synchron eingeholt werden?

Diese Frage ist mit den gängigen Werkzeugen der historisch-kritischen Methode nicht zu beantworten. M. E. hilft jedoch der Rückgriff auf ein Reader-Response-Modell, um das Gegen-, In- und Miteinander von Texten wie Ez 33 auf der einen und Ez 36 auf der anderen Seite zu beschreiben.

Schauen wir nochmals auf Ez 36,22–28 (Übersetzung s.o.). Für die Interpretation des Textes ist m. E. von Bedeutung, dass die Reinigung und Neuschaffung Israels erst geschieht, *nachdem* Israel in das Land gekommen ist. Die Neuschaffung Israels ist also nicht Vorbedingung der Rückkehr ins Land bzw. des von Gott gewirkten Heils, sondern geschieht erst im Anschluss an die Sammlung aus der weltweiten Diaspora. Für einen Leser in der Nachexilszeit bedeutet dies, dass er den Text im Sinne einer mehrfach gestuften Eschatologie auf seine Gegenwart beziehen kann: Mit der Möglichkeit der Heimkehr in das Land ist zwar ein Teil der Heilserwartungen erfüllt, die Fülle des Heils in Form der Neuschöpfung Israels steht aber noch aus.

Spannend ist nun, dass dieses Modell einer mehrstufigen Verwirklichung des Heils der in MT in Ez 37,1–14 folgenden Totengebeinvision entspricht. Dieser Text ist klar in zwei Teile gegliedert.[24] Auf die Vision in V. 1–10 folgt in V. 11–14 ihre Deutung. Innerhalb der Vision vollzieht sich die Erweckung der Gebeine in einem zweistufigen Prozess: Zunächst werden die Gebeine wieder zu Leibern zusammen gefügt. V. 8 konstatiert dann: „aber Geist war nicht in ihnen." Erst in einem weiteren Schritt erfolgt dann die Belebung der toten Leichname durch die Geistgabe.

Die Deutung der Vision nimmt ihren Ausgang bei einem Zitat des Volkes:

---

[24] Zu Ez 37,1–14 s. *Schnocks,* Rettung und Neuschöpfung (2009), 162–237.

> Und er sprach zu mir: Menschenkind, diese Gebeine – das ganze Haus Israel sind sie. Siehe, sie sagen: Vertrocknet sind unsere Gebeine und unsere Hoffnung ist dahin. Wir sind abgeschnitten. (Ez 37,11)

Mit V. 12 setzt dann ein Verkündigungsauftrag an den Propheten ein, der zugleich die Antwort JHWHs auf das Zitat des Volkes darstellt und mittelbar auch die Deutung der Vision. Auffällig ist nun freilich die doppelte Erkenntnisformel in V. 13a und V. 14b. Zugleich fällt auf, dass V. 13b eine wörtliche Wiederaufnahme von V. 12a darstellt. V. 13b–14 wiederholen aber nun nicht einfach das in V. 12–13a Gesagte, sondern setzen einen neuen Akzent:[25]

12 Darum prophezeie und sprich zu ihnen: So spricht der Herr JHWH:
Siehe ich öffne eure Gräber,
und werde euch heraufführen aus euren Gräbern, mein Volk,/
und ich werde euch bringen auf den Ackerboden Israels.
13 Und ihr werdet erkennen, dass ich JHWH bin,/
wenn ich eure Gräber öffne,
und wenn ich euch heraufführe aus euren Gräbern, mein Volk.
14 Und ich werde geben meinen Odem in euch und ihr werdet leben,
und ich werde euch zur Ruhe kommen lassen auf eurem Ackerboden,
und ihr werdet erkennen, dass ich, JHWH, geredet habe und (es) tun werde,
Spruch JHWHs.

In MT bildet die Erkenntnisformel von V. 13a nicht den Schlusspunkt des in V. 12 beschriebenen Heilshandelns, sondern die Protasis des in V. 13b–14 beschriebenen Heilshandelns. Die doppelte Erkenntnisformel in V. 13a und 14b fungiert somit als Inklusion. Eine solche Verwendung der Erkenntnisformel ist für das Ezechielbuch einzigartig, da diese sonst strikt als (Teil-)Abschlussformel dient, nie jedoch als Einleitungsformel wie in V. 13a.[26]

Die Schlussfolgerung liegt auf der Hand: Die Funktion von V. 13a als Einleitung des Folgenden ist auf eine Fortschreibung des Textes

---

[25] Übersetzung in Anlehnung an *Schnocks,* Rettung und Neuschöpfung (2009), 163.

[26] Zu den Belegen der Erkenntnisformel s. *Hossfeld,* Untersuchungen (^{2}1983), 40–46.

zurückzuführen, die von den Schreibern durch die Wiederaufnahme von V. 12a in V. 13b auch als solche gekennzeichnet wurde. Ich gehe daher davon aus, dass V. 13b–14 später hinzugefügt wurden.[27] Diese Fortschreibung in V. 13b–14 geht mit einer inhaltlichen Akzentverschiebung einher: In V. 12 ist die Gotteserkenntnis Israels das Resultat aus der Heraufführung aus dem Exil und der Hineinführung in das Land. Demgegenüber zeichnet V. 13b ein anderes Bild: Die Gotteserkenntnis resultiert erst aus der Gabe von JHWHs Geist. Die Geistgabe wird nun zum entscheidenden Punkt des Heilshandelns. Durch die Hinzufügung von V. 13b–14 wird aus einem Restaurationstext ein Neuschöpfungstext. J. Schnocks hat jüngst gezeigt, dass V. 13b–14 – obwohl von Pap 967 bezeugt – innerhalb der Septuaginta später hinzugefügt sein dürften.[28] Er rechnet daher Ez 37,13b–14 derselben Redaktion zu, die auch für die Einfügung von Ez 36,23bβ–38 verantwortlich zeichnet. Man wird wohl auch noch Ez 11,19b dieser Redaktion zurechnen dürfen. Wie dem auch sei: Es wird auf diese Weise das Konzept einer Neuschöpfung in das Buch eingetragen.

Auf den ersten Blick scheint freilich Ez 37,13b–14 im Unterschied zu 36,23bβ–38 vorauszusetzen, dass hier die Geistgabe noch vor dem Eintritt in das Land geschieht. Bei genauerem Hinsehen zeigt sich jedoch, dass die zeitliche Abfolge in Ez 37,13b–14 bei weitem nicht so eindeutig ist, wie dies auf den ersten Blick scheint. In V. 14a heißt es: „und ich lasse euch zur Ruhe kommen auf eurem Boden (נוח hif.)". Das kann als Ankunft im Land verstanden werden. Anja Klein aber hat gezeigt, dass das „zur Ruhe kommen" auch als endgültige Arretierung des Heils verstanden werden kann, als Ruhe vor allen äußeren und inneren Feinden:

> „Der Autor ist offenbar der Überzeugung, dass das entscheidende Heilsereignis der Geistverleihung nicht außerhalb des Landes vollzogen wird (37,1-6*) oder mit der Rückführung gleichgesetzt werden kann (37,11-13a*), sondern sich erst nach der Rückkehr des Volkes im Land selbst ereignen wird (37,14). Zugleich macht er

---

[27] Vgl. z. B. *Herrmann*, Ezechielstudien (1908), 36; *Hossfeld*, Untersuchungen (²1983), 386–388; *Ohnesorge*, Volk (1991), 315–318; *Klein*, Schriftauslegung (2008), 281–283; *Schnocks*, Rettung und Neuschöpfung (2009), 223; *Sedlmeier*, Ezechiel 25–48 (2013), 209f.

[28] *Schnocks*, Rettung und Neuschöpfung (2009), 168.226–237.

> deutlich, dass eine erneute Exilierung des Volkes ausgeschlossen ist, so dass der Wiederbelebung Unverbrüchlichkeit zukommt."[29]

Ich würde vorsichtiger formulieren und sagen: Ez 37,13b–14 *kann* – wenn man Ez 36,23ff. als Leseanleitung versteht – so gelesen werden, dass hier – analog zur Vision (Ez 37,1–10) – eine Heilszeit in zwei Stufen entworfen wird: die Rückkehr aus dem Exil markiert noch nicht die Fülle des Heils. Erst die Gabe von JHWHs Geist und die endgültige Befreiung von äußerer Bedrohung bringt die Fülle des Heils und führt Israel zur Erkenntnis JHWHs. Umgekehrt bedeutet dies: Ein Israel, dass sich zwar im Land befindet, das aber nicht vom Geist JHWHs erfüllt ist, ist so tot wie die aus Knochen, Sehnen und Haut zusammen gesetzten Leichname, die der Prophet visionär geschaut hatte.

Kehren wir nun zurück zu Ez 33: Ein postulierter Leser im nachexilischen Jerusalem liest das Sündenbekenntnis des Volkes und die harsche Entgegnung JHWHs. Er braucht dies nicht auf sich zu beziehen, ist doch das Exil für ihn Vergangenheit. Spätestens mit Ez 36–37 wird diese Lektüre jedoch brüchig. Der Leser wird nun vor die Frage gestellt, in welchem Zustand er sich befindet: Offensichtlich ist Israel noch nicht aus der gesamten Diaspora heimgekehrt und eine insgesamt vom Geist JHWHs beseelte neue Schöpfung. Dem Leser wird bewusst, dass mit der Rückkehr ins Land die Fülle des Heils noch nicht erreicht ist. Ganz im Gegenteil: Ohne die lebenspendende Gabe von JHWHs Geist, die eine wesenhafte Neuschöpfung zur Folge hat, verbleibt Israel weiterhin im Bereich des Todes.

Das ist der Punkt im Leseprozess, an dem nun Ez 33 seine Wirkung entfalten kann: Heil ist für den Einzelnen möglich, wenn er die Souveränität der Gerechtigkeit Gottes anerkennt, die gerade darin besteht, dass dem Einzelnen jederzeit die Möglichkeit zur Umkehr offen steht. Erkennt der Leser dies, und nimmt er diese Botschaft nicht nur als Lippenbekenntnis, sondern radikal aus seiner ganzen Existenz heraus an, erkennt er zugleich, dass er nicht mehr im Bereich des Todes gefangen, sondern vom Geist JHWHs erfüllt ist, er also eine neue Schöpfung im Hier und Jetzt ist. Durch Ez 33 wird die kollektive Perspektive von Ez 36–37 aufgesprengt: Heil ist für den *Einzelnen jederzeit* möglich! Umgekehrt wird durch Ez 36–37 deutlich, dass der Einzelne die wirklich vollzogene Umkehr nicht aus sich heraus schafft, sondern dass ihm

---

[29] *Klein*, Schriftauslegung (2008), 285.

dies als Gnade von Gott geschenkt wird. Der erste Schritt geht von Gott aus, der den Einzelnen dazu befähigt, den Schritt zu wahrer Umkehr zu tun.

Was ich hier versucht habe, als ‚idealen' zweidimensionalen Leseprozess nachzuzeichnen, ist natürlich im konkreten Lesegeschehen weitaus komplexer. Dieser Prozess vollzieht sich – wenn überhaupt – mehrdimensional im Rahmen immer neuer Leseprozesse. Entscheidend jedoch ist: Die Neuschöpfung vollzieht sich in Form der Gotteserkenntnis, d. h. in Form eines zunächst *kognitiven* Aktes,[30] konkret im Bekenntnis der eigenen Schuld und der Anerkenntnis der absoluten Souveränität der göttlichen Gerechtigkeit. Nicht umsonst bringt die im Ezechielbuch insgesamt 54-mal belegte Erkenntnisformel („und sie werden erkennen, dass ich JHWH bin") das Ziel von Gottes Gerichts- wie auch Heilshandeln auf den Punkt.[31] Dieses kognitive Moment darf nun nicht dazu führen, hier ein intellektuelles, theologisches Glasperlenspiel zu sehen. Die Gotteserkenntnis ist nur dann Wirklichkeit, wenn sie im Tun von „Recht und Gerechtigkeit" ihre sichtbare Außenseite hat.

4. Zusammenfassung

(1) Das ältere, in Teilen noch von der Old Greek bezeugte Ezechielbuch, in dem Ez 36,23bβ–38; 37,13b–14 und vielleicht auch 11,19b noch fehlten, hat ein klar umrissenes Konzept: Zwar ist Israel verstockt, aber die Verweigerung gegenüber dem Wort Gottes ist nur habituell und nicht Teil der menschlichen Natur. Für den Einzelnen ist Umkehr jederzeit möglich, und der Einzelne kann aus sich heraus den ersten Schritt zur Umkehr tun.

(2) Auf später redaktioneller Ebene wird punktuell das Konzept einer allein von Gott gewirkten Neuschöpfung Israels eingetragen (Ez 11,19; 36,23bβ–38; 37,13b–14): Erst nachdem Gott an Israel gehandelt hat, ist Umkehr möglich.

(3) Dieser Prozess der Neuschöpfung vollzieht sich im Rahmen der Lektüre des Buches. Während der Lektüre muss der Leser vor sich selbst Rechenschaft ablegen, in welchem Zustand er sich befin-

---

[30] Vgl. *Lapsley*, Can These Bones Live (2000), 109–158.

[31] Vgl. *Joyce*, Ezekiel and Moral Transformation (2010), bes. 150–156.

det – ob er noch im Bereich des Todes ist, oder ob er selbst bereits Teil der neuen Schöpfung ist. Durch Ez 18 und 33 wird die kollektive Perspektive von Ez 36–37 gesprengt: Für den Einzelnen ist Heil jederzeit möglich, wenn er umkehrt. Nicht resignatives Warten auf eine endzeitliche kollektive Neuschöpfung zeichnet daher die heute in MT vorliegende Komposition aus, sondern die Neuschöpfung des Lesers kann im Hier und Jetzt bereits Wirklichkeit werden.

(4) Ich möchte behaupten, dass wir nirgendwo sonst im Alten Testament eine derart radikale, aber auch detaillierte Reflexion darüber finden, worin Umkehr besteht: Sie besteht nicht nur in der Annahme der Schuld, sondern in der Akzeptanz der „frohen Botschaft", dass Umkehr jederzeit möglich ist – wie groß die Schuld auch immer sein mag.

Literatur

Block, Daniel I., The Book of Ezekiel. Chapters 25–48 (NICOT), Grand Rapids/Cambridge 1998.

Braulik, Georg, Ezechiel und Deuteronomium. Die „Sippenhaftung" in Ez 18,20 und Deuteronomium 24,16, unter Berücksichtigung von Jer 31,29–30 und 2 Könige 14,6, in: BZ 44 (2000) 206–232.

Eichrodt, Walther, Der Prophet Hesekiel (ATD 22), Göttingen 1966.

Greenberg, Moshe, Ezechiel 21–37 (HThKAT), Freiburg 2005.

Herrmann, Johannes, Ezechielstudien (BWANT 2), Leipzig 1908.

Hossfeld, Frank-Lothar, Untersuchungen zu Komposition und Theologie des Ezechielbuches (FzB 20), Würzburg [2]1983.

Joyce, Paul M., Divine Initiative and Human Response in Ezekiel (JSOTS 51), Sheffield 1989.

Ders., Ezekiel. A Commentary (LHBOTS 482), London/New York 2007.

Ders., Ezekiel and Moral Transformation, in: *Tooman, William A./Lyons, Michael* (Hg.), Transforming Visions. Transformation of Text, Tradition and Theology in Ezekiel, Cambridge 2010, 139–158.

Klein, Anja, Schriftauslegung im Ezechielbuch. Redaktionsgeschichtliche Untersuchungen zu Ez 34–39 (BZAW 391), Berlin/New York 2008.

Knierim, Rolf, Die Hauptbegriffe für Sünde im Alten Testament, Gütersloh 1965.

Konkel, Michael, Architektonik des Heiligen. Studien zur zweiten Tempelvision Ezechiels (Ez 40–48) (BBB 129), Berlin 2001.

Ders., Paradies mit strengen Regeln. Die Schlussvision des Ezechielbuches (Ez 40–48), in: BiKi 60 (2005) 167–172.

Ders., Das Ezechielbuch zwischen Hasmonäern und Zadokiden, in: *Dahmen, Ulrich/Schnocks, Johannes* (Hg.), Juda und Jerusalem in der Seleukidenzeit. Herrschaft - Widerstand - Identität, FS Heinz-Josef Fabry (BBB 159), Göttingen 2010, 59–78.

Ders., Ezechiel - Prophet ohne Eigenschaften. Biographie zwischen Theologie und Anthropologie, in: *Frevel, Christian* (Hg.), Biblische Anthropologie. Neue Einsichten aus dem Alten Testament (QD 237), Freiburg 2010, 216–242.

Krüger, Thomas, Das menschliche Herz und die Weisung Gottes. Elemente einer Diskussion über Möglichkeiten und Grenzen der Tora-Rezeption im Alten Testament, in: *Ders./Kratz, Reinhard G.* (Hg.), Rezeption und Auslegung im Alten Testament und in seinem Umfeld. FS Odil H. Steck (OBO 153), Fribourg/Göttingen 1997, 65–92.

Lapsley, Catherine, Can These Bones Live? The Problem of the Moral Self in the Book of Ezekiel (BZAW 301), Berlin/New York 2000.

Lust, Johan, Ezekiel 36–40 in the Oldest Greek Manuscript, in: CBQ 43 (1981) 517–533.

Markter, Florian, Transformationen. Zur Anthropologie des Propheten Ezechiel unter besonderer Berücksichtigung des Motivs „Herz“ (FzB 127), Würzburg 2013.

Mein, Andrew, Ezekiel and the Ethics of Exile (OTMS), Oxford 2001.

Mosis, Rudolf, Das Buch Ezechiel I. Kap. 1,1–20,44 (Geistliche Schriftlesung 8/1), Düsseldorf 1978.

Odell, Margaret S., Ezekiel (Smyth & Helwys Bible Commentary), Macon/Georgia 2005.

Ohnesorge, Stefan, Jahwe gestaltet sein Volk neu. Zur Sicht der Zukunft Israels nach Ez 11,14–21; 20,1–44; 36,16–38; 37,1–14.15–28 (FzB 64), Würzburg 1991.

Pohlmann, Karl-Friedrich, Der Prophet Hesekiel/Ezechiel. Kapitel 1–19 (ATD 22,1), Göttingen 1996.

Ders., Der Prophet Hesekiel/Ezechiel. Kapitel 20–48 (ATD 22,2), Göttingen 2001.

Ders., Ezechiel. Der Stand der theologischen Diskussion, Darmstadt 2008.

Rösel, Christoph, JHWHs Sieg über Gog aus Magog. Ez 38–39 im Masoretischen Text und in der Septuaginta (WMANT 132), Neukirchen-Vluyn 2012.

Schenker, Adrian, Saure Trauben ohne stumpfe Zähne. Bedeutung und Tragweite von Ez 18 und 33,10–20 oder ein Kapitel alttestamentlicher Moraltheologie, in: *Cassetti, Pierre* (Hg.), Mélanges Dominique Barthélemy. Études bibliques offertes à l'occasion de son 60. anniversaire. FS Dominique Barthélemy (OBO 38), Fribourg/Göttingen 1981, 449–470.

Ders., Erlässt Umkehr Schuld oder vermindert sie Strafe? Jesus Sirach (Sir 17), Nabots Weinberg (1 Kön 21), Ezechiel (Ez 18), zugleich ein Beitrag zum Verhältnis zwischen massoretischem Text und Septuaginta in 1 Kön 21, in: *Fischer, Irmtraud/Rapp, Ursula/Schiller, Johannes* (Hg.), Auf den Spuren der schriftgelehrten Weisen. FS Johannes Marböck (BZAW 331), Berlin/New York 2003, 349–357.

Schmid, Konrad, Kollektivschuld? Der Gedanke übergreifender Schuldzusammenhänge im Alten Testament und im Alten Orient, in: ZAR 5 (1999) 192–222.

Schnocks, Johannes, Rettung und Neuschöpfung. Studien zur alttestamentlichen Grundlegung einer gesamtbiblischen Theologie der Auferstehung (BBB 158), Göttingen 2009.

Schwagmeier, Peter, Untersuchungen zu Textgeschichte und Entstehung des Ezechielbuches in masoretischer und griechischer Überlieferung, Diss. Universität Zürich 2004.

Sedlmeier, Franz, Das Buch Ezechiel. Kapitel 1–24 (NSK.AT 21/1), Stuttgart 2002.

Ders., Das Buch Ezechiel. Kapitel 25–48 (NSK.AT 21/2), Stuttgart 2013.

Smend, Rudolf, Der Prophet Ezechiel, (KEH 8), Leipzig 1880.

Steck, Odil H., Israel und das gewaltsame Geschick der Propheten. Untersuchungen zur Überlieferung des deuteronomistischen Geschichtsbildes im Alten Testament, Spätjudentum und Urchristentum (WMANT 23), Neukirchen-Vluyn 1967.

Tuell, Stephen S., Ezekiel (NICOT), Peabody 2009.

Tora, Normenbegründung und Identität in persischer Zeit

Maria Häusl

1. Das Buch Esra/Nehemia: Normenbegründung durch Tora

Wie geschieht Normenfindung und wie werden Normen im Israel der nachexilischen Zeit begründet? Der nachfolgende Beitrag will auf diese Fragen zumindest zum Teil eine Antwort geben. Er stellt dazu die Deskription und Rekonstruktion der Tora als Begründungsressource im Buch Esra/Nehemia in den Mittelpunkt. Wenn ich nach der Begründung von Normen frage, so ist dies ein formalethischer Aspekt, der auch im heutigen ethischen Diskurs seine Bedeutung nicht verloren hat. Christian Frevel wirft die Frage nach den Begründungsressourcen für ethische Entscheidungen in seinem einleitenden Beitrag als zentrale Frage auf und befasst sich ausführlich damit, inwiefern das Alte Testament heute im ethischen Diskurs begründend eingesetzt werden kann.[1]

Eine vergleichbare Konstellation, nämlich dass mit der Tora eine verbindliche autoritative Sammlung von Texten bzw. Rechtsvorschriften vorgelegen habe, wird häufig bereits für die nachexilische Zeit, zumindest für einen Teil der jüdischen Gruppen vorausgesetzt. Es lohnt also den Fragen nachzugehen, wie Normen in nachexilischer Zeit mit Hilfe von Tora begründet und welche Konflikte sichtbar werden. Wenn zur Antwort auf diese Fragen literarische und historische Kontexte erhoben werden, so folgt ein solches Vorgehen den Überlegungen Rainer Kesslers, der dafür plädiert, „nicht der Geschichtlichkeit der Texte entgehen zu wollen, indem man ihnen übergeschichtliche Maximen abgewinnt, sondern im Gegenteil vertieft in die Texte einzudringen, indem man sie sozialgeschichtlich verortet und nach den sozialgeschichtlichen Kontinuitäten und Diskontinuitäten zwischen damals und heute fragt. Aufgabe der Exegese ist das Eindringen

---

[1] Vgl. den Beitrag von Christian Frevel im vorliegenden Band, S. 9–57.

in die Texte – sprachlich, literarisch, historisch. Aufgabe der Hermeneutik ist es weniger, aus der Geschichte ins Übergeschichtliche zu springen, sondern im Kontinuum der Geschichte zu bleiben und danach zu fragen, was die Texte in diesem Kontinuum heute bedeuten können."[2]

Eine Untersuchung, wie Tora als Grundlage eines gemeinsamen Ethos und zur Begründung von Nomen herangezogen wird, will nicht das spezifische Ethos Israels oder die spezifische Begründung des Ethos im Vergleich zum altorientalischen/antiken Kontext herausarbeiten.[3] Tora-Observanz wird vielmehr deshalb als Thema gewählt, weil sie der alttestamentlichen Forschung, wie selbstverständlich, als Zentrum der nachexilischen Theologie gilt. Vor allem die Ausbildung eines Ethos, die Normenbegründung und die ethische Entscheidungsfindung der nachexilischen Zeit werden durch Tora-Observanz begründet, wobei zumeist von einer schriftlich vorliegenden Tora ausgegangen wird. Forschungsgeschichtlich berührt eine Untersuchung zum Verständnis und zur Bedeutung von Tora in der nachexilischen Zeit zwei Problemkreise. Man muss sich erstens mit der Gestalt des nachexilischen Israel befassen, das lange Zeit als nomistisch ausgerichtete Religion bestimmt wurde. Eine solche Sicht ist zwar inzwischen widerlegt,[4] doch wirken das Verständnis des nachexilischen Israel als Religionsgemeinschaft und ein nomistisches Toraverständnis nach.[5] Mit der Frage nach dem Toraverständnis eng verbunden ist zweitens die Debatte um die Kanonwerdung der hebräischen Bibel.[6] Denn wenn einzelne Kanontheorien davon ausgehen, dass die Kanonisierung des Pentateuchs als Tora in persischer Zeit etwa durch persische Reichsautorisation geschah, dann meint Tora ein im Pentateuch schriftlich niedergelegtes Gesetz.[7]

---

[2] So Rainer Kessler in seinem Beitrag im vorliegenden Band, S. 378.

[3] Vgl. den Beitrag von Johannes Schnocks im vorliegenden Band, S. 92–114.

[4] Vgl. *Blum,* Volk oder Kultgemeinde (1995). Die Alternative, das nachexilische Israel entweder als Volk oder als Religion bzw. Bekenntnisgemeinschaft anzusehen, basiert auf der im 19. Jahrhundert diskutierten Alternative, das Judentum als konfessionelle Religion oder als Ethnie/Volk/Rasse zu beurteilen. Diese Alternative ist fatal, wenn in einer Gegenüberstellung von Heilsuniversalismus und Heilspartikularismus die Offenheit des Universalismus mit einer Bestimmung von Israel als Religion und die „Abschottung" des Partikularismus mit einer Bestimmung Israels als Volk verknüpft wird.

[5] Vgl. dazu oben Absatz 2.

[6] Vgl. *Häusl,* Schriftlichkeit (2011), 175–194.

[7] Vgl. z. B. *Toorn,* Culture (2007), 248–251; *Assmann,* Stufen (1999), 24; *Blum,* Esra

Ich wähle das Buch Esra/Nehemia, das sicher nicht im Verdacht steht, Bahnbrechendes zum Thema Ethik im Alten Testament beizutragen. Jedoch ist Tora ein wesentliches Element der Theologie im Buch Esra/Nehemia, sie dient der Orientierung und der Normenbegründung. Es lohnt also das Verständnis von Tora im Buch Esra/Nehemia zu untersuchen, will man eine „typisch" nachexilische Theologie beschreiben und die nachexilische Tora-Observanz näher bestimmen.

2. Sozialgeschichtlicher und theologischer Horizont: Nachexilischer Identitätsdiskurs

Bevor ich mich den Texten aus dem Buch Esra/Nehemia zuwende, die sich mit Tora befassen, ist der größere sozialgeschichtliche und theologische Kontext zu bestimmen. Das zentrale Problem, das im Buch Esra/Nehemia behandelt wird, ist die Identitätsfrage. Zu Recht hat die Forschung zum Buch Esra/Nehemia die Identitätsthematik in den letzten Jahren in den Mittelpunkt gerückt.[8] Die Diskussion um die Identität des nachexilischen Israel hat die Forschung aus der falschen Dichotomie geführt, das nachexilische „Judentum" entweder als Volk oder als Religion zu bestimmen.[9] Die jetzige Forschung zur Identität untersucht das Selbstverständnis der verschiedenen zu Israel gehörenden Gruppen, zieht zum Verständnis der Vergemeinschaftung soziologische Modelle hinzu und differenziert zwischen verschiedenen *Identity Markern* und Codes der Grenzziehungen.[10] In der persisch-frühhellenistischen Zeit lässt sich ein Ringen um das Selbstverständnis Israels nachzeichnen, an dem verschiedene Gruppen beteiligt sind und deren divergierende Entwürfe im Alten Testament wenigstens teilweise vorliegen. In diesem Diskurs werden in unterschiedlicher Gewichtung und Verknüpfung

---

(2002); kritisch zur Reichsautorisation: *Steins*, Konzepte (2010); *Willi*, Esra (2012), 191f.

[8] Aus den zahlreichen Publikationen zum nachexilischen Identitätsdiskurs sei verwiesen auf: *Ben Zvi/Edelman*, Imagining (2014) und *Jonker*, Postexilic Literature (2011); zum Identitätsdiskurs im Buch Esra/Nehemia: *Rothenbusch*, Identitäten (2012); *Becking*, Jewish Identity (2011); *Siedlecki*, Negotiating Identity (2006).

[9] *Blum*, Volk oder Kultgemeinde (1995) hat sehr klar begründet, dass das nachexilische Israel als Volk/Ethnie anzusprechen ist und keine religiöse Bekenntnisgemeinschaft darstellt.

[10] Vgl. *Häusl*, Zugänge zum Fremden (2012), 13–29; *Rothenbusch*, Identitäten (2012), 247–266.

mit Blick auf unterschiedliche Aspekte des Selbstverständnisses verschiedene Kriterien für Aus- und Eingrenzung, Grenzziehungen und Grenzöffnungen als zentral erachtet. Die Forschung macht in diesem Diskurs einen Konflikt zwischen primordialen und universalistischen Identitätskonzepten aus.[11] Während das Buch Esra/Nehemia ein primordiales Konzept vertrete, favorisieren etwa das Buch Rut oder auch die späten Jesaja-Texte universalistische Konzepte.[12]

Die Identitätskonstruktion des Buches Esra/Nehemia sollte jedoch nicht allein von diesem Konflikt her, sondern aufgrund der im Buch insgesamt erkennbaren *Identity Marker* und Kriterien für Grenzziehungen bestimmt werden. Liest man das Buch Esra/Nehemia als Gesamtentwurf, so ist die Perspektive der Diaspora dominant. Es ist eine Gruppe aus der Diaspora, deren Selbstverständnis darin formuliert wird. Diese Gruppe versteht sich bzw. Israel als Ethnos und nicht als religiöse Bekenntnisgemeinschaft. Denn im Buch Esra/Nehemia sind nicht der JHWH-Glaube, die praktizierte JHWH-Verehrung, oder die religiöse Praxis die maßgeblichen Trennungsdimensionen. Diese werden zwar als grundlegend vorausgesetzt, sind jedoch nicht hinreichend für das eigene Gruppenverständnis.[13] Die Diasporagruppe vertritt mit dem Buch Esra/Nehemia, das als Geschichtsdarstellung charakterisiert werden muss, vielmehr ein traditionales Identitätskonzept. Denn diese Gruppe schreibt mit Hilfe des Buches Esra/Nehemia ihre Exilsexistenz und ihr engagiertes Handeln in die Geschichte Israels ein. Die Diasporagruppe tritt zudem aufgrund ihrer Exils- und Diasporaerfahrung gegen ein geographisches/territoriales Kriterium ein, dass (nur) diejenigen, die in Juda/Jehud wohnen, zu Israel gehören, und macht stattdessen das Moment der Herkunft stark, wobei die Herkunft durch die Eintragung in Listen nachzuweisen ist. Neben der Herkunft sind außerdem weitere Momente für das Selbstverständnis der Gruppe wichtig:

---

[11] Der Soziologe *Giesen*, Codes (1999), 13–43 definiert die verschiedenen Codierungen kollektive Identität wie folgt: primordial: von denselben Ahnen abstammend; traditional: unterschiedliche Herkunft, aber gemeinsame Traditionen sowie soziale Routinen und Gründungsmythen; universalistisch: keine gemeinsamen Gründungsgeschichten, nur gemeinsame Optionen.

[12] Vgl. *Bieberstein*, Geschichten (2003), 33–47; *Bieberstein*, Grenzen definieren (2004), 87–106.

[13] Vgl. der Konflikt in Esra 4,1–4 oder die fehlende Eintragung der Abstammung in Esra 2,59–63.

- der Tempel in Jerusalem als Verehrungsort JHWHs mit seinem Opferkult
- die Stadt Jerusalem als politisches und religiöses Zentrum und Symbol
- die Tora als Mittlerinstanz des Gotteswillens und als Grundlage eines gemeinsamen Ethos

Welche Bedeutung kommt nun der Tora-Observanz zu, wenn das Buch Esra/Nehemia das nachexilische Israel primär als Ethnos bestimmt? Die Frage nach der Bedeutung der Tora-Observanz stellt sich umso mehr, wenn die Aspekte der freiwilligen Entscheidung für die Tora-Observanz und für die JHWH-Verehrung betont werden. So ist der „Bundesschluss" in Neh 10 eindeutig als Selbstverpflichtung gestaltet und in Neh 10,29 von Nicht-Judäern/Nicht-Israeliten die Rede, die sich der Tora-Observanz und der JHWH-Verehrung anschließen. Sind damit nicht doch primordiale oder traditionale Grenzen weitgehend oder gar endgültig aufgegeben und haben wir nicht doch eine nachexilische Religion des Judentums mit universalistischer Ausrichtung vor uns?

Der Vertrag in Neh 10 ist, wie dies Ralf Rothenbusch richtig sieht, als Selbstverpflichtung gestaltet. Der Text spricht nicht von JHWH als Vertragspartner. Der Begriff ברית „Bund" wird vermieden, der Vertrag ist vielmehr als privatrechtliche Vereinbarung gestaltet.[14] Die Personen (Neh 10,2–28) treten dem Vertrag durch Nennung ihrer Namen und Siegelung bei. „In Neh 10 kommt den Siegelnden sicher auch eine Rolle als Zeugen der Bundesverpflichtung zu, da es sich ja nur um eine kleine Gruppe aller Teilnehmer handelt. Wichtiger aber ist, dass zur zeitgenössischen privaten Rechtsurkunde in aller Regel die Siegelung durch die Partei gehörte, die bestimmte Pflichten im Rahmen eines freiwillig eingegangenen Rechtsgeschäfts übernahm."[15] Rothenbusch sieht nun in der „persönlichen Gebotsbefolgung" das entscheidende Kriterium für die Zugehörigkeit zu diesem „Bund", er sieht den Beitritt zu diesem Bund als konstitutiv für das Zustandekommen der Gruppe und damit diesen „Bund" als Gründungsakt der Gruppe. Die Vertragsinhalte wären allesamt *boundary marker*, Freiwilligkeit und Selbstverpflichtung Kennzeichen einer universalistisch konzipierten Gruppe.

---

[14] *Rothenbusch*, Identitäten (2012), 365.

[15] Ebd. 366.

Rothenbuschs Urteil, dass der Bund in Neh 10 eine gruppenkonstitutive Funktion besitzt, ist nicht unwesentlich von seiner Interpretation von Neh 10,29 abhängig. Neh 10,29 besagt, dass sich Personen von den Völkern der Erde abgewandt und der Tora Gottes zugewandt haben. Diese Personen treten mit den Priestern, Leviten und dem Volk dem Vertrag bei, der in Neh 10 geschlossen wird. Rothenbusch deutet nun Neh 10,29 in Analogie zu Jes 56,1–8: „Das steht der Aussage in Jes 56,3 nahe, die dem Nicht-Judäer und wahrscheinlich darüber hinaus auch dem Nicht-Israeliten [...], der sich ‚JHWH angeschlossen hat' [...], zusichert, dieser werde ihn nicht aus seinem Volk ausschließen [...] Entscheidend ist dafür, den Sabbat zu befolgen und den Bund zu bewahren (V. 4.6) also die religiösen Gebote und Grenzen einzuhalten, die die Gemeinschaft definieren. In Neh 10,29 meint das Absondern von den ‚Völkern der Länder zur Tora Gottes hin' m. E. nicht mehr eine ethnisch/religiöse Abgrenzung der Judäer auf Grundlage der Tora (vgl. Esra 9,1b), sondern transzendiert die ethnische Grenze und ermöglicht den Anschluss Außenstehender an das Gottesvolk."[16] Rothenbusch sieht mit Neh 10,29 also die Aufhebung einer primordialen Gruppengrenze gegeben und kann daher den Vertrag in Neh 10 als Grundlage einer universalistisch codierten Gruppe ansehen.[17]

Ich würde den Selbstverpflichtungscharakter sowie die Freiwilligkeit des Vertrages in Neh 10 unterstreichen. Ich bezweifle aber, dass es sich bei dem Vertragsschluss in Neh 10 um den Gründungsakt einer Gruppe handelt, und diese Gruppe aufgrund der genannten Vertragsinhalte universalistisch fundiert ist. Dagegen spricht das Endogamiegebot (Neh 10,31), das eindeutig einer primordialen Codierung zuzurechnen ist. Ich verstehe dagegen den Vertragsschluss sowie dessen Inhalte als Ausdruck des Gemeinsinns dieser Gruppe. Gemeinsinn fundiert oder stabilisiert eine Gruppe, ohne selbst Ausdruck einer universalistischen Codierung zu sein. Denn jede Gemeinschaft, egal wie ihre Grenzen bestimmt sind, bedarf des Gemeinsinns als Begründungsressource. Der Begriff Gemeinsinn meint den gemeinsam geteil-

---

[16] Ebd. 367f.

[17] Die von Rothenbusch postulierte Analogie von Neh 10,29 mit Jes 56,1–8 übersieht Unterschiede in der Darstellung der Personen. Jes 56,3.6 macht eindeutig klar, dass es sich um einen ausländischen JHWH-Verehrer handelt (בן הנכר). Es ist jedoch nicht davon die Rede, dass sich diese ausländische Person von den Völkern der Länder abgesondert habe. In Neh 10,29 ist unklar, was בדל N-Stamm, „sich absondern" bedeutet, und um welchen Personenkreis es sich handelt.

ten Sinn als normativ und appellativ verstandenes Ethos, mit seinen verbindenden und verpflichtenden Wirkungen für das Gemeinwesen und für die gemeinsamen Grundlagen der Ordnung, sowie den Sinn des Einzelnen für das Gemeinsame, für das Gemeinwohl.[18] Ein so verstandener Gemeinsinn enthält das Moment der Freiwilligkeit ebenso wie eine normative Dimension als Regelwerk der Gemeinschaft. Der Vertragsschluss in Neh 10 wie auch die Tora-Observanz sind als Ausdruck eines solchen Gemeinsinns zu verstehen, auch wenn das Selbstverständnis der maßgebenden Gruppe vorrangig traditional und mit Blick auf die Endogamieforderung primordial bestimmt ist. Wie trägt eine so verstandene Tora-Observanz nun zur Normenbegründung bei?

3. Tora als Unterweisung und kommunikatives Geschehen im Buch Esra/Nehemia

3.1 Zum Begriff Tora

Da Tora sowohl im Alten Testament wie auch in der exegetischen Forschung in unterschiedlichen Bedeutungen verwendet wird, setze ich mit einem kurzen Überblick der Verwendungsweise von Tora im Buch Esra/Nehemia ein und stelle eine Bemerkung zum Gebrauch des Wortes „Tora" in diesem Beitrag voran. Mit Tora wird nachfolgend der hebräische Begriff תורה wiedergegeben, dessen Semantik vielfältig ist. Von dieser Tora wird in der Regel ohne Artikel gesprochen, während als „die Tora" in der Regel ein bestimmtes Materialobjekt, zumeist der Pentateuch bezeichnet wird.

Die gängige Vorstellung der Bedeutung von Tora im Buch Esra/Nehemia ist, dass sich diese nachexilische Gruppe auf eine schriftlich vorliegende Tora als ihre Grundlage verpflichtet habe. Eventuell habe die Tora durch Reichsautorisation den Status des geltenden Gesetzes erhalten (Esra 7). Der Begriff Tora bezeichne im Buch Esra/Nehemia daher den Pentateuch. Diese schriftliche Tora werde von einer Expertengruppe bzw. von Schriftgelehrten für die weitere Normenfindung ausgelegt. Eine genauere Untersuchung der Texte zeigt jedoch, dass Tora nicht in erster Linie als Gesetz oder Rechtssammlung zu verste-

[18] Vgl. *Vorländer*, Transzendenz (2013), 15.

hen ist und Tora auch nicht selbstverständlich mit dem Pentateuch zu identifizieren ist. Unter Tora ist im Buch Esra/Nehemia vielmehr der Prozess der Unterweisung und des Lernens zu verstehen.

Schon die Statistik gibt einen Hinweis, dass das Lexem nicht einfach den schriftlich vorliegenden Pentateuch meinen kann.[19] Denn von den 25 Belegen des Wortes Tora lassen nur zehn erkennen, dass Tora in schriftlicher Form vorliegt. Es wird von ספר התורה „der Schriftrolle der Tora" gesprochen, die herbeigebracht wird und aus der vorgelesen wird.[20] Man kann etwas in der Tora geschrieben finden (כתוב בתורה)[21] oder „entsprechend dem Geschriebenen in der Tora" handeln (ככתוב בתורה).[22] Die übrigen Belege sprechen nicht explizit von einer schriftlichen Tora.[23] Die Fügung ספר משה verweist ebenfalls auf einen schriftlich vorliegenden Text.[24] Die Nennung von Mose allein ist dagegen kein hinreichendes Indiz für einen schriftlichen Text.[25]

Zitate, Paraphrasen und Verweise auf andere biblische Texte, die sich im Buch Esra/Nehemia finden, zeigen außerdem, dass nicht nur Texte aus dem Pentateuch begründend herangezogen werden. Aus dem Pentateuch wird sogar überraschend selten zitiert. Explizite als Handlungsbegründung eingesetzte Pentateuchtexte, von denen gesagt wird, dass sie aus der „Tora, die dem Mose gegeben wurde", bzw. aus der „Schriftrolle des Mose" stammen, finden sich nur in Neh 8,13–18 und Neh 13,1–3. In der Erzählung über das Zustandekommen des Vertrages in Neh 9–10, der klare normative Regelungen formuliert (Neh 10,31–40), sind im Gebet Neh 9,6–37 wesentliche Elemente der Geschichte Israels präsent, wie sie im Pentateuch und in den Büchern Jos bis 2 Kön berichtet werden. Für die normativen Einzelbestimmun-

---

[19] Vgl. ausführlich *Häusl*, Schriftlichkeit (2011).

[20] Neh 8,1 (+Mose).2.3.8.18; Neh 9,3.

[21] Neh 8,14 (+Mose).

[22] Esra 3,2 (+Mose); Neh 10,35.37; Die Schriftkonformitätsklausel ohne expliziten Verweis auf die Tora findet sich auch in Esra 3,4; Esra 6,18; Neh 8,15 sowie außerhalb von Esra/Neh in Jos 1,8; Jos 8,31 [34]; [Jos 23,6]; 2 Chr 23,18; 25,4 par. 2 Kön 14,6; 2 Chr 30,5.18; 31,3; 35,12.26.

[23] Esra 7,6 (+Mose); Esra 7,10; Neh 8,7.9.13; 9,26; 10,29; 12,44; 13,3; Tora im Verbund mit anderen Gesetzestermini: Esra 10,3; Neh 9,13.14.29.34; Neh 10,30 (+Mose).

[24] Neh 13,1; aram. Esra 6,18; weitere Belege von Mose in Verbindung mit einem schriftlichen Text: Esra 3,2; Neh 8,1.14.

[25] Mose ohne expliziten Bezug auf einen schriftlichen Text: Esra 7,6; Neh 1,7.8; Neh 9,14; Neh 10,30.

gen fehlen jedoch begründende Zitate aus dem Pentateuch (Neh 10,30–40). Auch in den Konfliktsituationen von Neh 5,1–12 und Neh 13,4–31 fehlen Verweise auf Pentateuchtexte sowie auf Tora. In Neh 13,26 wird stattdessen auf Salomo verwiesen (1 Kön 11,1–8). Im Gebet Esra 9,6–15, das in den Konfliktfall um die „Mischehen" gehört, wird auf ein Prophetenwort nicht aber auf Tora verwiesen. Darüberhinaus werden der Prophet Jeremia in Neh 1,1, die Propheten Haggai und Sacharja in Esra 5,1, Esra 6,14 sowie David und Asaf in Esra 3,10, Esra 8,20 und Neh 12,24.45.46 genannt. All diese Belege zeigen, dass neben dem Pentateuch auch andere Texte und Größen als autoritativ erachtet werden.

In der deutschsprachigen Forschung hat v.a. Thomas Willi ein stark nomistisches Verständnis von Tora und die selbstverständliche Identifizierung von Tora und Pentateuch für das Buch Esra/Nehemia immer wieder kritisiert.[26] Willi plädiert dafür, im Buch Esra/Nehemia „Tora als Unterweisung und kommunikatives Geschehen"[27] zu deuten. Zu diesem Ergebnis kommt er aufgrund einer ausführlichen begriffsgeschichtlichen Untersuchung zum Begriff Tora. Ausgehend vom Verb ירה III im H-Stamm mit der Bedeutung „weisen, unterweisen"[28], deutet er Tora als Prozessbegriff, nicht als Materialbegriff. Diesen semantischen Kern, einen Unterweisungsprozess zu bezeichnen, besitzt Tora auch (noch) in nachexilischer Zeit und auch im Buch Esra/Nehemia. Tora „meint primär einen Vorgang, nicht das Produkt; das Zustandekommen, nicht das Resultat."[29] Näherhin wird mit Tora der Vermittlungsvorgang benannt, der „das angesprochene Objekt bzw. nun eben Untersubjekt zum Handeln und Aktivwerden veranlasst."[30] Tora ist nach Willi also „lebendiger Austausch, Bildung, die auf Praxis ausgerichtet ist, zur Verwirklichung drängt und in Handlung umgesetzt werden will. Sie ist nicht die konkrete detaillierte Vorschrift, nicht der apodiktische oder kasuistisch formulierte Rechtssatz, nicht der kulti-

---

26 V.a. *Willi*, Juda (1995), 91–101 und *Willi*, Esra (2012), 177–188; Nach *Willi*, Juda (1995) 94f. bestimmt etwa *Crüsemann*, Tora (1992), Tora zu stark als Recht bzw. Gesetz und zu wenig als Unterweisung.

27 *Willi*, Juda (1995), 92 und *Willi*, Esra (2012), 178.

28 *Willi*, Juda (1995), 96–99 und *Willi*, Esra (2012), 177–188; ירה ist von למד abzugrenzen, das „unterrichten" bedeutet und einen Gegenstand zum Inhalt hat. Vgl. auch *Widder*, „To Teach" (2014).

29 *Willi*, Esra (2012), 185.

30 Ebd. 183.

sche Brauch oder Ritus – wohl aber steht sie als Quelle und Ursprung hinter all dem und verleiht ihm Verbindlichkeit, Wahrheit, Autorität, Kanonizität".[31] Entsprechend sind die „einzelnen Gebote, Normen, Vorschriften und Anliegen [...] nur Niederschlag und Ergebnis der dahinterliegenden tōrā – tōrā selbst ist und bleibt der aktuelle, letzten Endes immer Gottes Willen und Zuwendung entspringende Lehrvorgang gegenüber und in Israel."[32] Das Buch Deuteronomium präsentiert sich als ein solcher Niederschlag von Tora, insofern es sich „als Frucht der Unterweisung durch Mose am Horeb" darstellt. Der Begriff Tora wird hier (zum ersten Mal) für die Bezeichnung eines „Objekts", nämlich eines schriftlich vorliegenden Textes verwendet. Damit aber der Pentateuch zur Tora werden konnte, bedurfte es nach Willi der Priesterschrift, die unter *Tora* die Unterweisung durch die Gesamtordnung des Kosmos versteht. Die Priesterschrift „erhebt tōrā [...] in einem einzigen, großen Lehrvorgang aus der Schöpfung und aus der Geschichte und verdichtet sie zu einer Summe von Wissen. Die Priesterschrift bietet also tōrā in Form einer Kosmologie, Historiographie, Genealogie, Chronologie usw. dar. So konnte der aktuelle Vorgang des tōrā-Lehrens zu *der* Tora, dem schriftlich fixierten Riesenwerk des *Pentateuch*, des mosaischen Fünfbuchs werden, ohne dass dadurch der lebendige Strom mündlicher Weitergabe versiegt wäre, [...]"[33] Der Pentateuch wird so zu *einem* Niederschlag von *Tora*, bevor er später *der* Niederschlag der Tora und damit *die* Tora wurde.

Eine schlichte Identifizierung der beiden Größen Pentateuch und Tora in der (frühen) nachexilischen Zeit und im Buch Esra/Nehemia kritisieren auch E. Theodore Mullen und John H. Choi. Mullen beurteilt die persisch-hellenistische Zeit bis zum 2. Jh. n. Chr. wie folgt: „Torah was *never* understood as being delimited by a single written text".[34] Er stützt diese Aussage durch die Tora-Belege in der hebräischen Bibel, die Elephantine-Papyri, die samaritanische Tradition, die Texte aus Qumran und die griechischen Übersetzungen und betont die Vielfalt der verschiedenen jüdischen Gruppierungen in dieser Zeit.

---

[31] Ebd. 187.

[32] Ebd. 184: „Ihren Ausdruck mag sie im Gebot finden, aber ebenso in der kultischen Anweisung, im prophetischen Mahnwort oder in der weisheitlichen Sentenz."

[33] Ebd. 188.

[34] *Mullen*, Ethnic Myths (1997), 50.

„To the best of our historical knowledge, and this suffers from quite a number of significant gaps, all these expressions of Judaism share the concept of ‚Torah' in common. But, it must be cautioned, a common allegiance to ‚Torah' does not mean a common definition of ‚Torah', or even a common ‚Torah'."[35] Auch Choi betont, „that there is much evidence from the Bible and Second Temple period literature that casts into doubt the widely held notion that the Pentateuch was received as תורה, as a dominant element of the cultural repertoire immediately after its compilation."[36] Dabei steht für Choi der Status des Pentateuch und weniger die Bedeutung von Tora, die er mit „instruction" wiedergibt,[37] im Mittelpunkt. Anhand der direkten Zitate aus dem Pentateuch und der Verwendung des Begriffes Tora in der nachexilischen Literatur einschließlich der Qumrantexte folgert er,[38] dass der Pentateuch nicht sofort nach seiner Zusammenstellung einen weitgehend anerkannten autoritativen Status erlangt habe. Auch andere Texte können Niederschlag von Tora sein. Außerdem seien verschiedene miteinander wettstreitende Konzeptionen von und Quellen für Tora anzunehmen.[39]

Die begriffsgeschichtlichen Beobachtungen zu Tora, die statistischen Aussagen zum Buch Esra/Nehemia, sowie die kurz vorgestellten forschungsgeschichtlichen Positionen zeigen, dass Tora nicht einfach mit dem Pentateuch identifiziert werden kann. Daher wird von der Hypothese ausgegangen, dass Tora primär kein Objekt, sondern einen Vorgang bezeichnet. Hierfür werden nun die Texte Esra 7, Neh 8,1–12, Neh 8,13–18, Neh 13,1–3, Esra 9–10 und Neh 9–10 eingehender untersucht. Besonders ist darauf zu achten, ob Tora nomistisch verstanden wird, welche Bedeutung der Schriftlichkeit von Tora beigemessen wird, und welchen Stellenwert der Pentateuch besitzt. Auf diesem Hintergrund kann dann die Frage beantwortet werden, wie Tora im Buch Esra/Nehemia zur Normenbegründung eingesetzt wird.

---

[35] Ebd. 40.
[36] *Choi*, Traditions (2010), 184.
[37] Ebd. 186.
[38] Ebd. 182–237.
[39] Ebd. 237.

3.2 Esra 7–8 – Esras Torakompetenz

Esra 7–8 berichtet von Esras Auftrag (Esra 7,11–26) und seinem Kommen nach Jerusalem (Esra 8,1–36). Die Perikope, die nicht von einer normenbegründenden Funktion von Tora in einem konkreten Fall erzählt, wird regelmäßig als Beleg für die These der Reichsautorisation genommen. Sie besagt im Kern, dass eine schriftliche Tora von der persischen Reichsregierung für verbindlich erklärt und als Gesetz anerkannt wurde. Für diese These ist die Schriftlichkeit der Tora ein wesentliches Moment.[40] Denn „autorisiert" werden kann nur ein schriftlich vorliegender Text. Esra 7 lässt jedoch nicht erkennen, dass eine schriftlich vorliegende Tora im Zentrum des Interesses stünde. Denn von der Schriftlichkeit der Tora ist in der gesamten Perikope nicht explizit die Rede. Zwar kann diese in Esra 7–8 nicht ausgeschlossen werden, aber sie steht sicher nicht im Zentrum der Erzählung. Im Zentrum steht vielmehr Esra, der ספר מהיר בתורת משה „Schriftgelehrter, kundig in der Tora des Mose" genannt wird (Esra 7,6)[41] und als jemand beschrieben wird, der danach trachtet, die Tora JHWHs zu erforschen (דרש את תורת יהוה) und zu tun (עשׂה). Deshalb kann er in Israel bzw. in Juda und Jenseits des Stromes Vorschrift und Satzung lehren (למד חק ומשפט) (Esra 7,10). „Die im Firman des Artaxerxes gebrauchte Formulierung von ‚dem in deiner Hand befindlichen Gesetz deines Gottes' (Esra 7,14) impliziert keineswegs eine von Esra aus Babylon mitgeführte Gesetzesschrift, auch wenn sie oft so missverstanden wurde. Esra transportiert nach Esra 7,15–18 und dann 8,33f. alles Mögliche nach Jerusalem, aber keine Torarolle! Der Großkönig qualifiziert in seinem Auftragsschreiben vielmehr Esra als den berufenen Kenner und Experten in der Handhabung von Israels Tora und spricht ihn auf ‚das dir zur Verfügung stehende Gesetz deines Gottes' an."[42] Der Ausdruck „das Gesetz deines Gottes in seiner Hand" hat seine nächste Parallele in der Wendung „die Weisheit Gottes in deiner Hand" (Esra 7,25). Beide sind im übertragenen Sinne zu deuten als die Esra zur Verfügung stehende Weisheit bzw. Unterweisung Gottes.[43] Bei der Ankunft Esras in Jerusalem (Esra 8,32–36) ist nur von Gesetzen des Königs (דתי המלך) die Rede, die an die Verantwortlichen übergeben

---

40 Vgl. *Häusl*, Schriftlichkeit (2011), 189; *Willi*, „Wie geschrieben steht" (2002), 261.

41 Vgl. auch Esra 7,12.21.

42 *Willi*, Esra (2012), 131.

43 *Willi*, Juda (1995), 114.

werden, nicht jedoch von einer „Tora Gottes". Die Esra aufgetragene Inspektion in Jehud für Jerusalem (Esra 6,14) umfasst insgesamt drei Bereiche. Das mitgeführte Geld ist erstens für den Opferdienst am Tempel in Jerusalem bestimmt (Esra 6,17–19). Esra soll zweitens weitere Anordnungen für den Tempeldienst treffen (Esra 6,20–24) und drittens für eine funktionierende Rechtspflege und „ein entsprechendes Bildungswesen"[44] sorgen (Esra 6,25–26). Dazu soll Esra die Gesetze seines Gottes (דתי אלהך) zur Kenntnis bringen und das Gesetz Gottes sowie das Gesetz des Königs als Richtschnur für die Rechtsprechung verwenden.[45] Esras Torakompetenz ist die Grundlage für die Regelung des Tempeldienstes, für die Rechtsprechung und die entsprechende Bildung. Weil der Bereich der Rechtsprechung explizit genannt ist, rückt der Begriff Tora in die Nähe eines nomistischen Begriffes. Doch kann Tora nicht mit דת „Gesetz" identifiziert werden. Mit Willi ist vielmehr anzunehmen, dass דת mit den hebräischen Begriffen חק ומשפט „Vorschrift und Satzung" äquivalent ist (vgl. 2 Kön 17,26).[46] Solche Gesetze (Esra 7,25), Vorschriften und Satzungen (Esra 7,10) haben ihren Ursprung in der Tora, die den Prozess der Unterweisung bezeichnet, und können gelehrt und vermittelt werden.

3.3 Neh 8,1–12 – Einübung der Tora

Die Perikope Neh 8,1–12 (+ Neh 8,13–18) ist bewusst mit dem Vertragsschluss Neh 9–10 zusammengestellt, die gemeinsam von den Erzählungen über den Bau der Stadtmauer (Neh 1,1–7,3; Neh 12,27–43) und der Besiedlung Jerusalems (Neh 7,4–72; Neh 11,1–19) gerahmt sind. Ort der Handlung ist nicht der Tempel, sondern der Platz am Wassertor (Neh 8,1). Auf diese Weise werden die in Neh 8–10 geschilderten Handlungen auf die gesamte Stadt und die gesamte Bevölkerung bezogen und sind nicht tempelzentriert. In Neh 8,1–12 wird erzählt, dass sich die gesamte Bevölkerung von Juda, Männer und Frauen, in Jerusalem ver-

[44] Ebd. 113.

[45] Ebd. 103f. (vgl. auch *Willi*, Esra (2012), 191f.) nimmt an, dass sich die „Bevollmächtigung durch die persische Zentralgewalt nur auf die *Handhabung* der תורה, *nicht auf diese selbst* erstreckt. [...] Es geht [...] einzig um die Reichssanktionierung ihrer Anwendung! Denn Autorität, Kanonizität besaß תורה im Bereich Israels längst sowohl aufgrund des Begriffs und der Konzeption von תורה an sich, wie aufgrund ihres Ursprungs."

[46] *Willi*, Juda (1995), 110f. bzw. *Willi*, Esra (2012), 202–204.

sammeln, dass die „Schriftrolle der Tora des Mose" (ספר תורת משה) vor die Menschen gebracht, feierlich geöffnet und daraus vorgelesen wird. Tora liegt also als schriftliches Werk vor und ist ein wichtiger Gegenstand für die Handlung. Die wesentlichen Handlungen bestehen jedoch nicht in der Verehrung der Schriftrolle, sondern im Vorlesen, Erklären und Verstehen. Georg Steins hebt in seiner Auslegung von Neh 8,1–12 zu Recht die Lektüre und das Verstehen durch die Gemeinde als die zentralen Handlungen hervor. „An keiner Stelle wird der *Inhalt* des Vorgelesenen konkretisiert; es geht Neh 7,72b–8,12 nicht um die Stipulationen der Tora des Mose, sondern um den *Akt* der Lektüre, um deren Gestalt(ung) und deren konstitutive Elemente und um die Rezeption durch die Gemeinde. Das Interesse des Textes richtet sich auf den Kommunikations*vorgang* der öffentlichen Lektüre - so in Neh 8,2 und 3 - und auf die Inszenierung dieses Vorganges in 8,4–8."[47] Im Zentrum steht nicht die Schriftrolle als Gegenstand, nicht ein konkreter zu lernender Inhalt, kein Gesetz und keine Sammlung von Einzelgesetzen, sondern der Vorgang der Unterweisung, Bildung und Kommunikation, der die Grundlage für die Stadt Jerusalem bzw. die Provinz Juda in allen Bereichen des Lebens bilden soll. „Diesem Kapitel [Neh 8], das so pointiert wie kein anderes eine schriftliche Fassung von Tora erwähnt, geht es vorrangig um den *mündlichen* Lehrvorgang bzw. um die aktuelle Proklamation von Tora!"[48] Mit Neh 8,1–12 wird somit in eine Erzählung gekleidet, was der Begriff Tora bezeichnet: Unterweisung und Bildung. Damit identifiziert auch Neh 8,1–12 Tora nicht einfach mit einem Text, sondern entfaltet Tora als Prozessbegriff. Nicht die Schriftrolle, sondern der Tag, an dem die Unterweisung geschieht, wird als heilig qualifiziert und sogar als Festtag gefeiert (Neh 8,9–12).[49]

3.4 Neh 8,13–18 und Neh 13,1–3 – Textauslegung?

Die unmittelbar anschließende Perikope Neh 8,13–18 sowie die kurze Notiz Neh 13,1–3 entsprechen auf dem ersten Blick dem gängigen Bild, dass der schriftlich vorliegende Pentateuch als verbindliche *Tora* erachtet und durch Auslegung auf neue Situationen angewandt wird. Denn in beiden Texten liegt Tora schriftlich vor, es werden Texte aus

---

[47] *Steins*, Konzepte (2010), 231.
[48] *Willi*, „Wie geschrieben steht" (2002), 270.
[49] *Häusl*, Feste (2010), 242–243.

dem Pentateuch paraphrasiert wiedergegeben und durch das Lesen dieser Texte konkrete Handlungen begründet.

Neh 8,14 leitet mit dem Hinweis, dass man beim Lesen der Tora eine bestimmte Aussage geschrieben findet, folgende Textparaphrase ein: „JHWH hat durch Mose geboten, dass die Kinder Israels in Hütten wohnen sollen beim Fest im siebenten Monat." Als Prätext kommt hierfür nur Lev 23,41.42 in Frage. Die Bezugnahme von Neh 8,13–18 auf den Pentateuch erschöpft sich nicht in der Paraphrase dieses Textes, vielmehr gibt es weitere Bezüge auf Lev 23,33–36.39–43.[50] Das Verlesen der Tora (Neh 8,18) ist jedoch nicht aus Lev 23,33–36.39–43 abzuleiten, das nur Arbeitsruhe und Brandopfer kennt, sondern rührt von Dtn 31,9–13 her, wo in jedem siebten Jahr die Tora zum Laubhüttenfest gelesen wird. Die in Neh 8,13–18 vorgenommene Rezeption des Pentateuchs ist also von der intertextuellen Verknüpfung zweier Prätexte geprägt. Neben diesen inhaltlichen und lexematischen Bezügen zu Pentateuchtexten wird außerdem durch die Fügungen ככתוב bzw. כמשפט in Neh 8,15 und Neh 8,18 die Schriftgemäßheit der vollzogenen Handlungen konstatiert. Während die Verlesung der Tora tatsächlich im Prätext Dtn 31,9–13 zu finden ist, gilt dies für die Verwendung der herbeigeholten Zweige für den Bau der Hütten jedoch nicht. Denn dies ist in keinem Pentateuchtext festgehalten. Auch fehlen wichtige Aspekte der zitierten Pentateuchtexte zum Laubhüttenfest: so etwa der Tempel als Zentrum des Laubhüttenfestes oder die Darbringung von Opfern.

Ein vergleichbarer Vorgang wird in Neh 13,1–3 geschildert. Denn auch hier liegt Tora schriftlich vor. Das Volk las das Buch des Mose (ספר משה) und „fand darin etwas geschrieben" (מצא כתוב בו). Dieser Aussage folgt eine Paraphrase von Dtn 23,4–7. Dem Hören der Tora schließt sich als Handlung unmittelbar an, dass man alles Gemischte (ערב) von Israel abtrennt (בדל H-Stamm). Die kurze Notiz zur Trennung enthält nun Aspekte und Inhalte, die gegenüber dem paraphrasierten Pentateuchtext neu sind, und lässt zugleich vieles offen. Dtn 23,4–7 spricht davon, dass Moabiter und Ammoniter nicht aufgenommen werden dürfen, die Handlung in Neh 13,3 berichtet aber, dass alles Gemischte von Israel getrennt wird. Es wird also eine schon beste-

[50] Damit korrespondieren der Termin im siebten Monat (Lev 23,34.39.41), die Dauer des Festes von sieben Tagen (Lev 23,34), das Abhalten einer Festversammlung am achten Tag (Lev 23,35) und das Wohnen in Hütten (Lev 23,42). Auch die Aufzählung von Baumarten findet sich in Lev 23,40.

hende Verbindung gelöst. Der Text gibt aber keine Auskunft darüber, was unter der Trennung zu verstehen ist und wer als „gemischt“ erachtet wird.[51] Wenn der in Esra 9–10 belegte Gegensatz von ערב „vermischen“ und בדל N-Stamm, „sich abtrennen“ auch in Neh 13,1–3 vorausgesetzt werden kann, so wird die ethnische Grenze als bedeutsam erachtet. Tora-Observanz ist dann aber mitnichten eine Alternative zur primordialen Begründung der Gemeinschaft. Diese Gruppe begründet vielmehr ihre genealogische Grenze mit Tora. Von Tora-Observanz als universalistischer Grundlage einer Gruppe, die sich aus Judäern, Diaspora, Israel und aus Menschen aus den Völkern zusammensetzt, kann also keine Rede sein.

Von besonderem Interesse ist jedoch die Beobachtung, dass auch Neh 13,3 nicht von einer buchstabengetreuen Erfüllung des zitierten Textes Dtn 23,4–7 berichtet. „Yet, in spite of this obvious disparity, the steps taken by the people of Israel are described explicitly as being a direct outcome of the reading of the book: when the people heard the Law they separated from Israel etc.“[52] Die Diskrepanzen in Neh 8,13–18 und Neh 13,1–3 zwischen den zitierten Pentateuchtexten und den berichteten Handlungen bei expliziter Betonung, dass die Handlungen der Tora entsprechen,[53] ermöglichen verschiedene Schlüsse und werfen zugleich weitere Fragen auf. In beiden Fällen gibt es einen schriftlichen Niederschlag von Tora, verkürzt gesprochen eine schriftliche Tora. In beiden Fällen wird aber nicht entsprechend des literalen Sinns der paraphrasierten Textstelle gehandelt. Obwohl die anschließende Handlung im Sinne und nicht gegen die Intention des zitierten Textes geschieht, bleibt eine Diskrepanz zwischen dem zitierten Text und der Handlung. Diese wird in der Regel damit erklärt, dass für die Handlung eine Auslegung bzw. Interpretation des Textes erfolge. Eine solche Erklärung muss aber zugestehen, dass die durch Interpretation zustande gekommenen Handlungen den Ausgangstext als unvollständig und ergänzungsbedürftig erscheinen lassen. Die Autorität des Textes wird gemin-

---

[51] Trennung kann eine kultisch/religiöse Praxis oder eine soziale Praxis meinen, vgl. *Häusl*, Andere (2012), 110–112; *Willi*, Esra (2012), 163.165 hat die „zivile Registrierung“ ausländischen Frauen als Problem in die Diskussion um Esra 9–10 eingebracht.

[52] *Japhet*, Law (1985), 114.

[53] Gleiches gilt auch für Esra 6,18, denn eine Einteilung des kultischen Personals in Klassen und Abteilungen ist im Pentateuch nicht belegt.

dert.[54] Dies gilt umso mehr, wenn für die Handlungen angenommen wird, dass sie der konkreten geschichtlichen und sozialen Situation und den Gepflogenheiten dieser nachexilischen Gruppe geschuldet sind.[55] „In other words, it is not that there was no text called the ‚Book of Moses', only that its actual contents hat negligible influence on the development of laws as depicted in post-exilic biblical literature. [...] If a text was regarded as an authoritative account of divine revelation, why would adherence to it not be a high priority? Conversely, if authors did not adhere to the text in question, then why should we insist that it was authoritative?"[56] Der Schluss liegt nahe, dass nicht dem zitierten Einzeltext die Autorität zukommt, sondern einer Tora, die aber nicht identisch ist mit diesem Einzeltext. Denn der jeweiligen Handlung wird Torakonformität bescheinigt, obwohl sie nicht dem zitierten Text aus dem Pentateuch entspricht. Tora und der zitierte Text bzw. der Pentateuch sind also in Neh 8,13–18 und Neh 13,1–3 nicht identisch. Der Pentateuch partizipiert aber an der Autorität der Tora, insofern er *ein* – aber nicht *der* – Niederschlag von Tora ist.

3.5 Esra 9–10 – Toragemäße Konfliktlösung

Esra 9–10 erzählt die Lösung eines Konfliktes, den Rainer Kessler als „Normenkonflikt" bezeichnet. Er meint damit nicht den Konflikt zwischen sich widersprechenden Rechtsnormen aus dem Pentateuch, sondern einen Konflikt zwischen Prinzipien: „Beide Prinzipien, das der Identitätswahrung und das der Offenheit, haben ihr Recht. Welches Gewicht sie aber haben, wenn unterschiedliche Normen aufeinander stoßen, lässt sich nur in Kenntnis ihres geschichtlichen Ortes beurteilen. Ethische Entscheidungen werden immer gerade dann nötig, wenn berechtigte Prinzipien aufeinander stoßen."[57]

Als Erzählung geht Esra 9–10 auf viele Aspekte nicht ein, die für die letztlich getroffene Entscheidung wichtig sind, und erläutert sie nicht näher. Esra 9–10 zeigt jedoch, wie eine toragemäße Konfliktlösung geschieht. Toragemäß bedeutet auch hier nicht, sich auf bestimmte aus dem Pentateuch zitierte Texte zu beziehen. Toragemäß ist vielmehr das gesamte Verfahren, das zur Entscheidung führt. Christiane Karrer

---

[54] *Choi*, Traditions (2010), 186f.
[55] Vgl. *Japhet*, Law (1985), 115; *Choi*, Traditions (2010), 187f.
[56] *Choi*, Traditions (2010), 187f.
[57] *Kessler*, Ethik (2011), 104.

spricht mit Blick auf Esra 9–10 von einem „Verfahrensprotokoll".[58] Es sei die Intention von Esra 9–10, ein Verfahren zu beschreiben, das in Konfliktfällen toragemäße Entscheidungen ermöglicht.

Die narrativen Kriterien[59] führen zu folgender Struktur des Textes:

(1.) Mischehenpraxis als Problem Esra 9,1–2
(2.) Kultisch-religiöse Reaktionen Esras Esra 9,3–15
- Selbstminderungshandlungen Esra 9,3–5
- Gebet Esra 9,6–15

(3.) Konkretes Vorgehen Esra 10
- Vorbereitung der Lösung Esra 10,1–6
- Zustimmung der Betroffenen und Vollzug Esra 10,7–44

Das Ausgangsproblem, das Esra durch die Verantwortlichen vorgebracht wird, wird auf zweifache Weise benannt. Israel habe sich nicht getrennt gehalten von den Völkern der Länder (בדל N-Stamm), und man habe ausländische Frauen genommen (נשׂא), so dass es zur „Vermischung" mit den Völkern kam (ערב tD-Stamm).[60] Ausgangspunkt ist also eine Mischehenpraxis, die als problematisch erachtet wird und weitere Probleme nach sich zieht.[61] Als ein solches Problem ist die Aussage zu werten, dass man ausländische Frauen hat wohnen lassen (ישׁב H-Stamm, Esra 10,2.10.14.17.18).[62] Das Verb ישׁב H-Stamm kann nicht im Sinne von „heiraten" gedeutet werden. Es ist zwar zu modern, an eine Aufenthaltsgenehmigung zu denken. Da aber abschließend die betroffenen Männer in einer Liste erfasst werden, könnte man an einen Akt der Verwaltung, z. B. an eine Registrierung denken, die nun gestrichen werden soll.[63]

Auf das Mischehenproblem reagiert Esra in Esra 9,3–15 mit kultisch-religiösen Handlungen der Selbstminderung und der Buße, die vielfältige religiöse Deutungen enthalten. Diese Handlungen werden Esra zugeschrieben, der dann aber bei der Lösungsfindung nicht die zentrale Entscheidungskompetenz hat (Esra 10). Esra besitzt vielmehr

---

[58] *Karrer*, Ringen (2001), 242.

[59] Wechsel der Akteure, von Ort und Zeit, formal Neueinsätze; vgl. *Karrer*, Ringen (2001), 244, die eine ähnliche Gliederung angibt.

[60] Esra 10,44; das Verb נשׂא ist nur noch in Rut 1,5 und in 2 Chr 11,21; 13,21; 24,3 in der Bedeutung „heiraten" belegt.

[61] Zur Mischehenproblematik in nachexilischer Zeit und zu Esra 9–10 vgl. *Frevel*, Mixed Marriages (2011).

[62] Vgl. auch Neh 13,27.

[63] Vgl. *Willi*, Esra (2012), 165; vgl. auch Esra 2,59–63 par. Neh 7,69–72.

eine (priesterliche)[64] Mittlerfunktion und eine Deutungshoheit, die Karrer wie folgt beschreibt: „In der Gestalt Esras, ihren Handlungen und Worten wird das Gottesverhältnis der Gemeinschaft zum Ausdruck gebracht. […] Die priesterliche Mittlergestalt im ‚Zentrum' der Bevölkerung verbürgt dabei, dass die Inhalte der Entscheidungen dem Willen Gottes entsprechen."[65]

Welche Deutungen werden nun für die Mischehenpraxis vorgenommen? Wie in Neh 13,1–3 wird mit dem Verb בדל N-Stamm/H-Stamm, „(sich) abtrennen" als Gegensatz zu ערב tD-Stamm, „sich vermischen" gearbeitet, wobei als „vermischt" die Abstammung derjenigen gilt, die aus einer exogamen Beziehung hervorgegangen sind. Das Problem wird pointiert als Vermischung des heiligen Samens (זרע הקדש) bezeichnet (Esra 9,2). Zugleich werden die Völker der Länder negativ bewertet, indem in Esra 9,1 eine Völkerliste angefügt wird, die sich an den Listen der Vorbewohner des Landes aus Dtn 7,1, Ex 34,11 und Ri 3,5 orientiert,[66] und indem den Völker der Länder die wertenden Substantive Abscheulichkeit (תועבה Esra 9,1.11.14) und Unreinheit (נדה, טמאה Esra 9,11) beigeordnet werden. Das Eingehen der exogamen Ehen wird vor allem als Treuebruch gegen JHWH (מעל) qualifiziert (Esra 9,2.4, Esra 10,6). In seinem Gebet beruft sich Esra auf Gebote, die durch die Propheten „geboten" wurden. Das Zitat eines Prophetenwortes in Esra 9,11–12 lässt sich jedoch auf keinen uns bekannten Prophetentext zurückführen. Bei den Aussagen handelt es sich vielmehr um eine Zusammenstellung von Textanklängen, die v. a. auf Lev 18,24–30 und Dtn 7,3 verweisen, die jedoch nicht direkt zitiert werden. Darüber hinaus enthält Esra 9,10–12 Anklänge an weitere Texte, insbesondere durch die hebräischen Termini תועבה und נדה, die in priesterlichen und deuteronomistischen Kontexten zur Verurteilung illegitimer Kultpraktiken verwendet werden.[67] Der Ablehnung von Exogamie liegt in Esra 9–10 offensichtlich ein Heiligkeitskonzept zugrunde, das Heiligkeit bzw. Abscheulichkeit als Qualität von Personen ansieht. Ein solches Heiligkeitskonzept unterscheidet sich jedoch deutlich von Lev 18. Denn anders als in Lev 18 ist in Esra 9 „die Unreinheit des Landes an

---

[64] Esra 10,10.16.

[65] *Karrer*, Ringen (2001), 255.261.

[66] Vgl. auch Ex 3,8.17; Ex 13,5; Ex 23,23.28; Ex 33,2; Dtn 20,17; Jos 3,10; Jos 9,1; Jos 12,8; Jos 24,11; Jdt 5,16.

[67] Weitere „anklingende" Texte sind etwa Dtn 18,9; Jer 29,7; Jer 44,4; Ez 36,17.

den Personen selbst, statt an bestimmten Handlungen der Personen festgemacht."[68] Auch in Dtn 7,1–4, das ebenfalls in Esra 9 anklingt, dient das Mischehenverbot dazu, dass Israel nicht zu illegitimen kultischen Praktiken verführt wird. In Esra 9,12 wird hingegen mit dem Mischehenverbot eine grundsätzliche Trennung von den „Völkern der Abscheulichkeiten" gefordert. Dadurch erklärt sich auch die Qualifizierung der Mischehen als Treuebruch gegenüber Gott. Obwohl als Referenztexte Texte aus dem Pentateuch ausgemacht werden können, fehlt ein begründender Verweis auf die Tora. Diese Beobachtung legt nahe, dass Tora nicht als identisch mit den Pentateuchtexten angesehen wird.

Während in Esra 9 Esra die zentrale handelnde Person ist, kommt diese Funktion in Esra 10 der sich versammelten Gemeinde zu. Das konkrete Vorgehen und die schlussendliche Lösung geschehen in folgenden Schritten:

(1.) Unter dem Beisein einer ersten Versammlung von Männern, Frauen und Kindern wird Esra folgender Vorschlag unterbreitet (Esra 10,1–6): Die Gemeinde (der Gola) solle einen Bund mit Gott schließen, in dem sie sich verpflichtet, ausländische Frauen und ihre Kinder „ausziehen zu lassen" (יצא H-Stamm). Was genau mit יצא H-Stamm gemeint ist, bleibt unklar. Denn es wird sowohl parallel zu בדל N-Stamm, das auf die Mischehenpraxis zielt, wie auch als Oppositionsbegriff zu ישב H-Stamm verwendet, womit vielleicht eine zu Unrecht vorgenommene Registrierung als Folgeproblem der Mischehenpraxis benannt ist. יצא H-Stamm könnte erstens die Scheidung der Mischehen bezeichnen. Wahrscheinlicher ist jedoch, dass es die Streichung einer „zivilen Registrierung" bezeichnet.[69] Dieser Lösungsvorschlag, wie auch immer er gedeutet wird, ergibt sich jedoch weder aus den Aussagen von Esra 9, noch aus den anklingenden Texten aus dem Pentateuch oder anderen Texten zur Exogamie, die eine Forderung zur Scheidung exogamer Ehen oder zur Streichung der Registrierung ausländischer Frauen nicht kennen.

(2.) Es wird eine Versammlung aller (aus der Gola) in Juda und Jerusalem einberufen, der dieser Vorschlag unterbreitet wird, und die diesen (gegen den Widerspruch einer kleinen Gruppe)

---

[68] *Karrer*, Ringen (2001), 270.

[69] So – sehr überzeugend – *Willi*, Esra (2012), 165; vgl. auch die Bedeutung von בדל in Esra 10,8.

annimmt. Alle Anwesenden verpflichten sich, die ausländischen Frauen und ihre Kinder „ausziehen zu lassen" (Esra 10,7–12). Zugleich wird als konkretes Vorgehen vereinbart, dass die Registrierung der Betroffenen nicht sofort erfolgen solle, sondern dass hierfür ein längerer Zeitraum zur Verfügung stehen solle.

(3.) Als verantwortlich für die Registrierung wird eine Gruppe von Familienoberhäuptern bestimmt, die vom Beginn des zehnten Monats bis zum Beginn des ersten Monats des darauffolgenden Jahres mit der Registrierung beschäftigt sind (Esra 10,16.17). Im Anschluss wird die Liste der durch dieses Verfahren registrierten Männer zitiert (Esra 10,18–44).

Sowohl die Abfolge der Handlungen, wie auch die den beteiligten Akteuren zukommenden Funktionen zeigen, dass das in Esra 10 erzählte Vorgehen die Handlungen in Esra 9 voraussetzt. So wird in Esra 10,3 explizit hervorgehoben, dass man entsprechend der Tora, d.h. torakonform verfahre. Diese Torakonformität kann nun nicht dahingehend interpretiert werden, dass die Lösung des Problems in Übereinstimmung mit einer Weisung aus dem Pentateuch geschehe. Torakonformität bedeutet auch nicht, dass Tora vorausgehend explizit als Begründungsressource genannt worden ist, denn in Esra 9 ist von Tora gerade nicht die Rede.[70] Vielmehr muss man in den beschriebenen Handlungsschritten die Torakonformität erblicken. Torakonformität bedeutet, dass der Verpflichtung auf ein gemeinsames Handeln eine Unterweisung vorausgeht. Die Unterweisung vollzieht sich in der Hinwendung zu Gott und im Hören auf das Gebet Esras. Das Zentralstück ist das Gebet Esras, das Gottes Wort und Gottes Gebote „zitiert". Der versammelten Gemeinde und Esra fallen somit unterschiedliche Aufgaben zu. Während die Gemeinde das torakonform handelnde

[70] Auf die Spannungen zwischen der explizit ausgewiesenen Torakonformität und dem Fehlen entsprechender Weisungen im Pentateuch hat Japhet bereits 1985 aufmerksam gemacht. Sie kommt zu folgender Schlussfolgerung: „The details of the legislation respond to actual historical situations, prevalent customs, legal traditions and norms, and religious concepts. At the same time, and with no sensation of incoherence, the people of the Restoration regard themselves as acting according to the written book." (*Japhet*, Law [1985], 115) Zu Recht sieht Japhet die Lösung in der konkreten historischen Situation begründet. Sie kann aber mit dieser Aussage die Spannung nicht aufgelöst. Diese lässt sich nur dann auflösen, wenn Tora nicht mit einem geschriebenen Text identifiziert, sondern als Prozessbegriff verstanden wird.

Subjekt darstellt, indem es auf Esra hört und gemeinschaftlich zu einer Entscheidung kommt, garantiert Esra nur das torakonforme Handeln.

3.6 Neh 9–10 – Toragemäßer Vertragsschluss

Neh 9–10 ist im Aufbau mit Esra 9–10 vergleichbar und zeigt auch ein ähnliches Tora-Verständnis. Neh 9 und Neh 10 gehören erzähllogisch und thematisch aufs engste zusammen.[71] Die kultischen Handlungen in Neh 9,1–5 und das Bußgebet Neh 9,6–37 dienen der Vorbereitung des Vertragsschlusses, der in Neh 10 vollzogen wird. Der Vollzug des Vertrages besteht in der Nennung der unterzeichnenden Personen (Neh 10,2–29), in der Verpflichtung auf die durch Mose gegebene Tora Gottes (Neh 10,30) und im Zitat der Vertragsinhalte (Neh 10,31–40). Folgende Vertragsinhalte werden genannt: Verbot der Exogamie, Heiligung des Sabbat, Einhalten des Erlassjahres und des Schuldenerlasses sowie die Versorgung des Tempels.

Was erzähllogisch als Vorbereitung des Vertragsschlusses gelten kann, ist wie in Esra 9–10 wesentlich für ein „toragemäßes" Handeln. Denn auch in Neh 9–10 wird in der Abfolge der Handlungen die Torakonformität erwiesen. Der Vertragsschluss wird kultisch-rituell vorbereitet durch Bußakte (Fasten, Zeichen der Selbstminderung), durch Reinigung, Sündenbekenntnis und Toralesung. Das Bußgebet Neh 9,6–37 besitzt eine doppelte Funktion. Es dient im Anschluss an Neh 9,1–5 erstens dem Bekenntnis der Sünden. Zweitens – und diese Funktion ist zentral mit Blick auf den Vertragsschluss in Neh 10 – erinnert das Gebet an die wichtigsten Stationen der Geschichte Israels mit seinem Gott. Der wesentliche performative Akt des Gebetes ist das „Erinnern". Das Gebet nennt die wesentlichen Stationen der eigenen Geschichte und ruft die zentralen formativen Aspekte der eigenen Tradition wach. Die Abfolge der erinnerten Ereignisse entspricht dabei dem Erzählfaden von Genesis, beginnend mit Abraham, bis zum Richterbuch. Die Gabe der Sinai-Tora (Neh 9,13.14) ist das wesentliche formative Element, das Hören auf die Tora wird als zentral erachtet. Als Abfall von Gott bzw. als Vergehen des Volkes wird das Nichtbeachten der Tora und ihrer Weisungen identifiziert. Aber wie in der Geschich-

---

[71] Literargeschichtlich ist keine Einheitlichkeit anzunehmen, das Gebet Neh 9,6–37 hat wohl ursprünglich eigenständig existiert.

te Gott auf die Klagen des Volkes erbarmend geantwortet hat, wird dies nun auch für die jetzige Notsituation (Neh 9,37) erhofft.

Anders als in den bisher besprochenen Texten Neh 8,13–18, Neh 13,1–3 oder Esra 9–10, wo in Esra 9,11.12 zumindest ein prophetisches Wort als Norm „zitiert“ wird, wird in der Unterweisung von Neh 9 nicht explizit auf normative Texte verwiesen. Auch zur Begründung der Vertragsinhalte in Neh 10,31–40 wird nicht explizit auf normative Texte aus dem Pentateuch verwiesen. Die einzelnen Regelungen besitzen kaum wörtliche Bezüge zu Pentateuchtexten.[72] Auch die Zusammenstellung der Vertragsinhalte lässt sich nicht von einem Pentateuchtext her ableiten. Und es wird nicht gesagt, dass es sich bei den Vertragsinhalten um eine Auslegung oder Interpretation von Texten handelt. Die Regelungen greifen vielmehr die vier Konfliktsituationen auf, die der Statthalter Nehemia in Neh 5,1–13 und Neh 13,4–30 regelt.[73] In Neh 5,1–13 wird vom Schuldenerlass erzählt, in Neh 13,4–30 von der Versorgung des Tempels, von der Durchsetzung der Sabbatobservanz und von einem Mischehenproblem. Man kann daher mit Recht eine Abhängigkeit der Vertragsinhalte in Neh 10,31–40 von Neh 5,1–13 und Neh 13,4–30 annehmen. Die Probleme, die Nehemia in Neh 5 und Neh 13 löst, finden nun im Vertrag von Neh 10 eine allgemein verbindliche, vertragliche Regelung. In der Verknüpfung von Neh 5,1–13 und Neh 13,4–30 mit Neh 10,31–40 lässt sich daher erkennen, dass die konkreten Regelungen aktuellen Situationen entspringen und aktuellen Lösungen entsprechen, die in den vorliegenden Fällen vom Statthalter Nehemia getroffen wurden.

Für Neh 8,13–18, Neh 13,1–3 und Esra 9–10 ist zu beobachten, dass eine Spannung zwischen den „zitierten“ Einzeltexten bzw. angeführten Normen und den nachfolgenden Handlungen besteht. Konnte für diese Perikopen nur vermutet werden, dass die tatsächlich gefundenen Regelungen den konkreten Situationen geschuldet sind und nicht durch Interpretation aus Texten abgeleitet sind, so wird diese Vermutung nun durch die Abhängigkeit der Vertragsinhalte in Neh 10,31–40 von Neh 5.13 bestätigt.

Der Vertragsschluss wird in Neh 10,30 der Verpflichtung gleichge-

---

[72] *Reinmuth*, Bericht (2002), 216: „Wer erwartet, ähnliche Formulierungen etwa in den Sabbatjahrregelungen Dtn 15,1–11 oder in der Jobeljahrgesetzgebung Lev 25 zu finden, geht fehl!“

[73] Vgl. *Reinmuth*, Bericht (2002), 211; *Karrer*, Ringen (2001), 291.

setzt, der Tora Gottes, die Gott durch Mose gegeben hat, zu folgen und alle Gebote, Vorschriften und Satzungen Gottes zu beachten. Das Halten dieses Vertrages kommt somit dem Befolgen der Tora gleich. Damit werden der schriftlich vorliegende Vertrag (Neh 10,1) und die in Neh 10,31–40 zitierten Vertragsinhalte als Niederschlag der Tora ausgewiesen; der aktuelle Vertragstext kann als Verschriftung von Tora gelten.[74] Ähnlich beschreibt dies auch Titus Reinmuth: „So lässt sich anhand von Neh 10,31–40 ablesen, wie in nachexilischer Zeit Tora entsteht: Reformen münden in rechtsverbindliche Bestimmungen. Die lebendige Auseinandersetzung darüber, wie in konkreten sozialen und kultischen Belangen angemessen vor Gott zu handeln ist, reicht offenbar noch weit über die Wirksamkeit Nehemias hinaus."[75] Wenngleich der Begriff ברית vermieden wird, sind in Neh 9–10 doch Anklänge an die Sinaiperikope vorhanden, die es rechtfertigen, den aktuellen Vertragstext als „Bundesurkunde" (Ex 24,7) zu deuten. So fehlt in der Erinnerung an die Sinaiperikope in Neh 9,13.14 der Bundesschluss, der auf das Hören der Worte Gottes folgen müsste. Neh 9–10 ist aber insgesamt wie die Sinaiperikope gestaltet. Dem Hören auf das Wort (Ex 20–23; 24,3; Neh 9,1–40) folgt das Aufschreiben der Vertragsinhalte (Ex 24,4; Neh 10,1), die Verpflichtung, den Bund bzw. Vertrag zu halten (Ex 24,4–8; Neh 10,30) und das Verlesen bzw. das Zitat der Inhalte (Ex 24,7; Neh 10,31–40).

Für das Verständnis von Tora können aus Neh 9–10 folgende wichtige Aspekte entnommen werden. In Neh 9–10 werden die Vertragsinhalte als Niederschlag von Tora verstanden, wie dies auch das Deuteronomium für sich beansprucht. Grundsätzlich ist Tora auch hier, wie in Neh 8,1–12 und Esra 9–10, die „aktuelle" Unterweisung. Sie geschieht in Neh 9 durch das Hören auf das Gebet Neh 9,6–37. Inhalt des Gebetes sind keine normativen Aussagen, sondern formative Elemente des eigenen Selbstverständnisses. Die Anordnung der Stationen folgt dem Erzählfaden von Genesis bis zum Richterbuch und umfasst die im Pentateuch vereinten Traditionen. Das zentrale formative Element der eigenen Geschichte ist die Gabe der Tora am Sinai (Neh 9,13.14). Die Perikope Neh 9–10 kann daher als Nachahmung, oder genauer Vergegenwärtigung der Ereignisse am Sinai gedeutet werden, wenn nach dem Hören auf Gottes Wort der Bundesschluss bzw. der

---

[74] Vgl. *Häusl*, Schriftlichkeit (2011), 186.

[75] *Reinmuth*, Bericht (2002), 218: „Neh 10 rezipiert nicht, sondern ist kreativ tätig."

Abschluss des Vertrages folgt. In Neh 9–10 ist Tora also als Unterweisung, die Gabe der Tora am Sinai als nachzuahmendes Vorbild und die konkreten Vertragsinhalte als schriftlicher Niederschlag von Tora zu verstehen.

4. Abschließende Thesen

4.1 Vielfältige Tora im Buch Esra/Nehemia

(1.) Der Durchgang durch die Texte aus dem Buch Esra/Nehemia zeigt, dass Tora nicht mit einem schriftlich vorliegenden Pentateuch identifiziert werden kann und nicht als Gesetz verstanden werden darf. Die Verwendungsweisen des Begriffes Tora sowie die Intentionen der Texte Esra 7, Neh 8,1–12, Neh 8,13–18, Neh 13,1–3, Esra 9–10 und Neh 9–10 zeigen, dass im Buch Esra/Nehemia Tora als Prozess im Sinne einer Unterweisung aufzufassen ist, wobei in den verschiedene Texten verschiedene Bedeutungsaspekte zum Tragen kommen.

(2.) *Tora ist die aktuelle Unterweisung.* Neh 8,1–12 führt nicht die Funktion von Tora in einem konkreten Konfliktfall vor Augen, sondern setzt Tora als Unterweisung in eine Erzählung um. Zur Unterweisung gehören Vorlesen, Erklären und Verstehen. In Esra 7 ist es Aufgabe des Toraexperten Esra, ein Bildungswesen (für die Rechtspflege) aufzubauen, in dem dann Gesetze, Vorschriften und Satzungen vermittelt werden können. Im Gebet Neh 9,6–37 geschieht Unterweisung als Erinnerung an die formativen Elemente der eigenen Geschichte. Auch in Esra 9–10 geschieht Unterweisung durch das Gebet Esras, der Gottes Wort als Prophetenwort „zitiert". Neh 8,13–18 und Neh 13,1–3, die nur von der Lektüre eines Textes und der daraus folgenden Handlung berichten, geben die Unterweisung wohl verkürzt wieder.

(3.) Die *Gabe der Tora Gottes am Sinai* ist ein wichtiger Aspekt der Geschichte Israels mit seinem Gott und damit ein *zentrales formatives Element des eigenen Selbstverständnisses*, wie Neh 9,13.14 zeigt. Sowohl Esra 9–10 als auch Neh 9–10 vergegenwärtigen diese Situation am Sinai, indem eine Unterweisung, die als Hören auf das Wort Gottes verstanden wird, einem Vertragsschluss bzw. einem Bundesschluss vorausgeht (Esra 10,3; Neh 10,30). In Neh

9,13.14, Neh 10,30 und wohl auch in Esra 7,6 und Neh 1,7 wird die Situation am Sinai als der Anfang der (durch Mose vermittelten) Unterweisung durch Gott und damit als der Ursprung der (Mose-) Tora verstanden.

(4.) Die Bestimmungen des Vertrages, der in Neh 10,30 geschlossen wird, werden in einem Dokument schriftlich fixiert. Dieses Vertragsdokument, das in Neh 10,31–40 zitiert wird, kann als *schriftlicher Niederschlag von Tora* angesehen werden. Neh 8,1–12, Neh 8,13–18 und Neh 13,1–3 kennen ebenfalls einen schriftlichen Niederschlag von Tora; die paraphrasierten Texte können wir als Texte aus dem *Pentateuch* identifizieren. Schriftliche Texte besitzen also zwei Funktionen in einem aktuellen Unterweisungsprozess. Sie können ein zentrales Medium der Unterweisung sein, wie in Neh 8,1–12, Neh 8,13–18, Neh 13,1–3,[76] und sie können das Ergebnis der Unterweisung festhalten, wie der Vertrag von Neh 10,31–40. Als Medium der Unterweisung stellen sie eine Verknüpfung zur fortwährenden Unterweisung Israels durch Gott in der Geschichte her. Esra 9–10 und Neh 9–10 zeigen aber auch, dass die aktuelle Unterweisung im Buch Esra/Nehemia nicht unbedingt einen schriftlichen Text als Medium erfordert. In Esra 9–10 garantiert Esra als Toraexperte, dass die Entscheidungen dem Willen Gottes entsprechen, in Neh 9–10 garantiert dies der Rekurs auf die formativen Elemente der eigenen Tradition.

4.2 Normenbegründung mit Hilfe von Tora

(5.) Im Buch Esra/Nehemia liegt uns keine systematische Reflexion über das Verfahren vor, wie Tora bei der Normenfindung und als Normenbegründung eingesetzt wird. Wir haben nur erzählende Texte, die aber Folgendes zeigen.

(6.) Neh 8,1–12, Esra 9–10 und Neh 9–10 zeigen, wie Tora als aktuelle Unterweisung „praktiziert" wird. Die Unterweisung hat Aspekte der eigenen Tradition zum Inhalt und kann formative und normative Elemente umfassen. Ein schriftlicher Text spielt nicht unbedingt eine Rolle. *Ihre normenbegründende Funktion entfaltet Tora im Vorgang der Unterweisung.*

---

[76] Auch in Neh 9,3 liest die versammelte Gemeinschaft aus dem Buch der Tora vor.

(7.) Neh 8,13–18 und Neh 13,1–3 setzen einen schriftlichen Text als Medium der Unterweisung ein.[77] Beide Perikopen scheinen die Unterweisung allerdings verkürzt darzustellen, zu der nach Neh 8,1–12 das Vorlesen, Erklären und Verstehen gehört. Die der Unterweisung folgenden Handlungen lassen sich nicht aus dem Gelesenen ableiten. Handlung und gelesener Text besitzen aber eine gemeinsame intentionale Ausrichtung. *Der paraphrasierte Prätext nennt einen wichtigen Wert, dessen man sich in der Unterweisung versichert hat und den man in eine konkrete Handlung umsetzt.*

(8.) *Die erzählten Handlungen sind offensichtlich in hohem Maße den jeweiligen konkreten Situationen geschuldet.* So ist für die Vertragsinhalte in Neh 10,31–40 offensichtlich, dass damit die in Neh 5,1–12 und Neh 13,4–31 vom Statthalter Nehemia gefundenen Konfliktlösungen als Normen verstetigt werden sollen. Der Unterweisung in Neh 9 kommt dabei die Funktion zu, die der konkreten Situation geschuldeten Bestimmungen als konform mit der eigenen Tradition und mit den Weisungen Gottes auszuweisen. In Neh 8,13–18, Neh 13,1–3 und Esra 9–10 sind für uns die konkreten Situationen und die Hintergründe der Handlungen hingegen nicht klar nachvollziehbar. In Esra 9–10 ist noch nicht einmal klar, für welches mit dem Mischehenkonflikt einhergehende Problem welche Lösung beschlossen wird. Nur einige berücksichtigte Werte und Prinzipien lassen sich erschließen. Esra 9–10 nennt ein Heiligkeitskonzept und die Deutung der Mischehenpraxis als Treuebruch gegenüber Gott. Esra 9–10 macht auch deutlich, dass die Handlungsentschlüsse durch die versammelte Gemeinschaft im Konsens gefällt werden. In Esra 10,15 wird sogar festgehalten, dass nicht alle dem Vorgehen zustimmen, ohne dass allerdings deren Bedenken oder deren Alternativvorschläge erwähnt wären.

(9.) Normative Bestimmungen aus dem Pentateuch, die wir als widersprüchlich einstufen, stellen für eine Normenbegründung durch Tora und für die Verbindlichkeit der Tora im Buch Esra/Nehemia kein Problem dar.

---

[77] Das Buch Esra/Nehemia wertet im Einklang mit dem kulturgeschichtlichen Kontext Schriftlichkeit positiv, man denke nur an die zitierten Edikte der persischen Könige oder an die vielfältigen Listen.

(10.) Nicht „widersprüchliche" Pentateuchtexte führen in nachexilischer Zeit zu Konflikten, sondern die Bestimmung des eigenen Selbstverständnisses, die Kriterien für Aus- und Eingrenzung und die Formen der Grenzziehung und Grenzöffnung, die ihre Spuren sowohl innerhalb des Buches Esra/Nehemia wie auch in anderen alttestamentlichen Texten hinterlassen haben. Außerdem setzen nicht alle nachexilischen Texte Tora als Ressource für die Normenbegründung ein, so dass sich auch bei der Frage nach den Begründungsressourcen Konflikte ergeben. Auf die verschiedenen Begründungsressourcen kann hier jedoch nicht weiter eingegangen werden.

(11.) Wenn man, wie eingangs, Tora als Ausdruck des Gemeinsinns gedeutet hat, so lässt sich diese Aussage nun noch präzisieren. Tora als Unterweisung bezeichnet ein Verfahren, das den Gemeinsinn bildet und stärkt. Es umfasst die Erinnerung und Rückbindung an die formativen und normativen Elemente der eigenen Geschichte, der Geschichte Israels mit Gott. Das Konzept der Tora sieht einen solchen Bildungsprozess als Voraussetzung dafür, in Konfliktfällen zu einer konsensfähigen Lösung zu kommen.

Literatur

Assmann, Jan, Fünf Stufen auf dem Wege zum Kanon. Tradition und Schriftkultur im frühen Judentum und seiner Umwelt (MTV 1), Münster 1999.

Becking, Bob, Ezra, Nehemiah, and the Construction of early Jewish Identity (FAT 80), Tübingen 2011.

Ben Zvi, Ehud/Edelman, Diana V. (Hg.), Imagining the Other and Constructing Israelite Identity in the Early Second Temple Period (LHBOTS, 456), London 2014.

Bieberstein, Klaus, Geschichten ziehen Grenzen. Esra, Nehemia und Ruth im Streit, in: *Küchler, Max/Reinl, Peter* (Hg.), Randfiguren in der Mitte. FS Hermann-Josef Venetz, Fribourg/Luzern 2003, 33–47.

Ders., Grenzen definieren, in: *Kügler, Joachim* (Hg.), Impuls oder Hindernis? Mit dem Alten Testament in multireligiöser Gesellschaft (Bayreuther Forum Transit 1), Münster u. a. 2004, 87–106.

Blum, Erhard, Volk oder Kultgemeinde? Zum Bild des nachexilischen Judentums in der alttestamentlichen Wissenschaft, in: KuI 10 (1995) 24–42.

Ders., Esra, die Mosetora und die persische Politik, in: *Kratz, Reinhard G.* (Hg.), Religion und Religionskontakte im Zeitalter der Achämeniden (VWGT 22), Gütersloh 2002, 231–256.

Choi, John H., Traditions at Odds. The Reception of the Pentateuch in Biblical and Second Temple Period Literature (LHBOTS 518), New York 2010.

Crüsemann, Frank, Die Tora. Theologie und Sozialgeschichte des alttestamentlichen Gesetzes, Gütersloh 1992.

Frevel, Christian (Hg.), Mixed Marriages. Intermarriage and Group Identity in the Second Temple Period (LHBOTS 547), New York 2011.

Giesen, Bernhard, Codes kollektiver Identität, in: *Gephart, Werner/Waldenfels, Hans* (Hg.), Religion und Identität im Horizont des Pluralismus, Frankfurt a.M. 1999, 13–43.

Häusl, Maria, Feste feiern – Zur Bedeutung der Feste im Buch Esra/Nehemia, in: *Ernst, Stephanie/Häusl, Maria* (Hg.), Kulte, Priester, Rituale. Beiträge zu Kult und Kultkritik im Alten Testament und Alten Orient. FS Theodor Seidl (ATS 89), St. Ottilien 2010, 231–251.

Dies., „Eine Schriftrolle, darin ist geschrieben" (Esr 6,2). Zur Bedeutung der Schriftlichkeit im Buch Esra/Nehemia, in: *Gaß, Erasmus/Stipp, Hermann-Josef* (Hg.), „Ich werde meinen Bund mit euch niemals brechen!" (Ri 2,1) FS Walter Groß (HBS 62), Freiburg 2011, 175–194.

Dies., Andere, Fremde, Feinde im Buch Esra/Nehemia, in: *Baumgart, Norbert C./Nitsche, Martin* (Hg.), Gewalt im Spiegel alttestamentlicher Texte (ETS 43), Würzburg 2012, 97–122.

Dies., Zugänge zum Fremden – Einblicke in die alttestamentliche Forschung, in: *Baumann, Gerlinde* u.a. (Hg.), Zugänge zum Fremden. Methodisch hermeneutische Perspektiven zu einem biblischen Thema (LPTB 25), Frankfurt a.M. 2012, 13–29.

Japhet, Sara, Law and „the Law" in Ezra-Nehemiah, in: *Goshen-Gottstein, Moshe* (Hg.), Ninth World Congress of Jewish Studies, Panel Sessions Bible Studies and Ancient Near East, Jerusalem 1985, 99–115.

Jonker, Louis, Texts, Contexts and Readings in Postexilic Literature. Explorations into Historiography and Identity Negotiation in Hebrew Bible and Related Texts (FAT II 53), Tübingen 2011.

Karrer, Christiane, Ringen um die Verfassung Judas. Eine Studie zu den theologisch-politischen Vorstellungen im Esra-Nehemia-Buch (BZAW 308), Berlin/New York 2001.

Kessler, Rainer, Was ist und wozu brauchen wir eine Ethik des Alten Testaments?, in: EvT 71 (2011) 100–114.

Mullen, E. Theodore, Ethnic Myths and Pentateuchal Foundations. A new Approach to the Formation of the Pentateuch (SemeiaSt 35), Atlanta 1997.

Reinmuth, Titus, Der Bericht Nehemias. Zur literarischen Eigenart, traditionsgeschichtlichen Prägung und innerbiblischen Rezeption des Ich-Berichts Nehemias (OBO 183), Fribourg/Göttingen 2002.

Rothenbusch, Ralf, „...abgesondert zur Tora Gottes hin". Ethnische und religiöse Identitäten im Esra/Nehemiabuch (HBS 70), Freiburg 2012.

Siedlecki, Armin, Negotiating Identity. The Portrayal of Foreigners in Ezra-Nehemiah, Emory University 2006.

Steins, Georg, Zwei Konzepte - ein Kanon. Neue Theorien zur Entstehung und Eigenart der Hebräischen Bibel, in: *Steins, Georg/Taschner, Johannes* (Hg.), Kanonisierung - die Hebräische Bibel im Werden (BThST 110), Neukirchen-Vluyn 2010, 8–45.

Toorn, Karel van der, Scribal Culture and the Making of the Hebrew Bible, Cambridge 2007.

Vorländer, Hans, Transzendenz und die Konstitution von Ordnungen. Eine Einführung in systematischer Absicht, in: *Vorländer Hans* (Hg.), Transzendenz und die Konstitution von Ordnungen, Berlin 2013, 1–42.

Widder, Wendy L., „To Teach" in Ancient Israel. A Cognitive Lingustic Study of a Biblical Hebrew Lexical Set (BZAW 456), Berlin/Boston 2014.

Willi, Thomas, Juda - Jehud - Israel. Studien zum Selbstverständnis des Judentums in persischer Zeit (FAT 12), Tübingen 1995.

Ders., „Wie geschrieben steht", in: *Kratz, Reinhard G.* (Hg.), Religion und Religionskontakte im Zeitalter der Achämeniden (VWGT 22), Gütersloh 2002, 257–277.

Ders., Esra. Der Lehrer Israels (Biblische Gestalten 26), Leipzig 2012.

„Dann wirst du für den Höchsten wie ein Sohn sein" (Sir 4,10)

Armenethos und Gottesnähe in Sir 4,1–10[1]

Ruth Scoralick

1. Einführung

Das Sirachbuch aus dem 2. Jh. v. Chr. gilt in der Forschung als der Versuch einer großen Synthese. Markus Witte bezeichnet die Schrift als ein „Kompendium biblischer Theologie" und „Sammelbecken weisheitlicher, kultischer, juridischer und prophetischer Traditionen",[2] spricht dem Buch jedoch auf der Basis einer „gut strukturierten Architektur" auch ein „klares theologisches Profil" zu.[3] Johannes Marböck betont die eigenständig-schöpferische Kraft der Synthese. Die maßvolle Sprache und zurückhaltende Formulierung verdecke diese Originalität jedoch für die Wahrnehmung eher.[4]

Umso auffälliger sind die Passagen, in denen sich ein leidenschaftlicher Ton im Text bemerkbar macht. Das ist bei den Aussagen zum Umgang mit Armen und in Not geratenen Menschen der Fall. In diesem Punkt formuliert Sirach nicht maßvoll oder zurückhaltend, sondern spitzt die Themen drastisch und dramatisch zu. Das zeigt die vielzitierte Passage Sir 34(31),24–27.

> *24 Man schlachtet den Sohn vor den Augen des Vaters,*
> *wenn man Opfer darbringt vom Gut der Armen.*
> *25 Brot von Bedürftigen ist der Lebensunterhalt (das Leben) der Armen,*
> *wer es ihnen vorenthält/raubt, ist ein Blutsauger (ein Blutmensch).*
> *26 Den Nächsten mordet, wer ihm den Unterhalt nimmt,*
> *27 Blut vergießt, wer dem Arbeiter den Lohn vorenthält.*

---

[1] Der Beitrag ist aus einer auf der Jahresversammlung der AGAT gehaltenen Predigt über Sir 4,1–10 hervorgegangen.

[2] *Witte*, Barmherzigkeit (2008), 177.

[3] Die letzten beiden Zitate aus *Witte*, Theologien (2012), 95.

[4] *Marböck*, Einwohnungen (2012), 71.

V. 24 treibt die aus prophetischen Texten bekannte bildliche Rede vom Unrechttun als Blutvergießen (Jes 1,15; Mi 3,3; aber auch Spr 1,8–19) auf die Spitze. Ausbeutung und ungerechte Behandlung von Menschen sind nicht nur Mord, also ein Kapitalverbrechen (V. 26 benutzt φονεύω, vgl. Ex 20,15 LXX/Dtn 5,18 LXX).[5] Sie sind auch ein Sakrileg, ein Menschenopfer. Der schriftgelehrte Weise greift auf Tora und Propheten zurück und geht über sie noch hinaus.

Wie Vergehen gegen die Armen und das Vorenthalten des Lebensnotwendigen in die äußerste Entfernung von Gott und den Menschen führen, so bringt Zuwendung zu Menschen in Not in unüberbietbare Gottesnähe. Davon spricht – mit deutlichen lexematischen Beziehungen zu dem eben zitierten Text (dazu s. u.) – die Passage aus der Bucheröffnung, um die es im Folgenden gehen soll, Sir 4,1–10. Dabei kommt in Sir 4,10 implizit die Vorstellung von Gott als Vater ins Spiel („dann wirst du wie ein Sohn für den Höchsten sein" G/„dann wird Gott dich Sohn nennen" H^A), die man auch in Sir 34(31),24 im Hintergrund mithören kann. Sind in Sir 34(31),24 die Armen als solche Kinder Gottes, so werden in Sir 4,10 G und H die Adressaten der Sirachschrift durch ihre Zuwendung zu den Notleidenden in eine vergleichbare familiäre Nähe zu Gott aufgenommen. Wenn Sirach in den Gebeten in Sir 23,1.4 G; 51,10 G/H Gott als Vater anredet, ergeben sich interessante Entsprechungen.[6]

Berühren Sir 4,1–10 und 34(31),24–26 einen ethischen und theologischen Nerv der Sirachschrift? Nach Johannes Marböck ist „das Ethos dieses schriftgelehrten Weisen [...] intensiver als in den Weisheitsschriften vor ihm geprägt vom Gott der Armen und der Gerechtigkeit [...]"[7]. Meine Beobachtungen zu Sir 4,1–10 können diese Auffassung weiter erhärten. Sir 4,1–10 ist ein programmatischer Text in strukturell herausgehobener Position, der den inneren Zusammenhang von Zuwendung zu bedrängten Menschen und Nähe zum biblischen Gott in kunstvoller und anspielungsreicher Weise formuliert.

Mit der jüngeren und jüngsten Sirachforschung versuche ich nicht, einen Mischtext als hypothetischen ältesten Sirachtext zu rekonstruie-

---

[5] Dieses Verb verwendet Sir nur noch in 9,13.

[6] Zu diesen Stellen sowie Sir 51,1 H und den damit verbundenen textlichen Schwierigkeiten s. *Strotmann*, „Mein Vater bist Du!" (1991), 59–97; sowie *Corley*, God (2002).

[7] *Marböck*, Jesus Sirach 1–23 (2010), 87.

ren, sondern lege eine der vorliegenden Textgestalten aus.[8] Im Fokus ist dabei die griechische Textfassung Gr I, wie sie grundsätzlich über eine kritische Lektüre der Ausgabe von J. Ziegler zugänglich ist.[9] Seitenblicke gelten immer wieder auch der hebräischen Fassung, die für Sir 4,1–10 durch die mittelalterliche Handschrift A aus der Kairoer Geniza überliefert ist (H^A).[10] Die Frage nach den jeweils ältesten Elementen bleibt offen.

2. Abgrenzung und Kontext

Auch wenn es für die Gesamtgliederung der Sirachschrift noch keine allgemein anerkannte Lösung gibt, so kommen doch die meisten Forschenden darin überein, dass die sogenannten Weisheitsperikopen (Sir 1,1–10; 4,11–19; 6,18–37; 14,20–15,10; 24), strukturbildende Elemente sind.[11] Der Beginn der Weisheitsperikope Sir 4,11–19 markiert demnach eine Zäsur im Text. Mit Johannes Marböck gehe ich davon aus,

---

[8] Zur Forschungslage im Blick auf die Textgrundlage vgl. *Gilbert*, Ben Sira (2008), vgl. dort bes. die Ausführungen zu Zieglers Textausgabe 4; s. auch *Marböck*, Jesus Sirach 1-23 (2010), 21-26; sowie *Becker/Reitemeyer/Fabry*, Sophia Sirach (2011), 2159: „Vom Beginn des 20. Jh. an war die Sirach-Forschung mehrheitlich darauf konzentriert, aus der nun existierenden hebr. und griech. Textfassung und unter Hinzuziehung des syrischen Textes einen gemeinsamen ‚Urtext' zu rekonstruieren. Dabei erhalten die hebr. Manuskripte und Textfragmente weitgehend eine Vorrangstellung. […] Neueste Tendenzen in der Sirach-Forschung zielen jedoch darauf, weniger *einen* Ur-Text zu rekonstruieren, als die verschiedenen Textfassungen nebeneinander wiederzugeben und weitgehend unabhängig voneinander zu würdigen."

[9] *Ziegler*, Sapientia Iesu Filii Sirach (1980).

[10] Nach *Beentjes*, Waisen (1998), 53 ist H^A eine Papierhandschrift (vermutlich aus der Mitte des 11. Jh.), die den hebräischen Text von Sir 3,6b–16,24 fortlaufend, also nicht kolometrisch präsentiert. Die Handschrift weist dabei einen „ziemlich großen Zwischenraum" nach Sir 4,10 auf, ein Phänomen, dem nur noch ein vergleichbarer Abstand zwischen Sir 13,1 und 2 entspricht. Beentjes konzentriert seine Auslegung auf die hebräische Textfassung.

[11] Einschlägig ist immer noch *Marböck*, Structure (1997); aus jüngerer Zeit vgl. *Corley*, Searching (2008). Für *Jüngling*, Bauplan (1997) sind „nicht die Weisheitstexte, sondern die ‚Ich'-Passagen des ‚Autors' […] für die Struktur des Buches konstitutiv" (Sir 16,24f.; 24,30–34; 33,16–19; 39,12; 42,15; 44,1, wobei Sir 51,13–30 mit der Verbindung von ‚Autobiographischem' und Elementen der Weisheitstexte einen Sonderfall darstellt). Mir scheint eine solche Auffassung recht leicht mit einer Würdigung der Weisheitsperikopen als Signalelementen in der ersten Buchhälfte kombinierbar.

dass in Sir 1,1–2,18 das „theologisch-pädagogische Programm“ des Buches dargelegt wird, indem auf Grundsatzaussagen über Weisheit und Gottesfurcht (Sir 1,1–30) eine Erörterung über Gottesfurcht als Vertrauen in der Erprobung folgt (Sir 2,1–18).[12] Sirach unterstreicht in gut weisheitlicher Tradition (s. Spr 1,7; 9,10 u. a.) die Gottesfurcht, genauer: die Furcht des Gottes Israels, als Grundlage von Ethos und Weisheit.[13] Die Darlegungen des zweiten Kapitels gipfeln in dem Aufruf: „Wir wollen in die Hände des Herrn fallen und nicht in die Hände von Menschen. Denn wie seine Größe, so auch sein Erbarmen“ (Sir 2,18 G, Übers. mit J. Marböck). Die Fortsetzung in Sir 3,1–4,10 entfaltet das Programm „an ersten für das Buch zentralen Beispielen“.[14] Das Ende des Abschnitts wird zusätzlich zur Zäsur durch den Beginn der Weisheitsperikope in Sir 4,11 auch durch die gewichtige Aussage von der Gotteskindschaft in Sir 4,10 gekennzeichnet und durch die formale Gestalt (vier Stichoi) dieses Verses hervorgehoben.[15]

Sowohl die griechische als auch die hebräische Textfassung verheißen denjenigen, die sich in das rechte Verhältnis zu Armen und in Not geratenen Personen setzen, eine außerordentliche Gottesnähe. „Dann wirst du für den Höchsten wie ein Sohn sein, und er wird dich mehr lieben als deine Mutter“ (καὶ ἔσῃ ὡς υἱὸς ὑψίστου καὶ ἀγαπήσει σε μᾶλλον ἢ μήτηρ σου) lautet die griechische Fassung (Gr I), während H^A deutlich andere Akzente setzt: „Dann wird Gott dich Sohn nennen, dir gnädig sein und dich aus der Grube retten“(ואל יקראך בן ויחנך ויצילך משחת).[16]

Entgegen der weit verbreiteten Auffassung, die Weisheitsperikopen seien jeweils Einsätze von Neuanfängen (R. Smend, J. Marböck)[17],

---

[12] *Marböck*, Jesus Sirach 1–23 (2010), 46 u. ö. Die Rahmenfunktion von Sir 1f. mit Sir 51 (in Anlehnung an den Rahmen des Sprichwörterbuches) wurde schon von N. Peters bemerkt und von M. Gilbert weiter präzisiert.

[13] Vgl. immer noch die klassische Studie von *Haspecker*, Gottesfurcht (1967), bes. 79f. zur Frage der Formulierung: Der „in und für die Diaspora schreibende Enkel [...] setzt bei Gottesfurcht überhaupt nur κύριος, wohl um eindeutig zum Ausdruck zu bringen, dass es sich um den einen wahren Gott Israels handelt“, während die hebräischen Fassungen häufiger El/Elohim verwenden.

[14] *Marböck*, Jesus Sirach 1–23 (2010), 46.

[15] Auf die Bedeutung theologischer Themen für die Strukturierung des Ganzen haben schon Haspecker und Prato hingewiesen, vgl. *Marböck*, Structure (1997), 65f.

[16] Die Wiedergabe von H^A folgt der Ausgabe: *Ben-Hayyim* (Hg.), The Book of Ben Sira (1973).

[17] *Beentjes*, Waisen (1998), 52f. sieht in Sir 4,11–19 einen „weisheitlichen Prolog“ für 4,11–6,17.

scheinen sie mir eher einer poetisch-meditativen Reflexion sowohl der vorangehenden als auch der nachfolgenden Texte zu dienen.[18] Sie knüpfen an das Vorangegangene an und weisen auf Kommendes voraus, bewegen sich selbst jedoch auf einer anderen Aussageebene. Mit der Gestalt der personifizierten Weisheit wird in poetischer Sprache auf Medium und Inhalt der Weisheitslehre reflektiert, im Hebräischen nicht selten auch in wortspielerischer Weise.[19]

Die Weisheitsperikope Sir 4,11–19 beispielsweise greift die direkt vorangehende Rede vom υἱὸς ὑψίστου „Sohn des Höchsten" (Sir 4,10) auf, wenn es heißt, dass die Weisheit „ihre Söhne erhöht" ἡ σοφία υἱοὺς αὐτῆς ἀνύψωσεν (Sir 4,11). H^A lässt mit בניה/מבינים בה ein Wortspiel erkennen. Das Lexem ζωή kehrt wieder (Sir 4,12; zuvor in 3,12; 4,1, danach in 6,16). Weisheits- und Gottesliebe werden aufeinander bezogen, ausgedrückt mit dem auch in Sir 4,10 verwendeten Lexem ἀγαπάω (Sir 4,10; 4,12 zweifach; 4,14 zweifach, vgl. 6,33). Die Perikope endet (der Rede vom Erhöhen zu Anfang entgegengesetzt) mit dem thematisch für Sirach bedeutenden Lexem πτῶσις („Fall, Sturz"; zuvor nur Sir 1,22; 3,31; jetzt 4,19; danach 4,22; 5,13)[20]. Die Weisheitsperikopen lassen sich besser als Knotenpunkte denn als Neueinsätze wahrnehmen.

Fragen der Textstruktur müssen in Zukunft gezielter an die verschiedenen Textfassungen jeweils getrennt gestellt werden. Das lässt sich an Sir 4,1–10 recht gut ablesen.

Sir 4,10 Gr I und der hebräische Text von H^A unterscheiden sich erheblich (s.o.). Durch die unterschiedlichen Formulierungen entstehen strukturell verschiedene Verweissysteme. Sir 4,10 ist in der griechischen Fassung über die zweifache Erwähnung der Mutter, die Rede von υἱὸς (Sohn sg./pl. innerhalb von Sir 1,1–4,10 nur in 3,2 und 4,10) und das Lexem „Vater" deutlich an den Kommentar zum Elterngebot des Dekalogs in Sir 3,1–16, besonders an dessen Einleitung in 3,1f., zurückgebunden.[21]

---

18 Sir 1,1–10 stellt als programmatische Bucheröffnung einen Sonderfall dar.

19 Mit Sir 24 endet diese Darstellungsebene und das Ich des schriftauslegenden Gelehrten tritt stärker in den Vordergrund. Zu den Wortspielen vgl. dasjenige von בין/בן in Sir 4,11 oder von מוסר als „Fessel (*moser*)" und „Zucht, Bildung (*musar*)" in Sir 6,22.30, s. *Scoralick*, Zucht (2004).

20 Vgl. *Minissale*, Metaphor (2008), dessen Untersuchung sich noch vertiefen ließe.

21 Von den vierzehn Verwendungen des Lexems „Mutter"/μήτηρ im Sirachbuch finden sich acht im Bereich Sir 3,1–4,10 (3,2.4.6.9.11.16; 4,10 zweifach). Die Rede von „ihrer (der Waisen) Mutter" (anstelle der vom Wortpaar her geläufigeren Rede

Der hebräische Text für Sir 3,1–5 ist leider nicht bezeugt. In jedem Fall fehlt für den hebräischen Text (H^A) von Sir 4,10 die Rede von der Mutter, und בן („Sohn“ Sir 4,10) bildet eine *inclusio* mit der Sir 4,1 eröffnenden Anrede „mein Sohn“. Eine direkte Entsprechung dazu im griechischen Text gibt es nicht (Sir 4,1 τέκνον; 4,10 υἱὸς)[22]. Vielleicht weisen Elemente des hebräischen Textes weit voraus bis zum Ende des Sirachbuches in Kapitel 51, wenn dort – vielleicht nicht in Sir 51,1 (אלהי אבי eher als „Gott meines Vaters“), aber – in Sir 51,10 die Vateranrede für Gott gebraucht wird (ייי אבי אתה), in Sir 51,2 (H^B) die Lexeme von ויצילך משחת aus Sir 4,10 in einem Vers, wenn auch voneinander getrennt, verwendet werden und Sir 51,12 (H^B) die Gottesbezeichnung צור (als V. 12k הודו לצור יצחק) aufgreift. Deutet sich hier an, dass im Hebräischen nicht nur Sir 1f. zu einem buchübergreifenden Rahmen gehören,[23] sondern Sir 1,1–4,10?

Für die weiteren Überlegungen bleibt zu erinnern: Sir 4,10 G ist über die Lexeme Vater, Mutter (zweifach) und Sohn mit dem Kommentar zum Elterngebot des Dekalogs in Sir 3,1–16 verbunden. Das spricht für einen Textzusammenhang von Sir 3,1–4,10.

Für den Textbereich Sir 3,1–4,10 bietet sich eine Gliederung anhand der dreifachen Anrede „Kinder“ (τέκνα 3,1) bzw. „Kind“ (τέκνον 3,17; 4,1) an, so dass sich die Teile 3,1–16; 3,17–31 und 4,1–10 ergeben. Sir 3,1–16 kommentiert das Elterngebot des Dekalogs.[24] Mit Sir 3,17 beginnt ein Abschnitt, der von Bescheidenheit (πραΰτης) handelt. Das Ende dieses Abschnitts und der Beginn des nächsten sind strittig. Schließt Sir 3,30f. das Vorangehende ab oder eröffnen die beiden Verse schon den nächsten Textteil?[25] Oder handelt es sich um ein Spruchpaar mit einer Brückenfunktion innerhalb von Sir 3,1–4,10, aber auch

---

von der „Witwe“ zusammen mit den „Waisen“, vgl. Sir 34,14) ist eine bewusst eingesetzte Variante. Sirach kennt das Wort χήρα (Witwe) in Sir 34,14f. Auch πατήρ aus Sir 4,10 weist auf Sir 3,1–16 zurück: Innerhalb von Sir 1,1–4,10 wird πατήρ nur in 3,1.2.3.5.6.8.9.10(zweifach).11.12.14.16 und 4,10 gebraucht, zusammen in diesem Bereich also vierzehn Mal.

22 Eine mit υἱός formulierte Anrede weisen Sir 7,3 (sg.) und 39,13 (pl.) auf.

23 Siehe dazu die Einsichten von Smend und Gilbert, kurz zusammengefasst im Forschungsüberblick von *Marböck*, Structure (1997).

24 Nach *Haspecker*, Gottesfurcht (1967), 126: „eine der sorgfältigsten und wohl auch eigenständigsten Kompositionen im Buch Sirach“.

25 Mit einem Textteil Sir 3,30–4,10 rechnet beispielsweise *Witte*, Begründungen (2014), s. 391 Anm. 14, 396.

in einem weiteren Horizont (vgl. die Rede vom Sturz [πτῶσις] und der Zeit Sir 1,22f.; 3,31; 4,19.20.22.23)?

Die Thematik der sündentilgenden Wohltätigkeit in Sir 3,30 weist auf Sir 3,3.14f. zurück. Zugleich gilt die Rede von ἐλεημοσύνη häufig auch als inhaltliche Themenvorankündigung für Sir 4,1–10 und das dort angesprochene Verhalten gegenüber Armen und Menschen in Bedrängnis. Formal wird das Lexem ἐλεημοσύνη jedoch (anders als in Sir 3,1–16) in Sir 4,1–10 nicht aufgegriffen, ebenso wenig wie die Rede von ἁμαρτία. „Sünde" (ἁμαρτία) wird zuvor in Sir 3,27 zweifach verwendet sowie auch im Zusammenhang des ersten Abschnitts, in Sir 3,3.14f., nicht jedoch in Sir 4,1–10. Es gibt keine lexematischen Bezüge von Sir 3,30f. zu 4,1–10, sondern nur Rückverweise auf vorangehende Verse in Sir 3,17–29[26] sowie zum vorangehenden Abschnitt Sir 3,1–16.

Der Abschnitt Sir 4,1–10 ist über das Themawort von Sir 3,17–31, πραΰτης (3,17), das in Sir 4,8 wiederkehrt, mit dem vorangehenden Sir 3,17–31 verbunden, wie auch über die Rede von ταπεινός/ταπεινόω (Sir 3,18.20 und 4,7). Vielleicht drücken sich in diesen lexematischen Bezügen originelle Akzentsetzungen des Sirachtextes aus. Das Elterngebot wird im Horizont sündentilgender Wohltätigkeit ausgelegt;[27] das Verhältnis zu Armen und in Not Geratenen nicht primär von der Gabe her gedacht,[28] sondern von der Grundhaltung der (schwer übersetzbaren) πραΰτης: *Sanftmut, Freundlichkeit, Demut*. J. Marböck übersetzt in Sir 3,17 als „bescheidene Güte", in 4,8 als „gütige Bescheidenheit". Das Äquivalent an beiden Stellen in H^A ist ענוה (Sir 3,17; 4,8), so dass im Hebräischen eine gute Verbindung von Sir 3,17–31 (ענוה) zu einem Textabschnitt über den Umgang mit dem עני (Sir 4,1.3.8) entsteht.

---

[26] Die Rekurrenz von χάρις in Sir 3,18 und 31 (das Lexem wird nur an diesen beiden Stellen in Sir 3,1–4,10 verwendet) sowie von ἁμαρτία (Sir 3,27 zweifach) lässt auf eine Einbindung von Sir 3,30f. in den mittleren Abschnitt Sir 3,17–31 schließen.

[27] „In der atl.-jüdischen Literatur hat Ben Sira – soweit wir wissen – als erster der Elternehrung expressis verbis eine sündentilgende Sühnekraft zugesprochen und dies als Motivationsimpuls zur kindlichen Pietät eingesetzt" (*Bohlen*, Ehrung [1991], 173 u. ö.).

[28] Vgl. Sir 3,17 im Hebräischen der H^A: „Mein Sohn, in deinem Reichtum (בעשרך !) wandle in Demut/Bescheidenheit (בענוה), und du wirst mehr geliebt als einer, der Geschenke/Gaben gibt (מנותן מתנות)." Mit J. Marböck und gegen J. Ziegler halte ich eine Konjektur für Sir 3,17b G nicht für plausibel; Gr I liest wahrscheinlich „von einem Menschen, der Gott gefällt, wirst du geliebt werden" (*Marböck*, Jesus Sirach 1–23 [2010], 78f.).

Es spricht also Vieles für eine Dreiteilung von Sir 3,1–4,10 in 3,1–16; 3,17–31 und 4,1–10.

Der mittlere Abschnitt ist von seinem Anfang her mit dem Nachfolgenden und von seinem Ende her mit dem Vorangehenden verbunden, bildet also so etwas wie ein verbindendes Mittelstück. Der Text beschäftigt sich thematisch mit Fragen der Erkenntnis und deren Grenzen und verweist in seiner Mitte (V. 22) auf die Tora als Quelle der Weisheit („Was dir geboten wurde, darüber sinne nach" – διανοοῦ /H^A התבונן).

Die beiden äußeren Textabschnitte sind deutlich aufeinander bezogen. Anfang und Ende entsprechen einander durch die Trias „Vater", „Mutter" und „Sohn" (Sir 3,1f. und 4,10).[29]

Darüber hinaus notierte J. Marböck schon 1997 weitere Elemente der Entsprechung, die seiner Meinung nach konzentrisch (palindromisch) angeordnet sind[30]:

3,5b προσευχῆς αὐτοῦ εἰσακουσθήσεται	4,6b τῆς δεήσεως αὐτοῦ ἐπακούσεται
3,9(.16b κεκατηραμένος) κατάρα	4,5b καταράσασθαί 4,6a καταρωμένου
3,16b ὁ παροργίζων[31]	4,2b μὴ παροργίσῃς 4,3a καρδίαν παρωργισμένην
3,12 μὴ λυπήσῃς	4,2 μὴ λυπήσῃς

Die Entsprechungen sind auffällig, die Konzentrik allerdings etwas verwischt. Sir 3,1–4,10 wird insgesamt so noch deutlicher erkennbar als Einheit aus drei Teilen, deren Außenteile sich über den Mittelteil hinweg entsprechen.

---

[29] Dass J. Marböck bei seinen Strukturanalysen von 1997 die dreifache Verbindung nicht auffiel, hängt mit der früher verbreiteten Suche nach dem „ursprünglichen" (Misch)Text zusammen.

[30] Vgl. *Marböck*, Structure (1997), 69–72 sowie *Marböck*, Jesus Sirach 1–23 (2010), 46.

[31] Das Verb παροργίζω wird in Sirach nur an diesen drei Stellen (3,16; 4,2.3) verwendet.

3. Zu Text und Übersetzung

4,1 Kind, bringe Arme nicht um ihren Lebensunterhalt (ihr Leben), und weiche bittenden Blicken nicht aus.	4,1 τέκνον τὴν ζωὴν τοῦ πτωχοῦ μὴ ἀποστερήσῃς καὶ μὴ παρελκύσῃς ὀφθαλμοὺς ἐπιδεεῖς
2 Hungrige betrübe nicht, und einen Mann in auswegloser Lage bringe nicht auf.	2 ψυχὴν πεινῶσαν μὴ λυπήσῃς καὶ μὴ παροργίσῃς ἄνδρα ἐν ἀπορίᾳ αὐτοῦ
3 Aufgebrachte erschüttere nicht noch mehr, und zögere die Gabe für Bedürftige nicht hinaus.	3 καρδίαν παρωργισμένην μὴ προσταράξῃς καὶ μὴ παρελκύσῃς δόσιν προσδεομένου
4 Bedrängte Bittsteller weise nicht zurück, und wende dein Gesicht nicht ab von Armen.	4 ἱκέτην θλιβόμενον μὴ ἀπαναίνου καὶ μὴ ἀποστρέψῃς τὸ πρόσωπόν σου ἀπὸ πτωχοῦ
5 Von Bittenden wende den Blick nicht ab, und gib keinem Menschen Anlass dich zu verfluchen.	5 ἀπὸ δεομένου μὴ ἀποστρέψῃς ὀφθαλμὸν καὶ μὴ δῷς τόπον ἀνθρώπῳ καταράσασθαί σε
6 Denn wenn er dich in seiner Bitterkeit verflucht, dann wird seine Bitte erhören, der ihn gemacht hat.	6 καταρωμένου γάρ σε ἐν πικρίᾳ ψυχῆς αὐτοῦ τῆς δεήσεως αὐτοῦ ἐπακούσεται ὁ ποιήσας αὐτόν
7 Mache dich beliebt in der Versammlung, und verbeuge dich vor dem Vorsteher.	7 προσφιλῆ συναγωγῇ σεαυτὸν ποίει καὶ μεγιστᾶνι ταπείνου τὴν κεφαλήν σου
8 Neige dein Ohr den Armen zu, und erwidere ihnen behutsam dem Frieden Dienendes.	8 κλῖνον πτωχῷ τὸ οὖς σου καὶ ἀποκρίθητι αὐτῷ εἰρηνικὰ ἐν πραΰτητι
9 Rette die, denen Unrecht geschieht, aus der Gewalt derer, die es ihnen antun, und lass dich nicht einschüchtern, wenn du in dieser Sache Recht sprichst.	9 ἐξελοῦ ἀδικούμενον ἐκ χειρὸς ἀδικοῦντος καὶ μὴ ὀλιγοψυχήσῃς ἐν τῷ κρίνειν σε
10 Sei Waisen wie ein Vater und tritt an die Stelle des Mannes für ihre Mutter – dann wirst du wie ein Sohn für den Höchsten sein und er wird dich mehr lieben als deine Mutter.	10 γίνου ὀρφανοῖς ὡς πατὴρ καὶ ἀντὶ ἀνδρὸς τῇ μητρὶ αὐτῶν καὶ ἔσῃ ὡς υἱὸς ὑψίστου καὶ ἀγαπήσει σε μᾶλλον ἢ μήτηρ σου

Zur Übersetzung: Die Predigt, aus der dieser Artikel erwachsen ist, hat deutlich gezeigt, dass eine eingängigere Übersetzung des Textes ein Desiderat ist. Darum wird dazu hier ein Versuch gewagt (so wird aus dem „bedürftigen Auge" der „bittende Blick"). Die Übersetzung lehnt sich zudem an die Prinzipien der Bibel in gerechter Sprache an, wenn sie singularische Formulierungen des Sirachtextes in den Plural übersetzt, sofern der Singular im Deutschen nur männliche Subjekte assoziieren lässt. Die zusammenfassende Rede von Waisen und ihrer Mutter in Sir 4,10 als den *personae miserae* lässt eine solche möglichst genderneutrale Wiedergabe zumindest erwägen. Zur Rede von Gott vgl. die kommentierenden Notizen.

Zum Text: Mit J. Marböck entscheide ich mich in V. 5b gegen J. Zieglers Konjektur, nach der anstelle des ἀνθρώπῳ der Textzeugen hier αὐτῷ zu lesen sei.[32]

Gliederung

Über die Gliederung des Textes herrscht weitgehend Einigkeit. Der Text besteht aus zwei Teilen, Sir 4,1–6 und 4,7–10.[33] In Sir 4,1–5 werden zehn Warnungen vor schlechtem Verhalten ausgesprochen (zehnmal μὴ), an die in V. 6 eine negative Schlussfolgerung (Fluch) anschließt, bei der Gott als Schöpfer des bedürftigen Menschen ins Spiel kommt (Sir 4,6). Der zweite Teil umfasst sechs positive Aufforderungen und eine Warnung (V. 9b). Die zwei Distichen in V. 10 bilden mit einer zweiteiligen Aufforderung (γίνου) und einer positiven Schlussfolgerung (καὶ ἔσῃ), die zu einer Aussage über Gott überleitet, den formalen und inhaltlichen Höhepunkt des Abschnitts.

---

[32] Für detaillierte Überlegungen zu den textlichen Sachverhalten im Vergleich der Fassungen verweise ich auf *Beentjes*, Waisen (1998) und *Marböck*, Jesus Sirach 1–23 (2010) z. St. Sir 4,3b H^A fehlt in Gr, 4,4b–5a von Gr fehlen in H^A.

[33] Zur Annahme dreier unverbundener „poems" in Sir 3,25–4,10 im Kommentar von *Skehan/Di Lella*, Wisdom (1987), nämlich Sir 3,25–29; 3,30–4,6 und Sir 4,7–10 (wobei für die beiden letzten Einteilungen der Kommentar von Knabenbauer einen Vorläufer bildet), vgl. zu Inkonsequenzen dieser Auffassung und zu Gegenargumenten (z. B. עני bzw. πτωχός in Sir 4,1.3.8 H und Sir 4,1.4.8 G) *Beentjes*, Waisen (1998), 57f.

4. Charakteristische Elemente des Textes

4.1 Der erste Teil: Sir 4,1–6

Charakteristisch für den griechischen Text in seinem ersten Teil (4,1–6) ist ein kunstvoller Aufbau, der weitgehend auf der Wiederholung von Wendungen und Lexemen beruht. In einem durch die Stichen 1a.b und 4b.5a gebildeten Rahmen (jeweils mit aufeinander folgendem πτωχός und ὀφθαλμός) ist eine Konzentrik angelegt. Der an diese Struktur durch Stichwortwiederholung anschließende V. 6 legt die Konsequenz aus der Nichtbeachtung der Warnungen dar (unterstrichen durch γάρ) und bringt die theologische Dimension ins Spiel.

1a **τοῦ πτωχοῦ**
1b μὴ παρελκύσῃς **ὀφθαλμοὺς**
2b μὴ παροργίσῃς
3a παρωργισμένην
3b μὴ παρελκύσῃς
4b μὴ ἀποστρέψῃς **ἀπὸ πτωχοῦ**
5a μὴ ἀποστρέψῃς **ὀφθαλμὸν**
5b καταράσασθαί σε
6a καταρωμένου γάρ σε

Im Hebräischen der H^A lässt sich keine vergleichbar kunstvolle Struktur erkennen, auch wenn man eine Rahmung von Sir 4,1–6 durch die Rede von Bitterkeit notieren kann (מר רוח/מר נפש V. 1.6). Insgesamt fällt im hebräischen Text auf, dass einerseits Gemütszustände und Gefühle thematisiert werden (die/der bittere *nefesch*/*ruach* מר רוח/מר נפש V. 1.6; das Innere – מעי und קרב – des Elenden und des Armen V. 2.3 u. a.) und andererseits eine Vielzahl von Ausdrücken für Arme verwendet wird (עני zweifach, מדכדך[34], דל, מסכינך, דך, נפש חסירה).

Im Griechischen ist die Zahl der Ausdrücke für Arme reduziert und der psychische Aspekt noch stärker akzentuiert. Die Mahnungen zielen weniger darauf, nicht geizig zu sein, als vielmehr darauf, aufmerk-

[34] Nach Ges[18] von דכך polp. Pt.: Zerschlagener.

sam wahrzunehmen, wie es dem Gegenüber geht und Not – auch innere – nicht durch Ignorieren, verzögertes Handeln oder Übergehen zu vergrößern. Man kann sich sogar fragen, ob es tatsächlich um ein „Armenethos" geht oder um den Umgang mit bedrängten und beunruhigten Menschen generell (vgl. das zusammenfassende ἄνθρωπος in V. 5). Die rahmende Rede vom πτωχός (Sir 4,1.4), die auf das Ganze von Sir 4,1–10 gesehen dreifache Erwähnung des Armen (Sir 4,1.4.8) sowie die klassischen *personae miserae* am Ende (Waise und Witwe – die Witwe in V. 10 paraphrasiert als ‚Mutter von Waisen') setzen den ganzen Text jedoch in den Horizont des Armenethos. Die Betonung des Blicks auf beiden Seiten (Sir 4,1b ‚bedürftige Augen'; 4,5a ‚das Auge abwenden') im ersten Teil des Textes ist ein spezifisches Moment des griechischen Textes.

4.2 Der zweite Teil: Sir 4,7–10

Mit Sir 4,7 beginnt der zweite Teil des Abschnitts Sir 4,1–10, der über das Stichwort ποιέω mit dem Vorangehenden verbunden ist (Sir 4,6b/4,7a). Nach Marböck ist „der Beginn der positiven Weisungen [...] im Kontext schwer zu deuten".[35] Wenn der Kommentar von Skehan/di Lella mit V. 7 einen ganz neuen Abschnitt unter der Überschrift „Social Conduct" (nach Sir 3,30–4,6: „Almsgiving") beginnen lässt,[36] so beobachtet er richtig die gegenüber Sir 4,1–6 neu hinzutretende Dimension der sozialen Öffentlichkeit. Die Rede von der Versammlung und ihrem Vorsteher (Sir 4,7), vom Unrecht und der Rechtsprechung (Sir 4,9) weisen auf diesen Bereich hin. Zum „Sehen" des ersten Abschnitts kommt nun das konzentrierte Hören (V. 8: neige dein Ohr dem Armen zu) und Antworten, wobei Gottes (Er)Hören des Fluchs zu Ende des ersten Abschnitts eine Überleitung bildet.[37] Je nach Zählung in V. 10a kann man von sechs oder sieben positiven Verhaltensweisungen sprechen, zu denen vor dem kunstvollen Distichon am Ende (zu Sir 4,10 s. u.) noch ein Verbot tritt (V. 9b).

---

[35] *Marböck*, Jesus Sirach 1–23 (2010), 86.

[36] S. o. Fußnote 32. Sir 3,30–4,6 trägt die Überschrift „Almsgiving".

[37] Wie auch eine Stichwortverbindung über ποιέω zwischen 4,6b und 7a.

5. Notizen zur Auslegung

5.1 Zu Sir 4,1–6

Sir 4,1: *„Kind, bringe einen Armen nicht um seinen Lebensunterhalt/sein Leben"*. Die Übersetzung soll die Mehrdeutigkeit des in der Septuaginta seltenen Verbs ἀποστερέω anklingen lassen (*betrügen, rauben, stehlen* oder auch: *vorenthalten, verweigern*).[38] Das Verb (zusammen mit ζωή) wird zweifach auch in Sir 34(31),24–26 verwendet (V. 25.27, s. o.).

Der Abschnitt Sir 4,1–10 beginnt nicht mit der Rede von Wohltätigkeit (Almosen), sondern verbietet zunächst (vielleicht in Anlehnung an Rechtstexte wie Dtn 15,9f.; 24,6.10–15), einem Armen das Leben (den Lebensunterhalt) zu rauben, ihn darum zu betrügen, ihm das Leben vorzuenthalten. Die Verwendung des Verbs ἀποστερέω in Mk 10,19 wirft die Frage auf, ob hier im Hintergrund Dekalogtraditionen wirksam sind.

Während auf die Nähe der Rede von der Gotteskindschaft in Sir 4,10 zu Formulierungen der Bergpredigt (Mt 5,9) verschiedentlich hingewiesen wird, bleibt der neutestamentliche Bezug von Sir 4,1a zu Mk 10,19 in der Sirachliteratur unterbelichtet.[39] In der Erzählung vom reichen Mann, der Jesu Ruf nicht folgt (Mk 10,17–22), ist das Verb ἀποστερέω bei Markus in die Reihe der Dekalogverbote der ‚zweiten Tafel' aufgenommen, wenn Jesus sagt:

> 19 τὰς ἐντολὰς οἶδας μὴ φονεύσῃς, μὴ μοιχεύσῃς, μὴ κλέψῃς, μὴ ψευδομαρτυρήσῃς, μὴ ἀποστερήσῃς, τίμα τὸν πατέρα σου καὶ τὴν μητέρα.

Während die EÜ als „du sollst keinen Raub begehen" wiedergibt, übersetzt die Elberfelder Bibel „du sollst nicht vorenthalten". Die Dekalogzitate folgen der Ordnung des MT und der Übersetzung der Septuaginta (wobei μὴ und Aorist Subj. anstelle von οὐ und Futur Indikativ tritt), mit der Abweichung des μὴ ἀποστερήσῃς an Stelle des Begehrensverbots und dem in dieser Stellung ungewöhnlichen abschließenden Elterngebot. Die textliche Überlieferung weist Varianten in

---

[38] Das Verb begegnet in Ex 21,10; Mal 3,5; Sir 4,1; 29,6.7; 34(31),24.27 sowie in der Lesart des Alexandrinus in Dtn 24,14.

[39] Das Verb ἀποστερέω ist auch im NT relativ selten: Mk 10,19; 1 Kor 6,7.8; 7,5; 1 Tim 6,5 und Jak 5,4.

Anordnung und Formulierung auf, für die ich auf die einschlägigen Kommentare verweise.

Neutestamentliche Auslegungen sehen in dem Verb oft eine Interpretation des Begehrensverbots. Joel Marcus schreibt: „This emphasis on the unjust actions to which craving may lead is consonant with Jewish interpretations of the tenth commandment […].“[40]

Die vergleichbaren Stellen Sir 4,1; Mal 3,5 und Dtn 24,14 (Alexandrinus) weisen auf ein Fehlverhalten gerade gegenüber Armen. Ist das eine Auslegungsrichtung des Begehrensverbots, die sich von der Septuagintawiedergabe von חמד (in Ex 20) als ἐπιθυμέω (und ihrer breiten Wirkungsgeschichte) abhebt? Oder ist im Fall des Markusevangeliums eine Formulierung aus dem Kontext des Armenethos aufgrund der genannten Stellen – vielleicht sogar gerade durch die Sirachstelle? – in die Dekalogreihe aufgenommen worden? Zielt die Aufnahme gerade dieses Verbs vielleicht von vorneherein auf das Verhalten des begüterten Mannes, der da mit Jesus spricht?[41] Eine solche Annahme schiene mir überzeugender, wenn nicht noch das Elterngebot folgte.

Legt Sir 4,1 vielleicht das Begehrensverbot unter Zuhilfenahme von Dtn 24,14 (Alexandrinus) spezifisch auf das Verhalten Armen gegenüber aus und rückt es durch seine Formulierung (τὴν ζωὴν [!] τοῦ πτωχοῦ μὴ ἀποστερήσῃς) zugleich in die Nähe des Tötungsverbots? Vielleicht entsprechen sich die beiden Abschnitte Sir 3,1–16 und Sir 4,1–10 nicht nur durch lexematische Bezüge, sondern auch durch den Dekalog bzw. eine an den Dekalog angelehnte Tradition als gemeinsamen Verweishintergrund? Leider bleibt das im Moment Spekulation.

Die weiteren Verse fordern vom Adressaten (*ex negativo*) Aufmerksamkeit auf stumme Anzeichen von Bedürftigkeit (‚bedürftige Augen', d. h. bittende Blicke V. 1b) und mehr noch als wohltätige Gaben eine Sensibilität für die vielen Facetten der Not (‚ein Mann in auswegloser Lage', ‚ein aufgebrachtes Herz', ‚ein bedrängter Bittsteller') sowie Rücksichtnahme darauf (‚nicht betrüben', ‚nicht aufbringen', ‚nicht noch

---

[40] Siehe *Marcus*, Mark 8–16 (2009), 727. Marcus übersetzt als „do not defraud“ und verweist auf Mechilta Bahodesh 8; Mechilta R. Schim. Yitro 17 für vergleichbare Auffassungen (Marcus, a. a. O., 721f.).

[41] So bei *Marcus*, Mark 8–16 (2009), 727. In diese Richtung geht auch die Auslegung von *Hicks*, Markan Discipleship (2013). Die Formulierung ist seiner Meinung nach von Mal 3,5 her zu verstehen und als (zutreffender) Vorwurf an den fragenden Mann zu deuten.

mehr erschüttern' etc.). Nur in V. 3b ist von einer Gabe die Rede, die nicht hinausgezögert werden soll.[42]

Die gewichtige (Teil)Schlussformulierung in Sir 4,5b.6 unterscheidet sich erheblich vom hebräischen Text von H^A^: צועק מר רוח בכאב נפשו ובקול צעקתו ישמע צורו *Schreit der Verbitterte in seinem Schmerz* (*im Schmerz seines Lebens*), *so wird sein Fels auf sein Schreien* (*das Geräusch/ die Stimme seines Schreiens*) *hören* (vgl. Ex 22,20–26).

Anstelle des ‚Zeterschreis' tritt im Griechischen der Fluch, und die Gottesbezeichnung „sein Fels" ist durch „der ihn machte" ersetzt. G. Sauer plädiert mit L. Ginzberg (1906) für eine Ableitung des hebräischen צור von der Wurzel יצר und übersetzt daher schon das Hebräische als „der ihn gemacht hat".[43] Die Gottesbezeichnung „Fels" lässt sich an dieser Stelle jedoch gut verstehen: Volksgeschichte (Dtn 32) und Davidüberlieferung (2 Sam 22,3.32/Ps 18,3.32, auch Ps 89,27) kommen in dieser Gottesbezeichnung überein[44] und weisen in unserem Kontext implizit schon auf die Gottessohnschaft in Sir 4,10 voraus. Ob die griechische Fassung auf einer sprachlichen Analyse vergleichbar der Sauer'schen beruht, mit Spr 14,31 (vgl. Spr 22,2) und Spr 17,5 (לעג wie in H^A^ Sir 4,1), den Schöpfer angesichts von Unrecht gegen Arme engagiert sieht oder aus anderen Gründen eine Schöpfungsdimension ins Spiel bringt, lässt sich schwer entscheiden. Die in der hebräischen Fassung klar erkennbare Exodustheologie tritt im griechischen Text jedenfalls zurück.

---

42 Unter den Sentenzen des römischen Dichters Publilius Syrus (1. Jh. v. Chr.) gibt es den Spruch: *Inopi beneficium bis dat, qui dat celeriter* („Dem Armen gibt eine doppelte Gabe/Wohltat, wer schnell gibt", Publilius Syrus, Sententiae 274, I6). Daraus entstand die bekanntere Form *Bis dat, qui cito dat* („Doppelt gibt, wer schnell gibt"). *Marböck*, Jesus Sirach 1–23 (2010), 86 verweist auf Seneca, De beneficiis II,5, der jedoch nicht spezifisch Arme im Blick hat, sondern die Gegenseitigkeit des Gebens und Nehmens unterstreicht. Beim vergleichbaren Motiv in Spr 3,28 (*Sage nicht zu deinem Nächsten: Geh und komm wieder, morgen werde ich geben! – während du es [jetzt schon] hast*) geht es ebenfalls generell um den ‚Nächsten'. In einer – vermutlich von Spr 3,28 abhängigen – Sentenz der jüdisch-hellenistischen Schrift des Pseudo-Phocylides (ca. 1. Jh. v. Chr.) ist dann jedoch ausdrücklich vom Armen die Rede: 22 πτωχῷ δ'εὐθύ δίδου μὴ δ'αὔριον ἐλθέμεν εἴπῃς.

43 *Sauer*, Jesus Sirach (2000), 68 mit Verweis auf *Ginzberg*, Randglossen (1906), 612.

44 Ps 89,27 gilt als Hintergrund für Sir 51,10. Ps 89,27f. lauten: *27 Er selbst wird zu mir rufen: Mein Vater bist du, mein Gott, der Fels meiner Rettung! 28 Und ich, ich setze ihn zum Erstgeborenen ein, zum Höchsten unter den Königen der Erde.*

5.2 Zu Sir 4,7–10

Der zweite Teil bringt einige Interpretationsschwierigkeiten mit sich. Das beginnt schon bei Sir 4,7 „*Mache dich beliebt in der Versammlung und verbeuge dich (beuge deinen Kopf) vor dem Vorsteher.*" Einige Interpreten verbinden diesen Vers direkt mit dem Thema ‚Beziehung zu Armen und Notleidenden'; sei es, dass sie eine Empfehlung heraushören, sich gerade durch das Eintreten für die Armen in der Versammlung beliebt zu machen (Sauer), sei es, dass sie Beliebtheit in der Gemeinde als implizit nützlich (und von daher gerechtfertigt) für das Vertreten der Anliegen der Armen ansehen.[45] Mir scheint, dass der Blick mit Sir 4,7 zunächst ohne Bezug zur Armenthematik auf einen weiteren sozialen Horizont gelenkt wird und dass zugleich damit Erläuterungen zur Grundhaltung der ‚bescheidenen Güte' auf dem Feld der Öffentlichkeit einsetzen. Darauf deuten die Stichwortaufnahmen aus Sir 3,17–31 hin (ταπεινός/ταπεινόω 3,18.20 und 4,7 sowie πραΰτης 3,17 und 4,8). Der Weise wird sich in die Gemeinschaft gut einfügen und ein- und unterordnen (Sir 4,7). Er ist kein Außenseiter oder Rebell. Einen intensiven Kontakt wird er jedoch gerade zu ‚dem Armen' pflegen. Das Ohr zuneigen, zuhören (Sir 4,8a) bedeutet eine intensive Form der Kontaktaufnahme. Den Kopf vor dem Vorsteher zu neigen, sich zu verbeugen (Sir 4,7) bedeutet hingegen einfach einen konventionellen Akt der Höflichkeit. Das Sirach'sche Schlüsselwort πραΰτης kennzeichnet Sir 4,8b. „*Erwidere ihm (scil. dem Armen) Friedliches in gütiger Bescheidenheit*" übersetzt Johannes Marböck. Nahezu alle Übersetzungen lassen – unabsichtlich – eher höflich beschwichtigende Rede assoziieren, ein Aspekt, der Sir 4,8 nicht gerecht wird (vgl. 4,9). Mit einer Interpretation von εἰρηνικὰ als ‚dem Frieden Dienliches' und unter Verlust der Kenntlichkeit des Stichwortes πραΰτης lässt sich in der Sache vielleicht klarer übersetzen: „*Erwidere ihm behutsam dem Frieden Dienliches*".[46] Sir 4,9 verdeutlicht, dass es nicht darum geht, sich in der Gemeinschaft um jeden Preis beliebt zu machen. Das Auf- und Einstehen für ungerecht Behandelte fördert nicht unbedingt das Anse-

---

[45] Siehe zu diesen Optionen *Marböck*, Jesus Sirach 1–23 (2010), 86. Dass solche Überlegungen naheliegen, zeigt wohl schon die Ergänzung von „pauperum" zur „Versammlung" in der lateinischen Fassung.

[46] Die Septuaginta des Sprichwörterbuchs hat in Spr 10,10b (abweichend vom MT) die Formulierung: ὁ δὲ ἐλέγχων μετὰ παρρησίας εἰρηνοποιεῖ *Wer freimütig zurechtweist, schafft/stiftet Frieden*, vgl. Mt 5,9.

hen in der Gemeinschaft. Hier kann durchaus Sprengstoff für das Anliegen von Sir 4,7 liegen. Nicht umsonst lassen sich beim Neigen des Ohrs zum Armen und beim Herausreißen aus der Hand von Übeltätern charakteristische Züge des biblischen Gottes heraushören (vgl. beispielsweise Ps 85,1 LXX: κλῖνον κύριε τὸ οὖς σου καὶ ἐπάκουσόν μου ὅτι πτωχὸς καὶ πένης εἰμὶ ἐγώ, sowie für ἐξαιρέω ἐκ χειρὸς Ex 3,8; Jdt 6,9; 9,17; Dan 3,15.17 u. a.).[47]

Sir 4,10 ist unbestritten der formale und inhaltliche Höhepunkt von Sir 4,1–10:

Sei Waisen wie ein Vater	γίνου ὀρφανοῖς ὡς πατὴρ
und tritt an die Stelle des Mannes für ihre Mutter,	καὶ ἀντὶ ἀνδρὸς τῇ μητρὶ αὐτῶν
dann wirst du wie ein Sohn für den Höchsten sein	καὶ ἔσῃ ὡς υἱὸς ὑψίστου
und er wird dich mehr lieben als deine Mutter.	καὶ ἀγαπήσει σε μᾶλλον ἢ μήτηρ σου

Der hebräische und der griechische Text weichen hier signifikant voneinander ab. H^A lautet:

Sei wie ein Vater für Waisen	היה כאב ליתומים
und ein Stellvertreter des Ehemannes für Witwen,	ותמור בעל לאלמנות
dann wird Gott dich Sohn nennen	ואל יקראך בן
und dir gnädig sein und dich aus der Grube retten.	ויחנך ויצילך משחת

Im letzten Stichos sind die Unterschiede am größten, wenn die hebräische Fassung von Gnade und Rettung spricht, während die griechische die familiäre Gottesnähe weiter charakterisiert (vgl. Jes 49,15f.; 66,13). Dabei spricht die griechische Fassung zwar – anders als die hebräische – zweifach von „Mutter“ (vgl. oben zum Rückbezug auf den Kommentar zum Elterngebot Sir 3,1–16), lässt jedoch eher die Vorstellung des ‚mütterlichen Vaters‘ entstehen und nähert sich nicht dem aus anderen Bibeltexten bekannten elterlichen Gottesbild (vgl. Hos 11; Dtn 32 u. a.). Der Adressat des Textes ist nun eindeutig als (potentieller) Vater, Ehemann und Sohn erkennbar.

Anders als im Hebräischen gibt es in der griechischen Fassung eine Entsprechung: Sei *wie* ein Vater/du wirst sein *wie* ein Sohn. Die hier in der Literatur oft vermerkte ‚Abschwächung‘ der Sohnschaft in der grie-

[47] Vgl. auch Spr 24,11 und dazu *Jüngling*, Anstrengung des Begriffs (2014).

chischen Fassung lässt sich daran nicht wirklich ablesen. Die Formulierung verdeutlicht vielmehr: Die Nähe zu den Bedürftigen und die Nähe zu Gott entsprechen sich. Beides lässt sich mit Ausdrücken aus dem Bereich der Familie beschreiben. Auch das Hebräische erinnert zwar an Formulierungen der Gottesrede wie Ex 4,22 oder Ps 2,7, spricht jedoch nicht direkt die Sohnschaft zu (dann *bist* du [...]).

Mit den klassischen *personae miserae* Waise und Witwe kommt in Sir 4,10 der überaus breite Hintergrund des altorientalischen Armenethos ins Spiel. Die Sorge für Arme ist im ganzen Alten Orient, von Mesopotamien über Syrien-Palästina bis hin nach Ägypten ein Anliegen. Sie ist eine der vornehmsten Aufgaben von Herrschern, wie mesopotamische Rechtstexte von ihren frühesten Anfängen an durch die Zeit hin bezeugen. Schon die älteste überlieferte Rechtstextsammlung, der sogenannte Codex Ur-Nammu (ca. 2100 v. Chr.) spricht im Prolog vom Schutz von Armen, Witwen und Waisen. Prolog und Epilog des Codex Hammurapi thematisieren den Schutz der Schwachen und (im Epilog) die Hilfe für Waise und Witwe.[48] Witwen und Waisen, den klassisch Rechtlosen, Recht zu verschaffen, gehört zu den Pflichten der Herrscher, so lässt sich auch den ugaritischen Epen Keret und Aqhat entnehmen. In Ägypten sieht es nicht anders aus. In der Lehre für Merikare (entstanden ca. 2100 v. Chr.) heißt es im abschließenden Gedicht auf den Schöpfergott (P 139): „Er [der Gott] hat für sie [die Menschen] Herrscher gebildet im Ei, Machthaber, den Rücken des Schwachen zu stützen.“[49]

In diesen Horizont gehört die Formulierung aus den „Klagen eines Bauern/Oasenmanns“, der dem Oberhofmeister Rensi (zu dessen Aufgaben die Rechtspflege gehört) vorhält, was er zu sein hätte: „Denn du bist der Vater des Waisen, der Ehemann der Witwe [...]“

Schon ägyptische Grabinschriften aus dem Alten Reich bezeugen einen zentralen Stellenwert des Armenethos in den Erläuterungen des Ma´at-gemäßen Lebens des Verstorbenen, verschiedentlich in direkter Nähe zu Aussagen über Elternehrung:

Ich habe Ma´at gesagt und Ma´at getan.
Ich gab Brot dem Hungrigen
und Kleider dem Nackten.

---

[48] Vgl. den immer noch einschlägigen Artikel von *Fensham*, Widow (1962). Eine knappe Zusammenstellung von Texten gibt auch *Beentjes*, Waisen (1998), 61f.

[49] Übersetzung nach *Brunner*, Altägyptische Weisheit (1988), 154.

Ich habe meinen Vater geehrt
und wurde von meiner Mutter geliebt.
Ich habe niemals etwas Schlechtes,
Böses oder Boshaftes gesagt gegen irgend jemand,
denn ich wollte, daß es mir gut ginge [...][50]

Eine weitere Inschrift aus diesem Zusammenhang behauptet:

Ich habe den Elenden errettet vor dem, der mächtiger war als er, soweit dies in meiner Macht stand[51], eine keineswegs vereinzelte Aussage. Die idealbiographische Grabinschrift des Mentuwosre aus dem Mittleren Reich sagt: „I am father to the orphan, support of widows".[52]

In Gebeten werden Götter als Vater und Mutter der Waisen und als Ehemann der Witwen angesprochen: so beispielsweise Amun-Re in einem Hymnus der persönlichen Frömmigkeit, in dem der Gott zunächst als Schöpfer gepriesen wird (115–18 „Der sprach mit seinem Munde, und es entstanden die Seienden, Menschen und Götter, Herden und jegliche Wildtiere zusammen, alles, was auffliegt und niederschwebt [...]") und in dem es später heißt (138f.):

Sagen nicht die Witwen: „Unser Gatte bist du!",
die Kleinen: „Unser Vater und unsere Mutter!"?[53]

Aus dem weiten Feld des biblischen Armenethos[54] sei speziell für die Sirachstelle nur auf die Aussage über Gott in Ps 68,6 hingewiesen (אבי יתומים ודין אלמנות *Vater der Waisen und Anwalt der Witwen*) sowie auf Ijob 29,16 (אב אנכי לאביונים *Vater war ich den Bedürftigen*), das sich auf Ijob selbst bezieht.

An diese Linie von Texten schließen P. Beentjes und in seinem Gefolge J. Marböck die These an, in Sir 4,10 werde „ein sehr alter *Topos* der altorientalischen Welt endgültig *demokratisiert*" (Hervorhebung

[50] *Assmann*, Ma'at (1990), 99f., mit Verweis auf *Sethe*, Urkunden (1933), 203f. und *Roccati*, La littérature historique (1982), § 119.

[51] *Assmann*, Ma'at (1990), 99 mit Verweis auf *Sethe*, Urkunden (1933), 198f.: Auch in diesem Text folgt auf den Einsatz für die Bedürftigen die Rede von der Elternehrung. Auch auf das 125. Kapitel des ägyptischen Totenbuchs kann verwiesen werden. Dort heißt es in Liste A: „Ich habe den Armen nicht seiner Habe beraubt".

[52] Siehe *Lichtheim*, Autobiographies (1988), 104 (zit. auch bei *Strotmann*, Mein Vater bist du! [1991], 64 Anm. 123).

[53] *Assmann*, Ägyptische Hymnen (1999), 429 Nr. 195, pChester Beatty IV. Reste der ersten Kolumnen. Den Hinweis verdanke ich Hans-Winfried Jüngling SJ.

[54] Vgl. hierzu die Beiträge von Rainer Kessler und Dominik Markl in diesem Band.

im Text).[55] Das scheint mir etwas missverständlich zu sein. In Ägypten etwa ist nach Jan Assmanns Studie zur Ma´at „der zentrale Gedanke der Ma´at der Schutz der Schwachen“[56], so dass alle, die nicht selbst unter diesen Schutz gehören, darauf verpflichtet sind. Zugleich kennzeichnet Assmann den Unterschied des Ma´at-Konzepts zum biblischen Ethos durch die Kategorien von „vertikaler“ und „horizontaler“ Solidarität. Das Konzept der Ma´at „arbeitet der Ungleichheit unter den Menschen [...] entgegen, aber [...] hebt sie nicht auf. Gemeinschaft ist nicht anders denkbar als herrschaftlich organisiert.“[57] Ma´at ist ein staatstragendes Ethos. Ähnliches ließe sich über die grundlegenden Ordnungskonzepte in Mesopotamien sagen. Dem setzt Assmann die ‚horizontale Solidarität‘ entgegen, „die Ungleichheit erst gar nicht aufkommen läßt, eine Ethik der Gleichheit und Brüderlichkeit“[58] oder Geschwisterlichkeit, die mit einer Skepsis gegenüber dem Staat einhergehe und von der Bibel ausgehe. Formuliert Sirach das Anliegen horizontaler Solidarität in der Sprache seiner Umwelt? Der Text Sir 4,1–10 entfaltet eine Dynamik der immer engeren Beziehung und des immer weitreichenderen Einsatzes für Arme und Bedrängte. Am Punkt der größtmöglichen Nähe, wenn die Notleidenden zur eigenen Familie gemacht werden, erweist sich gerade darin eine Gottesnähe, die mit der königsideologischen Rede von der Gottessohnschaft ausgedrückt wird. In der hebräischen Fassung wird dabei deutlicher als in der griechischen Exodustheologie eingespielt und an die Gottessohnschaft des armen und unterdrückten Israel in Ägypten erinnert (Ex 4,22). In der griechischen Fassung könnte Vergleichbares durch die zuspitzende Formulierung in Sir 4,1 (*bringe einen Armen nicht um das Leben*)geleistet sein. Damit wird die biblische Armengesetzgebung aufgegriffen, mit einem an den Dekalog gemahnenden Zug zum

---

[55] *Beentjes*, Waisen (1998), 64. Der hellenistische Kontext kommt bei beiden Autoren zu kurz. Wohltätigkeit spielt dort durchaus eine positive Rolle, auch in Anlehnung an Homer (z. B. Od. 6.207f. πρὸς γὰρ Διὸς εἰσιν ἅπαντες ξεῖνοί τε πτωχοί τε denn Zeus gehören ja alle, Fremde und Bettler/Gebeugte an [...]; 14.57–59). ‚Menschenfreundlichkeit‘ und Wohltätigkeit sind wichtige Elemente hellenistischer Herrscherideologie (vgl. den Beinamen „Euergetes“). Hier wäre noch Einiges aufzuarbeiten.

[56] *Assmann*, Ma´at (1990), 258.

[57] Ebd. 258. „Ma´at ist das Prinzip einer Solidarität, die staatliche Ordnung zugleich voraussetzt und kompensiert“ (248).

[58] Ebd. 249f.

Grundsätzlichen versehen und mit prophetischem Impetus formuliert. Ob es dafür Vorbilder gibt oder ob hier in programmatischer Position im Buch ein eigener Akzent der Sirachschrift sichtbar wird, lässt sich einstweilen nicht entscheiden. In jedem Fall setzt Sir 4,1 G ein Vorzeichen für den ganzen Abschnitt. In beiden Fassungen von Sir 4,1–10 zeigt sich so im Blick auf die Option für die Armen das ‚starke' Gottesbild der Bibel - auch in einer insgesamt so ausgewogenen Weisheitsschrift wie Jesus Sirach.[59]

Literatur

Assmann, Jan, Ma'at. Gerechtigkeit und Unsterblichkeit im Alten Ägypten, München 1990.

Ders., Ägyptische Hymnen und Gebete (OBO), Fribourg/Göttingen ²1999.

Becker, Eva Marie/Reitemeyer, Michael/Fabry, Heinz-Josef, Sophia Sirach/Ben Sira/Ecclesiasticus/Das Buch Jesus Sirach, in: *Karrer, Martin/Kraus, Wolfgang* (Hg.), Septuaginta Deutsch. Erläuterungen und Kommentare zum griechischen Alten Testament. Band II: Psalmen bis Daniel, Stuttgart 2011, 2158–2274.

Beentjes, Pancratius C., „Sei den Waisen wie ein Vater und den Witwen wie ein Gatte". Ein kleiner Kommentar zu Ben Sira 4,1–10, in: *Krammer, Ingrid/Egger-Wenzel, Renate* (Hg.), Der Einzelne und seine Gemeinschaft bei Ben Sira (BZAW 270), Berlin 1998, 51–64.

Bellia, Guiseppe/Passaro, Angelo (Hg.), The Wisdom of Ben Sira. Studies on Tradition, Redaction, and Theology (DCLS 1), Berlin 2008.

Ben-Hayyim, Zeev (Hg.), The Book of Ben Sira. Text, Concordance and an Analysis of the Vocabulary (The Historical Dictionary of the Hebrew Language), Jerusalem 1973.

Bohlen, Reinhold, Die Ehrung der Eltern bei Ben Sira. Studien zur Motivation und Interpretation eines familienethischen Grundwertes in frühhellenistischer Zeit (TThSt 51), Trier 1991.

Brunner, Hellmut, Altägyptische Weisheit. Lehren für das Leben (BAW.AO), Zürich 1988.

Corley, Jeremy, God as Merciful Father in Ben Sira and the New Testament, in: *Egger-Wenzel, Renate* (Hg.), Ben Sira's God. Proceedings of the International Ben Sira Conference Durham 2001 (BZAW 321), Berlin 2002, 33–38.

Ders., Searching for structure and redaction in Ben Sira. An investigation of beginnings and endings, in: *Bellia, Guiseppe/Passaro, Angelo* (Hg.), The Wisdom of Ben Sira. Studies on Tradition, Redaction, and Theology (DCLS 1), Berlin 2008, 21–47.

---

[59] Vgl. den Beitrag von Rainer Kessler in diesem Band.

Egger-Wenzel, Renate (Hg.), Ben Sira's God. Proceedings of the International Ben Sira Conference Durham 2001 (BZAW 321), Berlin 2002.

Fensham, F. Charles, Widow, Orphan and the Poor in the Ancient Near Eastern Legal and Wisdom Literature, in: JNES 21 (1962) 129–139.

Gilbert, Maurice, Methodological and hermeneutical trends in modern exegesis on the Book of Ben Sira, in: *Bellia, Guiseppe/Passaro, Angelo* (Hg.), The Wisdom of Ben Sira. Studies on Tradition, Redaction, and Theology (DCLS 1), Berlin 2008, 1-20.

Ginzberg, Louis, Randglossen zum hebräischen Ben Sira, in: *Bezold, Carl* (Hg.), Orientalische Studien. Bd. 2. FS Theodor Nöldeke, Gießen 1906, 609–625.

Gregory, Bradley C., Like an everlasting signet ring. Generosity in the book of Sirach (DCLS 2), Berlin 2010.

Haspecker, Josef, Gottesfurcht bei Jesus Sirach. Ihre religiöse Struktur und ihre literarische und doktrinäre Bedeutung (AnBib 30), Rom 1967.

Hicks, Richard, Markan Discipleship according to Malachi: The Significance of μὴ ἀποστερήσῃς in the Story of the Rich Man (Mark 10:17–22), in: JBL 132 (2013) 179–199.

Jüngling, Hans-Winfried, Der Bauplan des Buches Jesus Sirach, in: *Hainz, Josef/Jüngling, Hans-Winfried/Sebott, Reinhold* (Hg.), „Den Armen eine frohe Botschaft", FS Bischof Franz Kamphaus, Frankfurt a. M. 1997, 89–105.

Ders., Von der „Anstrengung des Begriffs" (Spr 1,3) und von „Not" und „Not wendender Kraft" (Spr 24,10.11–12), in: *Calduch-Benages, Nuria* (Hg.), Wisdom for Life, FS Maurice Gilbert (BZAW 445), Berlin 2014, 30–49.

Lichtheim, Miriam, Ancient Egyptian Autobiographies Chiefly of the Middle Kingdom. A Study and an Anthology (OBO 84), Fribourg 1988.

Marböck, Johannes, Structure and Redaction History of the Book of Ben Sira. Review and Prospects, in: *Beentjes, Pancratius C.* (Hg.), The Book of Ben Sira in Modern Research. Proceedings of the First International Ben Sira Conference 28–31 July 1996 Soesterberg, Netherlands (BZAW 255), Berlin 1997, 61–79.

Ders., Jesus Sirach 1–23 (HThKAT), Freiburg 2010.

Ders., Einwohnungen der Weisheit und das Hauptgebot: Schöpferischer Umgang mit Traditionen im Sirachbuch, in: BN 154 (2012) 69–81.

Marcus, Joel, Mark 8–16. A new translation with introduction and commentary (The Anchor Yale Bible 27A), New Haven 2009.

Minissale, Antonino, The metaphor of „falling": hermeneutic key to the Book of Sirach, in: *Bellia, Guiseppe/Passaro, Angelo* (Hg.), The Wisdom of Ben Sira. Studies on Tradition, Redaction, and Theology (DCLS 1), Berlin 2008, 253–276.

Peters, Norbert, Das Buch Jesus Sirach oder Ecclesiasticus (Exegetisches Handbuch zum AT 25), Münster 1913.

Roccati, Allessandro, La littérature historique sous l'ancien Empire Égyptien, Paris 1982.

Sauer, Georg, Jesus Sirach/Ben Sira (ATD Apokryphen Bd. 1), Göttingen 2000.

Scoralick, Ruth, „Die Zucht ist wie ihr Name" – ein biblisches Streiflicht, in: KatBl 130 (2004) 272–273.

Sethe, Kurt, Urkunden des Alten Reichs, Leipzig 1933.

Skehan, Patrick W./Di Lella, Alexander A., The Wisdom of Ben Sira. A new translation with notes (The Anchor Bible 39), New York [1]1987.

Strotmann, Angelika, „Mein Vater bist du!" (Sir 51,10). Zur Bedeutung der Vaterschaft Gottes in kanonischen und nichtkanonischen fruhjüdischen Schriften (FTS 39), Frankfurt a.M. 1991.

Witte, Markus, „Barmherzigkeit und Zorn Gottes" im Alten Testament am Beispiel des Buchs Jesus Sirach, in: *Kratz, Reinhard G./Spieckermann, Hermann* (Hg.), Divine wrath and divine mercy in the world of antiquity (FAT 33), Tübingen 2008, 176–202.

Ders., Theologien im Buch Jesus Sirach, in: *Saur, Markus* (Hg.), Die theologische Bedeutung der alttestamentlichen Weisheitsliteratur (BThSt 125), Neukirchen-Vluyn 2012, 91–128.

Ders., Begründungen der Barmherzigkeit gegenüber den Bedürftigen in jüdischen Weisheitsschriften aus hellenistisch-römischer Zeit, in: *Konradt, Matthias/Schläpfer, Esther* (Hg.), Anthropologie und Ethik im Frühjudentum und im Neuen Testament. Wechselseitige Wahrnehmungen. Internationales Symposium in Verbindung mit dem Projekt Corpus Judaeo-Hellenisticum Novi Testamenti (CJHNT) 17.–20. Mai 2012, Heidelberg (WUNT 322), Tübingen 2014, 387–412.

Ziegler, Joseph, Sapientia Iesu Filii Sirach (Septuaginta 12,2), Göttingen [2]1980.

„Außer Gottes Willen soll ihm nichts gefallen" (1QS IX 24)

Qumranische Ethik zwischen Gesetzesobservanz und Heiligkeit

Barbara Schlenke

1. (K)eine Ethik in Qumran?

Gibt es überhaupt eine Ethik in Qumran? Angesichts des Forschungsstandes möchte man, so bemerkt *George Brooke*, diese Frage fast verneinen: Für die Qumranforschung ist „Ethik" bislang kaum ein relevantes, eigenständiges Thema.[1] Die gängigen Bibliographien vermerken erst gar kein Stichwort „Ethik".[2] Fragen der Moral und der Ethik werden, wenn überhaupt, in anderen, größeren Kontexten vor allem von Gesetz und Interpretation und von Reinheit mitbehandelt, aber kaum eigens thematisiert.[3] Einzelstudien, sofern sie sich direkt auf eine „Ethik in Qumran" beziehen, sind selten und fast noch an einer Hand abzählbar:[4] 1969 erschien ein kurzer Aufsatz von *S.T. Kimborough, Jr.* mit dem Titel „The Ethic of the Qumran Community".[5] Die im Jahr 2000 erschienene „Encyclopedia of the Dead Sea Scrolls" kann immerhin den Artikel „Ethics" von *John J. Kampen* verzeichnen.[6] Besonders hervorzuheben sind in neuester Zeit die Arbeiten von *Marcus K.M. Tso.* Seine 2010 erschiene Dissertation „Ethics in Qumran" ist bislang die einzige Monographie, die sich dezidiert mit der Frage nach einer qumranischen Ethik beschäftigt.[7] In ihrem Zusammenhang sind flankierende

---

[1] Vgl. *Brooke*, Issues (2012), 84–85.

[2] So ebd. 85 mit Bezug auf *García Martínez/Parry*, Bibliography (1996) und *Pinnick*, Bibliography (2007).

[3] Vgl. *Brooke*, Issues (2012), 85.

[4] Hinzu treten einzelne Untersuchungen, die sich auf einen konkreten Text und dessen spezifische ethische Implikationen beziehen (z.B. *Wold*, Ethics [2008]), sowie thematisch eingegrenzte, durchaus das Feld der Ethik berührende Studien (z.B. *Murphy*, Wealth [2002]).

[5] *Kimborough*, Ethic (1969).

[6] *Kampen*, Art. Ethics (2000).

[7] *Tso*, Ethics (2010). Begleitet wird diese Dissertation durch flankierende Aufsätze,

und erweiternde Aufsätze erschienen. *George Brooke* hat neuerdings noch einmal besonders die Bedeutung der Gattungen auch für diesen Zusammenhang hervorgehoben.[8]

Nun lässt sich eine Frage nach „qumranischer Ethik" natürlich – ähnlich wie dies für den alttestamentlichen Kontext auch gilt – schnell und sicher auch zu leicht als anachronistisch abwehren, wenn ein (zu) enger Ethikbegriff im Sinne einer Reflexion über Moral und deren Begründung angesetzt wird. Keiner der Qumrantexte beinhaltet eine explizite, systematische Reflexion über moralische Prinzipien, Normen oder Tugenden.[9] Es lässt sich nun aber andererseits nicht behaupten, dass die Qumrantexte kein Interesse an moralischen Fragestellungen erkennen ließen. Die für die Gemeinde bedeutsame Patriarchenliteratur lässt die Frage nach der Stilisierung der Patriarchen auch als moralische Vorbilder aufkommen.[10] Die Polemik gegen die Jerusalemer Priesterschaft bezieht sich nicht allein auf kultische Belange. Sie ist durchsetzt mit moralischen und moralisierenden Wertungen.[11] Unter den Selbstbezeichnungen der Gemeinde findet sich umgekehrt eine Reihe von positiven Charakterisierungen ebenfalls mit moralisch-ethi-

---

die im Wesentlichen auf den Ergebnissen der Dissertation beruhen: *Tso*, Giving (2008) und *Ders.*, Uses (2011).

[8] Vgl. *Brooke*, Issues (2012), bes. 87–91.

[9] Vgl. ebd. 88: „Likewise there is little or nothing in the whole literary corpus from the Qumran caves that can be categorised as speculative philosophy such as can be found in the *Wisdom of Solomon* or the writings of Philo in which virtues and first order ethical principles can be articulated explicitly."

[10] Vgl. ebd. mit Verweis auf einen Hinweis durch García Martínez in Anm. 19.

[11] Unter den *sectarian* Begriffen für die Gegner der Gemeinde (vgl. *Dimant*, Vocabulary, [2011], 361–384) finden sich so z. B. Bezeichnungen, die diese allgemein als frevlerisch (z. B. „Frevelpriester" [1QpHab 1,13; 4QpPs[a] 1–10 iv 8]) und böse (z. B. „Söhne der Bosheit" [1QS 3,21 bzw. im Sg. 1Q174 1–2 i 1]; „Männer der Bosheit", [1QS 5,2.10; 8,13; 9,17; 4Q258 1,2; 8,2; ähnlich 1QS 10,20; 4Q260 4,9]) betiteln. Konkreter werden sie als Lügner, Betrüger, Verräter und Gesetzesverdreher markiert (z. B. „Lügenpriester" [1QpHab 10,9; 1QpMi 8–10,4]; „Mann der Lüge" [CD 20,15; 1QpHab 5,11; 4QPs[a] 1–2 i 18; 3–10 iv 14]; „Versammlung der Verräter" [CD 1,12]; „Männer des Betrugs" [1QH 10,16]; „Sucher der weichen Dinge" [CD 1,18; 1QH 2,32; 4QpNah 3–4 i 2]; „Grenzverrücker" [CD 1,16; 5,20]. Von ihnen gehen „falsche Lehre" [4QpNah 3–4 ii 8] und „Wörter der Falschheit" [4Q171pPs[a] 1–2 i 18–1] aus. Sie besitzen eine „Zunge der Falschheit" [1QH 13,29]). Sie sind mit Spott („Männer des Spotts" [4QpJes ii 6; CD 1,14]) und Zorn („Löwe des Zorns" [4QpNah 3–4 i 5–6]) in Verbindung gebracht.

scher Wertung.[12] Gerade auch in der spezifischen, ausführlichen Regelliteratur zeigen die Qumrantexte eine außerordentliche Vorliebe für praxisnahe Normen und Regulierungen auch moralischer Belange.[13] Hier bietet sich die Möglichkeit, doch noch eine Aussage zur Ethik in den Qumrantexten treffen zu können. Ließen sich nicht aus diesen Anwendungen Rückschlüsse auf eine implizite Ethik ziehen und vielleicht ein - oder auch mehrere - der Anwendung zugrundeliegende(s) Denkmuster erheben?[14]

Dabei ist jedoch notwendig eine Begrenzung auf einen Beispieltext zu treffen. Zum einen ist eine solche Begrenzung angezeigt durch die reine Textfülle: Die Qumrantexte umfassen ca. 1050 Handschriften.[15] Zum anderen sind Unterschiede im Charakter der Qumrantexte zu

---

[12] Im *sectarian* Vokabular (vgl. *Dimant*, Vocabulary [2011], 361–384) werden die Gemeinde und ihre Mitglieder in Verbindung gebracht mit den Begriffen der Heiligkeit und Makellosigkeit („Gemeinschaft der Heiligkeit" [1QS 5,20; 1QSa 1,9]; „Makellosigkeit der Heiligkeit" [1QS 8,20; CD 20,2]; „ein Haus der Heiligkeit für Israel" [1QS 8,5]; „Männer der Heiligkeit" [1QS 5,13; 8,23] oder auch „Männer der makellosen Heiligkeit" [1QS 8,20; CD 20,2.5.7]. Von ihnen ist ausgesagt, dass sie auf dem „makellosen Weg" wandeln [CD 1,20–21; 2,15; 1QS 1,8; 3,9; 4,22; 8,10; 9,9; 11,11; 1QSa 1,28; 1QSb 5,22; 1QH 9,38; 1QH 12,31–32; 1QM 14,7]). Ebenso charakteristisch sind die Verbindungen mit Wahrheit („ein Haus der Wahrheit in Israel" [1QS 5,6]; „ein makelloses und wahres Haus in Israel" [1QS 8,9]; „Söhne der Wahrheit" [1QS 4,5–6]; „Söhne seiner Wahrheit" [4Q266 11,7; 4Q270 7 i 20; 1 QM 17,8; 1QH 14,32]; „Männer der Wahrheit" [1QpHab 7,10; 1QH 6,13]; „Einigung der Wahrheit" [1QS 2,24]; „Einigung seiner Wahrheit" [1QS 2,26]) und Gerechtigkeit („Lehrer der Gerechtigkeit" [1QpHab 1,13; 8,3; CD 1,11; 20,32; 1QpHab 1,13; 5,10; 4QpPs[a] 1–10 iii 13.15]; „Söhne der Gerechtigkeit" [1QS 3,20.22; 4Q259 3,10]; „Erwählte der Gerechtigkeit" [1QH 10,15]. Sie sind die, die „die Gerechtigkeit kennen" [CD 1,1; 4Q266 2 i 6–7; 4Q268 1,9; 4Q270 2 ii 19] und sich durch „das Tun der Gerechtigkeit" auszeichnen [1QS 4,9; 1QH 14,22]). Auf diese Weise ist die Gemeinde ein „Haus der Tora" (CD 20,10.13). Basierend auf Jes 59,20 versteht sie sich als „Büßer der Sünde" (1QS 10,20; 4Q260 4,10; 4Q266 2 ii 5; CD 2,5; 20,17; 1QH 6,35; 10,11; 14,9) oder „Büßer Israels" (4Q 266 5 i 15; 4Q267 2,11; CD 4,2; 6,5; 8,16; 20,17; 4QpPs[a] 3–10 iv 24).

[13] Mit dieser Tendenz ordnet sich die *sectarian* Literatur in den allgemeinen, in spät- und nachbiblischer Literatur erkennbaren Trend ein; vgl. *Barton*, Ethics (2014), 24f.

[14] Vgl. zu den Schwierigkeiten und Möglichkeiten der Anwendung des Begriffs der Ethik auf die Qumrantexte sowie zu dem hier gewählten Weg *Henten/Verheyden*, Introduction (2012), 6–8.

[15] Die Zahlen schwanken abhängig von der Zuordnung einzelner Fragmente stark. Für die hier angegebene Zahl vgl. *Dimant*, Vocabulary (2011), 347 mit Anm 1.

beachten. Obwohl davon ausgegangen werden kann, dass es sich bei den Qumranschriften insgesamt um eine intentional zusammengestellte Bibliothek handelt,[16] die letztlich durch eine bemerkenswerte Homogenität der Schriften hinsichtlich des literarischen und religiösen Charakters gekennzeichnet ist,[17] lassen Unterschiede in Entstehungszeit und -ort vermuten, dass sich kaum *eine* einheitliche Ethik *der* Qumrantexte erheben lassen wird. Hinsichtlich des letztgenannten Punktes hat sich in den letzten Jahrzehnten die Unterscheidung in *sectarian*[18] und *non-sectarian* Texte als außerordentlich hilfreich erwiesen.[19] Auch wenn die Bestimmung von *sectarian* Texten zunächst auf linguistischen Kriterien beruht,[20] so zeigt sich doch, dass diese Texte in vielerlei Hinsicht ein gemeinsames „set of associated ideas and concepts"[21] teilen. Diese Erkenntnis ermöglicht es, diese Texte zueinander inhaltlich in Korrelation zu setzen. Angesichts dessen, dass gerade auch ethisch konnotierte Begrifflichkeiten zum spezifischen *sectarian* Vokabular gehören,[22] lässt sich erwarten, dass diese Texte auch im Hinblick auf ihre implizite Ethik starke Gemeinsamkeiten aufweisen.

---

[16] Vgl. u. a. *Dimant*, Manuscripts (1995), 34; *Fabry*, Archäologie (2006), 88.

[17] So eine der Grundannahmen der „Groningen Hypothesis"; vgl. *García Martínez/Woude*, Hypothesis (1990), 522–526; vgl. zustimmend weiterhin *Dimant*, Library (2000), 171, ähnlich bereits zuvor *Dies.*, Manuscripts (1995), 32–33.

[18] Der Ausdruck „*sectarian*" bezieht sich hier nicht auf eine Sekte, sondern ist rein forschungsgeschichtlich bedingt (vgl. zur Forschungsgeschichte und zur Begriffsverwendung den Überblick bei *Zanella*, Field [2010], 28–32). Alternativvorschläge der Bezeichnung (vgl. *Dimant*, Vocabulary [2011], 349, Anm. 7) konnten sich nicht durchsetzen. Aus diesem Grund ist hier auf eine Übersetzung der Begriffe verzichtet.

[19] *Dimant*, Sectarian (2010), 235 bezeichnet diese Unterscheidung als „[o]ne of the most fruitful distinctions introduced to Qumran studies in the last few decades".

[20] Hinsichtlich der Unterscheidungskriterien von *sectarian* und *non-sectarian* Texten folge ich der Konzeption von *Dimant* (vgl. *Dies.*, Manuscripts [1995]; *Dies.*, Vocabulary [2011]). Die *sectarian* Texte lassen sich von den *non-sectarian* Texten zunächst aufgrund spezifischer linguistischer Merkmale unterscheiden (vgl. hierzu besonders *Dimant*, Vocabulary [2011], 356). Die Arbeiten am Theologischen Wörterbuch zu den Qumrantexten (*Fabry/Dahmen* [Hg.], ThWQ) haben gezeigt, dass der Liste von spezifischen Begriffsverwendungen (vgl. *Dimant*, Vocabulary [2011]) noch eine Vielzahl von Belegen hinzuzufügen sein wird. Hinsichtlich der als *sectarian* bestimmten Texte zeigt sich erstens, dass diese ein bestimmtes „set of ideas" teilen. Zweitens begegnen unter diesen Texten spezifische Genres, die ebenfalls ansonsten nicht belegt sind (v. a. *Pescher*-Literatur).

[21] *Dimant*, Vocabulary (2011), 348f.

[22] Vgl. oben Anm. 11 und 12.

Unter der Vielzahl der *sectarian* Texte[23] erscheint die Gemeinderegel 1QS besonders geeignet, den Beispieltext für eine Suche nach einer impliziten Ethik darzustellen. Erstens ermöglicht der sehr gute Erhaltungszustand des Manuskripts überhaupt eine Untersuchung. Zweitens gehört 1QS dem Genre der Regeltexte an, die das Gemeindeleben auch hinsichtlich moralischer Aspekte regulieren. Insofern lässt sich auch inhaltlich erwarten, dass hier eine implizite Ethik besonders stark zum Tragen kommt.

2. Die Gemeinderegel als Anweisung zum guten und gerechten Leben

1QS ist unzweifelhaft ein diachron gewachsenes Werk.[24] Von einer bewegten Textgeschichte mit mehrfachen Überarbeitungen zeugen bereits die Parallelfunde aus 4Q.[25] Trotz der im Detail schwierigen

---

[23] Unter den Qumrantexten sind, soweit der Erhaltungszustand eine Klassifizierung ermöglicht, ca. 1/3 der Texte als *sectarian* zu bestimmen, vgl. *Schniedewind*, Hebrew (1999), 236.

[24] Auf eine uneinheitliche Entstehung verweisen neben den unterschiedlichen erhaltenen Versionen (s. u.) literarkritisch relevante Indizien wie Wiederholungen und Mischungen von Genres und Kategorien sowie sprachliche Unterschiede v. a. hinsichtlich der Verwendung eindeutiger *sectarian* Terminologie; vgl. *Murphy*, Wealth (2002), 110f. So entbrannte bereits vor der Veröffentlichung der abweichenden Textversionen aus 4Q eine Forschungsdiskussion über die literarische (Un-) Einheitlichkeit von 1QS. Für einen kurzen Überblick über diese Periode der Forschungsgeschichte vgl. *Schofield*, Qumran (2009), 70–71.

[25] Insgesamt existieren elf, möglicherweise zwölf, häufig nur teilweise erhaltene Manuskripte der Gemeinderegel (1QS, 4QS^{a-j}; 4QS^{b} frgm. 1 ist als Teil von 4QS^{b} veröffentlicht, stellt aber nach der paläographischen Untersuchung wohl ein eigenes Manuskript dar; vgl. *Alexander/Vermes*, DJD XXVI, 47; 5Q11 und 11Q29 sind hingegen nicht als Manuskripte der Gemeinderegel zu verstehen; vgl. zur Begründung *Hempel*, Vielgestaltigkeit [2009], 102–106). Die sechs am besten erhaltenen Manuskripte aus 4Q weichen teilweise deutlich durch ergänzendes Material von 1QS ab. Den textkritischen Befund und die literarkritischen Indizien bringt *Metso*, Development (1997), in eine Gesamtsicht: Der rekonstruierte Grundbestand der Gemeinderegel enthielt hiernach eine kürzere Version des in 1QS 5–9 (ohne 8,15b–9,11) enthaltenen Materials. Die weitere Textentwicklung spaltet sich in zwei Linien: Strang A (1QS^{e}) ergänzt Schriftbelege und weiteres, das Selbstverständnis der Gemeinde stärkendes Material sowie einen Kalender (4QOtot). Strang B (1QS$^{b/d}$) beinhaltet eine Version von 8,15–9,11 und ergänzt in einem späteren Stadium 1QS 1–4 (auch belegt in 4Qpap S$^{a/e}$), wobei die Zwei-Geister-Lehre als altes Traditionsstück inkorporiert wurde. Beide Stämme werden

Genese zeigt sich ein weitgehender Forschungskonsens hinsichtlich der Grundlinien einer diachronen Entwicklung:[26] Den geschichtlich ältesten Teil bildet wahrscheinlich die sogenannte Zwei-Geister-Lehre (1QS 3,13–4,26).[27] Diese Zwei-Geister-Lehre wurde sekundär mit dem eigentlichen Gesetzeskorpus (1QS 5,1–9,26, ohne 8,15b–9,11) durch eine Präambel mit einem Traditionsstück einer Bundesfestliturgie (1QS 1,1–3,12) verbunden. Das Gesetzeskorpus der Disziplinarordnung wurde mehrfach erweitert und überarbeitet. Trotz seiner komplizierten und bis heute nicht vollständig gelösten Textgeschichte ist 1QS in seiner Schlusskomposition eindeutig ein *sectarian* Text, der die Ideologie des *Yaḥad* ausdrückt.

Für eine Spurensuche nach einer impliziten Ethik erscheint zunächst der Beginn der Gemeinderegel (1QS 1,1–15) als geeigneter Ansatzpunkt. Schon im ersten erhaltenen Satz leuchtet in einem weiteren Sinne, wie *Tso* bemerkt, die sokratische Ethikdefinition auf.[28] Eine Einführung stellt dieser Text in doppelter Hinsicht dar. Zunächst einmal führt er in den Text der Gemeinderegel ein. Relativ spät in der diachronen Entwicklung von 1QS komponiert, bildet er eine Einleitung in die gesamte Schrift, nicht allein in 1QS 1–4, wie durch vielfache Querverweise und thematische Aufnahmen deutlich gemacht ist.[29] Eine Einführung ist dieser Text sodann auch in inhaltlicher Hinsicht: Auch wenn die allerersten Worte der Schrift nicht erhalten sind, so lässt sich doch mit einiger Sicherheit rekonstruieren, dass es sich um eine Anweisung handelt, die der *Maśkil* lehren soll.[30] Adressat dieser

---

in 1QS vereinigt und vereinheitlicht; vgl. ebd. bes. die graphische Übersicht ebd. 147.

[26] Zur Formulierung des hier dargestellten Konsens vgl. *Fabry*, Art. Qumran (2001), 240f.

[27] Zum *pre-sectarian* Charakter der Zwei-Geister-Lehre vgl. *Stegemann*, Textbestand (1988), 127f. sowie den Nachweis bei *Lange*, Weisheit (1995), 127f., dagegen *Hultgren*, Covenant (2007), 375–378. Dennoch datieren nach wie vor viele Forschungsmeinungen nach *Lange/Lichtenberger*, Art. Qumran (1997), 57 in die Zeit zwischen 200 und 150 v. Chr.

[28] Vgl. *Tso*, Ethics (2010), 34.

[29] Vgl. *Newsom*, Self (2004), 106.

[30] Vgl. ebd. 108: „Virtually all reconstructions, however, assume that the text is addressed to the Maskil, and that, as in the directive to him in 3,13, he is charged with instructing the members." In der S-Tradition bezeichnet *Maśkil* „für gewöhnlich ein leitendes Amt, das verantwortlich für die Ausbildung der Gemeindemit-

Unterweisung durch den *Maśkil* sind wohl vor allem neue Gemeindemitglieder.[31]

In dieser Einleitung begegnen drei interagierende Aspekte, die für die Frage nach einer impliziten Ethik in der Gemeinderegel relevant erscheinen:

1) Zu bedenken ist das Verhältnis von „Schrift" und Offenbarung: Explizit ist auf die Gebote Gottes durch Mose und die Propheten verwiesen (vgl. Z. 3). Doch die Formulierung, dass die Mitglieder des *Yaḥad* vor Gott wandeln sollen „gemäß allem, was offenbart wurde für die sie bestimmten Zeiten" (vgl. Z. 9), verweist auch auf die der Gemeinde exklusiv zukommende Offenbarung.[32]

---

glieder ist" (*Elgvin*, Art. משכיל [2013], 804). Inwieweit der *Maśkil* mit dem *Mebaqqer* der D-Tradition zu identifizieren ist, ist diskutiert (vgl. ebd.).

[31] Dass hier vor allem die neuen Gemeindemitglieder als Adressaten im Blick sind, wird zum einen in der Struktur des Textes, zum anderen anhand seiner sprachlichen Gestaltung deutlich, wie *Newsom*, Self (2004), 108–117, gezeigt hat: Z. 11–15 sind eindeutig durch den Wechsel von Infinitivformen zu finiten Verbformen abgegrenzt. Z. 1–11 zeigen insgesamt einen stärkeren Zusammenhang, insofern die hier vertretenen Infinitivformen alle vom einleitenden לדרוש (Z. 1) abhängig sind. Die inklusorische Wiederaufnahme des Infinitivs לעשות (Z. 1/7a) markiert jedoch zugleich eine Binnengliederung in die Abschnitte Z. 1–7a und Z. 7b–11. Vier der innerhalb von Z. 1–7a verwendeten Verben (lieben, hassen, tun, gehen) sind im zweiten Teil Z. 7b–11 erneut aufgenommen. Bereits durch diese Kompositionsstruktur ist ein Schwerpunkt auf den Eintritt in den *Yaḥad* gelegt: Während die Aussagen des ersten Binnenabschnittes noch allgemein gehalten sind, beginnen sowohl der zweite als auch der dritte Binnenabschnitt mit einer Aufforderung zum Eintritt in die Gemeinde: *„und alle, die willig sind, Gottes Gebote zu erfüllen, in den Bund der Barmherzigkeit herbeizubringen"* (Z. 7b), *„Und alle, die sich willig erweisen für seine Wahrheit, sollen all ihr Wissen und ihre Kraft und ihren Besitz in die Gemeinschaft Gottes einbringen"* (Z. 11b). Dieser Struktur entspricht die Verwendung allgemeiner und der *sectarian* Sprache. Während der erste Abschnitt Aussagen enthält, denen inhaltlich allgemein-jüdisch zugestimmt werden kann und die sich sprachlich nicht als spezifisch *sectarian* ausweisen (wenngleich sie durchaus *sectarian* Terminologie enthalten), bringen der zweite und dritte Abschnitt besonders betont *sectarian* Terminologie und Konzepte zum Ausdruck.

[32] Dieser inhaltliche Aspekt spiegelt sich auch in der sprachlichen Gestaltung. Stilistisch erinnert der Beginn von 1QS an das Sprüchebuch; vgl. *Fox*, Proverbs 1–9 (2000), 58. Auf diese Weise präsentiert sich die Gemeinderegel ebenfalls als ein Buch (weisheitlicher) Anweisung und Anordnung; vgl. *Newsom*, Self (2004), 109. Die zahlreichen Anspielungen an deuteronomistische Sprache (vgl. *Wernberg-Møller*, Reflections [1956], 41, Anm. 1) weisen auf eine explizite Anbindung an biblische Schriften hin; vgl. *Newsom*, Self (2004), 111: „By invoking this intensely intertextual language immediately following the heading, ‚book of the order of the

2) Die Darstellung ist von einer klaren Dichotomie geprägt, die sich in polaren Gegenüberstellungen ausdrückt: die Söhne des Lichts und die Söhne der Finsternis; gut und böse; lieben und hassen stehen sich diametral gegenüber.[33] Gegenüber den Söhnen der Finsternis soll eine klare Abgrenzung geschaffen werden: Sie sind zu hassen. In der Rede von „Gottes Rache" an den Söhnen der Finsternis scheint eine eschatologisch-apokalyptische Perspektive auf.
3) Die Söhne des Lichts sollen in der Ratsversammlung Gottes, d. h. dem *Yaḥad*, versammelt sein. In dieser Ratsversammlung Gottes sollen sie „vor ihm vollkommen wandeln". Dies weist auf die Frage nach dem Selbstverständnis des *Yaḥad*.

Diese drei Grundkoordinaten des *sectarian* Selbstverständnisses bilden die Rahmenbedingungen für den *sectarian* Umgang mit ethisch-moralischen Fragestellungen. Sie sind daher im Folgenden noch einmal genauer zu beleuchten, bevor die Prinzipien der Normenkonstitution betrachtet werden.

3. Das Schrift- und Offenbarungsverständnis der Gemeinde

Der explizite Bezug auf Mose und die Propheten in der Einleitung der Gemeinderegel macht folgendes deutlich: Sowohl die Tora, als auch die als Toraauslegung verstandenen prophetischen Bücher werden in den *sectarian* Texten als autoritative Schriften anerkannt.[34] Auch

community', the Serek ha-Yahad acknowledges the language of scripture as the dominant discourse within which it situates its own speech."

[33] Vgl. *Newsom*, Self (2004), 10.

[34] Vgl. *Ulrich*, Art. Canon (2000), 117–200, bes. 199; *Steudel*, Rezeption (2009), 90–96. Daneben kommt natürlich noch einigen weiteren *non-sectarian*, nicht in den Kanon aufgenommenen Schriften wie z. B. dem Jubiläenbuch, Henoch oder auch der Tempelrolle ein autoritativer Status zu. Sodann erlangen auch *sectarian* Regelwerke wie 1QS autoritativen Status (vgl. ebd.). *Brooke*, Canon (1997), 244–250, erhebt vier Kriterien zur Identifizierung besonders autoritativer Texte: Anzahl der erhaltenen Manuskripte, Häufigkeit der Zitierung, implizite Abhängigkeit späterer Kompositionen und die Modellfunktion für spätere Texte. *Frey*, Qumran (2009), 52, ergänzt die Merkmale um die Kennzeichen der Übersetzung und der Schreibermarkierungen, die von einer exegetischen Auseinandersetzung zeugen. Auf der Basis dieser Kriterien stechen unter den biblischen Büchern das Deuteronomium, Jesaja, die Psalmen und Genesis besonders hervor (vgl. *Brooke*, Canon [1997], 244). Vgl. hierzu auch *Frey*, Qumran (2009), 46: „Auffälligerweise deckt sich dieser

anhand des Umgangs mit biblischen Texten innerhalb von 1QS wird die Autorität „biblischer" Texte deutlich. Besonders offenkundig wird dies in 1QS 5,14–16:

> „Niemand darf sich mit ihm zusammentun in seiner Arbeit und in seinem Besitz, damit er ihm nicht schuldhafte Übertretung auflade. Sondern er soll sich fernhalten von ihm in jeder Sache; denn so steht geschrieben: Von jeder betrügerischen Sache sollst du dich fernhalten! (Ex 23,7). Und keiner von den Männern der Gemeinschaft darf Antwort geben auf ihre Veranlassung hin betreffs irgendeines Gesetzes oder Gebotes. Und keiner soll etwas essen von ihrem Besitz oder trinken oder etwas aus ihrer Hand empfangen, außer gegen einen Kaufpreis, wie geschrieben steht. Lasst ab vom Menschen, in dessen Nase nur ein Hauch ist; denn wofür ist er schon zu halten? (Jes 2,22)."

Allein die Tatsache, dass hier zwei explizit als solche kenntlich gemachte „Schrift"-Zitate als Begründung konkreter Verhaltensregeln dienen, zeigt an, welche Autorität diesen „biblischen" Vorgaben zukommt. Sichtbar ist auch, dass in den Qumrantexten besonders den Schriften des Pentateuch ein autoritativer Status zukommt, der gerade im Zusammenhang der Normenrezeption durch die Berufung der *sectarian* Schriften auf die „Tora des Mose" betont wird.[35] Der *Yaḥad* entwickelt jedoch kein Konzept eines abgeschlossenen Kanons.[36] Deutlich wird aber, dass die Schriften der Tora „bereits als Sammlung wahrgenommen" werden, also „schon am weitesten auf dem Weg der Autorisierung und Kanonisierung fortgeschritten sind."[37] Automatisch ist der *Yaḥad* damit auch mit ihren ethisch-moralischen Implikationen konfrontiert.

Schon aus praktischen Gründen muss die Qumrangemeinde Lücken in der Gesetzgebung der Tora füllen, um Situationen berücksichtigen zu können, die in der Tora nicht explizit verhandelt werden.[38]

‚Kanon im Kanon' auch mit der Gruppe alttestamentlicher Schriften, die im Neuen Testament am häufigsten zitiert werden, wobei hier Exodus und das Dodekapropheton noch stärker in den Vordergrund treten, aber Jesaja und die Psalmen an der Spitze stehen. Der Sachverhalt belegt eine gruppenübergreifende Hochschätzung dieser Schriften im zeitgenössischen Judentum".

[35] Vgl. *Dahmen*, Art. מֹשֶׁה (2013), 610f.

[36] Vgl. *Talmon*, Studies (1994), 19.

[37] *Frey*, Qumran (2009), 47.

[38] Vgl. *Toews*, Purification (2003), 82.

Als Beispiel mögen die Erläuterungen aus CD 5,8–11 hinsichtlich des in Lev 18,13 formulierten Inzestverbotes gelten:[39]

> „Mose aber hat gesagt: Der Schwester deiner Mutter sollst du dich nicht nahen; denn sie ist Blutsverwandte deiner Mutter. Und das Gesetz über Blutschande ist zwar für Männer aufgeschrieben, aber ebenso für die Frauen (gültig). Und wenn die Tochter des Bruders die Blöße des Bruders ihres Vaters aufdeckt, so ist sie (doch) eine Blutsverwandte."

Im Zusammenhang mit der Rezeption autoritativer Texte ist ein Phänomen, auf das *A. Lange* aufmerksam gemacht hat, zu bedenken. Unter den Qumrantexten finden sich zwar zahlreiche Paratexte, „die basierend auf einem oder mehreren autoritativen Grundtexten verfasst wurden"[40], jedoch sind nur drei von ihnen *sectarian* Ursprungs. Offenbar rückt der *Yaḥad* von dieser Form der Rezeption ab. Dies erklärt sich dadurch, dass der *Yaḥad* „die Hermeneutik eines doppelten Textsinns" auf prophetische Texte wie auf die Tora anwendet.[41] Als „sole legitimate representative of biblical Israel"[42] ist der Gemeinde der Tiefensinn der Texte exklusiv zugänglich gemacht. Ein Zeugnis dieser Vorstellung begegnet in CD 3,10–16:

> „Deswegen sind schuldig geworden die Ersten, die in den Bund eingetreten sind, und wurden dem Schwert ausgeliefert, weil sie den Bund Gottes verlassen und ihren eigenen Willen erwählt hatten und nach der Verstocktheit ihres Herzens trachteten, daß jeder seinen Willen tat. Aber mit denen, die an den Geboten Gottes festhielten, die von ihnen übrig waren, hat Gott seinen Bund für Israel aufgerichtet für immer, um ihnen verborgene Dinge zu offenbaren, worin ganz Israel in die Irre gegangen war: seine heiligen Sabbate und seine herrlichen Festzeiten, seine gerechten Zeugnisse und die Wege seiner Wahrheit und die Wünsche seines Willens – die der Mensch erfüllen muß, damit er durch sie lebe – hat er ihnen aufgetan."[43]

---

[39] Das Beispiel ist in gleichem Zusammenhang bereits angeführt von *Brooke*, Issues (2012), 99.

[40] *Lange*, Paratext (2010), 369. *Lange* zählt 65 solcher Paratexte, vgl. ebd. 374.

[41] Ebd. 378.

[42] *Talmon*, Studies (1994), 18.

[43] Ähnlich spricht 1QpHab 7,3–5 von der speziellen Offenbarung, die Gott dem Lehrer der Gerechtigkeit gegeben habe; vgl. *Schniedewind*, Hebrew (1999), 251.

Ein ebensolches Verständnis steht auch hinter 1QS 5,7–15a. Hier ist – in deutlichem Bezug auf Dtn 29,28 – unterschieden zwischen den נגלות und den נסתרות. נגלות bezeichnet offenbar eine bestimmte Form von Gesetz oder Gebot. Sie müssen allgemein bekannt sein – auch den außerhalb der Gemeinde Stehenden. Anders ließen sich die Vorwürfe, diese hätten die נגלות nicht erforscht und mit erhobener Hand, also wissentlich, überschritten, nicht verstehen (vgl. 1QS 5,11–12). Die „offenbaren Dinge“ wurzeln in der Schrift und sind für jedermann offenbar.[44] Daneben existieren die נסתרות. Diese „verborgenen Dinge“ sind durch das „Forschen“ (דרש) in den Geboten zu suchen. Es geht also einerseits um das allgemeine Offenbarungswissen der Tora, andererseits um ein exklusives Wissen hinsichtlich der rechten Torainterpretation. Die Bezeichnung dieses „Findungsvorgangs“ durch דרש nimmt Bezug auf die priesterlichen Privilegien, wie sie sich u. a. in Dtn 17,8–12 aber auch in der Tempelrolle (11QT 56,1–11) finden.[45] Die zadokidische Tradition und unter ihrem Einfluss auch die Qumrangemeinde beanspruchen, dass die aktuell geltende Tora nur unter priesterlicher, zadokidischer Leitung gefunden werden kann.[46] In dieser Tradition stehend behauptet die Qumrangemeinde, als דורש(י) התורה (4Q177 10–11,5; vgl. auch 4Q437 2 i 1) die (einzig) richtige Torapraxis zu repräsentieren.[47] Aber auch wenn die Tora das Kernstück der Gesetzgebung in Qumran darstellt[48] und nahezu alles in den nicht-biblischen Texten mehr oder weniger auf „biblischen“ Vorgaben und Traditionen beruht,[49] so ist doch das Verhältnis zwischen der überlieferten Tradition und qumranischer Invention nicht einfach als Schrift und daraus abgeleiteter Interpretation zu sehen. Verborgene und offenbare Dinge, Tora und Interpretation sind als fortlaufende, gleichermaßen Offenbarungscharakter beanspruchende Einsicht in den einen göttlichen Willen verstanden.[50] „Wie nun die Tora […] als geoffenbart gilt, so sollen nach verbreiteter Meinung auch die ‚verborgenen Dinge‘

---

[44] Vgl. *Schiffman*, Law (1983), 15; *Becker*, Art. סתר (2013), 1124.

[45] Vgl. *Maier*, Interpretation (1996), 116.

[46] Vgl. *Maier*, Art. דרשׁ (2011), 734.

[47] Vgl. ebd. 735.

[48] Vgl. *Toews*, Purification (2003), 82.

[49] Vgl. *Brooke*, Issues (2012), 98.

[50] Vgl. *Schiffman*, Law (1983), 14–17; vgl. allerdings dagegen *Maier*, Interpretation (1996), 113–120, der דרשׁ als judikativ administrativen Vorgang begreift, der „keine besondere Form von Offenbarung verlangt“ (ebd. 118). Dieser Vorgang diene

(נסתרות), die den Auserwählten durch Gott geoffenbart werden, [...] in den Bereich des נגלות übertragen werden."[51] Insofern die Übertragung im Gange aber noch nicht abgeschlossen ist, erklärt sich die Formulierung aus der Einleitung der Gemeinderegel, dass die Mitglieder des *Yaḥad* vor Gott wandeln sollen „gemäß allem, was offenbart wurde für die sie bestimmten Zeiten" (vgl. Z. 9).

Diese Sicht macht es möglich, den Eintritt in den Bund des *Yaḥad* mit der Bekehrung zur Tora zu identifizieren (vgl. 1QS 5,8).[52] Damit ist die äußere (auch ethische) Grenze[53] der Gemeindezugehörigkeit durch die Tora des Mose (in der Interpretation des *Yaḥad*) markiert: „Jeden Mann unter ihnen, der ein Wort aus der Tora des Moses absichtlich oder aus Nachlässigkeit übertritt, soll man aus dem Rat der Gemeinschaft fortschicken und nicht darf er wieder zurückkehren" heißt es 1QS 8,22–23. Dementsprechend ist „die ‚Gemeinschaft der Wahrheit' [...] die, die nach dieser richtigen Interpretation der Tora des Mose lebt"[54], während die Außenstehenden als Grenzverrücker und Lügner[55] gelten.

4. Dualismus und Prädestination – Die Zwei-Geister-Lehre 1QS 3,13–4,26

Der offenzulegende göttliche Wille umfasst dabei nicht allein göttliche Gebote und Gesetze, sondern auch den göttlichen Geschichtsplan sowie die Grundprinzipien der Schöpfung.[56] Hinsichtlich eben dieses göttlichen Geschichtsplans und der Grundprinzipien der Schöpfung ist die Zwei-Geister-Lehre trotz ihrer *pre-sectarian* Herkunft ein für den *Yaḥad* fundamentaler Text.[57] Schon die Aufnahme in ein Werk, das den Anspruch erhebt, die Grundlagen darzulegen, wie die Gemeinde leben soll, zeigt an, dass der *Yaḥad* ihren Aussagen letztlich zustimmt.

---

zum „Auffinden und Bekanntgeben von Normen im Blick auf konkrete Anliegen" (*Ders.*, Art. דרש [2011], 734).

[51] *Machiela*, Art. גלה (2011), 608.

[52] Vgl. *Dahmen*, Art. מושה (2013), 610.

[53] Vgl. die spezifisch *sectarian* Verwendung des Begriffs גבול gerade auch in ethisch konnotierte Hinsicht, s. hierfür *Brin*, Art. גבול (2011), 562–565.

[54] *Dahmen*, Art. מושה (2013), 610.

[55] Vgl. für die Belege Anm. 11.

[56] Vgl. *Machiela*, Art. גלה (2011), 608.

[57] *Tso*, Ethics (2010), 36.

Sie hat ferner Nachwirkungen über 1QS hinaus in so zentrale Texte wie die Kriegsrolle und die Hodayot.[58] Die Einleitung (1QS 3,13–15a)[59] in die Zwei-Geister-Lehre legt Adressaten und Thema fest. Der *Maśkil* soll die Söhne des Lichts belehren über „den Ursprung aller Menschenkinder", und zwar a) „hinsichtlich aller Arten ihrer Geister", b) „hinsichtlich ihrer Taten in ihren Generationen" und c) „hinsichtlich der Heimsuchung durch ihre Plagen gemeinsam mit den Epochen des Heils".[60] Diesem in der Einleitung entworfenen Programm folgt sodann im Ganzen auch der inhaltliche Aufbau der Zwei-Geister-Lehre. Die Aufnahme der Zwei-Geister-Lehre in die Gemeinderegel und die Inkorporation des in der Zwei-Geister-Lehre zum Ausdruck kommenden Gedankengutes erklärt sich nicht zuletzt aus der historischen Erfahrung der Gemeinde. In ihrer Opposition zur Jerusalemer Priesterschaft verstärken sich ihre Abgrenzungstendenzen zusehends. Was liegt da näher als ein Text, der sich mit der Unterscheidung von Gut und Böse beschäftigt? Die Zwei-Geister-Lehre vermittelt inhaltlich zwei Aspekte, die im Folgenden näher zu betrachten sind: die Prädestination und die dualistischen Tendenzen. Beide Aspekte sind längst nicht so eindeutig, wie dies auf den ersten Blick erscheint.

4.1 Zwischen Prädestination und freiem Willen

Der direkt auf die Einleitung folgende Schöpfungshymnus[61] (1QS 3,15b–18) vermittelt eine klare Prädestination alles Geschaffenen:

> „Vom Gott der Erkenntnis kommt alles Sein und Geschehen. Ehe sie sind, hat er ihren ganzen Plan festgesetzt. Und wenn sie zu der ihnen bestimmten Zeit geworden sind, erfüllen sie ihr Werk nach dem Plan seiner Herrlichkeit, ohne dass sich etwas ändert. In seiner Hand

---

[58] Einen Zusammenhang stellt bereits *Osten-Sacken*, Belial (1969), bes. 116–169 her; vgl. die Beispiele bei *Lange*, Weisheit (1995), 132–135.

[59] Die hier vorgestellte Gliederung der Zwei-Geister-Lehre orientiert sich an den äußeren Gliederungsmerkmalen in der Handschrift 1QS; vgl. *Lange*, Weisheit (1995), 165–167.

[60] Vgl. *Lange*, Weisheit (1995), 149: „Drei mit der Präposition ל eingeleitete adverbiale Ergänzungen präzisieren den Lehrgegenstand der Zwei-Geister-Lehre."

[61] Zur Qualifizierung von 1QS 3,15–18 als Schöpfungshymnus s. *Lange*, Weisheit (1995), 150f.

> liegen die Satzungen für alles, und er sorgt für sie in all ihren Geschäften."[62]

Von besonderer Relevanz dabei ist, dass nicht allein „das Sein aus der von Gott geschaffenen Ordnung" entsteht, sondern „daß nach diesem Plan Gottes auch alles Handeln des Menschen jeweils zu einem schon in einer präexistenten Geschichtsordnung festgelegten Zeitpunkt geschieht."[63] 1QS 3,17–4,1 legt anschließend ein dualistisches Weltprinzip dar.[64] Gott habe zwei Geister geschaffen: den Geist der Finsternis und den Geist des Lichts. Durch diese beiden Geister werden die Menschen beherrscht. Sie bestimmen das Leben und die Wege des Menschen. Insofern beide Geister von Gott geschaffen sind, erklärt die Zwei-Geister-Lehre die Herkunft des Frevlerischen und Bösen in der Welt von Gott her.[65] Es gibt kein nebengöttliches Prinzip. Durch die Verbindung von Prädestination und Dualismus ist eine metaphysische, naturalistische Sicht nahegelegt:

> „The question remains, what role is left for man. [...] His lot is to search all his life, by his own action, and by divine illuminating grace, in order to discover to which part he belongs, Light or Darkness. The freedom given to man is not to choose where to go but to discover where he is."[66]

Das Handeln des Menschen ist in seiner Natur und in der Natur der Welt festgelegt. Eine solche Weltsicht lässt keinen Raum für selbstverantwortliches, moralisches Handeln des Menschen.

Eine absolute Prädestination menschlichen Handelns steht nun aber in Spannung zum gegenwärtigen Kontext der Zwei-Geister-Lehre innerhalb der Gemeinderegel. Welche Funktion hätten ihre Regeln,

---

[62] Entsprechend wird in der Forschung zuweilen der prädestinatianische Charakter der Zwei-Geister-Lehre betont; vgl. z. B. *Duhaime*, Art. Determinism (2000), 196: „the strongest teaching on predestination ever found in Judaism."

[63] *Lange*, Weisheit (1995), 152.

[64] Die *sectarian* Literatur ist grundsätzlich von einem deutlichen Dualismus geprägt. Es ist allerdings zu bedenken, dass der Dualismus in der Zwei-Geister-Lehre besonders stark hervortritt; vgl. *Knibb*, Art. Rule of the Community (2000), 793: „Dualistic beliefs underlie a number of other Qumran sectarian texts and are particularly prominent in the War Scroll (1QM), but they are not expressed elsewhere as explicitly as in this section of 1QRule of Community."

[65] Vgl. *Lichtenberger*, Studien (1980), 141–143; *Lange*, Weisheit (1995), 167.

[66] *Dimant*, Literature (1984), 538.

Normen und Vorschriften noch, wenn ihre Erfüllung letztlich bereits vorherbestimmt ist? Noch deutlicher wird die Spannung, wenn beachtet ist, dass der *Yaḥad* an vielen Stellen nicht nur, aber vor allem auch in 1QS den Eintritt in die Gemeinde in Anlehnung an die Tempelkultterminologie[67] als „freiwillig" hervorhebt.[68] Diese Bezeichnung ist dabei keineswegs nebensächlich. Im Gegenteil! נדבה kennzeichnet in den *sectarian* Schriften gerade zentrale Aufgaben der Gemeindemitglieder als freiwillig.[69] Der Gedanke ist derart zentral für den *Yaḥad*, dass das Partizip *hitpa'el* zu einer Selbstbezeichnung der Gemeindemitglieder wird.[70] Insbesondere in 1QS ist diese Bezeichnung ethisch konnotiert:

> „Die מתנדבים vermeiden alles Böse, um den göttlichen Geboten nachzukommen, um den Bund Gottes zu halten und der heiligen Gemeinde der Auserwählten unter der Führung der Priester anzugehören (1QS 5,1.6.10.20–22). Diese Liste umfasst eine umfassende und zugleich konzise Definition der Ziele und Ideale der Qumrangemeinde. Sie zeigt dass die freiwillige Selbstverpflichtung der Gemeindemitglieder der Grund für ihre bes. Tugend und für ihre vielen Verdienste war."[71]

Es hat zahlreiche Versuche gegeben, die hier skizzierte Spannung zwischen einer absoluten Prädestination und einer Entscheidungsfreiheit des Menschen aufzulösen – sei es zugunsten nur eines der beiden Aspekte, sei es durch verschiedene Formen eines Kompatibilismus.[72] Letztlich bleibt jede dieser Lösungen unbefriedigend. Prädestination bzw. Determinismus und freier Wille scheinen gleichermaßen für das Denken des *Yaḥad* wichtig. Wie beide Aspekte zusammenwirken, zeigt sich bei der Betrachtung des weiteren Textverlaufs.

Die sich an die allgemeine Erläuterung über die zwei Geister anschließenden Tugend- und Lasterkataloge 1QS 4,2–8 und 4,9–14

---

[67] *Newsom*, Self (2004), 114.

[68] Hierzu ist zunächst auf die bereits betrachtete Einleitung in die Gemeinderegel zu verweisen: Die Betonung des freiwilligen Eintritts in die Gemeinde findet sich explizit an den durch die Gliederungsstruktur (vgl. Anm. 31) hervorgehobenen Stellen 1QS 1,7.11.

[69] Vgl. *Dimant*, Art. נדב (2013), 881. Sie verweist auf die Ausdrücke נדבת מנחת רצון (1QS 9,5); נדבת שפתים (4QS^d 7,5f.; 1QS 9,4f.) und נדבת מלחמה (1QM 7,5).

[70] Vgl. *Dimant*, Volunteers (2007), 235; *Dies*., Art. נדב (2013), 881.

[71] *Dimant*, Art. נדב (2013), 882.

[72] Vgl. *Duhaime*, Art. Determinism (2000), 196.

ordnen jeweils den beiden Geistern und den ihnen zugehörigen Menschen Geisteshaltungen[73] zu. Die dem Geist des Lichts zugeordneten Geisteshaltungen lassen vor allem vier Interessen erkennen: die Beziehungen der Menschen (Demut, Langmut, Erbarmen), die Erkenntnis (Klugheit, Einsicht, mächtige Weisheit, Erkenntnis), den Bereich der Disziplin (Eifer, heiliges Vornehmen, festes Streben) und den der Reinheit und Abgrenzung (reiche Liebe – und zwar zu allen Söhnen der Wahrheit, glänzende Reinheit, Götzen verabscheuend, Schweigen über die Wahrheit der Geheimnisse der Erkenntnisse).

Hier stellt sich die Frage nach der Implikation. Sind diese Geisteshaltungen diagnostische Kriterien oder moralische Imperative? Der Text scheint zwischen beiden Dimensionen zu schillern.[74] Der kontextuelle Zusammenhang mit dem Schöpfungshymnus legt einen klaren Determinismus und damit eine diagnostische Funktion nahe. Jedoch sind abstrakte, wertende Tugenden und Laster als diagnostische Kriterien letztlich wenig handhabbar, insofern sie inhaltlich nicht eindeutig bestimmt sind.[75] Der weisheitlich konnotierte Kommunikationszusammenhang macht deutlich: Die Zwei-Geister-Lehre dient der Erkenntnis der Adressaten. Erkenntnis wie Einsicht in Zusammenhänge sind in 1QS – wie generell in Qumran – immer auch ethisch konnotiert. Mit Blick auf die Adressaten besitzen diagnostische und imperativische Funktion eine sich gegenseitig bestärkende Wirkung: Das Wissen um die grundsätzlich positive Bestimmung des Selbst wie um die Gefährdung durch die Versuchung des Geistes der Finsternis bestärkt das rechte Handeln. Das rechte Handeln wiederum wird bestärkt durch das Wissen, dass dies dem eigenen Selbst und der eigenen Natur entspricht.[76] Nicht zuletzt ist der gegenwärtige Kontext innerhalb der Gemeinderegel direkt vor der Disziplinarordnung zu bedenken. Auch hier stehen diagnostische und imperativische Qualität in wechselseitiger Beziehung: die Geisteshaltungen der Söhne des

---

[73] Letztlich geht es hier weniger um Eigenschaften als um Geisteshaltungen; vgl. *Newsom*, Self (2004), 129.

[74] Vgl. *Lichtenberger*, Studien (1980), 136: „einerseits haben sie imperativischen Charakter, indem sie den Frommen das rechte Verhalten aufzeigen, andererseits geben sie aber auch sichere Merkmale dafür, Fromme von Frevlern zu unterscheiden."

[75] Interessanterweise wird hier gerade nicht auf die Gebote der Tora bzw. die נגלות verwiesen. Als Unterscheidungskriterium wären diese praktikabler. Zudem ist u. a. von 1QS 5,11–13 her eine diagnostische Funktion der נגלות bereits nahegelegt.

[76] Vgl. *Newsom*, Self (2004), 127.

Lichts beschreiben zum einen, wonach bei der Prüfung der Bewerber zu suchen ist. Zum anderen ist angezeigt, in welchen Geisteshaltungen die Disziplinarordnung die Gemeindemitglieder stärken und welche Geisteshaltungen sie minimieren will.[77]

In dieser Perspektive haben die eschatologischen Aussagen am Ende des Tugend- und des Lasterkatalogs (1QS 4,6–8 und 12–14) eine doppelte Aussageperspektive. Sie wirken zum einen wie angekündigte Strafen und Belohnungen und damit wie eine implizite Aufforderung zu moralischem Handeln. Diese Tendenz verstärkt sich durch die eschatologische Perspektive des Fazits. Hier ist die Zusage an die Söhne des Lichtes noch erweitert durch die zu erwartende Reinigung. Zugleich setzten diese Aussagen den Gedanken der prädestinatianischen Erwählung bzw. Verwerfung konsequent fort. In der Vernichtung der Söhne des Frevels und der Erhöhung der Söhne der Wahrheit wird die Herrschaftsmacht Gottes offensichtlich und es gelangen die Söhne beider Geister zu ihrer endgültigen Bestimmung. Der prädestinatianische Zug der Zwei-Geister-Lehre bleibt in der Rezeption des *Yaḥad* erhalten, tritt aber im Kontext der Gemeinderegel eindeutig zurück. Durch ihn ist einerseits verhindert, dass das dualistische Prinzip als absoluter Dualismus verstanden werden kann.[78] Zugleich ist die Selbstsicht und die Fremdsicht der Gemeinde als durch den göttlichen Schöpfungswillen festgelegt markiert.[79]

4.2 Zwischen ethischem und anthropologischem Dualismus

Eine zweite Spannung ist zu erkennen, wenn die dualistischen Tendenzen der Zwei-Geister-Lehre genauer betrachtet werden. Bemerkenswert ist zunächst, dass die Rezeption der Zwei-Geister-Lehre in der Gemeinderegel deren dualistische Tendenzen durch die Gliederung in der Handschrift noch verstärkt: „Die äußeren Gliederungsmerkmale deuten einen Textaufbau an, der sich an einigen Stellen deutlich von der […] auf Grund textimmanenter Gliederungskriterien erstellten

---

[77] Vgl. ebd. 129.

[78] Vgl. *Duhaime*, Art. Dualism (2000), 216: „In the Dead Sea Scrolls, there is no radical dualism in the narrow sense […], since God's transcendence and authority are never questioned."

[79] Vgl. *Lange*, Wisdom (1995), 354: „This theology was adapted by the *yaḥad* and used to explain the contradictions between its own theology and a reality which had not lived up to the *yaḥad's* theological hopes and eschatological expectations."

Gliederung unterscheidet.“[80] So unterscheidet die Handschrift den Tugend- und Lasterkatalog 1QS 4,2–14 in zwei einander gegenüberstehende Bereiche. „Indem in dieser Gliederung der Abschnitt IV 2–14 geteilt wird und den beiden Geistern jeweils eine eigene Texteinheit zugewiesen wird, wird der dualistische Aspekt der Zwei-Geister-Lehre stärker betont.“[81] Eine ähnliche Wirkung hat die Zusammenführung von 1QS 4,15–23 mit dem gegenwartsbezogenen Fazit von 4,23–26. Auf diese Weise ist der eschatologische Ausblick 1QS 4,19–23 nun gerahmt von zwei Texteinheiten, die stärker auf die zwei Geister fokussieren. „So wird die Zwei-Geister-Lehre durch die Gliederung der Sammelhandschrift 1QS von einer Beschreibung der Ordnung von Sein und Geschichte zu einem dualistischen Text, der eine kosmische Auseinandersetzung zwischen dem Geist des Lichts und dem Geist der Finsternis schildert.“[82]

Nun ist es aber keineswegs eindeutig, wie die dualistischen Tendenzen der Zwei-Geister-Lehre zu verstehen sind. Die Beschreibung der zwei Geister in 1QS 3,18–4,1 konstatiert einen kosmischen Dualismus, der für einen ethischen Dualismus zwischen den Söhnen des Lichts und den Söhnen der Finsternis verantwortlich ist.[83] Dieser ethische Dualismus ist mit einem sozialen Dualismus verbunden.[84] Welche Funktion die Betonung dieses dualistischen Charakters innerhalb von 1QS hat, ergibt sich sodann aus der Positionierung der Zwei-Geister-Lehre im Kontext. Direkt auf die Bundesliturgie folgend und mit dieser durch die Reinigungsterminologie und das Bundesmotiv verbunden,[85] stärkt sie die Selbst- und die Fremdeinschätzung der Gemeinde dahingehend, dass eine eindeutige Grenze zwischen der Gemeinde und ihrer Umwelt besteht. Während die Mitglieder des *Yaḥad* sich selbst allein aufgrund ihrer Zugehörigkeit zur Gemeinde auf der richtigen Seite wähnen können, ist die von ihnen als feindlich wahrgenommene Umwelt als frevlerisch qualifiziert.[86]

---

[80] *Lange*, Weisheit (1995), 165–166.
[81] Ebd. 167.
[82] Ebd.
[83] Vgl. *Brand*, Evil (2013), 264. Die Verbindung von kosmischem und ethischem Dualismus ist mehrfach beobachtet worden (vgl. die Belege bei *Hempel*, Treatise [2010], 113).
[84] Vgl. *Brand*, Evil (2013), 259.
[85] Vgl. *Lange*, Weisheit (1995), 167.
[86] Dieser Einschätzung entspricht sodann auch die *sectarian* Terminologie.

Es wäre jedoch zu kurz gegriffen, die Ethik des *Yaḥad* auf einen ethischen Dualismus hin engzuführen. Obwohl in der Beschreibung der zwei Geister (1QS 3,18–4,1) insgesamt so eindeutig zwischen Gut und Böse unterschieden ist, ist hier bereits deutlich gemacht, dass der Geist der Finsternis in die Welt des Geistes des Lichts hineinwirkt (vgl. 1QS 3,21–24). Auch der seiner Bestimmung nach zu den Söhnen des Lichtes gehörende Mensch ist gefährdet, in den Bereich der Finsternis gezogen zu werden. Dieses Bild löst die Frage auf, wie das von Gott erwählte Israel und seine Jerusalemer Priesterschaft von Gott abfallen konnten. Es lässt damit aber auch zugleich die Möglichkeit, dass auch die von Gott eingerichtete neue Gemeinde wie Israel von Gott abfallen könnte, so sie dem Geist der Finsternis nicht widersteht. Der klare, ethisch gekennzeichnete soziale Dualismus wird hier bereits aufgebrochen: Eindeutig zu einem anthropologischen Dualismus geht sodann 1QS 4,23–26 über: die beiden Geister haben Anteil im Herzen des Menschen. Dieses Verständnis legt eine differenzierte Sicht des Menschen nahe: Er ist nicht nur gut oder böse, sondern trägt beide Möglichkeiten in sich. Auch die Funktion des anthropologischen Dualismus gewinnt Kontur mit Blick auf den Kontext der Zwei-Geister-Lehre: Direkt vor dem Gesetzeskorpus 1QS 5,1–9,26 macht diese Sicht deutlich, dass auch die, die sich zu den Söhnen des Lichtes rechnen (können), Regeln bedürfen, um nicht vom Geist der Wahrheit abzufallen, und um den Einfluss des Geistes des Frevels zu minimieren.

Die Zwei-Geister-Lehre bewegt sich somit insgesamt hinsichtlich der Frage um die Prädestination in einem Spannungsfeld zwischen freiem Willen und absoluter Vorherbestimmung, hinsichtlich des Dualismus zwischen anthropologischem und ethischem Dualismus. Während jeweils ersteres das Bemühen um das rechte Handeln befeuert, stärkt letzteres die Abgrenzung der Gruppe nach außen. In der Zwei-Geister-Lehre sind beide Aspekte vorhanden, der abgrenzende Aspekt aber sticht stärker heraus. Dies entspricht der kompositorischen Stellung der Zwei-Geister-Lehre im Kontext der Gemeinderegel. Sie gehört zur Einleitung, die mit der Bundeszeremonie vor allem die

---

„Frevler" bezieht sich in *sectarian* Texten – bis auf einige wenige erklärbare Ausnahmen – stets auf die außerhalb der Gemeinde Stehenden. Die den Gegenpol bildenden Begriffe אמת und צדק(ה) beziehen sich andersherum ausschließlich auf den *Yaḥad* und seine Mitglieder. Diese Unterscheidung ist derart eindeutig, dass die Begriffe als Fremd- und Selbstbezeichnung fungieren.

äußere Grenze fokussiert. Zugleich ist aber schon die Überleitung zum Gesetzeskorpus und zur „Innensicht" der Gemeinde geschaffen.

5. Das Selbstverständnis – Die Gemeinde als Heiligtum (1QS 8,1–10)

Als drittes ist somit auf das Selbstbild des *Yaḥad* einzugehen. Auch wenn die Frage, wer die Gruppe hinter der Sammlung der Qumrantext eigentlich ist, immer noch nicht völlig geklärt ist,[87] so geht doch die aktuelle Forschung immer mehr dahin, hinter den Texten eine Priestergruppe zu vermuten, die den Tempelkult in Jerusalem zunehmend als hoffnungslos verunreinigt ansah[88] und daher mit dem Jerusalemer Tempelkult brachen.[89] „Nun konnte diese Gruppe die für das Priestertum notwendige Konzentration auf Tempel und Opferkult aber nicht aufgeben."[90] In der Konsequenz verstand diese Gruppe ihre Gemeinschaft als (zeitweiliges und möglicherweise unzureichendes) Substitut für den Tempel,[91]

---

[87] Zum gegenwärtigen Stand der Forschung vgl. *Schofield*, Qumran (2009), 13–14.21–67; die Beiträge in DSD 16/3 (2009); *Jokiranta*, Identity (2013).

[88] Vgl. bereits *Gärtner*, Temple (1965), 4–46 und *Klinzing*, Umdeutung (1971), 11–20.

[89] Vgl. 1QS 9,3–4; CD 6,1–15.

[90] *Fabry/Hüttig/Schlenke/Zanella*, Texte (2010), 347; zur Fortführung priesterlicher Funktionen unter den veränderten Bedingungen vgl. *García Martínez*, Functions (1999).

[91] Diskutiert ist, ob und inwieweit der durch die Gemeinde konstituierte Tempel ein ewiger Tempel ist oder aber ob dieser im Eschaton durch einen eschatologischen, von Gott errichteten, neuen Tempel abgelöst wird. Insgesamt scheinen sich die Gewichte in die letztere Richtung zu neigen. Der Erhalt und die Wertschätzung tempelzentrierter *pre-sectarian* Schriften wie der Tempelrolle und des aramäischen Textes „Neues Jerusalem" (4Q24; 4Q544; 4Q544a; 1Q32) unter den Qumrantexten weisen darauf hin, dass der am Zion verortete Tempel weiterhin Sehnsuchtsort auch für den *Yaḥad* bleibt (die Vision eines eschatologischen Tempels in Jerusalem findet sich in 11QT 29,8–10; vgl. für die Bezugnahme von *sectarian* Schriften auf die Tempelrolle *Paganini*, Nicht darfst du (2009), 7–10, für die Bedeutung der Tempelrolle und des Tempels für den *Yaḥad* ebd. 276–278.300). Auch in *sectarian* Schriften wie 1QM 2,4–6 und 7,10 und 4Q171 3,10–11 findet sich die Erwartung einer Restauration des Tempels im Eschaton. Eine ähnliche Deutung ist für den מקדש אדם in 4QFlorilegium 1–2 i 1–7 diskutiert; vgl. bes. *Dimant*, 4QFlorilegium (1986), die in 4QFlorilegium 1–2 i 1–7 drei verschiedene Tempel erwähnt sieht: den 1. Jerusalemer Tempel, den durch die Gemeinde konstituierten menschlichen Tempel (מקדש אדם) und den eschatologischen Tempel; vgl. dagegen aber den

in dem das Gebet[92] und die rechte Lebensweise[93] das Opfer ersetzte. Dieses Selbstbild in der Metapher des Heiligtums ist in den *sectarian* Schriften auf vielfache Weise belegt. Die vielleicht deutlichste Ausformulierung findet sich in 1QS 8,1–10.

1QS 8,1–4 beschreibt, symbolisiert durch die 12-Zahl, die Gemeinschaft als wiederhergestelltes Israel und zugleich in der Anspielung auf die drei priesterlichen Familien als durch Gott wiederhergestellte Priesterschaft.[94] Dieser Gemeinschaft kommen nun – ähnlich wie den Söhnen des Lichtes in der Zwei-Geister-Lehre – eine ganze Ansammlung von Tugenden zu. Gemeinschaft und Disziplin in fester Strebsamkeit stehen auch hier ganz oben auf der Liste. Doch eine neue, bisher nicht genannte Aufgabe tritt hinzu: Sühne! Explizit ist ausgesagt, dass das Tun des Rechts der Sühne dient. Über die Sühnefunktion ist die Anbindung an die Selbstbeschreibung als Heiligtum Gottes geschaffen. Die Komplexität und elaborierte Ausgestaltung der hier entworfenen Metapher hat in jüngerer Zeit *C. Newsom* hervorgehoben: Die architektonischen Bildelemente (מעטם, מעון, בית, פנה, חומה, סוד, יסודית) evozieren den Eindruck von Stabilität und Sicherheit.[95] Über die Anspielung an Jes 28,16 in Zeile 7–8 ist die Gemeinde implizit als direkte Gründung Gottes vorgestellt.[96]

Das Selbstverständnis als Heiligtum Gottes ist nicht nur Selbstbild, sondern vor allem auch Idealbild: Was 1QS 8,1–10 für die Gemeindemitglieder vorsieht – nämlich eine besondere Gemeinschaft zu bilden,[97] Sühne zu leisten[98] und ein lebendiger Tempel zu sein – ist in den Sabbatopferliedern die Beschreibung für die Engel, die das himmlische Heiligtum

---

Überblick über die jeweils unterschiedlichen gegenläufigen Interpretationen von מקדש אדם bei *Klawans*, Purity (2006), 165.

92 Vgl. *Schiffman*, Withdrawal (1999), 272.

93 Vgl. *Dimant*, Art. נדב (2013), 882–883.

94 *Newsom*, Self (2004), 54 unter Rückgriff auf *Milik*, Ten Years (1959), 64–65.

95 *Newsom*, Self (2004), 156.

96 Vgl. ebd. 156f. „Moreover, in the larger context of Isa 28:16–18 the theme of judd gement is introduced through the distinction between the new foundation and what is rejected. Finally, the reference to Zion in Isaiah 28:16 facilitates the transfer of temple associations to the new foundation, both in Isaiah and in the echo of that passage in 1QS 8" (ebd.).

97 Vgl. *Dimant*, Men (1996), 100, sowie die dort genannten Belegstellen in Bezug auf die Gemeindemitglieder einerseits (1QS 2,2–15; 8,5–16), sowie die Engel andererseits (4Q400 1 i 2–6).

98 Vgl. ebd. 101, sowie die Belege in 1QS 3,4–10 und 4Q400 1 i 14–15.

konstituieren. Vergleicht man weitere Aufgaben der Gemeindemitglieder in 1QS mit den Beschreibungen der Engel in den Sabbatopferliedern so lassen sich zahlreiche weitere Übereinstimmungen feststellen: beide stehen in einem Bund mit Gott,[99] beiden sind besondere Gebote offenbart,[100] beide opfern blutlose Opfer,[101] beide existieren in makelloser Reinheit,[102] beide haben keine Sünde in ihrer Mitte,[103] beide preisen Gott,[104] beide besitzen göttliche Weisheit,[105] für beide spielt die Aufgabe des Lehrens eine wichtige Rolle[106]. In Analogie zu den Beschreibungen der Engel stehen aber nicht nur die Aufgaben, sondern auch die zahlreichen, beiden Gruppen zugeschriebenen tugendhaften Eigenschaften.

Es ist zu bemerken, dass dieses Idealbild in Gegensatz zur Anthropologie der Niedrigkeitsdoxologien steht, wie sie sich besonders in den Hodayot,[107] aber auch im Schlusspsalm der Gemeinderegel finden. Hiernach ist der Mensch aufgrund seiner Kreatürlichkeit gering und allein der Gnade Gottes anheim gegeben: Er ist gleich dem „Gewürm" (vgl. 1QS 11,10.21), nichts als „Lehm" (1QS 11,22), von der Hand Gottes geformt (vgl. 1QS 11,22). Wie soll das Gewürm zum Engel werden, der Lehm zum lebendigen Tempel? Die Hodayot und der Schlusspsalm der Gemeinderegel verweisen auf die Gnade Gottes, durch die allein der Mensch Gerechtigkeit und Heil erlangen kann.[108] In den *sectarian* Texten ist der חסד immer wieder mit dem Bund in Verbindung gebracht, in den der Mensch durch seinen Eintritt in den *Yaḥad* tritt.[109]

---

[99] Vgl. ebd. 100 mit dem Hinweis auf 1QS 1,8.16–2,25; 3,11–12; 4,22; 5,8–9 und 4Q400 1 i 2–7.

[100] Vgl. ebd. mit dem Hinweis auf 1QS 5,11; 8,11 sowie 4Q400 1 i 15; 4Q405 23 i 10–12.

[101] Vgl. ebd. mit dem Hinweis auf 1QS 8,9–10; 9,4–5 sowie 11Q17 1–3.

[102] Vgl. ebd. 101 mit dem Hinweis auf 1QS 3,4–10 sowie 4Q400 1 i 14–15.

[103] Vgl. ebd. mit dem Hinweis auf 1QS 1,16–28 sowie 4Q511 1,6.

[104] Vgl. ebd. mit dem Hinweis auf 1QS 1,21–22; 11,15 sowie 4Q511 35.

[105] Vgl. ebd. mit dem Hinweis auf 1QS 4,22; 11,3 sowie 4Q401 17,4; 4Q402 4,2; 4Q403 1 i 36.39.

[106] Vgl. ebd. mit dem Hinweis auf 1QS 3,13 sowie 4Q400 1 i 17.

[107] Vgl. hierzu ausführlicher *Fabry/Hüttig/Schlenke/Zanella*, Texte (2011), 337–341.

[108] Vgl. *Schlenke*, Art. חסד (2011), 1029: „Die Erlösung des Menschen aus seiner Niedrigkeit in den Bund Gottes ist חסד. Ähnlich könnten 4Q434 1 i 4 und 4Q381 33+35,5 verstanden werden. Der Erweis des חסד bewirkt die Erlösung und Befreiung des Menschen (4Q381 33+35,6; 4Q437 2 i 5), die Stärkung des menschlichen Geistes (1QH 9,34), den festen Stand des Gemeindemitglieds (1QH 8,30; 10,27), das Nahebringen des Gemeindemitglieds (1QS 11,13; 1QH 15,38) und die Hilfe im Falle des Wankens (1QS 11,12)."

[109] Vgl. *Schlenke*, Art. חסד (2011), 1030–1031.

Wie also ist die Gemeinschaft dieses Bundes konstituiert, dass seine Mitglieder wie Engel werden können?[110]

6. Auf der Suche nach einer impliziten Ethik hinter dem Strafkatalog 1QS 6,24–7,25

Einen Einblick in die Organisation des *Yaḥad* hinsichtlich seiner ethischen Belange gewährt der Strafkatalog 1QS 6,24–7,25. Dieser Strafkatalog steht im Kontext der umfassenderen Disziplinarordnung. Er enthält Rechtssätze in Bezug auf vier unterschiedliche Belange: a) das Gemeinwohl des *Yaḥad*, b) die Gemeindehierarchie, c) zwischenmenschliche Beziehungen in der Gemeinde und d) die Gemeindeordnung, besonders der formellen Versammlungen.[111] Zwei Phänomene erscheinen hier besonders beachtenswert:

1) Die Auswahl der hier präsentierten Normen hat vielfach irritiert. Diese Irritation beruht zum einen auf inhaltlichen, zum anderen auf redaktionellen Überlegungen, wobei beide Aspekte letztlich ineinander greifen. In inhaltlicher Hinsicht lässt sich feststellen, dass die Auswahl der in diesem Strafkatalog gebotenen Normen insgesamt recht willkürlich und selektiv wirkt. Auch wenn sich die Vorschriften grob unter die oben genannten Aspekte subsumieren lassen, scheint kaum ein konsequenter inhaltlicher Zusammenhang gegeben.[112] Der Vergleich mit den Parallelversionen[113] unterstreicht diesen Eindruck noch: Jede der Handschriften bietet ein eigenes Set von Vorschriften.[114] Auch wenn sich durchaus Gemeinsamkeiten zeigen, ist es doch offensichtlich, dass einzelne Straffälle durchaus gegeneinander ausgetauscht werden konnten.

---

110 Vgl. die explizite Ausformulierung der Analogie in 1QS^{b} 4,24–26: „Und du mögest dienen wie ein Engel des Angesichts in der heiligen Wohnung zur Ehre Gottes der Heerscharen in Ewigkeit. Und rings umher mögest du sein ein Diener im Palast des Königtums und das Los werfen zusammen mit den Engeln des Angesichts."

111 Für diese Kategorisierung siehe *Tso*, Ethics (2010), 210.

112 Vgl. *Shemesh*, Background (2008), 196.

113 Ähnliche Strafkataloge finden sich auch in CD 14,18–23 und – nur teilweise erhalten – in 4Q265 4 i. Angesichts dessen, dass sich trotz vieler Unterschiede signifikante Gemeinsamkeiten finden lassen, ist von einer literarischen Abhängigkeit entweder voneinander oder von einer gemeinsamen Vorlage auszugehen; vgl. *Shemesh*, Background (2008), 196.

114 Vgl. *Shemesh*, Expulsion (2002), 44.

2) Die im Strafkatalog geregelten Fälle betreffen eher Detailfragen. Moralisch relevante „große“ Fragen, wie z. B. Mord oder Totschlag, werden nicht erwähnt. Ganz offensichtlich regelt der Strafkatalog das gemeindeinterne Leben. Angesichts der bisherigen Erwähnung zur Ethik des *Yaḥad* erklärt sich diese Auffälligkeit des Strafkatalogs fast von selbst. Insofern die Gebote des Mose die äußere Grenze markieren, die die Gemeinde in ethischer Hinsicht umgibt – wer sie übertritt, wird automatisch ausgeschlossen –, können sie nicht zur Regulierung des Verhaltens innerhalb der Gemeinde dienen.

6.1 Lev 19,11–18 als Bezugstext

Auch wenn der Strafkatalog keine biblische Norm und keinen biblischen Straffall zitiert, ist der Text letztlich doch in Vorgaben der Tora fundiert. *Aharon Shemesh* hat gezeigt, dass der Strafkatalog konzeptionell auf einen Teil des Heiligkeitsgesetzes, genauer Lev 19,11–18, rekurriert.[115] In erster Linie betrifft diese Bezugnahme den Inhalt der einzelnen Normen und zumindest grob auch ihre Reihenfolge.[116] In einigen Fällen lässt sich ein klarer inhaltlicher, durch Stichworte gestützter Bezug auf das Heiligkeitsgesetz nachvollziehen. So hat das 1QS 6,24–25 genannte Vergehen des wissentlichen Lügens über den Besitz ebenso wie das in 1QS 7,3–4 genannte allgemeine wissentliche Lügen einen inhaltlichen Bezug zu Lev 19,11 („Ihr sollt nicht stehlen, ihr sollt nicht lügen, und ihr sollt einander nicht betrügen.“[117]). Für den 1QS 6,27–7,2 besprochenen Fall des Fluchens oder Missbrauchs des Namens (שם) Gottes lässt sich eine Entsprechung in Lev 19,12 sehen. Den beiden 1QS 7,8–9 genannten Vergehen „dem Nächsten ohne Grund grollen“ sowie „Rache üben“ (לנוקם ,יטר) korrespondiert Lev 19,18 und 1QS 7,15–17 konzentriert sich wie Lev 19,16 auf Verleumdung (יכל רכיל). Nach *Shemesh* weisen auch die übrigen Fälle letztlich einen Schriftbezug auf.[118] Hier ist die Beziehung insgesamt

---

[115] Vgl. *Shemesh*, Background (2008).

[116] Vgl. *Murphy*, Wealth (2002), 145.

[117] Übersetzung *Hieke*, Levitikus (2014), 699.

[118] Vgl. *Shemesh*, Background (2008). Das Verbot, sich ohne Notwendigkeit nackt vor einem anderen Gemeindemitglied zu zeigen (1QS 7,12), beruht nach *Shemesh* zudem auf Dtn 23,15 (ebd. 210–212) und das Verbot des Murrens gegen die Grundlage der Gemeinde (1QS 7,17) bzw. gegen ein anderes Gemeindemitglied (1QS 7,17–18) auf Num 16–17 (vgl. die Verwendung von לון in Num 16,3) (vgl.

zwar sehr lose, doch kann, Lev 19 einmal als Hintergrund vorausgesetzt, eine gewisse, wenn auch zum Teil sehr lose inhaltliche Nähe gesehen werden zwischen

- „dem Nächsten in Halsstarrigkeit antworten" (1QS 6,25–27) und Lev 19,11 „du sollst nicht lügen [...] einer gegen den Nächsten",
- „den Nächsten schmähen" (1QS 7,4–5) und „Du sollst einem Tauben nicht fluchen und vor einen Blinden kein Hindernis legen" (Lev 19,14),
- jeder Form von Betrug, sowie den Nächsten oder die Gemeinschaft schädigendes Verhalten, wie sie die verschiedenen Unterfälle in 1QS 7,5–8 schildern und „Du sollst deinen Nächsten nicht unterdrücken und sollst [ihn] nicht berauben; der Lohn des Tagelöhners darf über Nacht bis zum Morgen nicht bei dir bleiben." (Lev 19,13),
- sowie ganz allgemein Rechtssätzen 1QS 7,10–15, die das Verhalten in der Versammlung der Vielen betreffen, die auch juristische Funktion hat, und „Ihr sollt im Gericht nicht Unrecht tun" (Lev 19,15).

Die Beziehung zum Heiligkeitsgesetz in Lev 19 erklärt die seltsam anmutende Auswahl der im Strafkatalog präsentierten Normen. Wie dieses zeigt sich der Strafkatalog als eine „bunte Mischung von Normen"[119], wobei „[d]ie einzelnen Sachtatbestände [...] Beispiele und Wegmarkierungen für einen inneren Habitus [sind], der aus den Einzelheiten abzuleiten ist."[120] Der Strafkatalog übernimmt vor allem das Prinzip des Heiligkeitsgesetzes: die Hinordnung auf Heiligkeit. Zugleich fungieren die im Heiligkeitsgebot formulierten Normen in ihrer groben Orientierung als Anknüpfungspunkte für die Ausformulierung der im Strafkatalog gebotenen Rechtssätze. Die Beziehung zu Lev 19 hat sich allerdings als insgesamt recht lose über einzelne Stichwörter und eine mehr oder weniger vage inhaltliche Nähe herge-

---

ebd. 212–216). Ist die Annahme von *Shemesh*, dass hier ein intertextueller Bezug zu diesen Texten hergestellt ist, richtig, so ist nicht von einem, sondern von drei auf Heiligkeit zentrierten Bezugstexten auszugehen.

[119] *Hieke*, in diesem Band, 188.

[120] *Hieke*, in diesem Band, 189. Für ein solches Textverständnis in Bezug auf 1QS 6,24–7,25 spricht schon die Textgeschichte: Ein Vergleich mit den Parallelhandschriften aus 4Q zeigt, dass die im Strafkatalog vorfindlichen Normen beständig überarbeitet und auch ersetzt worden sind. Eine solche Dynamik ist vor allem dann denkbar, wenn es nicht um die einzelnen Normen als Selbstzweck geht.

stellt erwiesen. Das Entscheidende an der Beziehung zum Heiligkeitsgesetz scheint nicht zu sein, dass der hier präsentierte Strafkatalog als Interpretation der in Lev 19 formulierten, spezifischen Normen verstanden sein will. Dies ist letztlich auch im Gesamtkontext der Gemeinderegel auszuschließen, denn sonst müsste sich die Frage stellen, warum nicht in Übereinstimmung mit 1QS 8,22–23 der einer wissentlichen Rechtsübertretung Schuldige in jedem Fall der Gemeinde verwiesen wird. Räumlich gesprochen lässt sich diese Konzeption eher so wahrnehmen: Die hier formulierten Rechtssätze füllen den Raum zwischen der ethischen Außengrenze des *Yaḥad* (markiert durch das „Gebot des Mose") und der Heiligkeit als der ideellen Mitte der Gemeinschaft. Was sich äußerlich als reine Normenethik präsentiert, hat längst den Schritt getan zu einer am Ziel – und letztlich kann man sagen an der Tugend – der Heiligkeit ausgerichteten Ethik. Leitbild des Strafkatalogs ist kein Normenkatalog, sondern die Ausrichtung an einem Idealbild des Menschen. So wenig biblisch oder torabasiert der Strafkatalog angesichts der in ihm formulierten Normen auf den ersten Blick anmutet, so „biblisch" fundiert ist dieses Prinzip.

6.2 Die Abstufung der Strafen

Gegenüber der dualistischen Unterteilung in „frevlerisch" und „gerecht", wie sie bei der Gebotserfüllung zu Tage tritt, ist Heiligkeit überraschender Weise ein wesentlich dynamischeres Prinzip. Dies zeigt sich, wenn man das Augenmerk auf die Abweichung des Strafkatalogs vom Heiligkeitsgesetz richtet. Statt ethischer Sollenssätze begegnet hier eine kasuistische Sprachform, die den einzelnen Verboten Rechtsfolgen zuordnet. Hinsichtlich dieser Rechtsfolgen lässt sich zunächst eine sehr grundsätzliche Unterscheidung treffen: Es ist zum einen von der dauerhaften, irreversiblen Ausgrenzung aus den Gemeinschaft die Rede, zum anderen vom zeitlich begrenzten Ausschluss von der טהרה, der reinen Speise und/oder von einer ebenfalls zeitlich begrenzten Strafe durch verminderte Essensration.[121]

Die Rechtsfolge des Ausschlusses aus der Gemeinde betrifft die Verletzung der Heiligkeit Gottes, die Wendung gegen die Gemeinde durch Verleumdung oder Aufbegehren gegen ihre Grundlagen und den Abfall von ihren Prinzipien. Die Strafe entspricht jener Strafe, die 1QS

[121] Zu dieser sehr grundsätzlichen Unterscheidung vgl. *Shemesh*, Expulsion (2002).

8,21–23 für das absichtliche Übertreten des „Gebot des Mose“ vorgesehen ist. Die mit der Rechtsfolge einer irreversiblen Ausgrenzung aus der Gemeinde belegten Vergehen stehen demnach in ihrer Hierarchie auf einer Ebene mit einer Verletzung eines der Gebote des Mose.[122] Wie auch die absichtliche oder nachlässige Verletzung eines der Gebote des Mose offenbart eine solche Handlung, dass der Schuldige letztlich nicht für die Zugehörigkeit zu den Söhnen des Lichts bestimmt ist.[123] In diesem Sinne sind diese Vergehen letztlich Indikatoren der Prädestination. Dementsprechend können diese Vergehen nicht entschuldigt werden.

Anders dagegen verhält es sich mit jenen Vergehen, auf die eine zeitlich begrenzte Strafe folgt. Nicht ein dualistisches Prinzip ist hier bestimmend, sondern das oben angedeutete dynamische Verständnis von Heiligkeit. Die Rechtsfolge des zeitweiligen Ausschlusses mit gestuften Zeitintervallen von der reinen Speise bzw. dem reinen Trank zeigt dabei eine auffällige Parallelität zu dem ebenfalls stufenartig aufgebauten zweijährigen Aufnahmesystem der Gemeinde, wie es in 1QS 6,13–23, also direkt vor dem Strafkatalog, beschrieben ist.[124] Jeder Bewerber, der in die Gemeinde aufgenommen werden wollte, musste sich zunächst einer Prüfung unterziehen: „Jeden, der sich aus Israel willig zeigt, sich dem Rat der Gemeinschaft anzuschließen, soll der Aufseher, der an der Spitze der Vielen steht, prüfen auf sein Verständnis und seine Werke.“ (1QS 6,13–14). „Novizen mussten [sodann] ein Jahr warten, [sowie eine erneute Befragung durch die Vielen ‚über seine Angelegenheiten entsprechend seinem Verständnis und seinen Werken im Gesetz‘ (1QS 6,18) bestehen,] bevor es ihnen erlaubt wurde, die טהרה ‚reine Speise‘ zu essen.“[125] Nach zwei Jahren und einer

[122] Wahrscheinlich sind diese Vorschriften als Explikation des mosaischen Gebotes im Sinne der dem *Yaḥad* gegebenen Offenbarung zu verstehen. Hierauf könnte 4QD[a] 11,5–8 hinweisen: „Und jeder, der diese Gesetze zurückweist, die allen Regeln entsprechen, die im Gesetz des Mose gefunden werden, soll nicht zu all den Söhnen seiner Wahrheit gerechnet werden, denn seine Seele hat die Weisung der Gerechtigkeit zurückgewiesen. In Auflehnung soll er verstoßen werden aus der Gegenwart der Vielen.“

[123] So auch *Shemesh*, Expulsion (2002), 48: „Theologically speaking, this means that the person's sins (or sinful intentions) show his presence in the community of Sons of Light to be false, as his thoughts and deeds imply that he is actually one of the Sons of Darkness.“

[124] Vgl. ebd. 59–60.

[125] *Harrington*, Art. טהר (2013), 6.

weiteren Überprüfung erhielten sie volle Aufnahme zur Gemeinde und damit auch zum משקה, dem reinen Getränk.[126]

Dieselbe Konzeption steht auch hinter den zeitlichen Rechtsfolgen des Strafkatalogs. Während in vielen Fällen allein die zeitliche Frist genannt ist, nennen 1QS 6,25; 7,3.16 ausdrücklich, wovon der Schuldige ausgeschlossen werden soll: von der Reinheit der Vielen, also der reinen Speise. Am deutlichsten wird die dem Strafsystem zugrunde liegende Konzeption in 1QS 7,18–21:

> „Der Mann, dessen Geist gegenüber der Grundlage der Gemeinschaft schwankt, so dass er abtrünnig wird von der Wahrheit und in der Verstocktheit seines Herzens wandelt, der soll, wenn er umkehrt, mit zwei Jahren bestraft werden. Im ersten Jahr darf er die Reinheit der Vielen nicht berühren, und im zweiten darf er nicht den Trank der Vielen berühren und muss hinter allen Männern der Gemeinschaft sitzen. Und wenn vollendet sind seine zwei Jahre, dann sollen die Vielen über seine Angelegenheiten befragt werden. Und wenn sie ihn zulassen, dann soll er in seiner Rangstufe eingeschrieben werden, und danach soll er (wieder) über das Recht befragt werden."

Hier zeigt sich, dass der Schuldige nicht vollständig aus der Gemeinde ausgeschlossen wird, sondern durch das Vergehen in den Stand eines Novizen zurückfällt. Gleichermaßen sind wohl auch die übrigen zeitlichen Strafen zu interpretieren, wobei nicht ganz deutlich ist, ob in jedem Fall die abschließende Überprüfung erneut stattfindet.

Die hier sich abzeichnende Stufung ist eng verbunden mit dem Bild der Gemeinde als Tempel. 1QS hierarchisiert seine Normen und gestaltet die Folgen für ihre Überschreitung nach einem System, das in biblischen Texten aber auch in der Tempelrolle für kultische Reinheit angewendet wird. Es gibt offensichtlich innerhalb der Gemeinde drei Reinheitsbezirke (Noviziat, Teilhabe an der reinen Speise, Teilhabe am reinen Trank). Eine Normübertretung einer als geringfügiger bewerteten Norm zieht den zeitweiligen Ausschluss aus den „inneren" Bezirken nach sich. Die Verletzung einer schwerwiegenden Norm verlangt den dauerhaften Ausschluss aus der Gemeinde. Eine weitere Bestrafung erscheint nicht zu erfolgen. Mit dem Ausschluss aus der Gemein-

---

[126] Ebd.

de ist der Betreffende aber letztlich, wie im Zusammenhang mit der Zwei-Geister-Lehre gesehen, der ewigen Vernichtung übergeben.

Hinter der Abstufung der Strafen steht also ebenso wie hinter dem gestuften Aufnahmesystem eine Reinheitsvorstellung. Ist der Strafkatalog auf Heiligkeit hingeordnet, so stellt Reinheit für diese Heiligkeit die notwendige Voraussetzung dar. Dabei ist für den *Yaḥad* nicht allein kultische Reinheit, sondern auch und gerade eine Art konstitutioneller Reinheit notwendig.[127] Die Auswahl der Normen und ihre Hierarchisierung über die Strafen lässt Rückschlüsse auf die Werte zu, die die Gemeinde dabei als besonders wichtig erachtet. Letztlich sind damit die beiden Bereiche berührt, die ebenfalls die Heiligkeit betreffen: Gott, dem sie vollkommen zukommt und der Gemeinde, die Heiligkeit erzielen will. Große Relevanz hat auch die Beziehung zwischen gleichgestellten Mitgliedern der Gemeinde. Die geringfügigsten Konsequenzen betreffen die Disziplin der Gemeinde. Zugleich ist dieser

[127] In der Qumranforschung ist bereits seit einiger Zeit diskutiert, inwieweit in den *sectarian* Schriften (insbesondere in 1QS, 1QM und 1QH) die Konzepte von kultischer und moralischer Reinheit in ein einziges Konzept integriert werden. Die Diskussion kann ob ihrer Breite hier nicht eingeholt werden; für einen kurzen und prägnanten Überblick über die Forschungspositionen vgl. *Haber*, Impurity (2008). Angesichts der hier sich abzeichnenden Ergebnisse ist aber die Position von *Gudrun Holtz* besonders hervorzuheben: Sie arbeitet heraus, dass das, was in der Diskussion gemeinhin als moralische Unreinheit bezeichnet wird, eher eine konstitutionelle Unreinheit darstellt (*Holtz*, Conceptions [2013], bes. 524–529). Im vorliegenden Zusammenhang scheint mir diese Begrifflichkeit weiterführend zu sein. Der Schlusspsalm am Ende der Gemeinderegel und Niedrigkeitsdoxologien der Hodayot zeigen, dass ungeachtet der Gemeindezugehörigkeit die Kreatürlichkeit des Menschen auch mit seiner moralischen Nichtigkeit verbunden wird. Nach dieser Konzeption ist der Mensch von Natur aus unrein und frevlerisch. Das Idealbild des Menschen aber ist die engelsgleiche Reinheit und Heiligkeit. Diesen vertikalen Dualismus versucht die Gemeinde u.a. durch „moralische" Reinheit zu überwinden. Dies entspricht dem Verständnis einer „constitutional impurity" bei Holtz: „‚Constitutional impurity' is concerned with what is possessed by humans from birth. It cannot be completely removed by ritual means. Similarly, ‚genealogical' impurity cannot be overcome ritually. ‚Constitutional' impurity, however, differs from ‚genealogical' im/purity in that it transcends any human divide: the divide between Israel and the nations as well as genealogical differentiations within Israel or, as the case may be, within Essene Judaism, namely priests, Levites, Israelites and proselytes. ‚Genealogical purity' serves inner-human categorizations that aim at defining boundaries between different groups of human beings. By way of contrast, *‚constitutional purity' operates with the opposition of God's perfection and holiness and human imperfection*" (ebd. 524f.; Hervorhebung BS).

Bereich aber wichtig genug, um ihm zahlreiche Normen zukommen zu lassen.

In den unterschiedlichen Strafen – irreversible Ausgrenzung und zeitweiser Ausschluss – zeigt sich die Verbindung zweier unterschiedlicher Konzeptionen, die zum einen mit der Unterscheidung zwischen frevlerisch und gerecht, zum anderen mit der Unterscheidung unrein und rein zusammenhängen. Die dualistische Unterscheidung zwischen frevlerisch und gerecht bzw. gut und böse markiert die ethische Außengrenze. Ein Übertreten dieser Grenze ist immer radikal: von Böse nach Gut bedeutet es Konversion, von Gut nach Böse Ausschluss. Insofern ist der Aussage von John Barton zunächst zuzustimmen:

> „This does speak of fixed and stable dispositions, but to an extent that really rules out the moral development one associates with virtue ethics. Conversion may be possible, as Ezekiel 18: a wicked man can suddenly turn around and become a righteous man, just as a righteous man can lose his good character as it were overnight. But people do not gradually get better."[128]

Innerhalb der Gemeinde aber ist das leitende Kriterium nicht mehr „gut", sondern „heilig". Insofern ist die Aussage von *John Barton* zu ergänzen: Menschen werden nicht graduell besser, aber graduell heilig. Die Ethik des Strafkatalogs kennt, da sie nicht mehr primär an Normen, sondern an der Tugend der Heiligkeit ausgerichtet ist, wie jede andere Tugendethik graduelle Veränderung. Da ihre Mitte aber nicht primär als das Gute, sondern als das bzw. der Heilige verstanden ist, bezieht sich diese Veränderung auf die ethisch verstandene Reinheit des (guten) Menschen.

In Zusammenschau mit den bisherigen Ergebnissen ergeben die Überlegungen zum Strafkatalog das folgende Bild: Letztlich erweist sich die ethische Konzeption des *Yaḥad,* wie sie hinter 1QS steht, als „biblisch" fundiert. Dies betrifft nicht nur die Verpflichtung auf die Tora des Mose, sondern auch die Ausrichtung der internen ethischen Prinzipien an der Heiligkeit. In der Ausrichtung an Heiligkeit entspricht die in 1QS implizierte Ethik dem Heiligkeitsgesetz der Tora. Doch es gibt eine ganze Reihe von Spezifika:

- Die 1QS prägende ethische Vorstellung ist kosmologisch ausgeweitet. Das Ideal der Heiligkeit ist konzeptionell eher am Vorbild der

---

[128] *Barton*, Ethics (2014), 160.

Engelgemeinschaft als direkt an der Heiligkeit Gottes orientiert. Es kann damit auch nur indirekt als *imitatio dei* interpretiert sein.[129]

- Die eschatologisch-apokalyptische Sicht lässt die Vernichtung der Frevler erwarten. Die Heiligkeit wird sich nicht innergeschichtlich ausweiten, sondern ist gegen die Einflüsse des Frevlerischen zu erhalten, damit Sühne wenigstens für die verbleibenden Kinder des Lichts geleistet ist.
- Die hinter 1QS stehende Ethik ist auf das Bild des Heiligtums konzentriert. Dies zeigt sich sowohl in räumlicher als auch in zeitlicher Hinsicht: Während Lev die Heiligkeit auf den Alltag und auf das Land ausweitet,[130] holt die qumranische Ausformulierung den Menschen in das Heiligtum. In zeitlicher Hinsicht scheint das Ideal eine fortwährende Präsenz im Allerheiligsten zum ewigen Gotteslob zu sein.
- Die dualistisch-deterministische Komponente im Gedankengut des *Yaḥad* bewirkt eine klare Grenzziehung. Das Heiligkeitsgesetz bezieht sich nicht nur auf den Nächsten, sondern nimmt betont auch die Beziehung zum Fremden in den Blick. Die qumranische Ethik kennt für den Umgang mit Außenstehenden – so sie denn nicht anklopfen und Aufnahme begehren – nur eine Anweisung: radikale Abgrenzung. Beziehung gilt als hoher Wert – aber nur innerhalb der Gemeinschaft. Außerhalb dieses Heiligtums gibt es kein Heil.

7. Fazit

In der Gemeinderegel sind jeweils konträre Konzeptionen – Berufung auf die „Tora des Mose" und Interpretation derselben, Prädestination und freier Wille, ethischer und anthropologischer Dualismus, anthropologische Niedrigkeit des Menschen und Idealbild der Gemeinschaft – ineinander geblendet. Das hieraus entstehende ethische System lässt sich am besten bildhaft nachvollziehen: Integratives Moment dieser Konzeption ist die Metapher der Gemeinde als Tempel.[131] Nach der

---

[129] Vgl. für Lev 19 *Hieke*, Levitikus (2014), 710.761.

[130] Vgl. ebd. 703.

[131] Ein interessantes Detail ist, dass sich somit die ethische Konzeption mit einer stilisierten Tempeldarstellung deckt, die sich auf verschiedenen Leinen findet, in

Vorstellung des *Yaḥad* bildet die Gemeinde einen Gegenort zur vom rechten Weg abgefallenen israelitischen Umwelt: ein lebendiges Heiligtum. Als ein solches besitzt sie auch eine äußere Grenze. Normativ ist diese Grenze markiert durch die Gebote bzw. die Tora des Mose. Die einzig richtige Interpretation dieser Tora kommt dem *Yaḥad* zu. Seine Interpretation erhält den gleichen Offenbarungscharakter wie die Tora selbst. Insofern außenstehende – und damit gegnerische – Gruppen nicht an der Offenbarung des *Yaḥad* partizipieren und hinsichtlich der Torainterpretation von diesem abweichen, gelten diese als „Grenzverrücker". Der *Yaḥad* hingegen erfindet diese Grenze nicht, sondern er sucht und findet (דרש) sie. Auf diese Grenze lässt sich die kosmologisch begründete Grenzziehung des ethischen Dualismus der Zwei-Geister-Lehre spiegeln. Dadurch wird diese Grenze noch stärker begründet: Die Grenze ist nicht allein durch die Tora gefordert, sondern auch in der Natur des Menschen und seiner Bestimmung verankert. In einer statischen Momentaufnahme unterteilt diese Grenze damit die Menschheit in zwei Gruppen: Die sich innerhalb der Gemeinde Befindenden sind gut und gerecht, die Außenstehenden schlecht und frevlerisch. Ihre Stellung gibt Auskunft über ihre Bestimmung. Sie sind durch die Gnade Gottes erwählt zur Gemeinschaft des *Yaḥad* oder aber verworfen. Gemäß ihrer Stellung ist demnach ihr eschatologisches Schicksal bestimmt. Doch in diesem Bild kann auch eine dynamische Komponente gedacht sein. So wie es möglich ist, ein Opfer in den Tempel zu bringen, dass durch die Opferung quasi selbst zum Teil des Tempel(kult)s wird, so kann der Einzelne durch den rechten Lebensweg seinen Lebenswandel selbst als Opfer darbringen. Insofern die Grenzziehung rigoros ist, ist der Grenzübertritt immer radikal: Eintritt oder Ausgrenzung.

Das Heiligtum hat nun aber nicht nur eine äußere Grenze, sondern auch eine innere Mitte: Auf Heiligkeit ist alles hingeordnet. Insofern das Vorbild dieser Heiligkeit das himmlische Heiligtum ist, hat der den Bund Betretende nicht nur einen horizontalen Weg zur Mitte des Heiligtums zu vollziehen, sondern muss sich auch in vertikaler Richtung aus der Kreatürlichkeit erheben. Orientierung geschieht hier

---

die Rollen aus Höhle 1 gewickelt waren; vgl. *Crowfoot*, DJD I, 18–20 sowie *Yadin*, Temple Scroll 1 (1983), 198–200, bildliche Darstellung ebd. 199. In gewisser Weise kann diese Darstellung als der aus den Texten selbst gewonnene Paratext verstanden werden, der zugleich jene Brille ist, durch den die Gemeinde diese Texte liest.

durch die Konstitution neuer Normen, die sich als rigorose Ableitungen „biblischer" Normen (nicht aber deren Anwendung) ausweisen. Dem Muster der Heiligkeitsbezirke entsprechend sind sie in gestufter Wertigkeit um das Zentrum angeordnet. Diese Normen sind kein Selbstzweck. Sie dienen dem bereits in Lev 19,2 formulierten Ziel „Seid heilig!"

Literatur

Barton, John, Ethics in Ancient Israel, Oxford 2014.

Becker, Michael, Art. סתר, in: ThWQ II (2013) 1121–1126.

Brand, Miryam T., Evil Within and Without. The Source of Sin and Its Nature in Second Temple Literature (Journal of Ancient Judaism. Supplements 9), Göttingen 2013.

Brin, Gershon, Art. גבול, in: ThWQ I (2011) 562–565.

Brooke, George J., ‚The Canon within the Canon' at Qumran and in the New Testament, in: *Porter, Stanley E./Evans, Craig A.* (Hg.), The Scrolls and the Scriptures. Qumran Fifty Years After (JSPSup 26), Sheffield 1997, 242–266.

Ders., Some Issues behind the Ethics in the Qumran Scrolls and their Implications for New Testament Ethics, in: *Henten, Jan Willem van/Verheyden, Joseph* (Hg.), Early Christian Ethics in Interaction with Jewish and Greco-Roman Contexts (Studies in Theology and Religion 17), Leiden 2012, 83–106.

Dahmen, Ulrich, Art. מושה, in: ThWQ II (2013) 606–618.

Dimant, Devorah, Qumran Sectarian Literature, in: *Stone, Michael E.* (Hg.), The Literature of the Jewish People in the Period of the Second Temple and the Talmud. Bd. 2: Apocrypha, Pseudepigrapha, Qumran Sectarian Writings, Philo, Josephus (CRI 2), Assen 1984, 483–550.

Dies., 4QFlorilegium and the Idea of the Community as Temple, in: *Caquot, André/Hadas-Level, Mireille/Riaud, Jean* (Hg.), Hellenica et Judaica. Hommage à Valentin Nikiprowetzky, Leuven/Paris 1986, 165–189.

Dies., The Qumran Manuscripts. Contents and Significance, in: *Dies./Schiffman, Lawrence H.* (Hg.), Time to Prepare the Way in the Wilderness. Papers on the Qumran Scrolls by Fellows of the Institute for Advanced Studies of the Hebrew University, Jerusalem, 1989–1990, Leiden 1995, 23–58.

Dies., Men as Angels. The Self-Image of the Qumran Community, in: *Berlin, Adele* (Hg.), Religion and Politics in the Ancient Near East (Studies and Texts in Jewish History and Culture 1), Potomac 1996, 93–103.

Dies., The Library of Qumran. Its Content and Character, in: *Schiffman, Lawrence H./Tov, Emanuel/VanderKam, James C.* (Hg.), The Dead Sea Scrolls. Fifty Years after their Discovery. Proceedings of the Jerusalem Congress, July 20-25, 1997, Jerusalem 2000, 170–176.

Dies., The Volunteers in the Rule of the Community. A Biblical Notion in Sectarian Garb, in: RevQ 23 (2007) 223–245.

Dies., Between Qumran Sectarian and Non-Sectarian Texts. The Case of Belial and Mastema, in: *Roitman, Adolfo D./Schiffman, Lawrence H./Tzoref, Shani* (Hg.), The Dead Sea Scrolls and Contemporary Culture. Proceedings of the International Conference held at the Israel Museum, Jerusalem (July 6–8, 2008), Leiden/Boston 2010, 235–256.

Dies., The Vocabulary of Qumran Sectarian Texts, in: *Frey, Jörg/Claußen, Carsten/Kessler, Nadine* (Hg.), Qumran und die Archäologie. Texte und Kontexte (WUNT 2/30), Tübingen 2011, 347–395.

Dies., Art. נדב, in: ThWQ II (2013) 879–883.

Duhaime, Jean, Art. Determinism, in: EDSS I (2000) 194–198.

Ders., Art. Dualism, in: EDSS I (2000) 215–220.

Elgvin, Torleif, Art. משכיל, in: ThWQ II (2013) 802–806.

Fabry, Heinz-Josef, Art. Qumran, in: NBL III (2001) 230–260.

Ders., Archäologie und Text. Versuch einer Verhältnisbestimmung am Beispiel von Chirbet Qumran, in: *Küchler, Max/Schmidt, Karl Matthias* (Hg.), Texte – Fakten – Artefakten. Beiträge zur Bedeutung der Archäologie für die neutestamentliche Forschung, Göttingen 2006, 69–101.

Ders./Hüttig, Sabine/Schlenke, Barbara/Zanella, Francesco, Anthropologische Texte aus Qumran und ihre Bedeutung für einen Entwurf qumranischer Anthropologie, in: *Frevel, Christian* (Hg.), Biblische Anthropologie. Neue Einsichten aus dem Alten Testament (QD 237), Freiburg 2010, 332–349.

Fox, Michael V., Proverbs 1–9 (AB 18A), New York 2000.

Frey, Jörg, Qumran und der biblische Kanon. Eine thematische Einführung, in: *Becker, Michael/Ders.* (Hg.), Qumran und der biblische Kanon (BThS 92), Neukirchen-Vluyn 2009, 1–63.

García Martínez, Florentino, Priestly Functions in a Community without Temple, in: *Ego, Beate/Lange, Armin/Pilhofer, Peter* (Hg.), Gemeinde ohne Tempel / Community Without Temple. Zur Substituierung und Transformation des Jerusalemer Tempels und seines Kults im Alten Testament, antiken Judentum und frühen Christentum (WUNT 118), Tübingen 1999, 303–319.

Ders./Parry, Donald W., A Bibliography of the Finds in the Desert of Judah 1970–1995 (STDJ 19), Leiden 1996.

Ders./Woude, Adam Simon van der, A ‚Groningen' Hypothesis of Qumran Origins and Early History, in: RevQ 14 (1990) 521–542.

Gärtner, Bertil E., The Temple and the Community in Qumran and the New Testament. A Comparative Study in the Temple Symbolism of the Qumran Texts and the New Testament, Cambridge 1965.

Haber, Susan, Ritual and Moral Impurity in the Dead Sea Scrolls, in: *Reinhartz, Adele* (Hg.), ‚They shall purify themselves'. Essays on Purity in Early Judaism, Atlanta 2008, 47–71.

Harrington, Hannah, Art. טהר, in: ThWQ II (2013) 1–11.

Hempel, Charlotte, Vielgestaltigkeit und Verbindlichkeit: Serek ha-Yaḥad in Qumran, in: *Becker, Michael/Frey, Jörg* (Hg.), Qumran und der biblische Kanon (BThS 92), Neukirchen-Vluyn 2009, 101–120.

Dies., The Treatise on the Two Spirits and the Literary History of the Rule of the Community, in: *Xeravits, Géza G.* (Hg.), Dualism in Qumran (LSTS 76), London, 2010, 102–120.

Henten, Jan Willem van/Verheyden, Joseph, Introduction, in: *Dies.* (Hg.), Early Christian Ethics in Interaction with Jewish and Greco-Roman Contexts (Studies in Theology and Religion 17), Leiden 2012, 1–16.

Hieke, Thomas, Levitikus 16–27 (HThKAT), Freiburg 2014.

Holtz, Gudrun, Purity Conceptions in the Dead Sea Scrolls: ‚Ritual-Physical' and ‚Moral' Purity in a Diachronic Perspective, in: *Frevel, Christian/Nihan, Christophe* (Hg.), Purity and the Forming of Religious Traditions in the Ancient Mediterranean World and Ancient Judaism (Dynamics in the History of Religion 3), Leiden 2013, 519–536.

Hultgren, Stephen, From the Damascus Covenant to the Covenant of the Community. Literary, Historical, and Theological Studies in the Dead Sea Scrolls (STDJ 66), Leiden 2007.

Jokiranta, Jutta, Social Identity and Sectarianism in the Qumran Movement (STDJ 105), Leiden 2013.

Kampen, John I., Art. Ethics, in: EDSS I (2000) 272–276.

Kimborough, S. T. Jr., The Ethic of the Qumran Community, in: RevQ 6 (1969) 483–498.

Klawans, Jonathan, Purity, Sacrifice, and the Temple. Symbolism and Supersessionism in the Study of Ancient Judaism, Oxford 2006.

Klinzing, Georg, Die Umdeutung des Kultus in der Qumrangemeinde und im Neuen Testament, Göttingen 1971.

Knibb, Michael A., Art. Rule of the Community, in: EDSS II (2000) 793–797.

Lange, Armin, Weisheit und Prädestination. Weisheitliche Urordnung und Prädestination in den Textfunden von Qumran (STDJ 18), Leiden 1995.

Ders., Wisdom and Predestination in the Dead Sea Scrolls, in: DSD 2 (1995) 340–354.

Ders., Zwischen Paratext und Kommentar, in: *Dahmen, Ulrich/Schnocks, Johannes* (Hg.), Juda und Jerusalem in der Seleukidenzeit. Herrschaft – Widerstand – Identität. FS Heinz-Josef Fabry (BBB 159), Bonn 2010, 363–380.

Ders./Lichtenberger, Hermann, Art. Qumran, in: TRE XXVIII (1997) 45–97.

Lichtenberger, Hermann, Studien zum Menschenbild in den Texten der Qumrangemeinde (SUNT 15), Göttingen 1980.

Machiela, Daniel A., Art. גלה, in: ThWQ I (2011) 605–612.

Maier, Johann, Early Biblical Interpretation in the Qumran Literature, in: *Sæbø, Magne* (Hg.), Hebrew Bible/Old Testament. The History of Its Interpretation, I.1 From the Beginnings to the Middle Ages (Until 1300). Antiquity, Göttingen 1996, 108–129.

Ders., Art. דרש, in: ThWQ I (2011) 725–737.

Metso, Sarianna, The Textual Development of the Qumran Community Rule (STDJ 21), Leiden 1997.

Milik, Józef T., Ten Years of Discovery in the Wilderness of Judaea (SBT 26), Chatham 1959.

Murphy, Cathrine M., Wealth in the Dead Sea Scrolls and in the Qumran Community (STDJ 40), Leiden 2002.

Newsom, Carol A., The Self as Symbolic Space. Constructing Identity and Community at Qumran (STDJ 52), Bosten 2004.

Osten-Sacken, Peter von der, Gott und Belial. Traditionsgeschichtliche Untersuchungen zum Dualismus in den Texten aus Qumran (StUNT 6), Göttingen 1969.

Paganini, Simone, „Nicht darfst du zu diesen Wörtern etwas hinzufügen". Die Rezeption des Deuteronomiums in der Tempelrolle: Sprache, Autoren und Hermeneutik (BZAR 11), Wiesbaden 2009.

Pinnick, Avital, The Orion Centre Bibliography of the Dead Sea Scrolls (1995–2000) (STDJ 41), Leiden 2001.

Schiffman, Lawrence H., Sectarian Law in the Dead Sea Scrolls (BJS 33), Chico 1983.

Ders., The Qumran Community's Withdrawal from the Jerusalem Temple, in: *Ego, Beate/Lange, Armin/Pilhofer, Peter* (Hg.), Gemeinde ohne Tempel / Community Without Temple. Zur Substituierung und Transformation des Jerusalemer Tempels und seines Kults im Alten Testament, antiken Judentum und frühen Christentum (WUNT 118), Tübingen 1999, 267–284.

Schlenke, Barbara, Art. חסד, in: ThWQ I (2011) 1025–1033.

Schniedewind, William M., Qumran Hebrew as an Antilanguage, in: JBL 118 (1999) 235–252.

Schofield, Alison, From Qumran to the *Yaḥad*. A New Paradigm of Textual Development for the Community Rule (STDJ 77), Leiden 2009.

Shemesh, Aharon, Expulsion and Exclusion in the Community Rule and the Damascus Document, in: DSD 9 (2002) 44–74.

Ders., The Scriptual Background of the Penal Code in the *Rule of the Community* and *Damascus Document*, in: DSD 15 (2008) 191–224.

Stegemann, Hartmut, Zu Textbestand und Grundgedanken von 1QS III, 13-IV, 26, in: RevQ 13 (1988) 95–131.

Steudel, Annette, Die Rezeption autoritativer Texte in Qumran, in: *Becker, Michael/Frey, Jörg* (Hg.), Qumran und der biblische Kanon (BThS 92), Neukirchen-Vluyn 2009, 89–100.

Talmon, Shemaryahu, Qumran Studies. Past, Present and Future, in: JQR 85 (1994) 1–31.

Toews, Casey, Moral Purification in 1QS, in: Bulletin for Biblical Research 13 (2003) 71–76.

Tso, Marcus K. M., The Giving of the Torah at Sinai and the Ethics of the Qumran Community, in: *Brooke, George J./Najman, Hindy/Stuckenbruck, Loren T.* (Hg.),

The Significance of Sinai. Traditions about Sinai and Divine Revalation in Judaism and Christianity (TBN 12), Leiden 2008, 117–127.

Ders., Ethics in the Qumran Community. An Interdisciplinary Investigation (WUNT 2/292), Tübingen 2010.

Ders., The Uses of Scriptual Traditions at Qumran for the Construction of Ethics, in: *N. Dávid, Nóra/Lange, Armin/De Troyer, Kristin/ Tzoref, Shani* (Hg.), The Hebrew Bible in Light of the Dead Sea Scrolls (FRLANT 239), Göttingen 2011, 263–280.

Ulrich, Eugene, Art. Canon, in: EDSS I (2000) 117–200.

Wernberg-Møller, Preben, Some Reflections on the Biblical Material in the Manual of Discipline, in: ST 9 (1956) 40–66.

Wold, Benjamin G., Family Ethics in *4QInstruction* and the New Testament, in: NT 50 (2008) 286–300.

Yadin, Yidael, The Temple Scroll. Volume 1. Introduction, Jerusalem 1983.

Zanella, Francesco, The Lexical Field of the Substantives of „Gift“ in Ancient Hebrew (SSN 54), Leiden 2010.

Relevanz alttestamentlicher Ethik

Israels Moral der Befreiten

Zur Begründung der ‚Option für die Armen' in der geschichtlichen Identität Israels

Dominik Markl

Die Stimme der ‚Option für die Armen' ist leiser geworden. So eindrücklich Norbert Lohfink in den 1980er Jahren dieses „Leitwort der Befreiungstheologie im Lichte der Bibel" gedeutet hat,[1] so wenig Aufsehen scheint es heute im Großen und Ganzen bibelwissenschaftlicher Diskurse zu erregen.[2] Dieser Beitrag möchte das Anliegen der ‚Option für die Armen' unterstreichen und vertiefen, indem er sich auf die Grundlegung der Ethik Israels im Pentateuch konzentriert. Das leitende Interesse dieses Beitrags ist die deskriptive Analyse ethischer Pragmatik in den kanonischen Textgestalten des Pentateuch als privilegierter biblischer Ausgangspunkt für präskriptive Erwägungen im Rahmen von Theologie und Kirche.[3] Die Analyse geht vom Paradigma

---

[1] *Lohfink*, Option (1985); vgl. *Lohfink*, Option (1987); schon *Lohfink*, Armut (1993), verzeichnete ein Zurückgehen des Interesses an der Option für die Armen (ebd. 238); als Überblicksdarstellungen zur Armut und sozialer Gerechtigkeit im AT vgl. zudem: *Berges/Hoppe*, Arm (2009); *Baker*, Fists (2009); *Houston*, Contending (2008); *Fischer/Markl*, Armut (2007); *Premstaller*, Lehren (2007); *Pleins*, Visions (2001); *Bosman* (Hg.), Plutocrats (1993).

[2] Folgende Gründe dürften dafür eine Rolle spielen: die politische Desillusionierung der post-68er Generationen; das geringe Maß des unmittelbaren Leidensdrucks an Armut im deutschsprachigen Raum; die Ausdifferenzierung der sozialgeschichtlichen Analyse des Alten Testaments. Was in den vergangenen beiden Jahrzehnten unter den Stichworten Exil und ‚Forced Migration', Ökologie und in Genderfragen diskutiert wird, beleuchtet wichtige sozialgeschichtliche Aspekte, die mit dem Phänomen der Armut verwoben sind und unser Verständnis voranbringen.

[3] Ich gehe von folgenden Voraussetzungen aus: Erstens, die Hauptverantwortung bibelwissenschaftlicher Forschung hinsichtlich ethischer Fragen ist im Rahmen der theologischen Fächer die deskriptive Analyse derselben innerhalb der biblischen Schriften (vgl. *Otto*, Ethik [1994], 9–12), die aber für jede präskriptive sozialethische Reflexion, die sich an den Gründungstraditionen des Christentums orientieren will, den grundlegenden Ausgangspunkt darstellt. Zweitens: Auf der Basis der historisch-kritischen Forschung kommt der Frage nach der Konzeption der

der narrativen Rechtshermeneutik im Pentateuch aus und führt zu einer Nuancierung der Begründung der ‚Option für die Armen' aus biblischer Sicht.

1. Kollektive Identität und Ethik im Pentateuch

Während die klassische literarkritische Forschung unwiderruflich das Bewusstsein für die Vielgestaltigkeit der Hintergründe pentateuchischer Texte geschärft hat, haben redaktionskritische Analysen der letzten Jahrzehnte das Augenmerk auf die bewusste Gestaltung übergreifender Zusammenhänge innerhalb des Pentateuch gelenkt. Obwohl die komplexe Geschichte der diachronen Entstehung des Pentateuch zu narrativen Brüchen, Inkonsistenzen und Spannungen bis hin zu Widersprüchen geführt hat, die offen stehen geblieben sind, hat gezielte redaktionelle Arbeit in exilischer und persischer Zeit den Pentateuch als zusammengehörigen literarischen Komplex geschaffen. Er bildet insgesamt ein überaus vielschichtiges Gründungsdokument für das entstehende Judentum, indem er die Identität des Gottesvolkes in geschichtlicher,[4] religiöser, ethischer und rechtlicher Hinsicht entfaltet.

Obwohl das narrative Grundgerüst des Pentateuch eine Vielzahl literarischer Formen und Gattungen integriert, lebt der Pentateuch insgesamt aus der Grundspannung zwischen Erzählung und Recht und ihrer wechselseitigen Verwobenheit, was die jüdische Tradition in den Grundkategorien von Haggada und Halacha zum Ausdruck bringt. Die Erzählung erfüllt komplexe Funktionen für das Recht und umgekehrt. Auf diese Weise begründet der Pentateuch das Paradigma narrativer Rechtshermeneutik.[5] Das Recht will nicht ohne seinen geschicht-

---

spätesten Stadien redigierter Textkomplexe in ihren kanonischen Gestalten entscheidende Bedeutung zu. Ethische Argumentation im Kontext von Theologie und Kirche muss an kanonisch anerkannten Texten nachvollziehbar sein. Dies setzt, drittens, die Annahme voraus, dass auch komplexe Komposittexte wie der Pentateuch trotz der Spannungen und Brüche seiner literarischen Kohärenz sinnvoll als zusammengehörige literarische Gesamtgestalten gelesen werden können.

[4] Hier ist vorausgesetzt, dass die ‚geschichtliche' Dimension der pentateuchischen Erzählung viel mehr als mythologisch denn als historisch zu verstehen ist. Zur Rekonstruktion der Frühgeschichte Israels vgl. z. B. *Grabbe*, Israel (2007), 118–122.

[5] Vgl. *Nasuti*, Identity (1986); *Lohfink*, Prolegomena (2003); *Markl*, Rechtshermeneutik (2005); zu wichtigen Aspekten jüngst *Otto*, Deuteronomium (2012), 258–274.

lichen Rahmen verstanden werden noch die Geschichte ohne ihre rechtlichen Implikationen.

Beide Großgattungen – Erzählung und Recht – sind von ethischem Interesse geleitet. Die Erzählungen setzen sich meist implizit mit ethischen Fragestellungen auseinander, während viele Rechtstexte ethische Normen ausdrücklich entfalten. Die Erzählung der Ursprungsgeschichte Israels ist darüber hinaus insofern von besonderem ethischen Gewicht, als sie die kollektive geschichtliche Identität Israels begründet. Sowohl individuelle als auch kollektive Identität (mit ihrem Wechselspiel) – wer wir sind bzw. als wer wir uns verstehen – sind grundlegend für ethische Haltungen – wie wir uns verhalten und handeln.[6] Die folgende Analyse konzentriert sich daher auf die Grundlegung der geschichtlichen Identität Israels als Sklaven in der Fremde und ihre systematische Vernetzung mit ethisch-rechtlichen Normen im Pentateuch.

2. Versklavung in der Fremde: narrative Rechtsbegründung im Pentateuch

Eine merkwürdige Spannung prägt die Ursprungserzählung Israels. Abraham, dem reiche Nachkommenschaft und Beheimatung im Land verheißen sind (Gen 12,1–7), erfährt in einer geheimnisvoll im Tiefschlaf ergehenden Gottesoffenbarung von der zukünftigen Unterdrückung seiner Nachkommenschaft in der Fremde: „Gewiss sollst du wissen, dass deine Nachkommenschaft Fremdling sein wird in einem Land, das ihnen nicht gehört; und sie werden ihnen dienen, und man wird sie unterdrücken vierhundert Jahre lang“ (Gen 15,13). Diese (wie oft vermutet wird, späte, redaktionelle)[7] Vorwegnahme der Exoduserzählung führt drei zentrale Stichworte für die bevorstehende Erfahrung Israels ein: Fremde (גר), Sklavenarbeit (עבד) und Unterdrückung (ענה). Schon Israels Großvater Abraham wird mit Nachdruck offenbart, dass sich die erste geschichtliche Periode seiner Nachkommenschaft in der Fremde abspielen wird, unter harten Bedingungen. Erst dann zeichnet sich Befreiung ab (Gen 15,14).

---

[6] Vgl. z. B. *Gergen*, Erzählung (1989); *Straub*, Geschichten (1998); *Appiah*, Ethics (2005).

[7] Vgl. z. B. *Schmid*, Erzväter (1999), 63f. und 181f.; *Ska*, Introduction (2006), 200.

Die Themen der Fremde und des Dienens kommen jedoch nicht erst im Buch Exodus zur Entfaltung. Sie sind schon in Israels Biographie und Familiengeschichte vorausgespiegelt. Waren schon Abraham und Isaak mehrfach zur Migration gezwungen worden, müssen sowohl Jakob als auch Josef aufgrund eines familiären Konflikts in die Fremde gehen (Gen 28; 37). Beide müssen dort dienen (עבד) – Jakob beim Schwiegervater Laban (Gen 29,15), Josef im Haus Potifars (Gen 39,17.19).[8] Dass der junge Josef zum Prototyp des fremden Sklaven in rechtloser Wehrlosigkeit stilisiert ist, zeigt die Anklage von Potifars Frau: „Der hebräische Sklave, den du uns gebracht hast, ist zu mir gekommen, um mit mir zu spielen" (Gen 39,17).[9] Schließlich kommen auch Jakob und Josefs Brüder als Fremde nach Ägypten und bezeichnen sich als Pharaos Diener (גור und עבד in Gen 47,4). Dieses Abhängigkeitsverhältnis entwickelt sich erst unter dem Pharao, der Josef nicht mehr kannte, zur Unterdrückung (ענה in Ex 1,11f.).

Neben dieser Geschichte externer Abhängigkeiten durchzieht Israels Familiengeschichte eine Linie innerfamiliärer Abhängigkeit. Jakob, der sich seiner Schuld bewusst ist, Esau um das Erstgeburtsrecht betrogen zu haben, bezeichnet sich selbst beim Wiedersehen als Diener, während er Esau seinen Herren nennt (אדון/עבד : Gen 32,5f.19; 33,14). In der Josefsgeschichte durchzieht die Rhetorik der Brüder – ‚wir deine Knechte, du unser Herr' – leitwortartig drei Kapitel (Gen 42–44), und sie kulminiert in Judas Rede (Gen 44,16.18f.24.33). Auch noch nach Jakobs Tod unterwerfen sich die Brüder schuldbewusst Josef als Sklaven (עבדים; Gen 50,18). Josefs versöhnliche Ablehnung dieser Selbstunterwerfung (Gen 50,19–21) ist die letzte große Lösung des Familiendramas. Die Thematik von Schuld und Abhängigkeit sowohl unter Geschwistern als auch gegenüber Außenstehenden sowie Strategien zur Befreiung bilden eine Leitthematik des Jakobszyklus, der die Exoduserzählung auf diese Weise thematisch vorbereitet und in ihr kulminiert.

Die Dynamik des Exodusbuches insgesamt ist von der kontrastiven Entwicklung des Leitmotives dienen/Dienst (עבד/עבדה) geprägt, wie dies schon George Auzou im Titel seines Exoduskommentars zum Ausdruck gebracht hatte – „De la servitude au service". Die Transfor-

---

[8] Zum Erzählmuster des sozialen Abstiegs vgl. *Dietrich/Dietrich*, Abstieg (2008), bes. 555f.

[9] Zu Josef als Fremdem vgl. auch *Wöhrle*, Joseph (2013).

mation vom Sklavendienst in Ägypten zum Gottesdienst deutet sich dabei schon in der Exposition des Buches an (vgl. Ex 1,13f.; 3,12; 4,23), verwirklicht sich aber erst voll im gemeinsamen Dienst des befreiten Israels bei der Herstellung des Heiligtums (bes. Ex 39,32.42).[10] Mit subtiler Ironie deutet sich die Sabbatruhe als Bollwerk gegen unmenschliche Versklavung an, als Pharao Mose und Aaron erbost fragt: „Wollt ihr sie von der Zwangsarbeit ruhen lassen (שׁבת hi.)?“ (Ex 5,5). Und ebenso sublim zeigt sich die psychologische Dynamik von Versklavung versus Befreiung im kontrastiven Leitmotiv des Herzens: Hatte Pharaos verhärtetes Herz zu verbitternder Arbeit gezwungen (Ex 4,21–14,17), ist das Herz Israels am Ende des Buches zur Großzügigkeit befreit (Ex 25,2; 35,5–36,2) und zur Kunst inspiriert (28,3; 31,6; 35,10–36,8).[11]

Versklavung und Befreiung aus ihr sind nicht nur prägende Leitthemen der Ursprungserzählung Israels, sondern auch des pentateuchischen Rechts, in dem diese thematische Linie mit besonderer Prägnanz, Intensität und Häufigkeit weiter entfaltet wird. Die Exoduserzählung wird programmatisch im Prolog des Dekalogs und damit im Kopfsatz aller pentateuchischen Rechtssammlungen zusammengefasst und so dem gesamten pentateuchischen Recht als hermeneutischer Schlüssel vorangestellt (Ex 20,2; Dtn 5,6): Das Recht dient der Bewahrung der Freiheit.[12] Der Sabbat, der mit der Ruhe der Sklaven ebenso wie der Herren die Wiederherstellung sozialer Egalität ermöglicht (Ex 20,10; Dtn 5,14), ist in den beiden Versionen des Dekalogs sowohl mit der Schöpfungsordnung als auch mit dem Exodus begründet (Gen 1,1–2,4; Ex 20,11; Dtn 5,15) und so in einen geradezu unumstößlichen, den gesamten Pentateuch umgreifenden, theologischen Begründungszusammenhang gestellt.[13]

Ein weiteres eindrückliches Beispiel der makrostrukturellen Konzeptionen narrativer Rechtshermeneutik ist die Verwendung des

---

[10] Vgl. hierzu detaillierter *Markl*, Heiligtumstexte (im Druck). Sowohl das Ende des Buches Exodus (Ex 39,42) als auch jenes des Deuteronomium (Dtn 34,9) und damit des Pentateuch insgesamt porträtiert Israel gehorsam gegenüber dem göttlichen Auftrag und bestätigt damit an diesen literarischen Eckpunkten das Gelingen der Transformation Israels aus einem Volk von Sklaven zu einem Volk von Gottesdienern: *Sonnet*, Dynamic (im Druck).

[11] *Markl*, Heiligtumstexte (im Druck).

[12] *Crüsemann*, Bewahrung (1993); *Markl*, Dekalog (2007), 98–103.

[13] *Markl*, Words (2013), 23.

Motivs der Unterdrückung (לחץ), die im Buch Exodus ausschließlich in der Berufung des Mose und im Bundesbuch begegnet. Jeweils spricht Gott: „Gesehen habe ich die *Unterdrückung*, mit der Ägypten sie *unterdrückt*" (Ex 3,9). „Einen Fremden wirst du [...] nicht *unterdrücken*, denn Fremde seid ihr gewesen im Land Ägypten" (Ex 22,20; 23,9). Unmittelbar darauf folgt mehrfach das semantisch ähnlich besetzte und häufigere Verb ענה (Ex 22,21f.), das die Erzählung von Israels Unterdrückung eingeleitet hatte (Ex 1,11f.).[14]

Die Prominenz der Gesetze zum Schutz von Sklaven zeigt sich strukturell, indem sie sowohl die Sozialgesetze des Bundesbuches einleiten (Ex 21,1–11)[15] als auch die Sozialgesetze des Buches Levitikus mit den Jubeljahres-Bestimmungen beschließen (Lev 25,39–55). Letztere enden in der programmatischen Erklärung Jhwhs, in Israel könne es im Prinzip keine Versklavung geben, „denn mir gehören die Nachkommen Israels als Diener (עבדים). Meine Diener sind sie, die ich aus dem Land Ägypten herausgeführt habe, ich, Jhwh, euer Gott" (Lev 25,55). „Wie man an Lev 25 sieht, erstrecken sich die Folgen bis ins Kreditwesen und das Finanzgebaren hinein. Damit wird biblisch wiederum sehr realistisch gesehen, dass die Idee der Freiheit eng mit den real existierenden Alltagsverhältnissen zusammenhängt, insbesondere mit den wirtschaftlichen Gegebenheiten."[16]

Der Exodus ist dem pentateuchischen Recht auf diese Weise nicht nur erzählchronologisch vorangestellt, sondern bietet ausdrücklich einen programmatischen Begründungszusammenhang für das pentateuchische Recht insgesamt. Der Verweis auf diese geschichtliche Grunderfahrung wird darüber hinaus mehrfach und in allen großen Rechtskorpora des Pentateuch in konkreten Schutzbestimmungen für Fremde und Sklaven in Motivationssätzen wieder aufgenommen: „denn Fremde seid ihr gewesen"; „denn Sklave bist du gewesen".

Der Motivationssatz zur Fremdlingschaft erscheint dabei wie ein refrainartiger Widerhall ihrer ersten Ankündung an Abraham:

---

[14] Vgl. zur Analyse der Stellen in ihrem literarischen Umfeld *Schwienhorst-Schönberger*, Bundesbuch (1990), 338–357.

[15] Darüber hinaus strukturieren auf Sklaven bezogene Passagen Ex 21 insgesamt: *Fischer/Markl*, Exodus (2009), 246.

[16] *Hieke*, Levitikus (2014), 1038.

כי־גר יהיה זרעך בארץ לא להם	„dass dein Same Fremdling sein wird in einem Land, das ihnen nicht gehört" (Gen 15,13)
כי־גרים הייתם בארץ מצרים	„denn Fremdlinge seid ihr gewesen im Land Ägypten" (Ex 22,20; 23,9; Lev 19,34; Dtn 10,18f.; vgl. 23,8)[17]

Die syntaktisch parallele Formulierung im כי-Satz verstärkt den inneren Zusammenhang zwischen Ankündigung und rückblickender Begründung und zeigt exemplarisch, wie die innere Verbindung von Erzählung und Recht mit geradezu akribischer (wohl redaktioneller) Systematik geschaffen wurde.[18] In der kanonischen Leseabfolge des Pentateuch lässt sich zudem eine ethische und theologische Intensivierung der ethischen Forderung des Schutzes von Fremden beobachten.[19] Während das Bundesbuch nur negativ fordert, den Fremden nicht zu bedrücken, betont Lev 19,34 seine völlige Gleichberechtigung und fordert aktiv die Fremdenliebe, während letzterer Gedanke in Dtn 10,18f. sogar in der göttlichen Liebe für den Fremden begründet wird. „Was Israel im Umgang mit dem Fremden [...] auszeichnet, ist die Entschlossenheit, die eigene identitätsstiftende Ursprungserfahrung und die Erfahrung des Fremden nicht beziehungslos nebeneinander stehenzulassen, sondern das eine nicht ohne das andere sein lassen zu wollen."[20]

Während sich der Motivationssatz zum Schutz der Fremden in allen drei großen Rechtskorpora des Pentateuch – Bundesbuch, Heiligkeitsgesetz und Deuteronomium – findet, konzentriert sich jener, der sich auf die Versklavung in Ägypten bezieht, ganz auf das Deuteronomium:

---

[17] Zu Motivationssätzen in Gesetzen zum Schutz von Fremden s. *Kidd*, Alterity (1999), 86–96; *Houten*, Alien (1991), 166–172; als Überblick zur Fremdenthematik im pentateuchischen Recht vgl. *Zehnder*, Umgang (2005), 311–401.

[18] Schon *Lohfink*, Geltungsbereich (1989), zeigte die rechtshermeneutische Bedeutung von Gen 15,18 für das deuteronomische Gesetz auf.

[19] Zur Semantik des Begriffs גר und der einschlägigen Forschungsdiskussion s. *Ebach*, Fremde (2014), 47–52. Entscheidend ist das Ergebnis, dass sich der Begriff nicht auf innerisraelitische Fremdlinge einengen lässt (gegen *Bultmann*, Fremde, vgl. bes. 213–219).

[20] *Spieckermann*, Stimme (1994), 52; zur historisch aufschlussreichen, einschlägigen Debatte zwischen Gerhard Kittel und Martin Buber vgl. *Crüsemann*, Fremdenliebe (1987), 11f. Zum thematischen Umfeld s. auch *Achenbach/Albertz/Wöhrle* (Hg.), Foreigner (2011).

וזכרת כי־עבד היית בארץ מצרים/במצרים	„und gedenke, dass du Sklave warst im Land Ägypten/in Ägypten" (Dtn 5,15; 15,15; 16,12; 24,18.22)

Das Deuteronomium transformiert die Erzählung der Exodus-Befreiung in die pädagogische Aufforderung, sich des Exodus zu erinnern.[21] Das Exodusgedenken motiviert zur egalitären Sabbatruhe im programmatischen Dekalog (Dtn 5,15) ebenso wie zur Freilassung im siebten Jahr (Dtn 15,15), zur egalitären Freude beim Wallfahrtsfest (Dtn 16,12) sowie zur rechtlichen und materiellen Sorge für Fremden, Waisen und Witwen (Dtn 24,18.22).[22]

Obwohl im pentateuchischen Recht noch zahlreiche andere Begründungs- bzw. Motivationssätze zu finden sind,[23] beziehen sich nur die beiden soeben besprochenen auf die geschichtliche Identität Israels (mit Perfektformen von היה). Unter dieser Rücksicht kann es als ein Leitmotiv des pentateuchischen Rechts gelten, Israel müsse sich seiner eigenen Erfahrung als Fremde und Sklaven bewusst bleiben, um aus dieser Gesinnung mit Fremden und Sklaven behutsam umzugehen.

Während der ausdrücklichen Begründung des pentateuchischen Rechts insgesamt sowie besonders seiner Sozialgesetzgebung mit Israels Exodus-Befreiung im Forschungsdiskurs schon gebührende Aufmerksamkeit geschenkt wurde, wäre vertieft nach der rechtshermeneutischen Funktion des Jakobszyklus und insbesondere der Josefsgeschichte im Gesamtkontext des Pentateuch zu fragen.[24] Nachdem die Josefsgeschichte den Verkauf eines Bruders als Sklave in die Fremde als das Grunddrama und die Überwindung der Dominanzbeziehungen als entscheidenden Akt der Versöhnung (Gen 50,18f.) der Familiengeschichte Israels dargestellt hat, entwickeln sowohl das Heiligkeitsgesetz als auch das Deuteronomium eine Bruderethik, in der die Überwindung der Versklavung eine entscheidende Forderung darstellt (vgl. Lev 25,39–55; Dtn 15,12–18). Israels Ethik geschwisterlicher Egalität ist so gleichsam

[21] Zu diesen Stellen als Beispiele des Schemas ‚Erinnerung – Appell' vgl. *Braulik*, Geschichtserinnerung (2005), bes. 170–174; zum Exodusmotiv im Dtn insgesamt: *Schulmeister*, Befreiung (2010).

[22] Zur Analyse der Stellen s. *Hardmeier*, Erinnerung (1992).

[23] Vgl. *Sonsino*, Motive (1980).

[24] Auf den thematischen Zusammenhang zwischen Texten wie Ex 21,16, Dtn 24,7 und der Josefsgeschichte hat schon *Rüterswörden*, Gesetz (2012), 56, hingewiesen. Vgl. zu weiteren Aspekten *Markl/Ezechukwu*, Soul (im Druck).

eine Antwort auf den narrativ vermittelten Lernprozess der Urfamilie Israels.[25]

„Den Fremden sollst du nicht bedrücken, denn ihr kennt selbst die Seele (נפש) des Fremden, denn Fremde seid ihr im Land Ägypten gewesen" (Ex 23,9), ist erzählerisch nicht nur mit der kollektiven Erfahrung Israels am Beginn des Exodusbuches hinterfüttert, sondern auch mit der prototypischen Erfahrung Josefs. Seine Brüder – die Repräsentanten Israels und damit der späteren Adressatenschaft der Gesetze – müssen sich in Josefs Gegenwart eingestehen: „Fürwahr, wir sind schuldbeladen wegen unseres Bruders; die Bedrängnis seiner Seele (נפש) haben wir gesehen, als er uns um Gnade anflehte" (Gen 42,21). In dem Moment, als sie ihren eigenen Bruder zum Fremden und zum Sklaven machten, *er*kannten sie die ‚Bedrängnis seiner Seele' – doch *be*kennen sie dies erst, als die eigene Seele in Bedrängnis gerät.[26] Dieses Bewusstsein ist Israel auf ewig ins literarische Gedächtnis eingebrannt.

Josefs Tränen sind nicht nur Ausdruck einer literarisch und psychologisch hoch reflektierten Familiengeschichte,[27] sondern zugleich auch Ausdruck der sozialen Tragik von Versklavung innerhalb des Volkes. Die Josefsgeschichte soll dazu motivieren, selbst auf dem Hintergrund schwerer Verschuldung und Abhängigkeit (sei sie moralisch oder wirtschaftlich) die geschwisterliche Vergebung zu motivieren, die im Recht nur knapp und präzise zum Ausdruck kommt.

Auch explizite Armen-Terminologie begegnet im Pentateuch – in Gesetzen zu ihrem Schutz und in der Forderung von Solidarität (z. B. אביון: Ex 23,6.11; Dtn 15,4–11; 24,14).[28] Obgleich die Erfahrung materiellen Mangels als solche – solange für die lebensnotwendigen Grund-

---

[25] Diese großen Sinnlinien in der kanonischen Leserichtung des Pentateuch können erst in einer sehr späten Entstehungsphase des Pentateuch geschaffen worden sein, und ihre diachronen Verhältnisse verdienen eigene Reflexion. Unwahrscheinlich jedoch erschiene mir die Annahme, die Konzeption der Bruderethik der Josefsgeschichte einerseits und jene der pentateuchischen Rechtstexte andererseits sei völlig unabhängig voneinander und von Autoren bzw. Redaktoren unbemerkt geschehen.

[26] Die Nachholung der emotionalen Komponente erzielt – im Kontrast zum kalten Erzählstil in Gen 37 – einen besonders eindrücklichen Effekt: *Ebach*, Genesis (2007), 294.

[27] Vgl. z. B. *Fischer*, Jakobsweg (2010).

[28] Zu diesen Gesetzen im Dtn vgl. *Lohfink*, Gesetz (1990).

bedürfnisse gesorgt ist – in der Anthropologie des Pentateuch nicht als das entscheidende Grundproblem erscheint,[29] sollte niemand in Israel arm sein (Dtn 15,4), da das reiche Land dem Volk insgesamt geschenkt ist. Solange dies nicht verwirklicht ist, muss Solidarität den Missstand der Armut ausgleichen (Dtn 15,11). Diese ‚Option für die Armen' ist eine praktische Konsequenz jener Sensibilität für gesellschaftliche Machtgefälle, die in Israels geschichtlicher Identität grundgelegt ist.

3. Hermeneutische Vorzeichen der mosaischen Tora im Deuteronomium

Israels Gedächtnis des Exodus beim alljährlichen Pesach- und Mazzotfest wird schon am Höhepunkt der Exoduserzählung eingeführt (Ex 12f.) und als didaktischer Dialog für zukünftige Generationen von Kindern im Land gestaltet (Ex 12,26f.; 13,8). Die mosaische Lehre im Deuteronomium jedoch bringt das Exodusgedenken in einen grundsätzlichen hermeneutischen Zusammenhang mit der Tora, der eigene Aufmerksamkeit verdient. Die beiden Bekenntnistexte des didaktischen Dialogs in Dtn 6,20–25 und des sogenannten kleinen geschichtlichen Credos in Dtn 26,5–10 rahmen Moses Entfaltung der ‚Gesetze und Rechtsvorschriften' (Dtn 6–26).[30]

Zugleich bilden diese beiden Bekenntnisse einen biographischen Rahmen der Beziehung der zukünftigen Israeliten – der Adressaten des Deuteronomium – mit der Tora. Das Kind, das noch unbeteiligt nach dem Sinn der Gesetze fragt („die Gesetze und Rechtsvorschriften, die Jhwh, unser Gott, *euch* geboten hat", Dtn 6,20), soll von den Eltern behutsam über die Erzählung der Exoduserfahrung (Dtn 6,21–24) zur Identifikation mit dem „wir" Israels und seiner Tora-Ethik eingeladen werden: „Und es wird Gerechtigkeit sein für *uns*, wenn *wir* darauf achten, dieses ganze Gebot vor Jhwh, unserm Gott, zu tun, so wie er es uns geboten hat" (Dtn 6,25). Als Erwachsener hingegen wird der Israelit die Exoduserinnerung mit dem Bekenntnis seiner Erfüllung der Gesetze verbinden (Dtn 26,1–15). Wie die Gebote „vor (לפני) Jhwh unserem Gott" eingehalten werden sollen (Dtn 6,25), so geschieht

[29] Israels Wüstenzeit als Zeit der Entbehrung gilt in der mosaischen Deutung sogar als wertvolle Erfahrung der Gottesbeziehung (Dtn 8,2–5). Die ‚Fleischtöpfe Ägyptens' hingegen gelten als Versuchung.

[30] Vgl. hierzu und zum folgenden *Markl*, Volk (2012), 51–55.

das Bekenntnis ihrer Einhaltung ebenso „vor Jhwh, deinem Gott" (Dtn 26,5.13).

In beiden Texten ist die Erfahrung der Unterdrückung in Ägypten sowie die göttliche Befreiung daraus explizit entfaltet, sodass die Erfüllung der Tora insgesamt als dankbare Antwort auf die göttliche Befreiung erscheint. „*Sklaven* (עבדים) waren wir für Pharao in Ägypten" (Dtn 6,21) ist die erste kollektive Selbstidentifikation – ungemütlich und nicht gerade rühmlich –, die ein fragendes Kind über seine Zugehörigkeit zu Israel hören soll.[31] Ohne dieses Selbstbewusstsein gibt es keine Identifikation mit dem Exodus. „Ein umherirrender Aramäer war mein Vater; und er zog nach Ägypten hinab und hielt sich dort als Fremder auf (גור), als kleine Gruppe" (Dtn 26,5), beginnt der erwachsene Israelit die Zusammenfassung seiner geschichtlichen Identität, und auf diesem Hintergrund feiert er gemeinsam mit Fremden (zweimal גר in 26,12f.).

Die Erinnerung der eigenen Versklavung und Fremdheit sind auf diese Weise mit einer unmittelbaren Konsequenz im Handeln verbunden. Die Solidarität mit den *personae miserae* gilt somit als paradigmatisches Kriterium für die Erfüllung der Tora insgesamt. Die über die Zeit des Mose hinaus in die Zeit im verheißenen Land und am erwählten Ort verweisenden Reden der Israeliten, die ihre Kinder zum Toragehorsam motivieren und die seine Erfüllung dankbar bekennen, rahmen eben diese deuteronomische Tora als Voraussetzung und Ziel: Israels Toragehorsam insgesamt gründet und mündet im Bekenntnis der eigenen Erfahrung der Versklavung und der Befreiung aus ihr.

Eine vergleichbare performativ-hermeneutische Zielrichtung zeigt sich in Moses Einführung der Toralehre für das gesamte Volk beim Laubhüttenfest im Erlassjahr (Dtn 31,9–13).[32] Beide Termine sind in der deuteronomischen Gesetzgebung sozial höchst bedeutungsvoll eingeführt.[33] Beim Laubhüttenfest „sollst du dich freuen, du und dein

---

[31] Die Bedeutung der Entwicklung der Identität Israels als „Geschehen in der Fremde" hat jüngst *Ebach*, Fremde (2014), 294–310, hervorgehoben (zum Exodus ebd. 301–307).

[32] Die Anregung zur folgenden Reflexion verdanke ich einem Diskussionsbeitrag von *Reinhard Achenbach* beim ISBL-Kongress in Wien 2014.

[33] Die wechselseitige Bezogenheit der Texte steht in beiden Fällen außer Zweifel: Das Laubhüttenfest wird im Deuteronomium ausschließlich in Dtn 16,13–16; 31,10 thematisiert; das Erlassjahr (mit dem Terminus שמטה) in der hebräischen Bibel ausschließlich in Dtn 15,1–11; 31,10.

Sohn und deine Tochter und dein Sklave und deine Sklavin und der Levit und der Fremde und die Waise und die Witwe innerhalb deiner Tore" (Dtn 16,14). Und jedes siebte Jahr sollen Schulden erlassen werden (Dtn 15,1–11). Auf der Basis und in der aktuellen Verwirklichung dieser sozialen Erfahrung – beim Erleben der egalitären Festfreude des schuldenfreien Volkes – soll der gesamten Volksversammlung (die kleinen Kinder eingeschlossen) die Tora vorgetragen und gelehrt werden (Dtn 31,10–13).

Der ‚Sitz im Leben' der Tora im Land ist so auf eindrückliche Weise schon in Moses Toralehre in Moab vorgezeichnet. Die individuelle Identifikation mit der kollektiven geschichtlichen Identität des Volkes vom Kindes- bis zum Erwachsenenalter ist mit der persönlichen Konsequenz im sozialen Handeln als Grundkriterium des Lebens nach der Tora ebenso unmittelbar verbunden wie die kollektive Erfahrung der Wiederherstellung sozialen Ausgleichs beim religiösen Fest mit der kollektiven Hör- und Lernerfahrung der Tora. Das Deuteronomium bietet somit einen Höhepunkt der Reflexion zur wechselseitigen Bezogenheit von ethischer Pragmatik und Hermeneutik der Tora.

4. Ausblicke in die Geschichtsbücher, Propheten und Psalmen

Die Grundproblematik der Herr-Knecht-Dichotomie, die im Pentateuch als Ausgangspunkt der Ethik und des Rechts Israels dargestellt ist, durchzieht auch die weitere Geschichtsdarstellung im deuteronomistischen Geschichtswerk, besonders die Zeit des Königtums. Samuels Warnung vor dem vom Volk geforderten König kulminiert in der Ankündigung: „Ihr aber werdet für ihn Sklaven sein" (1 Sam 8,17). Der Konflikt zwischen Volk und König spitzt sich schon unter Salomos Sohn Rehabeam zu (עבדה: 1 Kön 12,4) und führt zum Auseinanderbrechen der Monarchie. Israels und Judas Könige – und mit ihnen das Volk – werden zunehmend zu Dienern fremder Herrscher (z. B. 2 Kön 17,3; 24,1; 25,24) und fremder Götter (z. B. 2 Kön 17; 21,3).

Das babylonische Exil und der Anti-Exodus[34] der Flucht nach Ägypten, die negative Endpunkte der Geschichte Israels bilden (2 Kön 25,11.26), werden zur erneuten Aktualisierung sowohl des Fremdseins

---

[34] Zum Motiv des Anti-Exodus s. *Römer*, Exode (2003); *Markl*, Exodus (2013), 130.

als auch der Versklavung, wie es Moses Flüche als absoluten Endpunkt vorauszeichnen: „Und Jhwh wird dich auf Schiffen nach Ägypten zurückkehren lassen, auf dem Weg, von dem ich dir gesagt habe: Du sollst ihn nie mehr wiedersehen! Und ihr werdet euch dort euren Feinden als Sklaven und als Sklavinnen zum Kauf anbieten, aber es wird kein Käufer da sein" (Dtn 28,68). Gerade das katastrophale Ende der Königebücher verweist durch die Erzählung der Auffindung des Torabuches (2 Kön 22) auf das Deuteronomium zurück. Nur dort eröffnet sich eine Chance zur Rückkehr aus dem Exil, indem die Aktualisierung des Moabbundes (Dtn 29f.) zugleich die nachexilische Tora-Ethik Israels begründet.[35] Sie beruht auf Umkehr, Beschneidung des Herzens und persönlicher Wahl des Lebens (Dtn 30).[36]

Im Exil sowie in der Diaspora durchlebte das frühe Judentum die Grunderfahrung der Fremdheit in Ägypten in unzähligen Nuancen neu, was in einer Vielfalt literarischer Verarbeitungen Ausdruck fand.[37] Jeremia formuliert den Paradigmenwandel ausdrücklich: „Darum siehe, Tage kommen, spricht Jhwh, da wird man nicht mehr sagen: So wahr Jhwh lebt, der die Nachkommen Israels aus dem Land Ägypten heraufgeführt hat! sondern: So wahr Jhwh lebt, der die Nachkommen Israels aus dem Land des Nordens heraufgeführt hat und aus all den Ländern, wohin er sie vertrieben hatte!" (Jer 16,14f.).

Auf dem Hintergrund des Exils tritt in den großen Prophetenbüchern Israel als Gottesdiener in den Vordergrund. Dies wird zum Leitmotiv in den jüngeren Jesajaschriften (ab Jes 41,8),[38] begegnet aber auch in einer zentralen Heilsankündigungen bei Jeremia (Jer 30,10).[39] Ähnlich erscheint Israel in der Zieldynamik des Psalters als Gottesdiener (Ps 136,22), und die Gemeinschaft der Gottesdiener wird refrainartig zum Lob aufgerufen (Ps 113,1; 134,1; 135,1).[40] Darin scheint sich

---

[35] *Markl*, Future (2014), 722–724; *Markl*, Covenants (im Druck).

[36] Vgl. die eingehende Analyse bei *Ehrenreich*, Leben (2011).

[37] Vgl. *Kiefer*, Exil (2005); als Überblick und zu weiterer Literatur s. *Markl*, Exil (2013).

[38] Vgl. *Berges*, Construction (2010).

[39] Zur zentralen Stellung dieser Anrede innerhalb der Jeremiabuches im ersten Gedicht der ‚Trostrolle' vgl. *Fischer*, Jeremia (2005), 120f.

[40] *Hossfeld/Zenger*, Psalmen (2008), 250: „Das Vorkommen dieser Bezeichnung nimmt innerhalb des vierten und fünften Psalmenbuches zu […] Der quantitative Umfang der Bezeichnung, ob eine Gruppe in Israel, Israel insgesamt oder darüber hinaus JHWH-Diener aus den Völkern angesprochen bzw. eingeschlossen sind,

eine kanonisch-thematische Dynamik abzuzeichnen, in der Israel sowohl durch die Befreiung aus dem Exodus als auch durch die Überwindung der Exils-Katastrophe hindurch zum befreiten Volk von Gottesdienern werden soll.

5. Fazit: Israels Moral der Befreiten

Friedrich Nietzsche sah seine plakative Rekonstruktion von Sklaven- und Herrenmoral geschichtlich im Exodus-Motiv begründet. Mit dem jüdischen Volk beginne der *„Sklaven-Aufstand in der Moral*".[41] So begrenzt und problematisch Nietzsches Reflexionen sowohl unter historischer als auch unter ethischer Rücksicht sein mögen, so zielsicher legte er seinen Finger auf die entscheidende Bedeutung der Konstruktion der geschichtlich-ethischen Identität des biblischen Israel, die von der Erfahrung der eigenen Versklavung ausgeht. Nietzsches Analyse stellt zudem als rhetorische Kontrastfolie das Ungeheuerliche der Begründung biblischer Ethik ins Licht.[42] Die Rückbindung an die erinnerte geschichtliche Identität der eigenen Unfreiheit richtet sich gegen jede Konzeption von ‚Herrenmoral', deren fatale zerstörerische Macht sich im 20. Jahrhundert gleich einer Verfratzung Nietscheesker Gedanken verwirklicht hat.

Die Grundlegung der Ethik Israels im Pentateuch richtet sich gegen jede Herren-Attitüde. Israel ist sowohl als Volk von Natur aus ‚nichts Besseres' als alle anderen Völker (Dtn 7,7; 8,17),[43] noch ist irgend ein Einzelner in Israel ‚etwas Besseres'. Selbst der König muss ein ‚Bruder' sein, und sein Herz darf sich nicht ‚über seine Brüder' erheben (Dtn 17,14–20) – im grundlegenden Widerspruch zur üblichen Rolle des

---

ergibt sich aus dem Kontext. Das Loben Gottes zielt gemäß V. 2f. [sc. Ps 113] auf jeden Fall auf universale Ausdehnung." Zur Analyse des Motivs im Gesamtpsalter sowie der Beziehung zu einer möglichen Trägergruppe vgl. *Berges*, Knechte (2000), sowie zum Verhältnis zum Jesajabuch *Berges*, Servants (2000).

[41] *Nietzsche*, Jenseits (1886), 119. Zur „Umkehrung der Werthe" dieses Aufstandes gehöre es, „das Wort für ‚Arm' als synonym mit ‚Heilig' und ‚Freund' zu brauchen" (ebd.).

[42] Für die Diskussion der Thematik im Seminar „Ethical Implications of Religious Worldviews" beim European Forum Alpbach 2014, danke ich herzlich *Christopher Hamilton* (King's College London).

[43] Zum Kontext der mosaischen Rhetorik von Lob und Tadel zur Begründung moralischer Identität vgl. *Markl*, Praise (2013).

Königtums im Alten Orient.[44] Israel lebt aus der Erinnerung seiner Herkunft aus der Erfahrung der Versklavung und der göttlichen Befreiung. Sie entspringt nicht den Bedürfnissen einer tatsächlich unter Versklavung leidenden Gruppe, sondern sie richtet sich an freie Personen, die der, wie es scheint, zur *conditio humana* gehörenden Versuchung zur Ideologie der Überheblichkeit ausgesetzt sind. Die biblische Ethik ist daher keine Sklavenmoral, sondern eine Moral der Befreiten.

Im Pentateuch sind die entscheidenden Leitworte nicht der Arme, sondern der Sklave und der Fremde, und die grundlegende ethische Haltung ist – von menschlicher Seite – zunächst nicht die ‚Option für', sondern die erinnerte ‚Identifikation mit'. Der Einsatz für Arme resultiert aus dem Bewusstsein der eigenen geschichtlichen Identität. Da sich die Leitworte ‚Sklave' und ‚Fremder' nicht auf die Frage des materiellen Wohlstandes konzentrieren, sondern auf soziale Machtverhältnisse, sind sie stärker politisch als die Rede vom ‚Armen'. Bei der Überwindung der Herr-Knecht-Dichotomie geht es notwendig um einen sozialen und politischen Prozess der wechselseitigen Anerkennung als ‚Geschwister', der die Beziehungen und die Würde der Einzelnen neu definiert.

Es ist nicht zu leugnen, dass die Hebräische Bibel auch Texte beinhaltet, die schwer mit diesem Grundethos vereinbar sind.[45] Darüber hinaus gibt es Texte, die in der Sache der Armen ohne direkten Bezug auf das Exodusmotiv sprechen.[46] Dennoch kann die narrative Begründung der ethischen Fundamente Israels im Pentateuch als der größte Wurf und für eine kanonische Lektüre der Bibel als die entscheidende Grundlegung der biblischen Sozialethik gelten. Der Pentateuch entwickelt mit der Erzählung der Entstehung Israels im Exodus zugleich

---

[44] Vgl. z. B. *Crüsemann*, Tora (1992), 274–277.

[45] Beispielsweise scheinen die ätiologischen Erzählungen der Genesis die Dienst-Abhängigkeit zwischen verschiedenen Völkern nicht nur zu erklären, sondern auch zu rechtfertigen – wie etwa im göttlichen Omen über Esau und Jakob (Gen 25,23) oder in Noachs Fluch über Kanaan (Gen 9,25–27). Gerade im Blick auf die Verfluchung Kanaans muss man kritisch fragen, inwieweit ihre katastrophale Wirkungsgeschichte in der Rechtfertigung der Versklavung (besonders von Afrikanern: *Goldenberg*, Curse [2003]; *Whitford*, Curse [2009]; *Haynes*, Curse [2002]), nicht schon in der Ideologie des biblischen Textes selbst angelegt ist.

[46] Dabei reicht der Bogen von frühen Propheten (vgl. *Zenger*, Botschaft [1988]) bis hin zu späten Psalmen (vgl. *Lohfink*, Lobgesänge [1990], 101–125).

auch ihre performative Zielrichtung, die *Jan Assmann* jüngst plakativ zum Ausdruck gebracht hat: „Die Exodus-Erzählung schreibt nicht Geschichte, sondern sie macht Geschichte."[47]

Die Pentateuchforschung der vergangenen beiden Jahrhunderte hat enorme Energie in die Erforschung seiner historischen Entstehung investiert – und zweifellos müssen wir diesen Fragen bei all ihren Schwierigkeiten auf der Spur bleiben. Zugleich ist die Pentateuchforschung teils der Gefahr unterlegen, über die spannungsreiche Diversität der im Pentateuch überlieferten Texte hinaus seine Funktion als komplexes Gesamtwerk zu übersehen, das als Gründungsdokument des nachexilischen entstehenden Judentums konzipiert ist. Diese Gesamtfunktion verdankt sich intensiver redaktioneller Arbeit, die durch die sublime Verbindung von Erzählung und Recht eine ganzheitliche Grundlegung der Ethik Israels als Gottesvolk konstruiert hat, die unter kulturhistorischer Rücksicht Einmaligkeit beanspruchen kann. Sowohl für das Judentum als auch für das Christentum ist sie bis heute eine noch längst nicht erschöpfte Quelle ethischer Reflexion.

Insofern Christen sich in Kontinuität mit dem Gottesvolk Israel wahrnehmen, müssen sie sich auch mit den Wurzeln seiner geschichtlichen Identität als Sklaven in Ägypten und als Fremde in der Zerstreuung identifizieren. Nur insofern sich die Kirchen der Gebrochenheit der menschlichen Machtbeziehungen als eigenes Leiden bewusst sind, werden sie die Frage nach der Ausübung von Macht und das Ideal wirklicher Geschwisterlichkeit als grundlegende ethische Herausforderung angehen. Vor diesem Hintergrund werden sich nicht mächtige Kirchen gönnerisch zu ‚den Armen' hinabbeugen, sondern als dienende Kirchen den Schrei der Versklavten und der unterdrückten Fremden als den Schrei ihrer eigenen Seele verstehen. Aus diesem Selbstverständnis heraus wird es zum natürlichsten Grundanliegen von Christen werden, sich umso mehr wirtschaftsethisch und migrationspolitisch zu engagieren, da heute Millionen von Menschen durch Verschuldungszusammenhänge in Abhängigkeit von Herrenmächten geraten und zu sklavischer Arbeit und Migration gezwungen sind. Wir Theologinnen und Theologen in den Ländern der Macht haben die Verantwortung, für diese ethische Grunddimension der Bibel einzustehen, mit allen Mitteln des Intellekts, die uns zu Gebote stehen.

---

[47] *Assmann*, Exodus (2015), 390.

Literatur

Achenbach, Reinhard/Albertz, Rainer/Wöhrle, Jakob (Hg.), The Foreigner and the Law. Perspectives from the Hebrew Bible and the Ancient Near East (BZAR 16), Wiesbaden 2011.

Appiah, Anthony Kwame, The Ethics of Identity, Princeton 2005.

Assmann, Jan, Exodus. Die Revolution der Alten Welt, München 2015.

Auzou, Georges, De la servitude au service. Étude du livre de l'Exode, Paris 1961.

Baker, David L., Tight Fists or Open Hands? Wealth and Poverty in Old Testament Law, Grand Rapids 2009.

Berges, Ulrich/Hoppe, Rudolf, Arm und reich (NEB.Themen 10), Würzburg 2009.

Berges, Ulrich, Die Knechte im Psalter. Ein Beitrag zu seiner Kompositionsgeschichte, in: Biblica 81 (2000) 153–178.

Ders., Who Were the Servants? A Comparative Inquiry in the Book of Isaiah and the Psalms, in: *Moor, Johannes C. de/Rooy, Harry F. van* (Hg.), Past, Present, Future. The Deuteronomistic History and the Prophets (OTS 44), Leiden 2000, 1–18.

Ders., The Literary Construction of the Servant in Isaiah 40–55. A discussion about Individual and Collective Identities, in: SJOT 24 (2010) 28–38.

Bosman, Hendrik L. u. a. (Hg.), Plutocrats and Paupers. Wealth and Poverty in the Old Testament, Pretoria [2]1993.

Braulik, Georg, Geschichtserinnerung und Gotteserkenntnis. Zu zwei Kleinformen im Buch Deuteronomium, in: *Ders.*, Studien zu den Methoden der Deuteronomiumsexegese (SBAB 42), Stuttgart 2006, 165–183 [=*Böhler, Dieter* u. a. (Hg.), L'Ecrit et l'Esprit. FS Adrian Schenker (OBO 214), Fribourg/Göttingen 2005, 38–57].

Bultmann, Christoph, Der Fremde im antiken Juda. Eine Untersuchung zum sozialen Typenbegriff ‚ger' und seinem Bedeutungswandel in der alttestamentlichen Gesetzgebung (FRLANT 153), Göttingen 1992.

Crüsemann, Frank, Fremdenliebe und Identitätssicherung, in: WuD 19 (1987) 11–24.

Ders., Die Tora. Theologie und Sozialgeschichte des alttestamentlichen Gesetzes, München 1992.

Ders., Bewahrung der Freiheit. Das Thema des Dekalogs in sozialgeschichtlicher Perpektive (KT 128), Gütersloh 1993.

Dietrich, Manfried/Dietrich, Walter, Sozialer Abstieg im antiken Mesopotamien und im alten Israel. Eine Studie zur Gesellschaftsstruktur im Spiegel der Literatur, in: *Kottsieper, Ingo/Schmitt, Rüdiger/Wöhrle, Jakob* (Hg.), Berührungspunkte. Studien zur Sozial- und Religionsgeschichte Israels und seiner Umwelt. FS Rainer Albertz (AOAT 350), Münster 2008, 501–565.

Ebach, Jürgen, Genesis 37–50 (HThKAT), Freiburg 2007.

Ebach, Ruth, Das Fremde und das Eigene. Die Fremdendarstellungen des Deuteronomiums im Kontext israelitischer Identitätskonstruktionen (BZAW 471), Berlin/Boston 2014.

Ehrenreich, Ernst, Wähle das Leben! Deuteronomium 30 als hermeneutischer Schlüssel zur Tora (BZAR 14), Wiesbaden 2011.

Fischer, Georg/Markl, Dominik, Armut als globale Herausforderung. Impulse aus der Sicht des Alten Testaments, in: ZKTh 129 (2007) 459–479.

Dies., Das Buch Exodus (NSK.AT 2), Stuttgart 2009.

Fischer, Georg, Jeremia 26–52 (HThKAT), Freiburg 2005.

Ders., Der Jakobsweg der Bibel. Gott suchen und finden, Stuttgart 2010.

Gergen, Kenneth J., Erzählung, moralische Identität und historisches Bewußtsein. Eine sozialkonstruktionistische Darstellung (Übers. Straub, Jürgen/Kochinka, Alexander), in: *Straub, Jürgen* (Hg.), Erzählung, Identität und historisches Bewußtsein. Die psychologische Konstruktion von Zeit und Geschichte. Erinnerung Geschichte, Identität 1 (stw 1402), Frankfurt a. M. 1998, 170–202.

Goldenberg, David M., The Curse of Ham: Race and Slavery in Early Judaism, Christianity, and Islam, Princeton 2003.

Grabbe, Lester L., Ancient Israel. What Do We Know and How Do We Know It? London 2007.

Hardmeier, Christof, Die Erinnerung an die Knechtschaft in Ägypten. Sozialanthropologische Aspekte des Erinnerns in der hebräischen Bibel, in: *Crüsemann, Frank* u. a. (Hg.), Was ist der Mensch ...? Beiträge zur Anthropologie des Alten Testaments. FS Hans Walter Wolff, München 1992, 133–152.

Haynes, Stephen R., Noah's Curse. The Biblical Justification of American Slavery, New York 2002.

Hieke, Thomas, Levitikus 16–27 (HThKAT), Freiburg 2014.

Hossfeld, Frank-Lothar/Zenger, Erich, Psalmen 101–150 (HThKAT), Freiburg 2008.

Houston, Walter, Contending for Justice. Ideologies and Theologies of Social Justice in the Old Testament, London 2008.

Houten, Christiana van, The Alien in Israelite Law (JSOT.S 107), Sheffield 1991.

Kidd, José E. Ramírez, Alterity and Identity in Israel (BZAW 283), Berlin/New York 1999.

Kiefer, Jörn, Exil und Diaspora. Begrifflichkeit und Deutungen im antiken Judentum und in der hebräischen Bibel (Arbeiten zur Bibel und ihrer Geschichte 19), Leipzig 2005.

Lohfink, Norbert, „Option für die Armen". Das Leitwort der Befreiungstheologie im Lichte der Bibel, in: Stimmen der Zeit 203 (1985) 449–464.

Ders., Option for the Poor. The Basic Principle of Liberation Theology in the Light of the Bible (trans. Linda M. Maloney), Berkeley 1987.

Ders., Dtn 12,1 und Gen 15,18: Das dem Samen Abrahams geschenkte Land als der Geltungsbereich der deuteronomischen Gesetze, in: *Ders.*, Studien zum Deuteronomium und zur deuteronomistischen Literatur II (SBAB 12), Stuttgart 1991, 257–285 [=*Görg, Manfred* (Hg.), Die Väter Israels. Beiträge zur Theologie der Patriarchenüberlieferungen im Alten Testament. FS Josef Scharbert, Stuttgart 1989, 183–210].

Ders., Lobgesänge der Armen. Studien zum Magnifikat, den Hodajot von Qumran und einigen späten Psalmen (SBS 143), Stuttgart 1990.

Ders., Das deuteronomische Gesetz in seiner Endgestalt – Entwurf einer Gesellschaft ohne marginale Gruppen, in: *Ders.*, Studien zum Deuteronomium und zur deuteronomistischen Literatur III (SBAB 20), Stuttgart 1995, 205–218 [=BN 51 (1990) 25–40].

Ders., Armut in den Gesetzen des Alten Orients und der Bibel, in: *Ders.*, Studien zur biblischen Theologie (SBAB 16), Stuttgart 1993, 239–259 [deutsche Fassung von: Poverty in the Laws of the Ancient Near East and of the Bible, in: Theological Studies 52 (1991) 34–50].

Ders., Prolegomena zu einer Rechtshermeneutik des Pentateuch, in: *Ders.*, Studien zum Deuteronomium und zur deuteronomistischen Literatur V (SBAB 38), Stuttgart 2005, 181–231 [=*Braulik, Georg* (Hg.), Das Deuteronomium (ÖBS 23), Frankfurt a. M. 2003, 11–55].

Markl, Dominik/Ezechukwu, Alexander, „For You Know the Soul of a Stranger“ (Ex 23:9). The Role of the Joseph Story for the Legal Hermeneutics of the Pentateuch, in: ZAR 21 (im Druck).

Markl, Dominik, Narrative Rechtshermeneutik als methodische Herausforderung des Pentateuch, in: ZAR 11 (2005) 107–121.

Ders., Der Dekalog als Verfassung des Gottesvolkes. Die Brennpunkte einer Rechtshermeneutik des Pentateuch in Exodus 19–24 und Deuteronomium 5 (HBS 49), Freiburg 2007.

Ders., Gottes Volk im Deuteronomium (BZAR 18), Wiesbaden 2012.

Ders., The Ten Words Revealed and Revised: The Origins of Law and Legal Hermeneutics in the Pentateuch, in: *Ders.*, (Hg.), The Decalogue and its Cultural Influence (HBM 58), Sheffield 2013, 13–27.

Ders., Moses' Praise and Blame – Israel's Honour and Shame. Rhetorical Devices in the Ethical Foundations of Deuteronomy, in: Verbum et Ecclesia 34(2) (2013) Art. #861, 4 pages. http://dx.doi.org/10.4102/ve.v34i2.861 (Zugriff 21.3.2015).

Ders., Art. Exil, in: Wörterbuch alttestamentlicher Motive (2013) 124–128.

Ders., Art. Exodus, in: Wörterbuch alttestamentlicher Motive (2013) 128–134.

Ders., No Future without Moses: The Disastrous End of 2 Kings 22–25 and the Chance of the Moab Covenant (Deut 29–30), in: JBL 133 (2014) 711–728.

Ders., Zur literarischen und theologischen Funktion der Heiligtumstexte im Buch Exodus, in: *Hopf, Matthias/Oswald, Wolfgang/Seiler, Stefan* (Hg.), Heiliger Raum. Exegese und Rezeption der Heiligtumstexte in Ex 24–40. Beiträge des Symposiums zu Ehren von Helmut Utzschneider, 27.–29. Juni 2014 (Theologische Akzente 8), Stuttgart (im Druck).

Ders., God's Covenants with Humanity and Israel, in: *Barton, John* (Hg.), The Old Testament. A Princeton Guide, Princeton (im Druck).

Nasuti, Harry P., Identity, Identification, and Imitation. The Narrative Hermeneutics of Biblical Law, in: Journal of Law and Religion 4 (1986) 9–23.

Nietzsche, Friedrich, Jenseits von Gut und Böse. Zur Genealogie der Moral (1886–1887) (Nietzsche Werke. Kritische Gesamtausgabe 6,2), Berlin 1968.

Otto, Eckart, Theologische Ethik des Alten Testaments (Kohlhammer Theologische Wissenschaft 3,2), Stuttgart 1994.

Ders., Deuteronomium 1–11 (HThKAT), Freiburg 2012.

Pleins, J. David, The Social Visions of the Hebrew Bible. A Theological Introduction, Louisville 2001.

Premstaller, Volkmar, „Nimm dich des Bedürftigen an!" (Sir 29,9). Weisheitliche Lehren zur Armut, in: ZKTh 129 (2007) 480–493.

Römer, Thomas, Exode et anti-Exode: La nostalgie de l'Egypte dans les traditions du désert, in: *Ders.* (Hg.), Lectio difficilior probabilior? L'exégèse comme expérience de décloisonnement, Heidelberg 2003, 155–172.

Rüterswörden, Udo, Gesetz und Erzählung anhand der Josephsgeschichte, in: *Adam, Klaus-Peter/Avemarie, Friedrich/Wazana, Nili* (Hg.), Law and Narrative in the Bible and in Neighbouring Ancient Cultures (FAT 2. Reihe 54), Tübingen 2012, 53–68.

Schmid, Konrad, Erzväter und Exodus. Untersuchungen zur doppelten Begründung der Ursprünge Israels innerhalb der Geschichtsbücher des Alten Testaments (WMANT 81), Neukirchen 1999.

Schulmeister, Irene, Israels Befreiung aus Ägypten. Eine Formeluntersuchung zur Theologie des Deuteronomiums (ÖBS 36), Frankfurt a. M. 2010.

Schwienhorst-Schönberger, Ludger, Das Bundesbuch (Ex 20,22–23,33) (BZAW 188), Berlin 1990.

Ska, Jean Louis, Introduction to Reading the Pentateuch (trans. Dominique, Pascale), Winona Lake 2006.

Sonnet, Jean-Pierre, The Dynamic of Closure in the Pentateuch, Kongressbeitrag (im Druck).

Sonsino, Rifat, Motive Clauses in Hebrew Law (SBL.DS 45), Chico 1980.

Spieckermann, Hermann, Die Stimme des Fremden im Alten Testament, in: PTh 83 (1994) 52–67.

Straub, Jürgen, Geschichten erzählen, Geschichte bilden. Grundzüge einer narrativen Psychologie historischer Sinnbildung, in: *Ders.*, (Hg.), Erzählung, Identität und historisches Bewußtsein. Die psychologische Konstruktion von Zeit und Geschichte. Erinnerung Geschichte, Identität 1 (stw 1402), Frankfurt a. M. 1998, 81–169.

Veijola, Timo, „Du sollst daran denken, dass du Sklave gewesen bist im Lande Ägypten". Zur literarischen Stellung und theologischen Bedeutung einer Kernaussage des Deuteronomiums, in: *Dietrich, Walter* (Hg.), Leben nach der Weisung. Exegetisch-historische Studien zum Alten Testament (FRLANT 224), Göttingen 2008, 48–68 [= *Witte, Markus* (Hg.), Gott und Mensch im Dialog. FS Otto Kaiser (BZAW 345/I), Berlin 2004, 353–373].

Whitford, David M., The Curse of Ham in the Early Modern Era: The Bible and the Justifications for Slavery, Farnham 2009.

Wöhrle, Jakob, Joseph in Egypt. Living under Foreign Rule according to the Joseph Story and its Early Intra- and Extra-Biblical Reception, in: *Albertz, Rainer/ Wöhrle, Jakob* (Hg.), Between Cooperation and Hostility. Multiple Identities in Ancient Judaism and the Interaction with Foreign Powers (JSJ.S 11), Göttingen 2013, 53–72.

Zehnder, Markus, Umgang mit Fremden in Israel und Assyrien. Ein Beitrag zur Anthropologie des „Fremden" im Licht Antiker Quellen (BWANT 168), Stuttgart 2005.

Zenger, Erich, Die eigentliche Botschaft des Amos. Von der Relevanz der Politischen Theologie in einer exegetischen Kontroverse, in: *Schillebeeckx, Edward* (Hg.), Mystik und Politik. Theologie im Ringen um Geschichte und Gesellschaft. FS Johann Baptist Metz, Mainz 1988, 394–406.

Die dunklen Texte der Prophetie als Herausforderung für eine alttestamentliche Ethik

Ulrich Berges

1. Vorbemerkungen und Hinführung

Mehr als bei anderen Themen, die die alttestamentliche Wissenschaft zu behandeln hat, setzt die Frage nach der Ethik des Alten Testaments Entscheidungen voraus, die die Exegetin und der Exeget vor der eigentlichen Beschäftigung mit den Texten zu fällen hat. Dazu gehört die Entscheidung, ob man der Autonomen Moral[1] seine Zustimmung gibt oder die Tugendethik favorisiert. Die biblischen Texte sind, was die Tugendethik betrifft, natürlich viel besser in diese integrierbar, denn alle Passagen, die sich zur Nachahmung nicht eignen, können als irrelevant, ja störend beiseite gelassen werden. Wäre es aber dann nicht viel konsequenter, die Bibel bei der Frage nach ethischen Begründungen gleich außen vor zu lassen, als nur das auszuwählen, was den zuvor gesetzten Maßstäben entspricht?[2] Eine solche Verzweckung[3] dient weder der alttestamentlichen Exegese noch der Theologie insgesamt und führt auf lange Sicht zu einer Entwertung des biblischen Zeugnisses. Ebenfalls nicht ernstgenommen wird das AT dann, wenn allein das Jesuszeugnis des NT als *die* ethische Norm gilt. Es kann nicht verwundern, dass das AT gerade unter dieser Prämisse als in ethischer Hinsicht defizitär erscheint. Wegen der Schärfe der These sei ein längeres Zitat

---

[1] Vgl. den Beitrag von Stephan Goertz in diesem Band, 412: „Der ethische Standpunkt ist also der Standpunkt allgemeiner, reziproker Ansprüche. Ist das der Standpunkt der Bibel? Wenn es einen biblischen Universalismus gibt, dann wird christliche Ethik auf eine Autonome Moral setzen müssen."

[2] So kommt die lesenswerte Tugendethik von *Höhn*, Leben (2014), die sich aber auch der Autonomen Moral verpflichtet weiß, ohne biblische Bezüge aus. Die vereinzelten neutestamentlichen Stellen sind nicht wirklich argumentationsrelevant (vgl. ebd. 176. 209. 220), und das Alte Testament bleibt ganz außen vor.

[3] So bei *Meegen*, Ethik (2006), 11: „Das Ziel ist dabei, genau die alttestamentliche Ethik aus den biblischen Schriften herauszuarbeiten, die für eine gegenwärtige Lebensethik als Grundlage dienen kann oder zur Anwendung kompatibel ist".

von Franz Noichl angeführt: „Im Hinblick auf Texte des Alten Testaments wird in diesem Zusammenhang die historische Situation des Volkes Israel unter seinem Selbstverständnis als Volk Gottes, als Volk des Bundes zu erörtern sein, das unter der Perspektive des Kanons als Bund Gottes mit seinem Volk gleichsam als Vorzeugnis der Gemeinschaft mit Jesu zu deuten ist. Denn nur unter dieser Perspektive können die sittlichen Implikationen des Alten Testaments als Teil der christlichen Bibel im Rahmen einer ethischen Schriftauslegung sowie einer theologischen Ethik zur Geltung gebracht werden"[4]. Doch Selektion und Hierarchisierung sowie alle anderen Ansätze einer biblischen Begründung ethischer Normen setzen sich dem Heteronomieverdacht aus. Ethische Maximen müssen aus sich selbst heraus und in autonomer Freiheit anerkannt werden können, von Glaubenden und Nicht-Glaubenden gleichermaßen: „Moral meint das Tun des Guten und Gerechten um seiner selbst willen und das Sich-binden-lassen-wollen durch den Anforderungscharakter des Guten und Gerechten. Diese Phänomenologie der Moralität verändert sich nicht im theologischen Kontext, wo sie als Gottes Mitgift an das Menschsein verstanden wird"[5]. Thomas Pröpper macht in aller Schärfe darauf aufmerksam, dass der Mensch seiner Verantwortlichkeit für das moralische Sollen nicht entkommen kann: „Denn die eigentliche Herausforderung liegt ja darin, daß im Zuge der anthropologischen Wende des Denkens nicht nur die Erkenntnis des sittlich Gebotenen, sondern auch der *Geltungsgrund* moralischen Sollens in das vernünftige *Subjekt* gesetzt wird – und dies wiederum heißt, daß die Berufung auf den Willen Gottes zur Begründung ethischer Pflichten nicht nur entbehrlich, sondern überdies die Aufgabe dringlich wird, angesichts des prinzipiellen Heteronomieverdachts die Anerkennung des die Menschen beanspruchenden Gottes selbst noch als sittlich verbindliche auszuweisen"[6]. Seine direkt anschließende Einschätzung, „daß diese Zuspitzung des Problems theologischerseits durchweg wahrgenommen und angemessen erörtert würde, läßt sich wohl schwerlich behaupten"[7], ist auch nach zwanzig Jahren (leider) immer noch richtig[8].

---

[4] *Noichl*, Schriftauslegung (2002), 205.
[5] *Merks*, Gott (1998), 407.
[6] *Pröpper*, Autonomie (1995), 21f.
[7] Ebd. 22; ebenfalls *Höhn*, Leben (2014), 165.
[8] Siehe die völlige Ausblendung dieser Problematik bei *Meegen*, Ethik (2006), 18f.:

Dass sich das Katholische Lehramt keiner Autonomen Moral verpflichtet sieht, kann nicht verwundern, wohl aber, wie unmittelbar sich die Päpstliche Bibelkommission in ihrem Dokument „Bibel und Moral. Biblische Wurzeln des christlichen Handelns“ (2008) auf biblische Texte bezieht. Sie führt sogar den Begriff der „geoffenbarten Moral“ ein, der das ganze Dokument umklammert. Damit ist die theozentrische Ausrichtung unterstrichen, denn: „Solange man die Moral auf einen Kodex des individuellen und kollektiven Verhaltens reduziert, auf ein Gesamt von Tugenden, die zu praktizieren sind, oder auch auf die Imperative eines Naturgesetzes, das für universal gehalten wird, kann man die Eigenart, Güte und bleibende Aktualität der biblischen Moral nicht genügend wahrnehmen“ (Nr. 4). Moral sei nicht zuerst vom Menschen, sondern von Gott her zu verstehen: „Darin unterscheidet sich unser Ansatz von Beginn an von allen natürlichen Ethiken und Moralsystemen, die im Wesentlichen auf der Vernunft gründen“ (Nr. 156). Das Dokument behandelt die Ethik der Schriftpropheten unter den Aspekten „soziale Gerechtigkeit“ (Nr. 34) und „Kampf gegen den Götzendienst“ (Nr. 113). In der Nr. 128 werden die beiden bekannten prophetischen Linien zusammengeführt: „Von Amos angefangen kritisieren die vorexilischen Propheten den Kult Israels und stellen die nutzlosen eitlen Opfer und den echten Gehorsam gegen den HERRN einander gegenüber, besonders was die Praxis der Gerechtigkeit und Rechtlichkeit betrifft (Am 5,11–17; Hos 6,6; Jes 1,11–17; Mi 6,6–8; Jer 7,1–8,3). Diese Kritik des falschen Kultes und der mangelhaften Übereinstimmung zwischen dem rituellen und moralischen Verhalten Israels bleibt ein Schlüsselelement der biblischen Tradition und wesentlicher Teil ihrer moralischen Besinnung.“ Dass die Spitzenaussage in Mi 6,8 („Er hat dir gesagt, Mensch, was gut ist und was JHWH von dir fordert, nichts als Recht tun und Güte lieben und besonnen gehen mit deinem Gott“ [Übers. *Kessler*, Micha (1999), 257]) keine eigene Betonung und Zitation erfahren hat, muss verwundern. Vom Umfang her nehmen die Ausführungen zur Prophetie nicht mehr Platz ein als die zum Jakobus- und dem ersten Petrusbrief (Nr. 60–61). Gegenüber den Darlegungen zum Dekalog und zum jesuanischen

---

„Die Basis der theologischen Struktur des Naturrechts in alttestamentlicher Umgebung stellt der allmächtige Schöpfergott dar […] Sieht man Naturgesetz und Naturrecht verbunden in der göttlichen Schöpfungsordnung, so folgt daraus, daß es weder für physikalische Naturgesetze noch für die Gebote eine Dispens geben kann“.

Verhalten kommt den prophetischen Schriften „in re morali“ nur eine untergeordnete Stellung zu. Bei aller Kritik an der vielfach rein assoziativen Bezugnahme auf biblische Texte ist positiv zu bewerten, dass kein Kanonteil bei der Suche nach einer biblisch fundierten Ethik ausgeklammert ist. Doch bleibt die Hermeneutik des Dokuments bei der Auswahl passender Bibelstellen stehen. Die Tatsache, dass die Bibel für kein einziges Thema – und schon gar nicht für die Ethik – ein harmonisches, geradliniges, eindimensionales Textkompendium darstellt, kommt nicht in den Blick. Die biblischen Schriften bilden einen kanonischen, d. h. je nach Glaubensgemeinschaft unterschiedlich definierten Diskursraum, in dem Gott-, Welt- und Menschenvorstellungen in multiplen Schattierungen, Brechungen und Widersprüchlichkeiten zur Sprache gebracht werden. In diesem antiken Diskursraum, den die jüdisch-christlichen Religionen bis heute aufrechterhalten, werden Handlungsorientierungen entworfen und verworfen, wird über Gottes- und Menschenbilder kontrovers diskutiert, werden Geltungsansprüche erhoben und unterminiert. So ist dem Ansatz von Rainer Kessler sehr beizupflichten: „Aufgabe der alttestamentlichen Ethik ist es, diesen Diskursraum als Ganzen darzustellen und die in ihm geführten Diskurse selbst zu rekonstruieren“[9]. Die Bibel ist kein Handbuch der Moral[10] und bleibt auch als Reservoir ethischer Grundsätze weit unterbestimmt. Sie ist kein Selbstbedienungsladen, an dessen Regalen sich die Einkäufer mal dieses, mal jenes aussuchen, je nachdem was sie zu brauchen meinen. Die biblischen Schriften formen einen Diskursraum, in den wir Heutige eintreten, in dem wir viele – auch gegensätzliche – Stimmen hören und dadurch nicht zuletzt die eigene ethische Sensorik schärfen. Selektion und Hierarchisierung schwächen bzw. zerstören diese Polyphonie und machen aus dem offenen Lernbuch des Lebens ein Lehrbuch geoffenbarter Wahrheiten! Im weiten Diskursraum der zweigeteilten *einen* Bibel kann sich nur derjenige angstfrei bewegen, der auf die Kraft der sittlichen Vernunft vertraut. Historisch-kritische Exegese und Autonome Moral sind Geschwister: auf

---

[9] *Kessler*, Land (2010), 1318.

[10] *Demmer*, Vernunftbegründung (1993), 10–21: „Die Heilige Schrift ist kein moraltheologischer Traktat, sie tritt auch nicht mit dem Anspruch auf, ein ethisches System von immanenter Schlüssigkeit vorzulegen, und dies abrufbereit“ (ebd. 13).

Entdeckungsreise gehen sie beide und wenn es um die ethischen Implikationen der biblischen Traditionen geht, am besten gemeinsam!

Es dürfte unter Exegetinnen und Exegeten einen großen Konsens darüber geben, dass systematische Entwürfe einer biblischen Ethik wie die von Johannes Hempel oder von Hendrik van Oyen[11] den Einzelschriften mit ihren je eigenen Hintergründen, Zielen, Autorschaften und Adressaten nicht gerecht werden. Sie setzen ein Globalverständnis von alttestamentlicher Ethik im Sinne von „obedience to the declared will of Yahweh the lawgiver, in grateful response to his acts of mercy“[12] voraus, was die Einzeluntersuchungen erst erweisen müssten! Wenn Ethik seit Aristoteles' *ethiké theoría* als jenes Theorieunternehmen angesehen wird, dessen Gegenstand die „Kriterien des richtigen Handelns, richtiges Handeln, sittliche Lebensführung“ sind[13], dann heißt das auf die biblischen Schriften bezogen: „Die bibl. E. [biblische Ethik] reflektiert die Handlungsmaximen unter dem Gesichtspunkt des normativ Guten, fragt nach seiner Begründung und den Konsequenzen des guten Handelns“[14]. Angesichts der Vielschichtigkeiten und zum Teil konträren Positionen gibt es keine einheitliche Entwicklung einer alttestamentlichen Ethik, die literaturgeschichtlich nachgezeichnet werden könnte. Der Beitrag von Eckart Otto im RGG^4 ist auch in dieser Hinsicht sehr aufschlussreich. Zum einen unterstreicht er die historische Diversität der Schriften: „Die Geschichtlichkeit des Ethos innerhalb des bibl. Kanons schlägt sich als Unausgeglichenheit, ja Widersprüchlichkeit der ethischen Maxime zw. den Testamenten und innerhalb des AT nieder“[15]. Zum anderen versucht er, einen Prozess kontinuierlicher Selbstreinigung aufzuzeigen: „Die sich in der Fortschreibungsgesch.[ichte] vom Bundesbuch über das Dtn bis zum Heiligkeitsgesetz durchziehende Linie der Handlungsmaxime, den anderen Menschen nicht als Mittel zu eigenen Zwecken zu betrachten, sondern seinen Schutz zur Handlungsmaxime zu machen, die als Feindesliebe noch Feindschaft überwindet, hat die prophetische Einsicht zur Voraussetzung, daß Gott selbst seinen Zorn über das Böse

---

[11] *Hempel*, Ethos (1964); *Oyen*, Ethik (1967).

[12] So die Kritik von *Barton*, Understanding (1978), 59. In *Ders.*, Ethics (2014) nimmt diese Thematik einen breiten Raum ein („Obedience to God“, ebd. 127–156).

[13] *Herms*, Ethik I. Begriff (1999), 1598.

[14] *Otto*, Ethik III. 1 Biblisch. AT (1999), 1603.

[15] Ebd.

des Menschen, das ihn trifft, schmerztragend überwindet, im Sieg der Liebe über den Zorn dem schuldig gewordenen Volk neue Zukunft eröffnet (Hos 11,1–9) und damit im Verhältnis zw. Gott und Mensch die Dialektik von Gewalt und Gegengewalt außer Kraft setzt. Diese spekulativ im Gottesgedanken gewonnene Einsicht in das stellvertretende Leiden Gottes wird in Jes 52,13–53,12 durch den Gedanken des stellvertretend leidenden Gottesknechts mit der Erfahrungswirklichkeit vermittelt. Das göttliche Handeln ist das Paradigma der Selbstüberwindung des Menschen zugunsten des Anderen im Ethos der Solidarität, die als Nächstenliebe (Lev 19,18) die Feindes- (Ex 23,4f.) und Fernstenliebe (Lev 19,34) einschließt"[16]. Eine solche literaturgeschichtliche Systematisierung löst die Diversität der alttestamentlichen Schriften allzu schnell in die christliche Perspektive eines mitfühlenden Gottes und seines leidenden Knechts auf. Dann ist der Weg frei für die ethische Maxime einer allumfassenden Solidarität. Dieses Bild kann nur mit einer gehörigen Portion an Selektion und Hierarchisierung gelingen, wobei der Großteil prophetischer Texte unter den Tisch fällt.

Um die prophetischen Schriften in der alttestamentlichen Ethik angemessen berücksichtigen zu können, bedarf es dagegen einer offenen Perspektive, die den polyphonen Diskurs „in re morali" nicht scheut, sondern ihn geradezu ans Licht bringt. Von einem anderen Blickwinkel aus kommt Thomas Krüger in seinem Beitrag zur Bedeutung des Alten Testaments für die evangelische Ethik zu einem ähnlichen Ergebnis, indem er konkludiert, das AT und die Bibel insgesamt seien kein moralisches Lehr- oder Exempelbuch, „sondern eher [...] ein ethisches Lernbuch, an dem die Wahrnehmung moralischer Probleme und deren kritische Reflexion exemplarisch eingeübt werden können und das zu weiter gehender ethischer Reflexion und Diskussion anstößt"[17]. Und in einem Beitrag von Peter J. Haas, eines jüdischen Kollegen, zur Ethik der hebräischen Bibel heißt es: „The Bible is not about answers but, as the Judaic tradition would have it, about what questions still need to be asked"[18].

---

[16] Ebd. 1605.

[17] *Krüger*, Bedeutung (2011), 259; vgl. *Herms*, Gegenwartsbedeutung (2004), 171–180, demzufolge das AT nicht Antworten für das Heute liefere, vielmehr biete es Zeugnisse stetigen Wandels: „Wandel wird verarbeitet unter Bezugnahme auf Dauerndes, man kann sagen: auf Absolutes: Anders gesagt: Wandel wird verarbeitet durch seine Relativierung gegenüber dem Bleibenden und Absoluten" (ebd. 177).

[18] *Haas*, Quest (1995), 159.

2. Ethik in den Schriftpropheten

Sucht man in der bedeutsamen Theologischen Ethik von Eckart Otto nach Einträgen aus der Schriftprophetie, ist das Ergebnis ernüchternd[19]. Im Register werden aus Jesaja vier Stellen angeführt (1,17; 5,8–10; 33,14–16; 50,1) und aus den übrigen Prophetenschrift gleichermaßen wenig (Jer 4x; Ez 4x; Hos 7x; Am 4x; Mi 2x; Mal 1x). Die Belege aus dem Pentateuch sind weitaus zahlreicher (Ex ca. 50x; Lev ca. 40x; Dtn ca. 75x). Für den dritten Kanonteil spielt das Sprüchebuch eine zentrale Rolle (Spr ca. 40x; Ps 13x). Die gesamte Schriftprophetie hat demnach weniger Einträge als das Buch Levitikus, wenn es um eine theologische Ethik des AT geht! Natürlich ist der Verfasser als großer Spezialist für die Rechtskorpora bekannt und weil Ethik mit Handlungsnormen zu tun hat, sind die Rechtstexte und das Buch der Sprüche die ersten Adressen bei der Frage nach einer alttestamentlichen Ethik. Aber hätte es nicht doch ein wenig mehr Prophetie sein können? Im Band „Recht und Ethik im Alten Testament", einer Publikation im Zuge der Feiern zum 100. Geburtstag von Gerhard von Rad, stellt sich die Lage ähnlich dar[20]. Das Deuteronomium beherrscht alles, Psalmen oder Weisheit kommen nicht vor. Der einzige Beitrag zur Prophetie von Joachim Schaper zu Ez 44 und Jes 56 steht unter dem Motto „Rereading the Law". Hier zeigt sich eine bemerkenswerte Übereinstimmung zwischen der lehramtlichen Vernachlässigung der Prophetie und der geringen fachwissenschaftlichen Einbeziehung dieser Texte. Sollte Ethik im AT tatsächlich nur die Rechtskorpora betreffen, garniert mit ein wenig Familien- und Sippenethos aus den Proverbien? Zur Einbeziehung der Prophetie könnte man natürlich nochmals auf die Sozial- und Kultkritik zurückkommen, aber darüber ist schon in jeder Hinsicht Richtiges gesagt worden, auch und gerade mit Bezug auf das Jesajabuch[21].

Für Eckart Otto liegt das Proprium der Ethik des AT in der diachronen Nachzeichnung seiner Normen- und Rechtsgeschichte: „Will die Ethik nicht das Geschäft einer Theologie des AT betreiben, hat sie ihr Thema in den expliziten Normensystemen des AT und ihrer Geschichte"[22]. Danach besäßen nur die Rechtskorpora Relevanz für eine Ethik

---

[19] *Otto*, Theologische Ethik (1994).

[20] *Levinson/Otto* (Hg.), Recht (2004).

[21] Vgl. *Rendtorff*, Jesaja (1991); *Leclerc*, Yahweh (2001); *Spieckermann*, Recht (2001).

[22] *Otto*, Theologische Ethik (1994), 10; vgl. ebd. 12: „Die Einheit der Ethik des AT

des AT. Die Erzählungen und die meist diskursiven prophetischen Texte sind hingegen in einer Theologie des AT zu behandeln. Bei aller bewundernswerten Deutlichkeit muss kritisch angefragt werden, ob eine alttestamentliche Ethik andere literarische Gattungen wie Erzählungen, Novellen, Lieder, Gebete und schriftgelehrte Diskurse so einfach ignorieren darf. So gibt John Barton zu bedenken, dass selbst unter Einbeziehung der Weisheit und Psalmen zusammen mit den Gesetzestexten nur 50% des alttestamentlichen Textbestandes abgedeckt sei. Die andere Hälfte könne doch nicht einfach ethisch irrelevant sein[23]. Gegen Textbeschränkungen wendet sich auch Rainer Kessler und ist der Ansicht: „Nicht die Geschichte, sondern der Kanon konstituiert die Einheit der Ethik des Alten Testaments“[24]. Mit Blick auf die Prophetie betont er, dass Texte wie Jes 33,15f. und Jes 58,6–8 ethisch bedeutsam seien und plädiert für eine Einbeziehung des gesamten AT: „*Indem die Einheit der Ethik des Alten Testaments im Kanon gesehen wird, haben prinzipiell alle Texte des Alten Testaments Relevanz für eine Darstellung der Ethik*“[25]. In eine ähnliche Richtung geht Uwe Becker, der sich dafür ausspricht, dasjenige mitzubedenken, was den Alltag der Menschen im alten Israel ausmachte. Von daher müsse man sich auch der Weisheitsliteratur und den Erzählungen zuwenden: „Eine Ethik des Alltäglichen kann sich mit Recht auf die alttestamentliche Weisheitsliteratur berufen. Sie ist theologisch weder dürftig noch unvollständig, sondern tritt ebenbürtig neben die explizite theologische Ethik, die sich in der Tora niedergeschlagen hat“[26].

Aber gerade wenn man der Ansicht ist, das gesamte AT sei für eine ethische Betrachtung relevant, steht man bei der Prophetie vor einer besonderen Herausforderung. So sind denn auch die Einträge in der Sekundärliteratur, die *Ethik und Propheten* im Titel führen, nicht sehr zahlreich[27]. Symptomatisch mag die Arbeit von Annette Soete gelten,

---

ist ihre Geschichte. Die Darstellung kann keine andere als die ihrer inneralttestamentlichen Rezeptionsgeschichte sein“.

[23] *Barton*, Understanding (2003), 2: „It puzzles me that Otto says almost nothing about the Prophets, who have traditionally figured largely in discussion of biblical ethics, or about narrative“; es ist interessant, dass *Otto*, Forschungsgeschichte (1991), 23f. diesen Vorwurf auch an *Oyen*, Ethik (1967) richtet.

[24] *Kessler*, Ethik (2011), 102.

[25] Ebd. 106 (Kursiv im Original).

[26] *Becker*, Ethik (2007), 238.

[27] Vgl. *Tresmontant*, Existenz (1962); *Davies*, Prophecy (1978); *Barton*, Ethics

die vieles zum Ethos der Rettung und Gerechtigkeit im AT zusammenträgt, ohne aber ein eigenes Kapitel zur Prophetie aufzuweisen[28]. Wird man auf der Suche nach *Ethik und Prophetie* bei Klaus Koenen endlich fündig[29], stellt man schnell fest, dass hier die Ethik gar keine Untersuchungsperspektive darstellt. Es finden sich keine Ausführungen zur alttestamentlichen Ethik oder gar zur Ethik bei den Propheten. Der Titel „Ethik und Eschatologie im Jesajabuch" fasst den inhaltlichen Kern von Jes 56–66 zusammen. Das eschatologische Heil wird von JHWH nur kommen, wenn der Mensch seine Gerechtigkeit einbringt: „Das ethische Verhalten des Menschen und nicht seine ethnische Zugehörigkeit bildet die Voraussetzung für die Teilhabe am Heil"[30]. Ethisches Verhalten ist hier erneut ein Synonym für Gerechtigkeit.

Dass ethisches Verhalten nicht ohne Gerechtigkeit auskommt, ist selbstredend. Aber reduziert sich Ethik auf gerechtes Tun[31] oder gar auf die Einhaltung von Vorschriften? Das macht Gordon J. Wenham deutlich, wenn er feststellt: „I may have kept every law of the land yet to be an obnoxious person to live with. To put it another way, ethics is much more than keeping the law"[32]. Dass eine alttestamentliche Ethik die Prophetie nicht außer Acht lassen kann, vertritt auch Rainer Kessler. Letztere habe eine Kontrollfunktion in Bezug auf die Einhaltung der Gerechtigkeit, wie sie die mosaische Tora vorschreibt: „Das Nacheinander von Tora und Prophetie im Kanon besagt aber, dass es mit der Tora eine Basis für rechtes Verhalten gibt, dass aufgrund dieser Basis beständig die gesellschaftlichen Realitäten zu beurteilen sind, dass die gesellschaftlichen Realitäten aber auch beständig auf die Auslegung der Tora zurückwirken"[33]. Das ist sicherlich richtig, aber damit wäre die Prophetie in einer alttestamentlichen Ethik nicht nur, was sie

(1981); *Davies*, Double Standards (2000); *Nurmi*, Ethik (2004); *Hrobon*, Ethical Dimension (2010).

28 *Soete*, Ethos (1987).

29 *Koenen*, Ethik und Eschatologie (1990).

30 Ebd. 236, siehe auch ebd. 240.

31 Diese Frage stellt sich auch beim Aufsatzband von *Dietrich*, Theopolitik (2002), der mit einem Beitrag zur Gerechtigkeit als „Der rote Faden im Alten Testament" (ebd. 13–28) beginnt.

32 *Wenham*, Gap (1997), 18.

33 *Kessler*, Ethik (2011), 108; vgl. *Oberforcher*, Alttestamentliche Ethik (1990), 32: „Es sind vor allem die Propheten, welche die Exoduswahrheit übersetzen und aktualisieren auf die Alltagsverhältnisse der Lebenswelt".

selbst betrifft, sondern auch in Bezug auf die Tora, allein für die Sozial- und Kultkritik zuständig[34]. Viele in Theologie und Exegese stimmen dem zu und gehen nicht darüber hinaus.[35] So fasst Hendrik van Oyen seine wenigen Bemerkungen zur Prophetie unter der Überschrift „Prophetismus und soziales Erbarmen" zusammen[36]. Nach Claude Tresmontant sind die Propheten eine Art Sündendetektoren für das Gewissen Israels und darüber hinaus für das Weltgewissen: „Israel hat die Menschheit in puncto Ethik das Krisenalter erreichen lassen: das Alter der Gewissenskrise"[37]. Eryl W. Davies analysiert in seiner Monographie zu Jesaja und der ethischen Tradition in Israel nur drei Stellen: Jes 1,2–3 (Israels Ungehorsam); 5,8–10 (Landenteignung); 1,21–26 (Ungerechtigkeit)[38]. Auch Janne J. Nurmi setzt Ethik und Sozialkritik bei den Propheten ohne jede weitere Differenzierung gleich[39]. In John Rogersons Buch zur Theorie und Praxis alttestamentn licher Ethik sind die Propheten das Bollwerk des gerechten Rests in Israel, was sie in große Konflikte führte: „The prophets often suffered persecution for their stand, and in the concept of a righteous remnant we have a glimpse of a small minority who were prepared to stand against the inhumanity of the larger society"[40]. Eine weiterführende Klassifizierung findet sich nur bei John Barton, der mit seinen Veröffentlichungen zur Ethik im AT, in der Prophetie, in Jesaja und der weiteren jesajanischen Tradition zu den absoluten Vorreitern gehört[41].

---

[34] Vgl. *Smend*, Ethik (1982), 426, der danach fragt, welchen Maßstab die Propheten für ihre Ethik anlegten, denn das mosaische Gesetz könne es literaturgeschichtlich nicht gewesen sein. Wahrscheinlich sei sie weisheitlich-naturrechtlich orientiert gewesen. Dagegen völlig unhistorisch *Witaszek*, L'alleanza (2009), 15: „I profeti per valutare i diversi problemi religiosi, sociali, politici ed economici del proprio tempo fanno riferimento della Legge, creando in questo modo un contesto nuovo su cui porre e interpretare la legge del Sinai".

[35] Vgl. *Troeltsch*, Ethos (1916–17), 16f.; *Waterman*, Ethical Clarity (1945) mit einem totalen Antagonismus von sozialer Gerechtigkeit und Opferkult: „Amos thus proclaimed an ethical God so clearly that only ethical relations between men could assure divine favor; and nothing in his words indicates that he recognized any other approach to God" (ebd. 300).

[36] *Oyen*, Ethik (1967), 138–140.

[37] *Tresmontant*, Existenz (1962), 115.

[38] *Davies*, Prophecy (1978).

[39] *Nurmi*, Ethik (2004).

[40] *Rogerson*, Theory (2004), 66.

[41] *Barton*, Ethics (1981); *Ders.*, Understanding (2003); *Ders.*, Ethics (2003); *Ders.*, Ethics (2014).

Danach bildet die Sozialkritik die erste Ebene der jesajanischen Ethik (vgl. u. a. Jes 1,23; 3,9; 5,8–10.23; 10,1f; 29,21). Als zweite Stufe nennt er die speziell jesajanische Kritik gegen jede Form menschlichen Hochmuts (Jes 2,12–19; 3,1–5; 3,16–4,1; 22,15–19) und als drittes und höchstes Niveau die Anerkennung einer moralischen Ordnung, die der Wirklichkeit in Israel und der Welt insgesamt eingeprägt ist (Jes 2,6–22; 3,1–12; 5,8–10; 5,20; 29,15–16)[42]. Diese Ordnung kann nur der befolgen, der als eine Art „natural law" die „supremacy of God" anerkennt: „every individual moral precept, and every higher-order principle such as social conservatism and the call for humility, seem to him to derive from the supremacy of God"[43]. Bei allen seinen wichtit gen Überlegungen verbleibt John Barton auf der Ebene einer expliziten Ethik, d. h. bei konkreten Handlungsanweisungen, die sich aus Jesajas Sozialkritik, seiner Warnung vor dem Hochmut und der notwendigen Akzeptanz der absoluten Hoheit JHWHs speisen[44]. Zugleich plädiert er auf der letzten Seite seiner Monographie aus dem Jahre 2003 für das Aufspüren einer impliziten Ethik: „I personally find the study of what is implicit in some ways more interesting than what is made explicit in law codes and wisdom teaching" und fügt hinzu, dass „a full-length volume on prophetic ethics remains to be written. It would perhaps be the logical next step in what is a growing body of material on ethics in the Old Testament"[45]. Diese Suchrichtung dürfte sich lohnen, denn anders als in den Gesetzen des Pentateuch oder den Handlungsanweisungen der Sprichwörter liegt die Ethik in der Prophetie – wie übrigens auch bei biblischen Erzählungen – oftmals in den Texten verborgen und tritt nicht als explizite Handlungsanweisung ans Licht. Was für die Bibel allgemein und für das AT im Besonderen gilt, dass diese Schriften kein Lehrbuch der Moral sein wollen, trifft für die Prophetie in noch höherem Maße zu. Ohne Rekonstruktion ist keine biblische Ethik zu erheben, schon gar keine prophetische,

---

42 *Barton*, Understanding (2003), 135.

43 Ebd. 148.

44 Gleiches gilt für *Diedrich*, Ethik (1998).

45 *Barton*, Understanding (2003), 175. In seiner neuesten Publikation (*Ders.*, Ethics [2014]), geht er leider keinen weiteren Schritt in diese Richtung. So bleibt auch am Ende dieses Buches die größte Frage unbeantwortet: „Some readers will have been waiting, more or less patiently, for me to answer the question, How should we apply the ‚ethics of the Old Testament' today? They have been disappointed so far, and are going to continue to be disappointed" (ebd. 276).

„denn das, was die Ethik des Alten Testaments darstellt, ist ja keine willkürliche Erfindung, sondern eben Re-Konstruktion dessen, was im Alten Testament implizit enthalten ist“[46]. Die Implizität ethischer Ansätze ist in der Prophetie besonders hoch, weshalb es hier einer geschärften Aufmerksamkeit auf die Strukturen hinter dem Offensichtlichen bedarf, einer Bewusstmachung des *privileging viewpoint*, d.h. der Blickrichtung, aus dem die Autoren schreiben und den die Adressaten einnehmen sollen[47]. Eine noch zu schreibende Ethik der Schriftprophetie kann sich nicht damit begnügen, die schon oft betonte Sozial- und Kultkritik zu wiederholen, sondern muss die impliziten Denkstrukturen offenlegen, historisch einordnen und bewerten.

3. Die dunklen Texte der Prophetie als Herausforderungen alttestamentlicher Ethik

Um den biblischen Diskursraum in vollem Maße ausloten und seine impliziten ethischen Signale abhorchen zu können, dürfen die dunklen Texte nicht ausgeklammert werden. Dies gilt umso mehr, als sich ethisches Verhalten gerade in Konflikt- und Stresssituationen zu bewähren hat. Dabei ist davon auszugehen, dass die bedrückenden Texte selbst aus Erfahrungen von Krieg, Gewalt und Unrecht entstanden sind. Auch darin, dass diese quälend sperrigen Texte in den bisherigen Ethikentwürfen keine Rolle spielen, erweist sich die biblische Ethik als die kleine Schwester der Biblischen Theologie! Wenn es stimmt, dass das wichtigste Kriterium für eine biblische Ethik die Gottesvorstellung selbst ist[48], müssen gerade jene Passagen als schwere Belastung empfunden werden, in denen sich das Gottesbild bis zur Unkenntlichkeit verdunkelt. Wie kann Gerechtigkeit ein Grundpfeiler sittlichen Handelns sein, wenn JHWH sich selbst nicht daran hält bzw. erst von Abraham dazu ermahnt werden muss: „Sollte sich der Richter der ganzen Erde nicht an das Recht halten?“ (Gen 18,25)[49]. Wieso sollte

---

[46] *Kessler*, Ethik (2011), 101.

[47] Darauf macht *Davies*, Double Standards (2000), 171f. aufmerksam.

[48] So *Smend*, Ethik (1982), 428: „Das wichtigste Charakteristikum und zugleich die entscheidende Legitimation der sittlichen Forderung im Alten Testament liegen in ihrer *Zurückführung auf Jahwe*, den Gott Israels, der der Gott der ganzen Welt ist“ (Hervorhebung im Original).

[49] *Berges*, Ambiguität (2014).

Gewaltlosigkeit erstrebenswert sein, wenn JHWH zu grausamer Gewalt fähig ist[50]? Wieso sollte Erbarmen zur Sittlichkeit vernunftbegabter Menschen gehören, wenn JHWH selbst kein Erbarmen gegen Alte und Kinder walten lässt? Wieso sollte man alle Gebote Gottes befolgen, wenn er selbst zugibt, Gesetze erlassen zu haben, die nicht gut waren (Ez 20,25)? Nicht zuletzt das Jesajabuch, das wegen seiner Vision eines weltweiten Friedens und paradiesischer Harmonie oft gelobt wird (vgl. Jes 2,2–4; 11,6–9; 65,18–23), kennt erschreckende Texte des göttlichen Nicht-Erbarmens und der Gewalt[51]. Eine kleine Auswahl mag als Problemanzeige genügen:

- „Darum ist der Zorn JHWHs gegen sein Volk entbrannt, und er hat seine Hand gegen sie ausgestreckt und sie geschlagen. Und die Berge erbebten, und ihre Leichen lagen wie Kehricht mitten auf den Straßen" (Jes 5,25).
- „Darum wird sich der Herr über dessen junge Männer nicht freuen, und über seine Waisen und Witwen wird er sich nicht erbarmen. Denn sie alle sind Gottlose und Übeltäter, und jeder Mund redet Torheit" (Jes 9,16).
- „Ihre Kinder werden vor ihren Augen zerschmettert, ihre Häuser geplündert und ihre Frauen geschändet. Siehe, ich erwecke gegen sie die Meder, die Silber nicht achten und an Gold kein Gefallen haben. [Ihre] Bogen werden junge Männer niederstrecken, und über die Leibesfrucht werden sie sich nicht erbarmen, und der Kinder wegen werden sie nicht betrübt sein" (Jes 13,16–18).
- „Ich habe die Kelter allein getreten, und von den Völkern war kein Mensch bei mir. Ich zertrat sie in meinem Zorn und zerstampfte sie in meiner Erregung. Und ihr Saft spritzte auf meine Kleider, und ich besudelte mein ganzes Gewand" (Jes 63,3).
- „Und sie werden hinausgehen und sich die Leichen der Menschen ansehen, die mit mir gebrochen haben. Denn ihr Wurm wird nicht sterben und ihr Feuer nicht verlöschen, und sie werden ein Abscheu sein für alles Fleisch" (Jes 66,24).

Es geht nicht darum, einer möglichst heftigen *chronique scandaleuse* das Wort zu reden, um das biblische Gottesbild für den gesellschaftli-

---

[50] *Berges/Obermayer*, Gottes Gewalt (2012), 53–75; *Dies.*, Großer Friede (2013); *Dies.*, Divine Violence (2014).

[51] Dazu *Obermayer*, Göttliche Gewalt (2014).

chen Diskurs noch mehr zu diskreditieren, als dies ohnehin schon der Fall ist. Unbestritten sind alle diese Texte kulturell geprägten Ausdrucksformen geschuldet und müssen aus den je eigenen Prämissen und Zielsetzungen verstanden werden[52]. Aber dies gilt ebenso für die positiven Texte des göttlichen Erbarmens, der Hilfe und Solidarität. Dunkle Texte finden sich in allen Schriften des AT, NT und anderer religiösen Traditionen. Was die sperrigen prophetischen Texte aber so unangenehm macht, ist ihr direkter Blick ins Innere der Gottesvorstellung[53]. Was Eckart Otto als Stärke der theologischen Ethik ins Licht rückt, ihre Verankerung im Gottesbegriff selbst[54], wirft hier besonders dunkle Schatten! Die sogenannte Gnaden- und Zornesformel in Ex 34,6f., die in alle Kanonteile des AT Eingang gefunden hat (vgl. Ps 86,15; 103,8; 111,4; 145,8; Jer 32,18; Mi 7,18–20; Nah 1,2f.; Joel 2,13, Jona 4,2; Neh 9,17.31; dazu Sir 5,4f; Weish 15,1), beweist, dass die Komplexität und Ambiguität der Gottesvorstellung zur biblischen Tradition gehören[55] und nicht erst Phänomene der Wirkungsgeschichte sind! Weder in einer alttestamentlichen Theologie noch in einer alttestamentlichen Ethik dürfen diese dunklen Texte übergangen werden. Sie stellen keineswegs eine Quantité négligeable dar. Sollen aber auch diese Texte im Diskursraum der biblischen Schriften mitklingen, dann braucht es für sie – mehr als für alle anderen – nicht nur eine intensive historische Rekonstruktion, sondern darüber hinaus eine hermeneutische Dekonstruktion. Hier setzt Andrew Davies mit seiner Monographie „Double Standards in Isaiah" wichtige Akzente, die bislang viel zu wenig zur Kenntnis genommen worden sind. Er plädiert für eine Analyse, die in den Bereich des *reader-response criticism* gehört und dort unter dem Motto *reading against the grain* bekannt ist. Sie beinhaltet eine „resistant and subversive reading. Resistant reading is the refusal of the reader to ‚buy' the text's dominant ideology without a fight [...] the interpreter's task is to identify the ideology the text

[52] Vgl. *Baumann*, Gottesbilder (2006).

[53] *Dietrich/Link*, Die dunklen Seiten Gottes (1995/2000); vgl. *Schüle*, Gott (2001); *Borck*, Texte (2000); *Lang*, Gott (2004).

[54] *Otto*, Theologische Ethik (1994), 11: „Die Ethik des AT ist nicht nur insofern eine theologische, als sie die Geschichte der Begründung der Handlungsanweisung im Gottesbegriff rekonstruiert, sondern auch darin, daß sie auf inneralttestamentliche Kriterien der kritischen Prüfung der Handlungsanweisung, die im Gottesbegriff verortet sind, reflektiert."

[55] *Berges*, Die dunklen Seiten (2013).

is trying to sell – what principles and ideas it is attempting to foist upon us, and what we actually think of them“[56]. Ziel ist es, die inhärenten Textstrategien („encoded strategies“) zu identifizieren und auf ihre Validität und Moralität zu überprüfen[57]. Dominante Sichtweisen der Bibel werden hinterfragt und dem Verdacht einer verschleiernden Leserlenkung ausgesetzt. In der feministischen Exegese hat dieses *reading against the grain* schon viele verborgene Textstrategien ans Licht gebracht. J. Cheryl Exum, eine der bekanntesten Vertreterinnen der feministischen Bibelauslegung, fasst dies so zusammen: „Since as long as we remain within the androcentric ideology of the text, we can do no more than describe ancient men's views of women, a feminist critique must, of necessity, read against the grain. It must step outside of the text's ideology and consider what androcentric agenda these narratives promote“[58]. Was für androzentrische Leserlenkungen gilt, trifft auch für andere Strategien zu, die den Leserinnen und Lesern dominante Sichtweisen aufzwingen. Dass Verfasser mit Texten Ziele verfolgen ist eine Selbstverständlichkeit. Das erste Ziel der ideologiekritischen Lektüre ist daher das Aufspüren solcher Strategien. „Reading against the grain implies that there *is* a grain. It implies that texts have designs on their readers and wish to persuade them of something or other. It implies that there are ideologies inscribed in texts, and that the readers implied by texts share the texts' ideologies“[59]. Während eine Theologie der Propheten den Texten eher nachfolgt, muss eine Ethik der Propheten sie viel stärker gegen den Strich bürsten. Dies funktioniert nicht ohne eine Stellungnahme der Exegetin, des Exegeten gegenüber den Texten, ihren Aussagen und Zielen[60]. Geht es um eine alttestamentliche Ethik, kann man sich nicht mit dem notwendigen Nachweis begnügen, dass JHWH in seiner Grausamkeit gegen Kinder und Alte

---

[56] *Davies*, Double Standards (2000), 15; *Barton*, Ethics (2014), 249 hält die Arbeit ebenfalls für eine „important monograph“, ohne jedoch dessen Ansatz einer impliziten Ethik zu erwähnen!

[57] *Davies*, Double Standards (2000), 16.

[58] *Exum*, Hand (1996), 89.

[59] *Clines*, God (1995), 206f.

[60] *Rodd*, Glimpses (2001), 324: „Whatever theory is proposed, whatever position is adopted, it is impossible to avoid the fact that we the readers pass judgment on the biblical writings. Were this not so, we should not be speaking of moral ‚problems‘ at all, and the only problems that we should recognize would be those created by the inconsistent ethical stances within the canon.“

im kulturellen Code altorientalischer Götter gezeichnet ist. Wenn sich die exegetische Zunft allein hinter den sozial- und literaturgeschichtlichen Beweggründen ihrer Texte verschanzt, darf sie sich nicht wundern, wenn sie weder in Kirche und Theologie, noch in der Gesellschaft besonderes Gehör findet. Die sperrigen Texte fordern nach Stellungnahme und dürfen nicht unwidersprochen bleiben. *Reading against the grain* raut die Texte auf, bringt das Ungesagte, das Verschwiegene, die vergessenen Opfer der Gewalt ans Tageslicht[61]. Das gelingt aber nur, wenn Leserinnen und Leser den *privileging viewpoint* verlassen, d.h. die dominante Perspektive, wonach Gott als Aktant in diesen Texten immer das Richtige fordert und selbst tut. Dazu erneut Andrew Davies: „There is always a temptation to presume that Yahweh's opinion is correct in all things, and to take his side in all matters. Normally, biblical authors succumb to this temptation and privilege the deity's viewpoint, assuming anyone who disagrees with him is wrong if not morally deficient. Isaiah has at times managed to resist that temptation"[62]. Gerade in der Klage zeigt sich bisweilen die andere, dunkle Seite. Dies ist beim Protest der Beter in Ps 44 der Fall, die gegen die Sichtweise ankämpfen, Spott und Hohn seien über sie gekommen, weil sie Gott vergessen hätten (Ps 44,18–23). Für eine ethische Schriftauslegung ist es ebenfalls nicht unbedeutend, dass JHWH weder auf die Klage Zions am Ende von Klgl 2, noch auf die des Beters in Ps 88 eine Antwort gibt. *Reading against the grain* bedeutet also nicht nur, dass man nur einen *anderen* Standpunkt einnimmt, sondern auch, dass man die dominante Perspektive des Texts dekonstruiert.

Nach David Clines setzt Dekonstruktion binäre Oppositionen voraus, die als allgemein gültig angesehen werden, um danach aufzuzeigen, dass die Grenzen zwischen den Polen fließend sind[63]. Als Beispiel nennt er die binäre Opposition von Sklave versus Freier in Dtn 23,16f., die dadurch dekonstruiert wird, dass der entlaufene Sklave *nicht* an seinen Herrn ausgeliefert werden darf, sondern das Recht hat, dort in Israel zu wohnen, wo es ihm beliebt. Wenn ein Sklave einfach dadurch

---

[61] *Davies*, Double Standards (2000), 18f.

[62] Ebd. 171.

[63] *Clines*, Ethics as Deconstruction (1995), 78: „Classically, a deconstruction takes hold of binary oppositions that have been passing as valid currency, exposes the faults in the distinctions that are drawn between them, the definitions that claim to separate them, and shows how, to some extent, each is implied in the other".

zum Freien wird, dass er wegläuft, ist die Sklaverei zwar noch nicht beendet, aber in ihren Grundfesten erschüttert: „The point here is that if a slave can choose not to be a slave, the concept slavery does not exist as it once was thought to exist, and the simple, commonsensical distinction between slave and free collapses“[64]. Dorothea Erbele-Küster kann diesem Ansatz einiges abgewinnen und hält in ihrem Wibilex-Artikel zur alttestamentlichen Ethik fest: „Dass sich Ethik auch als Dekonstruktion, d. h. Infragestellung von Werten vollziehen kann, findet sich bereits in alttestamentlichen Texten. David Clines (1995) zeigt entlang einiger biblischer Texte auf, dass sich dort die Etablierung einer Norm, eines ethischen Wertes, gerade in der Dekonstruktion vollziehe. Laut Dtn 23,16f. soll ein geflohener Sklave nicht an seinen Besitzer zurückgegeben werden. Auch wenn dieses Gesetz nicht für eine grundsätzliche Abschaffung der Sklaverei votiert, untergrabe es die Institution (von innen heraus) und dekonstruiere sie damit. Das Paradoxe ist, dass einerseits mit einer dekonstruktiven Argumentation keine soziale Institution gegründet werden kann, andererseits damit aber die Möglichkeit für eine ethische Meinungsbildung eröffnet wird. Der Dekonstruktivismus kann sich daher in einem zweiten Schritt als konstruktiv erweisen: Indem er Menschen dazu ermutigt, normative Handlungsmuster kritisch zu hinterfragen und sie somit zu ethischen Handlungsträgern macht“[65]. Letzteres ist für das Aufspüren ethischer Grundsätze in der Schriftprophetie mit ihren zum Teil dunklen Texten von großer Bedeutung. Das Aufdecken ihrer mitunter gewaltverherrlichenden Tiefenstrukturen führt zur Schärfung des kritischen Bewusstseins und fordert zunächst die Exegetinnen und Exegeten selbst zur Stellungnahme heraus. Werden für unverrückbar gehaltene Oppositionen dekonstruiert, geraten absolute Wahrheiten in Gefahr und werden Autoritäten untergraben. Das Resultat ist kein beliebiges *anything goes*, sondern eine unvermeidlich stärkere Inanspruchnahme des Individuums, sich für das Gerechte und Gute zu entscheiden, gegebenenfalls auch gegen heilige Texte: „And what the taking charge of one's own ethical decisions does is to make one more of an ethical person“[66]. Dekonstruktion stellt kein neues Gebäude ethischer Nor-

---

[64] Ebd. 78f.
[65] *Erbele-Küster*, Ethik (2013).
[66] *Clines*, Ethics as Deconstruction (1995), 105; ebenso *Rodd*, Glimpses (2001),

men auf, sondern dezentralisiert Ethik, weg vom System hin zum Individuum und seinen Entscheidungen[67].

4. Der Widerstand gegen das göttliche Nicht-Erbarmen

Als Beispiel für dunkle Texte der Prophetie, die Widerstand herausfordern, sollen nun jene Passagen des Jesajabuches dienen, in denen der Gott Israels einerseits zum Nicht-Erbarmen aufruft, andererseits aber Erbarmen verlangt[68]. Diese Belege stellen *nicht* die Quintessenz der jesajanischen Ethik dar, zu deren zentralen Vorstellungen die Gerechtigkeit, Solidarität, Armenfürsorge, sowie der Kampf gegen den Hochmut gehören[69]. Die Passagen des göttlichen Nicht-Erbarmens machen die positiven Zusagen nicht zunichte, sondern fordern in erhöhtem Maße zur Stellungnahme heraus. Zum Proprium der Gottesvorstellung von JHWH gehören seine Fähigkeit und sein Wille zum Erbarmen. Überschaut man die Belege des Verbums רחם (sich erbarmen) im AT, so fungiert JHWH durchgängig als Subjekt (Ex 33,19; Dtn 13,18; 30,3; 2 Kön 13,23; Jes 9,16; 14,1; 27,11; 30,18; 49,13; 54,8.10; 55,7; 60,10; Jer 12,15; 30,18; 31,20; 33,26; 42,12; Ez 39,25; Hos 1,6.7; 2,6.25; Mi 7,19; Sach 1,12; 10,6; Ps 102,14). Diese hohe Frequenz in der nachexilischen Prophetie ist bemerkenswert, wobei das Jesajabuch eine wichtige Rolle einnimmt. Ist JHWH nicht Subjekt des Verbums, beziehen sich die Stellen auf das Nicht-Erbarmen von Nationen untereinander. Doch auch hier steht JHWH als Lenker der Geschicke seines Volkes und der Völker im Hintergrund (Jes 13,18: Meder erbarmen sich nicht gegen Babel; Jer 6,23: Babel erbarmt sich nicht gegen Zion; Jer 21,7: Nebukadnezar erbarmt sich nicht gegen Jerusalem; Jer 21,7: Der König von Babel erbarmt sich nicht gegenüber der Gola; Jer 50,42: Völker

327: „[…] the first requirement is to abandon the propositional view of revelation, and with it the belief in the Bible as an external authority".

67 *Clines*, Ethics as Deconstruction (1995), 106: „That is to say, I see deconstruction as re-centring ethics around ourselves as decision-makers (fallible, inconsistent, committed), rather than around a system that is orderly, comprehensive and coherent".

68 Ein erster Ansatz findet sich in *Berges*, Babylon (2010).

69 *Porteous*, Basis (1967); *Berges*, Arm (2009); *Hieke*, Gottes Gerechtigkeit (2008); siehe auch *Reimer*, ética (2003), der das Proprium der prophetischen Ethik in der Göttlichkeit JHWHs selbst verankert sieht, „manifesta e percebida sobretudo como um Deus libertador de gente pobre e explorada" (ebd. 37).

erbarmen sich nicht gegen Babel). Unbestritten gehört das Erbarmen JHWHs zu seinen zentralen Wesensmerkmalen und stellt die wichtigste Begründung für die von Gott beendete Krise des Exils dar. Im Jesajabuch verdichtet sich diese theologische Wahrheit sogar zum Epitheton JHWHs als „Erbarmer" (מרחם in Jes 49,10; 54,10; vgl. רחם in 14,1; 30,18; 49,13; 54,8; 55,7; 60,10)[70]. Im Koran, in dem bis auf Sure 9 alle übrigen 113 Suren mit der sogenannten *basmala* beginnen („Im Namen Gottes, des Erbarmers, des Barmherzigen"), hat der Gott des Erbarmens eine weitreichende Rezeption erfahren. Schon im AT (und NT) soll sich Gottes Barmherzigkeit auf das ethische Verhalten auswirken: „Durch die B. [Barmherzigkeit] Gottes ist menschlichem Handeln ein Modell vorgegeben, das die Menschen dankbar im Leben miteinander praktizieren sollen. Aufgrund der eigenen Erfahrung ist der Mensch in das Vermögen gesetzt, die empfangenen Wohltaten zu teilen [...] Ethisches Handeln aus B. ist Handeln in erinnernder Vergegenwärtigung der sich je neu erweisenden B. Gottes und ist Zeichen der menschlichen Treue zu Gott (Ijob 6,14)"[71]. Gerade weil dem so ist, bedürfen die Belege des göttlichen Nicht-Erbarmens einer eigenen Begründung. In Jes 9,16 wird JHWHs Unbarmherzigkeit mit der Unbelehrbarkeit Samarias erklärt[72]: „Darum freut sich der Herr nicht über dessen junge Männer, und über seine Waisen und Witwen erbarmt er sich nicht. Denn sie alle sind Gottlose und Übeltäter, und jeder Mund redet Torheit. Bei alldem wendet sich sein Zorn nicht ab, und noch ist seine Hand ausgestreckt". Sind alle schuldig geworden, so trifft die Strafe auch alle! Dass junge Männer (בחורים) Kriegen zum Opfer fallen, gehört im AT und darüber hinaus zum Alltagsgeschehen (2 Kön 8,12; Jes 31,8; 40,30; Jer 11,22; 18,21; 49,26; 51,3; Ez 30,17; Am 4,10; Ps 78,31; Klgl 1,15), nicht aber, dass JHWH mit Waisen und Witwen kein Erbarmen hat[73]. Diese Aussage widerspricht der breiten alttestamentlichen Bezeugung von Gottes Schutz und Beistand für diese beiden Gruppen der *personae miserae* (vgl. Ex 22,21.23; Dtn 10,18; 14,29; 24,17–21; 27,19; Jes 1,17.23; 10,2; Jer 7,6; 22,3; 49,11; Ez 22,7; Sach 7,10; Mal 3,5; Ijob 22,9; Klgl 5,3; Ps 68,6; 94,6; 146,9). Eine ähnliche Aussage findet sich im AT nur noch in Hos 1,6 über Israel als Lo-Ruchama: „Denn ich erbar-

---

[70] Siehe dazu *Simian-Yofre*, רחם (1993).

[71] *Kampling*, Barmherzigkeit (2015), 112 (mit Verweis auf Am 2,7–10; Ex 20,9–11).

[72] *Simian-Yofre*, רחם (1993), 466.

[73] *Beuken*, Jesaja (2003), 266.

me mich künftig über das Haus Israel nicht mehr, sondern nehme ihnen [mein Erbarmen] völlig weg". Dies steht im Gegensatz zur Aussage über Juda in Hos 1,7a: „aber über das Haus Juda erbarme ich mich und rette sie durch JHWH, ihren Gott". Der Kontrast zwischen göttlichem Erbarmen und Nicht-Erbarmen findet sich erneut in Hos 2,6 („auch über ihre Kinder werde ich mich nicht erbarmen, weil sie hurerische Kinder sind") und Hos 2,25a („und ich will sie mir säen im Land und will mich über Lo-Ruchama erbarmen")[74]. Es ist erstaunlich, wie wenig Aufmerksamkeit Jes 9,16 im Gegensatz zu den Belegen des göttlichen Nicht-Erbarmens im Hoseabuch gefunden hat. Manche Jesaja-Kommentatoren nehmen die Eigenheit von Jes 9,16 gar nicht zur Kenntnis. So kommentiert Otto Kaiser: „Sachlich rechtfertigt er [der Bearbeiter] zusammen mit V. 16a das Vernichtungshandeln Jahwes an seinem Volk, dessen Führer versagt haben, indem sie es auf einen falschen Weg führten, und das selbst schuldig wurde, indem es ihnen auf diesem Wege folgte"[75]. Dagegen sieht Peter Höffken die Besonderheit dieses Verses, was aber zu keiner intensiveren Betrachtung Anlass gibt: „Da das reichlich gefühllos klingt in einem Prophetenbuch, das sonst Gott und personae miserae fast als Einheit betrachtet, wird nochmals eine Unheilsbegründung nachgeschoben"[76]. Der Vater der modernen Jesaja-Exegese, Bernhard Duhm, entschärft den Vers auf biographische Art: „Die ungewöhnlich harte Drohung, daß Jahwe sich nicht einmal der Waisen und Witwen, deren Schützer er doch sonst ist, erbarmen will, sticht seltsam ab gegen die c. 117 in einer Zeit, wo die hier geweissagten Nöte über das Land gekommen waren, erhobene Forderung Jahwes, für jene Schwachen zu sorgen: man spürt den Unterschied zwischen dem Feuer des jugendlichen und der Besonnenheit des gereiften Mannes, liegen doch drei Dutzend Jahre zwischen beiden Reden"[77]. Eine unzulässige Umgehung der Problematik des göttlichen Nicht-Erbarmens bietet James D. Watts, wenn er Jes 9,16 folgendermaßen

---

[74] *Jeremias*, Hosea (1983), 51f.: „Mit der Rückkehr der Verbannten aus dem Exil ins wieder blühende Land beginnt dann ein grundlegend neues Gotteshandeln, das seinem Strafhandeln, wie es in den Namen der jüngeren Kinder zum Ausdruck kam (1,6.9), genau entgegengesetzt ist".

[75] *Kaiser*, Jesaja (1981), 215; *Wildberger*, Jesaja (1980), 220: „Der begründende Satz 16aβ schließt sich ausgezeichnet an. Das Gericht ist so umfassend, weil ‚*alle*' sich verfehlt haben"; ähnlich *Childs*, Isaiah (2001), 86.

[76] *Höffken*, Jesaja (1993), 113.

[77] *Duhm*, Jesaia (1968), 94.

übersetzt: „Because of this the Lord cannot rejoice over their choice youth. Their orphans und widows he cannot comfort“ und dann kommentiert, „God cannot bless this situation“[78]. Dass JHWHs Nicht-Erbarmen kein Ausreißer ist, sondern zu seinem Handlungsspektrum gehört, zeigt der nachfolgende Beleg im Fremdvölkerorakel gegen Babel. Dort stachelt JHWH die Meder gegen Babel auf und verheißt eine gnadenlose Vernichtung: „[Ihre] Bogen werden junge Männer niederstrecken, und über die Leibesfrucht werden sie sich nicht erbarmen, und der Kinder wegen werden sie nicht betrübt sein“ (Jes 13,18). Die altorientalische Imprägnierung dieser Gewaltsprache steht außer Frage. Sie erklärt einiges, aber nicht alles. So wird JHWH bei diesem grausamen Tun nicht im Hintergrund belassen, sondern durch den Vergleich mit der Zerstörung von Sodom und Gomorra in den Vordergrund gerückt: „Und Babel, die Zierde der Königreiche, die stolze Pracht der Kasdäer, wird sein wie Sodom und wie Gomorra, als Gott sie verwüstete“ (Jes 13,19). Dieser intertextuelle Verweis besitzt einen rückwirkenden Einfluss auf den Spendertext in Gen 19. Hat JHWH nicht auch dort ohne Erbarmen, ohne Rücksicht auf Kinder und Kleinstkinder, gehandelt? Sollten sich dort keine zehn Gerechten gefunden haben, die Abraham ins Spiel brachte (Gen 18,32)? Sollten dort keine Kinder gewesen sein, die *ipso facto* unschuldig sind? Verdrängt Gottes Gerechtigkeit sein Erbarmen? Dass dies keineswegs nur moderne Fragen sind, die man an die antiken Texte nicht stellen dürfe, beweist Klgl 2,20–22. Dort klagt Mutter Zion JHWH wegen des gewaltsamen Todes ihrer Bevölkerung an: „Du hast getötet am Tag deines Zornes, hast geschlachtet, nicht verschont“ (V 21b)[79]. Auch Abrahams Frage bleibt ein Weckruf gegen die stumme Hinnahme göttlicher Gewalt: „Fern sei es von dir, so etwas zu tun, den Gerechten mit dem Ungerechten zu töten, so dass der Ungerechte wäre wie der Gerechte; fern sei es von dir! Sollte der Richter der ganzen Erde nicht Recht üben“ (Gen 18,25)? Bei diesen und anderen Texten[80] muss die alttestamentliche Ethik den

[78] *Watts*, Isaiah (1985), 139.143. Gegen solch ein Glattbügeln wendet sich *Rodd*, Glimpses (2001), 328: „Modern translations of the Bible iron out differences [...] Such translations are the equivalent of package holidays: they ensure that we are provided with a full English breakfast and see only the pleasanter and more picturesque features of the country we are visiting.“

[79] *Berges*, Klagelieder (2012), 164–167.

[80] Zur Ethik in Erzählungen des AT siehe *Wenham*, Story (2000); *Mills*, Biblical Morality (2001).

privileging viewpoint verlassen und die Gewaltinszenierung hinterfragen. In Jes 13,18 wird sogar betont, dass JHWH das Nicht-Erbarmen der Meder gegenüber Babel nicht nur billigt, sondern einfordert. Die Parallelisierung vom Zerschmettern der jungen Männer[81] und dem Nicht-Erbarmen über die Leibesfrucht unterstreicht, „daß keine Macht der Welt den Medern entgehen kann, wenn sogar Elitetruppen dasselbe Schicksal erleiden wie Kinder“[82]. Diese Erbarmungslosigkeit, mit der JHWH geschichtliche Ziele erreicht, setzt sich fort. In Jer 6,23 bietet JHWH die Babylonier gegen Zion auf: „Bogen und Krummschwert führen sie, sind grausam und haben kein Erbarmen“. Damit nicht genug, denn in Jer 50,42 ruft JHWH die Völker gegen Babel auf: „Bogen und Krummschwert führen sie, sind grausam und haben kein Erbarmen“. Daraus schließt Burkhard Zapff: „Beide Male handelt es sich um von Jahwe gegen Jerusalem bzw. gegen Babel gerufene Völker, die als ‚erbarmungslos‘ charakterisiert werden. Offensichtlich kann also die Jahwe zugedachte Eigenschaft des im Gericht erbarmungslosen Richters auf die das Gericht Jahwes vollziehenden Menschen übertragen werden“[83]. Aber was hat man von einem erbarmungslosen Richter zu halten? Auch geht es in diesem Völkerkontext gar nicht um Rechtsprechung, sondern um die Durchsetzung von Interessen und Geltungsansprüchen, die JHWH – als Aktant im Text – mit den Imperien der Levante und ihren Gottheiten teilt. Der Weltengott, der gegen sein eigenes Volk ohne Erbarmen handelt (Jes 9,16), bietet Fremdmächte sowohl gegen den Zion (Jer 6,23) als auch gegeneinander auf (Jes 13,18; Jer 50,42). Die historische, ikonographische, exegetische Rekonstruktion dieser Texte hat in den letzten Jahrzehnten große Fortschritte gemacht. So stand die AGAT-Tagung 2011 unter dieser Fragestellung[84]. Was aber zu einer ethischen Schriftauslegung gehört, ist das Aufdecken des impliziten Einverständnisses: *might is right!*

Kehren wir ein letztes Mal zu den jesajanischen Belegen des göttlichen Nicht-Erbarmens zurück. Nachdem JHWH sein eigenes Nicht-Erbarmen über Witwen und Waisen bekundete (Jes 9,16) und danach

---

[81] LXXJes 13,18 schwächt insofern ab, als dort nicht die Kriegsbogen die jungen Männer niederstrecken, sondern deren Bögen zerbrechen werden; vgl. *Michel*, Gott und Gewalt (2003), 120.

[82] *Zapff*, Schriftgelehrte Prophetie (1995), 178.

[83] Ebd. 179.

[84] *Fischer* (Hg.), Macht – Gewalt – Krieg (2013); vgl. *Schnocks*, Gewalt (2014).

die Erbarmungslosigkeit der Meder gegen Babel anordnete (Jes 13,18), kommt es in Jes 47,6 zu einer überraschenden Wende: Nun wirft JHWH Babel die Erbarmungslosigkeit vor, die er zuvor selbst an den Tag gelegt hatte: „Ich war erzürnt über mein Volk, ich entweihte mein Erbteil, und ich gab sie in deine Hand. Du hast ihnen kein Erbarmen erwiesen, auf den Greis legtest du schwer dein Joch". Die aufmerksame Leserschaft kann sich nur wundern: Warum hätte der König von Babel Erbarmen mit dem Gottesvolk haben müssen, aber die Meder gegen ihn nicht? Mit Blick auf Jer 6,23 und 21,7 hätte der von Gott angeklagte Fremdherrscher allen Grund zum Protest gehabt: Erbarmen? Davon war doch nie die Rede! Du hattest doch auch kein Erbarmen, selbst nicht mit den Schwächsten deines eigenen Volkes (Jes 9,16; vgl. 27,11)[85]. Walter Brueggemann ist einer der wenigen Exegeten, der hier kritisch nachfragt. Doch ihm zufolge gelte letztlich: „The empire is now to be dismantled for not knowing what everyone should have known. The superpower should have known that the reality of Yahweh curbs the brutalizing propensity of even the superpowers"[86]. Doch kann dies als Rechtfertigung nicht genügen, denn hier wird klar mit zweierlei Maß gemessen. Wie kann JHWH Babels Erbarmungslosigkeit kritisieren, aber genau diese von den Medern gegen Babel fordern (Jes 13,18)[87]? Die Inszenierung von Babel als Feind *und* Freund[88] ist für eine Dekonstruktion höchst aufschlussreich, denn die simple Gleichung, Nebukadnezar ist der Gottesfeind, geht nicht auf. In Jer 25,9; 27,6; 43,10 nennt JHWH ihn sogar „meinen Knecht"! In der Auslegung zu Jer 27,6 betont Georg Fischer die Anstößigkeit dieser ehrenvollen Titulatur „für diesen fremden, Marduk verehrenden Gewaltherrscher"[89]. Die Geschichtsmächtigkeit JHWHs kennt keine Grenzen. Den Babylonier Nebukadnezar setzt er als Strafwerkzeug gegen sein Volk ein, den Perser Kyrus dagegen als Gottes „Gesalbten" (Jes 45,1) zur Errettung aus Babel[90]. In der prophetischen Geschichtstheologie kann – wie in der Politik gestern und heute – der Freund von heute der Feind von mor-

---

85 Vgl. *Berges*, Babylon (2010), 146.

86 *Brueggemann*, Isaiah (1989), 96.

87 Hier trifft der „double standard" zu, den *Davies*, Double Standards (2000) anprangert, ohne sich dabei aber auf diesen Text zu beziehen.

88 *Eidevall*, Prophecy (2009), 127: „Babylon appears to be both enemy and allied".

89 *Fischer*, Jeremia (2005), 53.

90 Siehe dazu besonders *Brueggemann*, Theology (1997), 502–518 („Yahweh and the Superpowers").

gen sein und umgekehrt! Anders als im Jeremia- besitzt Babel im Jesajabuch keine Hilfsfunktion zur Durchsetzung des göttlichen Plans, „denn das Prophetenbuch vermeidet es [...] strikt, den Babyloniern die Funktion eines göttlichen Kriegsinstruments zuzuschreiben oder JHWH in ein positives Verhältnis zum babylonischen Gewalthandeln zu setzen"[91]. Gerade im Jesajabuch wird Babel zum Symbol für menschenverachtende Gewalt, aggressiven Hochmut und jedwede Bosheit[92]. So kann die persische Weltmacht umso heller strahlen. Die literaturgeschichtliche Einordnung der Belege vom göttlichen Erbarmen und Nicht-Erbarmen ist der notwendige, erste Schritt hin zu einer ethischen Bewertung. Eine zukünftige Ethik des Alten Testaments hat der Gefahr zu wehren, *double standards* für JHWH auf der einen und für Menschen und Völker auf der anderen Seite zu akzeptieren. Dazu ist es unabdingbar, die dunklen Texte so *against the grain* aufzurauen, dass ihre Widersprüchlichkeit zu Tage tritt[93]. An diesen Ambiguitäten schärft sich das sittliche Bewusstsein. Dagegen wird an flachen Texten alles flach. Mit weniger als mit solcher Dekonstruktion werden sich einige der Botschaften des Alten Testaments (und auch des NT) nicht mehr in den Diskurs freiheitlicher Gesellschaften einspeisen lassen[94]. Kein Erbarmen mit Wehr- und Schutzlosen zu zeigen und dies zu befehlen, ist aus moralischer Sicht immer und unter allen Umständen verwerflich[95]. Wenn die dunklen Texte der Prophetie solche Kritik an der Erbarmungslosigkeit des göttlichen Weltherrschers provozieren, kann es keine irdische Macht geben, denen nicht der gleiche Protest entgegenschlagen müsste, wenn sie im Namen welcher Gerechtigkeit auch immer Wehrlose schädigt und zu Tode bringt. Es darf keine biblische Binnenmoral geben, die im Namen Gottes etwas bejaht, was die sittliche Vernunft mit aller Entschiedenheit verneint. Der autonomen

---

91 *Obermayer*, Göttliche Gewalt, 269.

92 In der „Babylonisierung" der Völkerspruchsammlung von Jes 13–27 wird das besonders deutlich; vgl. dazu *Berges*, Buch Jesaja (1998), 154–159.

93 Vgl. *Davies*, Double Standards (2000), 155: „We have to consider the ‚ethicality' of each and every one of his [JHWHs] actions on their own merit".

94 Vgl. *Kessler*, Ethik (2011), 110ff.

95 Vgl. *Bauman*, Postmoderne Ethik (1995), 87: „Nur Regeln können universal sein. Man kann universale, regeldiktierte Pflichten als Gesetze erlassen, aber moralische Verantwortung existiert einzig als Interpellation an den einzelnen und als individuell zu tragen. Pflichten machen Menschen tendenziell gleich; Verantwortung macht sie zu Individuen".

Zustimmung[96] zu biblischen Normen und Maximen muss der autonome, der sittlichen Vernunft verpflichtete Widerstand an die Seite gestellt werden – um der Freiheit Gottes und der Menschen willen!

Literatur

Bauman, Zygmunt, Postmoderne Ethik, Hamburg 1995.

Baumann, Gerlinde, Gottesbilder der Gewalt im Alten Testament verstehen, Darmstadt 2006.

Barton, John, Understanding Old Testament Ethics, in: JSOT 9 (1978) 44–64.

Ders., Ethics in Isaiah of Jerusalem, in: JThS 32 (1981) 1–18.

Ders., Understanding Old Testament Ethics. Approaches and Explorations, Louisville 2003.

Ders., Ethics and the Old Testament, London ²2003.

Ders., Ethics in Ancient Israel, Oxford 2014.

Becker, Uwe, Eine kleine alttestamentliche Ethik des „Alltäglichen", in: BthZ 24 (2007) 227–240.

Berges, Ulrich, Das Buch Jesaja. Komposition und Endgestalt (HBS 16), Freiburg 1998.

Ders., „Arm und reich im Buch Jesaja", in: *Ders./Hoppe, Rudolf*, Arm und reich (NEB.Themen 10), Würzburg 2009, 39–44.

Ders., How Babylon Became Merciless. A Subversive Rereading of Isaiah 47.6, in: *Middlemas, Jill* u. a. (Hg.), The Centre and the Periphery. A European Tribute to Walter Brueggemann (HBM 27), Sheffield 2010, 145–158.

Ders., Klagelieder (HThKAT), Freiburg ²2012.

Ders., Die dunklen Seiten des guten Gottes. Zu Ambiguitäten im Gottesbild JHWHs aus religions- und theologiegeschichtlicher Perspektive (Nordrhein-Westfälische Akademie der Wissenschaften und der Künste, Geisteswissenschaften G 443), Paderborn 2013.

Ders., „Gnädig ist JHWH und gerecht" (Ps 166,5). Zur Ambiguität von Recht und Gnade im biblischen Gottesbild, in: *Waldhoff, Christian* (Hg.), Gnade vor Recht – Gnade durch Recht? (Wissenschaftliche Abhandlungen und Reden zur Philosophie, Politik und Geistesgeschichte Bd. 81), Berlin 2014, 11–31.

Ders./Obermayer, Bernd, Gottes Gewalt gegen Kinder in den Büchern Jesaja und Klagelieder. Eine bibeltheologische Problemanzeige, in: *Baumgart, Norbert C./Nitsche, Martin* (Hg.), Gewalt im Spiegel alttestamentlicher Texte (EthS 43), Würzburg 2012, 53–75.

Dies., Großer Friede nach dem letzten Krieg? Zur göttlichen Gewalt in prophetischer Eschatologie, in: *Fischer, Irmtraud* (Hg.), Macht – Gewalt – Krieg im Alten

[96] In Anlehnung an den Ausdruck „autonome Übereinstimmung" bei *Merks*, Grundlinien (2012), 208.

Testament. Gesellschaftliche Problematik und das Problem ihrer Repräsentation (QD 254), Freiburg 2013, 352–377.

Dies., Divine Violence in the Book of Isaiah, in: *MacDonald, Nathan/Brown, Ken* (Hg.), Monotheism in Late Prophetic and Early Apocalyptic Literature (FAT II/72), Göttingen 2014, 1–24.

Beuken, Willem A. M., Jesaja 1–12 (HThKAT), Freiburg 2003.

Borck, Karin, Die dunklen Texte der Prophetie, in: ZPT 52 (2000) 46–57.

Brueggemann, Walter, Isaiah 40–66, Louisville 1989.

Ders., Theology of the Old Testament. Testimony, Dispute, Advocacy, Minneapolis 1997.

Childs, Brevard S., Isaiah (OTL), Louisville 2001.

Clines, David J. A., Ethics as Deconstruction, and, The Ethics of Deconstruction, in: *Rogerson, John W.* u. a. (Hg.), The Bible in Ethics. The Second Sheffield Colloquium (JSOT.S 207), Sheffield 1995, 77–106.

Ders., God in the Pentateuch. Reading Against the Grain, in: *Ders.*, Interested Parties. The Ideology of Writers and Readers of the Hebrew Bible (JSOT.S 205), Sheffield 1995, 187–211.

Davies, Andrew, Double Standards in Isaiah. Re-Evaluating Prophetic Ethics and Divine Justice (Bibl.Interpr.S 46), Leiden 2000.

Davies, Eryl W., Prophecy and Ethics. Isaiah and the Ethical Traditions of Israel (JSOT.S 16), Sheffield 1978.

Demmer, Klaus, Vernunftbegründung und biblische Begründung der Ethik, in: ZEE 37 (1993) 10–21.

Diedrich, Friedrich, „Bewahre Solidarität und Gerechtigkeit bei deinem Tun, und hoffe auf deinen Gott immerdar!" (Hosea 12,7). Überlegungen zur Ethik im Hoseabuch, in: *Ders./Willmes, Bernd* (Hg.), Ich bewirke das Heil und erschaffe das Unheil (Jesaja 45,7). Studien zur Botschaft der Propheten. FS Lothar Ruppert (fzb 88), Würzburg 1998, 61–91.

Dietrich, Walter, Theopolitik. Studien zur Theologie und Ethik des Alten Testaments, Neukirchen-Vluyn 2002.

Ders./Link, Christian, Die dunklen Seiten Gottes. 2 Bd. (I. Allmacht und Ohnmacht; II. Willkür und Gewalt), Neukirchen-Vluyn 1995/2000.

Duhm, Bernhard, Das Buch Jesaia, Göttingen [5]1968.

Eidevall, Göran, Prophecy and Propaganda. Images of Enemies in the Book of Isaiah (CB 56), Winona Lake 2009.

Erbele-Küster, Dorothea, Art. Ethik (AT), in: Das Wissenschaftliche Bibellexikon im Internet (www.wibilex.de), Oktober 2013 https://www.bibelwissenschaft.de/de/stichwort/17880/ (Zugriff: 18.1.2015).

Exum, J. Cheryl, The Hand that Rocks the Cradle, in: *Dies.*, Plotted, Shot and Painted. Cultural Representations of Biblical Women (JSOT.S 215), Sheffield 1996, 80–100.

Fischer, Georg, Jeremia 26–52 (HThKAT), Freiburg 2005.

Fischer, Irmtraud (Hg.), Macht – Gewalt – Krieg im Alten Testament. Gesellschaftliche Problematik und das Problem ihrer Repräsentation (QD 254), Freiburg 2013.

Haas, Peter J., The Quest for Hebrew Bible Ethics: A Jewish Response, in: Semeia 66 (1995) 151–159.

Hempel, Johannes, Das Ethos des Alten Testaments (BZAW 67), Berlin ²1964.

Herms, Eilert, Art. Ethik I. Begriff und Problemfeld, in: RGG⁴ 2 (1999) 1598–1601.

Ders., Die Gegenwartsbedeutung von Daseinsverständnis und Ethos der Bibel, besonders des Alten Testaments, in: *Levinson, Bernard M./Otto, Ernst* (Hg.), Recht und Ethik im Alten Testament (ATM 13), Münster 2004, 171–180.

Hieke, Thomas, Gottes Gerechtigkeit im Jesajabuch. Spiegel menschlicher Sehnsucht und produktiver Utopie, in: *Bieberstein, Klaus/Schmitt, Hanspeter* (Hg.), Prekär. Gottes Gerechtigkeit und die Moral der Menschen, Luzern 2008, 117–126.

Höffken, Peter, Das Buch Jesaja, Kapitel 1–39 (NSK.AT), Stuttgart 1993.

Höhn, Hans-Joachim, Das Leben in Form bringen. Konturen einer neuen Tugendethik, Freiburg 2014.

Hrobon, Bohdan, Ethical Dimension of Cult in the Book of Isaiah (BZAW 418), Berlin 2010.

Jeremias, Jörg, Der Prophet Hosea (ATD 24/1), Göttingen 1983.

Kaiser, Otto, Das Buch des Propheten Jesaja. Kapitel 1–12 (ATD 17), Göttingen ⁵1981.

Kampling, Rainer, Art. Barmherzigkeit, in: *Berlejung, Angelika/Frevel, Christian* (Hg.), Handbuch theologischer Grundbegriffe zum Alten und Neuen Testament, Darmstadt ⁴2015, 111–112.

Kessler, Rainer, Micha (HThKAT), Freiburg 1999.

Ders., A Strange Land. Alttestamentliche Ethik beiderseits von Ärmelkanal und Atlantik, in: ThLZ 135 (2010) 1307–1322.

Ders., Was ist und wozu brauchen wir eine Ethik des Alten Testaments?, in: EvTh 71 (2011) 100–114.

Koenen, Klaus, Ethik und Eschatologie im Tritojesajabuch. Eine literarkritische und redaktionsgeschichtliche Studie (WMANT 62), Neukirchen-Vluyn 1990.

Krüger, Thomas, „Wer weiß denn, was gut ist für den Menschen?". Zur Bedeutung des Alten Testaments für die evangelische Ethik, in: ZEE 55 (2011) 248–261.

Lang, Martin, Gott und Gewalt in der Amosschrift (fzb 102), Würzburg 2004.

Leclerc, Thomas, Yahweh is Exalted in Justice. Solidarity and Conflict in Isaiah, Minneapolis 2001.

Levinson, Bernard M./Otto, Eckart (Hg.), Recht und Ethik im Alten Testament (ATM 13), Münster 2004.

Meegen, Sven van, Alttestamentliche Ethik als Grundlage einer heutigen Lebensethik. Ein Beitrag zum interreligiösen Dialog (Bibel und Ethik 3), Münster 2006.

Merks, Karl-Wilhelm, Gott und die Moral. Theologische Ethik heute (SICSW 35), Münster 1998.

Ders., Grundlinien einer interkulturellen Ethik. Moral zwischen Pluralismus und Universalität (SthE 132), Fribourg 2012.

Michel, Andreas, Gott und Gewalt gegen Kinder im Alten Testament (FAT 37), Tübingen 2003.

Mills, Mary E., Biblical Morality. Moral Perspectives in Old Testament Narratives, Aldershot 2001.

Noichl, Franz, Ethische Schriftauslegung. Biblische Weisung und moraltheologische Argumentation (FThSt 165), Freiburg 2002.

Nurmi, Janne J., Die Ethik unter dem Druck des Alltags. Die Impulse der gesellschaftlichen Änderungen und Situation zu der sozialkritischen Prophetie in Juda im 8. Jhd. v. Chr., Åbo 2004.

Oberforcher, Robert, Art. Alttestamentliche Ethik, in: *Rotter, Hans/Virt, Günter* (Hg.), Neues Lexikon der christlichen Moral, Innsbruck 1990, 24–37.

Obermayer, Bernd, Göttliche Gewalt im Buch Jesaja. Untersuchung zur Semantik und literarischen Funktion eines theologisch herausfordernden Aspekts im Gottesbild (BBB 170), Göttingen 2014.

Otto, Eckart, Forschungsgeschichte der Entwürfe einer Ethik im Alten Testamen, in: VF 36 (1991) 3–37.

Ders., Theologische Ethik des Alten Testaments (Theologische Wissenschaft 3,2), Stuttgart 1994.

Ders., Art. Ethik III. 1 Biblisch. Altes Testament, in: RGG[4] 2 (1999) 1603–1606.

Oyen, Hendrik van, Ethik des Alten Testaments, Gütersloh 1967.

Porteous, Norman W., The Basis of the Ethical Teaching of the Prophets, in: *Ders.*, Living the Mystery. Collected Essays, Oxford 1967, 47–60.

Pröpper, Thomas, Autonomie und Solidarität. Begründungsprobleme sozialethischer Verpflichtungen, in: JCSW 36 (1995) 11–26.

Reimer, Haroldo, Sobre a ética nos profetas bíblicos, in: Estudios bíblicos 77 (2003) 29–38.

Rendtorff, Rolf, Jesaja 56,1 als Schlüssel für die Komposition des Buches Jesaja, in: *Ders.*, Kanon und Theologie. Vorarbeiten zu einer Theologie des Alten Testaments, Neukirchen-Vluyn 1991, 172–179.

Rodd, Cyril S., Glimpses of a Strange Land. Studies in Old Testament Ethics, Edinburgh 2001.

Rogerson, John W., Theory and Practice in Old Testament Ethics (JSOT.S 405), London 2004 (Nachdr. 2006).

Schnocks, Johannes, Das Alte Testament und die Gewalt. Studien zu göttlicher und menschlicher Gewalt in alttestamentlichen Texten und ihren Rezeptionen (WMANT 136), Neukirchen-Vluyn 2014.

Schüle, Andreas, Der dunkle Gott – ein Gott des Glaubens? Zu Walter Dietrichs und Christian Links „Die dunklen Seiten Gottes“, in: EvTh 61 (2001) 241–249.

Simian-Yofre, Horacio, Art. רחם, in: ThWAT VII (1993) 460–476.

Smend, Rudolf, Art. Ethik. III: Altes Testament, in: TRE 10 (1982) 423–435.

Soete, Annette, Ethos der Rettung – Ethos der Gerechtigkeit. Studien zur Struktur von Normbegründung und Urteilsfindung im Alten Testament und ihre Relevanz für die ethische Diskussion der Gegenwart, Würzburg 1987.

Spieckermann, Hermann, Recht und Gerechtigkeit im Alten Testament. Politische Wirklichkeit und metaphorischer Anspruch, in: *Ders.*, Gottes Liebe zu Israel. Studien zur Theologie des Alten Testaments (FAT 33), Tübingen 2001, 119–140.

Tresmontant, Claude, Sittliche Existenz bei den Propheten Israels, Freiburg 1962.

Troeltsch, Ernst, Das Ethos der hebräischen Propheten, in: Logos 6 (1916–17) 1–27.

Waterman, Leroy, The Ethical Clarity of the Prophets, in: JBL 64 (1945) 297–307.

Watts, James D. W., Isaiah 1–33 (WBC 24), Waco 1985.

Wenham, Gordon J., The Gap between Law and Ethics in the Bible, in: JJS 48 (1997) 17–29.

Ders., Story as Torah. Reading the Old Testament Ethically, Edinburgh 2000.

Wildberger, Hans, Jesaja. Kapitel 1–12 (BK X/1), Neukirchen-Vluyn [2]1980.

Witaszek, Gabriel, L'alleanza dimenticata. Richiamo ético dei profeti, in: StMor 47 (2009) 7–37.

Zapff, Burkhard M., Schriftgelehrte Prophetie. Jes 13 und die Komposition des Jesajabuches. Ein Beitrag zur Erforschung der Redaktionsgeschichte des Jesajabuches (fzb 74), Würzburg 1995.

Altes Testament und gegenwärtige ethische Herausforderungen

Das Beispiel der Wirtschaftsethik

Rainer Kessler

Dass das biblische Argument in theologischen Entwürfen und kirchlichen Stellungnahmen zu Fragen der Wirtschaftsethik nur eine marginale Rolle spielt, ist häufig festgestellt worden und leicht zu belegen. In seinem Überblicksartikel „Wirtschaftsethik – quo vadis?" urteilt Nils Ole Oermanns zur „theologischen Fundierung" des Gemeinsamen Papiers des Rates der Evangelischen Kirche in Deutschland und der Deutschen Bischofskonferenz aus dem Jahr 2014[1]: „Hier ist das Gemeinsame Papier der Kirchen aus dem Jahr 2014 noch deutlich dünner als sein Vorgänger aus dem Jahre 1997: So finden sich 2014 im Abschnitt ‚Orientierung aus christlicher Verantwortung' kaum fünf Seiten mit wenig explizierten, pauschalen Verweisen auf das Gebot der Nächstenliebe, auf die Bergpredigt und die ‚Option für die Armen'."[2]

Wolfgang Nethöfel spricht die Vermutung aus, dass protestantischerseits für das Fehlen biblischer Argumentationen die historisch-kritische Betrachtung der Bibel verantwortlich sein könnte. „Die historische Kritik der Quellen kann auch im ethischen Relativismus enden. [...]vielleicht ist das der Grund, warum die biblischen Begründungen der sozialdemokratisch vernünftigen Orientierungsangebote der Volkskirchen oft dekorativ wirken, wenn sie nicht gleich ganz fehlen. Die theologische Hermeneutik, die den Bogen von den zentralen Orientierungsmustern der Quellen zu aktuellem Orientierungswissen schlagen sollte, hat in all diesen Fällen wirtschaftsethisch versagt – oder die protestantisch-theologische Wirtschaftsethik hermeneutisch." Das dürftige Bild protestantischer Wirtschaftsethik sieht Nethöfel noch verstärkt durch die, wie er sagt, „eindrucksvolle Hintergrundgestalt katholischer Soziallehre". Nur

---

[1] *Evangelische Kirche in Deutschland/Sekretariat der Deutschen Bischofskonferenz* (Hg.), Gemeinsame Verantwortung (2014).

[2] *Oermann*, Wirtschaftsethik (2014), 423.

habe diese ihre Begründung im Naturrecht. Nethöfel: „Die lebendige Auseinandersetzung mit biblischen Quellen steuert hier nichts [...]“[3].

Im Blick auf das aktuelle Gemeinsame Papier von 2014 teilt Franz Segbers die oben zitierte Kritik von Nils Ole Oermann und spitzt sie zu: „Die wenigen Bibelzitate dienen lediglich dazu, um überhaupt als ein ‚Kirchenpapier' wahrgenommen zu werden, fügen aber dem Orientierungstext argumentativ nichts hinzu. Sie garnieren ihn lediglich moralisch.“ Segbers profiliert diesen Befund sodann noch in zwei wichtigen Hinsichten. Zum einen unterscheidet er zwischen allgemeinen „‚Haltungsgrundlagen' wie der Liebes-, Dienst- und Versöhnungsgedanke“, die gelegentlich noch mit biblischen Zitaten untermauert werden, und materialethischen Aussagen der Bibel in Wirtschaftsfragen, die „stumm“ bleiben. Es werde unterschieden, so Segbers, zwischen der „biblischen Tradition für Handlungsmotive“, die man noch als relevant ansieht, „und materialethischen Normen, denen keine Gegenwartsbedeutung zugetraut wird“.

Zum andern kontrastiert Segbers die Zurückhaltung im Bibelbezug bei wirtschaftsethischen Stellungnahmen mit dem Vorgehen bei sexual- und familienethischen Fragen. „Die kirchlichen Stellungnahmen betonen regelmäßig, dass bei wirtschaftsethischen Themen ein biblisches Argumentieren nicht sachgemäß sein könne, denn ein ‚garstiger Graben' trenne die Zeiten der Bibel vom modernen Kapitalismus. Auffallend jedoch ist, dass bei sexual- und familienethischen Aussagen diese Scheu nicht besteht. Der biblischen Tradition wird hier eine normative Kraft zugeschrieben“, wozu Segbers auf „die mit Bezug auf das vermeintlich klare biblische Zeugnis geführte Auseinandersetzung um die Orientierungshilfe des Rates der EKD, Familie als verlässliche Gemeinschaft stärken“ verweist. Es gebe also, so Segbers, „eine [...] Unterscheidung zwischen vermeintlich klaren sexual- und familienethischen Aussagen in der biblischen Tradition und den wirtschaftsethisch relevanten Themen, die sich nicht auf biblische Normen beziehen können [...]“[4].

Man mag die biblische Zurückhaltung in wirtschaftsethischen Fragen für sachgemäß halten, wie einige kirchliche Stellungnahmen es vertreten, oder scharf kritisieren, wie Segbers es tut. Der Sachverhalt selbst lässt sich kaum bestreiten. Ich will nun in meinem Beitrag aber nicht fortfahren, die Verfasser kirchenamtlicher Stellungnahmen oder

---

[3] Alle Zitate aus *Nethöfel*, Beitrag (2001).

[4] Alle Zitate aus *Segbers*, Finanzkrise (2015), 291.293f.

die Vertreter des Faches Wirtschaftsethik dafür zu tadeln, dass sie sich zu wenig auf die Bibel stützen. Denn selbstkritisch ist durchaus festzustellen, dass es auch eine beträchtliche Zurückhaltung von Seiten der Exegese gibt, sich überhaupt mit wirtschaftsethischen Fragestellungen der Bibel zu befassen und dann auch noch zu fragen, welche Impulse von der Bibel in Bezug auf aktuelle Probleme ausgehen könnten.

Indem ich diese Zurückhaltung kritisiere, stehe ich in der Pflicht, mich selbst der Aufgabe zu stellen. Wie kann man von der Exegese des Alten Testaments aus zu Aussagen kommen, die für gegenwärtige wirtschaftsethische Herausforderungen relevant sein können?

1. Der Ausgang von der isolierten Einzelbestimmung: ein hermeneutischer Irrweg

Es ist ein ethischer Gemeinplatz, dass die Bibel kein Rezeptbuch ist, in dem man nachschlagen und unter Zitierung einzelner Sätze Lösungen für ethische Probleme finden kann.[5] Eine Bestimmung wie die, dass man Sklavinnen und Sklaven, die man braucht, von den Völkern ringsum erwerben soll (Lev 25,44), hat für uns keine ethische Bedeutung. Denn wir lehnen Sklaverei grundsätzlich ab, und zwar durchaus mit guten biblischen Gründen, auch wenn in der gesamten Bibel die Institution der Sklaverei als selbstverständlich vorausgesetzt ist.

Dass der *Ausgang von isolierten biblischen Einzelaussagen hermeneutisch ein Irrweg* ist, sollte eigentlich keiner Diskussion bedürfen. Ich erwähne den Punkt nur, weil in sexualethischen Fragen diese Selbstverständlichkeit keineswegs durchgängig gilt. Da kann der bloße Verweis auf Lev 18,22: „Mit einem Mann sollst du nicht schlafen, wie man mit einer Frau schläft. Ein Gräuel ist es“, schon unmittelbar als Argument gegen die Gleichstellung homosexueller Partnerschaften und deren kirchliche Segnung in Stellung gebracht werden.

[5] *Nutzinger*, Wirtschaft (2006), 28: „Die Bibel liefert keine unmittelbaren Rezepte für die konkrete Ausgestaltung einer Wirtschaftsordnung unter den Bedingungen der Gegenwart [...]“

2. Der „garstige breite Graben“: ein unüberwindliches Hindernis?

Gerade in wirtschaftsethischen Diskussionen wird dankbar auf Lessings Problemanzeige hingewiesen, dass uns Moderne doch ein garstiger breiter Graben von den Texten der Antike trenne.[6] Damit entledigt man sich auf jeden Fall der Auseinandersetzung mit einzelnen materialethischen Fragen, die man mit Verweis auf die doch ganz anderen wirtschaftlichen Verhältnisse im alten Israel für obsolet erklärt.

Nun trifft es natürlich zu, dass uns von den wirtschaftlichen, gesellschaftlichen und politischen Verhältnissen der Antike Welten trennen, eben Lessings „garstiger breiter Graben“. Die antike Wirtschaft war zum größten Teil Landwirtschaft. Industrielle Produktion unter Einsatz von Maschinen und Computern war ihr unbekannt. Geld spielte für die Wirtschaft Israels in der Zeit, als die Schriften der Hebräischen Bibel entstanden, wirtschaftlich nur eine untergeordnete Rolle. Papiergeld, virtuelles Geld, globalisiertes sich scheinbar selbst vermehrendes Finanzkapital, computergestützte globale Finanzmärkte – all das konnten sich die Menschen der Antike nicht einmal vorstellen.

Gesellschaftlich stand, ich erwähnte es schon, die Sklaverei nicht grundsätzlich in Frage. Zwar spielte sie eine unterschiedliche Rolle. So war sie in der griechischen und römischen Welt, zumindest in bestimmten Phasen der Geschichte, die Basis des Wirtschaftens überhaupt, während sie in Mesopotamien und dem östlichen Mittelmeerraum immer nur ein ergänzender Faktor im Wirtschaftsleben blieb.[7] Aber auch in diesen Gesellschaften – einschließlich der biblischen Texte – wurde sie nicht grundsätzlich in Frage gestellt. Dass es Formen der repräsentativen Massendemokratie nur in Ansätzen gab, sei nur ergänzend erwähnt.

Die Existenz des breiten Grabens ist ernsthaft nicht zu leugnen. Aber muss man vor ihm resignieren? Ich denke, man muss dies nicht. Die *Frage* ist aber, *wie der Graben zu überwinden ist.* Von Lessing bis Bultmann führte der Weg darüber, dass das Zeitbedingte erkannt und

---

[6] *Lessing*, Über den Beweis ([1777] 1965), 287. – Es hat sich eingebürgert, nur mehr vom „garstigen Graben“ zu sprechen. Bei Lessing heißt es aber „der garstige breite Graben“.

[7] *Finley*, Slavery (1980), 79 unterscheidet zu Recht bei antiken Gesellschaften „slave societies“, deren Wirtschaft sich wesentlich auf Sklaverei gründet, von „societies in which there were slaves“, in denen Sklavinnen und Sklaven also nur eine ergänzende Rolle im Wirtschaftsleben spielen.

abgestreift und demgegenüber den alten Texten das Zeitlose oder Überzeitliche abgewonnen wurde. Bei Lessing waren das Christi Lehren, die er in Einklang mit den allgemeinen Vernunftwahrheiten sah, bei Bultmann war es die existenziale Interpretation, die das Vorhandensein überzeitlicher Existenzialien voraussetzt. Doch spielt dieser Unterschied keine Rolle. Immer geht es um den Ausstieg aus dem Zeitbedingten ins Überzeitliche.

Auch da, wo in gegenwärtigen wirtschaftsethischen Stellungnahmen überhaupt biblisch argumentiert wird, wird in der Regel eben dieses Verfahren gewählt. Aus den ethisch relevanten Texten der Bibel werden die zeitbedingten materialethischen Aussagen abgestreift und bestimmte zeitlose Maximen gewonnen, denen dann auch heute noch ethische Relevanz zugesprochen wird: Nächstenliebe, die goldene Regel, die vorrangige Option für die Armen, das Insistieren auf sozialer Gerechtigkeit und das ein oder andere mehr.

Ich halte dieses Verfahren nicht für illegitim. In der Tat lassen sich den Texten solche Maximen entnehmen. Und sie sind auch nicht beliebig oder irrelevant, sondern haben durchaus Orientierungsfunktion. Es macht ja einen Unterschied, ob ich mich an der Liebe zum Nächsten orientiere oder allein am Durchsetzungswillen des eigenen Ichs, ob ich für die Armen und Schwachen optiere oder das sozialdarwinistisch verstandene Überleben der Fittesten propagiere.

Gleichwohl halte ich das Verfahren, den Texten zeitlose Maximen abzugewinnen, für unterbestimmt. Denn darüber geht der konkrete Gehalt der Texte in aller Regel verloren. Stattdessen plädiere ich dafür, nicht der Geschichtlichkeit der Texte entgehen zu wollen, indem man ihnen übergeschichtliche Maximen abgewinnt, sondern im Gegenteil vertieft in die Texte einzudringen, indem man sie sozialgeschichtlich verortet und nach den sozialgeschichtlichen Kontinuitäten und Diskontinuitäten zwischen damals und heute fragt. Aufgabe der Exegese ist das Eindringen in die Texte – sprachlich, literarisch, historisch. Aufgabe der Hermeneutik ist es weniger, aus der Geschichte ins Übergeschichtliche zu springen, sondern im Kontinuum der Geschichte zu bleiben und danach zu fragen, was die Texte in diesem Kontinuum heute bedeuten können.

3. Der sozialgeschichtliche Ort der Texte

Alle Texte der Hebräischen Bibel, ob sie sich erzählerisch, kritisch oder normativ mit Fragen des Wirtschaftens befassen, machen in ihren verschiedenartigen Hinsichten *zweierlei Voraussetzungen*. Erstens: Es gibt *Privateigentum an den Produktionsmitteln*, und zweitens: *Menschen können Schulden machen.*

Beides ist weniger selbstverständlich und banal, als es beim ersten Hören klingen mag. Im Mesopotamien des 3. und 2. Jahrtausends etwa lag das Eigentum an Grund und Boden, dem wichtigsten Produktionsmittel der antiken Welt, fast ausschließlich bei Tempeln und Palästen, die die Menschen beschäftigten und auf dem Wege der Redistribution mit dem versorgten, was sie brauchten. Dagegen setzt das subsistenzwirtschaftliche Modell, bei dem jeder Familienhaushalt alles Nötige selbst produziert und verzehrt, das Eigentum der Familie an ihrem Grund voraus. Die subsistenzwirtschaftliche Wirtschaftsweise ist nicht auf Israel beschränkt, aber im alten Israel finden wir sie von Anfang an.

Was die Schulden angeht, so sind sie nach der ökonomischen Standardtheorie ein Spätling in der Entwicklung des Wirtschaftslebens. Am Anfang, so geht die Ursprungserzählung seit Adam Smith, habe jeder für sich alles hergestellt. Dann sei es zum Tausch Ware gegen Ware gekommen. Danach habe man das Geld erfunden, um den Warentausch zu erleichtern. Und schließlich sei der Kredit aufgekommen, um etwas zu finanzieren, was erst noch erworben oder hergestellt werden muss. Mit dem Kredit werden notwendigerweise Gläubiger und Schuldner hervorgebracht. In seinem Buch mit dem programmatischen Titel „Schulden. Die ersten 5000 Jahre“ zeigt David Graeber, dass diese Erzählung von keiner historisch oder ethnologisch beobachtbaren Realität gedeckt ist.[8] Schulden gibt es, so weit wir die menschliche Geschichte anhand schriftlicher Aufzeichnungen zurückverfolgen können, nämlich seit 5000 Jahren. Sie sind wesentlich älter als das Aufkommen von Geld. Wenn die biblische Überlieferung erzählt, in Davids Truppe Ausgestoßener und Entflohener hätten sich solche befunden, die vor ihrem Gläubiger geflohen sind (1 Sam 22,2), weiß sie, dass es auch in Israel Schulden gab, lange bevor Geld eine Rolle im Wirtschaftsleben spielte.

---

[8] Vgl. die Kritik dieser Theorie bei *Graeber*, Schulden (2012), bes. Kap. 2: Der Mythos vom Tauschhandel.

Privateigentum an den Produktionsmitteln und Vorgänge der Verschuldung stehen aber, das bedarf keiner langen Beweisführung, auch im Zentrum nahezu aller wirtschaftsethischer Fragestellungen, die uns in der globalisierten Moderne in Atem halten. Für das Problem der Schulden genügt ein Blick auf die allgegenwärtige Verschuldungsproblematik, von Einzelpersonen und Haushalten über Firmen und Banken bis hin zu ganzen Staaten. Und alle anderen Probleme vom Landraub und dem Monopol auf Saatgut bis zu den Managergehältern und der Bankenhaftung hängen direkt von der Frage des Schutzes des Privateigentums und dessen Ausgestaltung ab. Obwohl die konkreten Phänomene, die uns heute beschäftigen, fast alle für die Antike undenkbar sind, ist die Voraussetzung dennoch dieselbe, nämlich das Privateigentum an den Produktionsmitteln und die Möglichkeit, Schulden zu machen. Dies ist nach meinem Verständnis die Brücke, die über den garstigen breiten Graben führt. Sie verbleibt auf der Ebene der Geschichte. Sie verlässt sie nicht, um übergeschichtliche Prinzipien zu gewinnen.

4. Die Wirtschaftsethik der Hebräischen Bibel und die achsenzeitliche Krise

Im letzten Abschnitt habe ich ausgeführt, dass die für Fragen der Wirtschaftsethik einschlägigen Schriften der Hebräischen Bibel das Vorhandensein von Privateigentum und die Möglichkeit des Schuldenmachens als Voraussetzung haben. Dies muss nun präzisiert werden. Die Schriften, die sich nicht bloß erzählend, sondern mit normativem Anspruch mit Fragen des Wirtschaftens befassen – also die Gesetze der Tora, die sozialkritische Prophetie sowie, was selten in Betracht gezogen wird, die Weisheit –, entstehen allesamt in der Zeit, als das Privateigentum und das Schuldenwesen *in die Krise geraten*. Wir befinden uns für Israel damit im 8. Jh. v. Chr. Da diese Krise weltweit aufgetreten ist – von China über Indien bis in die Welt des östlichen Mittelmeerraums – und auch vergleichbare Reaktionen hervorgerufen hat, hat man von einer Achsenzeit gesprochen. Ich benutze den Begriff hier der Kürze halber, ohne das Konzept als Ganzes diskutieren zu können.[9]

Es kann heute fast als Konsens gelten, dass sowohl die ältesten Gesetzeskorpora als auch die ersten schriftlichen Sammlungen von

---

[9] Der Begriff geht auf *Jaspers*, Ursprung (1949) zurück. Er findet heute Aufnahme unter anderem bei *Graeber*, Schulden (2012) (Kap. 9: Die Achsenzeit [800 v. Chr. –600 n. Chr.]).

Prophetenworten als auch die frühesten Verschriftlichungen von Weisheitssprüchen nicht vor dem 8. Jh. v. Chr. anzusetzen sind. Natürlich blicken schon die ältesten Gesetzessammlungen auf eine lange juristische Tradition im alten Orient zurück. Bei den Sprüchen heißt es in Spr 25,1 ausdrücklich, dass im 8. Jh. v. Chr. die Männer Hiskijas als Sammler älteren Gutes tätig sind. Nur bei der Sammlung von Prophetenworten ist der Abstand zwischen dem mündlichen Auftreten eines Propheten und der Verschriftlichung seiner Worte vielleicht nicht ganz so groß. Entscheidend aber ist, dass in allen Fällen die schriftliche Fassung nicht vor dem 8. Jh. v. Chr. anzusetzen ist. Nach meinem Verständnis sind alle diese *Verschriftlichungsprozesse* als *Reaktion auf die Krise der Achsenzeit* zu begreifen.

Worin besteht diese Krise? Ganz verkürzt gesagt besteht sie darin, dass aus den bis dahin üblichen Vorgängen der Verschuldung ein Zustand dauerhafter Überschuldung wird, bei dem die Schuldner nicht mehr in der Lage sind, ihre Schulden jemals zurückzubezahlen. Im Zusammenhang mit den zentralen Einrichtungen des Schuldenwesens, nämlich der Pfandnahme an beweglichen Gütern und der Haftung mit Haus und Boden sowie mit den Personen des Haushalts führt dies dazu, dass überschuldete Familien ihren Besitz einschließlich ihrer Produktionsmittel sowie ihre persönliche Freiheit verlieren. Reichtum, vor allem auch an Produktionsmitteln, und Arbeitskräfte konzentrieren sich in den Händen Weniger.

Die *sozialkritischen Propheten* kritisieren diese Vorgänge. Sie kritisieren die Anhäufung von Reichtum in den Häusern Weniger (Jes 3, 14), die Konzentration von Häusern und Feldern in den Händen der ökonomisch Starken (Jes 5,8; Mi 2,2) und die Vertreibung der freien Männer und ihrer Frauen von ihrem Besitz (Mi 2,2.9). Erkennbar stehen Vorgänge der Verschuldung im Hintergrund.[10] Zwei Wesenszüge sind für die prophetische Kritik auszumachen. Der erste ist das, was man heute die vorrangige Option für die Armen nennt. Weil die Armen und Schwachen unterdrückt werden, werden die Unterdrücker kritisiert und bedroht. Aufs engste damit verbunden ist der starke Gottesbezug. Die Propheten sprechen im Namen Gottes. Sie verkünden, dass die Unterdrückung der Schwachen gegen Gottes Willen ist und dass er strafend eingreifen wird.

---

[10] Zur Interpretation vgl. *Kessler*, Staat und Gesellschaft (1992), bes. 22–60, sowie zu Micha *Kessler*, Micha (^{2}2000), bes. 111–135.

Die *Reaktion der Gesetzgeber* besteht nicht in Kritik, wie bei den Propheten, sondern in dem Versuch, die krisenhafte Entwicklung durch präventive Maßnahmen zu entschärfen, und da, wo diese nicht greifen, zumindest die Folgen für die Betroffenen abzumildern. Offenbar geht es dabei immer um Vorgänge im Zusammenhang mit Schulden und um Fragen der Eigentumsrechte. Das gilt für Einschränkungen bei der Pfandnahme[11], ebenso für das allgegenwärtige Zinsverbot (Ex 22,24; Lev 25,35–38; Dtn 23,20–21) oder natürlich die Einrichtung eines regelmäßigen Schuldenerlasses (Dtn 15,1–11). Andere Bestimmungen sollen die Folgen einmal eingetretener Verschuldung abmildern. Dazu gehören alle Gesetze zum Schutz von Schuldsklavinnen und -sklaven.[12] Immer geht es dabei um Eingriffe in das unbeschränkte Eigentumsrecht des Herrn. Im Heiligkeitsgesetz werden die Einschränkungen des Eigentumsrechts dann von den Personen auch auf die landwirtschaftlichen Grundstücke ausgeweitet. Sie dürfen nicht für immer verkauft werden. Was veräußert wird, ist eigentlich nur das Nutzungsrecht. Nicht das Eigentum wird veräußert, sondern nur der vorübergehende Besitz (Lev 25,13–16.23–24).

In der Gesetzgebung sind dieselben theologischen Grundzüge wie in der kritischen Prophetie erkennbar, nämlich die Option für die Armen und der starke Gottesbezug. Dass alle genannten Bestimmungen eine Tendenz haben, die Armen und Schwachen zu schützen, liegt auf der Hand.[13] Und dass die sogenannte Theologisierung des Rechts sich gerade an den Gesetzen zu den Armen festmacht, ist schon lange beobachtet worden.[14]

---

[11] Vgl. die Auflage, das gepfändete Obergewand noch am selben Tag zurückzugeeben (Ex 22,25–26; Dtn 24,12–13), dem Schuldner den zu pfändenden Gegenstand anheimzustellen (Dtn 24,10–11) oder bestimmte Gegenstände gar nicht pfänden zu dürfen (Dtn 24,6.17–18).

[12] Der Herr muss Sklavinnen und Sklaven im Fall, dass er sie körperlich verletzt hat, freilassen (Ex 21,26–27). Schuldsklaverei ist grundsätzlich zeitlich befristet (Ex 21,2–6; Dtn 15,12–18). Ein in der Sklaverei in die Familie des Herrn verheiratetes Mädchen darf nicht weiterverkauft werden (Ex 21,7–11). Wenn an einer Stelle verboten wird, entlaufene Sklavinnen und Sklaven an ihre Herrschaft auszuliefern, ihnen im Gegenteil ein Wohnrecht am Ort ihrer Wahl gewährt werden soll, käme die Befolgung faktisch nahe an die Aufhebung der Sklaverei heran (Dtn 23,16–17).

[13] Ergänzend sind noch regelrechte Armengesetze wie das Recht der Armen auf das Abernten von Feldern und Fruchtbäumen im Brachjahr (Ex 23,11), ihr Recht auf Nachlese nach der jährlichen Ernte (Lev 19,9–10; 23,22; Dtn 24,19–22) oder der deuteronomische Armenzehnt (Dtn 14,28–29; 26,12–15) zu nennen.

[14] Vgl. *Otto*, Ethik (1994), bes. 81–104.

Nur ein kurzes Wort noch zur *Weisheit*! Auch bei ihr meine ich, eine grundsätzliche Option für die Armen zusammen mit einem starken Gottesbezug beobachten zu können. Generell ist bekanntlich der Gottesbezug der Weisheit schwach. Gott bleibt als Schöpfer im Hintergrund. Er steht für das Gleichgewicht der Dinge ein. Auffällig aber ist, dass da, wo das Gleichgewicht zuungunsten der Armen gestört wird, Gott aus dem Hintergrund hervortritt und interveniert. Ich nenne als Beleg nur Spr 22,22–23: „Beraube nicht einen Geringen, weil er gering ist, und unterdrücke nicht einen Elenden im Tor. Denn ihren Rechtsstreit wird Jhwh führen, und er wird denen das Leben rauben, die sie berauben."

Es muss bei dieser Skizze bleiben. Denn ich will mich nun der Frage stellen, ob sich aus der Kritik der Prophetie, den Gesetzen der Tora und den Sprüchen der Weisheit Impulse für heutige wirtschaftsethische Fragestellungen ableiten lassen, und zwar so, dass nicht übergeschichtliche Prinzipien abstrahiert werden, sondern wir auf der Ebene konkreter materialethischer Probleme verbleiben. Ich will dies für einen einzigen Bereich andeuten, der aber zentral mit dem Problem des Eigentumsrechts und des Schuldenmachens zusammenhängt. Es handelt sich um das Zinsverbot und daneben die Bestimmung zum Schuldenerlass im Erlassjahr.

5. Das Zinsverbot

Das Zinsverbot ist diejenige Bestimmung der alttestamentlichen Wirtschaftsethik, die am häufigsten in der Hebräischen Bibel wiederholt und variiert und der, neben dem Halten des Sabbats, theologisch das größte Gewicht beigelegt wird. Das Zinsverbot erscheint sowohl im Bundesbuch (Ex 22,24) als auch im Heiligkeitsgesetz (Lev 25,35–38) als auch im Deuteronomium (Dtn 23,20–21). Prophetische Kritik am Zinsnehmen ist in Hab 2,6b.7 zu finden.[15] Ebenfalls kritisch äußert sich die Weisheit in Spr 28,8.[16] In Ez 18 gehört das Nehmen von Zinsen oder der Verzicht darauf zu den entscheidenden Kriterien, die den Gerechten vom Frevler

---

[15] „Wehe um den, der vermehrt, was nicht sein ist – wie lange? –, und einem schwere Pfandschuld auflegt! Werden sich nicht plötzlich deine Zinszahler erheben und erwachen, die dich bedrängen, und du wirst ihnen zur Beute?"

[16] „Wer sein Vermögen durch Zins und Zuschlag mehrt, sammelt für einen, der sich der Geringen erbarmt."

unterscheiden (Ez 18,8.13.17). Nach Ps 15,5 schließlich darf nur der in den Tempel eintreten, der „sein Geld nicht um Zins gibt". Option für die Armen und starke theologische Begründung als Merkmale der Reaktion auf die achsenzeitliche Krise sind also beim Zinsverbot im hohen Maß gegeben. Allein angesichts der Fülle und des Gewichts der Belege erstaunt es, wie verschämt christliche Wirtschaftsethiker in der Regel diese Bestimmung verschweigen. Muslimische Theologen und Ökonomen können darüber nur den Kopf schütteln.

Lassen Sie mich, bevor ich auf das alttestamentliche Zinsverbot selbst eingehe, ein paar methodische Vorbemerkungen einschieben. In der ökonomischen Theorie gehört die Frage, was das Wesen des Zinses ist, zu den umstrittenen und viel diskutierten Fragen. Christliche Ethikerinnen und Ethiker müssen sich, wenn sie sich wirtschaftsethisch äußern, auf diesem Gebiet sachkundig machen, so wie Bio- oder Medizinethiker auf ihren Feldern informiert sein müssen. Die Aufgabe der Exegese ist eine andere. Sie muss zu ergründen suchen, warum das Zinsverbot im biblischen Schrifttum eine so herausragende Stelle einnimmt, wie Zinsverbot und Zinskritik begründet werden und wie sich die biblischen Gesetzgeber die konkrete Ausgestaltung des Gebots vorstellen.

Von der Erforschung der biblischen Quellen, zu denen selbstverständlich für die christliche Theologie neben dem Alten das Neue Testament gehört, geht es dann nicht in einem beherzten Sprung über den garstigen breiten Graben hinweg in die Gegenwart. Vielmehr ist es nötig, um zu einer heute ethisch zu verantwortenden Urteilsbildung zu kommen, die Geschichte der Anwendung, Umdeutung oder Umgehung des Zinsverbots zu studieren, unter Berücksichtigung der jeweils sich ändernden sozialen und wirtschaftlichen Bedingungen. Erst im Zusammenwirken von Exegese, Rezeptionsgeschichte, ethischer Theoriebildung und den Sachkenntnissen, die die Ökonomie bereitstellt, kann es zur ethischen Urteilsbildung kommen. Dabei hat keine der genannten Disziplinen einen absoluten Vorrang. Das gilt auch für den ökonomischen Sachverstand, hinter dem man sich manchmal gerne versteckt. Denn auch da gibt es, wie in jeder Wissenschaft, eine Mehrzahl von Anschauungen und Deutungen, und diese sind, wie immer in der Wissenschaft, durchaus auch interessegeleitet. Es ist gerade hier die Aufgabe der Theologie, die Geister zu unterscheiden (1 Kor 12,10; 1 Joh 4,1). Es ist klar, dass diese Art hermeneutischer Vermittlung, die zu ethischer Urteilsbildung führt, nur interdisziplinär geht. Die Exegese muss aber auf jeden Fall ihre Arbeit tun. Der will ich mich nun zuwenden.

Ich kann hier nicht alle Aspekte alttestamentlicher Zinskritik ausbreiten.[17] Ich will mich auf zwei Gesichtspunkte beschränken, die eng miteinander zusammenhängen. Der erste befasst sich mit der Frage, warum es überhaupt ein Zinsverbot gibt. Der zweite versucht ein Verständnis der Ausnahmeregelung von Dtn 23,21: „Von dem Ausländer darfst du Zinsen nehmen, von deinem Bruder darfst du keine Zinsen nehmen."

Zunächst also zur Frage, warum es überhaupt ein Zinsverbot gibt. Anders als es die ökonomische Ursprungserzählung will, wonach der Kredit ein Spätling der ökonomischen Entwicklung am Ende der Linie vom Warentausch über das Geld bis zum Kredit ist, steht in einfachen Gesellschaften der Kredit am Anfang. Als Kind wurde ich gelegentlich mit einer leeren Tasse zur Nachbarin geschickt: „Die Mutter hat kein Mehl mehr. Könnten Sie uns bitte etwas leihen?" Wir standen in der Schuld der Nachbarin. Aber das Mehl wurde nie zurückgegeben, schon gar nicht mit Zins. Sondern eines Tages klingelte die Nachbarstochter und bat um zwei Eier, die ihrer Mutter fehlten. Es entstand ein Netz gegenseitiger Verpflichtungen. Keiner wollte einen Gewinn daraus ziehen. Deshalb gab es keine Zinsen. Noch heute wird es innerhalb von Familien in der Regel so gehalten. Wenn die Kinder etwas brauchen, bekommen sie das Geld vorgeschossen. Sie zahlen es später zurück, aber man erwartet keine Zinsen.

Dass man im familiären Bereich und in der Nachbarschaft kleiner Dorfgemeinschaften keine Zinsen nimmt, ist die Regel. Es geht um Hilfe in der Not. Durch das Darlehen entstehen gegenseitige Verpflichtungen, die etwa durch Mithilfe beim Hausbau abgegolten werden. Aber das alles zielt nicht aufs Gewinnmachen. Die Frage ist, wo die Grenze für solche familiäre und nachbarschaftliche Hilfe liegt. Wie ist es in größeren Gemeinschaften, die nicht mehr verwandtschaftlich verbunden sind? Wie ist es in städtischen Verhältnissen? Darf dann Zins genommen werden? Die Bestimmungen der Hebräischen Bibel sagen eindeutig Nein. Und man kann ihnen noch ansehen, wie sie darum ringen. Ich nehme als Beispiel die Formulierung aus dem Bundesbuch (Ex 22,24). Sie heißt wörtlich: „Wenn du Geld leihst *meinem Volk*, dem Armen bei dir, sollst du ihm nicht wie ein Gläubiger sein. *Ihr sollt ihm keinen Zins auflegen.*" Die doppelte Überarbeitung ist mit Händen zu greifen. In der ersten Vershälfte hängt „meinem Volk" grammatisch in der Luft. Es ist hinzugefügt, um klarzustellen: Es geht

[17] Ich verweise auf *Kessler*, Zinsverbot (2008).

um jeden Armen, nicht nur um Familienangehörige und enge Nachbarn, sondern um jeden Armen im ganzen Volk. Und die pluralische Ergänzung in der zweiten Vershälfte präzisiert, dass nicht wie ein Gläubiger zu sein bedeutet, keinen Zins zu verlangen.

Anders gesagt: Wo es sich um Notkredite handelt, die einer Familie das Weiterleben ermöglichen sollen, die sie vor dem Verhungern bewahren und durch Vorschießen von Saatgut zum Weiterproduzieren befähigen sollen, darf aus der Not des andern kein Gewinn geschlagen werden.

Was aber soll dann die Ausnahmeregelung von Dtn 23,21: „Von dem Ausländer darfst du Zinsen nehmen, von deinem Bruder darfst du keine Zinsen nehmen." Markiert sie die Grenze, die dann doch gezogen wird? Max Weber hat das so verstanden und scharf betont, dass im Judentum eine strikte Trennung zwischen Binnenmoral und Außenmoral vorgenommen werde.[18] Bis heute wird das so wiederholt.[19]

Ich halte das für falsch und sehe es als Aufgabe der Exegese an, solche Sachverhalte aufzuklären. In meine Argumentation schließe ich ein, dass parallel zu Dtn 23,21 in 15,3 ebenfalls zwischen Bruder und Ausländer unterschieden wird, und zwar beim siebenjährlichen Schuldenerlass: „Den Ausländer darfst du bedrängen [nämlich zur Bezahlung seiner Schulden], doch was dir bei deinem Bruder aussteht, sollst du erlassen." In beiden Fällen geht es meinem Verständnis nach nicht um eine unterschiedliche Binnen- und Außenmoral, sondern um unterschiedliche Arten von Krediten.

Ich sehe zwei Gründe für meine Auffassung. Der erste ist eine Rechtstradition, die bis in altbabylonische Zeit zurückzuverfolgen ist. Schon im Schuldenerlassedikt des altbabylonischen Königs Ammisaduqa wird nämlich unterschieden zwischen den gewissermaßen normalen Krediten, für die der Erlass gilt, und reinen Handelskrediten, für die der Erlass nicht gilt. „Wer Gerste oder Silber [...] ausgeliehen hat und (sich darüber) eine Urkunde hat ausstellen lassen – weil der König Gerechtigkeit für das Land wiederhergestellt hat, ist seine Urkunde hinfällig [wörtlich: zerbrochen]; Gerste oder Silber kann er

---

[18] *Weber*, Judentum (1921), 357f.

[19] *Otto*, Zinsverbot (2014), 9: „Die Universalisierung des Bruderethos, der Binnenmoral, die durch eine Außenmoral gegenüber dem Ausländer ergänzt wird, findet im Deuteronomium eine Grenze an der des Volkes, so dass Ausländer von dem deuteronomischen Sozialprogramm ausgeschlossen werden."

nach dem Wortlaute eben der Urkunde nicht eintreiben (lassen).“[20] „[Wer] Gerste, Silber oder Waren als (Pränumerando-) Kaufpreis, für eine (Geschäfts)reise, als Gesellschaft(seinlage) oder als zinslosen Geschäftsreise-Vorschuß entliehen hat, dessen Urkunde wird nicht für hinfällig [wörtlich: zerbrochen] erklärt, er erstattet gemäß seinen Abmachungen.“[21] Die Logik dahinter ist nachvollziehbar. Beim Handelskredit geht es nicht um eine Nothilfe, sondern um die Beteiligung an einem Geschäft. Der phönizische Händler, der sein Schiff mit judäischem Wein und Olivenöl bestücken will, nimmt diese auf Kredit entgegen. Ist das Geschäft beendet und das aus Spanien oder England geholte Silber oder Zinn gewinnbringend verkauft, will der judäische Kreditgeber natürlich seinen Anteil am Gewinn, eben den Zins. Sinkt das Schiff, geht er freilich leer aus.

Der zweite Grund für meine Auffassung, dass es nicht um die Ausgrenzung von Nicht-Juden geht, ist die sprachliche Formulierung. Es steht in Dtn 15,3 und 23,21 ausdrücklich *nåkrî* und nicht *gēr*. Der *nåkrî* ist immer ein Nicht-Israelit, der *gēr* kann es sein. Äußerst signifikant ist die Bestimmung über die Verwertung toter Tierkörper, die nicht gejagt oder *rite* geschlachtet wurden. In Dtn 14,21a heißt es: „Ihr dürft keinerlei toten Tierkörper essen. Dem *gēr*, der in deinen Toren ist, darfst du ihn geben, damit er davon isst. Oder du sollst ihn dem *nåkrî* verkaufen. Denn ein heiliges Volk bist du für Jhwh, deinen Gott.“ Sowohl der *gēr* als auch der *nåkrî* sind hier Nicht-Israeliten, die den Heiligkeitsbestimmungen für Israelitinnen und Israeliten nicht unterliegen. Der *gēr* ist der arme Schutzbürger „in deinen Toren“. Ihm wird das tote Tier „gegeben“, offenbar also kostenlos überlassen, damit er sich davon ernährt. Der *nåkrî* dagegen ist wohlhabend. Ihm wird das Tier „verkauft“, und wahrscheinlich isst er nicht davon, sondern verwertet es kommerziell weiter. Einem solchen *nåkrî*, einem wohlhabenden ausländischen Händler, muss man die Schulden auch im Erlassjahr nicht erlassen, und von ihm darf man auch Zins für Handelskredite nehmen. Ginge es dagegen um die Unterscheidung zwischen Israeliten und Nichtisraeliten, müsste nach dem Sprachgebrauch des Deuteronomiums auch der nichtisraelitische *gēr* von Schuldenerlass und Zinsverbot ausgenommen werden.

Leicht ist man versucht, sehr schnell Folgerungen für die Gegenwart zu ziehen. Die Unterscheidung zwischen Not- und Handelskredi-

---

[20] Übersetzung von *Kraus*, Verfügungen (1984), 171.

[21] Übersetzung: ebd. 175.

ten scheint mir grundlegend. Es muss ein Unterschied sein, ob ein Land, das durch Dürren und Ernteausfälle in Not geraten ist, einen Kredit bekommt, oder ein Unternehmen, das eine neue Produktionsanlage bauen will, mit der große Gewinne erzielt werden können.

Auch die Bindung des Kredits an den Erfolg des Geschäfts ist ein Gedanke, der als Inspiration aus dem biblischen Text entnommen werden kann. Er liegt dem sogenannten Islamic Banking zugrunde. Es ist ja so: Wenn eine Bank dem Unternehmen XY einen Kredit von 100 Mio. € gibt, hat sie einen Rechtsanspruch auf dessen Rückzahlung einschließlich der vereinbarten Zinsen, gleich, wie die Geschäfte laufen. Investiert die Firma XY dieses Geld in eine Produktionsanlage, deren Produkt auf dem Markt scheitert, bleibt sie auf dem Verlust sitzen. Den Kredit muss sie trotzdem zurückbezahlen. Das Mindeste, was man dazu sagen kann, ist, dass das Risiko hier einseitig verteilt ist.

Auch wenn es nahe liegt, den Gedanken der Unterscheidung zwischen Not- und Geschäftskrediten und den der Bindung des Zinses an den Erfolg eines Geschäfts in die gegenwärtige Debatte um das internationale Bankwesen einzubringen, möchte ich meine programmatische Vorstellung, dass der Sprung vom exegetischen Befund in die Gegenwart nicht ohne die Rezeptionsgeschichte möglich ist, nicht aufgeben. Für die Frage des Zinsverbots will ich nur drei Aspekte benennen – ohne sie auszuführen –, die andeuten können, dass es durchaus eine tragfähige Brücke von den alten Texten über den garstigen breiten Graben hinweg in die Gegenwart geben kann.

Zum ersten müsste aufgearbeitet werden, inwiefern ein striktes Zinsverbot, wie es in der mittelalterlichen Kirche praktiziert wurde, nicht mit Notwendigkeit dazu führt, dass eine ausgesonderte Paria-Gruppe, nämlich konkret die Juden, ins Geldgeschäft gedrängt werden. Für die Christenmenschen hatte dies ja zwei Vorteile, nämlich dass sie einerseits selbst saubere Hände behielten und zweitens im Fall, dass sie ihre Schulden nicht bezahlen wollten oder konnten, das Problem durch Enteignung, Vertreibung oder Ermordung der jüdischen Gläubiger lösen konnten. Moraltheologisch wird man diese Lösung nicht als gelungen ansehen, und es wäre zu klären, ob sie eine notwendige Begleiterscheinung eines absoluten Zinsverbots ist.

Zum zweiten sollte man die innerjüdische Diskussion des Mittelalters aufarbeiten, inwiefern es in Gelddingen eine Unterscheidung von Binnen- und Außenmoral geben darf. Dass die Frage, ob man von

Nicht-Juden Zinsen nehmen dürfe, immer Gegenstand heftiger innerjüdischer Auseinandersetzungen war, ist schließlich kaum bekannt.[22]

Zum dritten wären die ausführlichen Diskussionen der frühen Neuzeit in den Blick zu nehmen, die sich den neuen Gegebenheiten des internationalen Handelskapitals stellen. Ich nenne Luther, der strikt am biblischen und mittelalterlichen Zinsverbot festhielt und dennoch differenziert argumentiert,[23] oder Calvin, der sich, anders als seine geistigen Nachfolger, gegen den gewerblichen Geldverleih – also gegen Banken – ausspricht.[24] Und natürlich gehört hierzu auch der Wandel in der katholischen Moraltheologie.

Ich bin überzeugt: Wenn wir als Exegetinnen und Exegeten uns der Aufgabe stellen, den ethischen Gehalt der biblischen Texte herauszuarbeiten, dann können wir im Zusammenwirken mit der Rezeptionsgeschichte, der ethischen Theoriebildung und den Sachkenntnissen der heutigen Wissenschaften die Relevanz der biblischen Texte für heutige ethische Fragestellungen aufzeigen und die Texte gewinnbringend in die ethische Diskussion einbringen.

6. Ein knapper theologisch-ökonomischer Ausblick

Wenn wir die Felder materialer Wirtschaftsethik, von denen Zinsverbot und Schuldenerlass damals wie heute die zentralsten sind, durchgegangen sind, stoßen wir auf eine theologisch-ökonomische Grundfrage. Ich kann sie hier nur andeuten, halte sie aber für weichenstellend. Die moderne ökonomische Theorie geht davon aus, dass in der Welt Mangel herrscht, den der Mensch durch Arbeit überwindet. Dieser Mensch ist als ökonomisches Individuum gedacht, als *homo oeconomicus*, der möglichst viel produzieren, eintauschen und aufhäufen will, um den Mangel zu überwinden. Tun das alle, wird der gesellschaftliche Reichtum gemehrt. Dieses Denken geht nicht von der Gemeinschaft, sondern vom Individuum aus. Möglichst hohe Produktion ist das Ziel der Ökonomie. Die Frage der Gerechtigkeit ist demgegenüber sekundär.

---

[22] Man vergleiche aber die knappen Anmerkungen bei *Leutzsch*, Zinsverbot (2000), 129.

[23] Ich verweise auf meine knappen Ausführungen in *Kessler*, Luther als Leser von Kohelet (2015).

[24] Vgl. dazu *Hungar*, Anlageberatung (2015).

Das biblische Denken, besonders im Deuteronomium, ist dem konträr entgegengesetzt. Es geht nicht vom Mangel als Ausgangspunkt aus, sondern vom Segen, mit dem Gott sein Volk gesegnet hat.[25] Aufgabe der Arbeit und der gesellschaftlichen Organisation ist es, den Segen zu bewahren und zu mehren. Nicht die Überwindung des Mangels durch Mehrung des Reichtums durch den *homo oeconomicus* ist Ziel des Wirtschaftens, sondern die Wahrung und Mehrung des Segens durch gute „Haushalterschaft".[26] Das aber geht wesentlich nur unter Beachtung von Gerechtigkeit.

Das Deuteronomium macht dieses Denken im Gesetz über die Freilassung von Sklavinnen und Sklaven deutlich. Dem entlassenen Sklaven und der entlassenen Sklavin soll nach Dtn 15,12–18 das angeredete Du, also der bisherige Herr, ein Startguthaben von den eigenen Herden und landwirtschaftlichen Gütern mitgeben. „Womit Jhwh, deine Gottheit, dich gesegnet hat, sollst du ihm oder ihr geben" (Dtn 15,14b). Dann, wenn also dieser Akt der sozialen Gerechtigkeit ausgeführt wird, gilt auch die Verheißung: „Dann wird dich Jhwh, deine Gottheit, segnen in allem, was du tust" (V. 18b). Es entsteht ein Kreislauf von Segen zu Segen, der nur weitergeht, wenn soziale Gerechtigkeit geschieht.

Bezieht man die Frage der Gerechtigkeit als wesentlichen Bestandteil ins ökonomische Denken ein, führt das notwendig zu Einschränkungen beim Eigentum. Dies ist auch in heutigen kirchlichen Stellungnahmen Konsens, und man stimmt darin mit dem Grundgesetz der Bundesrepublik Deutschland überein (Art. 14, Abs. 2: „Eigentum verpflichtet. Sein Gebrauch soll zugleich dem Wohle der Allgemeinheit dienen.").[27] Die Frage, die ich hier nicht mehr diskutieren kann, ist aber, wie das konkret wird.

Das jüngste Kirchenpapier tritt hier an einer entscheidenden Stelle in die Falle. Es formuliert nämlich: „Die Marktwirtschaft hat sich als das bestmögliche System herausgestellt, um unter den notorischen

---

[25] Ich verweise dazu auf *Crüsemann*, Fürsorge (2003), der sich seinerseits auf Überlegungen von Dietrich Bonhoeffer beruft.

[26] Vgl. dazu *Franziskus*, Evangelii Gaudium (2013), Nr. 206, 186: „Die Wirtschaft müsste, wie das griechische Wort oikonomía – Ökonomie – sagt, die Kunst sein, eine angemessene Verwaltung des gemeinsamen Hauses zu erreichen, und dieses Haus ist die ganze Welt."

[27] Auch hier kann auf *Franziskus*, Evangelii Gaudium (2013) verwiesen werden, Nr. 198, 171: „Der private Besitz von Gütern rechtfertigt sich dadurch, dass man sie so hütet und mehrt, dass sie dem Gemeinwohl besser dienen [...]"

Knappheitsbedingungen des irdischen Lebens den Bereich der materiellen Bedarfsdeckung zu organisieren."[28] Hier wird ein ökonomisches Dogma unbesehen übernommen, das sich biblisch leicht als Ideologie erkennen ließe. Es ist nicht der Mangel, von dem unser Wirtschaften ausgeht, sondern die Fülle des Segens Gottes. Die Frage der sozialen Gerechtigkeit ist dann kein Zusatzproblem, das gegenüber den angeblichen Sachzwängen der Ökonomie anzusprechen ist, sondern wesentlicher Bestandteil gelingenden Wirtschaftens. Denn ohne soziale Gerechtigkeit kann der Kreislauf des Segens nicht weitergehen.

Doch dies ist zweifellos ein Gedanke, der weiterer Entfaltung bedürfte.

Literatur

Crüsemann, Frank, Gottes Fürsorge und menschliche Arbeit. Ökonomie und soziale Gerechtigkeit in biblischer Sicht, in: *Ders.*, Maßstab: Tora. Israels Weisung und christliche Ethik, Gütersloh 2003, 190–207.

Evangelische Kirche in Deutschland/Sekretariat der Deutschen Bischofskonferenz (Hg.), Gemeinsame Verantwortung für eine gerechte Gesellschaft. Initiative des Rates der Evangelischen Kirche in Deutschland und der Deutschen Bischofskonferenz für eine erneuerte Wirtschafts- und Sozialordnung (Gemeinsame Texte 22), Hannover/Bonn 2014.

Finley, Moses I., Ancient Slavery and Modern Ideology, London 1980.

Franziskus, Apostolisches Schreiben Evangelii Gaudium des Heiligen Vaters Papst Franziskus an die Bischöfe, an die Priester und Diakone, an die Personen geweihten Lebens und an die christgläubigen Laien über die Verkündigung des Evangeliums in der Welt von heute (VAS 194), hg. vom *Sekretariat der Deutschen Bischofskonferenz*, Bonn 2013.

Graeber, David, Schulden. Die ersten 5000 Jahre, übersetzt von Schäfer, Ursel/Freundl, Hans/Gebauer, Stephan, Stuttgart 2012.

Hungar, Kristian, Anlageberatung mit Johan Calvin. Sein *de usuris responsum* von 1545/46 zwischen Patristik und Ökonomik, in: *Jochum-Bortfeld, Carsten/Kessler, Rainer* (Hg.), Schriftgemäß. Die Bibel in Konflikten der Zeit, Gütersloh 2015, 229–247.

Jaspers, Karl, Vom Ursprung und Ziel der Geschichte, München 1949.

Kessler, Rainer, Staat und Gesellschaft im vorexilischen Juda vom 8. Jahrhundert bis zum Exil (SVT 47), Leiden u. a. 1992.

Ders., Micha (HThKAT), Freiburg ²2000.

Ders., Zinsverbot und Zinskritik. Geltungsbereich und Begründung, in: *Kottsieper,*

[28] *Evangelische Kirche in Deutschland/Sekretariat der Deutschen Bischofskonferenz* (Hg.), Gemeinsame Verantwortung (2014), 57f.

Ingo/Schmitt, Rüdiger/Wöhrle, Jakob (Hg.), Berührungspunkte. Studien zur Sozial- und Religionsgeschichte Israels und seiner Umwelt. FS Rainer Albertz (AOAT 350), Münster 2008, 133–149.

Ders., Individuelles Fehlverhalten und institutionelle Fehlentwicklungen: Martin Luther als Leser von Kohelet, in: *Duchrow, Ulrich/Ulrich, Hans G.* (Hg.), Befreiung vom Mammon. Liberation from Mammon (Die Reformation radikalisieren – Radicalizing Reformation 2), Berlin 2015, 119–141.

Kraus, Fritz Rudolf, Königliche Verfügungen in altbabylonischer Zeit (SDIO 11), Leiden 1984.

Lessing, Gotthold Ephraim, Über den Beweis des Geistes und der Kraft [1777], in: *Ders.*, Werke in sechs Bänden, hg. von *Fischer, Fritz*, Band 6. Philosophie/ Theologie, Zürich u. a. 1965, 283–288.

Leutzsch, Martin, Das biblische Zinsverbot, in: *Kessler, Rainer/Loos, Eva* (Hg.), Eigentum: Freiheit und Fluch. Ökonomische und biblische Einwürfe (KT 175), Gütersloh 2000, 107–144.

Nethöfel, Wolfgang, Der wirtschaftsethische Beitrag des Protestantismus, in: Globalisierung und Wirtschaftsethik. Markt und soziale Verantwortung, in: epd-Dokumentation 43/2001, 28–41 [http://www.uni-marburg.de/fb05/fachgebiete/sozialethik/personal/nethoefel/publikationen (Zugriff: 14.7.2014)].

Nutzinger, Hans G., Die Wirtschaft in der Bibel. Orientierungen, in: GlLern 21 (2006) 27–38.

Oermann, Nils Ole, Wirtschaftsethik – quo vadis? „Ist“ und „Soll“ eines Bindestrichfachs aus protestantischer Perspektive, in: ThLZ 139,4 (2014) 411–426.

Otto, Eckart, Theologische Ethik des Alten Testaments (ThW 3,2), Stuttgart u. a. 1994.

Ders., Zinsverbot und Schuldenerlass als Elemente einer Sozialpolitik in der Tora, in: *Casper, Matthias/Oberauer, Norbert/Wittreck, Fabian* (Hg.), Was vom Wucher übrigbleibt. Zinsverbote im historischen und interkulturellen Vergleich, Tübingen 2014, 1–14.

Segbers, Franz, Angesichts der Finanzkrise schriftgemäß und sachgerecht reden, in: *Jochum-Bortfeld, Carsten/Kessler, Rainer* (Hg.), Schriftgemäß. Die Bibel in Konflikten der Zeit, Gütersloh 2015, 289–308.

Weber, Max, Gesammelte Aufsätze zur Religionssoziologie III. Das antike Judentum, Tübingen 1921.

Begründen und Erzählen

Lektüren des Alten Testaments in der gegenwärtigen Moraltheologie

Stephan Goertz

1. Das Korsett des neuscholastischen Naturrechtsdenkens sprengen

Die neuzeitliche Moraltheologie ist eine zutiefst verunsicherte Disziplin. Denn wie ist die Vorstellung von dem sittlich gebietenden Gott der Bibel mit dem Autonomieanspruch der praktischen Vernunft des Menschen, wie der normative Anspruch eines Offenbarungszeugnisses mit dem Bewusstsein der historischen Kontingenz all unserer religiösen und moralischen Vorstellungen in Einklang zu bringen? Kommen sich theologische und ethische Aussagen nicht notwendiger Weise in die Quere? Weil die einen auf der Partikularität einer bestimmten Tradition, die anderen auf der Verallgemeinerbarkeit geteilter moralischer Einsicht beruhen? Wie sollen in einer pluralen und liberalen Gesellschaft überhaupt auf dem Boden einer einzelnen religiösen Überlieferung Antworten auf strittige moralische Einzelprobleme gefunden werden? Über mehr als einhundert Jahre hinweg bestand seit der Mitte des 19. Jahrhunderts die Antwort der katholischen Morallehre vornehmlich darin, allgemeingültige Vernunftwahrheiten der göttlichen Schöpfungsordnung zu präsentieren, für deren richtige Deutung und Anwendung sich das kirchliche Lehramt als letztzuständig betrachtete. Die moralische Ordnung galt nicht als aufgegebene und veränderbare Freiheitsordnung, sondern in weiten Teilen als gottgegebene und damit unveränderliche Naturordnung. Auf das moderne Kontingenzbewusstsein reagiert die Moraltheologie dieser Zeit mit einer doppelten Sicherung: Gott ist Schöpfer und Garant der für alle erkennbaren und geltenden Moral. Im Rahmen der Intention einer solchen Naturrechtslehre wurde das Zeugnis der Schrift nur allzu oft auf eine „ornamentale Funktion“[1] reduziert. „Gelegentlich rekurrieren die Handbücher auf einzelne Schriftzitate, die als *dicta probantia* herange-

---

[1] *Schockenhoff*, Grundlegung (2014), 42.

zogen werden, um die Schriftgemäßheit einzelner moraltheologischer Aussagen abzusichern".[2] Die christliche Ethik war in der Moraltheologie naturrechtlich und nicht biblisch fundiert. Auch wenn dieses Naturrecht selbst theologisch gerahmt blieb. Die naturrechtlichen Gebote bezogen – wie bereits erwähnt – ihre letzte sittliche Verbindlichkeit daraus, dass sie als Gebote des göttlichen Schöpfers betrachtet wurden. Das katholische Naturrechtsdenken der Neuzeit ist im Wesentlichen ein *theonomes* Naturrecht[3] und versteht sich auf diese vermittelte Weise als biblisch. In dieser Tradition heißt es in der Moralenzyklika *Veritatis splendor* von 1993: „Nur Gott vermag auf die Frage nach dem Guten zu antworten, weil er das Gute ist. Aber Gott hat bereits auf diese Frage geantwortet: Er hat das dadurch getan, daß er *den Menschen geschaffen* und mit Weisheit und Liebe durch das ihm ins Herz geschriebene Gesetz (vgl. Röm 2,15), das ‚natürliche Gesetz', auf sein Ziel hingeordnet hat" (VS 12). Und er hat, so heißt es weiter, dem Volk Israel am Sinai sittliche Gebote gegeben. Im Gespräch mit dem reichen Jüngling mahnt Jesus: „Wenn du aber das Leben erlangen willst, halte die Gebote" (Mt 19,17). Es gehört zur Eigenart der neuscholastischen Moraltheologie, dass sie die *„authentische Interpretation* des Gesetzes des Herrn" (VS 27) der kirchlichen, genauer hin der apostolischen Überlieferung anvertraut. „Auf diese Weise erscheint die Kirche in ihrem Leben und in ihrer Lehre als ‚die Säule und das Fundament der Wahrheit' (1 Tim 3,15), auch der Wahrheit über das sittliche Handeln" (VS 27). Die Kirche in Gestalt des kirchlichen Lehramtes wird daher zum formalen Prinzip der Moraltheologie.

Dieses festgefügte und bis heute nachwirkende Modell einer naturrechtlich-ekklesionomen Morallehre war jedoch nie alternativlos. In der Mitte des 20. Jahrhunderts kommt es zu ersten Entwürfen eines biblisch fundierten Grundprinzips christlicher Ethik. Zu nennen ist hier zum einen das Werk „Die Idee der Nachfolge Christi" (1934) des Bonner Exegeten und späteren Moraltheologen Fritz Tillmann sowie „Das Gesetz Christ" (1954) von Bernhard Häring, das mit folgenden programmatischen Sätzen beginnt: „Die Norm, die Mitte und das Ziel der christlichen Moraltheologie ist Christus. […] Das christliche Leben ist Nachfolge Christi."[4] In seiner moraltheologischen Erkennt-

---

2 Ebd.

3 Vgl. *Bruch*, Ethik und Naturrecht (1997).

4 *Häring*, Gesetz Christi (1958), 39.

nis- und Methodenlehre schließt sich 1963 Rudolf Hofmann dieser Neuausrichtung des Faches an: „Moraltheologie ist die wissenschaftliche Erklärung und Darstellung der in der Kirche lebenden Glaubensbotschaft vom sittlichen Leben des Christen in der Nachfolge Jesu.“[5]

An diese hier nur kurz angedeutete Konstellation ist zu erinnern, um die Stoßrichtung und Tragweite der viel zitierten Sätze des Zweiten Vatikanums im Dekret über die Priesterausbildung beurteilen zu können:

> „Besondere Sorge verwende man auf die Vervollkommnung der Moraltheologie, die, reicher genährt aus der Lehre der Schrift, in wissenschaftlicher Darlegung die Erhabenheit der Berufung der Gläubigen in Christus und ihre Verpflichtung, in der Liebe Frucht zu tragen für das Leben der Welt, erhellen soll.“ (Optatam totius 16)

Das Studium der Heiligen Schrift müsse auch in der Moraltheologie die „Seele der ganzen Theologie sein“ (Optatam totius 16, vgl. Dei Verbum 24).

Der Wille des Konzils bereitet der Moraltheologie jedoch schon bald Kopfzerbrechen. Wie sollen moraltheologische Aussagen reicher genährt sein aus der Lehre der Schrift und zugleich wissenschaftlich, also ethisch begründet?[6] In der Terminologie der Tradition ausgedrückt: Wie ist das Verhältnis zwischen Offenbarung und natürlicher Sittlichkeit zu bestimmen? Wie kommen wir im Raum der christlichen Moral zu verbindlichen sittlichen Aussagen? Die Erkenntnis- und Methodenlehre von Hofmann ringt auf vielen Seiten um eine Antwort auf diese Frage. Die Formeln, die er schließlich findet, lassen sich nur als Relativierung der starken Vernunftansprüche des eigenen Faches deuten. Zwar bedürfe „die gesamte Verwirklichung der christlichen Sittlichkeit im Leben […] der natürlichen sittlichen Einsicht in hohem Maße. […] Der Mensch kann aus eigenem Vermögen […] natürliche sittliche Wahrheiten […] erkennen.“[7] Das natürliche Sittengesetz vermittle uns den Willen Gottes. Aber es gebe „in der Nachfolge Christi keinen aus sich verstehbaren autonomen Bereich natürlicher Sittlichkeit, der etwa neben die übernatürliche Sittlichkeit träte.“[8] „Die Stellung der Vernunft als Quelle wäre falsch gesehen, wenn damit natürliche sittliche Einsicht

---

[5] *Hofmann*, Erkenntnis- und Methodenlehre (1963), 64; vgl. dazu *Reiter*, Modelle (1986).

[6] Vgl. *Schockenhoff*, Grundlegung (2014), 43.

[7] *Hofmann*, Erkenntnis- und Methodenlehre (1963), 159.

[8] Ebd. 160.

irgendwie zum Maßstab der Kritik oder einer Begrenzung der geoffenbarten Sittlichkeit genommen würde. Es gibt gegen den offenbaren Willen Gottes keine Berufung auf das Gewissen oder auf eigene sittliche Überzeugung."[9] Die Vernunft ist also *nur relativ eigenständig*, sie kann durch die Offenbarung überformt werden, die auf eine „einzigartige, überragende"[10] Weise in der Heiligen Schrift bezeugt wird. Die Titel der Schriften von Tillmann und Häring machen bereits deutlich, dass die biblische Ausrichtung der Moraltheologie – und dies im Grunde bis heute – in erster Linie über die Christologie erfolgt. Von dieser erhofft man sich die Überwindung der neuscholastischen *Ordozentrik* samt ihrer Geschichts- und Schriftvergessenheit. Christus „ist für alle Weg, Wahrheit und Leben."[11] In seinen „Versuchen zur biblischen Grundlegung der Moraltheologie" von 1999 schreibt Bernhard Fraling: „Man wird […] als *Kern jeden christlichen Ethos eine Form der Beziehung zu Christus* sehen müssen."[12] Eberhard Schockenhoff notiert: Die theologische Ethik „muss nach einer sachgerechten Entsprechung ihrer Aussagen zur Offenbarung der Liebe Gottes im Leben und in der Lehre des Jesus von Nazaret fragen, um die ethische Perspektive, die in den biblischen Schriften vorgezeichnet ist, auf die Probleme hin aufzuschlüsseln, die sich ihr heute stellen."[13]

Bis vor wenigen Jahrzehnten ging man in der Moraltheologie von einer Unterordnung des Alten unter das Neue Testament aus. Bei Hofmann lesen wir, dass dem Alten Testament „innerhalb der göttlichen Offenbarung […] keine selbständige Stellung" zukommt, es sei „in allem auf die neutestamentliche Vollendung hingeordnet."[14] Es gebe eine Abstufung der sittlichen Verbindlichkeit des göttlichen Willens. Im Alten Testament sei er auf zweifache Weise bedingt. Er richte sich lediglich an das Volk Israel in seiner konkreten Geschichte und er finde seine volle und endgültige Entfaltung erst im Neuen Testament. Erst das Christusereignis bilde „Sinn und Ziel, Verpflichtung und Kraft, Mitte des christlichen Lebens."[15] Bei der biblischen Ethik gehe es nicht um ein ausgearbeitetes ethisches System, sondern um die beson-

---

[9] Ebd. 161.
[10] Ebd. 133.
[11] Ebd. 142.
[12] *Fraling*, Ethos (1999), 186.
[13] *Schockenhoff*, Grundlegung (2014), 47f.
[14] *Hofmann*, Erkenntnis- und Methodenlehre (1963), 135.
[15] Ebd. 141.

dere Ausrichtung des christlichen Lebens unter dem formalen Anspruch des Liebesgebotes.

2. Von der Christozentrik zur Anthropozentrik

Schon unmittelbar während und nach dem Konzil wird in der Moraltheologie der Wunsch nach einer größeren Schriftnähe mit der eigenen Tradition des natürlichen Sittengesetzes zu vermitteln versucht. Bruno Schüller erinnert daran, dass die Geltung und der Inhalt der sittlichen Gebote „ihren Grund im natürlichen Menschsein des Menschen haben."[16] Auch und gerade christlicher Moral gehe es darum, so Josef Fuchs, „zu tun, was der Mensch als des Menschen würdig erkennt."[17] Das heißt für das Verständnis der zitierten Konzilsaussage: „Unter der ‚Nahrung' […] wird weniger die ‚Argumentation' verstanden, die aus der Heiligen Schrift für einzelne Prinzipien und partikuläre Normen der Moral entnommen werden kann. Vielmehr soll die Heilige Schrift die grundlegende Orientierung und Konzeption der Moraltheologie bestimmen."[18]

Der Versuch, innerhalb der Moraltheologie biblische Moralprinzipien zu etablieren, bleibt innerhalb des Faches zunächst eine Episode. Das liegt in erster Linie an der Einsicht, dass uns zwar in der Schrift moralische Geltungsansprüche begegnen, diese aber damit noch nicht als sittlich verbindlich ausgewiesen sind. Nur wer sich bereits als sittliches Wesen begreift und den Standpunkt der Moral eingenommen hat, kann in der Bibel überhaupt einen sittlichen Anspruch erfassen. Wäre der Mensch nicht prinzipiell vor jedem religiösen Anspruch schon zur Moral befähigt, würde die Annahme einer geoffenbarten Wahrheit selbst keinen sittlichen Wert besitzen. Würde erst der Glaube den Menschen frei machen, wäre der Mensch als Mensch nicht frei und damit auch nicht der Glaubensakt. Gott erscheint nur einem bereits moralischen Wesen als moralisch vollkommener Gott. Jeder Hinweis auf einen sich in den biblischen Schriften manifestierenden sittlich gebietenden Gotteswillen wird also mit der Frage konfrontiert, wie man denn sicher sein kann, dass dieser Wille Gottes eine sittliche

---

[16] *Schüller*, Moraltheologie (1965), 42.
[17] *Fuchs,* Moral und Moraltheologie (1967), 39.
[18] Ebd. 34.

Pflicht begründet. Sich bei der Beantwortung dieser Frage auf die bloße Faktizität des göttlichen Willens zu berufen, würde zu einem theonomen Moralpositivismus führen, der nicht nur die Autonomie des Menschen, sondern auch die Moral Gottes zerstören würde. In der Moraltheologie ist eine sittliche Forderung in sich selbst als begründet zu erkennen, bevor sie auf den Willen Gottes zurückgeführt werden kann.

Die neuzeitliche Moraltheologie ist nach Kant also mit dem Anspruch konfrontiert, dass „nicht nur die Erkenntnis des sittlich Gebotenen, sondern auch der *Geltungsgrund* moralischen Sollens in das vernünftige Subjekt gesetzt wird – und dies wiederum heißt, daß die Berufung auf den Willen Gottes zur Begründung ethischer Pflichten nicht nur entbehrlich, sondern überdies die Aufgabe dringlich wird, angesichts des prinzipiellen Heteronomieverdachts die Anerkennung des die Menschen beanspruchenden Gottes selbst noch als sittlich verbindliche auszuweisen.“[19]

Das hier vertretene moraltheologische Programm einer Autonomen Moral[20] bündelt drei Aspekte: (1) Für die *Erkenntnis* des Gesollten ist die praktische Vernunft und nicht der Glaube zuständig. Sittliche Erkenntnis ist kein Anhängsel religiöser Erfahrung. (2) Ethische Geltungsansprüche sind unabhängig von Aussagen über eine göttliche Offenbarung zu begründen. Immanenter *Geltungsgrund* moralischer Ansprüche ist der Mensch als das zur Sittlichkeit befähigte Wesen.[21] (3)

---

[19] *Pröpper*, Autonomie und Solidarität (1995), 21f.

[20] Vgl. *Pröpper*, Theologische Anthropologie (2011), 694–786; *Goertz*, Autonomie im Disput (2014); vgl. im Bereich der Moralphilosophie *Nagl-Docekal*, Innere Freiheit (2014).

[21] Von daher ist es abstrus, wenn Lothar Roos meint, in der hier vertretenen Autonomen Moral gelte der „Anschluß an die Moderne“ als Moralprinzip. Und wer die Freiheit sittlicher Selbstgesetzgebung als Moralprinzip vertritt, wie ich es tue, dem muss nicht vorgehalten werden, gegenüber den Ambivalenzen der Moderne und der Endlichkeit des Menschen blind zu sein. Ja, es ist doch gerade die Missachtung der Personwürde, die uns an den moralischen Katastrophen der Geschichte leiden und viele verzweifeln lässt. Moralische Sensibilität ist kein Vorrecht von Gläubigen. Die Frage, auf die Roos keine Antwort gibt, ist doch, in welcher Instanz wir bestimmen können, dass wir es mit einer „Weisung Gottes zum Guten“ (*Roos*, Anschluß [2014], 423) zu tun haben. Ein theonomer oder ekklesionomer Moralpositivismus hat noch keine ethische Dignität. Die Formel von der „vom Glauben erleuchteten Vernunft“ (*Roos*, Anschluß [2014], 424) wirft mehr Fragen auf, als sie löst. So schnell kommt man an den sittlichen Ansprüchen der prak-

Autonomie konkretisiert sich in einer *Lebensführung*, in der das Individuum in den je bestimmten Grenzen seiner Freiheit selbst gesetzte Zwecke realisiert. Individualität wird zum Ausweis von Freiheit.

Vor dem Hintergrund eines solchen Autonomiebegriffs stellt sich die Frage nach der Relevanz biblischer Texte in der Moraltheologie in aller Schärfe. Wenn auch für den Christen gilt, dass die Erkenntnis und die Geltung moralischer Ansprüche keinen Offenbarungsglauben voraussetzen, welche Bedeutung hat dann eigentlich noch die biblische Botschaft im Kontext der Moral? Lassen wir uns von der Bibel lediglich nachträglich bescheinigen, was wir auch ohne sie meinen erkennen zu können? Sind wir im Grunde damit nicht weiter gekommen als die neuscholastischen Handbücher?

3. Der freie Mensch und der göttliche Schöpfer: Autonome Moral und Altes Testament

Wie also hält es nun endlich die Autonome Moral mit dem Alten Testament? Aus der ersten Generation der nach dem Konzil revidierten Moraltheologie soll hier die *Fundamentalmoral* von *Franz Böckle* zur Sprache kommen. Autonomie im Sinne Böckles meint die Fähigkeit und unbedingte Beanspruchung des freien Subjekts zur sittlichen Selbstgesetzgebung. Da der Mensch aber seine eigene Freiheit nicht selbst konstituiert, sondern sich unter ihrem Anspruch vorfindet, wird Freiheit theologisch als geschöpfliche Freiheit gedacht. „Im Verständnis des Schöpfungsglaubens ist ja der unbedingte Sollensanspruch nichts anderes als die Abhängigkeit eines personal-freien Selbst, das in dieser seiner Freiheit total beansprucht ist, über sich in Freiheit zu verfügen. Das Dasein unter dem Sollensanspruch erweist sich theologisch als notwendige Verfassung des Menschen, der sich nicht selbst verdankt, sondern sich als Kreatur konstituiert weiß."[22] Auf diese Weise wird der biblische Schöpfergott zum Grund der autonomen Freiheit. Gott will die Autonomie des Menschen. „Der Sollensanspruch wird als totale Abhängigkeit (Geschöpflichkeit) in der Unabhängigkeit der Selbst-

---

tischen Vernunft nicht vorbei. Nicht an der Geltungsbegründung, an den Grenzen der Moral sollte sich religiöses Denken entzünden.

[22] *Böckle*, Fundamentalmoral (1977), 84.

bestimmung (Personalität) verstanden."[23] In der *Fundamentalmoral* erschließt sich die menschliche Selbstreflexion den Sollensanspruch der Moral. Aber der Schöpfungsglaube bietet Böckle die Möglichkeit, die für ihn paradoxale Struktur des unbedingt beanspruchten endlichen Menschen denken zu können. Der sittliche Autonomieanspruch wird *theonom* legitimiert. Auf biblische Texte geht die *Fundamentalmoral* erst nach der Klärung der Geltungsfrage ein, nämlich in dem Teil, in dem sich Böckle der im eigentlichen Sinne normativen Ethik zuwendet. „Der Systematiker stellt an die Bibelwissenschaft einzelne gezielte Fragen, die ihm helfen sollen, die Bedeutung des biblischen Fundamentes für die Eigenart und die Geltung sittlicher Normen besser zu erkennen."[24] Es wird also nicht versucht, Normativität grundsätzlich biblisch herzuleiten. Stattdessen geht es Böckle um die Eigenart sittlicher Normen im Alten Testament, in den Gesetzesbüchern, bei den Propheten und in der Weisheitsliteratur. Exemplarisch zeige der Dekalog das Spezifikum israelitischen Gesetzesdenkens. Inhaltlich bieten die Gebote des Dekalogs keine exklusive Erkenntnis Israels. Ihr Kennzeichen ist ihre Charakterisierung als Gottesrede, also ihre *theonome Legitimierung*. Ethische Verantwortung ist alttestamentlich Antwort auf das Heilshandeln Gottes. „Die theonome Legitimierung der Normen" ist freilich „nicht ursprünglich, sondern Ergebnis theologischer Reflexion der zentralen Offenbarungsereignisse."[25] Jedes *ius divinum* ist Resultat einer nachträglichen theologischen Deutung, also eine menschliche Konstruktion.[26] Die geschichtliche Erfahrung der Gerechtigkeit und Bundestreue Gottes trägt bei Böckle die ethische Spitzenaussage: „Liebe deinen Nächsten wie dich selbst, ich bin Jahwe" (Lev 19,18). Deren Anspruch für die Ordnung des Zusammenlebens werde durch die Propheten proklamiert. Die Weisheitsliteratur wiederum zeige, wie der Glaube an Gott „das Erkennen in seine Eigenständigkeit – in seine Autonomie" setzt und die „volle Betätigung und Entfaltung der Vernunft"[27] ermöglicht. Die von Gott geordnete Welt und ihr Ethos können von menschlicher Weisheit erkannt werden. „Die Furcht des Herrn ist der Anfang der Weisheit; alle, die danach

---

[23] Ebd. 91.
[24] Ebd. 167.
[25] Ebd. 176.
[26] Vgl. *Striet/Werden*, Welcher Gott (2015).
[27] *Böckle*, Fundamentalmoral (1977), 195.

leben, sind klug" (Ps 111,10). An zwei Stellen lässt Böckle durchblicken, dass er die alttestamentliche Ethik als geschichtliches Zwischenstadium versteht. Zum einen suche man im Alten Testament vergebens nach einer „Ethik der Selbstvervollkommnung des Einzelnen."[28] Individualität sei keine ethisch zentrale Kategorie Israels. Zum anderen würden wir konfrontiert mit moralischen Überbleibseln einer – das Wort fällt so nicht – archaischen Welt, in der es um objektive Schuld, um Befleckung und um rituelle Sühne geht.[29] Die archaischen Gebote würden dann aber schon innerbiblisch „sukzessive abgebaut."[30]

Zwei Jahrzehnte nach Böckle kommt sein Schüler *Karl-Wilhelm Merks* auf die Frage „Bibel und Moral" zurück. Er findet eine griffige Formulierung für die im Ansatz einer Autonomen Moral getroffene Verhältnisbestimmung zwischen Heiliger Schrift und Ethik. Die katholische Moraltheologie gehe biblisch „auf Abstand"[31], ohne damit den Anspruch aufzugeben, eine „biblisch orientierte Moral"[32] zu sein. Der christliche Glaube solle nicht in die *Struktur ethischer Reflexion* eingreifen, Gott ist keine ethische Methode. Mit dem Begriff *biblisch auf Abstand* emanzipiert sich die Moraltheologie von allen Versuchen, unmittelbar mit der Bibel sittliche Gebote zu begründen und die menschliche Einsichtsfähigkeit zu überspringen. Wer mit der Schrift heteronome Forderungen erhebt, untergräbt in der Moderne über kurz oder lang ihre Autorität. Die Moraltheologie geht also auf Abstand zu der Vorstellung, mit Hilfe biblischer Texte ließen sich moralische Forderungen jenseits sittlicher Selbstgesetzgebung begründen. Aber sie versteht diese Autorität der Freiheit als genuines Anliegen des biblisch bezeugten Gottesglaubens. Genau dies zeigt die biblische Situierung des Dekalogs. Beide Tafeln finden ihre ethische Klammer im Gedanken der Befreiung. „Neben dem ‚befreienden' Gott soll es keine anderen Götter geben."[33] Wenn in der Neuzeit die Idee der Freiheit menschenrechtlich ausbuchstabiert wird, dann ist das eine theologisch legitime Weiterführung des in der Bibel bezeugten Bildes vom Menschen als Ebenbild Gottes; auch wenn wir im Alten Testament den modernen

---

[28] Ebd. 177f.

[29] Vgl. ebd. 181.

[30] Ebd.

[31] *Merks*, Gott und die Moral (1998), 203; vgl. *Goertz*, Biblisch „auf Abstand" (2007).

[32] *Merks*, Gott und die Moral (1998), 202.

[33] Ebd. 221.

Zusammenhang von Menschenwürde und Menschenrechten nicht finden werden. Das bedeutet weiterhin, dass wir Gebote der Bibel dann auf sich beruhen lassen können, wenn sich deren ethischer Sinn heute nicht mehr erschließt. Die Bibel ist von jeher nur eine Quelle christlicher Ethik. In diesem Sinne schreibt Hans Halter: „Wenn biblische Moralaussagen für uns heutige Menschen nicht mehr einsehbar und nicht mehr akzeptabel erscheinen, bleibt uns nichts anders übrig, als aufgrund unserer modernen Lebenssituation [...] mutig nach dem ethisch Richtigen oder Falschen im heutigen Kontext auch u.U. abweichend von der Bibel zu fragen."[34]

Am Ende seiner Überlegungen wirft Merks schließlich die Frage auf, ob mit seinem Ansatz die Heilige Schrift für die Moral überflüssig werde: „Was würde uns fehlen ohne sie?"[35] Fehlen würde uns nicht die Einsicht in Gut und Böse. Aber fehlen, so deutet Merks nur noch an, würden uns die Dimensionen von „Vergebung, Versöhnung und Heil"[36]. Wir sollten also das im engen Sinne ethische Register verlassen und die Schrift als Zeugnis einer bestimmten und für uns Christen normativen Glaubens-Deutung der Welt des Menschen und seiner Geschichte lesen.

Als dritter und jüngster Vertreter einer Autonomen Moral führt *Stephan Ernst* in seiner Einführung in die theologische Ethik 2009 die Überlegungen präzise zusammen. Anders als Böckle und Merks geht Ernst dabei auch kurz auf das Heiligkeitsgesetz in Lev 17–26 ein, dessen Vorschriften als Identitätsausweise des durch Jahwe geheiligten Volkes interpretiert werden: „Seid heilig, denn ich, der Herr, bin heilig" (Lev 19,1f.). Die Moral des Heiligkeitsgesetzes sei weniger am Exodusgeschehen denn an der besonderen Erwählung Israels und seiner von Jahwe gegebenen Ordnung orientiert. Explizit fragt Ernst nach der Relevanz der ethischen Aussagen der Schrift für die theologische Ethik. Zunächst wird auch von ihm betont, dass die ethischen Weisungen der Bibel nicht im strengen Sinne als geoffenbarte Moral zu bestimmen sind. „Aber sie werden – und dies im Alten wie im Neuen Testament – in den Kontext der eigentlichen Offenbarung einbezogen, in der Gottes Gnade [...] mitgeteilt wird."[37] Der Indikativ der Gnade soll zur unverkürzten Wahrnehmung und Erfüllung ethischer Imperative verhelfen.

---

[34] *Halter*, Christliche Sexualethik (2007), 154.
[35] *Merks*, Gott und die Moral (1998), 235.
[36] Ebd. 230.
[37] *Ernst*, Grundfragen (2009), 93.

Interessanter als dieses bekannte Begriffspaar von Indikativ und Imperativ scheint mir zu sein, wie Ernst an anderer Stelle[38] herausarbeitet, dass die autonom begründeten ethischen Weisungen der Schrift darum unverzichtbar zur Offenbarung gehören, weil erst auf diese Weise die humane Relevanz der Schrift zum Tragen kommt. Die Tatsache, dass in der Schrift die unbedingte Geltung sittlicher Ansprüche vorausgesetzt wird, bildet in einer Kultur der Autonomie und Menschenwürde einen Anknüpfungspunkt für den Glauben. So trägt die Autonome Moral zur Bewahrung der Relevanz des Alten Testamentes bei. Sie bietet der Exegese eine Heuristik an. Walter Lesch fasst zusammen: Der „Rückgriff auf die Quellen hat durchaus eine klärende Funktion, wenn es darum geht, Motivationen zu entdecken, Sehnsüchte zu artikulieren und Sinnhorizonte zu beschreiben. Das mühsame Geschäft der Normenbegründung, Kompromisssuche und Normendurchsetzung wird uns jedoch keine heilige Schrift der Welt abnehmen“[39].

In einem Zwischenfazit lässt sich erstens festhalten, dass Moraltheologie auf der Grundlage einer biblischen Ethik allein nicht zu betreiben ist. Zweitens geht es Autonomer Moral um die Begründung des sittlichen Sollens (warum moralisch sein?) und der inhaltlichen Bestimmung von Normen (was sollen wir tun?). Diese Fragestellungen wirken sich auf die Auslegung biblischer Texte aus. Die Autonome Moral verschweigt nicht, dass sie mit einer bestimmten systematisch-ethischen Perspektive, also selektiv, an die biblischen Texte herantritt. Sie ist drittens, anders als der von uns zitierte Rudolf Hofmann, sehr wohl der Überzeugung, dass die sittliche Einsicht als kritischer Maßstab für Behauptungen über den sittlich gebietenden Gott zu gelten hat. Dies gilt gegenüber allen Instanzen, die mit religiöser Autorität ausgestattet sind. Daraus resultiert viertens die Frage, was es für die Moraltheologie bedeutet, wenn biblische Texte auf die eigene Fragestellung keine hinreichende Antwort bieten. Freimütig kann die Autonome Moral zugestehen, dass Antworten auf moralische Fragen im christlichen Kontext nicht notwendiger Weise unmittelbar biblisch begründet sein müssen. Solange der Ansatz selbst als biblisch tragfähig ausgewiesen werden kann, ist auch die Autonome Moral biblisch. Fünftens weisen Vertreter der Autonomen Moral darauf hin, dass die Relevanz der Schrift sich

---

38 *Ernst*, Das „christliche Menschenbild“ (2007), 166.

39 *Lesch*, Bibelhermeneutik (1999), 27f.

auf Aspekte des Menschseins erstreckt, die den engen Bereich der normativen Ethik überschreiten.

4. Die Renaissance der Tugendethik und die Revitalisierung biblischer Ethik

Ich habe erläutert, warum in der Autonomen Moral die Idee der sittlichen Selbstbestimmung des Subjekts den Dreh- und Angelpunkt des ethischen Denkens bildet. Diese Denkform stößt bis heute auf Einwände. Seit den 1980er Jahren wird in der Moraltheologie, vor allem in den USA, der in der Moralphilosophie artikulierte Verdacht aufgegriffen, dass ein solcher Ansatz eine spürbare Leerstelle hinterlässt.[40] Dem an Kant orientierten ethischen Denken der Moderne wird vorgeworfen, „gegenüber der gelebten Moralität und der in ihnen explorierten Erfahrung"[41] gleichgültig zu sein. Angesichts einer solchen Verarmung gelte es eine Ethik zu revitalisieren, die innerhalb der Antike und im christlichen Mittelalter eine zentrale Rolle eingenommen hat, die Tugendethik. Es ist hier nicht der Ort, die Tugendethik in ihren z.T. sehr unterschiedlichen Varianten vorzustellen.[42] Ansetzen will ich bei einer von Jean-Pierre Wils und Dietmar Mieth zitierten Bestimmung Max Schelers: Tugend sei „ein dauernd lebendiges, glückseliges Könnens- und Machtbewusstsein zum Wollen und Tun."[43] Mit dem Begriff der Tugend soll also das individuelle sittliche Können des Subjekts wieder deutlicher zur Sprache kommen. Mit der Tugend soll es wieder um die habitualisierte, im eigenen Leben erworbene sittliche Kompetenz des Individuums gehen, um seine Haltungen, seinen Charakter, seine Wertorientierungen und ihre Genese. „Die Tugendethik gründet insofern auf einer anspruchsvollen Konzeption des Guten, als sie das ideale Selbstkonzept einer reifen moralischen Persönlichkeit voraussetzt."[44] Glück und Moral sollen tugendethisch miteinander versöhnt werden, Affekte und Emotionen ihren legitimen Platz in der Ethik zurückerlangen. Die Frage nach dem sittlichen *Können* soll die nach dem sittlichen *Sollen* ergänzen. Ob die Idee autonom begründeter Sollensansprüche

---

[40] Vgl. *Wils/Mieth*, Tugend (1992), 182; *Schlögel*, Tugend (1997).

[41] *Wils/Mieth*, Tugend (1992), 182.

[42] Vgl. *Halbig*, Begriff der Tugend (2013).

[43] *Scheler*, Rehabilitierung der Tugend (1950), 9.

[44] *Schockenhoff*, Grundlegung (2014), 61.

in der jüngeren Tugendethik unter die Räder kommt, wird noch zu sehen sein. Nicht alle Moraltheologen stellen wie Mieth oder Schockenhoff klar, dass der Verzicht auf normatives Sollen für die Renaissance der Tugendethik ein zu hoher Preis wäre.

Was aber hat die Tugendethik mit der Frage der möglichen Relevanz des Alten Testaments für die Moraltheologie zu tun? Sehr viel, jedenfalls wenn man den moraltheologischen Autoren folgt, die ihr Programm einer ethischen Schriftauslegung tugendethisch anlegen. Zwei solcher Versuche sollen vorgestellt werden. Da sich beide ganz wesentlich auf eine bestimmte in den USA formulierte Tugendethik beziehen, ist diese zuvor knapp zu skizzieren.

Das meistdiskutierte Referenzwerk der neoaristotelisch-thomistischen Tugendethik ist „Der Verlust der Tugend" (1981/1987) von *Alasdair MacIntyre*, dessen Ausgangspunkt eine Kritik der modernen, liberalen Moralphilosophie bildet. Diese sei durch die Privatisierung des Guten nicht mehr in der Lage, in ethischen Debatten zu einem gesellschaftlichen Konsens, zu gemeinsamen moralischen Regeln zu führen. Der moderne moralische Dissens ist für MacIntyre Ausdruck einer fundamentalen moralischen Verarmung. Tugendethisch hingegen seien normative Ansprüche immer eingebettet in einen bestimmten sozialen Kontext, in eine bestimmte Vorstellung des Guten und insofern nicht strittig. Meine Identität als moralisches Subjekt erlange ich demnach durch meine Beheimatung in einer bestimmten Erzählgemeinschaft und deren Praxis. Als lebendige Tradition gilt MacIntyre eine sozial verkörperte Moral, eine Ordnung des Guten. Eine aristotelische Position schlägt sich für ihn im hermeneutischen Projekt der Rekonstruktion der spezifischen Praxisformen von Gemeinschaften nieder. Nur auf diese Weise könne eine Einheit von moralischer Theorie und Praxis erreicht werden. Es gibt in diesem Konzept keine gegenüber narrativen Kontexten und Gemeinschaften äußere Normativität. Das Individuum realisiert sich als moralisches Subjekt und formt seinen Charakter in bestimmten Konzeptionen des Guten, die uns Traditionen vermitteln.

Die im Rahmen der Tugendethik immer wieder auftauchenden Begriffe Narration, Gemeinschaft, Tradition und Identität lassen eine moraltheologische Rezeption der Tugendethik als naheliegend erscheinen. Kann auf diese Weise nicht auch der biblischen Botschaft und der sie tradierenden Glaubensgemeinschaft eine neue Funktion innerhalb der Entfaltung einer christlichen Ethik zukommen? Kann mit ihrer Hilfe nicht die Dominanz systematischer Frageinteressen im Umgang mit den biblischen Texten überwunden und die Autorität der Heiligen Schrift gestärkt werden?

Die letzte große Arbeit im Bereich der deutschsprachigen Moraltheologie zur Frage einer ethischen Schriftauslegung, die Freiburger Habilitationsschrift von *Franz Noichl*, setzt genau an dieser Stelle an: Wie können biblische Weisungen in der Argumentation der Moraltheologie eine begründende Funktion (zurück)erhalten?

Zur Beantwortung dieser Frage greift Noichl ausdrücklich auf MacIntyre zurück, denn in dessen Moralphilosophie findet er genau die „Bedeutung von Gemeinschaft und Tradition für ethische Urteilsbildung“[45], nach der er moraltheologisch sucht. Über MacIntyre hinausgehend wird von Noichl dann die Normativität der Bibel über die Bildung des Kanons bestimmt. Biblische Texte seien deshalb für Christen normativ, weil sie als Zeugnis zu lesen sind, als Zeugnis von Jesus Christus. Das Zeugnis sei das Kriterium der Gültigkeit der Tradition. Der Kanon wird von Noichl begriffen als „Sammlung von Zeugnissen [...], die prospektiv (Altes Testament) oder retrospektiv (Neues Testament) auf Jesus Christus verweisen. Als solche Sammlung von Zeugnissen [...] erhält die Schrift im Rahmen der Gemeinschaft der Kirche ihre Normativität“[46]. Wenn das Alte Testament also normative Bedeutung für Christen haben soll, dann, indem man den „Bund Gottes mit seinem Volk gleichsam als Vorzeugnis der Gemeinschaft mit Jesus“[47] deutet. „Denn nur unter dieser Perspektive können die sittlichen Implikationen des Alten Testaments als Teil der christlichen Bibel im Rahmen einer ethischen Schriftauslegung sowie einer theologischen Ethik zur Geltung gebracht werden.“[48]

Moraltheologisch entscheidend ist die Frage, welche Bedeutung die Normativität des Zeugnisses für die christliche Ethik besitzt. Ansatzpunkt Noichls für sein Programm einer *ethischen Schriftauslegung* ist die Überzeugung, dass vom Zeugnis der Schrift und eben nicht von einer vorgängigen ethischen Reflexion auszugehen ist.[49] Sittliche Geltung soll also aus der Schrift selbst gewonnen werden. Aufgabe der

---

[45] *Noichl*, Ethische Schriftauslegung (2002), 185.
[46] Ebd. 186.
[47] Ebd. 205.
[48] Ebd.
[49] Vgl. ebd. 203.

Moraltheologie sei es, die sittlichen Implikationen herauszuarbeiten, die sich aus dem Zeugnis der Gemeinschaft mit Jesus ergeben. Die Anerkennung des Zeugnisses aber kann nicht erzwungen werden, sondern ist inneres Moment der Gemeinschaft mit Jesus. „Ethische Schriftauslegung setzt damit einen Akt der Konversion in die Gemeinschaft mit Jesus voraus."[50] Erst in einem zweiten Schritt, *nachdem* die Normativität biblischer Weisungen theologisch aufgezeigt worden ist, sei die Gemeinschaft mit Jesus dann in einer anthropologischen Begrifflichkeit zu reformulieren. Bei Noichl übernimmt die Vorstellung des guten und gelingenden Lebens diese Vermittlungsrolle.

Mein zweites Beispiel einer tugendethisch inspirierten biblischen Ethik ist die 2013 erschienenen Monographie „Biblical Ethics in the 21st Century" des Jesuiten *Lucas Chan*. In den Vereinigten Staaten gibt es seit Jahrzehnten sowohl eine wachsende Bereitschaft, die Moraltheologie tugendethisch zu begründen, als auch, damit zusammenhängend, eine Reihe von Arbeiten zum Thema Bibel und Moral.[51] Am bekanntesten und einflussreichsten sind die Arbeiten von *William Spohn*, vor allem „What are they saying about Scipture and Ethics?" von 1984, bzw. in überarbeiteter Fassung von 1995.

Ich beschränke mich auf *Lucas Chan*, der sich eng an Spohn anschließt und dessen Schrift im Vorwort von James F. Keenan überschwänglich als ein weiterer „historical marker for a now truly developing field called biblical ethics"[52] vorgestellt wird.

Für Chan setzt eine biblische Ethik eine theologische Doppelkompetenz voraus, denn die Exegese allein kann keine biblische *Ethik* betreiben und die Moraltheologie keine *biblische* Ethik. An einer eigenständigen ethischen Hermeneutik führt also kein Weg vorbei, wenn biblische Ethik mehr als nur ein deskriptives Projekt sein möchte. Die Tugendethik wird nun von Chan als eine solche Hermeneutik präsentiert. Er schließt sich dabei der Kritik an einer – vermeintlich – einseitig an Prinzipien und Regeln orientierten modernen Ethik und Moraltheologie an. Es muss an dieser Stelle daher nicht wiederholt werden, für welche Anliegen der Moralphilosophie die Tugendethik steht. Auch Chans Arbeit lenkt den Blick auf die Identität der Person,

---

[50] Ebd. 211.

[51] Vgl. *Chan*, Biblical Ethics (2013), 74f.; *Curran/McCormick*, Scripture in Moral Theology (1984).

[52] *Chan*, Biblical Ethics (2013), xiii.

ihre Charakterbildung und die Rolle von eingespielten Praktiken (Habitus). Tugendhaft werde die Person durch Lernprozesse, die sich entzünden an modellhaften Geschichten und Vorbildern. „For instance, in the Hebrew Bible, Judith has been viewed as a model for liberating and the embodiment of the virtue of courage; Ruth and Naomi also illustrate the values of loyalty and love of family."[53] Hinzu komme die Bedeutung von Gemeinschaften, die eine bestimmte Vorstellung des guten Lebens tradieren und die ethische Identität des Individuums prägen. Chan zitiert in diesem Zusammenhang eine theorieskeptische Aussage des niederländischen calvinistischen Ethikers Allen Verhey: „People facing choices and longing for wisdom and virtue are more likely to find help in such a community than in a book on Christian ethics."[54] Eine ekklesiologische Ummünzung des hermeneutisch-ree konstruktiven Ansatzes der Tugendethik liegt auf der Hand und ist verschiedentlich auch in Angriff genommen worden.[55] Aber die Ekklesiozentrik christlicher Moral ist nicht unser Thema.

Bei seinem eigenen Vorschlag lässt sich Chan von der Überzeugung leiten, dass sich das Konzept der Tugend mit seinen verschiedenen Aspekten in der Bibel auffinden lässt und darum Tugendethik und Schrift in eine fruchtbare Beziehung gesetzt werden können. Alttestamentliche Figuren verkörperten etwa zahlreiche einzelne Tugenden und das Neue Testament sei voller Hinweise auf ethische Haltungen. Moralische Werte sollen in der konkreten Praxis und dem Charakter der Person verankert werden. Die Bibel wolle keine ethischen Diskurse führen, sondern Tugenden kultivieren.[56] Dazu dienten die zahlreichen exemplarischen Figuren, von denen uns in der Schrift erzählt wird. Und auch den Gemeinschaftsbezug der Tugenden sieht Chan biblisch realisiert, insofern es darum gehe, moralische Gemeinschaften zu bilden, die ihre Identität durch ihre Beziehung zu Jesus gewinnen. Im Alten Testament zielten die Texte auf die Gemeinschaft Israels, die sich durch bestimmte Tugenden auszeichnen solle.

---

[53] Ebd. 89.

[54] Ebd. 92.

[55] Vgl. *Birch*, Scripture in Ethics (2011), 31.

[56] Vgl. *Chan*, Biblical Ethics (2013), 110f.

5. Begründen – Erzählen – Rekonstruieren

Ohne Zweifel können tugendethische Ansätze mit ihrem ausgesprochenen hermeneutischen Interesse der moraltheologischen Reflexion neue Textbestände des Alten Testamentes erschließen. Sie tragen auf diese Weise zur Pluralisierung der biblischen Traditionen bei. Das Spektrum ethisch relevanter biblischer Texte wird geweitet, weil im tugendethischen Verständnis die individuelle und soziale Genese von Werthaltungen von Bedeutung sind.

Die Tugendethik als Schlüssel einer ethischen Schriftauslegung hat jedoch ihre Tücken, was mit ihrer Zurückhaltung gegenüber Begründungsfragen zu tun hat. Es gibt Ansätze, die in ihrer Kritik an der modernen liberalen Ethik und in ihrem Antagonismus zwischen Kirche und Welt so weit gehen, dass die Grenze gegenüber fundamentalistisch-biblizistischen Positionen nur noch schwer zu markieren ist.[57] Der unbedingte Anspruch des Guten droht sich aufzulösen in der Partikularisierung von Erzählgemeinschaften. Die „konservative Schlagseite“[58], das „nichtrevisionäre Verhältnis zum Common Sense“[59] mancher tugendethischer Ansätze ist schon in den 1980er Jahren von Autoren wie Jürgen Habermas oder Herbert Schnädelbach analysiert worden. „Die neoaristotelische Klugheitsethik mit ihren schwachen Begründungsangeboten und ihrer gebildeten Relativierung des Autonomieprinzips ist im Ergebnis eine eminent politische Ethik. Die hermeneutische Rückbindung der Ethik an das Ethos erzeugt nicht nur ein geradezu habituelles Vorurteil zugunsten des Bestehenden; sie erzeugt auch ein systematisches Mißtrauen gegen das Individuum [...].“[60] Emanzipatorische Projekte werden zu Recht hellhörig, wenn in ethischen Fragen mit der Autorität von Traditionen argumentiert wird. Dies gilt auch für biblische Traditionen. Aus der Sicht Autonomer Moral kann es eine bloß affirmative Überlieferung von normativen Ansprüchen nicht geben. Es kann immer zurückgefragt werden, „warum denn bestimmte Teile der Überlieferung eine besondere Wert-

---

[57] Vgl. *Wils/Mieth*, Tugend (1992), 192; *Schockenhoff*, Grundlegung (2014), 63f. Die Kritik bezieht sich u. a. auf Arbeiten von Stanley Hauerwas, vgl. etwa *Hauerwas*, Community (1981); dazu: *Hütter*, Evangelische Ethik (1993).

[58] *Habermas*, Erläuterungen (1992), 91.

[59] *Halbig*, Begriff der Tugend (2013), 294.

[60] *Schnädelbach*, Neoaristotelismus (1986), 53f.

schätzung genießen und eine größere Moral prägende Autorität haben sollen als andere"[61]. Wer zwischen Traditionen Unterschiede macht, der wird dafür Kriterien haben. Wenn es dabei um moralische Ansprüche geht, sind diese Kriterien zu begründen. Dieser Vorbehalt trifft auch die narrative Ethik und überhaupt jede ästhetische Erfahrung, die, wie Walter Lesch betont, zwar Verbindlichkeiten evozieren kann, sie aber selbst nicht argumentativ einlöst.[62] Grundsätzlich ist zu fragen, ob Tugend ein für die Ethik primärer Begriff sein kann.[63] Wenn es um moralisch unbedingte Ansprüche geht, sind zunächst evaluative Kategorien und ihre normativen Implikationen gefragt (Basisgüter des Menschen, Werte). Die Tugenden beziehen sich auf normative Gesichtspunkte, sie sind ihnen gegenüber sekundär. An der Differenz zwischen der Bestimmung der Richtigkeit einer Handlung und dem tugendhaften Charakter einer Person ist also festzuhalten. Das eine ist nicht auf das andere zurückzuführen.

Diese kritischen Bemerkungen zum Projekt einer Tugendethik betreffen nicht die Autoren, die sich des komplementären Charakters moraltheologischer Ansätze bewusst sind[64] oder die Tugendethik im Rahmen einer Autonomen Moral betreiben[65]. Denn in der Tat sollte sich Ethik nicht lediglich um Begründungsfragen kümmern. Die Frage, wie Werthaltungen überhaupt entstehen und tradiert werden – geschichtlich, sozial, individuell – ist ethisch von hoher Relevanz. Werte leuchten durch Erfahrungen ein. Und von solchen Erfahrungen ist zu erzählen. Sittliche Akteure zeichnen sich nicht bloß durch Urteils-, sondern auch durch Handlungskompetenz aus. Diese ist nicht loszulösen von der Identität des Handelnden. Tugenden sind zwar nicht begrifflich, aber genetisch primär[66]. Die moralische Entwicklung und Praxis kommt nicht ohne Attraktionen, ohne den *Magnetismus des Guten*[67] aus, zu denen Ideale und Tugenden gehören.

Jenseits der genannten Tücken der Tugendethik bleibt das Geschäft einer hermeneutisch orientierten Moraltheologie damit eine lohnens-

---

61 *Lesch*, Hermeneutische Ethik (2002), 233.
62 Vgl. ebd. 237.
63 Vgl. *Halbig*, Begriff der Tugend (2013).
64 Vgl. etwa *Schockenhoff*, Grundlegung (2014).
65 Vgl. etwa *Höhn*, Leben in Form (2014).
66 Vgl. *Halbig*, Begriff der Tugend (2013), 365.
67 *Murdoch*, Metaphysics, Kap. 15 (1992), zitiert nach *Halbig*, Begriff der Tugend (2013), 365.

werte Aufgabe. Gerade in einer weltanschaulich und religiös pluralen Gesellschaft sind Bemühungen um ein besseres Verstehen eigener wie fremder Traditionen unverzichtbar. Moral ist nicht nur ein System von Regeln und Prinzipien, sondern fußt auf Wertüberzeugungen und Sinnzusammenhängen. Die hermeneutische Arbeit kann womöglich Verständigungsprozesse in Gang setzen, indem ethische Positionen in ihrer Genese rekonstruiert werden. Auch moralische Welten erscheinen auf diese Weise als Konstrukte menschlicher Geschichte. Biblische Texte sind davon nicht ausgenommen.[68] Vermeintlich ewig gültige moralische Wahrheiten können sich als kontingente Phänomene entpuppen. Werte und Normen erhalten einen Zeitindex. Auf diese Weise werden ethische Konflikte noch nicht gelöst, können aber zumindest besser verstanden werden. Auch wenn man die Perspektive des anderen nicht teilt, so begreift man doch womöglich ihren kultur- und lebensgeschichtlichen Kontext. Moralische Selbstgenügsamkeit lässt sich dann und wann durch hermeneutische Arbeit irritieren.

6. Biblische Moral in der Schwebe?

Die Kehrseite hermeneutisch produzierter ethischer Schwebezustände, jetzt wieder in Bezug auf die ethische Relevanz der Bibel, lässt sich mit Walter Lesch so formulieren: „Wer sich auf die biblischen Texte in ihrer Zeitgebundenheit, Widersprüchlichkeit und stilistischen Buntheit einlässt, könnte zu einer Literalisierung und Relativierung der Tradition neigen. Biblische Texte würden sich dann qualitativ nicht von anderen Zeugnissen der Antike unterscheiden und wären als stimulierende Fragmente einer uns nicht mehr in allen Einzelheiten vertrauten Welt lesbar."[69] Lesch nennt das den pluralistischen Weg. Vielleicht ist das längst das heimliche Programm im Umgang mit den biblischen Texten.

Wer die Bibel in Fragen der Moral als Autorität begreifen will, dem wird ein solcher Zugang nicht genügen. Der wird irgendwann die normative Bescheidenheit ablegen wollen. Er wird beginnen, zwischen verbindlichen und zeitbedingten Aussagen zu unterscheiden. Sittliche Verbindlichkeit lässt sich aber nicht wiederum bibelintern begründen.

---

[68] Vgl. zum Dekalog *Breitsameter*, Zehn Worte (2012).

[69] *Lesch*, Bibelhermeneutik (1999), 19.

Die Unbedingtheit der Moral wird mit und nach Kant mit der unbedingten Würde der Person begründet.[70] Ich achte diese Würde des Anderen nur dann, wenn ich in Fragen der Moral dessen Fähigkeit zur moralischen Selbstbestimmung respektiere. Damit kommt es darauf an, Gründe zu finden, die sich auf das gemeinsame Menschsein beziehen und nicht auf Glaubenssätze. Scharf formuliert: Nur im Bereich der Moral stoßen wir auf unbedingte Gewissheit. Auf die Gewissheit, dass es zum Himmel schreiendes Unrecht und Leiden gibt, dass Freiheit sein soll. Die Geschichte nimmt darauf jedoch wenig Rücksicht. Und so ist es die Sehnsucht nach Gerechtigkeit, die daraus erwächst, auf die religiöse Narrative eine Antwort geben wollen. Moralische Sensibilität kann zu einer Lektüre der biblischen Texte führen, die in der Schrift nicht Gebote sucht, sondern die Hoffnung auf die alles Menschliche übersteigenden Möglichkeiten Gottes.[71] Denn keine menschliche Macht kann vollbringen, was der Prophet Jesaja als endzeitliches Heil verkündet: „Nie mehr hört man dort lautes Weinen und laute Klagen“ (Jes 65,19). „Man tut nichts Böses mehr und begeht kein Verbrechen“ (Jes 65,25).

Der ethische Standpunkt ist also der Standpunkt allgemeiner, reziproker Ansprüche. Ist das der Standpunkt der Bibel? Wenn es einen biblischen Universalismus gibt, dann wird christliche Ethik auf eine Autonome Moral setzen müssen. Wenn das Freiheitsdenken eine biblische Wurzel hat, dann kann die christliche Ethik der Moderne standhalten. Wenn der biblische Gott ein Gott ist, der Freiheit will und sie unbedingt achtet, dann ist der Mensch in seiner Freiheit gerechtfertigt. Wenn die Bibel als Liebes-Offenbarung der unbedingten Entschiedenheit Gottes für jeden Menschen gelesen werden kann, dann muss die menschliche Leidensgeschichte nicht in der Hoffnungslosigkeit münden. Wenn die Bibel von Wegen erzählt, wie sich inmitten menschlicher Schuldverstrickungen neue Handlungsmöglichkeiten eröffnen, dann verbieten sich definitive Urteile über einen Menschen und dann muss Verzweiflung nicht das letzte Wort sein.

Frühere Zeiten mögen andere Fragen an die biblische Tradition gestellt haben. Es ist unser modernes sittliches Selbstbewusstsein, das uns solche Sätze formulieren lässt. Wenn die Schrift auch von heutigen

---

[70] *Kant*, Grundlegung (1983), 59–69.

[71] Vgl. *Striet*, Gottesschleife (2014).

Menschen im Kontext ihrer ethischen Fragen als Heilige Schrift freie Anerkennung soll finden können, führt an ihnen kein Weg vorbei.

Literatur

Böckle, Franz, Fundamentalmoral, München 1977.

Birch, Bruce C., Scripture in Ethics. Methodological Issues, in: *Green, Joel B.* (Hg.), Dictionary of Scripture and Ethics, Grand Rapids 2011, 27–34.

Breitsameter, Christof, Nur Zehn Worte. Moral und Gesellschaft des Dekalog (SThE 134), Fribourg/Freiburg 2012.

Bruch, Richard, Ethik und Naturrecht im deutschen Katholizismus des 18. Jahrhunderts: von der Tugend- zur Pflichtethik, Tübingen 1997.

Chan, Lucas, Biblical Ethics in the 21st Century. Developments, Emerging Consensus, and Future Directions, Mahwah 2013.

Cosgrove, Charles H., Scripture in Ethics. A History, in: *Green, Joel B.* (Hg.), Dictionary of Scripture and Ethics, Grand Rapids 2011, 13–25.

Curran, Charles E./McCormick, Richard A. (Hg.), The Use of Scripture in Moral Theology, Mahwah 1984.

Ernst, Stephan, Das „christliche Menschenbild". Norm oder Fiktion? in: *Garhammer, Erich* (Hg.), BilderStreit. Theologie auf Augenhöhe, Würzburg 2007, 141–168.

Ders., Grundfragen theologischer Ethik. Eine Einführung, München 2009.

Fraling, Bernhard, Vom Ethos der Bibel zu biblischer Ethik, Thaur 1999.

Fuchs, Josef, Moral und Moraltheologie nach dem Konzil, Freiburg 1967.

Goertz, Stephan, Biblisch „auf Abstand" – Anmerkungen zum Selbstverständnis der Moraltheologie, in: *Hüttenhoff, Michael* u. a. (Hg.), Die Bibel und die Kultur der Gegenwart, St. Ingbert 2007, 145–169.

Ders., Autonomie im Disput. Moraltheologische Überlegungen zum Anspruch auf Selbstbestimmung, in: JCSW 55 (2014) 105–129.

Habermas, Jürgen, Erläuterungen zur Diskursethik, Frankfurt a. M. 1992.

Häring, Bernhard, Das Gesetz Christi, München [5]1958.

Halbig, Christoph, Der Begriff der Tugend und die Grenzen der Tugendethik, Frankfurt a. M. 2013.

Halter, Hans, Christliche Sexualethik – was könnte das heute noch sein? In: *Gellner, Christoph* (Hg.), Paar- und Familienwelten im Wandel, Zürich 2007, 139–170.

Hauerwas, Stanlay, A Community of Character: Toward a Constructive Christian Social Ethic, Notre Dame 1981.

Hofmann, Rudolf, Moraltheologische Erkenntnis- und Methodenlehre, München 1963.

Höhn, Hans-Joachim, Das Leben in Form bringen. Konturen einer neuen Tugendethik, Freiburg 2014.

Hütter, Reinhard, Evangelische Ethik als kirchliches Zeugnis, Neukirchen-Vluyn 1993.

Kant, Immanuel, Grundlegung zur Metaphysik der Sitten, Werke in zehn Bänden, Bd. 6, hg. von *Weischedel, Wilhelm*, Darmstadt 1983, 9–102.

Lesch, Walter, Bibelhermeneutik und theologische Ethik: philosophische Anfragen, in: *Bondolfi, Alberto/Münk, Hans J.* (Hg.), Theologische Ethik heute. Antworten für eine humane Zukunft. FS Hans Halter, Zürich 1999, 11–33.

Ders., Hermeneutische Ethik/Narrative Ethik, in: *Düwell, Marcus* u. a. (Hg.), Handbuch Ethik, Stuttgart/Weimar 2002, 231–242.

MacIntyre, Alasdair, After Virtue, Notre Dame 1981 (Der Verlust der Tugend, Frankfurt a. M./New York 1987).

Meegen, Sven van, Alttestamentliche Ethik als Grundlage einer heutigen Lebensethik. Ein Beitrag zum interreligiösen Dialog (Bibel und Ethik Bd. 3), Münster 2005.

Murdoch, Iris, Metaphysics as a Guide to Morals, London/New York 1992.

Merks, Karl-Wilhelm, Gott und die Moral. Theologische Ethik heute, Münster 1998.

Nagl-Docekal, Herta, Innere Freiheit. Grenzen der nachmetaphysischen Moralkonzeption, Berlin/Boston 2014.

Noichl, Franz, Ethische Schriftauslegung. Biblische Weisung und moraltheologische Argumentation, Freiburg 2002.

Pröpper, Thomas, Autonomie und Solidarität. Begründungsprobleme sozialethischer Verpflichtungen, in: JCSW 36 (1995) 11–26.

Ders., Theologische Anthropologie Bd. 2, Freiburg 2011.

Reiter, Johannes, Modelle christozentrischer Ethik. Eine historische Untersuchung in systematischer Absicht, Düsseldorf 1986.

Roos, Lothar, „Anschluß an die Moderne" als Moralprinzip? Zum Konstrukt einer autonomen Moral nach Stephan Goertz, in: Die neue Ordnung 68 (2014) 414–426.

Scheler, Max, Zur Rehabilitierung der Tugend, Zürich 1950.

Schlögel, Herbert, Tugend – Kasuistik – Biographie. Trends und ökumenische Perspektiven in der Moraltheologie der USA, in: Catholica 51 (1997) 187–200.

Schnädelbach, Herbert, Was ist Neoaristotelismus?, in: *Kuhlmann, Wolfgang* (Hg.), Moralität und Sittlichkeit, Frankfurt a. M. 1986, 38–63.

Schockenhoff, Eberhard, Grundlegung der Ethik. Ein theologischer Entwurf, Freiburg 2014.

Schüller, Bruno, Wieweit kann die Moraltheologie das Naturrecht entbehren?, in: Lebendiges Zeugnis 1/2 (1965) 41–65.

Spohn, William C., What are they saying about Scripture and Ethics? Mahwah 1995.

Striet, Magnus, In der Gottesschleife. Von religiöser Sehnsucht in der Moderne, Freiburg 2014.

Ders./Werden, Rita, Welcher Gott will welches Gesetz? Unterschiedliche Gottesvorstellungen in der Rede vom ius divinum, in: HerKorr 69,1 (2015) 19–23.

Wils, Jean-Pierre/Mieth, Dietmar, Tugend, in: *Dies.* (Hg.), Grundbegriffe der christlichen Ethik, Paderborn 1992, 182–198.

Autorenverzeichnis

Prof. Dr. Ulrich Berges ist Professor für alttestamentliche Wissenschaft an der Katholisch-Theologischen Fakultät der Rheinischen Friedrich-Wilhelms-Universität Bonn.

Prof. Dr. Christian Frevel ist Professor für Altes Testament an der Katholisch-Theologischen Fakultät der Ruhr-Universität Bochum und Extraordinary Professor am Department of Old Testament Studies der University of Pretoria, South Africa.

Prof. Dr. Stephan Goertz ist Professor für Moraltheologie an der Katholisch-Theologischen Fakultät der Johannes Gutenberg-Universität Mainz.

Prof.in Dr. Maria Häusl ist Professorin für Biblische Theologie am Institut für Katholische Theologie der Technischen Universität Dresden.

Prof. Dr. Thomas Hieke ist Professor für Altes Testament an der Katholisch-Theologischen Fakultät der Johannes Gutenberg-Universität Mainz.

Prof. Dr. Rainer Kessler ist Professor für Altes Testament am Fachbereich Evangelische Theologie der Philipps-Universität Marburg und Research Fellow an der University of the Free State in Bloemfontein, South Africa.

Prof. Dr. Michael Konkel ist Professor für Altes Testament an der Theologischen Fakultät Paderborn.

Prof. Dr. Martin Mark ist Professor für Exegese des Alten Testaments an der Theologischen Fakultät der Universität Luzern.

Prof. Dr. Dominik Markl SJ ist Professor für Exegese des Alten Testaments am Päpstlichen Bibelinstitut in Rom und Research Associate am Department of Old Testament Studies der University of Pretoria, South Africa.

Prof.in Dr. Ilse Müllner ist Professorin für Biblische Theologie am Institut für Katholische Theologie der Universität Kassel.

Dr. Barbara Schlenke ist Akademische Mitarbeiterin im Arbeitsbereich Alttestamentliche Literatur und Exegese der Theologischen Fakultät der Albert-Ludwigs-Universität Freiburg.

Prof. Dr. Johannes Schnocks ist Professor für Zeit- und Religionsgeschichte des Alten Testaments an der Katholisch-Theologischen Fakultät der Westfälischen Wilhelms-Universität Münster.

Prof. Dr. Ludger Schwienhorst-Schönberger ist Professor für Altes Testament an der Katholisch-Theologischen Fakultät der Universität Wien.

Prof.in Dr. Ruth Scoralick ist Professorin für Altes Testament an der Katholisch-Theologischen Fakultät der Eberhard Karls Universität Tübingen.

Stellenregister

Altes Testament

Neues Testament

Sachregister